U0103185

大學用書

沈克勤編著

增修八版

國際法

臺灣學生書局印行

獻奉
母親

國際法教學與實踐

七十八年中國國際法學會中講詞代序

戰時我在重慶考進政治大學，專修法政，曾選讀國際法一課。當時政府困處西南一隅，國際通路斷絕，全民奮戰求生之不暇，無人關心國際法律秩序。我於功課求得及格之後，腦海中沒留下任何印象。

及至到了臺北，應聘至幹校講授國際法。我這才重拾舊書，一面學，一面教，所謂教學相長，誠哉斯言。實際教書的人，面對每一個問題，絲毫不能馬虎，非窮追究底，查尋清楚不可。一門課重複講了數十遍，自會窺悉奧蘊。一本講義，一再編修核校，便會領悟精義。這時我對國際法才眞發生了興趣，結下了緣份。

當我跨進外交部大門時，幸運被分在條約司工作。每天所接觸的業務，不是聯合國的代表權問題，就是條約的研議、解釋與批准，無一不與國際法有關。眞是書到用時方恨少，這時方感到才學有限，不足以肆應實際外交的需要。五十二年秋，我獲有機會，追隨我國代表團，出席聯合國大會，親聆各國元首演講，大會代表辯論，國際政治紛爭雜陳，縮影於一個世界議會殿堂之內，耳濡目染，方知唯有建立國際法律秩序，始能維持世界安全與和平。

我從事外交生涯三十年，深感國際法是外交人員的隨身法寶。無論是辦理外交，或是處理僑務，一言一行，都應以國際法爲準繩，方能維護國家的權益，而不會有所隕越。

尤其是當今世界縮小成爲一村，國際交往頻繁，相互依存緊密。人民出國觀光旅遊、移民居留，投資貿易、文化合作、體育交流、科技轉移，甚至商標專利、遠洋捕魚，無一不需要國際法的知識，始能得到世人的尊重，而不致貽笑外邦。

今天在座諸公，都是法學名家與教授，本人不揣淺陋，謹將個人對國際法教學的經驗及實踐的歷程，提出來報告，敬請指教之外，尙望諸公對國際法智識的推廣與普及，共同加倍努力，期使我們中國人能成爲崇禮守法的現代人，受到舉世的歡迎與敬重。

沈克勤 八十年一月十三日補記

四版序

國際法是應國際社會的需要而產生。國際社會不斷演進，國際法自亦隨之而發展。近十餘年來，國際社會發生重大變遷，傳統國際法中許多規則，已不足適應此一新與國際情勢，因而需要創建新的國際法律體系，來維持國際社會的和平與秩序。

近年國際情勢最顯著的變遷，就是交通電訊的神速進步，使得世界縮小了，國與國之間發生密切的相互依存關係。今天世界上任何一國發生變動，無不與他國息息相關。曩者閉關自守的時代過去了，今後也不會有任何國家能走向孤立，任何國際問題均有賴各國協調合力謀求解決。而且今日國際關係的複雜，已不止於所謂外交和條約的關係。兩國沒有外交關係，人民照常可以交往，貿易亦能繼續進行。這是當前國際社會的現實，而法律應是規範這個現實生活的行為規則。國際法原來是規範國與國之間的關係，現今國際法逐漸超越了國家的領域，代之而起的，有所謂「超國法」（Transnational Law）及「世界法」（World Law）了。

自一九六九年美國航天員登陸月球之後，往昔規範人類在地球上的行為規則，現已不足適應人類在太空中的活動。於是太空法應運而生，而且發展得非常迅速。

世界人口爆炸，糧食短缺，使世人注意到深海資源的開發。至於如何開發海洋造福人羣而又能協調各國的利益衝突，乃是當前亟待解決的海洋法問題。自一九六八年聯合國海床委員會的設立，以迄一九七四年第三屆海洋法會議的召開，均在致力商訂一部新的海洋法典。

一九七三年十月阿以戰爭，阿拉伯國家聯合採取禁運石油戰略，引起全世界能源危機，進而導致各國通貨膨脹，戰後多年建立的國際貨幣制度，幾被破壞無遺。其影響之深遠，及於每一個人的生活。現今各國的當政者及學人專家，無不殫精竭智，謀求創新國際貨幣制度與世界經濟法規，以期世界經濟均衡發展，增進人類的福祉。

工業高度發展，固然給世人帶來了物質的享受，同時也破壞了人類生存的環境。大都市空氣的污染，使得生活在都市裏的人們都有窒息之感。一九七二年第一屆人類環境會議商訂的方案，只是開肇其端，今後如何維護人類生存環境，已經成爲一門新課題，有待各國共同努力去研究探索。

拙著『國際法』一書，十年前問世之後，國內各大學多採爲教本。而一本教科書，必須具備新教材。國際法是一門發展迅速的學科，尤其需要不斷增修，始能趕上時代。所以本書第四版之發行，不獨修訂原有各章內容，而且增加太空法、航空法、海洋法、國際經濟法及人類環境法五章，用以介紹國際法的新趨勢。惟限於篇幅，引述不得不力求扼要，但對各家新說，以及最近制定的國際公約，無不羅列備載。

一九七二年，著者遠役澳洲，得晤國際法名家史達克（J. G. Starke）先生，承告其初讀國際法時，深感各家著論深奧，乃立志撰寫『國際法導論』（An Introduction to International

Law）一書，務求淺明易解，且每四年增修一次，以配合國際法之新發展。聆聽雅教，深獲我心。承其惠贈甫印行之該書第七版一冊，著者據以修訂本書。對於這位鍥而不舍的學者，特在此遙致我衷心敬佩之忱。

沈克勤　六十四年九月十二日於臺北復興崗致遠新村

再版序

五十二年九月間，本書初版甫印成，卽爲『葛樂禮』颱風帶來之洪水浸毀。集斷簡殘篇，重新裝訂，得百餘册。交書肆出售，未匝月而告罄，足見國人對於國際法問題研究者日多。讀者之需求，給與著者莫大之鼓勵。乃將本書重加校正增删，再版問世。

近年國際法之發展迅速，初版與再版之時間相隔雖未及一載，而其間之重大發展，如維也納領事關係公約之簽訂，禁試核子武器條約之締結，太空法原則之草擬，聯合國憲章之修改，均爲適應今日國際社會之需要而產生。乘此再版機會，略事增補。

內子任培眞女士代編國際法成案表及名詞索引二種，一列於篇首，一殿於書後，以便利讀者之查閱。彭醇士先生賜題書名，增光篇幅。本書之再版，多獲好友陳上典、劉國瑞二兄之助，併此致謝。

初版舛誤之處甚多，此次雖詳加校訂，以求稍釋內疚。惟限於個人學力，疏漏仍所難免。尙望先進同儕，多賜教正，俾本書得能不斷改進充實，至所企禱。

沈克勤　五十三年三月八日於臺北復興崗致遠新村

自序

近二十年來，國際社會中發生不少重大的變遷，使國際法這一門學科邁進了一個新境界。其較著者：一爲第二次世界大戰之後，全球性及區域性國際組織之紛紛成立，以及個人在國際社會地位之提高，國際法的內容更爲週密；二爲原子彈之發明及使用，不但改變了戰爭的性質，抑且改變了戰爭法及中立法的觀念；三爲人造火箭及衞星之發射，人類活動進入太空，國際法適用的領域遂亦隨之擴展。是以輓近研究國際法學者，於抉發傳統學理之外，尤須研求適合國際社會新情勢之理論與法則。

澳洲名國際法學家史達克（J. G. Starke）於一九五八年著『國際法導論』（An Introduction to International Law）一書，除對國際法之基本原則有簡要之闡明外，復針對現代國際社會之演變及發展而探討國際法之新學理。尤可貴者，其對於國際法實例及成案之徵引，亦至廣博。誠爲大學國際法課程之理想教科書，英美各大學多相率採用。

四十九年冬，余承乏政工幹校大學部國際法教席，曾以該書爲主要教材，頗能引起學子之興趣。輒於公退課餘，擷要迻譯，積久成篇。適校方以編撰國際法教材相囑，遂就譯稿略加損益。尤着重於一九五八年以還，海洋法、太空法及外交關係等法規之增補，期能包羅近五年來國際法之發展；並闡述戰爭法、中立法、軍事佔領及區域安全組織等所涵之新觀念，以求適應軍事學校之需要。

自感學疏識淺，原不敢貿然從事，乃承但蔭蓀、杜光塤、朱建民、馮愛羣、方有恆諸師友之指導匡助，以及幹校同仁之督促鼓勵，始克完成斯篇，應於此一併誌謝。復以倉促付梓，謬誤難免，尚望賢達，有以教之。

沈克勤　五十二年六月四日於臺北復興崗致遠新村

國際法目次

國際法教學與實踐（增修八版序）
四版序
再版序
自序
第一編　緒論……一
第一章　國際法的歷史及性質……三
第一節　國際法的定義及歷史……三
第一款　定義……三

第二款　普遍性規則與區域性規則……六
第三款　國際法的起源及發展……七
第四款　國際法的新趨勢……一五
第二節　國際法的性質及理論基礎……一七
第一款　國際法的法律地位……一七
第二款　國際法的法律性質……一九
第三款　自然法學……二三
第四款　實證法學……二五
第五款　國際法的制裁力……二九
第二章　國際法的淵源……三五
第一節　慣例……三八
第一款　慣例之形成……三八
第二款　慣例之適用……四二
第二節　條約……四四
第一款　立法條約……四四
第二款　契約條約……四七
第三節　法院的判例……四九
第一款　國際法院的判決……四九
第二款　國內法院的判決……五〇

第三款　國際仲裁法院的裁決……五一
第四節　公法學家的學說……五三
第五節　國際組織的決議……五五
第六節　適用國際法淵源的次序……五七
第七節　强制規律……五八
第三章　國際法的主體……六一
第一節　國家……六一
第二節　個人……六二
第三節　國際組織及準國家組織……六八
第四節　結論……七〇
第四章　國際法與國內法的關係……七三
第一節　概說……七三
第二節　從理論上分析國際法與國內法的關係……七四
第一款　二元論說……七四
第二款　一元論說……七五
第三款　國際法與國內法孰爲優先的問題……七六
第四款　『變形』及『併入』的學說……七八
第三節　各國國內法院適用國際法的情形……八〇
第一款　英國適用國際法的實際情形……八〇

第一項　英國對於國際習慣規則的適用情形……八一
第二項　英國對於國際條約的適用情形……八四
第二款　美國適用國際法的實際情形……八五
第三款　我國適用國際法的實際情形……八六
第四款　其他各國適用國際法的實際情形……八七
第四節　國際法院適用國內法的情形……八九
第五節　對抗理論……九一

第二編　國　家……九三

第五章　國家總論……九五
第一節　國際法上的國家性質……九五
第一款　國家基本權利與義務的學說……九六
第二款　國家的主權與獨立……九八
第三款　門羅主義……一〇三
第四款　國家平等原則……一〇五
第五款　善鄰規則……一〇六
第二節　國家與準國家組織的種類……一〇八
第一款　邦聯與聯邦……一〇八
第二款　屬國、被保護國與保護國……一〇九

第三款　國際共管地……一〇九
第四款　國協……一一〇
第一項　不列顛國協……一一〇
第二項　法蘭西國協……一一一
第五款　託管領土……一一三
第六款　中立國……一一七
第七款　非自治領土……一一九
第八款　屬地民族自決權……一二〇
第九款　國家與民族享有其天然財富與資源的主權……一二二
第三節　國家聯合組織……一二四
第六章　承認……一二七
第一節　承認概說……一二七
第一款　明示與默示承認……一三三
第二款　附條件的承認……一三四
第三款　集體承認……一三五
第四款　對於一國元首或新政府的承認……一三六
第五款　撤銷承認……一三七
第二節　法律承認與事實承認……一三八
第三節　承認的法律效果……一四二

第一款　承認在承認國法院中發生的效果……一四四
第二款　承認的追溯效力……一四五
第四節　叛亂團體與交戰團體的承認……一四六
第五節　對於領土變更與締結條約的承認……一四九
第六節　流亡政府的承認……一五〇
第七節　不承認原則……一五一
第七章　領域……一五三
第一節　領土主權……一五三
第一款　領土主權的取得……一五五
第一項　先佔……一五六
第二項　合併……一六一
第三項　添附……一六一
第四項　轉讓……一六二
第五項　時效……一六二
第六項　新興國家取得領土主權……一六四
第二款　領土主權的喪失……一六五
第三款　國界……一六五
第二節　勢力範圍及利益範圍……一六八
第三節　國際地役……一六九

第八章　領水及海洋法……一七一
第一節　內國水域……一七一
第二節　國際河川……一七二
第一款　多國河川……一七二
第二款　通洋運河……一七七
第三節　領海……一八〇
第一款　領海的寬度……一八一
第二款　領海的界限……一八三
第一項　領海之基線（圖一）……一八三
第二項　領海之外線……一八六
第三款　無害通過權（圖二）……一八六
第四款　領海國之權利……一八八
第四節　海灣……一九〇
第五節　海峽……一九二
第六節　羣島國水域……一九三
第七節　專屬經濟區（圖三）……一九五
第八節　大陸礁層……一九九
第一款　大陸礁層問題的發生（圖四）……一九九
第二款　大陸礁層公約……二〇三

第三款 共有大陸礁層的劃界（圖五）……一〇六
第九節 公海……一〇九
第一款 公海自由原則……一〇九
第二款 公海航行規則……一一一
第三款 海盜……一一三
第四款 在公海上從事未經許可之廣播……一一五
第五款 登臨權……一一六
第六款 緊追權……一一七
第七款 鋪設海底電纜和管道……一一八
第八款 漁捕及養護公海生物資源……一二〇
第十節 內陸國……一二二
第十一節 海床區域……一二三
第十二節 海洋環境的保護和保全……一二四
第十三節 海洋科學研究……一二七
第十四節 海洋技術的發展和轉讓……一二八
第十五節 爭端之解決……一二九
第十六節 一般規定……一三〇
第十七節 最後條款……一三一
第十八節 海洋法最新發展……一三二

第九章　領空與航空法……二三五
第一節　領空……二三五
第一款　對空主權學說……二三五
第二節　航空法……二三六
第一款　一九一九年巴黎國際航空公約……二三六
第二款　一九四四年芝加哥國際民航公約……二三八
第三款　航空器上所犯罪行與空中刧機……二四三
第四款　航空問題新發展……二四七
第十章　太空法……二四九
第一節　太空科學發展的影響……二四九
第二節　太空與領空界限的劃分……二五二
第三節　太空與天體適用法律問題……二五四
第四節　太空之非軍事化……二五六
第五節　太空物體之登記……二五九
第六節　太空物體所造成損害之國際責任……二六一
第七節　衞星通訊……二六三
第八節　太空物體之管轄……二六五
第九節　航天員的援救與送回……二六六
第十節　衞星探測地球資源……二六八

第十一節　太空法的未來發展……一七〇

第三編　國家之權利與責任……一七三

第十一章　管轄權……一七五
第一節　管轄權概說……一七五
第二節　領域管轄權……一七六
第一款　國家及於領土外的管轄權……一七九
第二款　外國僑民的管轄權……一八一
第三款　刑事管轄權……一八一
第四款　領域管轄權的豁免……一八二
第一項　國家元首……一八三
第一目　國家及元首的豁免權……一八三
第二目　國家及元首豁免權的新規定……一八七
第二項　外交代表……一八九
第一目　外交人員……一九〇
第二目　領事……一九二
第三項　外國船舶……一九三
第一目　公用船舶……一九三
第二目　國營商船……一九五

第四項　外國武裝部隊……二九六
第一目　外國軍隊的豁免權……二九六
第二目　外國駐軍地位……二九八
第五項　國際組織……二九九
第三節　對人管轄權……三〇〇
第四節　根據保護原則行使的管轄權……三〇一
第十二章　國家責任……三〇三
第一節　國家責任的性質與種類……三〇三
第一款　聯邦國家內各邦責任誰屬問題……三〇四
第二款　國家的國際責任……三〇五
第三款　免除國家責任的正當理由……三〇六
第二節　違反條約或契約與徵收財產之責任……三〇八
第一款　卡爾服條款……三〇九
第二款　國家關於債務的責任……三一一
第三節　國際侵權責任……三一二
第一款　保護僑民的一般原則……三一七
第二款　國家責任的要件……三一九
第四節　損害賠償要求……三二一
第一款　受害人的國籍……三二三

第二款　損害程度……………………………………三二五
第十三章　權利與義務之繼承……………………………三二七
第一節　繼承概說……………………………………三二七
第二節　領土主權之外在變更…………………………三二八
第一款　條約權利及義務之繼承…………………………三三〇
第二款　非財務契約權利義務之繼承……………………三三三
第三款　繼承及讓與契約………………………………三三四
第四款　繼承與國債……………………………………三三四
第五款　繼承與私法權或國內法權利……………………三三六
第六款　繼承與不法行爲之權利要求……………………三三六
第七款　繼承與公帑公產………………………………三三七
第八款　繼承與國家檔案………………………………三三八
第九款　繼承與國籍……………………………………三三九
第三節　主權之內在變更………………………………三三九
第十四章　國家與個人…………………………………三四一
第一節　國籍……………………………………………三四一
第一款　國籍的國際重要性……………………………三四三
第二款　國籍之取得……………………………………三四四
第三款　國籍之喪失……………………………………三四四

第四款　雙重國籍無國籍及已婚婦女之國籍……三四五
第五款　公司及社團之國籍……三四七
第二節　國家對於外國人的權利及義務……三四八
第一款　外國人之入境……三四八
第二款　外國人入境後之法律地位……三四九
第三款　外僑之驅逐出境及强制出境……三五一
第三節　引渡及庇護……三五二
第一款　引渡……三五二
第一項　可引渡之人……三五四
第二項　可引渡之罪行……三五四
第二款　交還……三五六
第三款　庇護……三五六
第一項　領土內庇護……三五七
第二項　領土外庇護……三五九
第四節　人權及基本自由……三六〇
第十五章　國際經濟法與貨幣法……三六七
第一節　國際經濟法……三六七
第二節　國際貨幣法……三七六
第十六章　經濟發展與人類環境法……三八三

第一節 經濟發展與環境汚染之關係……三八三
第二節 經濟發展……三八五
第三節 人類環境之維護與改善……三八七
第四節 人類環境會議……三九一
第一款 人類環境宣言……三九一
第二款 人類環境行動計劃……三九四
第三款 設立國際機構及財政安排……三九六
第五節 國際環境法……三九七
第六節 核能安全與環境……四〇一
第四編 國際交涉……四〇三
第十七章 外交人員……四〇五
第一節 外交代表……四〇五
第一款 外交代表的等級……四〇六
第二款 外交代表之派遣與接受……四〇八
第三款 使館人員……四一〇
第四款 常駐外交代表之職務……四一一
第五款 外交代表的特權與豁免……四一二
第一項 人身不可侵犯權……四一三

第二項　執行職務之特權與豁免……四一五
第三項　使館與檔案之特權與豁免……四一六
第六款　防止和懲處侵害外交代表的罪行……四一六
第七款　外交代表職務之終止……四一九
第二節　領事……四二〇
第一款　領事制度之沿革……四二一
第二款　領事之種類與等級……四二一
第三款　領事之派遣與接受……四二三
第四款　領事職務……四二三
第五款　領事之特權與豁免……四二五
第一項　領館之特權與豁免……四二五
第二項　領館人員之特權與豁免……四二六
第六款　領事職務之終止……四二八
第三節　特種使節……四二八
第四節　派駐國際組織之代表及觀察員……四三一
第五節　派駐無邦交國家之代表……四三三
第十八章　條約法……四三九
第一節　條約的性質與功用……四三九
第二節　條約的形式與名稱……四四二

第三節　締約國……四四八
第一款　條約的權利與義務……四四九
第二款　條約權利與義務的轉讓……四五一
第四節　條約之締結與生效……四五二
第一款　條約締結程序……四五二
第一項　派遣談判代表……四五三
第二項　談判及議定約文……四五四
第三項　認證、簽署及交換文書……四五六
第一目　簽署之效果……四五九
第二目　文書之交換……四六〇
第三目　條約之蓋章……四六〇
第四項　批准……四六一
第一目　條約批准與國內法……四六三
第二目　簽署國並無批准條約的義務……四六四
第三目　條約批准書的互換或存放……四六五
第五項　加入及加附……四六五
第六項　生效……四六七
第七項　登記與公佈……四六八
第八項　適用與履行……四六九

第二款　條約程式與其構成部份……四七〇
第五節　保留……四七一
第六節　條約之修改……四七七
第七節　條約之適用與效力……四七九
第一款　條約之適用……四七九
第二款　條約之效力……四八〇
第八節　條約之終止……四八二
第一款　條約依照法律的規定而終止……四八三
第二款　條約由於締約國的行爲而終止……四八六
第三款　條約停止實施……四八七
第九節　條約之解釋……四八八
第一款　解釋機關……四八八
第二款　解釋文件……四八九
第三款　多邊條約使用的文字……四八九
第四款　條約解釋的一般原則……四九〇
第五款　爭端條款……四九二
第五編　國際爭端及戰爭關係……四九三
第十九章　國際爭端……四九五

第一節　國際爭端概說……四九五
第二節　和平解決的方法……四九六
第一款　仲裁……四九六
第二款　司法解決……五〇〇
第一項　國際法院的職權……五〇二
第二項　訴訟管轄……五〇二
第三項　諮詢意見……五〇七
第三款　談判、斡旋、調停、調解或調查……五一〇
第四款　聯合國和解……五一三
第三節　强制解決方法……五一五
第一款　戰爭……五一五
第二款　報復……五一六
第三款　報仇……五一六
第四款　平時封鎖……五一八
第五款　干涉……五二〇
第二十章　戰爭、武裝衝突及其他敵對關係……五二一
第一節　戰爭概說……五二一
第一款　『準戰爭』敵對行爲之規則……五二六
第二款　其他敵對關係……五二七

第三款　戰爭或敵對行爲之開始……五二八
第四款　戰爭權及武裝衝突權之法定限制……五二九
第二節　戰爭及武裝衝突開始之效果……五三三
第一款　戰爭中之敵性……五三四
第二款　戰爭與外交關係……五三五
第三款　戰爭與條約……五三五
第四款　戰爭與禁止通商往來……五三七
第五款　戰爭與敵產……五三七
第六款　戰鬬員及非戰鬬員……五三八
第三節　戰爭法規……五四一
第一款　人權法規的影響……五四三
第二款　戰爭法規之制裁及戰犯……五四四
第三款　國際刑事法院……五四六
第四款　陸、海、空戰法規……五四七
第五款　軍事佔領……五五一
第一項　軍事佔領觀念之演進……五五一
第二項　軍事佔領法規……五五二
第三項　戰後之軍事佔領……五五四
第六款　國際人權法……五五六

第七款 武器管制……五五八
第四節 戰爭終止之方式……五五九
第一款 戰爭狀態終止之方式……五五九
第二款 國內法與戰爭終止……五六〇
第三款 敵對行爲終止之方式……五六一
第四款 結語……五六二
第二十一章 中立及準中立……五六三
第一節 中立概說……五六三
第一款 中立……五六三
第二款 中立之合理基礎……五六六
第三款 中立及聯合國憲章……五六八
第四款 中立之開始……五六八
第五款 準中立……五六九
第二節 中立及準中立之權利及義務……五六九
第一款 中立國之一般權利及義利……五六九
第二款 非中立役務……五七二
第三款 準中立之一般權利及義務……五七三
第三節 經濟戰及封鎖……五七四
第一款 經濟壓力及經濟戰……五七四

第二款　禁制品……五七六
第三款　繼續航海或運輸主義……五七七
第四款　運載禁制品之後果與捕獲法庭之處罰……五八〇
第五款　封鎖……五八一
第六款　交戰國之臨檢及搜索權……五八三
第七款　經濟戰與準中立……五八四

第六編　國際組織

第六編　國際組織……五八七
第二十二章　國際組織總論……五八九
第一節　國際組織在國際法中之地位與功能……五八九
第二節　國際組織的法律性質及其憲章結構……五九二
第一款　國際組織的職權及其法律行爲能力……五九二
第二款　國際組織的分類……五九五
第三款　國際組織的協調……五九六
第四款　國際組織的結構……五九九
第三節　國際組織的特權及豁免……六〇四
第四節　國際組織的立法功能……六〇六
第五節　國際行政法問題……六〇七
第六節　國際組織的準外交關係及條約關係……六〇八

第一款　國際組織的準外交關係……六〇八
第二款　國際組織的條約關係……六〇九
第七節　國際組織的解散及其權利義務與業務的繼承……六一〇
第一款　國際組織的解散……六一〇
第二款　國際組織的權利義務與業務的繼承……六一〇
第二十三章　聯合國……六一三
第一節　聯合國憲章制定經過……六一四
第二節　聯合國與國聯之比較……六一五
第三節　聯合國宗旨及原則……六一七
第四節　聯合國會員國……六一八
第五節　聯合國的主要機關……六二〇
第一款　聯合國大會……六二〇
第二款　安全理事會……六二七
第一項　安全理事會的表決程序……六二七
第二項　安全理事會的職權……六二九
第三項　安全理事會與韓戰……六三四
第四項　安全理事會與賽普勒斯問題……六三五
第五項　安全理事會與剛果情勢……六三六
第六項　安全理事會與羅德西亞情勢……六三七

第七項　聯合國維持和平部隊……六三八
第八項　安全理事會與波斯灣戰爭……六四〇
第三款　經濟暨社會理事會……六四一
第四款　聯合國秘書處……六四二
第六節　憲章之修正……六四三
第二十四章　聯合國各專門機關……六四七
第一節　國際勞工組織……六四八
第一款　成立經過……六四八
第二款　宗旨及特性……六四八
第三款　主要機構……六五〇
第二節　聯合國糧食暨農業組織……六五二
第一款　成立經過……六五二
第二款　宗旨與業務……六五二
第三款　主要機構……六五三
第三節　聯合國教育科學暨文化組織……六五四
第一款　成立經過……六五四
第二款　宗旨與業務……六五五
第三款　主要機構……六五五
第四節　世界衛生組織……六五六

第一款　成立經過……六五六
第二款　宗旨與業務……六五六
第三款　主要機構……六五七
第五節　國際復興開發銀行……六五七
第一款　成立經過……六五八
第二款　宗旨與業務……六五八
第三款　主要機構及表決程序……六五九
第六節　國際開發協會……六六〇
第一款　成立經過……六六〇
第二款　宗旨與業務……六六〇
第三款　主要機構……六六一
第七節　國際財務公司……六六一
第一款　成立經過……六六一
第二款　宗旨與業務……六六二
第三款　主要機構……六六二
第八節　國際貨幣基金……六六三
第一款　成立經過……六六三
第二款　宗旨與業務……六六三
第三款　主要機構及表決程序……六六四

第九節　國際民航組織……六六五
第一款　成立經過……六六五
第二款　宗旨與業務……六六五
第三款　主要機構……六六六
第十節　萬國郵政聯盟……六六七
第一款　成立經過……六六七
第二款　宗旨與業務……六六八
第三款　主要機構……六六八
第十一節　國際電信聯合會……六六九
第一款　成立經過……六六九
第二款　宗旨與業務……六七〇
第三款　主要機構……六七〇
第十二節　世界氣象組織……六七一
第一款　成立經過……六七一
第二款　宗旨與業務……六七二
第三款　主要機構……六七三
第十三節　國際海事組織……六七四
第一款　成立經過……六七四
第二款　宗旨與業務……六七五

第三款　主要機構……六七五
第十四節　世界智慧財產權組織……六七六
第一款　成立經過……六七六
第二款　宗旨與業務……六七七
第三款　主要機構……六七七
第十五節　國際農業發展基金……六七八
第一款　成立經過……六七八
第二款　宗旨與業務……六七八
第三款　主要機構……六七九
第十六節　聯合國工業發展組織……六七九
第一款　成立經過……六七九
第二款　宗旨與業務……六八〇
第三款　主要機構……六八〇
第十七節　國際原子能總署……六八一
第一款　成立經過……六八一
第二款　宗旨與業務……六八一
第三款　主要機構……六八二
第十八節　關稅暨貿易總協定……六八三
第一款　國際貿易組織的緣起……六八三

第二款　關稅暨貿易總協定簽訂經過……六八四
第三款　主要機構及談判會議……六八五

第二十五章　區域安全組織……六八七

第一節　區域安全組織與聯合國的關係……六八七
第一款　區域安全組織是聯合國的輔助機關……六八七
第二款　聯合國憲章對於區域安全組織的限制……六八八
第三款　區域安全組織與集體自衞權……六八八
第二節　美洲國家組織……六八九
第一款　成立經過……六八九
第二款　主要機關……六九〇
第三款　重要發展……六九二
第三節　北大西洋公約組織……六九三
第一款　成立經過……六九三
第二款　主要機關……六九四
第三款　重要發展……六九五
第四節　東南亞公約組織……六九七
第一款　成立經過……六九七
第二款　主要機關……六九七
第三款　重要發展……六九九

第五節　中央公約組織……七〇〇
第一款　成立經過……七〇〇
第二款　主要機關……七〇一
第三款　重要發展……七〇二
第六節　阿拉伯國家聯盟……七〇二
第一款　成立經過……七〇二
第二款　主要機關……七〇四
第七節　華沙公約組織……七〇五
第一款　成立經過……七〇五
第二款　主要機關……七〇五
第三款　重要發展……七〇六
第八節　非洲國家團結組織……七〇七
第一款　成立經過……七〇七
第二款　主要機關……七〇八
第三款　重要發展……七〇九

附　錄

中外條約彙編……七一三
參考書目
中文參考書目……七一九
英文參考書目……七二三
名詞索引
中文名詞索引……七三一
英文名詞索引……七五六
成案表……七八〇

目

第一編 緒論

第一編 緒 論

第一章 國際法的歷史及性質

第一節 國際法的定義及歷史

第一款 定 義

國際法(International Law)是國際社會份子(members of the international community)在其相互關係上必須遵守的行爲規則。國際法規包括：

㈠規範國家與國家間的關係之行爲規則；

㈡規範國際組織的職權、國際組織相互間、及國際組織與國家及個人間的關係之行爲規則（註一）；

㈢規範國際社會內之個人（如海盜、戰犯等）的權利義務，及準國家組織（non-state entities, 如託管領土、非自治領土及屬地等）之行爲規則；

㈣規範國際法團（multinational entities, 如國際公司、國際財團等）之行爲規則。

惟就法律意義而言，我們可用『國際法人』（international legal personality）一個法律名詞，替代泛稱的『國際社會份子』，或概稱在國際法裏享受權利與負擔義務的主體之國家、國際組織、個人、準國家組織及國際法團等。於是我們可爲國際法下一較精確的定義：國際法是國際法人在其相互關係上必須遵守的行爲規則（rules of conduct）。

上述定義，已經超過國際法的傳統範疇。曩昔國際法學家認爲國際法所規範者，只是國家與國家之間的權利及義務關係。在第二次世界大戰以前發表的國際法著作，其對國際法所下的定義，大多數均謂國際法限於規範國家與國家間的行爲規則。依此定義，國際法的主體僅限於國家。可是，鑒於第二次世界大戰後國際法的新發展，此一定義，已不能概括現行國際法的全部規則。蓋以第二次世界大戰之後，國際法有三項重大的新發展：

㈠各種國際組織的成立，如聯合國、世界衞生組織、國際原子能總署等國際組織，公認爲具有國際法人地位，而且國際組織相互間以及國際組織與國家之間不斷發生各種權利與義務的關係。

㈡個人（individuals）在國際法上之地位增加，如聯合國保障人權及個人之基本自由，對於犯『滅絕種族』罪（genocide）（註二）的國際罪犯制定罰則，以及一九四六年紐倫堡國際軍事法庭對於第二次世界大戰的戰犯個人所課予的刑責。（依照紐倫堡國際軍事法庭的判決，裁定第二次世界大戰德國納粹戰犯之行爲，構成破壞世界和平罪及違反人道罪，以及意圖犯此等國際罪 International Crime 的犯人，均曾予以懲罰。）（註三）。

㈢晚近由於國際經濟的活動，超越了國家的界限，創設了許多國際法團（multinational entity），例如國際信託基金（international trust funds）、國際公用事業（international public services, 如通信衛星公司 communications satellite corporation)、非營利性的民間國際協會及基金（multinational associations and foundations）、國際公司（multinational corporations）、國際財團（consortia）及同業聯盟（cartels），因其對國際社會影響重大，國際法遂賦予它法律行爲的能力，使其盡若干義務，享若干權利，成爲國際法人。這一類的國際法規，今後將日漸增多，但它不是規範國與國間之相互關係，而是超越國家的法規（Transnational Law），我們可以稱它爲『世界法』（World Law）或『人類法』（Law of Mankind）的先趨。

由於以上三項新發展，創制了許多新的國際法規則，並對國際法的將來發展，發生深遠的影響。

但就實際情形而論，國際法主要仍是規範國家與國家間權利與義務的一種法律體系。僅從『國際法』（International Law）或『萬國公法』（The Law of Nations）的名稱中，即可得知國際法主要研究的範疇，是國家與國家間的法律行爲關係。國際法賦予國家若干權利，或課予國家若干義務，無疑的是國際社會現行法規中的最大部份。

現行國際法規固爲具有拘束力的法規，可是對於未具有普遍拘束力的準則（standards），例如聯合國大會通過的各種宣言（Declarations），國際勞工組織大會通過的各項建議（Recommendations），以及依照一九五九年南極條約定期召開的諮詢會議通過的各項建議，會員國仍須遵守。此等準則獲得普遍接受之後，終將演進爲國際法中具有拘束力的法規。

曩昔國際法的主要目的，只在維持一種有秩序的國際關係，至其是否符合正義（justice）原則，則不細究。不過，在晚近國際法的發展中，正不斷努力促使國家與國家之間的行爲，儘量符合客觀的正義原則（例如，國際法規定『拒絕正義』Denial of Justice 之國家應負損害賠償責任，以及關於國際仲裁之各項規則及實例，均求其合於正義）。而且，晚近國際法不獨爲國家謀求正義，並爲個人謀求正義。所以，國際法一如國內法，其主要目的在伸張正義。

（註一）國際組織內部法規（internal law），如規範國際組織官員權利及義務的法規，是否屬於國際法？有人認爲屬於國際法，但鑒於國際法院規約第三十八條規定，國際組織內部法規不屬於國際法。

（註二）聯合國大會於一九四八年十二月九日通過滅絕種族罪防止及懲罰公約，該公約於一九五一年一月十二日生效。

（註三）聯合國國際法委員會依照第二次世界大戰國際軍事法庭判決所顯示之各項原則，於一九五〇年草擬一部破壞人類和平及安全法。其第一項原則規定：『任何人對其構成違反國際法之罪行，須負責任，應受懲罰。』

第二款　普遍性規則與區域性規則

國際法中的規則，大別可分爲普遍性規則（general rules）與區域性規則（regional rules）二種。前者是指全球適用的規則；後者是指在某一區域內發展形成的規則，僅適用於該區域內的國家，尚未發展成爲普遍性的規則。區域性規則最好的例證，就是拉丁美洲國家共同遵守的規則，例如，關於外交庇護（diplomatic asylum）的各項特別規則，僅適用於拉丁美洲國家。國際法院於一九五〇年審判哥倫比亞與秘魯人民庇護案（Colombian-Peruvian Asylum Case）時，曾對所謂『拉丁美洲國際法』以及區域性規則的性質，詳加研討。依國際法院對於該案的判決，可見其對於區域性規則持有兩項法律見解：㈠區域性規則可以獨立存在，無需附屬於國際法普遍性規則之下，但區域性規則對於普遍性規則具有『補助作用』或關聯性；㈡區域內的國際司法機構，對於能以圓滿解決該區域內國家間爭端的區域性規則，應予以有效適用。

近年國際組織趨向區域化約有四種情形：㈠區域內國家融合成爲具有『機能』的集體組織（functional groupings），如依一九五七年三月二十五日羅馬條約成立的歐洲經濟組織（European Economic Community）；㈡結合成爲區域安全組織，如一九四九年四月四日簽訂的北大西洋安全公約，成立北大西洋安全組織；㈢成立區域合作機構，如一九四八年成立的南太平洋委員會；㈣設立區域國際法庭，如依照一九五一年四月十八日簽訂的歐洲煤鐵共營組織條約第三十一條至第四十五條規定而設立的法庭，現已成爲歐洲經濟組織及歐洲原子能委員會的法院；此四者均足反映國際法中區域性規則的發展。

自一九五七年以來，歐洲經濟組織司法及行政機構共同適用的法規，包括歐洲經濟組織法院法官裁決的判例，均可稱爲歐洲區域法（Community Law）。這些區域法有一項顯著的特性，就是在某種情況及特殊條件下，得在歐洲市場各會員國國內法的法系內，直接適用；如果這些區域法明確規定，無需各會員國另訂實施法令，各會員國法院應承認其效力與優越性。

第三款　國際法的起源及發展

國際法的發展史分爲三個時期：古代、中期及現代。自希臘城邦至格羅秀斯（Hugo Grotius, 1625）之前是古代時期；自一六四八年威斯特發里亞條約的簽訂至國聯停止活動是中期；自第二次世界大戰結束聯合國成立迄今是現代時期。古代國際法是規範城邦或帝國之間戰爭的原始法規。中期始於威斯特發里亞條約（Treaty of Westphalia, 1648）的締結，神聖羅馬帝國的崩潰，以及基於主權學說民族國家的興起。中期的國際法被認爲是規範主權國家之間的行爲規則。現代國際法的特徵是規範國家與國家，國家與個人以及國際組織之間的關係。近三十年來，國際法所研究的範圍，不以國家與國家之間的關係爲限，而擴及到個人與國際組織。

國際法的起源，應追溯到上古時期。在古代文化相同的社會裏，各自獨立的國家相互交往，自然需要釐定其相互之間的關係，而且我們可從它們相互關係上所遵守的習尙（usages）看出，古代確有類似現代國際法規則的存在。在中國春秋戰國時代，諸侯王國相互征戰交往，即產生類似現代國際公法的學說，如國家絕對自主說，國家平等說，國家互助說，戰爭正義及排除戰爭掠奪說。同時亦有類似現代國際法的規則，如各國常遣使交往，互通有無；各國訂立盟約，言歸於好；齊楚搆兵，宋告中立；師出有名及不得殺害平民等法規（註一）。在古代的埃及與印度，亦可發現當時訂有各種條約，使節享有豁免權，以及若干戰爭法規與慣例的存在。同時在古代回教國家中，亦有藉助仲裁與調停解決爭端的實例。不過，我們如果認爲這些古代的實例，對於現代國際法演進直接的有其重大貢獻，不免言過其實。

希臘城邦時期，在許多地小而獨立的城邦之間相互關係上孕育國際法的雛形。一位權威法學家溫道夫教授（Professor Vinogradoff）稱：希臘時期各城邦共同遵守的慣例是『城邦法』（Intermunicipal Law），甚爲確切。此種『城邦法』包括希臘各城邦間經長時期逐漸形成而共同遵守的習慣法規。例如，在戰爭中敵對雙方的使者享有不可侵犯權、兩國交戰應事先宣戰、以及戰俘不得充當奴隸等項規則。這些規則不獨適用於希臘城邦之間，並適用於其鄰國之間。不過，這些規則都深受宗教的影響，顯示在希臘時期，法律、道德、正義與宗教四者尚未明確分開。

羅馬帝國對於與羅馬接觸的外邦或外邦人相互之間的關係曾訂有若干行爲規則，其中最值得重視者，就是這些規則具有法律性質，與希臘城邦所遵守的慣例之具有宗教性質，有其顯著的不同。不過羅馬對於國際法發展的主要貢獻，不在於羅馬法的直接影響，而在於羅馬法的間接影響。因爲中世紀歐洲學者基於其對羅馬法的精湛研究，曾就國家與國家相互間的關係，演繹出可供當時採行的各項類同的原則和規則。

事實上，希臘與羅馬對於國際法的發展並無多大直接貢獻。因爲有利國際法發展的環境，當時並不存在。在十五世紀之前歐洲局勢非常混亂，國際間任何有效的行爲規則，均不可能產生。而且當時歐洲政治環境，也無制定國際法規的需要。當羅馬歷史的後期，羅馬帝國獨霸整個歐洲文明世界，既無其他獨立國家與之抗衡並立，因而也就無產生國際法的需要。至中世紀初期，有兩大因素阻礙國際法發展：㈠政教合一的神聖羅馬帝國統治着歐洲大部份地區，這種名義上的統一，掩蓋了許多內在的衝突與不和諧；㈡建築在特權階級之上的歐洲封建制度，不特不利於民族國家的興起，而且阻止當時的國家獲得現代主權國家所具有的特性和權力。

及至十五及十六兩個世紀，國際社會發生重大變遷。新大陸的發現、歐洲文藝復興及宗教改革，瓦解了歐洲政教一統的局面，並動搖了中世紀基督教帝國的基礎。爲適應此一新興國際情勢，當時各家學說紛起。法人布丹（Bodin, 1520-1596）、義人馬加維里（Machiavelli, 1469-1527）、英人霍布思（Hobbes, 1588-1679）等名家的學說，曾倡導現代主權國家與主權獨立的新理論。

當時歐洲各主權獨立國家興起並立，一如古代希臘城邦。各獨立國家在其相互關係上共同遵守的習尙與實例，逐漸形成爲國際法的習慣規則。當時在義大利有許多地小而獨立的國家，在它們相互之間以及它們與歐洲其他國家間均維持外交關係，因而形成若干關於外交使節的習慣規則。例如，關於外交使節的派遣與接受，以及外交使節享有不可侵犯的特權。

另一個促成國際法發展的重要因素，就是十五及十六兩個世紀的法學家們已開始研究各獨立主權國家形成的國際社會的發展，並在思考國際法的各種問題，著書立說。他們覺察到需要制定一套規則，以規範國家與國家間的相互關係。當新情勢發生而無習慣規則可資遵循時，法學家們只有憑藉推理或類比的方法，研議並創制可行的規則與原則。到十七世紀末期，歐洲學者恢復對羅馬法的研究，他們不僅從羅馬法中演繹出各項原則，而且還要藉助於古代歷史上的先例，藉助於基督教會的神學與寺院法（Canon Law），以及牛神學觀念的『自然法』（Law of Nature）。

早期對於國際法有重大貢獻的學者，有薩拉門卡大學（University of Salamanca）神學教授維多利亞（Vittoria 1480-1546）、義人貝理（Belli, 1502-1575）、德人布魯納斯（Brunus, 1491-1563）、西班牙人瓦斯奎茲（Fernando Vasquez de Menchaca, 1512-1569）、西班牙法學家亞耶納（Ayala, 1548-1584）、西班牙一位偉大神學家蘇賴滋（Suarez, 1548-1617）、牛津大學民法教授義人金提利斯（Gentilis, 1552-1608）等人。金提利斯是將國際法從倫理學與神學中劃分出來的第一位學者，所以有人認爲他是國際法的創始人（註二）。當時法學家關於國際法的著作中，最大部分是戰爭法規。這是因爲歐洲各國到了十五世紀已經開始擁有常備兵，交相征戰，逐漸形成共同遵守的戰爭慣例。

荷蘭法學家兼外交家格羅秀斯（Grotius, 1583-1645），被後世認爲是早期最偉大的國際法學家，他的一部有系統的國際法著作『戰爭與和平法』(De Jure Belli ac Pacis, The Law of War and Peace)，於一六二五年出版。由於這部著作的問世，格羅秀斯被稱爲『國際法之父』(Father of the Law of Nations)。不過也有人認爲此一稱號並不恰當，因爲在格羅秀斯這本書中有許多處是取材於金提利斯的著述，同時，他也吸取貝理及亞耶納諸名家的理論。『戰爭與和平法』一書，並未將一六二五年時期已有的國際法全部羅列殆盡。格羅秀斯既未對當時的法規與實例，盡行論述，亦未將當時的戰爭規則和慣例全部列入。而且『戰爭與和平法』一書也不是專門論述國際法，書中也曾論及法律科學及哲學的問題。格羅秀斯在國際法學史上具有的超越地位，毋寧是由於他的著作是第一部綜合性的國際法基礎論著，對於以後國際法的發展具有啓發性的影響。

格羅秀斯是一位具有實際經驗的外交家，又是一位執業的律師。他在書中一再論述當時各國實際遵守的各項習慣規則。同時，格羅秀斯是一位神學家，他袒護某些神學理論。在他的著作裏有一個中心思想，就是除了慣例與條約是國際法的淵源外，他並認爲『自然法』是國際法的一個獨立的淵源。格羅秀斯學派主張的『自然法』，已經相當脫離了宗教思想的窠臼，主要基礎是建築在人羣社會的自然理性上。此種理論對於以後的國際法學家，發生了重大的啓廸作用。

格羅秀斯對於國際法的發展具有深遠的影響，其影響的程度，隨各個時期而有不同。他對於各國在施行國際法方面的實際影響，却遠非他人所能及。若說他的意見具有權威性，則又不盡然，因爲他的意見常常受到批評。他的名著『戰爭與和平法』，一直被視爲一本最有價值的參考書。後世法院的判詞，經常援引他的權威意見。現今國際法的教科書中，也多引述他的理論。格羅秀斯有些學說流傳迄今，仍被奉爲國際法的原則。例如，他所主張的整個國際關係皆須服從法律的原則、正義戰爭與不義戰爭的劃分、承認個人享有基本權利與自由、中立學說、和平理想以及高峯會議的效果等項原則，都已爲現代國際法所採納。若說國際法開始成爲一門有系統的學科，是由於格羅秀斯著作問世的結果，確不爲過。

在格羅秀斯之後的兩個世紀中，歐洲現代國家體制之終於完成，結束三十年戰爭的一六四八年威斯特發里亞條約（Treaty of Westphalia）的簽訂，以及習尙與實例逐漸形成許多新的習慣規則，對國際法之發展均發生重大影響。歐亞兩洲各國政府相互往來發生條約或其他關係，對國際法規則之形成亦有貢獻。此外許多偉大的法學家從事國際法的著述與研究，更加充實了國際法學的內容。他們對於國際法作有系統的研究，不獨闡明當時通行的各種法規，並且提供國際關係中尙付闕如的各種新的規則和原則，這些名國際法學家的著述和習慣規則的交互影響，自然促進了國際法的發展。在十九世紀甚至到現代，各國法院的判詞，仍多援引這些法學家的意見以爲論據，由此可見法學家的論著對於國際法發展影響之大。

十七及十八兩個世紀最著名的國際法學家，有英國牛津大學民法教授與海事法院法官蘇盧（Zouche, 1590–1660）、德國海德堡大學教授浦芬多夫（Pufendorf, 1632–1694）、荷蘭法學家賓克雪克（Bynkershock, 1673–1743）、德國法學家與哲學家伍爾夫（Wolff, 1679–1754，他創立了國際法及自然法的研究方法）、德國法律教授莫塞爾（Moser, 1701–1795）和馬騰士（Von Martens 1756–1821）及瑞士法學家與外交家瓦德魯（Vattel, 1714–1767）。在這七位國際法學家中，以瓦德魯對國際法的影響最大，可是他本人卻深受伍爾夫著作的影響。十八世紀，國際法學家有一個顯著的趨勢，就是他們只從慣例與條約中尋求國際法的規則，而不重視『自然法』或理性。尤其是在賓克雪克、莫塞爾及馬騰士諸名家的著作中，此種觀點極其顯著。可是，在同時有些國際法學家還固守着『自然法』的傳統。在這些國際法學家中可分爲三派：㈠『自然法學派』（Naturalists），如浦芬多夫認爲所有國際法是淵源於自然法；㈡『格羅秀斯學派』（Grotians），認爲慣例和條約與『自然法』二者同樣重要。㈢『實證法學派』（Positivists），如賓克雪克等人，認爲國際法的基礎，幾乎完全建築在慣例與條約之上。

及至十九世紀，國際法繼續不斷獲有長足發展，這有許多因素使然。在歐洲大陸內外不斷有强國興起、歐洲文化向海外擴展、世界交通發達、近代戰爭具有更大的破壞力、以及科學發明等，所有這些因素，使得國際社會迫切需要釐定一套國際行爲的有效規則。國際法中的戰爭與中立法規，在十九世紀曾有顯著發展。國際仲裁法院於一八七二年判決『阿拉巴馬輪賠償案』（Alabama Claims Award）後，大量增加各種仲裁案件的判例，此項判例成爲國際法一個新的重要淵源。此外，各國多已習慣於締結條約，以釐定相互之間利益攸關的事務。十九世紀有許多偉大的國際法學家，他們的著作對於國際法學有重大的貢獻，如凱恩特（Kent, 美國人）、菲頓（Wheaton, 美國人）、戴馬騰斯（De Martens, 蘇俄人）、克魯伯（Kluber, 德國人）、菲利摩爾（Phillimore, 英國人）、卡爾服（Calvo, 阿根廷人）、費奧利（Fiore, 義大利人）、普拉迪佛德瑞（Pradier-Fodéré, 法國人）、布倫智利（Bluntschli, 德國人）、霍爾（Hall, 英國人）。這幾位著名的法學家有一個共同的趨向，就是精心研究現行國際法規，而揚棄『自然法』的觀念。不過，在沒有慣例或條約規則時，他們仍需要憑藉思維，推想出可資適用的法規，可知他們也沒有完全放棄理性和正義。

二十世紀以來，國際法有更重大的發展。一八九九年與一九〇七年兩次海牙會議設立的常設仲裁法院（The Permanent Court of Arbitration），一九二一年設立的常設國際法院（Permanent Court of International Justice)，一九四六年設立的國際法院（International Court of Justice)，取常設國際法院而代之，均是具有權威的國際司法機構。第一次世界大戰之後各種國際組織應運而生，這些國際組織的職權，實際上具有類似世界政府的職權，均在爲謀求世界和平與人類福祉而努力。例如，國聯及現在的聯合國、國際勞工組織、國際民航組織、及本書第二十二章至二十五章所述的其他各種國際組織，都分掌世界政府各部門的職權。由於國際組織的發展，國際法的範疇，隨之擴大。一方面增進國際間的經濟與社會的利益。同時保障個人的基本權利及自由。

晚近國際法發展有一特徵，就是法學家對國際法影響的式微。現今國際法學家所重視者爲各國之實例及司法機關的判決。同時依據以往慣例和現行實例來擬訂國際法，不能行之過速。例如一九五八年日內瓦會議制訂的海洋法，一九六一年、一九六三年及一九六八年至一九六九年在日內瓦及維也納分別制訂的外交關係、領事關係及條約法三個公約，以及一九八二年制訂的海洋法公約，都是根據實例而制定的國際法規則，但卻不能爲參加會議的國家普遍接受。再者，現今『自然法學派』的影響力亦大不如前。也許這是因爲在歐洲大陸之外興起許多獨立的國家，這些新興國家（尤其是亞非國家）一向未接受過基督教文明的『自然法』等觀念。反而向歐洲各國在十七及十八兩個世紀逐漸形成的國際法的基本原則挑戰。而且，國際法過去許多傳統的規則與觀念，在現代科技進步、經濟發展及開明思想的影響下，已經不能適應今日國際社會的緊急需要。例如現今世界分成若干政治與經濟集團，新興國家之崛起，各國相互結合成爲各種國際組織，此種前所未有的國際政治情勢，傳統的國際法已不能適應。不僅此也，現在還需要研訂國際法的新規則，來規範原子及熱核能的用途，國家在太空及宇宙的活動，維護並管制人類生存環境，以及探測與開發海底的資源。

（註一）中國古代的國際法，請參閱洪鈞培編著的『春秋國際公法』（中華書局印行）。

（註二）初期國際法學家多為西班牙的神學家，他們被稱為西班牙神學派，其中包括蘇賴滋、亞耶納等人。他們强調國際法的普遍效力，並主張所有國家均應遵守一種更高的法律體系，這些觀念曾對國際法發生重大影響。

第四款　國際法的新趨勢

就現今國際社會而論，國際法是規範國與國間大部份關係不可缺少的規則，如果沒有了它，國與國間就無法實際交往。事實上，國際法是各國在其相互關係上一種實際需要的產物。若是國際法不存在，各國在國際社會裏就很難得到通商貿易、文化交流及相互交往的便利。

近五十年來，國際法的發展速度超過以前任何時期。這自然是由於科學發明，克服了時空與知識交換的限制，使得國與國之間增加相互依存與相互交往的結果。各國政治家及法學家必須為國際社會創制各種新規則，以求適應新的國際環境。過去國際社會尚可依賴緩慢演進的習慣規則，而今專靠習慣規則的形成，不足以適應世局的變遷，因而需要加速創制新規則，以資適應新環境。因此之故，半世紀來，各國締結許多種多邊條約，制定各項新規則，為國際社會構成份子所共同遵守。此類多邊條約可稱為『立法條約』（law-making treaties）、或『國際立法』（international legislation）。除此之外，常設仲裁法院、常設國際法院及國際法院的判決，對於促進國際法的發展，亦有其重大的貢獻。

同時，國際法典的編纂，自第一次世界大戰之後，也獲有顯著的發展。國聯依據一九二四年九月二十二日大會的決議，設立『國際法漸進編纂專家委員會』，並於一九三〇年召開第一次國際法編纂會議，討論國籍、領海及損害外僑生命財產的國家責任三個問題。會中通過國籍法公約，由三十一國簽署。對於其餘兩個問題尚未能達成協議。第二次世界大戰後，聯合國憲章第十三條規定：『大會應發動研究，並作成建議：以……提倡國際法之逐漸發展與編纂』。聯合國大會乃於一九四七年十一月二十一日通過決議案，設立國際法委員會（International Law Commission）。該委員會最初係由十五位委員組成，現今增至三十四位委員。各委員都是以國際法學專家的資格參加該委員會工作，其任務卽在將既存的國際慣例，加以整理，編纂成爲成文法規，期能訂爲公約，以供實施。該委員會自一九四九年舉行第一次會議以來，其所研擬的法規包括國家基本權利與義務、破壞人類和平及安全的罪行、條約的保留、海洋法、條約法、仲裁程序、國籍、無國籍、國際犯罪的管轄權、侵略的定義、國家責任、外交關係及領事關係公約、國家及政府的繼承、國家與國際組織間關係、最惠國條款、國家及國家財產管轄豁免，以及非通航用之國際水道等。聯合國於一九五八年在日內瓦舉行海洋法會議，通過領海及鄰接區公約、大陸礁層公約、公海公約以及捕魚及養護公海生物資源公約。一九六一年在維也納舉行國際會議，通過外交關係公約；一九六三年在維也納舉行國際會議，通過領事關係公約。一九六九年在維也納舉行國際會議，通過條約法公約。聯合國於一九七三年至一九八二年經過多次會議制定海洋法公約。至於其他國際組織召開的國際會議所通過的各種國際公約，不勝枚舉，這些工作對於國際法典的編纂，無不有其貢獻。

國際法爲適應國際社會的變遷而不斷發展。現代國際社會受到科學技術的進步，使得相互間的依存性益加密切，國際法亦隨之由過去研討主權、戰爭及中立法則，趨向於謀求平等（equality）、普遍（university）、基本人權、並促進社會福利及經濟發展。過去國際社會多年所形成的習慣與條約的規則，經由聯合國及其專門機關的研討修訂，已經有重大的變更。不過現代國際法並未完全脫離過去的淵源，也並未置先例於不顧。國際法的發展是一面借重過去的案例成規積累，同時謀求制定新規則適合國際社會將來的需要。因此，現代國際法的範疇已經擴充到許多新的領域，例如國際憲法（International Constitutional Law）、人權法（Humanitarian Law）、太空法（Space Law）及國際經濟及金融法(International Economic and Financial Law）等等。國際社會將會不斷的發生變遷，適應國際社會需要的國際法必然也會隨之發展。

第二節　國際法的性質及理論基礎

關於國際法的性質與其理論基礎，各種學說併興，議論紛紜，莫衷一是。我們先探討有關幾個問題，可以幫助我們瞭解國際法的性質。

第一款　國際法的法律地位

現今仍然不免有人輕視國際法的重要地位，甚至對於國際法的存在與價值，也發生懷疑。國際法之所以未能獲得普遍重視，有兩個主要原因：

㈠一般人的看法，認爲國際法的目的，只在於維持世界和平；

㈡許多國際法規則，不像和平與戰爭問題的重要，很少爲人所注意。

誠然，國際法規則之涉及和戰問題的並不常見，各國外交部的法律顧問與執行業務的律師，每天實際援用的，都是爲了解決各種涉外案件的國際法規。在這許多層出不窮的案件中，如旅居國外僑民受到損害所提出的損害賠償要求、外國人的入境許可或驅逐外僑出境、引渡犯人、國籍問題、以及涉及許多複雜的國際貿易金融、民航海運及核能等條約的解釋等，莫不屬於國際法的範疇。

國際法因侵略戰爭的發生而遭破壞，自然容易令人滋生一種不正確的觀念，以爲戰爭破壞了全部國際法。對於這一看法的答覆是：縱使是在戰時，國際法並未完全被破壞。例如，許多關於敵對國家間的關係或敵對國家與中立國家間的關係之規則，卽在戰爭期中仍然有效，而且其中大部分規則，仍然被有關國家嚴格遵守。此外值得我們注意者，卽侵略國家也每援引國際法的規則，爲其本身破壞和平的行爲而辯護，由此可見卽使侵略國家也不敢擅自違反國際法。

國際間發生次於戰爭的危機，衝突的國家亦援用國際法爲其本身的行動而辯護。例如，一九六二年古巴飛彈危機，美國援用一九四七年『美洲互援條約』，作爲其封鎖古巴的法律依據。

我們尙可對國際法作進一步的辯護：一國之內不是也時常發生違法亂紀的犯罪案件嗎？可是沒有人否認國民所必須遵守的國內法的存在。同樣，國與國之間發生戰爭，也不能夠因而就否認國際法的存在。

有人認爲國際法的目的完全在於維持世界和平，這也是似是而非之論。正如法學家柏克特

(W. E. Beckett)所說：國際法的存在，毋寧是

一種法律制度，國際關係賴以維持；並是一種法律體系，以便利國際間的交往；因為國際法有其實際需要，縱使戰爭迭起，仍然不失其法律效用。

這位法學家又說：

理想的國際法，自然必須是一種完備的法律體系，使得戰爭完全絕跡。正如理想的國內法，是一部完美的憲法與法律體系，使得革命、暴亂及罷工等違法事件不致發生，甚至每一個人的權利都能夠很快的、輕而易舉的、而且無錯誤的獲得保障。

此種理想的法律體系，自難實現，但國際法與國內法本身之存在，絕不容置疑。

第二款　國際法的法律性質

國際法性質為何？這是指國際法是不是法律問題。

許多學者認為國際法不是眞正的法律，只是具有道義力量的行為規範。英國法理學家奧斯丁(Austin, 1790-1859)卽是這一派學說的先驅。對於國際法具有眞正法律性質表示懷疑的其他學者，尚有霍布思、浦芬多夫及邊沁(Bentham)等人。

由於奧斯丁對於一般法律所持的見解，使得他對於國際法的看法，不免有失偏頗之處。奧斯丁認為法律乃是最高權力的立法機關頒布的命令。在理論上講，如有某種法規，經分析到最後，不是出自政治上最高權力者的頒佈，或甚至沒有最高權力者存在，那麼這種法規就不是具有法律性質的規則，只是道德規律或是倫理規範而已。將此種理論應用於國際法，顯然國際社會中缺乏

一個具有最高立法權的機關或最高的權力者，而且當時的國際法大部份都是習慣的規則，因而奧斯丁的結論是：國際法不是眞正的法律，只是『成文的國際道德』而已，類似一個社會團體訂立的章程。他進一步形容當時的國際法，只是『國際間普遍流行的意見或觀念』。

對於奧斯丁的理論可作如下解答：

㈠近代歷史法學派並不贊成他對於法律的一般理論。事實上，在許多社會中，並沒有一個正式的立法機構，仍然有一個普遍被遵守的法律體系存在，此種法律與任何國家經由最高立法機關制定的法律，在實施效力方面，並無軒輊。

㈡奧斯丁的理論，縱使在他那個時代是對的，可是對於現今國際法仍是不正確的。近五十年來，大部份『國際立法』（international legislation）是由立法條約及公約而產生，國際法中習慣規則所佔的部份已相對的減少。誠然，在國際社會中沒有一個具有最高權力的立法機關，可是經由各種國際會議，或是經由各種國際組織，制定這些法規的『國際立法』程序，卽使不如各國立法程序的有效，可是實際上業已存在。

㈢現今各國外交部或各種國際行政機構辦理國際事務人員，一向視國際法問題爲法律問題。換言之，各國主管國際事務的機關，並不認爲國際法只是一種道德規範。包洛克（Sir Frederick Pollock）說：

如果說國際法只是一種道德，那麼有關國家外交政策的文件起草人，應集中全力為道德辯論，可是事實並不如此，他們並不是訴諸人類的道義感，而求諸於司法的先例、條約及法律專家的意見。各國政治家與公法學家認為，國際事務中有一種與道德規範迥然不同的法律體系存在。

事實上，有些國家明確認爲國際法具有與國內法相同的拘束力。例如，依照美國憲法的規定，條約是『本國的最高法律』（美國憲法第六條第二句）。美國最高法院的法官一再承認國際法具有憲法效力。美國最高法院法官馬歇爾（Marshall, C. J.）在判決一個案件中宣告：國會的立法，『在有其他可能解釋之時，決不應解釋與國際法相牴觸』。法官葛理（Gray, J.）在判決另一個案件中，曾作如下的宣告：

國際法是我們法律的一部份，各級管轄法院必須予以確認和執行。例如，依據國際法可享有的權利發生問題，應經適當程序訴請各級法院裁定。

而且，世界各國在國際會議中一再承認國際法具有法律效力。例如，一九四五年在舊金山制定的聯合國憲章曾經明白表示，是以具有眞正法律效力的國際法爲基礎。聯合國憲章附錄的國際法院規約條文中，也曾明確規定國際法院的職權。例如，國際法院規約第三十八條規定：『法院對於陳訴各項爭端，應依國際法裁判之。』

國際法的規則與『國際睦誼』（international comity）不同，前者在法律上有拘束力，而後者是善意與禮誼的規範。這些『睦誼』的本質，正是奧斯丁所說的『國際法』，只有純粹道義的性質，這可從『國際睦誼』的典範中看出。大多數外交代表自用物品享有關稅豁免權，過去這種權利的給予，悉聽一個國家的自由裁奪，而不是國際法所强制的規則。

薩道（Sir Ernest Satow）在他所著的外交實務（Diplomatic Practice）一書中說：

外國派駐在英國的外交使節輸入自用物品得免繳關稅，並不具有一種權利性質，而是英國政府對於派遣外交代表的國家所表示的一種禮貌。

一國如不遵守國際法的規則，他國便可提出權利要求，例如，要求給予精神上的道歉，或是給予物質上的損害賠償或補救。一國如不遵守『國際睦誼』的習尙，只能視爲這個國家缺乏禮貌，而不發生任何法律效果；因爲他國缺乏國際睦誼而受影響的國家，至多只能夠以同樣的缺乏國際睦誼的態度去施行報復，而不能夠訴諸任何法律行爲。

這些事例證明奧斯丁一派學者認爲國際法不是法律的理論，並不正確。但是我們也不能夠漠視一個事實，那就是國際法是一種效力薄弱的法律（weak law）。過去國際法主要是習慣的規則，任由各國援例實施。現有國際立法機關之權力，尙不能與國家立法機關相比擬，而且經國際會議制定的公約中載有選擇條款，任締約國自由選擇加入，一九六五年三月十八日制定的『解決國家與他國國民間投資爭端公約』，卽有此項規定。聯合國雖已重建一個國際法院，可是這個國際法院對於解決國與國之間的法律爭端，並無普遍强制管轄權。而且，國際法中許多規則是很難制定的，至少可以說，有許多規則是十分不確定的。一九三〇年在海牙召開的第一次國際法編纂會議，試圖編訂若干國際法規則，就是因爲遭遇各種困難，而未能獲得完全成功。因有許多問題引起爭辯而未能獲得解決，對於下列兩個問題未曾獲得一致協議：（一）領海的寬度；（二）國家對於外僑的責任。以致這次會議對於習慣規則的編纂，與新規則的制定，均難達成協議。聯合國國際法委員會自一九四九年成立以來，也是因爲遭遇到相同的困難，迄今對於若干特定規則與原則的制定，亦未獲得一致的協議。例如，一九六〇年海洋法會議對於領海寬度問題，一九六九年條約法會議對於條約失效的規則，由於發生重大歧見，很難獲得統一的規定。聯合國於一九八二年雖通過海洋法公約，仍有許多國家持不同意見，拒絕簽署。

第三款　自然法學

國際法的理論基礎，是探討國際法何以有拘束力的問題，歷來各家學說議論紛紜，莫衷一是，簡要分爲自然法學和實證法學兩派。

我們從古代就可看出，『自然法』（Law of Nature）的觀念對於國際法發生重大影響（註二）。過去關於國際法性質與其具有拘束力的幾種學說，均以自然法爲論據。

最初，『自然法』與神學相結合，迄至格羅秀斯，始將自然法從神學觀念中脫離出來。以後格羅秀斯學派中學者，認爲自然法是基於人類理性的一種理想法律，是人類理性的自然律令。這一派學者依此基本理論，演繹成各種學說。『自然法學派』（Naturalists）認爲國際法之具有拘束力，乃是將『自然法』適用於特殊的環境之故。換言之，各國之所以遵守國際法，是因爲國與國之間的關係，受着一種更高的法律——『自然法』——指導，因而國際法只是自然法的一部份。『自然法』的學說，到十八世紀得到更進一步的發展。在瓦德魯（Vattel）一七五八年出版的國際法（Droit des Gens）書中有下列一段文字，可以看到十八世紀『自然法』學的精義：

我們使用國際強制法(Necessary Law of Nations)這個名詞，乃是這一種法律由於自然法適用於國際行為而產生。稱其為強制（necessary）者，因為各國必須絕對遵守。其中所包含的規則，都是自然法對於國家的律令，因而自然法對於國家的拘束力，不亞於自然法對於個人的拘束力。因為國家是由個人所組成，國家的政策是由個人來決定，不論個人居於何種職位而制定國家政策，則其隸屬於自然法之下，無何不同。格羅秀斯本人和其後格羅秀斯學派的學者稱這種法律為內在的國際法(Internal Law of Nations)，因為它約

東國家執政者的良心。有些學者稱它為自然國際法（Natural Law of Nations）。（註二）

以『自然法』爲立論根據的學者們，有一個共同的趨向，就是他們都假藉『自然法』爲理性、正義、功利、國際社會的全體利益、强制法或宗教教規等比較具體觀念的化身，這樣在理論上造成相當混亂，尤其對於『自然法』意義的詮釋，更是人言言殊。

今日仍然存有『自然法』學說的遺跡，不過很少有往昔的教條形式。最近各種國際公約，規定各國要尊重人權與基本自由，這種趨向卽含有『自然法』的色彩。聯合國國際法委員會於一九四九年擬定之國家權利與義務宣言草案（Draft Declaration on the Rights and Duties of States），也是基於『自然法』的理論（註三）。第二次世界大戰後，對於殘酷成性違反人道的戰犯，施以懲罰，也援用『自然法』，說明此項懲罰是合乎正義的。除此之外，採取國際社會學觀點的學者，視『自然法』的觀念，與應用於國際社會的理性與正義是同一事物，並認爲它是國際法未來發展的基礎。

因爲『自然法』的理論，具有理性與理想的特質，所以它對於國際法的發展，發生重大有利的影響。雖然它缺乏精確的意義，偏於主觀而不是客觀的理論，但是它至少使世人尊重國際法，不過這得先假定道德與倫理的基礎是不可輕視的。相反，它的主要缺點是脫離國際關係的現實。國際法大部份規則是來自國家在其相互關係上的實例，可是自然法學派卻對於各國在其相互關係上所遵守的實例，未予重視。

（註一）自然法的觀念可以追溯到希臘，經由羅馬直到中古時期，例如，在中古亞奎納斯（St. Thomas Aquinas, 1223-1274）的哲學裏，可以發現『自然法』的觀念。

(註二) 瓦德魯認爲，少數國家的意見可以約束並支配他國的行爲，此種觀點顯與自然法相違背。

(註三) 聯合國人權委員會於一九五〇年及一九五二年草擬的兩個人權公約草案 (Draft Covenants of Human Rights) 的前言規定：凡是參加該公約之國家，均承認人權與自由是『源於固有的人類尊嚴』。聯合國大會復於一九六六年十二月十七日一致通過經濟、社會、文化權利國際盟約 (Covenant on Economic, Social and Cultural Rights)與公民及政治權利國際盟約(Covenant on Civil and Political Rights)，均確認此等權利基於天賦。

第四款　實證法學

『實證法學』(Positivism) 的理論，爲許多有影響力的法學家所主張。我們已經知道賓克雪克是十八世紀一位『實證法學家』，但是現代『實證法學家』的理論更爲精密，闡述更爲詳明，已不是在賓克雪克的著作中所能發現。

『實證法學派』(註一) 的學者認爲國際法的規則，經分析到最後，是與國內成文法具有相同的性質，因爲兩者都是國家意志的表現。他們認爲國際法之有拘束力，完全在於國際法爲國家所接受。

『實證法學』的理論是根據於幾個假設的前提。其第一個前提是國家是一個想像中的實體 (metaphysical reality)，它的本身具有價值和意義；第二個前提是國家被認爲具有意志。這個國家意志 (state-will) 的抽象觀念，是創始於德國大哲學家黑格爾 (Hegel)。實證法學派的學者認爲國家意志具有完全的主權和權威。

為符合他們立論的前提，實證法學派的學者認為國際法是國家意志所接受的規則，也就是每一個國家自願限制其主權而接受的一些規則。他們稱此理論為『自我限制』(auto-limitation) 說。此種同意表示的欠缺，國際法便不能拘束國際社會的成員。一位極端的實證法學家蘇恩（Zorn），認為國際法是國內法的一個支系。成為國外公法（External Public Law），只有這個理由，國際法才能對國家發生拘束力（註二）。

實證法學派的學者承認他們的理論，對於國際法的習慣規則很難符合。他們認為國家有時受習慣規則的約束，但無法在條約或公文書中發現國家曾對該項習慣表示過同意。為求符合其主張的同意說（Consensual Theory），他們乃作如下的解釋：國家遵守習慣的規則，雖未『明示』同意，但必須被認為曾作過『默示』同意。他們更進一步解釋說：初加入國際社會的新興國家，對於現行國際法的習慣規則，雖未作『明示』同意，但它必須受其約束，可知它在加入國際社會之前，即已予以『默示』同意。如此解釋顯然是很牽强的，縱使他們所說的理論是對的，也只能限於國際法的若干基本原則，而且需要說明這些基本原則的來源，以證實國家曾經表示過同意。

常設國際法院義籍法官安齊諾蒂（Anzilotti, 1867-1950）是一位著名的實證法學家。安齊諾蒂認為國際法之有拘束力，是淵源於一種最高基本原則或規範。這個最高基本原則就是國家與國家之間的條約必須遵守原則，或稱為條約神聖原則（Pacta Sunt Servanda）。此項條約神聖原則是國際法體系一項絕對的理論基礎，所有國際法規則的拘束力都是由這個原則演繹而生。為符合此說，安齊諾蒂認為國際法中習慣的規則和條約一樣，是基於國家的同意，而且習慣的規則可以被視為一種默認的條約。在他的著作中有一段話，足以說明此項理論：

每一種法律秩序包含各種規範。這些規範之具有強制力，是來自於和它有直接或間接關係的一個最基本的規範。由這個最基本的規範，決定其他各種規範。各種規範綜合構成一種完整的法律體系。國際法律體系所不同者，因為國際法中條約神聖原則，並不依靠另一個更高的規範，它本身就是一個最高的規範。「各國必須遵守其相互締結的條約」，於是這一原則構成為國際法的最高規範。此一規範與其他規範不同，自成為一個完整的法律秩序。凡是根據此一最高原則而制定的所有規範，始具有強制性，我們現在研討的就是屬於這一類的規範。

依據以上的分析，可見安齊諾蒂所謂條約神聖原則，只能部份說明國際法爲何具有拘束力。他認爲習慣的規則之所以能對國家發生拘束力，因爲它是一種默認的條約，他的意見比之其他實證法學家所謂『默示』同意的立論，並不較有充分的理由。

不贊成實證法學派學說的主要理由，可綜括如下：

㈠國家意志說純粹是一種譬喩，以表示國際法對於國家發生拘束力的事實，並未有解釋這件事實。例如，英國批准一項條約，我們只可以說此項批准，是英國表明它願意遵守此項條約的意志。可是，這種說法只是一種譬喩，用來說明此一事實情況，表示英國行政主管機關已經批准一項條約，並表示英國人民，經過他們民意代表的決議，對於該項條約的實施負有義務。因此可知所謂國家意志者，僅是一種譬喩，實際只是英國執政者個人的意志或少數人的意志而已。

㈡同意說很難與事實一致。關於習慣的規則，它之所以具有拘束效力，很難發現國家曾給予任何同意。而且，同意說對於新興國家加入國際社會，更難自圓其說。例如，迦納（Ghana）於一九五七年成爲非洲一個新興國家，它自獨立之日起，即受國際法的約束，可是它並沒有給予同意表示。在這種情況下，如果說是新興國家給予一種『默示』同意，只是對於此一事實作牽强的解釋。實際是既存國家要求新興國家非遵守已經建立的全部國際法不可，英美兩國卽是持此觀點。關於美國的態度，權威法學家摩爾（Moore）在其所著國際法典（Digest of International Law）一書中說：

美國政府曾在各種場合中一再宣佈，國際法是一種法律體系，對於國家發生拘束力，不獨被認為國家給予默示的同意，並且是國家平等參加文明國際社會生活的一個基本條件。

史密斯教授（Prof. H. A. Smith）曾經調查英國官方的法律意見，並檢閱有關國際法問題的政府文書後，他在英國與國際法（Great Britain and the Law of Nations）一書中說：

……英國顯然強調國際法是一個完整的法律體系，對所有文明國家發生拘束力，不論它們是否給予同意，沒有一個國家能夠憑其個別行為，而可免除其對於國際法的一般法規或特定規則所負的義務。

㈢事實上，無需援用國際法中一個特定規則，以觀察某一國家是否對於這個特定規則給予同意，問題只在這個規則是否為國際社會所普遍承認。正如韋斯勒克（Westlake）所說：

只要歐洲文明國家一致同意某項規則，卽足以顯示此項規則具有效力。

㈣現行的條約規則，尤其是『立法』條約制定的若干規則，都是具體的例證，沒有提出任何同意表示的國家也負有遵守的義務。一個顯明的例子，就是聯合國憲章第二條第六項規定：聯合國『在維持國際和平及安全之必要範圍內，應保證非聯合國會員國遵行憲章原則。』

反對實證法學派學說的意見，並不止於上述四點，不過這幾點意見，已充分說明實證法學派學說的主要缺點，就是國家必須表示同意，國際法始生效力，此一前提是不正確的。

實證法學派的學說縱然有許多缺點，可是它對於國際法學發生一項有價值的影響。實證法學派只重視各國的實例，强調只有國家實際遵守的規則才是國際法的規則——如此重視實例也許過份。不過，這樣可使國際法的論著更趨於實際，而免去許多理論上無益而空泛的討論。

關於國際法基礎的各種理論，經過以上分析之後，可以知道國際法為何具有拘束力，實際上很難作圓滿的解釋。誠然，每一種解說均有其偏頗之處，但是我們如果能夠綜合各家的理論以觀，或可得到一個較爲圓滿的解釋。

（註一）『實證法學派』這一名詞，就其廣義言之，凡是認爲各國實際遵守的慣例與條約是國際法唯一淵源的法學家，如賓克雪克等人，都被稱爲『實證法學派』。

（註二）屠波爾（Triepel）對於實證法學派的理論，曾作進一步的闡述。他認爲國際法之具有拘束力，是出於各國一致同意（common consent）遵守的協定；此項協定是各國『共同意志』的表示，任何一個國家不能單獨撤銷其同意。

第五款　國際法的制裁力

國際社會有無制裁辦法，包括外力的制裁辦法，用以確保國際法規則之獲得遵守，現已成爲一項爭論問題。極端說法，認爲國際法是一種缺乏制裁力的法律體系。可是他們所謂國際社會缺乏制裁辦法以强制國家遵守國際法，並非眞實。依照一九四五年六月二十六日聯合國憲章第七章之規定，聯合國安全理事會對於和平之威脅、和平之破壞及侵略行爲之事件，得對某一特定國家採取制裁行動，以維持或恢復國際和平及安全，這是對於破壞國際法的國家，以集體制裁的有效方法，來執行國際法。又依聯合國憲章第九十四條第二項之規定，任何會員國爲國際法院任何案件之當事國，倘不履行依法院判決應負之義務時，他造得向安全理事會申訴。安全理事會如認爲必要時，得作成建議或決定應採辦法，以執行判決。惟須說明者，聯合國憲章並不容許集體或個別使用武力以執行國際法的一般規則。國際法學家孔茲（Kunz）在論『國際法的制裁力』一文中說：聯合國『維持和平』行動，雖有時可以防止破壞國際法事件的發生，嚴格說不能認爲是實行國際法的制裁力。因爲聯合國維持和平武力或行動的主要任務，在於恢復或維持和平或和緩國際局勢的惡化。聯合國憲章第二條第四項規定：『各會員國在其國際關係上不得使用威脅或武力，或以與聯合國宗旨不符之任何其他方法，侵害任何會員國或國家之領土完整或政治獨立。』各會員國依聯合國憲章第五十一條所具有之自衞權，僅以受到眞正武力攻擊爲限。此項規定限制了以往各國得自由使用次於戰爭的各種强制辦法，例如報復與報仇（詳見本書第十九章），或更嚴厲措施，以至於訴諸戰爭，迫使他國履行國際義務。就某種意義而言，歷史上各國一向使用戰爭作爲執行國際法的最後制裁力。依嚴格解釋，在未獲得安全理事會之授權或許可，聯合國憲章禁止各國使用各種制裁辦法來執行國際法；只有在安全理事會適當授權下，始許採取防止或執行性質的制裁辦法，以維持或恢復國際和平與安全。這些制裁辦法不止於使用武力，而且包括經濟制裁，例如對於某一國家或地區實施集體貿易禁運，聯合國對南非及羅德西亞兩國業已採取此項行動。安全理事會於一九六三年八月七日及一九六四年六月十八日先後通過決議案，要求所有國家停止出賣並運輸武器、彈藥及軍事車輛給南非。一九六五年十一月二十日安全理事會決議，要求所有國家儘量停止與羅德西亞的一切經濟關係，包括禁運汽油與石油產品。更有進者，在安全理事會認爲無需使用多數國家集體力量時，可以授權聯合國一個會員國採取單獨制裁行動，例如一九六六年四月九日安全理事會決議，授權英國採取措施，必要時可使用武力，以防止輸運石油給羅德西亞。

就廣義言之，所謂『制裁』(Sanctions)如果是指强制國家履行國際法義務所採用的辦法、程序及權宜措施，在國際法範圍內實施有效的各種制裁辦法中，尙不止於以上所述聯合國憲章的規定。現在舉例說明於下：⑴爲使國際勞工公約的獲得有效實施，國際勞工公約第二十四條至三十四條對於未曾實施公約的會員國所提出之控訴，規定有一套處理程序。國際勞工局得設立調查委員會，以審查控訴案，必要時可向國際法院控訴。倘當事國未能遵行調查委員會報告中的各項建議或國際法院的判決，國際勞工局得向國際勞工大會建議應採之行動，務使未能履行公約之會員國能遵行該等建議。⑵一九六一年三月三十日『痲醉品單一公約』簽訂之宗旨，在於限制各國或地區倘不實施該公約之規定，國際痲醉品管制局(International Narcotics Control Board)依該公約第十四條之規定，有權要求這個國家或地區給予解釋，該局如對其解釋不滿意，得要求聯合國其他主管機關注意此種情勢，並將對未實施公約的國家或地區停止痲醉品之輸出或輸入。⑶有些國際組織憲章中明確規定，會員國有違反憲章所載之原則者，得中止其會籍或予以除名，聯合國憲章第六條卽作此規定。⑷有時一項國際法律義務須藉國內法院執行，例如一九六五年『解決國家與他國國民間投資爭端公約』第五十四及五十五條規定，每一締約國對於依該公約規定所作之裁決，應承認其具有拘束力，並應在其領域內執行該項裁決所課之金錢義務，視同該裁決爲其國內法之終局判決。⑸有時某一國家違犯國際法之行爲，其他國家將視爲無效。國際法院於一九七一年六月二十一日就各國對於南非繼續管理納米比亞(Namibia,西南非)的法律後果發表諮詢意見，認爲南非繼續管理納米比亞是非法的，聯合國各會員國認爲南非對納米比亞所採取之各種行爲無效，而且不得以任何行爲，亦不得與南非發生任何關係，含有接受其在納米比亞之管理與行政之合法性，並不得對南非此等行爲給予支持或協助。

依照聯合國憲章規定，雖有可能採取制裁行動及各種辦法，以强制國家履行國際法，不過實際上國際社會現尙缺乏類似現代國家在其國內的一個常設而有組織的司法力量，確保國際法之獲得遵行。問題在於這樣完全缺乏有組織的外力（external force），是否必然減損國際法的法律性質。我們試一比較國際法與天主教的寺院法（canan law），將可幫助我們對於這一問題的瞭解。在國際法發展的初期，顯然地可以看出國際法與寺院法兩者所有的拘束力，都是以『自然法』的理論爲基礎。違犯寺院法雖可受到懲罰。例如開除教籍，並拒絕參加宗教崇拜儀式，但寺院法與國際法同樣缺乏有組織的外力。但就一般說來，寺院法是被遵守的，因爲在事實上天主教徒樂於接受寺院法的規則。由此可知，國際法雖缺乏有組織的外力，可是它仍然具有法律性質。

至少國際法賦予個人的各種義務具有確定的制裁力。例如，個人違反國際法，犯戰爭罪，其應受之懲罰與國內法的刑事罪犯所應受懲罰類同。對於國際法上的海盜，依照一九五八年四月二十九日日內瓦公海公約第十九條及二十一條的規定，每一國家有權逮捕、審訊；倘犯海盜罪的嫌疑犯認罪，並將予以處罰。同樣，依照一九七〇年十二月十六日海牙『制止非法刼持航空器公約』，締約國對於刼持及危害航機及機上人員及財產安全之行爲將予懲罰，有權拘禁刼機犯，並將採取各種適宜措施。

除了上述各種制裁行動及辦法外，每一國家堅持它在國際法中所具有的權利，以對抗其他國家的侵權行爲，這是國際法實際具有法律性質的主要因素。倘國家不堅持遵守國際法的規則，國際法顯然不能存在。而且强制國家遵守國際法的理論，屬於政治學的範疇，不能嚴格地單從法律方面來作解釋。換言之，國際法爲何具有拘束力的問題，分析到最後，至少與普通法律之具有義務性質的理由，並無不同之處。

第二章 國際法的淵源

國際法的淵源，係指國際法中某項規則，經由何種途徑取得其法律效力而言。是故國際法的淵源，係國際法官裁決案件的重要依據。國際法的主要淵源可分為五種：

㈠慣例；
㈡條約；
㈢法院的判例；
㈣公法學家的學說；
㈤國際組織的決議。

從實務的觀點來說，我們可以想像得到，一國外交部的法律顧問，遇到某些特殊案件發生，請他就國際法的觀點發表法律意見時，他不像國內法的律師一樣，可以直接參考國內法典。因為時至今日，國際法既無法典，也無法律彙編，且因為某一項習慣規則，當時是否已經確立，並不明確，致陷於一種不確定的情況中。有時因為國際間無此習慣，也無實例，更無法學家的意見可資參考，以求得一個正確的解答。他只有靠他自己的思維、推理及判斷的能力，從這些國際法的主要淵源中，尋求適合於其所要解決的某一案件的法律規則。

我們可以看到，國際法院也是採取同樣的方法，裁決各種國際法律爭端。依照現行國際法院規約的規定（註一），國際法院裁判時應適用：

㈠國際條約（註二）；

㈡國際習慣，作為通例之證明而經接受為法律者；

㈢一般法律原則為文明各國所承認者；

㈣司法判例及各國權威最高之公法學家學說，作為確定法律原則之補助資料者。

至於國際法淵源的順序，並不盡如上列的安排。而且『為文明各國所承認之一般法律原則』，有人並不認為是國際法的一個主要淵源。國際法院規約將一般法律原則列為國際法的淵源，是為了國際法院遇到其他國際法淵源不能適用時，可多一個裁決案件的依據。所有國內法體系的共同觀念，構成為法律的『一般原則』。這些國內法的一般原則，可以類推適用於國際法，這顯然是國際法院規約起草人的原意（註三）。國際法院規約第九條規定，每次選舉時，應注意務使法官全體確能『代表世界各大文化及各主要法系』一語，可以證實當時起草人確有此意。有些國際法學家給予其他各種解釋，難以令人信服。（註四）

常設國際法院審理案件，有時需要適用或參照法律的『一般原則』。例如，常設國際法院在審理喬儒工廠案（Chorzow Factory Case）時，曾適用已結之案（res judicata）原則，它並參考『違反任何契約須負賠償之責』的『法律一般原則』；在審理馬羅瑪蒂斯巴勒士坦特許權案（Mavrommatis Palestine Concessions Case）時，曾參考『代債務人清償債務而接替原債權人地位享受其一切權利』(subrogation)的一般原則；在審理麥斯河權案(Case of the Diversion of Water from the Meuse)時，赫得遜(Manly O. Hudson)法官認爲，常設國際法院得適用英美衡平法的各項原則，作爲法律的『一般原則』。可是國際常設法院，至少曾有一次拒絕適用一項法律『一般原則』，就是在審理塞爾比亞借款案(Serbian Loans Case)時，常設國際法院認爲英國法律中著名的『禁止翻供』(estoppel)原則不得援用。最近，國際法院麥克萊法官(Judge McNair)借用民法中關於信託的一般原則，處理有關委任與託管制度的問題。不過，這些國內法共同遵守的『一般原則』，雖不是國際法的主要淵源，只是國際司法判決的理由與論據，但現今最有權威的國際法院却樂於援用。

就理論觀點來說，適用法律『一般原則』的規定，無異是給實證法學派『敲喪鐘』，因爲此項規定，明確拒絕實證法學派學者的見解，因爲他們只認慣例與條約是國際法唯一淵源。此項適用法律『一般原則』之規定，並未解決『不明朗』(non-liquet)問題。所謂『不明朗』案件，是指國際法院遇無適當法規可資適用裁決該案時，得宣佈該案爲『不明朗』案件，在法律上無權予以判決。有些法官和法學家認爲：規定法律一般原則爲國際法院裁判的依據，並不是制定一項新規則，而是對國際法院歷來遵行的辦法予以確認而已。

(註一) 現行國際法院規約第三十八條第一項之規定，除『法院對於陳訴各項爭端，應依國際法裁判之』一語外，與常設國際法院規約第三十八條之規定相同。

(註二) 國際法院規約第三十八條第一項(子)款規定：『不論普通或特別國際協約，確立訴訟當事國明白承認之規條者。』

(註三) 國際法院規約係由法學家諮詢委員會(Advisory Committee of Jurists)所起草。菲律摩爾

(Lord Philimore) 在該委員會中說，所謂『一般原則』，是指所有國家在國內法中所接受的原則，如善意 (good faith) 原則，已結之案 (res judicata) 原則。

(註四) 對於『爲文明各國所承認的一般法律原則』一語，有下列各項解釋：(1)一般正義原則，(2)自然法，(3)來自民法中的類比，(4)比較法的一般原則，(5)國際法的一般原則，(6)法律一般學說，(7)法律一般觀念。

第一節　慣例

第一款　慣例之形成

過去國際法中最大部份規則是習慣的規則。這些習慣的規則，都是經過長久歷史的演進，終至爲國際社會所遵守。自十九世紀中葉以來，國際間締結的『立法』條約大量增加，而且將來更有增無已，因而習慣的規則在國際法中所佔的比重隨之減少。可是直到今天，關於國家領土、國家管轄權及國家責任等規則大部份仍是習慣的規則。

在國際法著作中，『慣例』（custom）與『習尙』（usage）一詞常交互使用。嚴格說來，二者有其顯著的區別。習尙是慣例的胚胎時期。當慣例形成之時，習尙卽已終止。習尙是國際交往一種例常行爲，但是尙未完全具有法律性質。習尙可能相互牴觸，慣例必須前後一致，不得自相矛盾。溫尼爾（Viner）給英國法律中的慣例下一個定義，非常簡要：

慣例（custom），就法律意義言，乃是具有法律效力的習尚（usage）。

自古迄今，習慣的因素是國際法規則中一個特徵。在上古希臘時期，戰爭與和平法規，是發生於希臘各城邦共同遵守的習尙。希臘每一個城邦共和國所遵守的各種習尙，經普遍採用成爲統一形式之後，卽成爲習慣規則。在中古時期義大利各城邦之間，我們也可看到同樣的發展。到十六及十七世紀，歐洲形成一個以主權獨立爲基礎的民族國家組成的國際社會，更加速習慣規則的形成。近代歐洲國家在相互交往中發生的各種習尙，亦逐漸發展成爲國際法的習慣規則。

習尙或實例（practices）約在下述四種情況下形成爲習慣的規則。

㈠國家與國家之間的外交關係：許多習慣規則，係由各國外交實例所形成。如由各國政治家的言行、各國政府法律顧問發表的意見、各種雙邊條約、各國政府發言人發表的新聞或官方聲明，都可證明各國所遵守的習慣。

㈡國際組織的實例：各國際組織的實例，亦可形成國際法中關於國際組織的地位、職權或責任等習慣規則。如常設國際法院依據國際勞工組織的實例，發表它的諮詢意見，認爲該組織有權制定全球性的佃農工作條件。又如最近國際法院依據聯合國締結各種協定的實例，發表它的諮詢意見，認爲聯合國具有國際法人資格。

㈢各國國內法、國內法院的判決、及軍事或行政法令：各國國內法的一項規則、或各國司法判例或各國軍事或行政命令經證明爲普遍所接受，卽成爲共同承認的國際法慣例。美國最高法院對於『西科蒂亞』（Scotia）號輪船案的判決，是一項最好的說明。本案的事實：英國政府於一八六三年制定幾種防止輪船在海山碰撞的法規，美國國會於一八六四年通過幾種實際相同的規則，在很短的時間內，幾乎所有海運國家都制定有類似的法規。此時有一艘美國輪船『巴克郡』（Berkshire）號，未有依照新規定裝設燈光，在海洋中與一艘英國輪船『西科蒂亞』號碰撞，結果美輪『巴克郡』號沉沒。這兩艘輪船各自的權利與責任，是應依照一八六三年英國新制定的防止海上碰撞法規裁決，抑係依照英國新法規制定前一般海洋法規裁決。美國最高法院認爲這兩艘船的各自權利與責任，須依照經普遍採用已演進成爲國際法的新習慣規則來裁決，因此裁定『巴克郡』號輪船應負此次碰撞的責任。

㈣國際組織的決議或決定，可能代表習慣規則演進的過程，或爲習慣規則的最後階段。例如，聯合國大會的決議，在某些情況下，可能成爲一項新規則，具有法律的效果。

由習尙演進成爲國際法的習慣規則，必須具備兩項要件：㈠在事實上足以證明其是繼續而普遍的習慣；㈡在心理上各國承認其爲必須遵守的規則。

關於第一項要件，卽同樣的一種行爲，經過多次仿效以後，便形成爲習慣的規則。德國一個法庭在審理魯貝克（Lubeck v Mecklenburg-Schwerin）案時宣佈：一個國家的機關或當局單獨的一個行爲，會使他國受到利益；但此種孤立行爲，不能爲他國創設慣例上的任何權利。只有此種孤立的行爲，經過多次的仿效，爲各國所普遍接受，始形成爲習慣的規則。一項慣例在實際上已不爲各國所普遍採用，卽不再成爲習慣的規則。

關於第二項要件，就是心理上具有一種信念，認爲必須遵守（opinio juris sive necessitatis）。正如常設國際法院法官尼格勒斯科（Negulesco）所說，這是一種『共同信念，慣常地仿效同一行爲……演進而成爲一項習慣的規則』。這需要作進一步解釋：一個習尙或實例慣常的被採用，漸漸形成一種預想的情況，就是在將來遇到相同的情況發生時，將會再度仿效相同的行爲或不行爲。這一種可以預想到的情況再向前演進一步，到達各國普遍承認此種行爲或不行爲具有法律的權利與義務性質的時候，習尚便形成爲慣例。在這樣演進過程中，各國普遍接受或默認，這個必須遵守的信念是一個相當重要的因素。這個法律信念（opinio juris），是衡量一種習尚或實例形成慣例的一個標準。例如，各國遵守一種習尚只是出於『禮誼』的動機，這個時候，尚缺乏這個信念。同時，這個信念並不是構成慣例的一個必要因素。關於這方面，威廉姆（Sir John Fischer Williams）說，在某種情況下，縱使缺乏這個信念，仍可成爲慣例。正如他所說，在許多情況中：

> 從習尚演進為慣例之初，是默默無聲的，不易察覺的，而且是不經宣佈的。

常設國際法院於一九二七年裁決「蓮花案」（Lotus Case），認爲除了連續行爲是構成習慣規則的主要因素外，法律信念（opinio juris）亦是參考各種情況時的一項依據。在心理上這個信念的存在與否，英國法庭在審理西蘭德中央金礦公司案（West Rand Central Gold Mining Co. v R.）時，提出一個標準，認爲須有充分的證據，證明此項習慣的規則『爲普遍所接受，任何文明國家不得拒絕』。這一個標準就是爲國際社會所『普遍承認』。

在國際法院規約中，卽强調此項『普遍承認』的標準。該規約第三十八條規定：國際法院裁判時，得適用『作爲通例之證明而經接受爲法律』之國際慣例。

一九六九年維也納條約法公約第五十三條規定：一般國際法强制規律（jus cogens），必須爲『國際社會全體接受』。國際法院一九六〇年在審理葡萄牙與印度關於葡國屬地應有通過印度領土權利案（Right of Passage over Indian Territory），認爲是在兩國間的一項特殊實例，只要被它們接受爲法律，在當事國之間應被視爲具有拘束力的習慣規則。

第二款　慣例之適用

國內法院及國際法院審判案件，常時適用慣例。通常，當事一方向法院陳述在國際法中存有某項習慣規則，法院在引用此項習慣規則之前，必須調查該項習慣規則是否為各國所普遍接受。在作此項調查過程之中，須先查閱一切可能有關之資料，如各種條約、各國實例、外交文件、各國國內法院的判決、及法學家的著述。在某些案件中，法院的功能可能不止於純粹宣佈某項習慣規則的有效；而且，這個時候法院確認這個習尙已為普遍所承認，已形成為習慣的規則。其實不是法院創設新的習慣規則，只是在習尙成為慣例的演進過程中，完成一個最後手續。法官卡道羅（Justice Cardozo）說，由於習尙獲得普遍承認，法院才證明該項習慣具有『法律性質』。

過去法院有兩個成案，足以證明法院適用習慣規則的方法。一是美國最高法院對於古巴漁船哈巴納（Paquete Habana）號案的判決，一是常設最高法院對於蓮花案（Lotus Case）的判決。美國最高法院在審理哈巴納號漁船案時，經詳細查閱上述各種參考資料，如各國法律與實例、各種條約、公法學家證明習尙的著述、法院的判決等，發覺這些參考資料一致顯示：『在戰時不從事敵對行為的漁船，免予拿捕』。這一個習慣規則，普遍有效存在，然後始予以援用。常設國際法院審理蓮花案時，採取同樣的方法，因而發覺對於公海上船隻碰撞案件，並無賦予船旗國專屬刑事管轄權的習慣規則。經查閱有關資料與文件，對於船上發生的案件，究應歸那一個國家管轄，各國法律規定並不一致，而且各國法院判決亦互有牴觸。從各種條約中抽繹不出一致的原則，而且公法學家也各持不同的見解。在審理這兩個案件中，均係採取相同的方法，詳細參閱所有資料，查明一項習慣的規則是否存在。惟常設國際法院對於查明證據比美國最高法院更加重視，因缺乏此項充分證據，常設國際法院遂裁定該項習慣規則之不存在(註一)。最近國際法院於一九六九年審理北海大陸礁層案 (North Sea Continental Shelf Cases)，對於相鄰國家共有大陸礁層的劃界，是否必須依照等距離原則。經過司法調查，各國實例不足以充分證明此一習慣規則之存在，國際法院遂認定並無此項習慣規則。

從上述哈巴納號與蓮花號以及北海大陸礁層三個成案，可以充分證明，要從各國實例、各國司法判決、及外交檔案等龐雜的文件中，查證一個習慣的規則是否存在，殊不容易。因為此類文件本身殘缺不全，而且各國實例，也很少彙編成册。

依據國際法委員會的實際經驗，以及一九五八年至一九六九年期間國際會議審議條約草案時，對於一項習慣規則是否已獲『普遍接受』，總是有許多不同意見，是故查證一項習慣規則之存在，應當極端審慎。

依照一九四七年十一月二十一日聯合國國際法委員會規約第二十四條的規定，該委員會應特別『研擬便利證明習慣的國際法規的方法和途徑』。以後該委員會曾就此事向聯合國大會提出報告，建議聯大要求各會員國政府刊佈其外交文件彙編，以便從各國的實例中，觀察各國遵守習慣規則的情形，然後可明確認出為國際社會『普遍承認』的慣例。

(註一) 對於哈巴納號與蓮花號兩個成案的援用，應當審愼。在美國最高法院審理哈巴納號漁船案時，『戰時不從事敵對行為的漁船免予拿捕』，這一習慣確實存在，現今已經廢止。關於『在公海上船舶碰撞案件中，船旗國具有專屬刑事管轄權』，法國主張這一習慣規則，當時雖被國際法院所否決，可是卻被一九五八年日內瓦第一屆海洋法會議所採用，並列為一九五八年四月二十九日公海公約第十一條第一項，規定船舶在公海上發生碰撞或其他航行事故，致船長或船上任何其他人員須負刑責或受懲戒時，船旗國或此等人員隸屬國，均有管轄權。

第二節　條　約

條約（treaties）是國際法第二個主要淵源，其重要性正在增加。

一個條約是否有形成國際法規則的效果，視該條約的性質而定。條約可分為：㈠『立法』條約（law-making treaties），制定普遍適用的規則，對於大多數國家發生拘束力；㈡『契約』條約（treaty contracts），例如，兩個或少數國家為特定事項而締結的條約（註一），僅對締約國發生效力。此種分類並不是硬性的，目的僅在幫助對條約性質的瞭解。

第一款　立法條約

『立法』條約的各項規定，直接成為國際法的一項淵源。『契約』條約只是規定『締約』國間的特定義務，並不能直接成為國際法的淵源。

自十九世紀中葉以來，『立法』條約獲得迅速的進展。法學家赫得遜（Hudson）在其國際立法（International Legislation）一書中，列舉在一八六四年至一九一四年五十年期間，共締結二百五十七個『立法』條約。此種所謂『國際立法』(international legislation)的迅速增加，是因爲習慣規則不能適應國際社會的共同利益的迫切需要。此項需要的迫切，是由於國際社會生活的整個結構澈底改變而產生。由於工業及經濟的發展，使得國與國之間往還密切；同時由於國際交通頻繁，更增加國與國之間的瞭解；而國與國之間的利害關係，也隨之擴大增多。每一個國家對於釐定這些複雜的國際行爲的規則，均發生直接的利害關係，此種利害關係甚至超越國家對於其本身獨立的顧計。

略爲翻閱第二次世界大戰前後締結的重要『立法』條約與公約，就可充分證實此種趨勢。例如關於紅十字會工作、度量衡制度、保護工業財產、保護海底電纜、禁止販賣奴隸、國際航空、國際水道、和平解決國際爭端、痲醉藥品之管理，國籍及無國籍等問題，都迫切地需要國際立法，予以規定，若等待習慣規則慢慢的形成，殊不切合現代國際社會頻繁交往的實際需要。

就性質而論，『立法』條約並非盡是普遍適用的國際法規則。『立法』條約有的是明確制定國際法的普遍規則，聯合國憲章就是屬於這一類的『立法』條約。而有些『立法』條約只是確立各項原則，供各國自由選擇適用，或課予國家以義務，依此原則實施，例如一九六一年三月三十日在紐約簽署的痲醉品單一公約第三十五條至三十七條規定，各國應相互合作，採取措施，懲罰痲醉品之非法產銷。除此之外，有些多邊條約是確認國際法的習慣規則，或使習慣規則成文化，例如一九六一年四月十八日維也納外交關係公約，就是將過去有關外交關係的慣例，編纂爲成文法規。

多邊條約不一定完全都是『立法』條約。可是從實際觀點而論，一個條約是不是屬於『立法』條約，不難分別。至於何者爲立法條約，卻難提出一個標準。布萊爾利 (Brierly) 給『立法』條約下一個定義：

……凡是多數國家為了宣告關於某特定問題所適用之法規，或為未來的行為制定新規則，或為設立國際組織而締結之條約，均為「立法」條約。

一般來說，『立法』條約，應爲全體或大多數國家所批准。這些規則既經多數國家所批准，『縱使對於沒有表示同意的國家，也具有效力』。

有些法學家曾批評使用『立法』條約這個名詞，他們認爲這些條約並未能創制新的規則，只是給締約國制定它們共同應當遵守的契約義務。這些法學家作此批評時，未能正視現在國際組織，例如聯合國大會及國際勞工組織大會所通過的許多國際公約及立法條約，替代以前各國全權代表在外交會議中所簽訂的條約。這些公約及條約，必須各國批准，始發生效力，但是，其中也有若干條約並不需要經過批准手續，而可直接生效。

如稱『立法』條約爲『規範條約』(normative treaties)，也許更爲適當。『規範條約』可以包括以下各種多邊條約：㈠確立一般標準(general standard-setting)之條約，以供各國遵照實施，或臨時適用，例如一九四七年十月三十日簽署之關稅暨貿易總協定，規定非會員國間貿易關係之條件。㈡重要性的國際公約，雖尚未獲批准，但大多數國家均同意其中所列載的各項原則。㈢『限制參加』(limited participation)的條約，僅供少數國家簽署。㈣制定區域性規則的條約。㈤創設國際所承認的制度之條約，例如一九五九年十二月一日十二國在華盛頓簽署之南極條約。㈥國際規則一類之蕆事文件(Final Acts)，締約國作爲一般規則適用，例如一九六〇年國際海上避碰規則，是一九六〇年在倫敦舉行之國際海上人命安全會議之蕆事文件。㈦國際組織相互間以及國際組織與國家之間簽訂的各種協定，就其制定普遍適用的規範而言，亦是『規範條約』。

多邊公約並不因爲有大多數國家參加，而其規定卽具有國際立法性質，對非締約國卽有拘束效力。一般而言，必須根據非締約國之行爲，明白表示其願意接受該項規定，始能成爲國際法之一般規則。國際法院於一九六九年審理北海大陸礁層案（North Sea Continental Shelf Case）曾作此決定。國際法院認爲：依照一九五八年日內瓦大陸礁層公約第六條規定，同一大陸礁層鄰接兩個毗鄰國家之領土時，其界線應適用等距離原則定之。德意志聯邦共和國並未接受該公約，因缺乏同意表示，該公約對於此一非締約國應無拘束力。

第二款　契約條約

契約條約（treaty-contracts）不是國際法的直接淵源。可是，契約條約可能成爲締約國間的特別法。國際法院規約第三十八條第一項第一款使用『特別國際協約』，卽係指此而言。契約條約的規定，亦可經由習慣規則的相同發展途徑，逐漸形成國際法。

契約條約形成國際法，約有下列三種情形：

㈠國際間一連串的條約，制定一個同樣的規則，可能形成國際法的一個習慣規則。因而此等條約成爲國際法一個習慣規則形成過程中的一個步驟，與各國國內法、國內司法判例及國際組織的實例的功用相等。在十九世紀，締結許多關於引渡的雙邊條約，從這些引渡條約中，可以抽繹並建立一項普遍規則，那就是請求國國民與第三國國民可以引渡。另一項例證是許多領事條約中，關於領事人員的特權與豁免有相同的規定，國際法委員會於一九六〇年至一九六一年期中，據以草擬領事關係條款草案，最後被採用，於一九六三年四月二十四日制定為領事關係公約。

㈡原為少數國家締結的一項條約，其中有一項規則，後來為大多數國家分別接受或模仿而普遍化。在這種情況中，此項條約可以說是形成國際法習慣規則過程中的一個胚胎。例如，『自由船，自由貨』（free ships, free goods）的原則，就是中立國家船隻裝運敵貨，一般都免予拿捕。此項規則第一次規定在一六五〇年西班牙與聯合邦（United Provinces）的條約中，後來經過長時期的普遍化與承認，而確立為國際法的一項規則。在審理北海大陸礁層案（North Sea Continental Shelf Case）中，國際法院認為：一項條約規定，依照此項過程可能演變成為慣例，具有創設規範的性質，逐漸形成為國際法的一般規則。除此之外，大多數國家，包括具有特別利益國家在內，普遍接受一項條約規則，就足以表示此項過程業已完成。

㈢條約可以證明一項逐漸形成的國際法規則的存在。此項證明是由於條約具有特別權威及承認的效力。法學家菲律摩爾（Phillimore）指出：『國際法的一項原則，列入一個條約的條款之中，經此鄭重承認之後，可以獲得特別的效力。』

（註一）在有些情況中，一個雙邊條約亦可能發生『立法』效果，例如，美英兩國於一九〇一年簽訂之海潘思佛條約（Hay-Pauncefote Treaty）規定：巴拿馬運河應依照完全平等的條件，對所有國家船舶自由開放。

第三節　法院的判例

第一款　國際法院的判決

現今唯一具有普遍管轄權的常設國際司法機關是國際法院（International Court of Justice）。一九四六年國際法院成立，代替了一九二二年首次設立的常設國際法院（Permanent Court of International Justice）。國際法院依其規約執行各項職務。國際法院規約係根據常設國際法院規約而擬訂，二者的組織規約大致相同。在一九二二年至一九四〇年期間，常設國際法院對於國際重大案件作了許多判決，並發表諮詢意見，因而對於國際法的發展有很大貢獻。現今的國際法院所做的國際司法工作，同樣有很大的貢獻。

如果認爲常設國際法院的任何判決，都創制一項具有拘束力的國際法例，那將是一項誤解。依照常設國際法院規約第五十九條規定（國際法院規約第五十九條條文相同）：法院之裁判『除對於當事國及本案外，無拘束力』。常設國際法院依照其規約的規定，不得視其在先的判決，對於以後相同的其他案件具有直接的拘束力，因而此等判決，不能被國際社會認爲是具有拘束力的司法判例。可是，常設國際法院得參照它先前各項的判決，作爲判案的參考，例如，用其以前的判決證明某些特定規則的適用。雖然常設國際法院無論何時都不受先例中表示的任何原則所拘束，但它尊重其先前所作的各種判決及意見。此等判決及意見，顯示一致的相同趨勢，即成爲一個普遍採用的判例。現今國際法院力求遵照常設國際法院的判例，不過，國際法院認爲它無須受過去實例及權威的約束（註一），它本身可以自由地『發展』國際法。例如，國際法院於一九五一年在審理英挪漁權案（Anglo-Norwegian Fisheries Case），認爲挪威劃分某些領海使用直線劃法是合法的。國際法院之一項裁判，或認定一項特別原則，例如領海基線的直線劃法，曾爲各國普遍接受，並制定爲一九五八年四月二十八日領海及鄰接區公約之一項規定。國際法院對於其以前所作此項裁判，自應尊重，並有拘束力。

除了上述常設國際法院與國際法院對於它們本身以前各項判決所持的態度外，國際法官均認爲：它們所作的判決及其所發表的諮詢意見，是最具權威的國際司法機關，在處理案件時，審愼衡量案情之後，對於國際法適用所持的見解。

此外，對於國際法發展有很大貢獻的一個臨時設立的國際司法機構，就是一九四六年紐倫堡國際軍事法庭，其判決曾給破壞人類和平及安全的罪行，確立幾項重大原則。

（註一）國際法院於一九六六年審理西南非案（South West Africa Cases）第二階段時裁定：該法院對於該案初審時所作的在先判決，對於以後審理該案時，並無拘束力。

第二款　國內法院的判決

各國國內法院的判決，經由下述兩種途徑，可以形成爲國際法的規則：

㈠國內法院的判決，可視爲具有重要參考價值的先例，甚或被視爲具有權威性的司法宣告。

據美國最高法院法官馬歇爾（Marshall）說：

> 每個國家國內法院的判決，足以顯示該國在審理某項案件時對於國際法遵守的程度，並可認為某項規則已為它所採用。

英國捕獲法庭（Prize Court）的判決，是一個著名的例證。拿破崙戰爭期間，名法官司徒威爾（Lord Stowell）任捕獲法庭庭長。司徒威爾對於案件所作的判決，全世界承認它是權威性的司法宣告。他的判決曾給國際法確立幾項重大原則，如封鎖必須有效；戰時禁制品，依其運往目的地決定之；以及繼續航行原則。美國最高法院對於國際法的發展，亦曾有其重大的貢獻：例如，它對於哈巴納（Paquete Habana）及西科蒂亞（Scotia）兩案所作的判決，曾闡明國際法中習慣規則的性質。

㈡國內法院的判決，依照形成習慣規則的相同途徑，直接促進國際法中習慣規則的發展。例如，引渡法及國家承認的若干規則，最初是來自各國國內法作相同的判決。各國國內法對於同一案情的案件均作同樣的判決，即可發展成爲國際法中的一個習慣規則。如果缺乏此項一致性，則將無法形成習慣的規則。常設國際法院審理蓮花號案（Lotus Case）時，法國主張船舶在公海上發生事故時，唯有船旗國有管轄權，常設國際法院認爲各國國內法院對於此事有『不同』之裁判，據此常設國際法院拒絕推定法國所提之主張爲一項習慣規則。

第三款　國際仲裁法院的裁決

國際仲裁法院（International Arbitral Tribunals），如常設仲裁法院、英美混合賠償法院及其他仲裁法院所作的裁決，對於國際法的發展有重大貢獻。仲裁法院的裁決，曾增加或闡明關於領土主權、中立、國家管轄權、國際地役及國家責任的法規。許多著名的仲裁，如阿拉巴馬案（Alabama Claims Arbitration，一八七二年），白令海漁權案（Behring Sea Fisheries Arbitration，一八九三年），派亞斯基金案（Pious Fund Case，一九〇二年），及北大西洋漁權案（North Atlantic Fisheries Case，一九一〇年），被認爲是國際法發展史中幾個著名的仲裁判例。

有些法學家拒絕承認仲裁對於國際法的貢獻，其理由是仲裁與司法判決有其基本區別。據這些法學家的意見：就實情而論，仲裁員猶如談判人員或外交代表，其對於事實及法律問題不如法官之嚴謹。他們認爲仲裁員爲求獲得妥協，難免不能堅持法律主張。仲裁確有這種性質，但與司法判決之區別，沒有若是之大。在大多數案件中，仲裁員自認爲是在從事司法審判工作，而不是調停。更有進者，如謂仲裁的裁決類似外交調解，則對於國際法的發展有重大貢獻的阿拉巴馬及白令海漁權等案的著名仲裁裁決，將何以解釋。

仲裁裁決中的『妥協』成分曾被過份誇張，因爲依照許多仲裁條約，規定仲裁員得適用公允善良（ex aequo et bono）原則。可是縱使在這種情形下，仲裁員仍是依照法律原則裁決案件。大多數的仲裁裁決，在形式及實質方面，都是嚴格依照國際法的準則。最具權威的仲裁法官摩爾（J. B. Moore）說：

> 有人認為國際仲裁員特別偏重妥協，或者說他們不適用法律原則，或不重視法律先例，但我卻找不到事實來支持此種說法。甚至在我於一八九八年出版的一本簡要的國際仲裁史及彙編中必須引述的許多仲裁裁決，其中最為顯著之點，就是仲裁法院不斷努力確認並適用

最權威法學家所贊同的法律原則，並遵循過去所有的適切判例。

仲裁與司法判決之主要區別，不在於兩者適用的法律原則，而在於法官選任的方式、任期的保障、審案的獨立性、以及法院是依照一定的司法程序審理案件。而仲裁每一個案件，則各有其特別協議的規則。

第四節　公法學家的學說

法學家對於國際法的發展具有重大貢獻，無待多言。

公法學家的學說不是國際法的直接『淵源』，不過有的時候，公法學家的法律見解有助於國際法規的形成。據國聯一個專家委員會的報告說：公法學家的學說有兩個功用，一方面闡明國際法的規則，另一方面是幫助國際法的發展。公法學家的學說本身並無法律的權威，惟須待其學說形成爲國際法的習慣規則之後方具有權威。這是由於國家或其他機關的行爲使其學說形成爲習慣的規則，並非是公法學家的學說具有任何法律效力。

國際法院規約第三十八條規定：該法院得適用『各國權威最高之公法法學家的學說，作爲確定法律原則之補助資料』。此項規定說明法學家著述具有證明價值。國際法著述的主要功用，無疑的是對於國際法規則提供可靠的證明。公法學家從同時存在的習尚或實例中，或是從連續發生的相同習尚或實例中，抽繹出國際法中的習慣規則。這項工作主要有賴於公法學家的精湛研究與審愼的論述。美國最高法官格萊（Gray, J.）對於國際法著述的證明功用曾有很好的說明：

在沒有條約或具有拘束力的行政或立法規則及司法判例可資援用時，就應採用文明國家的慣例及習尚，並應參考法學家及評論家著述中的見解，作為對於此等慣例及習尚的證明。因為他們經過多年的努力研究及經驗，對其自己所研究的問題必有獨到的見解。法庭所以引用這種著述，非取其所論國際法究應為何，在取其能以證明法律實際為何。

公法學家認爲應該採用某項習慣規則的意見，有些法院雖拒絕承認其具有法律效力，但是公法學家的學說，不僅可以證明已經確立的某項習慣規則，而且可以推知某些習尚經過相當時間演進亦可形成慣例，這是沒有疑問的。公法學家的學說可以幫助習尚形成慣例，亦可闡明潛在的法律信念，使一項習慣規則獲得實施。關於這一方面，公法學家一致的意見，可視爲是此種法律信念的證明。據美國權威法學家凱恩特（Kent）說：『凡不是狂妄的拒絕遵守所有普通法律及正義的文明國家，將不敢漠視權威法學家對於國際法所持的一致意見。』國際法院及國內法院在證明一項習慣規則是否存在時，必須查閱法學家對此問題所發表的意見。例如，常設國際法院在審理蓮花案時，以及美國最高法院在審理哈巴納案時，均曾參閱公法學家的學說。

關於公法學家的學說具有此項證明的功用，經過長久時間之後，尤其是獲得普遍引用，或是沒有確立相反的原則，其法學見解的權威更爲增加，這可說是依據時效而取得的權威。國際法委員會自設立以來，縱使法學家一致意見確認一項習慣規則，該委員是否接受此項意見，認爲是該項慣例已獲普遍承認之充分證明，仍採取審愼態度。

國際社會遇到一個特殊問題，沒有現行的習慣或條約規則可資適用時，除了在已判決的案件中或外交文書中所表示的意見可資參考外，遇此種情況，公法學家的學說格外受到重視。所以，公法學家的學說可被視爲國際法的一種獨立的淵源（an independent source）。例如，英國樞密院（Privy Council）在研究萬民法中關於海盜案（case of Re Piracy Jure Gentium）時，發生一個問題，就是掠奪財物是否構成國際法中海盜罪的唯一必要條件。關於這一點，樞密院經參考權威公法學家的學說後，它發覺公法學家對於這個問題沒有一致的意見，因此它只能參考其中較佳的見解。最後樞密院裁決，掠奪財物不是構成海盜罪的唯一必要條件，凡是有掠奪財物意圖的未遂犯，亦以海盜論。

第五節　國際組織的決議

國際組織或國際會議的決議，在許多不同情況中，可以形成國際法的規則：——

㈠國際組織的決議可能是習慣規則演進過程中的一個中間或最後的步驟，尤其是關於國際組織職權的決議。國際組織的決議本身並無規範效果，而是依照其實施情形，演進為國際法的規則。例如，依照聯合國憲章第二十七條關於安全理會事投票的規定，理事國對於非程序問題投棄權票，不得視為非同意票。此項實例，發展成為一項規則。聯合國大會自一九五二年以來，迭次決議，確認殖民地人民享有自決權。此項原則，亦已發展成為國際法的一般規則。

有些西方法學家認為，聯合國大會的決議沒有拘束力，是故聯合國大會的決議只是國際法的『補助』淵源（Subsidiary sources）。可是國際法院法官季索普（Philip C. Jessup）說：『聯合國大會的決議具有立法性質，其本身即創制法律的新規則』。換言之，聯合國大會某一類的決議對於會員國有拘束力，但不是每一項決議均有拘束力。假如聯合國大會在其職權範圍內所審議的事項，經會員國一致的議決，全體會員國須受其拘束。會員國有正反不同的投票，凡對多數票表決通過的議案投同意票的會員國，基於同意的理由，應受該決議案的拘束。投棄權票的會員國，基於默認的理由，亦應受其拘束，因爲棄權票不是表示反對。至於投票反對該議案的會員國，依照會議取決於多數的民主原則，亦應受該決議案的拘束。

聯合國大會通過的各種宣言（declarations），因其創制新的規則或改變舊的規則，對會員國有拘束的效力。例如，一九五八年『人權宣言』，一九六〇年『准許殖民地國家及民族獨立宣言』，一九六三年『關於各國探測及使用太空之法律原則宣言』，一九七〇年『關於各國依聯合國憲章建立友好關係及合作之國際法原則宣言』。因爲這些宣言，都是對聯合國憲章的解釋，而使其符合現實需要，形成國際法的各項新原則。

㈡國際組織爲其機關本身工作所制定的規則，具有完全的法律效果，對國際組織會員國及其機關有拘束力。

㈢國際組織的機關對其本身職權管轄範圍，倘在其組織法中缺乏明確規定而發生疑義時，該組織有權就其職權問題作成決議，此項決議具有立法效果。

㈣國際組織的機關對其本身組織法的解釋，有時獲有授權，可以作成具有拘束力的決議。例如，一九四四年七月二十二日國際貨幣基金同意條款第十八條規定，國際貨幣基金執行理事會卽有此項權力。此項解釋性的決議，將成爲該國際組織的一部分法規。

㈤國際組織的某些機關有權作一般性的決議，具有準立法（quasi-legislation）效果，對所有會員國發生拘束力；例如，一九五七年三月二十五日羅馬條約第一八九條規定，歐洲經濟組織的理事會及委員會均有此項權力。

㈥國際法學家委員會（Committees of Jurists）對於一項特定案件的決議，尤其是在國際組織請其調查一項法律問題時，此項決議具有相當的份量和權威。例如，一九二〇年國聯理事會任命一個法學家委員會，請其就艾蘭島（Aaland Islands）問題提出諮詢意見。該委員會認為：依照一八五六年公約，蘇俄同意在艾蘭島不建築工事，此一公約給艾蘭島創設了一個特別軍事地位，並賦予鄰近各國一項權利。

關於國際組織的各種立法權，在本書第二十二章有詳盡的討論。

第六節　適用國際法淵源的次序

最後一個問題，就是依照何種次序，適用國際法的各種『淵源』——慣例、條約、法院的判例、法學家的學說、及國際組織的決議——以裁決特定案件。國際法院規約第三十八條第一項規定適用這幾種『淵源』的次序是：

㈠條約及公約；

㈡慣例；

㈢『文明各國所承認的一般法律原則』；

㈣司法判例及公法學家的學說。

實際上，此項次序為普遍所採用。條約及公約、慣例以及文明各國所承認的一般法律原則，優先於司法判例及公法學家的學說，因為國際法院規約第三十八條第一項（卯）款規定，司法判例及公法學家學說，作爲確定法律原則之『補助資料』。就前三種淵源而言，首先適用當事國明確表示承認的各種條約及公約；如果缺乏可資適用的條約及公約，其次得適用已確立的習慣規則；如果沒有此項習慣規則，得藉助文明各國所承認的一般法律原則。如果前三種『淵源』不足以解決案件，得參考仲裁及司法判例、以及公法學家的學說。不過對於法院判決的重視，遠超過於法學家發表的學說及著述。至於國際組織決議的適用，將視其性質、內容及其憲章規定而定。當一個公約載有宣告一項國際習慣法的規定，或是當文明各國所承認的一般法律原則確認一個條約或習慣規則時，法院可能同時重複適用兩種『淵源』。

國際法院規約第三十八條第一項規定，並未提及『公平與正義』以及『法理』（legal reasoning）等原則，當法官及律師不能適用上述各種『淵源』時，經常藉助『公平與正義』及『法理』原則。當法院適用此等原則時，此等原則卽成爲國際法的一種『淵源』。

第七節　强制規律

國際法上所謂絕對法（jus cogens），乃是不許損抑的强制規律（peremptory principles or norms）。國與國之間任何條約或協定，凡是與强制規律牴觸之條約或協定者無效。例如一項條約締結之目的在從事海盜行爲，因其違反國際法强制規律，不僅無效，而且國際法庭不予適用。一九六九年五月二十三日維也納條約法公約第五十三條規定，絕對法是『僅有以後具有同等性質之一般國際法規律始得更改之規律』。絕對法與國家基本國策有類似之處。在民法中凡與國家基本國策牴觸的契約無效，例如締約雙方不能在契約中訂明排除普通法院的管轄權。何爲國家的基本國策，殊難捉摸，所以在適用時至爲困難。同樣情形，國際法强制規律有時被用來作爲逃避條約義務的遁辭，甚或被用來作爲干涉他國內政的藉口。

絕對法的認定很難。第一，應該向多邊立法公約中查證。絕對法是否還可以像國際法的習慣規則經過相同過程而逐漸形成？維也納條約法公約第六十五條規定：『遇有新一般國際法强制規律產生時，任何現在條約之與該項規律牴觸者，即成爲無效而終止。』所謂『產生』一詞，意謂絕對法可能是由一項國際法的習慣規則演進形成。第二，現在對於絕對法的標準缺乏一致的看法。聯合國憲章第二條第四項規定不得使用威脅或武力，及條約法公約第二十六條規定條約必須善意履行原則，這兩項强制規律爲一般國際社會所接受。其他如國家主權平等，及和平解決爭端，雖是國際法的原則，尙難成爲絕對法。

一位法學家認爲强制規則尙可包括下列幾項：

關於保衞和平的基本規則……關於人權的基本規則（禁止滅絕種族、奴隸和種族歧視，在平時和戰時保障人民的固有權利），禁止任何侵害國家獨立及主權平等規則，確保國際社會全體成員共享（公海、外太空）共同資源規則。

維也納條約法公約第五十三條關於絕對法的規定全文如下：

條約在締結時與一般國際法强制規律牴觸者無效。就適用本公約而言，一般國際法强制規律，指國家之國際社會全體接受，並公認為不許損抑，且僅有以後具有同等性質之一般國際法規律始得更改之規律。

本條約文强調絕對法的觀念，是以全體國際社會的利益爲準則的。遇條約的一項條款與絕對法牴觸時，卽認定整個條約無效，不無値得商榷，因爲在許多情況中，條約的條款是各自分立的。如果在條約法公約第五十三條的約文中，將『條約』易爲『條款』(treaty provision)，將比較容易適用。

國際法强制規律不僅適用於條約，同樣適用於習慣的規則，卽慣例或實例與絕對法牴觸者無效。

第三章　國際法的主體

凡是國際法中權利與義務的享有者謂之國際法的主體，亦可稱爲國際法人。凡得享受國際法上任何權利也可負擔國際法上任何義務的主體是完整的國際法人。凡得享受國際法上一部份權利也可負擔國際法上一部份義務，是不完整的國際法人。國家在國際法內得享受任何權利並可負擔任何義務故是完整的國際法人，國際組織、個人及準國家組織在國際法裏只能享受一部份權利，並可負擔一部份義務，故是不完整的國際法人。

第一節　國　家

國際法主要是規定國家的權利、義務與利益的法律。在一般情形下，國際法所規定的行爲規則，是國家必須遵守的規則。同樣，條約所規定的義務，締約國必須履行。因此，國家是國際法的主體。但國家不是國際法的唯一主體，國際組織、個人及準國家組織等亦爲國際法的主體。關於國家在國際法上應享的權利與應盡的義務，留待第二及第三兩編詳論。

第三節　個人

過去有些國際法學家認爲國家是國際法的唯一主體。但是這種古典說法，對於奴隸與海盜兩種情況，卽很難以自圓其說。由於一般條約的規定，國際社會給予奴隸若干保護。依照國際法的習慣規則，課予個人不得從事海盜行爲的義務。任何個人在公海上從事海盜行爲，被認爲是人類的公敵，任何捕獲海盜的國家，得對其施以懲罰。這些國際法學家爲解釋這兩個顯著的例外情形，認爲奴隸與海盜是國際法的客體，而不是國際法的主體。而且，他們常時說：經過適當分析，我們可以看到，所謂奴隸的權利或海盜的義務，就法律而言，仍是國家的權利或義務。例如，關於奴隸問題，他們解釋說：依照國際公約，奴隸所得到的保護權利，實際是課予國家以保護奴隸的義務，如果國家不承認奴隸的權利，或是國家不負起義務來保護奴隸的權利，奴隸在國際法中便享受不到任何權利。

他們雖認爲海盜與奴隸是國際法的客體而不是主體。但是，從事海盜行爲的個人與奴隸本身卻是國際法中權利或義務的享有者，傳統學說對於這種事實，卻難以自圓其說。因而另有一種相反的學說，奧國名法學家克爾生（Kelsen）就是持相反學說的代表人物。他們認爲，分析到最後，唯有個人是國際法的主體。名法學家韋斯勒克（Westlake）在下面一句話中，所表示的意見，也略與克爾生的學說相近：『國家的義務與權利，卽是組成國家的個人的義務與權利。』

克爾生在分析國家的觀念說：『國家』純是一個法律觀念，用來包括一定領土內人羣所適用的法律規則的總體。因而國家與法律幾可視爲同義字。從法律術語講，國家觀念是用來表示一種法律情勢，卽個人在其所屬人羣的集體名義之下，必須作某些行爲，或享有某些利益。例如，我們說，英國官員或軍隊對於他國做了錯誤的行爲，依照國際法，英國應對其官員所作之行爲負責。這只是表達一種法律的事實情勢，說明英國人民是一個整體，也就是說每一個人都隸屬於英國法律之下，英國政府官員所作之錯誤行爲，視爲是英國國家的行爲，因而英國須負責對於這種不法行爲予以糾正和賠償。由此可見國際法中規定國家所負的義務，這種義務最後歸屬於個人。

根據上述理論，克爾生說：國內法與國際法之間實無區別，二者都是拘束個人。不過就法律而言，國際法對於個人的拘束力是間接的，必須透過國家的觀念。

純從學理及邏輯的觀點，克爾生的見解無疑是對的。但是從實務的觀點，國際法官及政治家認爲國際法幾乎完全是規定國家的權利與義務的法律。這種現實觀點，在草擬『立法』公約及條約的會議中，更佔優勢。在過去許多條約中，很少能發現一項條款，是賦予個人一項權利，或是課予個人一項義務（註二）。過去所有條約的條款，幾乎都是拘束國家的行爲規則。例如，我國歷來締結的條約，實際上都是如此。

現今國際法可以直接拘束個人，並不像克爾生所說的，僅只是間接地拘束個人。至於說奴隸與海盜不是國際法的主體，只是國際法的客體，這不過是玩弄字眼而已。例如，依照國際法，國家有權緝捕並處罰海盜，此項規則就是『對於個人直接課以法律義務並使個人負擔其行爲責任』的一項規則，若說此項規則不是課予個人一項義務，而是課國家以義務，與事實不盡相合。因爲國家對於海盜的處罰，並沒有負何種義務，如果它不處罰海盜，它是有其自由的。而且國家拿捕海盜的權力，就其正確的意義解釋，也很難說是國家的一種權利。

傳統學說的代表學者認爲，海盜與奴隸是兩種例外情形。因爲在本質上，處罰海盜的義務，與保護奴隸自由的權利，是來自國內法，而不是來自國際法。他們認爲，在一般情形下，任何國際法的規則，如無國內立法實施該項規則，則不能對個人直接地或間接地發生拘束力。可是克爾生對於海盜的性質，曾作下面一段有力的解釋：

對於海盜的處罰，由國內法予以規定，對於海盜的審判，由國內法院辦理，此事並不能剝奪海盜罪行及對其制裁的國際性。

此項解釋，被認爲可以適用所有例外的情形。

縱須國內立法以實施國際法的規則，但無疑問，近年有許多條約，賦予個人權利，或課予個人以義務。如果依照某項條約規定，締約國有賦予個人權利的意思，那麼這些權利應獲得承認，依照國際法應具效力。也就是說國際法院應予以承認，並予以適用。常設國際法院在審理丹澤鐵路員工案（Danzig Railway Officials Case）時，曾作權威性的判決。在這個案件中，波蘭辯護說，波蘭與丹澤簽訂一項協定，對於丹澤鐵路員工僱用條件曾予以規定，丹澤鐵路員工已經波蘭接管，依照該項協定，並未賦予這些鐵路員工以提起訴訟之權。波蘭並聲稱，該項協定是一項國際條約，並未成爲波蘭的國內法律，它僅在締約國雙方創設權利與義務，如果波蘭未履行條約義務，它僅對丹澤負有義務，對於鐵路員工個人，它並未負有任何義務。常設國際法院雖承認這是一般原則，可是它宣告說：在此種特殊情況下，締約國的意思是給鐵路員工個人創設可以行使的權利；因此，依照該項協定，丹澤鐵路員工享有對波蘭當局提起訴訟之權。

國際法能否拘束個人，不僅在理論上發生爭議，就是在第二次世界大戰快結束的時候，同盟國家商議如何制裁軸心國家的戰犯，對於發動戰爭及在戰爭期間從事殘暴行為之國家元首、政府閣員及高級軍事及行政官吏能否制裁一節，亦感到遲疑。依照盟國的協定，在紐倫堡及東京設立國際軍事法庭，分別審判德國及日本戰犯，這是國際法史無前例的創舉（註二）。這些戰犯被起訴犯了破壞和平罪（如發動侵略戰爭、或破壞條約）、違反人道罪（如殘殺或迫害異族或異教）、違反戰爭法的罪行、及這些罪行的意圖犯。一九四六年紐倫堡國際軍事法庭的判決，以及一九四八年東京國際軍事法庭的判決，確定被告犯有這些罪行，並裁定戰犯個人在國際法中應負之刑事責任。此項判決在歷史上具有重大意義。在一九四五年八月八日設立國際軍事法庭的協定或規約中，承認審判戰犯得適用國際法的各項原則。其後聯合國國際法委員會起草違反人類和平及安全法草案中曾接受國際軍事法庭的判例（參閱第二屆國際法委員會向一九五〇年聯合國大會提出之報告書）。在國際法委員會擬定的各項原則中，涉及到違反人類和平及安全罪行的『個人』(individuals)。由於這些原則確定一點，就是國際法已超越傳統的範疇，以防止個人躲在抽象的國家觀念之後逃避其所犯的罪行。據紐倫堡國際軍事法庭判決宣稱（註三）：

違反國際法的罪行是個人，而不是抽象觀念的國家，只有制裁犯此等罪行的個人，國際法的規定才能有效。

國際法此種直接課予個人以義務的趨勢，在一九四八年十二月九日聯合國大會通過的滅絕種族罪防止及懲罰公約，再度予以承認，使紐倫堡國際軍事法庭適用的各項原則，獲得進一步發展（註四）。依照這個公約的規定，滅絕種族罪（意圖整個的或部份的消滅一個民族、人種、種族或宗教團體的罪行），陰謀或煽惑他人從事滅絕種族罪、未遂犯及從犯，均應受國內法庭或國際刑事法院的審訊與處罰。該公約第四條規定：犯此等罪行之個人，『不論其爲憲法上規定之負有責任之統治者、公職官員或是個人』，均應予以制裁，此項規定就是特別强調個人的義務。

近年國際法是向直接課予個人以義務方面發展。幾個國際『立法』公約，例如，關於禁止僞造貨幣（一九二九年）及禁止國際販毒（一九三六年）的兩個日內瓦公約、制止國際販毒公約（一九三六年）、單一痲醉品公約（一九六一年）、航空器上所犯罪行及若干其他行爲公約（一九六三年）、制止非法刼持航空器公約（一九七〇年）、制止危害民航安全之非法行爲公約（一九七一年），均曾訂有國際刑法條款。依照這些國際公約，各國協議採取一致行動，制裁這些國際罪犯的個人。因此，國際販毒、僞造貨幣及刼機犯，一如習慣規則中的海盜，成爲國際刑法規定的主體。

同時，國際法另有一種發展，就是賦予個人以權利，甚至爲保障個人權利，得對其個人所屬之國家提起控訴。依照一九四六年紐倫堡國際軍事法庭判決的含意，承認其本國政府違反人道罪行，受害者有權得到國際刑法的保障。一九四八年滅絕種族罪防止及懲罰公約，旨在保障種族的生存權利。關於這一方面，聯合國依照憲章第一條及其他條款的規定，曾採取各種行動以保障人權與基本自由。在目前階段，只可以說此等行動獲得廣泛的支持，已爲國際法將來在這方面的發展奠下良好的基礎，可是現今尚未達到設立執行保障個人權利與自由的法庭，也沒有制定普遍性的國際公約，課予國家以保障個人權利與自由的義務。

關於個人在國際法上的地位，所應注意者，就是現行國際實例，爲保障個人在國際法上的權利，或要求個人履行在國際法上的義務，僅該個人所隸屬的國家有權向國際法院提出請求，或是在國際法院中控訴該個人所隸屬之國家。換言之，在一般情形下，個人不能在國際法院中主張其自己的權利，控告某一國家；個人也不能在國際法院中爲其未能履行義務而對某一國家提出答辯，只有經由他所隸屬的國家，始得在國際法院中爲其國民個人主張權利或提出答辯。國際法院規約第三十四條規定：『在法院得爲訴訟當事國者，限於國家。』

關於這方面有以下幾點需要特別說明。第一、此項規則爲普遍所承認，但也有某些例外情形。例如，依照第一次世界大戰後締結的幾種條約（參閱一九一九年凡爾賽條約第二百九十七條與三百〇四條，與一九二二年五月十五日波蘭與德國簽訂的關於上西里西亞 Upper Silesia 條約）（註五）的規定，個人得向依該等條約條款所設立的混合仲裁法庭提出賠償請求，遇重要案件，其本國政府得出面參與，以支持其國民的請求。而且，許多國際法律師認爲，在某些特定的情況中，個人或公司出席國際法院是必要的，應該獲得許可，而且可以預期將來在這一方面會有重大的發展（註六）。第二、個人不能向國際法院提出訴訟，並不一定就不符合其成爲國際法主體的地位。在國內法也有人同樣不能向國內法院提出訴訟，例如，依照英國法律，只有法定代理人得代理嬰孩向法院提出訴訟，或指定監護人得出庭代其辯護，可是嬰孩仍被視爲國內法的主體。第三、國際法院最近發表的諮詢意見，認爲國際組織對其職員受到一國損害時，有權得代其職員對加害國提出損害賠償之權。因此承認對於個人的保護，無論如何，不專屬於國家。

（註一）例如，一八九〇年布魯塞爾禁止非洲販奴總議定書第六十四條規定：『任何逃亡之奴隸到達第六十二條所列之任一國家邊境，即可獲得自由待遇，並有權要求主管當局發給自由證書。』此項協定未有生效。

（註二）英、美、法、蘇四國於一九四五年八月八日簽訂設立紐倫堡國際軍事法庭協定，在其附錄紐倫堡法庭規約第七條規定：『……被告之公職，不論其是國家元首，或是政府部門負責官員，不得因此而免除其責任，或減緩其刑罰。』參閱一九四六年一月十九日關於東京國際軍事法庭之規約。

（註三）紐倫堡國際軍事法庭拒絕被告提出下列的辯詞：他們是按溯及既往的法律（Law Ex Post Facto），被檢舉違犯國際罪行。因爲在一九三九年及一九四〇年以前，國際法中對於破壞和平罪行尙無法律規定。紐倫堡國際軍事法庭裁駁說：被告必定知其行爲是違法的，是錯誤的，而且違反國際法。該法庭並指出：『國際法課予個人及國家以責任及義務』，已久爲文明各國所承認。

（註四）關於紐倫堡國際軍事法庭控告戰犯違反人道罪，該法庭並限制其管轄權僅及於與破壞和平罪或戰爭罪有關之行爲。

（註五）依照一九五一年四月十八日創設歐洲煤鐵共營巴黎條約之規定，私人企業對於歐洲煤鐵共營最高管理當局之決定或建議，有權向歐洲煤鐵共營法院申訴。

（註六）最早的一個先例是中美洲法院（Central America Court of Justice），在一九〇八年至一九一八年期間曾管轄國家與個人間的爭端，惟在此十年期中，該法院之工作，沒有詳細紀錄，故難從中獲得重要之例證。

第三節　國際組織及準國家組織

近年來國際間的實例顯示，國際法的主體，已不僅限於國家，而擴展及於國際組織及準國家組織。

㈠國際組織及其機關：如聯合國及國際勞工組織，都是依照國際公約而成立，這些國際公約中載明有關該國際組織的職權。

國際法院最近發表的諮詢意見中，曾明確解釋：依照國際法，聯合國是一個國際法人。此項解釋並適用於其他國際組織。據國際法院的諮詢意見說：

> 這並不是說國際組織與國家是同一事物，國際組織與國家確實不同，也不是說國際組織的法人資格及其權利與義務，完全與國家相同，……其意義是說國際組織是國際法的一個主體，具有國際權利與義務的能力，並得提出賠償要求，以保障其權利。

更有進者，聯合國及國際勞工組織內之各種機關，甚至個人，如聯合國秘書長，其職權及工作，該組織之憲章中均有明文規定。

甚至區域性的國際組織，其成立之憲章亦賦予其國際法人（international personality）地位。例如一九五一年九月二十日協定第四條規定，北大西洋公約組織（NATO），參加該組織的各國代表及該組織的國際職員均具有法人地位（juridical personality）。最近一個顯明的例證，就是爲修訂一九五七年三月二十五日羅馬條約已於一九八七年生效的「單一歐洲法」（Single European Act），賦予歐洲社會共同體（European Community）充分的國際法人（international entity）地位，它能享所有權利，並能盡一切義務，成爲國際法的一個主體。尤其是歐洲社會共同體能共同參加國際會議，能與其他各國簽訂公約或協定，並透過各國派駐在歐洲社會共同體總部的常任代表辦理外交，它也可派常任代表駐在其他國家，進行外交關係。

不過有些實證法學家反對國際組織具有國際法人的屬性。他們主張「共同機關」（common organs）的理論，認爲國際組織只是參加國家的共同機關，在本質上其功能是參加國家本身的功能，而不是眞正國際組織的功能。持其論點的人很難解說國際組織的全部實情。例如國際法院於一九六六年在西南非案（South West Africa Cases）中裁決，個別會員國對於國聯的委任，不能在法院中主張獨自的權利，來超越國聯具有的集體國際功能。

㈡準國家組織（殖民地、被保護地及非自治領土等）：日內瓦禁毒公約（Geneva Drugs Conventions），爲使其條款得能普遍實施，需要全世界所有行政區域，不論是國家、殖民地、被保護地或是非自治領土，均予適用。最近的一個實例，就是一九四六年世界衞生組織憲章第八條規定，『對於不負擔其國際關係行爲責任』的地區（territories），亦得獲准成爲世界衞生組織的仲會員（Associate Members）。

最後，另有兩類準國家組織應否視爲國際法的主體，尚有爭論。㈠政府間組織或準政府間協會（quasi-intergovernmental associations），這些組織的會員國家生產特種商品，爲穩定國際市價，經由國際條約或協議而成立之政府間組織，如國際錫理事會（International Tin Council, ITC）及石油輸出國家組織（Organization of Petroleum Exporting Countries, OPEC）等是。㈡依照國內法成立的許多區域性或國際公司（Corporations），其主要業務屬於政府間事業，例如某些多國運輸公司。其在法律上的性質，視爲國際法的主體，較爲是一項可行的解決辦法。那就是說，它具有介於國際法與國內法中間的法律性質。

第四節　結　論

總之，國際法不獨增進國家政治利益及需要，而且增進個人、國際組織及準國家組織（non-state entities）的利益及需要。所以，在過去六十年中，許多著名的國際『立法』公約，其中包括一九四九年日內瓦戰俘公約，及一九四九年日內瓦戰時保護平民公約，其主要目的是保護個人的權利與健康。更有進者，有些國際組織在某些方面取代以往國家的外交保護人民的功能，旨在促進並保護個人的權利與利益。例如國際勞工組織制定許多勞工公約，即在維護勞工福利與權益。所以，國際法直接賦予個人以權利，而無需透過國家居間達成此項目的。不過，此項發展迄今尚是一種少有的例外情形。

當代新興國家都主張人民在國際法中享有某些不可剝奪的權利，例如自決權，自由選擇其政治、經濟及社會制度的權利，對其所佔據領土的自然財富與資源的處理權、發展權、和平及安全權利，及保護其自然及社會環境的權利。聯合國教育科學暨文化組織（UNESCO）於一九八四年至一九八五年期間主辦國際會議，研討「人民」（people）的精確意義及其所享權利的性質與範圍，包括少數民族在歐洲定居的權利。人民在國際法中享有這些不可剝奪的權利，顯然與傳統理論認爲國家是國際法唯一的主體相違背。一九七〇年聯合國大會通過的「關於各國依聯合國憲章建立友好關係及合作之國際法原則之宣言」(Declaration on Principles of International Law Concerning Friendly Relations and Co-operation Among States in Accordance with the United Nations Charter）中對於人民應享的權利予以確認，並對人民應享的平等及自決權利的原則有詳盡的規定。一九七六年在阿爾及爾通過的「人民權利普世宣言」（Universal Declaration of the Rights of Peoples）也有相同的規定。國際法院於一九七一年六月二十一日對於「南非繼續留在西南非的法律後果」所提的諮詢意見，認爲西南非委任統治地的人民實際在國際法中享有包括進行獨立的權利，而南非違背受託國應接受聯合國機關監督的義務。

總結起來說：㈠近代國際社會的實例，有許多例外發展，使得個人或準國家組織(non-state entities)，在國際法中，成爲直接享受權利或負擔義務的主體。㈡依照國際訴訟程序法規的嚴格規定，個人除經由其所隸屬之國家外，不得向國際法院提出損害賠償的要求，不過此項硬性規定，現今已經相當放寬。㈢個人的利益、及其基本權利與自由等，已經成爲國際法主要規範的對象。

近年來這些發展，充分顯示國家是國際法唯一主體的理論，雖仍爲國際法律師普遍所持的觀念，但精確地說，此項理論今日已難以概括國際法的全部內涵。以國家作爲適用國際法的媒介，此固切合十八及十九世紀的國際法，而今已不能符合現代國際法的遠大目的。

可是過份輕視傳統的理論，與過份强調新的發展，二者均非正確。我們要知道國際法中大部份的規則仍爲拘束國家的規則，只有一小部份規則是拘束個人、國際組織及準國家組織的規則。由是法學家認爲個人、國際組織與準國家組織 (non-state entities) 亦是國際法的主體。

第四章　國際法與國內法的關係

第一節　概　說

我們欲正確瞭解國際法的性質，最需要者莫過於明確瞭解它與國內法的關係。尤其是對於國際條約與國內法的關係，更需要求得明瞭。因爲條約的規則是國際法中最重要的部份，而且是國際法中常時侵犯國內法領域的部份。

爲闡明國際法與國內法的關係，需要先就理論方面作一番探討，繼而說明現今各國遵行國際法的實際情形。不過對於理論方面的探討，不必寄望過高，因爲許多問題，例如精確劃分國際法與國內法的界限，國際法學家現在尙無定論。除就理論方面分析外，尙有國內法院所面臨的實際問題，那就是國內法院在國內適用國際法到何種程度。這個問題需要探討各國遵行國際法的實際情形，以及國際司法機關在解決國際法律爭端時，需要確定案件當事者引用某一項國內法規的效力如何。

第二節 從理論上分析國際法與國內法的關係

一元論與二元論是兩個主要的學說。依照一元論的說法，國際法與國內法是一個法律體系的兩面。依照二元論的說法，它們是兩個完全不同的法律體系，國際法與國內法各有其不相同的性質。

第一款 二元論說

早期國際法學家對於這兩個法律體系的單一結構的正確性，尚未發生懷疑，因爲他們相信自然法是國際法與國家眞實存在的基礎。可是到了十九和二十世紀，一方面是由於哲學思想（例如，黑格爾的哲學思想）强調國家意志主權，另一方面是由於近代國家設立具有制定國內法全權的立法機關，二元論說（Dualism）遂應運而生。

二元論的主要代表人物是近代實證法學派學者屠波爾（Triepel）與安齊諾蒂（Anzilotti）等人。他們一致認爲國際法與國內法是兩個不同的法律體系。奧國法學家屠波爾認爲國際法與國內法有兩個基本不同之點：㈠主體不同：國內法的主體是個人，而國際法的主體是國家。㈡法源不同：國內法淵源於國家單獨的意志，國際法淵源於兩個以上國家的共同意志。關於第一點，近代國際法學者認為國際法的主體，除國家之外，還包括國際組織及個人。關於第二點，易於引起誤解，即使共同意志是國際法的淵源，然而在何種情況下共同意志的表達才能具有決定性，是真正問題之所在。就自然法推論，認為國際法有其基本原理，超越乎共同意志之上，限制着共同意志之行使或表達。

義大利法學家安齊諾蒂以不同的觀點探討這個問題。他是依據國際法與國內法基於不同的基本原則來區別這兩個不同的法律體系。他認為國內法是基於『國家制定的法律必須遵守』的基本原則之上，而國際法是基於『條約必須遵守』的原則之上。因此這兩個法律體系是截然劃分，不容逾越，絕無發生牴觸之可能；除彼此可以互相參考之外，其他毫無關係。但是『條約必須遵守』（Pacta Sunt Servanda）原則，只可部份地說明國際法的基礎，很難用來說明習慣的規則。

除了實證法學派的學者之外，有些不屬於實證法學派的學者和法學家，尤其是許多國內法院的法官，也支持二元論的學說。他們所持的二元論的理由，不同於實證法學派的學者，因為他們認為這兩個法律體系實際不同之點，主要是二者淵源的不同，就是國際法所包括的最大部份是習慣和條約的規則，而國內法主要包括的是法官裁決的判例和國家立法機關通過的成文法。

第二款 一元論說

近代主張一元論（Monism）的學者，對於國際法與國內法兩種法律體系，從事嚴密的科學分析，作為他們論證的依據。

一元論的學者，顯然與二元論學者相反。他們認爲所有法律都是具有拘束力的法規所組成的單一整體，至於這些法律規則所拘束的對象，不論是國家、個人、抑或是國家以外的國際組織，均無關係。他們認爲法律學是一門完整的智識。因此，問題關鍵所在，就是國際法是不是具有眞實的法律的性質。依據法學家克爾生（Kelsen）及其他一元論學者的觀點，只要承認國際法是具有眞實法律性質的一種法律體系，那就無法否認國際法與國內法兩種法律體系都是構成完整的法律學的一部份。因而任何不贊成一元論的主張，尤其是二元論說，必然地要否認國際法的眞實法律性質。一元論學者認爲，由於國際法與國內法都是法律規則，我們就不能不承認二者是一種法律結構中相互有關連的部份。

可是，有些一元論學者，不從抽象理論上去探討，而純從事實上去衡量。他們認爲國際法與國內法是拘束所有人——集體的或個別的——的法規總體的一部份。換言之，所有法律的完整體，眞正的基礎是在於個人。法學家魯特柏奇（Lauterpacht）說：

> 國際法是為國家而設，不是國家為國際法而設，固然不錯。但是只有在這種意義中，即國家是為個人而設，不是個人為國家而設，這句話才是正確的。

第三款　國際法與國內法孰爲優先的問題

國際法與國內法在適用時究竟孰先孰後？二元論說認爲國家意志具有最高權力，自然應優先適用國內法。

一元論學者對於這個問題的意見並不一致。例如，法學家克爾生爲解答這個問題，從事國際法與國內法的結構分析。依據他的「層次」學說（hierarchical doctrine），認爲一項法規是依據其他原則原理而制定，由此獲得它們的效力與拘束力，而制定法規的原則又是依據制定憲法的原則而制定，可以如此類推下去。克爾生說：

法律具有管制其本身創制的特性，一個法律規則決定如何制定另一個法規，意思就是後一法規依賴於前一法規；這種相互依賴的連鎖，將法律層次的不同因素連結在一起，構成它的統一原則。

從次一原則推到另一較高原則，從次一規則推到另一較高規則，如此分析法律結構，最後達到一個最基本原理或原則，這個最基本的原理或原則，是所有法律的淵源與基礎。超越此種最基本的原理原則，分析法學家不敢再追尋下去，因爲決定法律的最後根源，則不屬於法律學的範疇。

克爾生認爲這種最基本的原理，可能屬於國際法，也可能屬於國內法。依據他的觀點，優先適用國內法這一命題，是完全正當的。他採取此種觀點的理由，是他認爲在這二者之中選擇，如果依照自然科學的精確分析方法，是不能決定的。他自已曾說過下面這一段話：

吾人不能夠依照自然科學所說的：較好的假設原理，就是可以適用最多數已知事實的那個原理。因為，我們不是研究物質，也不是研究可理解的實體，而是研究法律規則——可是法律本身的性質尚不能確定。

克爾生主張在國際法與國內法二者之間任意選擇的觀點，遭受到反對。有人認爲他的過於懷疑的態度，是由於純從哲學上探討，他的觀點並未解決基本上的困難問題。例如，假使國際法不是比較高的法律層次，那麼優越性必然歸屬於不同體系的國內法，實際等於確認國際間混亂的法律狀態。而且，國內法優越性這一命題，遇到下列兩種情形，將不攻自破：㈠如果說國際法的效力僅是來自一國的憲法，那麼國際法效力所寄的憲法一旦不存在，國際法必然地隨之失效。可是國際法的有效實施，事實上並不因某一國憲法的變更或廢止而受任何影響。一八三一年倫敦會議對於此項原則曾有明確的宣佈。在這次倫敦會議中，決定比利時是一個獨立和中立的國家，並明白確認『條約不因國內憲法的變更而失其效力』。㈡新興國家加入國際社會，依照慣例，國際法無需新國家的同意，而對它發生拘束力。卽使新國家對國際法作同意表示，也只是宣告國際法的眞實法律地位，而且每一國家負有責任使其憲法與法律符合國際法。贊成國內法優先的學者，可能進一步辯論說，國家享有最廣泛的自由，並行使幾乎完全的主權。批評這種論點的學者認爲，國家主權不論多麼大，都不能超越它在國際法範圍內所享有的權限。試以聯邦國家爲例，聯邦國家內的各邦，可能享有極爲廣泛的自主權，不過聯邦憲法仍具有法律上的最高權力。

以聯邦爲例還有一個重要的理由。如果我們接受國際法優先的觀點，必然地要引起一個問題——這種優越性究竟是屬於全部國際法，抑或僅屬於國際法中一部份特殊的法規與原則？後者的觀點比較正確，我們依據聯邦憲法可以類推，認爲有一個國際憲法決定國內法和國際法其餘部份的法規，一如聯邦國家的憲法，是邦法律和依據聯邦憲法所制定的聯邦法律規則的基礎。

第四款　『變形』及『併入』的學說

關於在國內適用國際法的若干學說，如不加以簡要的敍述，則我們在理論方面的探討，尙不夠週密。

一方面，實證法學派的學者認爲國際法的規則不能直接或自行適用於國內，國內法院或其他司法機關自不能予以援用；爲使國內法院能以適用國際法的規則，必須經過國內法的『特別採用』（specific adoption）手續，或將國際法的規則特別『併入』（incorporation）於國內法。依照實證法學派的學說，國際法與國內法截然劃分，在結構上是兩個不同的法律體系，前者不能侵入後者的領域，非經過憲法採用程序，國內法院不能適用。關於條約的規則，他們認爲條約必須要『變形』成爲國內法。條約必須『變形』，不獨是形式上的手續，而且是實質上的條件。國際條約變形爲國內法，條約上所列的條款，其效力始能及於個人。

這些理論的根據，在於他們認爲國際法具有經同意而成立的性質，而國內法並無經同意而成立的性質。尤其是『變形』的學說（Transformation Theory）是基於條約和國內法的性質不同。依照『變形』學說，具有『承諾』（promises）性質的條約和具有『命令』（commands）性質的國內法是完全不同的。由於二者的基礎不同，從這一種形狀改變成爲另一種形狀，這種『變形』在形式上和實質上都有其必要。批評『變形』學說的學者認爲這種論點是虛構的。他們說：如果對於條約的條款或國內法的規定的眞實功能加以適當注意，將可瞭解並不是國際法的『承諾』性質多於國內法的『命令』性質。條約與國內法的眞正目的——它們的共同基礎——在於規定在某種情形下將產生某種確定的法律效果。『承諾』與『命令』之不同，只是關於形式與程序方面，不是國際法與國內法二者的眞正法律性質有所不同。因此認爲從這一種形式改變成爲另一種形式，在實質上需要『變形』的說法，並不正確。

批評『變形』學說的學者，提出他們自己的理論——代表說（Delegation Theory）。依照代表說的理論，國際憲法代表每一國的憲法，有權決定條約或公約的條款何時可以生效，及在何種情形下與國內法合爲一體。國家爲此目的所採取之立法手續與方法，是締結條約程序的繼續。這不是變更形狀，也不是新制定的國內法規，只是一個單純的立法行爲的延續。因此國內法中憲法規定的要件，只是完整的國際立法程序的一部份。

不論在理論上辯論國際法適用於一國之內是否需要經過『變形』或『特別採用』手續，我們仍須對於各國實際上在國內適用國際法的眞實情況加以研討。只有對各國實際適用國際法的情形明瞭之後，始能對此問題的全貌有所瞭解。

第三節　各國國內法院適用國際法的情形

討論此一問題的目的，是在說明各國國內法院在何種情況下適用國際法的某項規則，以及適用到何種程度。國內法院在何種情況下自動適用國際法規，國際法規在被承認對於國家有拘束力之前，需要採取何種國內特別立法合併手續？更進一步的問題，就是國際法與國內司法判例或成文法規在實質上有牴觸時，國內法院究竟應否適用國際法規？爲解答這些問題，一方面需要區別國際法中習慣的規則和條約的規則，另一方面需要區別國內法中的成文法規和司法判例。

第一款　英國適用國際法的實際情形

英國適用國際法的實際情形，因國際法的習慣規則和條約規則而有不同。

第一項　英國對於國際習慣規則的適用情形

依據英國現代司法當局的意向，國際法的習慣規則被認爲是英國法律的一部份，爲英國國內法院所適用，但需具備兩個要件：

㈠此種習慣的規則，不得與英國成文法有所牴觸；至於英國成文法規制定之日期是在此一習慣規則之先或是在其後，均所不論。

㈡一項國際習慣規則一旦爲具有最高權力的英國法院所援用，自此之後，所有英國法院均須遵守此項規定；即使以後國際法的習慣規則有不同的發展，亦所不論。

以上述情形較諸英國往昔實際適用國際法的範圍稍爲狹窄。在十八世紀的時候，依照『布拉克斯頓原理』(Blackstonian Doctrine)——通常稱爲『併入原理』(Incorporation Doctrine)，認爲國際法的習慣規則自動成爲英國普通法的一部份，此時尚無正式規定上述兩項要件。布拉克斯頓在確立此項原理時宣稱：

國際法所引起的任何問題，如完全屬於英國管轄權的客體，英國普通法採用它的全部份，並被視為是英國法律的一部份。

此項原則不獨爲布拉克斯頓所主張，並爲曼斯裴德爵士（Lord Mansfield）以及十八世紀英國其他法官所贊同。

到十九世紀，英國普通法院及衡平法院的有名法官，在多次案件的裁決中，一再確認此項原則。依照英國普通法院及衡平法院的用語說，它們賦予國際法效力，使國際法成爲英國法律的一部份。可是，這並不是說在國際法與英國成文法或司法判例有牴觸時，它們也適用國際法。

一八七六年，英國發生一件名案，就是德國一艘佛蘭康尼亞（Franconia）號輪船，通過英國領海，在距都維爾（Dover）三浬領海之內，撞沉一艘英國輪船史屆里德（Strathclyde）號，致使該船上一名乘客溺斃。德國船長克恩（Keyn）被控於英國中央刑事法院（Central Criminal Court），經判決犯誤殺罪。惟此案經呈上一級法院請求解釋法權（Crown Cases Reserved）問題時，上一級法院多數法官均認爲按照英國法，本國法院對於領海內犯罪之外國人無權受理，而將原案退回初審法院。初審法院所作之判決是依照國際法的慣例，一國對其領海得行使法權，而上一級法院以英國法律並無明文採用該項慣例，遂不予援用。英國國會於一八七八年爲此通過領海法權之法案，廢除上一級法院對於此案之決定，而使英國法院對於此類案件有管轄權。由此案件可以看出英國司法界對於『併入』原則所持的意見。他們大多數認爲英國法院不能賦予國際法規任何效力，除非此項國際法規經證明已獲得英國和其他國家的採用。而且如果此項國際法規與已經確立的英國法規相牴觸時，英國法院不得予以適用。

在最近許多案件的裁決中，此項『併入』原則再度獲得確認，雖然用語不夠明確，而且還附有若干條件。艾金爵士（Lord Atkin）在裁決一件名案時宣稱：

英國法院承認有一個為各國共同接受的國際法的存在。遇到任何司法問題，它們尋求國際法中相關之規定，用以解決此項案件。它們將視國際法中此項規則，被併入英國國內法，但此項規則不得與英國成文法規或法院的判例有所牴觸。

艾金爵士在此所提出之限制條件，卽國際法中一項習慣規則不得與英國成文法或具有最高權力的法院的司法判例有所牴觸。除此之外，還有一個先決條件，就是此項規則必須爲國際社會所普遍採用。

麥米倫爵士（Lord Macmillan）在裁決一個案件時，曾有下面一段話：

將國際法中一項原則併入英國國內法，有一個公認的先決條件，就是此項原則已為文明國家所普遍採用，已成為一項國際行為的規則，並在國際條約、公約、權威著作、國際實務及司法判例中獲得明確的證實。

更有進者，英國法院在審理案件時，如對於一個特殊的案情，而無確定的法規可資採用時，則採用法官的一致意見。同時，英國有許多法官的意見，仍然對於此項『併入』原則不表贊同。在上述克恩的案件中，有些法官就持有一項極端的見解，認爲英國法院絕不能適用國際法的習慣規則，除非這些習慣規則已明確成爲英國的成文法，不過此項意見卻與近代權威法官一般的意見相反。

除上述兩項要件外，英國法院自動適用國際法的習慣規則，尙有下列兩種例外情形：

㈠行政機關所爲之國家行爲，雖然違背國際法，例如宣戰、或兼併領土，英國法院不得表示懷疑。

㈡行政機關對於英王特權範圍內的某些事項，例如，對於一個國家或政府作法律上或事實上的承認，依據外交特權享受司法豁免權的外交人員地位，所提供之證明或意見雖與現行國際法不相符合，英國法院須受其限制。

在英國法院所承認的下列兩項原則中，尙明確留有『併入』原則的痕跡。

㈠推定原則：國會制定的法律被推定不得與國際法相牴觸。英國國會在立法上有一種假定，卽國會無意制定與國際法相違反的法律。可是在國會通過之法律明確表示與國際法相反時，卽不能適用此項推定原則。

㈡證據原則：國際法猶如某一外國的法律，不需要專家提供意見證明其存在。英國法院得依照其自己之意志，參考法學著作或其他方面資料，以證實有此項國際法規，而予以司法的認定。

第二項　英國對於國際條約的適用情形

英國對於國際條約適用情形，與對於國際法中習慣規則的適用情形有顯著的不同，這主要是受到釐定行政機關與立法國會之間關係的憲法原則所限制。條約的談判、簽字及批准，乃屬於英國國王的權力。可是，英國政府簽訂的條約如能在英國自動生效，而無需經過任何特別的『併入』手續，其結果可能造成英國行政機關無需與國會諮商或是獲得國會的批准，而能改變英國的國內法。因此之故，遂建立以下幾項原則：

㈠凡是條約：（甲）影響英國人民權利；（乙）因條約的規定對於英國習慣法或成文法加以任何限制；（丙）賦予行政機關額外的權力；（丁）對英國政府課以額外的財政負擔；均須經國會通過法案，予以同意。必要時，國會須制定法律，以履行條約的規定。

㈡凡在約文中明文規定須經國會批准之條約，英國國會通常以法案形式通過，有時經由決議批准。

㈢凡是涉及割讓英國領土的條約，需要國會予以批准。

㈣對於某些特定的條約不須經過立法程序，例如限制英王從事海戰的交戰權的條約（因為這一類條約被認為對於國會的立法權沒有作重大的侵犯），不是正式條約性質的行政協定，這一類行政協定只須簽署，而無需批准，但不得涉及對於國內法有任何變更。依照上述各項原則觀之，英國對於國際條約須經由國會立法以實施之，國會制定的法律對於該項條約只作一般或不明確的規定，尚不足以構成必要的立法程序。如遇成文法規與以前簽訂的條約條款相牴觸，英國法院須優先適用國內成文法。

第二款　美國適用國際法的實際情形

關於國際法的習慣規則，美國適用情形與英國適用情形非常相似。國際法中習慣的規則被認爲是美國法律的一部份，並認爲美國國會制定的法律不應與它相牴觸。不過，美國國會制定的法律明確表示與國際法中習慣的規則不同，適用時將優先於國際法中習慣的規則。美國法院得參考法學著作、各國適用國際法的實際情形以及其他資料，有權確認國際法的某項規則，以解決某一特殊案件。美國法院一如英國法院，對於行政機關所提供之證明或意見，例如，對於外國國家及政府的承認、外國船隻的公務性質及當地司法管轄權的豁免、外交使節的地位等，縱然這些證明或意見難以符合國際法的規定，亦應予以尊重。

不過美國對於條約的適用情形，與英國適用情形有顯著的不同。美國不像英國是以行政機關的行政權與國會的立法權相協調，而是依照美國憲法條文的規定，即條約是『美國最高法律』（美國憲法第六條第二款），以及美國法院劃分條約爲『自動生效』條約（self-executing treaties）與『非自動生效』條約（non-self-executing treaties）。依照美國法院的觀點，自動生效條約乃是該項條約有明文規定，或依照其性質，不需要經過立法就可以在其國內生效。其所以自動生效決定於簽署國家的志願和實際情況而定。如果一個條約符合美國憲法的規定，而又是一個自動生效的條約，其意義就是依照美國憲法，它被認爲美國法律的一部份而獲得實施。在另一方面，不是自動生效而需要經過立法手續的條約，非至國會制定必要的立法，對美國法院沒有拘束力。這種區別曾引起一些糾紛，因此到一九五二年，布利克參議員（senator Bricker）曾建議修改憲法，明文規定所有條約都是非自動生效的條約。

普遍承認的國際法的習慣規則，以及美國批准的自動生效的條約或公約，只要與美國憲法不相牴觸，卽使與以前的美國法律有所違反，美國法院亦應遵守。如果國會通過一項法律，因而取消以前所簽訂的業已成爲美國法律一部份的條約，除非國會取消該條約之目的有明確的表示，依照一項假設，卽國會無意制定與條約規定相反之法律，因而該項法律對於條約之廢止或修正，將不被認爲已經獲得實施。

第三款　我國適用國際法的實際情形

我國憲法第一百四十一條明文規定「中華民國……尊重條約及聯合國憲章」。依照憲法此項條文的精神，自可推定普遍承認的國際慣例，應予遵守，從而得由國內法院當作國內法而適用之，甚至在必要時以國內法明文加以規定。例如，對於爲文明各國所一致遵守的外國元首及外交使節所享受的優遇與豁免，中華民國刑法第一百一十六條規定：『對於友邦元首或派至中華民國之外交代表，犯故意傷害罪，妨害自由罪，或妨害名譽罪，加重其刑至三分之一。』刑法第一百一十八條規定：『意圖侮辱外國，而公然損壞、除去或汚辱外國之國旗國章者，處一年以下有期徒刑、拘役、或三百元以下罰金。』對於境內外僑生命財產之保護，中華民國民法總則施行法第二條規定：『外國人於法令限制內有權利能力。』同法第十二條又規定：『經認許之外國法人，於限制內，與同種類之中國法人有同一之權利能力。』我國爲履行國際法的規則，特制定涉外民事法律適用法，以供國內法院裁決涉外民事案件之依據。

至於條約依照我國憲法的規定，條約之簽訂屬於行政機關，條約之批准屬於立法院。依照立法院通過之條約具體標準規定：凡具有『條約』名稱的國際協定，不論其內容如何，或載有批准條款之國際協定，雖未採用『條約』名稱，均應經立法院審議通過。凡未具條約名稱，亦無批准條款之國際協定，其內容如涉及國際組織、國家財政、變更現行法律、或具有特別重要性者，仍應經過立法院批准手續。至於一般行政協定，純粹屬於行政機關職權範圍者，則無需咨送立法院審議。

如遇條約規定與國內法規有牴觸時，依照我國司法院第八九二號令解釋，認爲條約之適用優於法律。

第四款　其他各國適用國際法的實際情形

其他各國適用國際法的實際情形，視各國憲法的規定與國內法院適用國際法中習慣規則和條約規則所採取的態度有所不同而相異。

對於各國適用國際法的情形，固不可一概而論，但可就其一般性歸納出以下幾點：

㈠大多數國家，對於國際法中習慣的規則，視爲國內法的一部份，無需經過任何特別立法程序，可由國內法院當作國內法而適用之，但此項國際慣例不得與現行國內法有所牴觸。

㈡只有少數國家，遇到國際法習慣的規則與國內法律或司法判例有牴觸時，國內法院卻優先適用國際法的習慣規則。對於此項國際慣例，亦無需經過任何特別『併入』程序。

㈢各國適用條約的情形極不一致。每個國家對於條約的公佈及經由立法批准等程序，均有其本國的特殊規定。例如，法國對於某些條約必須正式公佈，有些條約只是簡單的予以刊印。而且，有些條約，例如不是正式條約的行政協定，卽不需要送請立法機關審議。在其他國家，如比利時，幾乎所有條約，特別是影響人民權利地位的條約，必須由立法機關制定或經由立法機關批准。遇到條約的條款如與在簽訂條約之前或是在簽訂條約之後所制定的國內法有牴觸時，只有在很少數的國家，確立條約的優越性。例如，法國就是這種情形，法國國內各級法院倘條約依法經適當程序批准，縱使與國內立法牴觸，均應有效適用條約。在其他國家，如挪威，條約不能自行生效，以取代國內法規或司法判例。也有少數國家極爲例外，條約卽使與其憲法相牴觸，該國法院仍認條約有充分效力。

㈣一般來說，各國實際情形都是認爲國內法院的主要職責是執行國內法，對於國際法的規定可以不管，如有任何違背國際法的問題發生，則認爲這是屬於外交範圍內的事情。

關於這一方面，近代各國憲法列有一項進步的條文，明確規定國際法爲國內的一部份。一個顯明的例子，就是德意志聯邦共和國基本法（憲法）第二十五條規定：『國際法之一般規則構成爲聯邦法之一部份，此等規則之效力，在聯邦法律之上，並對聯邦境內之居民直接創制權利及義務。』戰後新興國家亦多採用此種類似規定，漸漸形成爲一種趨勢，承認國際法在國內適用時具有優越性。各國憲法此類條文的規定，支持實證法學派的立論。他們主張國際法在被國內法院適用之前，需要經過國內立法的『特別採用』，因爲只有藉助國內憲法的規定，國際法始能在國內生效和適用。

可是，關於以上所述各國在國內適用條約的實際情形，並非說在任何情況下，條約在國內實施，必須經過國內某些『變形』手續。一個條約是否經過國內某些正式『變形』手續，主要視以下兩種情形而定：

㈠關於條約的特殊性質和條款的內容，依照上述各國實際情形，有些自動生效的條約，並不需要經過任何立法手續。

㈡每一個國家憲法的特殊規定或行政的實際情形有所不同，而且有些國家（奧地利就是一個顯著的例子），行政機關逕自履行條約義務，而無需制定法律或頒發法令，這也是常有的事情。在此種情形下，對於條約的規定，即無需經過『變形』手續。

第四節　國際法院適用國內法的情形

如遇國際法與國內法相牴觸時，國內法院執行國內法，此一事實並不影響該國在履行其國際義務上所應負的義務。一國國內法院，在執行國內法中一項與國際法相牴觸的法規，此舉違背了國際法，因爲它是國家的一個機關，所以給該國引起國際責任。因而在一個國際司法機構之前，一個被告的國家不能以其國內法（甚至不能以其憲法）與國際法有相反的規定作爲辯護，也不能因爲國內法中缺乏任何一項規定而竟作爲它破壞國際法的抗辯理由。對於此點，仲裁法官在芬蘭漁船仲裁案（Finnish Ships Arbitration）中曾提出以下意見：

關於國內法的適用，國家在國際法之下，有完全自由的行動，而且它的國內法是一國的內政事項，其他國家無權過問，但一國對於其所負之國際義務，須制定國內法以實施之。

此將課予國家一項責任，在適當情形下，甚至要制定必要的法律，以履行它的國際義務，確立國際法的優越性。

對於條約之適用規定相同，卽一國不得援引其國內法規定爲理由而不履行條約義務，除非該國同意承受條約拘束之表示，顯明違反該國國內法關於締約權限之一項具有重要性之國內法規則。

國際司法機構對於國際法之優先適用，並無意說國內法規對於國際司法機關毫不相干。國際司法機關常時在裁決某些國際損害賠償的案件時，需要確認、解釋、或適用國內法。例如，原告聲稱一國國內法院曾予拒絕正義（denial of justice），或要求解釋一個條約的條款，均需要參考國內法。而且，國際司法機關常時不得不參考各國的國內法，尋求積累的證據，以確認國際法中一項習慣的規則。國際司法機關有時需要從國內法中以類推適用的方法，謀求解決國際法中的困難案件。

關於這方面，細閱常設國際法院及現在的國際法院的辯護狀和裁決書，可以看出國際司法機關對於國內法的重視。常設國際法院與國際法院裁決一個案件，而不詳細參閱與解決這個問題有關的國內法，此種情形，尙不多覯。

第五節　對抗理論

最近在國際司法方面使用對抗理論（concept of opposability）審理案件，有助於說明國際法與國內法間的關係。

例如甲乙兩國間的爭端提請國際法庭審理，甲國根據其國內法提出其控訴，乙國亦可援引其國內法，以「對抗」甲國的控訴，國際法庭所持的一般原則，如果乙國援引其國內法是符合國際法的，則其「對抗」甲國是合法的，可以否決甲國的控訴，如果乙國援引其國內法不符合國際法，則無「對抗」效果。

爲便於「對抗理論」之實際應用，如果一國國內法的某項法規被國際法庭認爲「不具對抗（non-opposable）性質，該項法規在其國內並不必然卽喪失其效力，正如法學家克爾生(Kelsen)在其所著「法律的純理論」（Pure Theory of Law）中說：國際法並無任何程序規定，使一國國內法的某項規定無效。如果一國國內法的某項規定依其國內憲法規定而無效，而被國際法庭認爲「不具對抗」性質，自不能對抗原告的國家。

一國援引一項條約規定以對他國的控訴提出申辯，國際法庭自然亦可依照處理國內法規的相同辦法，認定該項條約規定是否具有「對抗性」。同樣如果一項條約規定被認定對控訴國「不具對抗性」，但該項規定對其他國家依然具有「對抗」效果。例如在國際法庭審理北海大陸礁層案（North Sea Continental Shelf Cases），認爲一九五八年四月二十九日日內瓦大陸礁層公約

第六條規定：劃分毗鄰國家同一礁層的界限應依等距離規則，對德國聯邦共和國不具「對抗性」，因爲西德並未批准該公約，但是在以後的案件中，對批准該公約而又對第六條並未聲明保留的國家，該項條約規則，應仍具「對抗性」。

國際法院於一九七一年六月二十一日對南非繼續留在西南非(South West Africa, Namibia)法律後果發表諮詢意見，認爲南非拒絕接受聯合國機關對西南非的監督，依照一九七〇年安理會的決議，決定終止南非對西南非的委任，而南非仍繼續留在該地是非法的，此項規定對所有國家具有「對抗性」。

第二編

國家

第二編　國　家

第五章　國家總論

第一節　國際法上的國家性質

我們知道，國際法的主體主要是國家。『國家』（state）這一個名詞，迄今尚無精確定義，不過由於近代國家的發展，已經明瞭國家的主要特性。美國與拉丁美洲國家於一九三三年在烏拉圭首都簽訂關於國家的權利與義務之蒙特維羅公約（Montevideo Convention），該公約第一條列舉構成國家的幾種要件：

國家成爲國際法的一個法人，應具備以下幾種要件：㈠人民；㈡固定的領土；㈢政府；㈣與他國發生關係的能力。

國家和民族二者，雖常時合而爲一，但是一個國家內的人民並不一定同屬於一個民族。例如，依照國際法，蘇俄是一個國家，其主要的民族是斯拉夫民族，但其在小亞細亞，中亞細亞及遠東的領域內，有各種不同的民族，而且這些亞洲民族與歐羅巴民族有顯著的不同。

關於第二個要件，雖然所有現代國家都有一定的疆域，但固定的領土並不是國家存在的必要因素。例如，以色列於一九四九年五月獲准成爲聯合國會員國，當時，它的疆界尚未劃定，至其邊界應如何劃分，有待於以後協商決定。所以，一個國家領土的增減，並不影響國家之構成。

關於第三個要件，所謂政府是指人民擁戴的政府。一個國家被侵略國軍事佔領，若有臨時流亡政府，該國並不因而消失。例如，在第二次世界大戰期間，一九三九年至一九四五年，挪威曾組成流亡政府。

以國際法而論，第四個要件最爲重要，卽一個新國家必須獲得他國承認它具備有與其他國家維持外交關係的能力。這一點使國家與組成聯邦的各邦或保護國有顯著不同，因爲組成聯邦的各邦或被保護國沒有外交權，其他國家也不承認它們是國際社會的一個完整的國際法人。

在本書第三章中已經述及，法學家克爾生强調國家只是一個法律術語，表示拘束在固定領域內生活的一羣個人的法律規則總體。換言之，國家與法律是同義的名詞。再進一步分析，可知克爾生的學說，乃是上述國家四種特性的簡要說法。因爲，法律體系的存在是構成國家特性的必備要件。如果國家沒有這些特性，卽無法產生國內法，也無法使國家與國際法發生關係。

第一款　國家基本權利與義務的學說

許多國際法學家曾試圖列舉國家的『基本』權利與義務。國際會議或國際組織中，也經常討論這個問題，如一九一六年美國國際法學會、一九三三年關於國家權利與義務之蒙特維的亞公約、及一九四九年聯合國國際法委員會擬定之國家權利與義務宣言草案。依照國際法委員會擬定之宣言草案中列舉之國家權利，包括國家獨立權、領土管轄權、與其他國家在法律上享有的平等權、與防禦武裝攻擊的自衞權。國家的義務包括不得干涉他國的內政、不得煽動他國的內戰、尊重人權、和平解決國際爭端、不得使用戰爭作爲推行國家政策的工具、誠意遵守國際條約。此項國家權利與義務宣言還是一個草案，正送請各國政府研究之中，尚未獲得大多數國家的贊同。

國家基本權利與義務的學說，爲若干自然法學家所主張。他們認爲此項學說是淵源於國家是自然法的產物；二十世紀使此項學說具體化，尤其是拉丁美洲國家所提出之國家權利與義務，旨在爲國際關係建立一個普遍採用的法律與正義標準，一九四九年國際法委員會擬定國家權利與義務宣言草案的目的也在此。

國際法學家一向認爲國家最重要的基本權利，是國家獨立與平等權、領土管轄權、自衞或自保權。國家最重要的基本義務，包括不得以戰爭爲推行一國政策的手段、誠意遵守條約義務、不得干涉他國內政。

關於何者爲國家的基本權利及義務？很難得到一致的協議。國家的權利與義務，有的被宣告是『基本的』，但其重要性似不如其他未有被宣告的權利與義務，也沒有比若干國際法的基本原則（例如，遵守國際法是國家的基本義務），更爲重要；或者有些草案擬定的國家基本權利與義務，失之太籠統而不精確。有的時候，國際法院曾適用國家的某些基本權利或義務，以解決其所審理的案件。例如，常設國際法院認爲獨立與平等是國家的基本權利，據以對東卡瑞里亞（Eastern Carelia）的法律地位，提出其諮詢意見。可是國際法院在裁決案件時，是否有此需要，也頗令人懷疑。一九八六年國際法院審理尼加拉瓜對美國（Nicaragua v United Staes）

案，認爲每一國家得自由選擇其所採取的政治、社會、經濟或文化制度，並宣稱某一特定國家遵循任何特別政治理論，並不違犯國際法的任何習慣規則。

第二款 國家的主權與獨立

通常認爲一個國家在其領域內對其人民及內政具有獨立之『主權』(Sovereignty)。而今『主權』的意義，已受相當限制，不如十八及十九世紀民族國家初興時之至高無上，公認爲國家的主權應受到若干限制。在當前這個時代，由於科技發展神速，國與國間依存關係密切，往昔國家領域管轄權的傳統觀念，亦隨之有很大改變，因爲今日國家對於在其國境內之人、事、物，已不能完全控制。例如意識觀念的交換，金錢財物的流通、資訊消息的傳播，飛彈衞星的飛越等，已不受國界的限制，甚至爲了謀求國際社會共同利益，而自願放棄國家一部份管轄權，例如參加「關稅暨貿易總協定」國家，須降低關稅、開放市場。最近美蘇兩國簽訂「中程核子武器條約」，讓對方派員檢查軍事基地與核爆現場，都是在爲整個國際社會利益的要求中，不能不受限制。而且世界上絕大多數國家都是聯合國及國際勞工組織的會員國，承擔有各種國際義務，因而它們在國際社會的自由行動受到限制。今天我們若說，一個國家的主權，其意思就是在國際法規定的範圍內國家享有的剩餘權力 (residuum of power)，也許更爲精確。這種觀念與初期國際法學家的學說相似，他們認爲國家隸屬於國際法之下，而國際法是範圍更廣的『自然法』的一部份。

就實際意義而言，所謂主權只是在程度上的差別。有的國家享有較大獨立自主的權力，有的國家享有的獨立自主權則較小。此種情形，猶如獨立的國家或主權的國家享有較大的獨立自主權，被保護國及殖民地所享有的獨立與主權則較小。此種程度上的差別，甚至很難作明確的劃分，因爲國家的自主權，在某一方面可能接受重大的限制，但是在另一方面，它又可能享受很大的自由。所以『主權』是一個政治藝術名詞，且是一個難以下精確定義的法律術語。

當我們說某一個國家是一個獨立國家，具體的意義，就是我們認爲這個國家具有國際法上許多權利、權力及特權。由於這些權利的交互作用，使得他國與這一國家發生關係時，必須負擔相對的義務。這些權利與這些相對的義務，維持相對的平衡，才是國家獨立的眞正本質所在。

例如，與一個國家獨立自主有密切關係的權利、權力及特權，包括：㈠對其本國的內政享有排他的管轄權；㈡准許外國人入境及驅逐外僑出境權；㈢本國駐在他國的外交使節享有的特權；㈣對於在其領土內違法的罪犯具有專屬的管轄權。

至於國家負擔的相對責任或義務，包括：㈠不得在他國領土上行使主權的義務；㈡制止並防範本國官員及人民從事侵犯他國獨立或領土完整之行爲的義務；㈢不得干涉他國內政的義務。

關於不得在他國領土上行使主權一節，設若有一個國家派遣官吏至他國領土逮捕違反其本國法律的人犯，顯然違背國際法。最著名一個例證，就是一九三五年發生的賈科貝案（Berthold Jacob Case）。一個從德國逃出的報人賈科貝（Berthold Jacob），流亡在瑞士，被德國納粹的間諜綁走，帶至德國予以拘禁。瑞士政府立即要求將賈科貝交還，理由是此舉嚴重侵犯瑞士的獨立。德國在瑞士政府的嚴峻要求下，只好把賈科貝交還給瑞士。另一例證是以色列自阿根廷秘密綁架一名納粹戰犯伊契曼（Adolf Eichmann）交其法院審判。聯合國安全理事會一九六〇年六月決議，認爲以色列侵犯阿根廷主權，應予適當補償。

一個侵犯他國領土主權或違反國際法而在他國逮捕人犯，國際法能否課該人犯國籍所隸屬之國家不行使管轄權的義務，現今尚無定論，而各國的實例也各有不同。在一九一一年沙瓦凱案（Savarkar Case）中，常設仲裁法院裁定，一國在他國逮捕刑事嫌疑犯，並無義務將該人犯交還給其非法逮捕該人犯所在之國家。在伊契曼案中，以色列法院認爲，以色列自阿根廷綁架伊契曼之行爲雖屬不當，但因其係戰犯，違犯人道及其他罪，以色列有權管轄並予審判。

關於尊重國家領土主權的原則，國際法院於一九四九年對于科夫海峽案（Corfu Channel Case）的判決是一個例證。一九四六年十一月，英國一艘驅逐艦在科夫海峽被魚雷炸毀，造成船員死傷，此事件發生三個星期後，英國派艦隊前往屬於阿爾巴尼亞領海的科夫海峽保護掃雷。國際法院裁定英國此舉侵犯阿爾巴尼亞的領土，同時裁定阿爾巴尼亞對於魚雷炸毀英國驅逐艦一事應負疏失或延宕的責任。

關於國家負有義務防止政治恐怖份子在其領土內從事破壞他國之行動，係因一九三四年馬其頓暴徒在馬薩里斯（Marseilles）刺殺南斯拉夫國王亞歷山大一事，而產生這個問題。南斯拉夫向國聯控告匈牙利政府，縱容此次暗殺行動，因爲匈牙利政府默許他們在匈牙利領土內從事謀刺南斯拉夫國王的準備工作。國聯理事會爲解決這兩個國家的爭端，確認國家負有兩種義務：㈠不得鼓勵或縱容任何恐怖份子在其領土內從事破壞他國之政治活動；㈡應盡其一切權力，防範並制止恐怖份子從事破壞他國之政治活動，並得應他國政府之請求，予以協助，以達成防範並制止此類活動之目的（註二）。

關於不得干涉他國內政的義務，需要加以解釋。在通常情況下，國際法禁止此種干涉行爲。在特殊情況下干涉的意義不僅止於干預，並超過調停調解的範圍。凡屬於國際法禁止之列者，必定是違反他國意志之武斷干涉。正如法學家海德（Hyde）所說（註二），在大多數情況中，此種干涉行動有損害他國政治獨立的意圖。嚴格地說，凡是缺乏上述條件的其他行動，均不能構成爲干涉，也不在國際法禁止之列。歷史上武斷干涉最著名的一個例子，就是俄、法、德三國於一八九五年採取聯合行動，强迫日本交還遼東半島。由於此種干涉，日本被迫將遼東半島交還給中國，這是一個最顯明的例證。

上述武斷方式的干涉，與其他方式對於他國內政外交的干預，有其基本的區別，通常後者也被列在『干涉』一類。

下列三種干涉雖含有强迫或脅迫之意，但與上述第一種武斷干涉不同：

㈠『內政』上的干涉：例如，甲國干涉乙國的內爭，偏袒合法政府或叛亂團體（註三）。

㈡『外交』上的干涉：例如，甲國參與乙國的對外關係——通常是對外的敵對關係，第二次世界大戰期間，義大利參加德國一方，對抗英國。

㈢『懲罰』的干涉：使用次於戰爭的方法，對於他國加於本國的損害，採取報復的行動；例如，對於破壞條約國家，實施和平封鎖，以爲報復。

下列幾種情形，依照國際法，國家具有合法干涉的權利：

⑴依照聯合國憲章之規定，實施集體干涉；

⑵保護本國權利及利益，並保護旅居他國之本國人民之安全；

⑶自衞，爲預防遭受武裝攻擊之危險，必須施以干涉；

⑷保護國對於被保護國內政之干涉；

⑸被干涉之國家對於干涉的國家犯有違背國際法之不法行爲，例如，其本國曾從事不法的干

涉。

國家雖可行使此種例外的合法干涉，但不得影響該國依照聯合國憲章所負之義務。因此，除非憲章許可之外，干涉的程度，不得竟對他國的領土完整或政治獨立之使用威脅或武力。

在一九三六年至一九三八年西班牙內戰之前，一般所遵守的原則：就是當一國發生革命、內戰、或其他嚴重危急局勢，致危害他國的安全，或嚴重損害他國的權益，可能招致被侵害國家的干涉。

今天這項原則有效到何種程度，尤其是鑒於一個國家負有聯合國憲章所規定的各項義務，頗成問題。在一九三六年，歐洲强國協議，不論在何種情況下，均不得干涉西班牙的內戰，甚至不得與西班牙內戰雙方從事某種貿易。此項協議即與上述原則相背馳。二十年後，在一九五六年底，英法兩國聯合進兵蘇彝士運河，表面上聲稱以色列與埃及的衝突，危害英法兩國的重大利益，因而出兵干涉以色列與埃及之間的衝突。世界其他各國咸認爲英法這次出兵，顯然違反聯合國憲章。因爲埃及並未眞正違犯憲章第五十一條規定的武裝攻擊，英法行使集體自衞權利是不當的。同樣地，美國於一九五八年七月應黎巴嫩總統請求，派兵登陸黎巴嫩，制止外來叛亂，保護美國人民生命財產，因爲當時黎巴嫩並未遭受武裝攻擊，嚴格說來，美國此項行動並不符合憲章第五十一條的自衞行動。

美國派兵登陸黎巴嫩，是基於黎巴嫩合法政府的同意而進行干涉。可是就國際法的一般原則而論，當一國發生內戰，尤其是在結局未明確的時候，外國應內戰一方請求而派兵進行干涉，並不能使此項不當干涉合法化。事後顯示黎巴嫩的紛爭純是內戰性質，美國出兵干涉黎巴嫩內亂的合法性不無爭議。同樣情形，美國應南越政府請求，出兵援助南越制止越盟叛亂，其合法性也發生爭議，而且越南問題更牽涉到一九五四年七月二十日爲結束法國與越盟印支戰爭的日內瓦協定，及一九五四年九月八日爲成立東南亞公約組織（SEATO）在馬尼拉簽訂的東南亞集體防禦條約的適用與解釋。美國及其他國家捲入越戰，是否符合憲章第五十一條所規定的集體自衛行爲，不無疑問。

（註一）國聯討論這個問題，最後於一九三七年十一月，締結禁止國際恐怖行動公約，惟此項公約未有生效。下列兩事亦與此有關：㈠在國聯主持下，一九三六年七月締結關於使用廣播宣揚和平公約。依照該公約之規定，締約國擔允禁止煽動或從事影響他締約國公共安全行爲之廣播宣傳。㈡聯合國現正在草擬新聞自由（Convention on Freedom of Information）與國際更正權利公約（Convention on the International Right of Correction）。

（註二）對於『干涉』所下的定義，强調武力、武力威脅或强制命令方面。一國依照條約的規定，同意他國行使干涉權（例如，依照一九〇三年美古條約，古巴同意美國爲保障古巴的獨立得實行干涉），此項干涉並不違反國際法。

（註三）聯合國安全理事會依憲章第七章的規定，得使用各種執行辦法。但依照憲章第二條第七項的規定：聯合國不得干涉『在本質上屬於任何國家國內管轄之事件』。聯合國機關僅討論議程上關於任何國家國內管轄之事項，不構成違反本條規定之『干涉』。

第三款　門羅主義

美國門羅主義（Monroe Doctrine）的歷史，對於國際政治原理有所闡明，而與干涉的法律性質不同。當初，美國總統門羅於一八二三年致美國國會的咨文中，宣佈三點：㈠歐洲國家不得再在美洲大陸從事殖民；㈡美國對於歐洲戰爭或歐洲事務不感興趣；㈢歐洲國家干涉南美新興共和國家的獨立，將被視爲不友好的行爲（註一），危及美國的「和平與安全」。其中以第三點最爲重要。到十九世紀末葉，門羅主義演變的結果，有時美洲國家遭遇到歐洲國家干預的威脅時，或是美國重大利益遭受危害時，它便藉口對於其他美洲國家加以干涉。因此，這個原來反對干涉的主義，轉變成爲美國干涉中南美國家的一個藉口。第一次世界大戰之後，美國對於中南美洲國家推行『善鄰』政策，始使門羅主義回復到原來的目的。近年由於美洲區域安全的各種安排，爲確保美洲的團結，使得門羅主義，由一國的片面宣言（註二），演變成爲美洲國家的集體諒解（collective understanding）（註三）。國聯盟約第二十一條規定，將門羅主義視爲一種『區域諒解』(regional understanding)。以今日觀之，甚爲正確。

有時，一個國家在條約中，明確規定締約國不對他國加以干涉；例如，義大利與教廷於一九二九年締結的條約第四條規定：

『梵帝岡城的主權及排他管轄權，義大利承認屬於教廷，義大利政府不得作任何干涉……』

（註一）門羅主義第一點，是針對俄國在美洲大陸西北部獲取領土的情勢而產生。門羅主義第三點，是由於當時拉丁美洲國家紛紛脫離西班牙獨立，並已獲得美國承認，歐洲神聖同盟俄、普、奧三國欲以武力干涉，恢復西班牙在拉丁美洲的殖民地，因而美國宣言反對。

（註二）在一九二三年，美國國務卿海斯（Hughes）認爲門羅主義是『美國的政策』，因而美國『保留對於它的定義、解釋及應用之權』。

（註三）一九四五年卡普特比克法案（Act of Chapultepec）、一九四七年里約熱內盧泛美互助條約、及一九四八年美洲國家組織憲章均規定：美洲任何一國之獨立與安全受到威脅時，視爲全美洲國家之威脅。

第四款　國家平等原則

『自然法學派』的學者，在國際法發展的初期，卽倡導國家平等原則。此項原則對於現今的國際社會，尚存有重大影響。一九四五年在舊金山草擬之聯合國憲章中，明文承認國家平等原則。憲章第一條規定：『尊重平等權利原則。』第二條規定：『本組織係基於各會員國主權平等之原則。』

國家平等原則的意義，不僅是指法律平等，而且是指國家具有平等行使法律權力及履行平等義務的能力。尤其是在國際法規及實例中，可以看出此項原則產生的結果。例如，在國際會議中通過多邊條約，各國多主採取全體一致的決定。此項全體一致規則常阻撓國際立法的進步，有時小國爲本國利益打算，利用全體一致決議規則，以阻撓國際法的重大發展。法學家鮑里帝斯（Politis）說：

全體一致規則，意在保障少數，由於過份主張平等原則，已經成為壓制多數的不合理的手段。

不過最近的趨勢，國際會議議決事項多採取多數決的規則，以替代全體一致的辦法，尤其是在聯合國、國際勞工組織及其他國際組織的表決規定，均是採取多數票決的辦法。

國家平等原則對於其他方面的影響：例如，任何國家不得對他國主張管轄權；任何一國的法院對於其他主權國家的機關官吏所爲之官方行爲的效力或合法性，不得表示懷疑；如有懷疑，僅可由外交途徑提出。此項原則稱爲「國家行爲理論」（Act of State Doctrine）。

對於國家平等原則現今有一項例外情形：卽聯合國安全理事會常任理事國，規定由中、法、蘇、英、美五國擔任，這五個常任理事國在安全理事會中對於實質問題的決議，享有『否決權』（Veto）。

在國際社會發展的現階段，國家平等原則仍不免受到批評。此項原則曾鼓勵小國採取不合理的立場，或提出不合理的要求，以阻礙大多數國家的開明利益。此種情形對於國際法的適當及和諧的發展，也有很大的阻礙。甚至在聯合國內，議事規則雖採取多數決的規定，可是由於平等原則的作祟，不可避免地分成幾個投票集團。

第五款　善鄰規則

最近國際法院的判決，以及國際組織的決議，對於國家的絕對獨立與平等，加上一項重大限制，卽一國使用其領土，不得以損害他國利益爲目的。此項原則與國內法上禁止『權利的濫用』原則相似。因此，聯合國在討論一九四六年至一九四九年的希臘局勢，曾經默示承認，不論希臘內戰實情如何，希臘的鄰國阿爾巴尼亞、南斯拉夫及保加利亞負有義務防止其領土被用來對希臘政府從事敵對的行動。同樣情形，一九三一年特里爾製煉所仲裁案（Trail Smelter Arbitration Case）承認一項原則：卽一個國家負有義務防止其領土成爲損害鄰國經濟之根源，因此製煉所冒出有毒的煙氣，其本國應防止其損及鄰國。另一個例證就是一九四九年科夫海峽案（Corfu Channel Case），國際法院在判決書中認爲，當阿爾巴尼亞政府一經獲悉在科夫海峽的領海中有魚雷存在，卽負有義務將此危險情形通知航行船隻，並警告駛近的英國海軍艦艇。因爲阿爾巴尼亞政府未曾履行此項義務，故其對於英國驅逐艦被魚雷炸毀所受的損失及人命的犧牲，應給予英國政府賠償。國際法院宣告：每個國家都負有義務『不得蓄意使用其領土以從事違反他國權利之行爲』。這已是一項獲得『普遍承認的原則』。

一九四七年，聯合國大會決議，譴責意圖煽動或鼓勵威脅和平、破壞和平、或侵略行爲之宣傳，也是强調國家善鄰原則。

現今各國對於善鄰原則的建立，均無異議，不過對於它的適用範圍，則有不同的意見。例如，關於一國在其領土內舉行核子武器試驗應否負責，曾發生爭執。其中比較爲多數國家接受的見解是：一國在其領土內舉行核子武器試驗，自不得禁止，但該國應提出預防警告，或者採取合理的防範措施，防止『輻射塵』對他國所造成的損害。在另外一種不同的情況中——卽一個國家降低幣值或『凍結』貨幣應否負責，一般認爲一國採取此種行動，致使他國受到損害，可以不負責任。

聯合國憲章第七十四條規定，各會員承諾對於其本國區域及屬地的社會、經濟及商業上，須以善鄰之道，奉爲圭臬。

第二節　國家與準國家組織的種類

各國在國際法上的地位常有不同，所以需要對於國家的種類，予以簡要的敍述。同樣對於國際法的另一主體——準國家組織（non-state entities），也在此作簡要說明。另一種類似國家體制的如教廷（Holy See）及摩納哥侯國（Principality of Monaco）。

第一款　邦聯與聯邦

邦聯（Confederation）是幾個獨立邦根據一個國際條約而組成的國家聯合，在各邦之上設立一個政府機構，其目的在維持所有各邦對外對內的獨立。邦聯在國際法上不是一個眞正的主體，每一個邦仍保持它們各自獨立的地位。

可是，聯邦（Federation）在國際法上卻是一個眞正的主體。聯邦與邦聯之間主要的區別，在於聯邦政府不僅對於各邦，並且對於各邦的人民，具有直接管轄權。例如，一九六三年成立的馬來西亞，是聯邦而不是邦聯。大多數的聯邦國家，都是由聯邦政府主管對外政策，可是在歷史上也有過例外情形。例如，在一九一四年之前的德意志聯邦，各邦有權締結條約，任命並接受使節，並依照國際法來決定影響它們之間關係的法律問題，由此可知德意志聯邦內的各邦在國際法上具有相當程度的國際法人的地位。

第二款　屬國、被保護國與保護國

一個屬國（vassal state）完全處在他國的宗主權（suzerainty）之下。在國際上，屬國的主權受到很大的限制，幾無獨立自主之可言。

保護國（protectorate）或被保護國（protected state）的情形，是在一個弱國基於條約規定而接受一個强國的保護而發生的。因此，被保護國對外的政策，完全由保護國決定。保護國與被保護國的關係，稱爲保護關係。各種保護關係的程度不一，視其特殊情況而定，其法律地位，須就下列兩點加以確定：

㈠保護條約的特殊條款；

㈡第三國承認保護國依照保護條約取得對抗第三國的條件。

一個被保護國家雖非完全獨立，但可享有一部份主權。例如，被保護國元首，得在他國領土上享有豁免權。嚴格言之，現今國際社會已無被保護國的存在。

第三款　國際共管地

國際共管地（condominium）是由兩個以上的國家對於一個特殊地區實施共管。例如，西太平洋中的紐赫勃里底羣島（New Hebrides）受英法兩國共管，經歷七十四年，於一九八〇年七月三十日宣佈獨立，改名爲萬那杜（Vanuatu）共和國。

管理當局對於國際共管地行使共同主權，每一個管理國家對其管轄的人民有分別管轄權。依照一九五九年南極條約規定，十二國共管的南極地區，可能成爲國際共管地，但其權力劃分更爲複雜。

一個地方劃分爲兩個以上地區，由不同的國家分治，此種情形與國際共管地不同。例如，依照英國、美國與南斯拉夫於一九五四年十月五日在倫敦簽訂的諒解備忘錄，將的黎斯特（Trieste）自由區劃分爲東西兩區，分別置於南斯拉夫與義大利的臨時管理之下。

第四款　國協

第一項　不列顚國協

不列顚國協（British Commonwealth of Nations）是英屬殖民地爭取獨立的長期發展過程所形成。其會員國具有極特殊地位。最初是英屬殖民地，到了十九世紀，在內閣制下獲得自治殖民地的地位，以後演進爲『自治領』（Dominion），直到第二次世界大戰後，才正式獲得獨立。到了一九四八年，甚至『自治領』的名號都予以廢棄。

不列顚國協的會員國現在是完全主權國。它們在對外事務上的自主權不受限制，會員國享有並行使單獨派遣使節及獨立談判條約的權力。它們各具有法律行爲能力，成爲國際法的主體。各會員國之間可以分別敵對，亦可保持中立。例如，自一九四八年以來，印度與巴基斯坦對於克什米爾與印度河流域的爭執，各不相讓，甚至演成戰爭。事實上，它們彼此之間，可以締結各種條約，如澳大利亞與紐西蘭於一九四四年締結『澳紐軍團協定』（Anzuc Pact）。近年來在實際上有一項顯著的發展，就是逐漸使用國際法，以替代不列顛國協法律，處理會員國之間的所有權利與義務的關係。一個會員國派駐在另一會員國家內的代表稱爲高級專員(High Commissioner)其地位與外交使節相等。

至於國協本身，既不是一個超國家組織，也不是一個聯邦，僅是若干自由而平等的國家的聯合。國協是會員國間有形和無形利益的結合，不列顛國協類似政府組織，英國國王是不列顛國協元首，沒有正式憲法，也沒有中央政府組織，只經由諸商、討論及合作，達成功能性效果，提供管道就會員國間政治、法律、經濟、文化等項問題，交換意見。不列顛國協雖經由不定期的國協總理會議，謀求達成一項共同對外政策的協議，但是由於各國本身的利害不一致，仍不免有歧見存在。例如，一九五六年，英法進軍蘇彝士運河，不列顛國協中有些會員國便表示異議。一九六五年國協在倫敦成立秘書處。不列顛國協會員國，計有大不列顛聯合王國、加拿大、牙買加、千里達、澳大利亞、紐西蘭、賽普勒斯、印度、巴基斯坦、錫蘭、馬來西亞、迦納、奈及利亞、獅子山、坦尚尼亞、肯亞、馬拉威、新加坡、烏干達、西薩摩亞、馬爾他、尚比亞、甘比亞、蓋亞那、波札那、賴索托、巴貝多、模里西斯、史瓦濟蘭、諾魯、東加、斐濟、孟加拉、安地卡及巴布達、巴哈馬、貝里斯、多米尼克、格瑞那達、聖克里斯多福、聖露西亞、聖文森、汶萊、巴林、卡達等國。

第二項　法蘭西國協

法國依照一九五八年九月通過之第五共和憲法，與其海外屬地聯合成立法蘭西國協（French Community）。第五共和憲法第一條規定：『共和國及海外屬地人民，由於自由決定而贊成本憲法者，建立一國協』。並規定『國協建立於其所由構成的各民族之平等及互助基礎之上』。

法蘭西國協的職權，包括各會員國之外交、國防、貨幣、共同經濟與財政政策、戰略原料、高等教育、對外運輸與電訊、及司法監督等事項（第五共和憲法第七十八條）。

法國總統在名義上爲法蘭西國協主席，並對外代表國協。

法蘭西國協在行政方面設立行政委員會，由法國首席部長與其他會員國政府首長及共同事務部部長組成之（第五共和憲法第八十二條），負責處理國協共同事務，並聯繫各會員國間行政方面之合作事項。行政委員會會議由國協主席主持之。在立法方面設立參議院，由法國國會及其他會員國立法機關分別選出代表組成之，每年集會二次。參議院審議涉及國協共同經濟及財政政策及國協之國際行爲、條約或協定（第五共和憲法第八十三條）。在司法方面設立仲裁院，裁決國協各會員國間之爭端（第五共和憲法第八十四條）。

法蘭西國協成立之初，類似聯邦。一九六〇年，法屬非洲各自治領土分別宣佈獨立後，法蘭西國協之性質與不列顚國協相彷彿，只是若干自由而平等的國家聯合，藉以協調會員國間相互合作關係及對外政策。

法蘭西國協會員國，計有法國、馬拉加西共和國、塞內加爾、達荷美、上伏塔、喀麥隆、剛果（布拉薩市）、加彭、查德、象牙海岸、尼日、茅利塔尼亞、中非共和國。

第五款　託管領土

依照前國聯盟約的規定，在一九一九年至一九二〇年開始試行委任統治地（Mandated Territories）。這些委任統治地以前都是屬於德土兩個敵國的領土，本身不能自立，如無受任統治國的扶助與指導，便不能在國際社會立足。因此將這些領土『委託』給負管理責任的國家統治，但須受國聯的監督，並由國聯保持最後權力。受任統治國須依照委託條款，治理在其委託統治下之領土。

一九四五年在舊金山制定之聯合國憲章，開始實行『託管領土』（Trust Territories）新制度。在理論上，這是從前委任統治地制度的延長。託管制度適用於下列三種領土：㈠從前的委任統治地；㈡因第二次世界大戰結果，自敵國割離之領土；㈢負管理責任之國家自願置於該制度下之領土。

國聯委任統治制度，在一九四六年聯合國憲章生效後結束，受委任統治領土自動置於託管制度之下，由託管國治理。雖然大多數受任統治國都曾表示願意將這些委任統治領土置於聯合國憲章規定的託管制度之下，可是實際上並未將這些領土眞正移交給聯合國。唯一不願接受託管制度的，就是受任統治國南非聯邦所統治的西南非（South-West Africa）委任統治地。南非聯邦不願採取其他受任統治國的相同行動，拒絕讓西南非成爲託管領土，並拒絕承認聯合國對於西南非的監督權。關於西南非的地位及南非聯邦所負的義務，聯合國大會曾咨請國際法院發表諮詢意見。大多數法官認爲南非聯邦並無義務將該領土置於託管制度之下，可是他們認爲這塊領土仍受南非聯邦委任統治，惟須遵守原先議定的委任條款，並須受聯合國的監督。因爲從前國聯監督委任統治制度的工作，現在應由聯合國接管（註一）。

現在受聯合國憲章規定管理的託管領土，大多數是從前的委任統治地。依聯合國憲章規定『因第二次世界大戰結果自敵國割離之領土』，只有前義大利的殖民地索馬利蘭(Somaliland)。自一九五〇年四月一日起，義屬索馬利蘭成爲託管領土，定期十年，義大利成爲管理當局，由哥倫比亞、埃及與菲律賓三國代表組成一個顧問委員會協助義大利管理。至一九六〇年七月一日，託管期限屆滿，該地獲得獨立，稱爲索馬利亞。

聯合國憲章規定：託管領土依託管協定，置於聯合國保護與監督之下而受管理。管理當局得爲一個或數個國家或爲聯合國本身。託管制度之基本目的，爲增進託管領土居民之進步，並『增進其趨向自治或獨立之逐漸發展』（憲章第七十六條）。託管領土的最終目的，在使其獲得獨立，但不一定都是要獲得完全獨立國家的地位。不過，事實上，主要託管領土現已分別獲得獨立。

可是設立託管制度的基本目的，正如憲章第七十六條的規定，爲促進國際和平及安全，並非要使託管領土經過一段託管期間而獨立。誠然至少有某些託管領土，將其置於託管制度之下，是因爲有關國家爭奪妥協的結果。如果沒有聯合國主持下的託管制度，那麼戰後這些領土的局勢必然混亂，或者由於國際間的敵視而導致戰爭。因此，一位有名的法學家很確切地將託管制度（從前的委任統治地亦同）譬喻爲『國際邊境』(international frontier)。『國際邊境』是指『強國企圖延長其主要交通線至其政治經濟與國防需要的地點，彼此發生衝突或妥協的區域』。這雖不能完全解釋所有託管領土或委任統治地，但此項觀點，亦可說明託管制度與委任統治地發生之原因。

聯合國負有對於託管領土之監督及核准託管協定條款之職權：㈠託管領土如係『戰略防區』(strategic areas)，此項職務由安全理事會行使託管理事會負責審核美國託管當局提出的常年報告；㈡對於其他所有託管領土，此項職務由聯合國大會行使，託管理事會在大會的監督下協助執行。託管理事會是聯合國的主要機關，國聯委任統治委員會只是國聯的一個附屬機關，二者在基本上有所不同。國聯委任統治委員會是以私人資格代表參加。託管理事會是由各國政府代表所組成，一部份代表管理託管領土之理事國，一部份爲安全理事會的常任理事國，一部份爲大會選舉必要數額之其他會員國，任期三年，俾使託管理事會理事國之總數，於聯合國會員國中之管理託管領土者及不管理者之間，得以平均分配。

託管協定應載有『受託』國管理領土之基本條款，此項託管協定應由『直接關係各國』議定之（憲章第七十九條）。關於從前的委任統治地，已有十個託管協定單獨予以議定並經核准。其中有一個託管協定，是『戰略防區』託管領土（憲章第八十二條），就是從前日本在太平洋的委任統治島嶼，委託由美國管理，此項戰略託管協定與其他九個託管協定不同，美國爲安全理由得關閉某些戰略防區。各託管領土之管理當局應根據託管理事會擬定關於各託管領土之問題單，向大會提出常年報告。託管理事會監督託管制度之實施，除使用說服方法外，尙無他法强制管理當局履行其決定。託管理事會有權審核管理當局所送之報告、接受託管領土居民之請願及控訴、派遣代表團視察各託管領土。對於此等職務之履行，託管理事會僅是一個審議及建議機關，而不是一個賦有行政管轄權力的機關。

關於託管領土主權的法律問題，已經獲得解決，管理各國明確宣布，對於受託管之領土不作任何主權要求（註二）。過去關於委任統治地的主權誰屬問題，引起許多學者的討論，意見紛紜，莫衷一是。可是經此明確宣告之後，這一個問題，僅有學理上討論價值。鑒於託管領土多已獲得獨立，我們可以說，託管領土主權在民。管理當局對於託管領土雖沒有完全主權，但它們所負的責任很大。例如各管理國家有權：㈠使託管領土與在其統治下之附近非託管領土建立關稅、財政或行政之聯繫（註三）。㈡利用託管領土之志願軍，在託管領土上建立海、陸、空軍基地（註四），以實行地方自衛。

聯合國會員國與管理當局對於託管協定之解釋或適用發生任何爭議時，每一託管協定均有規定應提交國際法院解決。

（註一）聯合國大會於一九五三年成立一個西南非委員會，依照從前委任統治制度之程序，審查報告並接受請願書等。

（註二）管理當局未經聯合國核准，不能片面限制託管領土之地位。

（註三）聯合國大會對於託管領土與非託管領土之間的財政或行政聯繫，曾通過幾項決議。一九四八年，聯大決議：行政聯繫必須『限於行政的性質及範圍』，不得損害有關託管領土之特殊政治地位。以後聯大又有決議，強調在建立或擴大此等聯繫範圍之前，應調查居民之願望，管理當局並須與託管理事會諮商後，始得採取此等措施。

（註四）聯合國憲章第八十四條，賦予管理當局有權徵集託管領土之志願軍，以使該託管領土對於維持國際和平及安全盡其一份子之義務。

第六款　中立國

一個國家的政治獨立與領土完整，受列強集體協定的永久保證，而該國承諾除爲自衞外，絕不對他國作戰，亦不參加可以影響其中立或導致戰爭的任何同盟條約，這類國家稱爲中立國（neutralized states）。

設立中立國的目的：㈠保護小國，不受强大鄰國的侵犯，藉以保持武力的均衡（Balance of Power）；㈡保障並維持位於强國之間『緩衝國』（buffer states）的獨立。

一國中立化的必要條件，是有關列强的集體行爲（collective act），卽有關列强必須明示或默示同意給予該國永久中立地位。一國中立化的另一要件是契約行爲（contractual act），未得其本國的同意，固不能强令其中立化，可是一個國家未得有關國家的同意也不能片面地宣布中立。因此，在一九三八年，瑞士於宣布獨立及中立後，採取步驟謀求國聯對於它的完全中立予以承認。當時蘇俄外長李維諾夫（Litvinoff）提出抗議，謂瑞士事前未得有關各國的同意，不能逕自宣布中立。一九五五年，奧國宣布中立，也不符合中立要件，只是中立原則的一個例外情形。奧國是在一九五五年五月十五日締結『關於奧地利再建條約』後，由奧國國會制定一個憲法規程，宣布奧地利永久中立。不過奧國自行宣布中立，事前曾與蘇俄締結協定，得到蘇俄的同意。依照該協定的規定，奧地利得『採取一切適當步驟，以求獲得國際承認』其中立。因此奧國自行宣布中立後，曾獲得其他國家的承認與支持。

永久中立（neutralization）與戰時中立（neutrality）在基本上有其不同。戰時中立是在其他國家發生戰爭狀態時，一國自行採取的一項臨時政策，宣告保持中立，嗣後如認爲必要，仍可隨時參加作戰。而中立國是有關各國依照協定所賦予的一種永久中立地位，未得有關國家的同意，不能竟自放棄其中立地位。

中立國與中立主義（neutralism）在本質上亦有不同。中立主義是指一個國家採取既不捲入任何衝突也不參加任何防禦同盟的政策。

中立國所負的義務：

㈠除自衞外，不得對外作戰；

㈡不得加入負有戰爭義務或允許他國建立軍事基地之條約。例如，不得加入同盟、保障或保護國條約，但非政治性條約，如郵政或關稅協定，仍可締結；

㈢得使用其自認爲一切適當之方法，甚至可請求保障國之援助，以保衞其本國之獨立，抵抗外來之侵略；

㈣遇國際間發生戰爭時，遵守中立規則；

㈤不能讓外國干涉其內政。

保障他國中立的國家所負的義務：

㈠不得對中立國領土實施任何攻擊，或作攻擊之威脅；

㈡當中立國領土受他國侵犯時，得使用武力干涉，保障國並得應中立國之請求而採取行動。

中立國最顯著的實例，就是瑞士、比利時與奧地利三個國家。現在比利時已經不再是一個中立國，因爲它在第二次世界大戰後，曾參加若干安全及共同防禦條約，如參加一九四九年四月北大西洋安全公約。可是瑞士的永久中立地位，仍然保持。一九五五年奧地利宣布中立，應視同國際法中的永久中立國。一九五四年『十四國』日內瓦協定，保障寮國的獨立與中立，也是中立國的一個例子。

第七款　非自治領土

聯合國憲章第十一章關於非自治領土之宣言（Declaration on Non-Self-Governing Territories）中規定，負有管理責任之會員國，承擔此等領土居民之福利與政治願望，並按時將此等領土的各種情況之情報，遞送聯合國秘書長。依照憲章第七十三條規定遞送非自治領土之情報，交由聯合國非自治領土情報委員會審查。因此聯合國憲章賦予非自治領土一種特殊地位。

至於人民自決權與屬地自決權的問題，近年曾成爲聯合國各機關討論的一個重要議題。有些聯合國會員國反對殖民主義，主張非自治領土與屬地人民應享有自決權（Right of Self-Determination）。

聯合國憲章第一條中明確宣告：『尊重』人民自決『原則』。此項規定並載在一九五一年至一九五二年聯合國人權委員會通過兩個人權公約草案中，承認非自治領土及屬地人民享有自決『權利』，並規定所有國家，包括負責管理非自治領土之國家，應盡力增進並尊重當地人民享有此項『權利』。不過這兩個人權公約，未曾得到各國的批准，甚而有幾個重要國家不承認屬地人民享有此項權利。

至於『自決』（Self-determination）的意義爲何？以及使用何種標準決定那一羣人構成享有此項自決權利的『人民』？均成爲爭論的問題。

依照國際法習慣的規則，並沒有賦予非自治領土或屬地的人民有要求自己成立國家的權利，只有在例外的情形下，依照條約的規定或國際組織的決議，始能使非自治領土的人民獲有此項特權。

對於所謂『經濟自決』原則，也發生同樣的爭論，聯合國大會於一九五二年十二月二十一日通過一項決議，確認『人民得自由利用並開發其自然財富及資源的權利』。此項決議的意義，若是說在無條約限制或國際法的限制下，一國有權控制其領土內之資源，那只是宣布一項不發生爭論的原則。可是若謂此項決議，甚至被某些國內法院認爲是國際法的一項規則，各國可依此規則，不顧條約的規定，無限制地徵用其國內之資源，甚至藉以過份要求對公海資源的開發與利用，自將引起爭議。

所以，此項聯合國大會決議的含意、限制與條件，均需要予以精確的規定。

第八款　屬地民族自決權

聯合國大會於一九五八年十二月十二日通過關於自決權的決議，及一九六〇年十二月十四日准許殖民地國家及民族獨立宣言，均明確承認屬地及民族的自決權。聯合國大會一九七〇年通過的關於各國依聯合國憲章建立友好關係及合作之國際法原則之宣言中，對於各民族享有平等權利與自決權之原則訂有詳細之規定。聯合國大會於一九七五年十一月十日通過決議，重申「普遍實現各民族自決權，以達到國家主權及領土完整的重要性，並迅速准許殖民地國家及民族獲得獨立，爲人權所必需。」聯合國大會於一九六六年十二月十六日一致通過的經濟、社會、文化權利國際公約及公民權利及政治權利公約均承認民族的自決權。

根據聯合國憲章所尊崇之屬地民族享有自決權之原則，有關國家相對地負有若干義務，包括每一國負有義務以共同及個別行動促進自決權之實現，有關國家負有義務轉移主權給其屬地人民，並負有義務不得採取任何强制行動剝奪其自決權。聯合國大會通過的宣言及決議，明確宣示或默示這些義務，且在過去一、二十年的實踐中亦支持此項決定。第一、許多殖民地及非自治領土迅速獲得獨立。第二、聯合國通過的准許殖民地國家及民族獨立宣言發生很大影響，在此宣言中，聯合國大會宣布必須迅速無條件結束殖民主義的一切形式，並要求立即採取步驟，轉移所有權力給予尚未獨立領土的人民。聯合國大會於一九六一年十一月二十七日通過決議，成立十七國特別委員會以執行此項宣言，一九六二年該委員會擴大爲二十四國，積極向此方面努力。第三、前述之經濟、社會、文化權利國際公約及公民權利和政治權利公約，已自一九六七年十二月十九日開放供各國簽署，參加國須接受民族自決權的相對義務。

對於自決（self-determination）的意義及內涵仍難有明確的界說。有的學者不視爲此一權利具有絕對性質，認爲此項權利必須與民族要求行使時一併考慮。自決含有屬地民族經由公民投票或其他方法自由選擇，以達成其願望。另一項困難問題，就是如何決定何種人羣構成享有自決權利的「民族」。所謂「民族」是指生活在共同的領土內，使用共同的語言，具有共同的政治目的而言。一般情形是這個民族居住在相同的一塊土地，卽具有此項附屬的權利。除此之外，自決權究竟是否許可屬地自一國領土分離。自決權如果導致無限制的分離，勢將造成國家體制的分裂。爲此理由，最近許多實例，以及有些國家，例如加拿大及澳洲，少數土著民族主張有權自決，引起不同意見的爭辯。

我們可以說，在一九五八年之前，國際習慣法尚未賦予屬地民族享有自決權，只有依照條約規定或國際組織的決議，例外地賦予此項特別權利。例如聯合國大會依照一九四七年義大利和平條約規定，於一九四九年十一月通過決議，准許利比亞及義屬索馬利亞成爲獨立主權國。由於最近實例顯示，屬地民族達到經濟完全自足是無限制的，因爲經濟自立始有助於自決權的實現。自決並不專指屬地民族選擇國家獨立的絕對權利，也可能是屬地民族選擇與其祖國合併。例如，可可基林島（Cocoo-Keeling Islands）人民於一九八四年十一月，在聯合國代表團監督下，行使自決，投票贊成與澳大利亞合併，事後並經聯合國大會核准。

第九款　國家及民族享有其天然財富與資源的主權

國家及民族享有其天然財富與資源的主權，與所謂「經濟自決」（economic self-determination）原則相關聯。聯合國大會於一九五二年十二月二十一日決議，重申各民族享有自由使用並開發其天然財富及資源的權利。如果此項決議是意指在無條約及國際法的限制下，一國有權控制其領土內的資源，這只是說明一項自然之理。不過此項決議的眞正目的，在鼓勵低度開發國家善自利用其天然資源，以奠定其經濟獨立發展的基礎，並免除其他國家耗盡其資源。

聯合國大會分別於一九六六年十一月二十五日及一九七三年十二月十七日通過決議，對於經濟自決原則給予充分而詳盡的闡述，復於第二十八屆聯合國大會決議，擴大經濟自決原則的範圍，各國對於在其管轄權範圍內的海域、海床及底土具有「永久主權」（permanent sovereignty）。在一九六六年十二月十六日經濟、社會、文化權利國際公約第一條及公民權利和政治權利國際公約第一條均明確規定：「所有人民得爲他們自己的目的，自由處置他們的天然財富和資源。」經濟、社會、文化權利國際公約第二十五條規定：「本公約中任何部份，不得解釋有損所有人民充分地和自由地享受和利用他們的天然財富和資源的固有權利。」聯合國大會於一九七四年決議，承認各國對其天然資源享有永久主權，同年五月一日通過關於建立新的國際經濟秩序宣言，復於十二月十二日通過各國經濟權利和義務憲章（Charter of Economic Rights and Duties of States），不僅重複闡明國家具有控制其天然資源的主權觀念，甚至當外資輸入促進開發時，亦不應放棄其固有權利，而應予保護；同時更應堅持主張，國際社會負有義務，協助開發中國家對其天然財富作最大量的開發與利用，以增進其自行開發其經濟能力。此項義務即使公約中無明確規定，也是一項默示的義務。依照聯合國決議，國家對其天然資源享有主權，倘須徵收外國企業或將其收歸國有，須依其國內法規定給予適當賠償，倘外國企業主有所不滿，應先用盡國內法院一切可能救濟方法後，始可尋求國際機構的救濟。

一九七二年六月在斯德哥爾摩舉行人類環境會議中，商討國家具有依照自己方式開發其天然資源的主權權利，如何與人類環境保護需要相調和的問題。經該會通過的人類環境宣言第二十一條及第二十二條原則規定，各國享有依照其本國環境政策利用其資源的權利，並負有義務，確保在其管轄範圍內之活動，不致危害他國的生態環境。

聯合國一再闡述國家具有控制其天然資源權利之原則，無疑地，對國際經濟法的新發展產生若干影響，尤其聯合國對於天然資源的評估與發展方案將會有深遠的影響。

第三節　國家聯合組織

國家在不違背聯合國憲章義務之下，爲了一般或特定的目的，得自由組合成爲協會或其他聯合組織，例如前述的國協，就是一個顯明的實證。本書第二十五章所述的美洲國家組織(OAS)、非洲國家團結組織（OAU）、歐洲經濟社會（EEC）及北大西洋公約組織（NATO），均具有國際組織的性質。

自第二次世界大戰結束之後，各國紛紛自由結合成爲各種組織，因而此類國際組織迅速增加，其主要功能或目的可分爲政治的、經濟的，或關係到各國的共同防禦與安全。因而這些國際組織的功能是多元化，而且都成立常設機構，作爲推行其任務的工作單位。

關於國際經濟組織方面，計有一九五七年三月二十五日羅馬條約成立的歐洲經濟社會(EEC)，一九五九年十一月二十日斯德哥爾摩公約成立的歐洲自由貿易協會（EETA），及一九六〇年二月蒙特維羅條約成立的拉丁美洲自由貿易協會（LAFTA）。近年有些太平洋國家倡議組織「太平洋協會」（Pacific Community），包括所有西太平洋沿岸國家，現仍在醞釀之中。

依照一九四九年四月四日北大西洋安全公約規定，成立的北大西洋公約組織(NATO)，屬於共同安全的軍事同盟性質。依照一九六七年八月九日曼谷宣言成立的東南亞國家協會(ASEAN)，由馬來西亞、菲律賓、泰國、印尼、新加坡、汶萊六國結合而成，屬於經濟、文化、技術互助性質。

這些地區性的國際組織均各有常設機構，並具有特定的職權，其對國際法有何影響，現在尙難確定，但是這些組織逐漸形成的慣例與實踐，必然爲國際法導致一個新領域。

第六章 承 認

第一節 承認概說

國際社會裏國家的名稱與數目，無法固定不變。由於歷史的演進，發生了許多的變化。古老的國家消滅了，或與其他國家合併成爲一個新國家，或分裂成爲幾個新國家。從前的殖民地或屬地，現今獲得獨立而成爲一個新興國家。同時，在現有的國家中，因國內發生革命或軍事征戰的結果，舊政府不復存在，新政府的地位，成爲與舊政府有交往的其他國家所關切。

國家和政府的變更，在國際社會裏引起許多問題，其中最重要的一個問題，就是對於新國家、新政府、或涉及其他地位改變的承認(recognition)問題。有的時候，有些國家，尤其是須與新國家或新政府維持外交關係的國家，就遭遇到這個承認問題。

關於承認問題，並不是一個簡單的事實問題，而是國際法上最複雜的一個問題。不僅承認的各項原則不容易闡明，而且經常引起許多事實困難問題。更有進者，在國際法發展的現階段，承認這個問題，不是國際法中具有明確定義的若干規則或原則，乃是各國採取的極不一致的實例。其原因有二：

㈠依照大多數國家的實例顯示，承認往往是一國政策上的問題，而不常是一個法律上的問題。承認國對於承認的政策，原則上受國家利益所限制。一國為保護其本國的利益，必須與一個穩定而可維持長久的新國家或新政府建立適當的關係。除此之外，尚須作各種政治上的考慮，甚至須作通商貿易與戰略考慮，此皆可能對於一個國家在給予他國承認上發生影響。因而產生一種趨勢，就是承認國利用各項法律原則，以為其政治決定作辯護。

㈡承認分為幾種顯然不同的類別。在本節開始，已經說到承認可分為新國家的承認，與既存國家新元首或新政府的承認。雖然這兩種承認，有許多處可以適用相同的原則，但是兩者的區別，不能混淆。除了這兩種主要的承認之外，尚有對於交戰團體的承認，叛亂團體的承認，以及對於領土變更或新條約的承認。最後，對於新國家或新政府給予法律上或事實上之承認，亦有其顯著的區別。

關於承認問題，不獨應顧及國際法規與實例，尤應注意一國外交上的需要。一個既存國家對於新成立的國家或政府，常時延遲或拒絕承認，而最後又給予承認，其間缺乏嚴格的法律理由。例如，在第一次世界大戰期間，英、法、美及其他國家，在波蘭與捷克尚未成為獨立國家或成立政府時，卽予以承認。同樣情形，在第二次世界大戰期間，同盟國家為加强對軸心國家作戰的需要，而承認歐洲各國在倫敦的流亡政府。自一九四八年迄今，對於新成立的以色列的承認，各國基於政治及外交的種種考慮，而發生各種令人迷惑的不同主張。

就形式與實質兩方面論，承認主要仍是一個國家的片面外交行爲。今天國際社會尚未能建立集體的行動，僅由各國依照各項已建立的法律原則，給予承認。不過聯合國憲章第三、四兩條對於新國家入會的規定，可以視爲承認新國家的條件。

因此，有些法學家對於新國家的承認所下的定義如下：

……（承認）是一種自由行為，一國或一個以上的國家，對於在一個固定的領土之上，有一個政治組織的社會，獨立於其他既存國家之外，具有遵守國際法義務的能力，所以，既存國家藉以表示它們願意承認它是國際社會之一員。

另有法學家謂承認新國家的意義，『就承認國的觀點而論，認爲這個新誕生的國家具有國家的資格，所以，它是一個享有國際法上權利與義務的主體。』

對於以上兩項定義，如以另一種方式表達，就是被承認國必須具有蒙特維的亞公約所規定的國家四要件，也就是被承認國必須具有㈠人民、㈡領土、㈢政府、㈣與他國交往的能力。現今各國對於新國家須有固定領土的要件，雖不堅持（在一九四九年以色列疆界未劃定之前，各國已予以承認），但對於一個新國家有無對外的行爲能力，則特別重視。

關於承認新政府的意義，就承認國的觀點而論，認爲被承認的新政府具有代表一個既存國家的資格。

從現今各國實例看，承認的意義不只於承認一個新國家或新政府具有被承認的資格。一個新國家或新政府雖在事實上具備有被承認的資格，他國仍可延遲對它的承認。由此可知承認的實際目的，乃是承認國表示願與被承認國或被承認政府發生交往關係。承認國對於被承認國所具有的資格，一經給予承認，便不得加以改變。

關於承認的性質、功能與效果，有兩種主要學說：

㈠構成說（Constitutive Theory）：只有承認的行爲，方能使新國家在國際社會中取得國際法人的地位，或賦予一個新政府與他國交往的權力。

㈡宣示說或證明說（Declaratory or Evidentiary Theory）：一個國家的地位或一個新政府的權力，在他國承認之前，已經存在，既存國家的承認與否，對於新國家或新政府的存在並無影響。承認行爲只是正式承認一種既成的事實。

也許只有綜合這兩種學說，才能夠圓滿地詮釋承認的性質。上兩種學說，可以適用於此一事實的兩種情況。它是證明一個事實的存在，而接受該事實被證明後的法律效果。許多國際實例可爲證明說的助證，因爲在通常情形下，各國都是尋求依照法律原則及程序，給予或不給予承認。可是也常時爲了政治的理由而給予承認，此即含有構成的性質。所以，就其法律意義言，這個行爲是宣示的。就其政治意義言，這個行爲卻又是構成的。同時，被承認的新國家或新政府雖顯已具有國家或政府的必備資格，可是既存國家爲了政治理由（註一），卻不給予承認，甚或非至交換到某些實際外交利益時，不予以承認。不過，在國際社會裏如果大多數國家對於一個新國家已予承認，只有一個國家不予承認，則無何影響。事實上，各國並不認爲不承認（non-recognition）就是國家或政府缺乏資格的證明。

以下兩項規則，可以進一步地確認證明說：

第一個規則，是當新國家於何日開始存在這個問題發生時，如視其與既存國家締結條約生效之日爲其正式成立之日期，則不適當。其開始存在的日期，應自其實際具備國家要件之日算起。

第二個規則，承認新國家具有追溯效力，回溯到它實際成爲一個獨立國家之日開始。

這兩個規則同樣可以適用於承認新政府，主要是爲着使新國家或新政府與其繼承的舊國家或舊政府不發生時間的間斷。換言之，繼續性是國家主權或政府權力的本質。反之，在一個國家或政府的法律未被承認之前一段期間，在其管轄下人民所爲之許多行爲，締結的各種契約及其地位之變更等等，均將失其效力。

魯特柏奇在討論承認問題的論文中表示他的意見說，構成說不僅符合各國的實例，而且符合健全的法律原則。他認爲構成說是基於承認行爲的法律性質。他不獨批評宣示說，並且反對過去認爲承認是一種政策行爲的構成說。他特別指出，國際法律師中有很多人接受宣示說，實際上是因爲他們反對過去認爲承認純粹是一種政治行爲的觀念所致。魯特柏奇的基本理論認爲，每一個國家對於國際社會負有一種責任，那就是對於具備國家的法律要件或其他必要的資格的新國家或新政府，須予以承認（註二）。此種理論與國際法院大多數法官於一九四八年對於聯合國會員國資格所發表的諮詢意見相同。他們認爲聯合國會員國對於新會員國入會舉行表決時，其本身負有義務，應僅考慮該國是否具有聯合國憲章第四條所規定的資格，不能考慮與此無關的政治問題。不過，關於聯合國新會員國入會的決定，是依照聯合國憲章規定所爲之集體行爲，與一國片面之承認行爲，顯然有相當的不同。

就實際情況而論，魯特柏奇的理論，很難爲人所接受。至於國際法對於承認的規則，果如魯特柏奇所言，則法律與政治方面的困擾，自將減少。

可惜，大多數的實例與魯特柏奇對於承認的法律觀點，並不盡相同。一九四八年至一九四九年，各國對於以色列的承認，其間所發生的歧見，亦難以符合魯特柏奇的觀點。更有進者，如果照魯特柏奇所言，每一個國家對於承認負有一種法律義務，那麼國家將如何履行此種法律義務？

如果說這是新國家的一種權利，或是國際社會的一種權利，可以要求既存國家予以承認，那它將如何要求他國實現此種權利？關於這兩個問題的解答，證之各國——尤其是大國——的實例，並不認爲有上述的權利或義務的存在。現今國家給予或不給予承認，迄今尙不受國際法任何嚴格規則的限制。相反，大多數國家，仍視承認爲其本國有權決定的一項重大政策（註三）。法學家科斯達（Podesta Costa）認爲各國對於承認有其『選擇自由』，而不是一種義務行爲。此種見解，倒頗切合實際。國家關於這一方面的行動，如能顧及法律的原則，將更爲適當。雖然有些國家爲了政治的理由，拒絕予他國以承認，可是大多數國家在給予新國家承認時，仍盡力依照法律的原則與先例。至少它們在給予承認時，一定要確知被承認的國家或政府有無具備法律的必要資格。而且被承認的國家或政府因獲承認在承認國的法院中取得法人地位。因此，各國乃視承認是一種法律行爲。

（註一）例如蘇俄政府成立之初，各國拒予承認，是因爲它不履行從前沙皇政府的條約義務。

（註二）國際仲裁法院於一九二三年對於帝諾科仲裁（Tinoco Arbitration）案件的裁決，仲裁法官認爲哥斯達黎加帝諾科革命政府於一九一七年執政，是一個正式成立的政府，英國雖不承認，但此種不承認，並不能改變該政府的實際存在。

（註三）國內法院認爲，承認是一項政治行爲，由行政機關決定實施，法院不得對於行政機關的承認行爲表示懷疑。

第一款　明示與默示承認

對於新國家與新政府承認的方式，有明示與默示之分。明示的方式，是以外交文書、口頭照會、國會宣言或條約等正式宣告承認之行爲。至於默示方式，乃是從承認國與新國家或新政府發生某些交往關係，推定其爲默示的承認。承認是一國的意思行爲，如果承認國能夠明確表示其意思，則採取何種承認方式均無關重要。

默示承認多是給予政府一種事實承認（Recognition de facto），或是給予叛亂團體的承認。但在實例上，用默示承認方式給予法律承認（recognition de jure）亦有下列三種情形：

㈠被承認國與承認國正式簽訂雙邊條約。例如，中華民國與美國於一九二八年締結商務條約，美國正式承認中華民國，其與臨時協定有顯著不同。至於該項條約是否獲得批准，並不是必要條件。

㈡被承認國與承認國正式開始外交關係。

㈢承認國對於被承認國派來之領事，發給領事證書（Exequatur）。

從下例三種特殊的情形中，亦可推定爲給予默示承認：

㈠共同參加一個多邊條約。不過有的時候，例如，英美兩國在簽訂一項公約時，聲明它們簽約不得被解釋爲對於它們未予承認的簽字國，含有給予承認之意。

㈡共同參加一個國際會議。

㈢承認國與被承認國舉行談判。

第二款　附條件的承認

就一般情形而言，對於新國家的承認多不附帶條件，作為承認的報酬。有時，承認新國家附有一種條件，通常是使新國家承允履行一種義務。例如，一八七八年出席柏林會議的各國承認保加利亞、蒙特尼格魯、塞爾維亞與羅馬尼亞時，曾於條約中規定它們必須保證不得危害人民的宗教自由。

此種附條件承認的效果，如果被承認國未能履行其義務，承認國所給予之承認，並不因之失效。因為一旦給予承認，即不能撤銷。至於被承認國如不履行條件，乃是構成違背國際法的行為，承認國得斷絕外交關係，作為一種制裁的手段，甚或可以行使干涉。可是被承認國因承認行為所獲得之法律地位，不能取消。不過也有例外的情形，就是當一個政府正在成立過程之中，他國予以附條件的承認，可以撤銷。例如，英國於一九一九年給予愛沙尼亞國家會議的承認，『只是暫時性的，對於它將來的發展前途作一必要的保留』，無疑地，將來情況變更，此項承認可以撤銷。

關於附條件的承認，此處所謂『條件』，顯然不完全具有眞正法律意義。如果法律行為附帶一項重要條件，當此項條件未有履行，此種法律行為即可失效。

事實上，各國在考慮給予承認時，常向被承認國或政府強取若干保證、承擔、或條件。例如，美國於一九三七年承認玻利維亞新政府，要求其保證尊重民權。魯特柏奇法官（Judge Lauterpacht）譴責此種勒索是『承認武器的不當使用』，與承認的眞正作用相違背。他認為承認的作用在於確認並宣告新國家具備的要件或新政府具備的法律行為能力。揆諸事實，魯特柏奇不僅忽視實例的重要性，並且未曾注意到承認對於國內法發生的重大後果。例如承認有時涉及財產權，每一個國家都有權爲它自己的利益考慮。

魯特柏奇法官並認爲，承認一個新國家或新政府，對其是否願意履行國際義務這一項標準（有時稱爲一項『條件』），『在司法上是否健全，値得懷疑』。而且他認爲這項標準『與承認的眞正目的無關』。但就各方面而論，魯特柏奇此項見解似不符合大多數國家的實例。更有進者，他認爲一個新國家或新政府之獲准進入聯合國，乃是這個國家或政府具有法律行爲能力的一項證明。此項觀念與上述他對於承認性質的見解亦相矛盾，因爲在憲章第四條中不是明確的規定只有『愛好和平之國家』始能入會？而且須經該組織認爲『確能並願意』履行憲章所載之義務。再者，一個新國家或新政府能遵守國際法也是其能持久與穩定的證明。

第三款　集體承認

各國對於新國家的承認既有其行動自由，故多爲個別承認。

集體承認（collective recognition）或透過一個國際組織予新國家或新政府以承認，自有其便利，而可免除個別承認行爲所生的困擾。歷史上有許多集體承認的先例，如一八七八年參加柏林會議各國，集體承認保加利亞、蒙特尼格魯、塞爾維亞及羅馬尼亞。再如一九二一年協約國對於愛沙尼亞與阿爾巴尼亞的承認。

國際法院對於聯合國會員資格發表諮詢意見，認爲聯合國承認新會員具有國家四項要件，是其參加聯合國的主要條件。換言之，新會員獲准加入聯合國，等於聯合國承認它的國家地位。

第四款　對於一國元首或新政府的承認

承認一國元首或新政府與承認新國家不同，據美國法院宣稱：

對於一個政府給予承認或不給予承認，與承認國家不同。如果外國拒絕承認一個原有國家政體的變更，這個國家並不因而喪失其為國際法人的地位。

一個既存國家元首的更迭，或政體的變更，除非是因革命或非常事變而成立，自無困難問題發生。

一個政府的更迭，如果依正常或憲法程序，他國的承認純粹是一種形式。但是對於經由革命而成立的新政府，是否應予承認，卻是一個嚴重問題，並應該審愼決定。由於政治上各種考慮不同，而在實例上亦常不一致，因而對於新政府的承認，無法釐定任何明確的法律原則。不過承認一個新政府，這個新政府至少應該是一個政局穩定的政府。如果對於一個新政府作過早的承認，合法政府得視此項承認爲不友好的行爲。可是依照新近實例看來，承認國對於合法政府如未使用武力威脅，是否可以視其承認該國內新政府爲破壞國際法的行爲，頗有疑問。例如，法國於一七七八年承認美國政府，是歷史上過早承認的一個例子。此項過早承認，當時被英國視爲一項干涉其內政之行爲。以後有許多實例，一國對於他國受人民擁戴的革命政府雖給予外交上的支助，並不視爲一種干涉。

承認國對於新政府的承認感到許多困難問題：第一，新國家與新政府同時成立，不能對於其中之一給予承認，另一不給予承認；第二，大多數國家對於新政府的承認，爲避免作過早之承認，乃先予以事實的承認，經過相當時間，再予以法律的承認。

第五款　撤銷承認

給予法律承認不能撤銷，是國際法的一項規則。給予法律承認縱使最初純粹出於政治動機，但此舉是向全世界宣告，承認國與被承認國或政府開始發生關係。承認國如表示不願與被承認國或政府繼續維持關係，其從前所作的承認，不得撤銷。承認國與被承認國或政府正式宣告斷絕外交關係，被承認國或政府並不因之喪失其在國際社會所獲得之法律地位。例如，英國於一九二四年給予蘇聯政府法律承認，可是到了一九二七年雙方絕交，後來雖然恢復邦交，一九三九年英國投票贊成開除蘇俄在國聯的會籍。不論是斷絕外交關係，或是贊同開除蘇俄會籍的行爲，蘇俄政府並不因之喪失其已取得之法律地位。

有時，一個國家拒絕給予一個新政府的承認，實際上等於斷絕邦交。一個最好的例證，就是美國在一九三三年十一月以前，拒絕承認蘇聯政府。美國國務院於一九三三年函告紐約上訴法院，特別說明美國此項立場：

國務院對於蘇維埃政權在從前的俄羅斯帝國領土內行使管轄權此一事實，並無意忽視。美國政府拒絕給予蘇維埃政府承認，其理由，並不是基於該政府未能在從前的俄羅斯帝國領土內行使管轄權，而是基於其他各種考慮。

對於一個新國家或新政府不予承認，並無不與交往之意；一如不與交往，並不一定就含有不承認之意。例如，英國政府在實際上從來沒有拒絕與其不承認之國家或政府從事必要之交往，不過，它曾明確表示，此種非正式的交往，並非給予承認。英國常在其不承認的國家或政府轄區內派駐領事，但它表示派駐領事並非等於事實承認。更有進者，在一九一九年至一九二〇年期間，英國拒絕給予『設在俄羅斯北部臨時政府』（Provisional Government of Northern Russia）正式承認，但接受該政府派駐在倫敦的代表。同樣情形，蘇俄在一九三三年在『滿洲國』建立領事館，但拒絕給予『滿洲國』法律或事實上的承認。國際法委員會一九六七年報告認爲，一國可派遣特使團（Special Mission）駐於其不承認的國家，也可接受其不承認國家派遣特使團。最顯著的例證，就是美國在不承認中共之前，雙方曾在華沙舉行多次談判，一九七二年，並互在對方首都設立聯絡辦事處（liaison offices），直到一九七九年一月一日始予正式承認。有人認爲是否可在法律與事實承認之外，增加一個中間狀態（tertium guid），卽對於控制相當領土的一國或政府，給予非官方的默示接受。

第二節　法律承認與事實承認

依照各國實例，承認可分爲法律承認與事實承認（recognition de jure and de facto）。

法律承認的意義：承認國認爲，被承認國或政府正式具備國際法規定的要件，使其有效參加國際社會。

事實承認的意義：承認國認爲，被承認國或政府在事實上臨時的或暫時的具有國際法規定的要件，但對其將來前途作一切適當的保留。

嚴格地說：「法律」(de jure)承認和事實(de facts)承認的性質，並非描述承認本身的過程，而是關於被承認的國家或政府的地位。

近代的實例，大多是先給予事實承認，過一段期間之後，再給予法律承認，尤其以合法政府爲革命政府所取代的時候爲然。在此種情況下，事實承認是一種不作承諾的辦法(A Non-Committal Formula)。使用此項辦法，承認國表示，它承認『當時有一個應該具有主權而實際可能喪失的』合法政府的存在，可是卻另有『一個眞正具有主權的事實政府，不過其取得主權的手段可能是不合法的，或者其前途尚不穩定』。同時，給予事實承認，可使承認國得到相當經濟利益，使它能以保護在被承認國或政府管轄的領土內僑民的利益，待至將來，新國家或新政府的前途完全穩定，此時承認國已無作任何保留之必要，於是乃正式給予法律承認。

所謂『法律』承認的意義，是指其符合：㈠國內法、㈡國際法、或是㈢抽象的正義。依照理想的標準，其意義應指符合國際法，而此處所稱之國際法應受㈢抽象正義的指導，並受㈠國內法的限制。不幸，各國實例並不能達到此項理想標準，所謂法律承認一詞，只不過是依照法律或傳統方式給予承認，而被承認國或政府在形式上須具備必要的各項資格。

英國給予法律承認，通常都是依照以往的先例。史密斯教授(Prof. H. A. Smith)曾作如下的闡述：

> ……一百多年來，英國給予新國家或新政府以法律承認，通常都是遵循先例所決定的若干條件。第一、對其穩定與長久存在，須有適當保證。第二、須有證明顯示新政府獲得全體人民的支持。第三、經我們認為它確能並願意履行其國際義務。

認爲事實承認是暫時的，或認爲事實承認可以撤銷，這是一種誤解。就一般情形而論，事實承認只是便於法律承認的一個開端，而法律承認在程度上比事實承認更加確定，更加具有長久性。各國的實例，多先予新政府以事實承認，乃是一項較爲利便的辦法。事實承認與法律承認二者均是以事實上有個能有效控制的政府爲先決條件。

英國有幾個實例可以說明此種情形。英國於一九二一年三月十六日先對蘇俄政府予以事實承認，直到一九二四年二月一日才給予法律承認。一九三六年，英國對於義大利征服阿比西尼亞（Abyssinia）予以事實承認，迄至一九三八年，始在法律上承認義大利對於阿比西尼亞具有主權。一九三六年至一九三八年，西班牙內戰期間，英國對於西班牙叛軍佔領的地區，先予以事實承認，直到佛朗哥政府（Franco Government）獲得最後勝利，統治西班牙全部領土，然後始予以法律承認。

事實承認與法律承認，二者之間有其異同。事實承認行爲與法律承認行爲，同具追溯的效力。而且依照英國實例，英國人民與英國給予事實承認的外國政府如有契約行爲，此種行爲對這個國家發生拘束力，以後這個政府縱被武力推翻，其新成立的政府，也不能否認該項義務。但二者有一重要區別，就是英國對於未給予法律承認的國家適當派遣來的外交使節，不予接受。

在一個國家內，合法政府已被取代，事實政府已獲得他國的承認，兩者常時引起管轄權的衝突。英國法院對於此類事件，認爲事實政府的權利與地位應佔優勢。關於此項規則有兩個先例，一個是經克勞遜（Clauson J.）法官判決的衣索比亞銀行與埃及國家銀行案（Bank of Ethiopia v National Bank of Egypt and Liquori），另一個是經英國上院判決的西班牙曼狄號輪船案

（Arantzazu Mendi）。前一個成案是由於義大利於一九三六年征服阿比西尼亞而引起。義大利政府在被承認為阿比西尼亞事實上的政府之後，其所制定的法律，與合法的阿比西尼亞政府——阿比西尼亞國王被迫從他自己國土內逃出——頒發的法令相牴觸。英國法官克勞遜判決如下：因為合法的政府在理論上存在，而且不能行使其權力，而義大利政府實際上控制阿比西尼亞領土，並獲承認為事實上的政府，所以，英國應承認義大利政府的法律在阿比尼亞領土內生效。

曼狄號輪船案（Arantzazu Mendi）涉及西班牙內戰期中合法政府或叛亂政府之間管轄權的衝突。一九三六年至一九三八年間，叛亂的佛朗哥政府已經佔領西班牙大部份領土。此時英國繼續承認共和政府（Republican Government）為西班牙合法的政府，但它同時承認叛亂政府在其佔據的領土內是事實上的政府。西班牙合法的政府向英國海事法庭（Admiralty Court）控告西班牙的事實政府，要求恢復對於曼狄號輪船的所有權。可是西班牙的事實政府聲稱它是一個完全主權國，要求應該享有通常給予一個主權國家船舶管轄權的豁免，不受英國法院的管轄。這隻輪船曾在事實政府佔領下的港口登記，而且英國依照西班牙叛軍政府的徵發令，已將這隻輪船交給叛軍政府。英國海事法院判決：西班牙合法政府的請求應予擱置，因為西班牙叛亂政府是一個主權者，其船隻得享有豁免權。西班牙合法政府抗辯說：叛軍政府不是一個主權者，因為它沒有佔領整個西班牙領土。此項抗辯，亦遭英國海事法院拒絕。

魯特柏奇法官指出：事實的承認在國際法中具有實際功效。事實承認屬於政治性行為，這一點與法律承認有所不同。給予一個國家或政府事實上的承認，承認國僅是對於這個新政權存在的事實予以承認，而無意對其非法取得的政權予以寬恕，並藉以保護其本國的利益、貿易與僑民。就此而論，事實承認是一項必要的權宜之計。

除此之外，法律承認與事實承認在本質上有以下幾項重大區別：

㈠只有獲得法律上承認的國家或政府，才能有權要求接收其本國在承認國領土內的財產；

㈡只有獲得法律上承認的新國家才能代表被消滅的國家，以達成國家繼承的目的；並得爲其國民受到承認國違反國際法的侵害有權提出任何要求。

㈢僅獲得事實上承認的政府，其外交代表享受不到全部的外交人員的特權與豁免；

㈣事實承認爲臨時承認，法律承認爲全部承認。

第三節　承認的法律效果

承認產生的法律效果，影響被承認國或政府在國際法上及其在承認國的國內法上所享有的權利、權力及特權。而且，有時承認國的國內法院對於承認效果發生問題時，它應考慮證據、法律解釋及程序等項問題。

承認賦予被承認國或政府在國際法及國內法上的一種法律地位。我們先討論承認賦予被承認國或政府在國內法上的地位。試以英美法院所採用的法規與實例，以說明這個問題。

一、承認賦予被承認國家或政府在承認國國內法上具有法律行爲能力。先從反面探討，一個未獲承認的國家或政府在承認國的國內法院中主要欠缺的法律行爲能力如下：

㈠未被承認的國家或政府不能在未承認它的國家法院內提起訴訟。美國紐約高等法院在審理尚未獲得美國承認的蘇聯政府一項案件中，闡明此項規則：

一個（未被承認的）外國政府在美國法院中提起訴訟，不是一項權利，而是出於睦誼。直至該政府獲得美國承認，此項睦誼，方不存在。

㈡依據相同的原則，一個未被承認的國家或政府所爲的行爲，在未承認它的國家法院內通常不發生效果。

㈢未被承認的國家或政府的外交代表，在未承認它的國家內，不能要求豁免法律訴訟程序。

㈣屬於一個國家的財產，新政府未被承認，此項財產仍可爲被推翻的舊政府的代表所取得。

承認可使欠缺法律行爲能力的新國家或政府，成爲一個完全主權國或合法政府的地位。因此新被承認的國家或政府：

甲、獲得在承認國法院的訴訟權；

乙、承認國法院承認其過去及未來立法與行政行爲的效果；

丙、有權要求其財產及其外交代表享有豁免權，不受承認國法院管轄；

丁、有權要求並接收舊政府位於承認國管轄領域內之財產。

依照國際法，一個國家或政府獲得承認之後，卽成爲國際社會的一份子，在國際法上具有其應享受的全部權利與地位，因而它獲得與他國建立外交關係及締結條約的行爲能力。而且依照國際法，承認國對於被承認國家或政府負有各種義務，而被承認國家或政府對於承認國也負有相對義務。所以，自承認之日起，被承認國家或政府獲享國際法上的全部權利，亦應負擔國際法上的全部義務。

第一款　承認在承認國法院中發生的效果

一個新國家或新政府的存在，雖然只是一個事實問題，但它涉及各項重大的政治考慮。所以，在英美兩國，承認主要是由行政機關而不是由司法機關決定。因此關於承認問題，法院如有疑問，得諮詢行政機關的意見。原則上法院行爲須與『國家主權意志』相一致。在對外事務方面，『國家主權意志』只能由行政機關表達。否則法院與行政機關可能發生衝突，使國家利益蒙受損失。假如，一個新政府只獲得某一個國家法院的承認，而沒有獲得該國行政機關的承認，則這一個新政府卽可取得在該國的財產，此舉與國家凍結該項財產的政策相違背。英國法院對於有無給予承認的問題，應諮詢行政機關的意見。蘇穆納爵士（Lord Sumner）在審理杜佛開發公司控訴季蘭坦政府（Duff Development Co. v Kelantan Government）一案時，是依據最可靠的主管國務大臣代表英王所發表的聲明作爲證據。至於英國主管行政部門承認一個新政府是否正確，法院不得過問。如果行政機關拒絕答覆法院的詢問，法院只得採用其他補助的證據。

關於承認的行爲，美英兩國法院均尊重行政機關的意見，此種態度難免受到批評。反對的意見認爲法院尊重行政機關意見到如此程度，未免過份，幾等於行政機關强迫法院遵照其意見審判案件。甚而說法院常時爲恐妨礙行政機關的對外行爲，而未能注意保護人民因外國國家或政府變更所受到實際利益的影響。可是反過來說，如果發生此類問題，法院除尊重行政機關意見外，很難有更好採取證據或必要資料的辦法，以作其裁判的依據。現在行政機關有時斟酌給予證明，法院得依據此項證明以作判決，庶不致影響行政機關對外所採取的政策。

一般說來，英國法院在審理此類案件時應考慮：㈠一個國家或其政府的主權地位(sovereign status)；㈡如果對一個外國國家或政府獲得的事實上與法律上的承認發生疑問，得諮詢行政主管部門的意見，行政主管部門答覆的意見具有決定性。

行政機關向法院提供的證明文件，法院在審閱時，不應加以任何曲解或不合理的解釋，其目的在避免使法院與行政機關發生歧見。因此，在安尼特（The Annette）一案中，行政機關提供的文件說：北俄羅斯臨時政府（The Provisional Government of Northern Russia)『尚未獲得正式承認』。法官希爾（Hill. J.）拒絕依此推定上述政府獲得非正式承認。因此確立一項原則，就是行政機關提供明確無疑的答覆，可免除法院作更進一步調查，並排除採納其他證據。法院對於行政機關提供的答覆或證明文件的意義，不容置疑。如果這些文件不夠明確，法院有權自作決定。

行政主管機關向法院提供正式文書，並不是行政機關表達意見的唯一方法。行政機關的法律官員或應法庭的邀請，直接出庭，將行政機關的立場告知法院。而且，一國外交部亦可函告代表訴訟一方的律師，請律師將其意見向法院提出，此項函件所陳述的意見同被視為行政機關的意見。

第二款　承認的追溯效力

我們知道，承認新國家或新政府具有追溯效力（retroactive effect），卽承認的效力回溯到新國家或新政府實際開始的日期。

在英國法院，此種追溯效力的範圍甚廣。因此：㈠依據起訴之日存在的一個舊國家或舊政府，對案件所作之判決，如在審訊之前或審訊時，英國政府承認其新國家或新政府在法院判決之日已開始存在，則此項判決因而失效。㈡法院初審的判決，是依據判決之日存在的一個舊國家或舊政府所作的決定，如提起上訴，在上訴覆審之前或在上訴覆審之時，英國政府承認其新國家或新政府在判決公告之時已經存在，初審的判決可能被撤銷。

英國上院有兩個判決案，一個是李寧控告包加斯勞斯基案（Gdynia Ameryka Lime v Boguslawski），另一個是民航公司控告中央航空公司（Civil Air Transport Incorporated v Central Air Transport Corporation），進一步說明英國法院對承認新國家或新政府發生的追溯效力。

前一個成案說明，關於承認的追溯效力，行政機關的證明文件，被視爲具有決定性；因此，如果此項證明文件明確表示，此項承認並無回溯既往的意思，則排斥任何追溯的效果。

後一個成案說明，依據從前承認的合法政府適當有效的處置或其他法律行爲，得到的所有權或其他權利不能因以後給予新政府法律承認而失效。就是承認的追溯效力不能使從前政府的合法行爲失效；但可使從前的事實政府的行爲，因其已獲得法律上的承認而生效。

第四節　叛亂團體與交戰團體的承認

叛亂團體（insurgency）的目的，多在企圖奪取現有政府之統治權。交戰團體（beligerency）

的目的，多在建立一個獨立國家。對於二者的承認，多年以來，已不復存在，迄至一九三六年至一九三八年西班牙內戰期中，這個問題再度發生。

一個國家發生內戰，其他國家應採取何種態度，可簡述如下：除非國家重大利益受到危害，一般都維持不干涉他國內政的政策。可是，有的時候，由於實際政治問題，欲維持此種不干涉政策而不可能，其原因不出於下列兩者之一：

㈠叛軍在事實上已經佔領舊政府原先統治的大部份領土，並成立事實政府。遇到這種情況，外國爲保護叛軍佔據的領土內的僑民、商務利益及海上貿易，須與這個事實政府，發生若干接觸或交往。

㈡舊政府與叛軍之間的戰爭已達到相當程度，迫使外國不得不認爲敵對雙方的衝突是一種眞正戰爭，而不是單純的內爭。換言之，外國勢須承認叛軍爲交戰團體。除非外國不怕捲入戰爭，否則它如不視敵對雙方爲交戰團體，許多困難問題不能解決。敵對雙方發生海戰，常時干涉海運國家的海上貿易。例如，一個海運國家，除非其準備使用武力，否則就很難抵制內戰任何一方爲搜查禁制品對其船舶所作的不當搜查。從反面觀之，外國承認內戰雙方的交戰權，認可它們有權搜查海上船舶，而不損害海運國家在國際法上享有的權力與權利，此可使外國遭遇到的困難情況，獲得合理的解決。

由於上述第㈠種情況，對於在某一特定地區實施有效佔領的叛軍，他國可能給予事實上的承認。例如，在一九三七年，英國對於西班牙內戰的叛軍給予事實上的承認，甚至與叛軍互派代表。

關於第㈡種情況，在一九三六年至一九三八年西班牙內戰期中，有些國際法學家主張，對於西班牙內戰的敵對雙方，應該承認其交戰權。英國及歐洲其他國家爲避免引起歐洲大戰，它們都採取『不干涉』西班牙內戰的政策，未曾給予敵對雙方交戰權。它們想在國際實例的習慣辦法之外，尋求其他解決辦法，可是事實證明難以獲得一項滿意的解決辦法。

茲舉一個特殊的實例，說明採取其他辦法並不能滿意地解決所遭遇的困難情況。西班牙叛軍於一九三七年將比巴歐港（Bilbao）包圍，雖然敵對雙方此時尙未獲得交戰權，但它實際將該港口宣布封鎖。英國政府認爲，如果英國海軍進入西班牙領海，以保護英國的船隻，將構成一種干涉，而與其既定的『不干涉』政策相違背。英國遂不許其船舶駛近或進入比巴歐港，但對於在比巴歐港三哩外的英國船隻，英國海軍始給予保護。

英國對於交戰團體的承認，始於一八六七年司法部發表的權威性的聲明。依照該聲明所規定的條件，叛軍僅宣布它已成立一個『臨時政府』，尙不足以構成承認叛亂團體的充分理由。在未給予承認之前，應該考慮叛軍能以維持多久、叛軍的兵力大小、軍紀如何、新成立的這個『政府』有無與外國維持國際關係的能力。

承認交戰團體通常發生的效果：就承認國而論，等於是在正式戰爭中宣布中立。承認國獲享各種中立的權利，而且這些權利，內戰雙方必須予以尊重。同時，舊政府與叛軍獲得交戰地位，依照戰爭法獲享若干交戰的權利。尤其是舊政府不必爲叛軍的行爲負責。交戰團體的承認，並非是承認叛軍政府是合法的政府。英國外務部於一九三七年曾加以解釋說：

承認交戰團體，自然與給予任何一方以合法政府的權利有顯著的不同。承認交戰團體與承認合法政府是兩回事。這只是給予雙方若干交戰權利，此項辦法對於施者與受者均稱便利。

第五節　對於領土變更與締結條約的承認

有些國家常時以片面的行爲，取得新的領土或其他權利。此種行爲只有兩種情況：㈠符合國際法，或者㈡違背國際法。在第二種情況下，以非法取得新的領土或其他權利的國家，謀求他國的承認，以圖將其違法取得的權利或名義（titles），轉變成爲合法。因爲他國予以承認，等於拋棄其權利要求，或不作任何反對。

美國國務卿史汀生於一九三二年宣布不承認主義，此項不承認主義，被稱爲史汀生不承認主義（The Stimson Doctrine of Non-Recognition）。史汀生國務卿是因爲當時遠東局勢而宣布此項政策。在一九三一年，日本侵略中國的東北三省，當時日本是國聯的會員國，而東北三省是中國的領土。美國拒絕承認日本片面行動造成的此種新情勢，或日本與中國爲使此種情勢合法而簽訂的任何條約。史汀生國務卿爲澄清美國此種立場，特照會中國與日本兩國政府，宣稱：

美國不能承認任何事實上之情勢爲合法，也無意承認中日兩國政府或其代表訂立之任何足以損及美國在華條約上權利。……凡以違反一九二八年八月二十七日巴黎條約義務之方法而造成之任何情勢，或締結之任何條約或協定，美國亦均無意予以承認。

史汀生照會中所稱的巴黎條約，就是一九二八年凱洛格非戰公約(Briand-Kellogg Pact)，中日美三國都是該公約簽署國。史汀生宣稱：『藉此宣告來確立一項原則，我們相信，此項原則將有效制止今後以違背條約的方式取得任何名義或權利。』

史汀生不承認主義只是美國一項政策聲明，對於以威脅他國方法取得的新名義或締結的新條約不予承認，現今尚未形成爲普遍的國際法規則。一九三二年至一九四〇年各種實際情勢的發展，卻與此項原則不相符合。國聯大會於一九三二年三月十一日通過一項決議，意圖訂立一項不承認的義務：

凡是以違反國聯盟約或巴黎公約之方法造成的任何情勢，或締結的任何條約或協定，國聯會員國負有義務不得予以承認。

就以後各種實際情勢顯示，此項決議幾成具文。義大利於一九三六年征服阿比西尼亞，歐洲各國分別予以明示的承認。德國於一九三八年併呑奧地利，獲得各國默示的承認。直至第二次世界大戰結束之後，德義兩國此種侵略行爲造成的結果，方被宣告無效，這兩國因而得以復國。

第六節　流亡政府的承認

當一個國家的領土被外國侵佔以後，這個被侵略國家的人民，繼續從事反抗運動，並在其國境以外建立流亡政府，於是產生承認問題。例如，在第一次世界大戰期中，協約國家承認『波蘭民族委員會最高政治局』（The Supreme Politcal Authority of the Polish National Committee）是『具有自治權的同盟國』，這個波蘭流亡政府並擁有其自己的軍隊。在第二次世界大戰期中，同盟國家爲增加其對抗軸心國家的軍事力量，承認戴高樂將軍領導的自由法國運動（Free French Movement）爲法國的合法政府，並予以政治及軍事上的支持。

此種對於流亡政府的承認，依其給予承認的條件及當時各種情況，只能發生有限的效果。換言之，流亡政府只能在其寄寓的國家及其他承認它的國家許可與支持之下，行使一部份政府的權力(註一)。

(註一) 關於流亡政府的承認，參閱克爾生(Kelsen)著之『國際法原理』(Principles of International Law) 第二八八頁至第二九一頁。

第七節 不承認原則

第二次世界大戰以後，國際外交實例有一項顯明趨勢，對於侵略戰爭所造成的領土變更，各國有不承認的義務。一九四五年制定聯合國憲章，規定對任何國家的領土完整或政治獨立，以威脅或使用武力或以違背聯合國宗旨的其他方法造成領土變更或締結條約，會員國負有不承認的義務，從下列幾項實例中，可以確立不承認原則(doctrine of the non-recognition)。

㈠一九四八年四月三十日美洲國家組織波哥大憲章第十七條規定：「使用武力或其他脅迫的方法取得領土或特殊利益」不應予以承認。

㈡一九四九年國際法委員會提出國家權利與義務宣言草案第十一條規定：一國對任一國家領土完整或政治獨立以脅迫或使用武力或任何不符合國際法律與秩序的其他手段，取得任何領土，所有國家負有不得承認的義務。

㈢一九六九年五月二十三日在日內瓦通過的條約法公約第五十二條規定：「條約係違反聯合國憲章所含國際法原則以威脅或使用武力而獲締結者無效」。

㈣一九七〇年聯合國大會通過「關於各國依聯合國憲章建立友好關係及合作之國際法原則之宣言」中宣布下列原則：「以脅迫或使用武力取得的領土，不應承認為合法」。

㈤一九七四年十二月十四日聯合國大會通過「侵略定義」第五條第三款規定：「凡侵略取得的領土或特殊利益均不應承認其合法」。

一九四〇年蘇聯兼併立陶宛、拉脫維亞、愛沙尼亞三國，美國一直拒絕予以承認，直至一九九一年九月二日，待蘇維埃聯邦解體，美國始得與波羅的海三小國復交。

南非政府不顧聯合國決議及國際法院的裁決，繼續對西南非（South West Africa 以後改稱納米比亞 Namibia）行使統治權力，不接受聯合國監管，引起會員國負有不承認義務的問題。聯合國大會於一九六六年十月二十七日通過一項決議宣稱：南非未履行其受託管的義務，因而託管終止，西南非由聯合國直接負責。此項決議含意，會員國負有義務承認聯合國的此項立場，不應承認南非繼續對西南非的託管地位。

第七章　領　域

第一節　領土主權

我們知道國家的要件之一，就是佔有一塊固定的領土，在其領土內，國家實施其法律，並對此領土內的人與物具有最高管轄權力。因而產生『領土主權』（territorial sovereignty）理論。

所謂『領土主權』的意義，乃是一國對其領土範圍內的人與物具有排他的管轄權。『領土主權』觀念與私法中傳統所有權觀念很近似。事實上，初期國際法學家應用許多民法中物權的原則，解釋國家領土主權。直到今天，此種影響仍然存在，尤其是關於領土主權的取得與喪失的各項規則，充分反映民法的影響。假借羅馬法與私法觀念雖有其危險性，但因時效取得佔有權（uti possidetis）原則，尚為國際法所援用。

名法官俞伯爾（Huber）在裁決帕爾瑪斯島仲裁案（Island of Palmas Arbitration）中，曾說明領土主權的意義如下：

在國與國的關係中，主權意卽獨立。獨立乃是國家在地球一部份土地上有權行使排他的國家職權。

有些時候，有人認爲領土主權不能分割。但在國際實例中，有許多主權分割及構成主權要素分立的事實。例如對於國際共管地的主權，是由兩個以上國家分享其主權。再有，一個國家常將其領土的一部份租借或抵押給另一個國家，如十九世紀末期，中國在列强的爭奪下，曾將其重要港口分租給俄、法、德、英等國。一九四〇年，英國將其在大西洋西部的基地，租給美國，以交換對德戰爭中迫切需要的五十艘美國驅逐艦。在租借的情況中，租用國在租期內暫時行使主權，出租國在租期屆滿時恢復其主權。香港就是一個最明顯的例證，中國於一八九八年將香港（包括九龍半島、新界及一百九十八個大小離島）租給英國九十九年，中英於一九八四年達成協議，於一九九七年七月一日香港租期屆滿，歸還中國。一國領土由他國管理，例如葡萄牙人於十六世紀來華，擅自佔據澳門，作爲通商自由港。一九八七年中葡簽訂「和好通商條約」，淸廷確認葡國永遠管理澳門」。一九八七年三月二十六日，中葡協議一九九九年十二月二十日澳門（包括澳門半島、氹仔和路環島）歸還中國。還有一種情形，就是對於一塊領土的主權，由一個以上受託管的國家行使，例如，薩爾（Saar）在一九三五年交還給德國之前，委託國聯管理。因此，一國對其固定領土的主權，得交由他國行使，或將其收回行使，現行國際法，並無限制。

第一款 領土主權的取得

領土主權的取得，有五種普遍承認的方式：卽先佔、合併、添附、時效及轉讓。這五種方式與民法中私有權的取得方式很相類似。

在帕爾瑪斯島仲裁案中顯示，這些方式在本質上乃是要求主權的國家須對該領土行使有效控制（effective control）與權力，或證明其曾具有主權名義。因此，先佔與合併是對該領土作『有效取得』的行爲；添附被認是現有眞正主權的領土逐漸增加的部份；時效是指在一塊領土上繼續而和平的行使主權已歷一段很長的時間；轉讓必須事先認定出讓國須具有效處理該轉讓領土的權力。名法學家克爾生（Kelson）認爲領土主權的轉讓，須俟受讓國在轉讓領土上建立有效權力始算完成。

領土主權取得方式，除上述五種外，還有一種方式，就是國際會議的裁定或裁決（adjudication or award）。在戰爭結束之後，勝利國召開會議，爲安排戰後的和平，常將某一塊領土，劃給某一國家。例如，在一九一九年凡爾賽和會中，重新分劃歐洲國家的領土。

近年還有使用公民投票（plebiscite），亦可取得領土主權，不過公民投票顯然不是領土主權的取得方式，只是在取得領土主權之前的一個手續而已。

過去取得領土主權的國家，並不完全都符合上述取得的方式，尙有下列幾種特殊情形：㈠依照混合劃界委員會所劃定的疆界，或是依照仲裁委員會對於爭執的疆土所作的公平裁決而取得的領土；㈡一國將其以前所獨佔的土地的主權，依締結條約而授予土著部落另成新國；㈢一國對於某塊領土主權的取得，最初雖不明確，但經其他國家長期一再地予以承認；㈣一個新國家因繼承他國而取得的領土；㈤對於爭執的土地，經協商和解締結條約的結果而分割所取得的領土。法學家史達克主張依條約而取得領土主權，與一八〇三年拿破崙法典（Code Napoleon）規定因契約義務而取得物權相同。

領土主權的取得方式（modes-of-acquisition），與領土主權的設定（creation）及移轉（transfer）相近似，但不可將取得方式與其本身的要件相混淆，例如行使管轄權（display of authority）是『先佔』方式的要件，故須注意二者的區別。

第一項 先佔

先佔（occupation）是在無主的土地上建立主權。所謂無主的土地，是指新發現的土地，或被拋棄的土地。不過一個國家，拋棄其所控制的領土，是不常有的事情。一個私人擅自佔領一塊土地，如果未有獲得國家的授權，或事先未獲得國家批准，不能發生先佔的效力。

依照國際法，常適用有效佔領原則，以決定一塊領土是否被某一國家所先佔。常設國際法院在判決東格林蘭案（Eastern Greenland Case）中規定，先佔的國家須具備兩項要件：㈠以取得主權的意思（intention）或意願（will）而行爲；㈡適當行使或表現其主權，方構成爲有效的先佔。在上述的案件中，挪威與丹麥對於東格林蘭的主權誰屬問題發生爭執，丹麥提出各項證據，證明它具備上述兩項要件。

意思的要件可以從各種事實中推知，不過有時此種取得主權的意思，亦可在通知其他有關國家的公文中，作正式的表示，且必須證明其有永久控制該領土的意思。一個國家只暫時經過一塊領土的行爲，不足以滿足此項要件。因而，國際法學家認爲僅是發現一塊無主的土地，只能取得『初步的權利名義』（inchoate title），在其發現之後，必須繼續採取某些更重要的行爲或活動，方能完備第一項要件。

關於第二項要件，一個國家對於一塊領土行使或表現其主權，必須實際佔有或控制方可滿足此項要件；或者根據情況，主張主權的國家，可藉由顯明或象徵的行爲，或藉由對其所要求的領土採取立法或行政措施，或藉由與他國締結的條約中承認其所要求的主權，或藉由劃定該領土的疆界等行爲，顯示其對於該領土，已經眞正在行使主權。至於行使主權的程度，因地而異。所以，對於一個相當落後地區的控制與行政管理，並不需要和對於一個高度發展與開化地區的控制與管理完全相同。

在敏奎爾及艾克瑞荷案（Minquiers and Ecrehos Case）中，英法兩國爭相對於英吉利海峽中幾個小島提出主權要求。國際法院强調眞正行使『國家各種職權』的重要性，就是行使地方行政、司法、立法權等項行爲，以證實其對該地在繼續行使主權名義。依據此項原則，英國政府曾提出證據，證明其對於這些小島曾經過一段長久時間繼續行使國家各種職權，國際法院認可英國提出的主權要求。

先佔的行爲，並不一定都是最初發現的行爲。現在依照兪伯爾仲裁法官在裁決帕爾瑪斯島仲裁案中的規定，一個國家僅是發現一塊無主的土地，而沒有採取更進一步的行爲，尚不足以構成有效先佔，因而不能取得對該土地的主權名義。此種沒有完備取得主權名義的行爲，不足以妨礙他國對於該土地繼續而和平的行使權力。在這個仲裁案中，介於菲律賓與荷屬東印度羣島之間的帕爾瑪斯島，最先是由西班牙發現的。美國以西班牙繼承者的身份，要求取得該島的主權名義。

而荷蘭向仲裁法官提出各種史實，證明其對該島行使主權已歷一段很長久的時間，仲裁法官判決該島歸於荷蘭。他作此判決的理由，卽曾强調長期繼續使用有效的權力，可以取得國際法中的主權名義。

如何決定先佔行爲所佔領的領土範圍，乃是一個重要問題。關於這個問題常有不同的學說主張。近年有兩種學說，對於有些國家對南北極地區提出的主權要求，具有特殊的意義。這兩種學說是：㈠綿延學說(The Theory of Continuity)，一個國家由於先佔行爲佔據的一個地方，先佔國的主權可伸展及於爲保障該地安全或謀求該地自然發展所必要的地方。㈡毗鄰學說（The Theory of Contiguity)，就是先佔國的主權可以達到在地理上屬於其所佔地區的鄰近地帶（註一）。

近年有些國家依據扇形原則(Sector Principle)，對南北極地區提出主權要求，此項要求相當地反映上述兩種學說。有些領土靠近南北極地區的國家，依據扇形原則，對其靠近的南北極一塊扇形陸地或冰凍的海洋，主張其有主權名義。這個扇形地區，依照實際情況，在南北極地區所劃的界線，有的是使用該地區的海岸線來決定，有的是使用指定與經度相交的兩根子午線來決定。例如，蘇俄與加拿大曾對北極地區提出主權要求，阿根廷、智利、澳大利亞、英、法、紐西蘭、挪威等國家曾對南極地區提出主權要求。主張扇形原則的主要理由，是由於南北極地區是人跡難到之處，整年冰天雪地，不適宜居住（註二），不能適用國際法先佔的要件——實際控制的原則。就另外方面觀之，主張扇形原則的最適當的理由，無寧是各國間的相互默許。事實上，此種主權要求，無異於是一種公告，聲明它本國將來有完全控制該地區的意思，其性質有些類似勢力範圍或利益範圍。近年有些對南北極地區提出扇形主權要求的國家，使用先佔國家向來使用的行政控制等通常方法，以確立它們的主權名義。批評扇形原則的不當，有兩點理由：一是指其所劃的扇形界線，不免過於武斷；一是指其所劃的扇形地區，將公海中大部份區域包括進去。

有一點是很明顯的，就是少數國家根據扇形原則提出主權要求的實例，並未有形成一項習慣的規則。換言之，現今國際法尚未確認這是取得南北極領土的一個合法方式。還有一點值得注意，就是其他各國對於鄰近南北極國家根據扇形原則所提出的主權要求的效力，持保留態度。而且現今有許多法學家認爲，南北極地區應當『國際化』。阿根廷、澳大利亞、英國、智利、法國、紐西蘭及挪威七個南極國家與比利時、日本、南非、蘇聯及美國於一九五九年十二月一日在華盛頓簽訂南極條約（Treaty on Antarctica），規定南極專爲和平目的而使用，在南極可以自由從事科學調查；締約國應交換有關南極科學計劃的資料；禁止在南極試爆核子武器及拋棄輻射廢料；締約國家的觀察員得自由前往南極所有地區視察。第四條明確規定，約文中無有規定可被解釋爲，某一國家放棄對南極的領土或任何基地主權。在條約生效期間，任何行爲或活動不得作爲是確認、支持或否認在南極的領土主權要求，或是設立任何主權的權利，也不得確認新的主權要求，或是擴張已有的主權要求。結果是在南極條約有效期間，各國對於南極主權要求被凍結，不得對南極基地提出主權要求的現狀獲得維持。

爲了進一步實施南極條約的原則與目標，締約國諮商會議分別於一九六一年在坎培拉、一九六二年在布宜諾斯艾利斯，一九六四年在布魯塞爾，一九六六年在聖地牙哥、一九六八年在巴黎及一九七〇年在東京舉行六次會議。在布魯塞爾會議中通過保護南極動植物的措施，並劃出特別保護區。一九七〇年在東京會議中，通過兩項重要決議案，一項是對於南極環境污染進行研究，並採行臨時措施，以減少對環境的危害；另一項決議案是交換在南極發射科學火箭的資料。第八屆南極條約諮商會議於一九七五年六月在奧斯陸舉行，研討對於南極地區資源開發問題，尤其是關於礦產資源的開發，及其對於生態環境的影響，以及涉及政治與法律問題，最後達成諒解，在過渡期間，各國暫不開發。並建議締約國進行科技合作，禁止放置核廢料，保護南極環境。

第十屆南極條約諮商會議於一九七九年九、十月間在華盛頓舉行，決議建立南極礦產開發制度，並於一九八〇年五月二十日在坎培拉簽訂保護南極海洋生物資源公約。因爲南極地區生物物種相互關聯，該公約提出南極地區成爲一個單一生態體系。一九八二年舉行南極條約諮商會議特別屆會，繼續研討建立南極礦產開發制度，終於一九八八年六月二日在紐西蘭首都威靈頓簽訂南極礦產資源開發活動規則公約，該公約的最後議定書由十二個原締約國及二十個具有諮商地位國家，及若干無諮商地位國家簽署。該公約僅適用於南極特定地區，但不適用於深海海床，對於國際經營南極地區經濟的現行制度有重大意義。

在過去第三世界國家在聯合國大會歷屆會議中批評南極條約國家此項安排。第一，他們認爲開發南極現行安排，應由聯合國爲直接管理機關最爲適當。第二，南極應是人類共同遺產的一部份，該地區的開發收入應與第三世界國家分享。第三，建議南極地區成爲一個「世界公園」，其環境應受適當保護，不受經濟活動所破壞，但南極條約各締約國則極力維護現行開發制度。

（註一）兪伯爾仲裁法官在裁決帕爾瑪斯島案中，不承認毗鄰學說。他宣稱，毗鄰學說『完全缺乏精確性』。國際法院在裁決北海大陸礁層案中，贊成綿延學說，認爲沿岸國對於其鄰近的大陸礁層具有權利。

（註二）由於新航空技術的發展，人類已經可以在南北極地區居住。現在飛機已能在多季供應設在南北極基地所需的補給品。而且經由北極的航線，已經正式開闢，經常飛行。而且現在使用核能潛艇亦可到達南北極地區，一九六二年七月三十一日，美國兩艘核能潛艇在北極相會。

第二項　合併

合併(annexation)是取得領土主權的一種方式。合併國家常時在下列兩種情形下，進行合併他國領土：㈠被合併的領土已被合併國家征服；㈡在合併國家宣佈合併意思時，被合併領土是合併國家的屬地。第一種情況是最通常的情況。第二種情況現今亦不乏其例，如在一九一〇年日本合併韓國，此時韓國已受日本統治若干年。在第一種情況下，僅是征服一塊領土尙不足以構成取得這塊領土的名義，必須還要正式宣布有合併的意思，方構成合併的要件。此種意思表示，通常是用照會，通知其他有關國家。反之，戰勝國家對於被征服國家的領土，如其表示無意合併，卽不能取得被征服領土的主權。例如，在一九四五年德國無條件投降後，盟國對於德國領土，無合併的意思，故盟國對其所佔領的德國地區，並未取得主權名義。一國公然侵略他國而併呑其領土，或是違反聯合國憲章使用武力併呑他國領土，其他國家不得予以承認。例如伊拉克於一九九〇年武力併呑科威特，使科威特成爲其一省，爲舉世各國所反對。

第三項　添附

一國因添附(accretion)而取得領土主權名義。通常情形是具有主權的國家在其原有的領土上，由於自然的作用而增加新領土。在此種情形下，取得新領土的國家對其所取得的領土主權名義，無需採取任何正式法律行爲，也無需宣告其取得領土主權名義。至於添附的過程，係由泥沙逐漸淤積而成的沙洲，或係堆積而成的島嶼，抑或係突然地將一部份泥土由此岸沖至彼岸，均不關重要。羅馬私法對於兩岸所有人對河流中淤積而成的沙洲分享所有權的規定，可以類推適用於界河中有同樣沙洲出現，兩岸國家可以平分其主權。

第四項 轉讓

轉讓（cession）是取得領土主權的一項重要方式。此種方式是基於一種原則，就是一國移轉領土的權利是國家主權的屬性。

領土的轉讓，或出於自願，或因戰爭結果而受强迫，如戰敗國被迫將其領土割讓給戰勝國。事實上，在戰敗之後，將領土轉讓的情況，常較使用合併的方式爲多。蘇俄於一八六七年將阿拉斯加（Alaska）出售給美國，德國於一八九〇年以赫里哥蘭（Heligoland）交換英國的尚西巴（Zanzibar），這是兩個自願轉讓領土的實例。法國於一八七一年將亞爾薩斯—勞林（Alsace-Lorraine）被迫割讓給德國，第一次世界大戰結束，德國被迫將亞爾薩斯—勞林交還給法國，這是被迫轉讓領土的實例。

贈與（gift）、買賣（sale）、或交換（exchange），都是轉讓領土的有效方式，蓋以此等行爲均足構成一國將其一部份領土主權移轉給他國的意思表示。

轉讓國對其自己所作之轉讓領土之行爲，不能對其轉讓領土主權有所減損或保留。因此，被轉讓的領土的全部主權必須移轉。

第五項 時效

因時效（prescription）而取得主權名義（就是取得時效 acquisitive prescription），係一國在屬於他國主權的領土上，經過很長期間和平行使實際管轄權的結果（註一）。許多法學家，其中包括芮佛爾（Rivier）和戴馬騰斯（de Martens）諸人，均否認國際法承認取得時效的效力。上述帕爾瑪斯島案（Island of Palmas Case），雖有人認爲是取得時效的一個先例，但國際法院未曾作任何裁決，贊同取得時效的原則。國際司法機關迄今尚無任何判決，明確地贊同取得時效的原則。至於需要經過多久時間才能正當地取得主權名義，國際法也無一致公認的原則。實際上，很難發現一個國家，對其領土的合法主權在他國未取得與控制之前，卽予放棄的情形。一國對其所屬領土保持緘默，並不能剝奪它對該領土主張主權的權利，除非他國在該領土上實施有效的佔領。國際法院在裁決比利時與荷蘭邊界案（Frontier Lands Case）中認爲，荷蘭地方官員在某地僅是行使普通的行政管轄，尚不能取代比利時依照締結的條約對該地所取得的合法主權名義。

可是，名法學家詹森（D. H. N. Johnson）承認取得時效是國際法的一項原則，他對取得時效曾有透闢的闡述。他認爲一國因時效而取得主權名義，必須具備四項條件：㈠提出主權名義的要求；㈡和平而未中斷；㈢公開（public）；㈣經過相當長久的時間，至於這個時間需要多久，可由國際司法機關決定。

原屬於甲國的領土，如被他國因時效而取得主權，依照國際法卽無需證明甲國有讓與意思（animus disponendi）。如果時效眞能成爲國際法取得領土方式之一，則最重要的問題，在於公開而和平的行使實際主權（de facto sovereignty）需要多長時間，有無中斷，以及取得主權名義的程度。至於所需時間長短，可由國際司法機構比照羅馬法或其他國內法的規定類推適用。詹森並認爲結合（consolidation）也是取得領土主權的一種方式，此種方式與時效相類似。他認爲一國對於一塊未設定主權的土地上，不斷的行使管轄權（by repeated acts of authority）

經過很長的期間，可以取得主權名義。結合與時效兩種方式所不同者，就是結合只能適用無主地（res nullius），而因時效所取得的領土則是他國主權下的領土。至於結合方式是不是先佔方式的一個特殊情形，尚值得研究。

（註一）取得時效與先佔二者的區別，在於先佔是取得無主地的主權，而取得時效是對於他國主權下的領土取得主權名義。

第六項　新興國家取得領土主權

新興國家取得領土主權，例如殖民地或託管領土的獨立，是一種獨特（sui generis）方式。就理論而言，領主是國家構成要素之一，新興國家未獨立時，尚無一個法體（entity）能夠取得主權名義（title）。法學家史達克認爲，殖民地或託管領土的人民，俱有充分政權，可以取得當地的領土主權，以待其建立獨立的國家。國際法院於一九七一年六月二十一日曾就南非繼續其在西南非（現易名納米比亞 Namibia）的法律後果發表諮詢意見，認爲西南非委任統治地人民是一『法體』（jural entity），有權邁向獨立。新興國家取得領土主權最具體的情況是這樣的，當地人民所屬的領土主權，以後即成爲這個新興國家的領土主權。

關於新興國家取得領土主權的此項見解，是與聯合國大會一九七〇年通過的各國依聯合國憲章建立友好關係及合作之國際法原則相符合，就是殖民地或非自治領土在聯合國憲章下，具有一種不同於管理國家的地位（Status），這種地位一直維持到當地人民能夠行使其自決權。

第二款　領土主權的喪失

領土主權的取得與領土主權的喪失是相對的，上述一國取得領土主權的方式，相對地就是他國喪失領土主權的方式。因而一國的領土主權，因放棄（dereliction，與先佔方式相對）、因被征服、因自然作用（by operation of nature，與添附方式相對），因時效而喪失。喪失領土有一種方式與取得領土方式不相對，那就是叛亂（revolt）。一國內部因發生叛亂，致使其一部份領土被分離。

第三款　國　界

一國的邊界（boundaries），是國家行使領土主權的一個限界。其劃分或依照條約的規定，或獲得大多數國家的承認，在此界限之內，構成一國的領土。

一般來說，國界是在地球表面上一條想像的分劃兩國領域的界線，是一國行使管轄權的界限範圍。這條界線多數是人爲的劃分，並不全是天塹河道等自然的屏障。兩國相鄰雖有國界線分開，可是這塊土地和居民常混聯在一起，相鄰國家對於若干事實的存在，例如兩國邊疆官員的自由過境，雖有損於彼此的主權，可能依照條約與慣例而相互容忍。由於邊疆地區各種特殊情況所產生的鄰國及其人民間的事實關係，有時構成一種『近鄰關係』。

國與國之間爲了國界問題，常容易發生爭執。解決國界爭端，產生許多重要的國際仲裁成案，例如一九〇三年美英兩國之間的阿拉斯加邊界仲裁（Alaska Boundary Arbitration），即是一個顯明的例證。邊界爭端的解決，常時不是依照取得領土主權名義的時間先後，而須考慮地理狀況、戰略形勢及正義原則。國際法院於一九五九年裁決比利時與荷蘭關於『邊界案』（Frontier Lands Case）；一九六二年裁決高棉與泰國邊界『關於普拉維海寺廟案』（Case Concerning the Temple of Preah Vihear）。對於比利時與荷蘭的邊界案，國際法院依據一八四三年『邊界公約』（Boundary Convention）劃分領土的規定，裁決爭執中某些邊境土地歸屬於比利時。荷蘭辯論理由是：該公約因錯誤而已失效，而且荷蘭地方官員在此爭執地區所行使的主權行爲，足可排除比利時的主權名義。國際法院認爲：荷蘭地方官員的行爲僅具有行政性質，拒絕採用。一八九二年，比利時在一項未獲批准的公約中，確認它對於爭執地區的主權，荷蘭當時未予否認，此一事實，甚爲國際法院所重視。關於高棉與泰國爭奪普拉維海寺廟案，依據一九〇四年兩國邊界條約的規定，兩國國界是依照一條水流線劃分，可是與一九〇七年繪製的國界地圖有所不同；該地圖於一九〇八年送達暹羅政府，因爲當時的暹羅政府與以後的泰國政府在其行爲上顯已接受該地圖的國界線，對於邊界條約所定的水流線，並未有任何特別重視的表示；於是國際法院認爲兩國應遵守該地圖所定的國界線，裁決將寺廟地區的主權歸於高棉所有。同時國際法院決定，泰國在寺廟地區的駐軍應予撤離，從寺廟內拿走的若干文物應歸還高棉。國際法院裁決這兩件國界糾紛案後，又發生兩件重要的邊界糾紛仲裁案，一件是一九六六年阿根廷與智利關於『安德斯邊區』（Andes Area）仲裁案，另一件是一九六八年印度與巴基斯坦關於『喀欽邊界仲裁案』（Rann of Kutch Arbitration）。

國界有天然邊界與人爲邊界之分。凡是以山脈、河川、海岸、森林、湖泊及沙漠分劃兩個以上國家的邊界，稱爲天然的邊界。在政治上所謂『自然疆界』（Natural boundary）一詞，含有較爲廣泛的意義；它表示一條自然分劃的界線，一國視爲它的領土應當擴張所及之處，以爲對抗他國的屏障。凡是依可識別的標記以表示這條想像的界線，如界碑、界牆等；或依經緯度以定界線者，如美加之間以北緯四十九度爲邊界，稱爲人爲的邊界（artificial boundaries）。

如以水域爲國界，劃分邊界線最爲困難。在以水域爲邊界中，又以河川邊界最難劃分，因爲在河川中難以決定，以那一條線爲界線，及其應如何劃分。除條約另有規定者外，河川之不可航行者，則以河流之中央爲界線。如一條界河分爲兩個以上支流，則以主要支流之中央爲界線。這條界線稱爲『中央線』（median line），一九一九年至一九二〇年各項和約對於不可航行河川界線的劃分，就是採取此項原則。可以航行的河川，通常是以河流之最深航道之中央爲界線，以航行用語稱爲『下航道』（thalweg）。第一次世界大戰後，在一九一九年至一九二〇年締結的各項和約中，就是使用『主要航道的中央線』劃分疆界，這條線多少是與『下航道』相同。

有時是以河岸爲邊界線，而整個河川則在鄰國的主權管轄之下。這是依照條約的規定，或是由於長久和平佔領而形成的一個例外情形。

對於湖沼與內海之邊界劃分，則視特定湖沼或內海之深度形狀及使用情形而定。如果淺水的湖沼或內海有航道，則以此航道爲邊界線，甚爲方便。一般情形，都是以湖海之中央線作爲邊界。其他許多特殊的劃分邊界方法，常依條約的規定，或依仲裁的決定，並無特定的方式或原則可循。

至於海灣或海峽邊界的劃分，現今尙無共同遵守的規則，但須考慮歷史和地理的形狀而定。在大多數情況下，是以『中央線』劃分兩國的界線。

第二節　勢力範圍及利益範圍

在許多情況下，强國要求對於某一地區具有次於領土主權的權利。此項權利尙未達到對殖民地或屬國所享有的權利的程度，在外交術語中稱爲『勢力範圍』(spheres of influence)或『利益範圍』(spheres of interest)。在十九世紀列强競向弱小或落後國家開拓其勢力的時候，勢力範圍或利益範圍在歷史上達到顚峯狀態。現今由於聯合國憲章明文規定尊重他國領土完整，國際政治上不再使用這兩個名詞，但是這兩個名詞內含的實質觀念，現今仍然存在。

國際法學家赫爾(Hall)給『勢力範圍』下一個定義。他說：所謂勢力範圍，乃是列强間一種諒解，默許一個强國在其視爲某一重要地區，爲其本國保留一種排除他國侵入的權利，在政治上它將來可使該地區擴張成爲其屬地或保護地，或在戰略上阻止他國佔取的一個軍事要地。例如，二十世紀初葉，英國要求在波斯灣地區及長江下游爲其勢力範圍，其他國家如想在此等地區謀求政治權利，將被視爲是一種不友好的行爲。

『利益範圍』與『勢力範圍』二者之間只是着重點不同。一國要求某一特定地區爲其利益範圍，乃是在該地區要求享有專屬的經濟或財政讓與權、或開發權，而不許他國分享。例如，俄日兩國在一九〇七年至一九一六年期間締結的各項秘密協定，相互承認它們各在中國東北的北部及南部爲其利益範圍。因而，俄國在中國東北的北部享有專屬的鐵路及其他經濟特權，而日本在中國東北的南部享有相同的專屬權利。依據俄日密約的規定，俄日兩國承擔使用軍事武力保護此項利益範圍的分割，以防止他國的侵佔。

第三節　國際地役

依照現今實例，國際地役（international servitude）是一國的領土主權依條約而受到特別限制，他國因此獲得某種利益之謂。最著名的一個例證，是一八一五年的巴黎條約規定，爲瑞士巴士魯（Basle）州的安全起見，亞爾薩斯（Alsace）邊境的匈寧（Huningen）城永遠不得設防。

地役權是一種對物的權利（rights in rem），是一國領土主權所受到的限制。卽一國許可他國在其境內行使某項權利，或一國依照地役權的限制，承擔在其境內不行使某項權力。例如，在他國領海內取得捕漁權，或在他國領土內取得建築鐵路權，使用海港、河川及飛機場等項權利。因爲地役權是一種對物的權利，不受該領土主權變更（例如爲他國所兼併）的影響，而繼續存在。

依照實例而言，國際地役是一個較新的理論。在一九一〇年關於美英間北大西洋沿岸漁捕權仲裁案（The North Atlantic Coast Fisheries Arbitration），常設仲裁法庭在其裁決中說，在一八一八年的時候，英美兩國的政治家顯然尚不知悉國際地役爲何物。

可是，熟習羅馬法的國際法學家常在其著作中論及國際地役。及至十九世紀末與二十世紀初，各國政府的法律顧問漸漸熟悉國際地役的觀念。一九一〇年在北大西洋沿岸漁捕權案辯論中，依照一八一八年條約，英國給予美國漁捕權，被認爲構成一種國際地役，可是常設仲裁法庭拒不同意此項申辯。

常設國際法院在一九二三年判決溫伯頓號輪船案（Wimbledon）時，英法申辯說，基爾運河的通過權乃是一種國際地役，但未爲常設國際法院大多數法官所接受。國際法院於一九六〇年審理葡萄牙屬地通過印度領土權利案(Righi of Passage over Indian Territory Case)時，法官施金（Judge Schucking）雖然承認葡萄牙官吏、人民與貨物通過自葡萄牙內鎖屬地至達曼(Daman)印度領土是一種慣例的權利，但此項權利並不能適用於武裝部隊、警察及武器彈藥，對此等軍警通過須受印度的管轄。因此就嚴格的意義來說，此項權利很難說是一種國際地役。

國際地役的觀念最初起源於私法，許多國際法學家認爲，地役權觀念之被引入國際法中，並未能獲得成功。他們認爲國際法對於此類問題的處理，並無必要借用私法中地役權的觀念，至少在上述兩個成案中，國際法判決其不是地役權。

魯特柏奇法官說：『所有借用私法觀念以適用於國際關係中，其詞義之混淆，莫過於地役權觀念之被引入於國際法中。』

近年來許多國際協定中規定，一國在其領土內給予他國海空軍事基地，或是設立衞星、太空器及飛彈的追踪站，常易被人認爲是一種國際地役，但就法律意義而言，並不正確與適當。使用『領土設備』（territorial facilities）一詞，也許可以含蓋上述情況的意義。例如一九六七年一月二十七日簽訂的『關於各國探測及使用太空包括月球與其他天體之活動所應遵守原則之條約』第七條條文中曾使用『設備』一詞，顯明含有此意。關於衞星及太空器追踪設備，給予國是否應該將此項設備，提供給接受國以外之發射國使用，是一個值得研討的問題。

第八章　領水及海洋法

第一節　內國水域

領水分爲兩種：一爲內國水域，一爲領海。內國水域在國際法上的地位，與領土相同，如河川、運河、沿海港口、泊船處、大部份爲陸地包圍之海灣、以及領海基線向陸一面之水域，均構成爲一國內國水域。一國對其內國水域與對其領土相同，具有完全主權，並得拒絕外國船隻駛入。外國船隻倘遇災難，或依條約規定，始可駛進他國之內國水域。

依照一九八二年海洋法第八條第二項規定：一國劃定領海直線基線，致使原先認爲領海或公海一部份之水面劃屬內國水域時，外國船隻在此水域內應有無害通過權。

一國在其領海、毗鄰區、大陸礁層及專屬經濟區，分別行使程度不同的管轄權。在各國管轄範圍以外的海洋，傳統國際法上稱爲公海，在往昔各國享有的公海四大自由包括航行自由、飛越自由、捕魚自由、鋪設海底電纜和管道自由，現今增加了科學研究的自由和建造人工島嶼及其他設施的自由。各國認爲公海的資源，是人類共同繼承財產，應爲全世界人民所共享，於是主張設立一個新的國際機構，稱爲管理局，來管理海洋資源的開發與利益的分配。一九八二年聯合國第三屆海洋法會議簽訂海洋法公約，就是爲佔地球十分之七面積的海洋，整個納入一個完整的國際法體系之內。

第二節　國際河川

第一款　多國河川

河川的全部流域位於一國領土之內者，稱爲內國河川，屬於該國的內國水域。一般來說，他國在這條河川上不享有航行權。河川之流經數國領土者，稱爲多國河川，分屬於河川所流經之數個國家。多國河川常爲沿岸國的主權，與他國享有的航行權發生爭端。自格羅秀斯以至其他不少國際法學家均認爲，所有沿岸國家對於多國河川都享有通過權。不過此項意見，在實際上未能爲各國所普遍接受，尤其未爲多數國家承認爲國際法的習慣規則。即持此項意見的國際法學家，對於自由航行權利的解釋，亦各有不同：㈠有些法學家認爲，此種通過權限於平時；㈡另一派法學家認爲，只有沿岸國對於多國河川始享有通過權（註一）；㈢第三派意見認爲，自由通過權應不受任何限制，惟須尊重沿岸國爲使用流經其境內一段河川所制定之各項必要的航行規則。在原則上，此三種解釋，應以第二種意見爲合理。因爲一國位於多國河川的上游，下游國家不應阻其船舶出海。

可是，在國際河川上建立自由航行的規則，幾乎完全是基於條約的規定。對於多國河川設定自由航行權，始於一八一四年巴黎條約。在一八一五年維也納會議的蕆事文件（Final Act of the Vienna Congress）中，確認歐洲各河流的自由航行原則，不過此項原則未有獲得充分的實施。第一次世界大戰後，凡爾賽和約對於多國河川自由航行的原則，再予確認。以後在國聯的主持下，對於多國河川自由航行的原則，曾簽訂公約。結果，在第二次世界大戰之前，歐洲幾條主要的河流，幾乎都實施有限制的航行自由。至於其他各洲的河流，亦成立各種區域協定，開放給他國航行，惟須遵守沿岸國的各種限制。同時，爲實施自由航行權利，需要設立國際機構，以共同管理多國河川的航行。歐洲多瑙河就是置於國際控制與管理之下。依照一八五六年巴黎條約的規定，設立歐洲多瑙河管理委員會，由沿岸國與非沿岸國代表組成，賦與該委員會廣大的行政權，管理多瑙河最重要的下游部份的航行。依照一九二二年生效的一項公約規定，設立兩個委員會，分別管理多瑙河的上下游，確認多瑙河航行自由的地位。此項共同管理多國河川的辦法，使得多瑙河的航行自由，維持了許多年，直至第二次世界大戰發生，始被完全破壞。

一九四七年巴黎和會，在對保加利亞、匈牙利和羅馬利亞三國和約中，列入一項條款規定：除一國內兩地之間航運外，多瑙河之航行應基於自由平等原則，對他國一律開放。一九四八年在伯爾格萊德召開國際會議，期對多瑙河的航行管理制定一個新公約。會中經多數表決通過一個新公約，設立一個委員會，完全由沿岸國家代表組成，排除非沿岸國參加，此項決定顯然不合美英法三國的願望。美英法三國於是宣佈新公約無效，因爲新公約剝奪非沿岸國依照一九二一年公約所取得的權利。新公約第一條仍然規定多瑙河航行自由，但刪除一九二一年公約第一條對沿岸國與非沿岸國不得歧視的規定。

一九一九年至一九二〇年巴黎和約規定歐洲幾條河流國際化，爲多國河川航行自由奠下基礎。至國聯設立過境暨交通組織（Transit and Communications Organization），目的在使所有多國河川達到航行自由。爲了要達到此目的，國聯發起草擬國際公約，對航行自由予以規定。一九二一年在西班牙巴塞隆納（Barcelona）舉行的會議中，通過兩個公約：㈠國際航行河道公約（Convention on the Regime of Navigable Waterways of International Concern），規定多國河川航行自由的原則；㈡過境自由公約（Convention on Freedom of Transit），規定內陸河道運輸貨物，須在絕對平等條件下，享有完全過境自由，只應受有關警察及公共安全等方面之之合理限制（註二）。爲適應各國的特殊情況，該公約可以作必要的修正。而且，有許多國家簽訂一項附加議訂書，對其本國境內的河川接受若干義務。

國聯並致力統一河川法規，爲此目的，它在一九三〇年締結各項公約，對於內河船舶避免碰撞、登記、懸旗等事項，加以規定。一九五六年七月二十二日締結的曼谷公約（Bangkok Convention），也是爲了相同目的，在求亞洲各國內陸航運的便利。一九六〇年三月十五日簽訂的『統一關於內河航運碰撞若干規則的日內瓦公約』。

可是，這些條約並未能普遍確立多國河川的航行權。

如果各國不能普遍採用河川航行自由原則，至少在有些方面可制定若干規則，以期減少沿岸國家對於航行所加的不必要限制。例如，沿岸國家不應課過份關稅，不應對非沿岸國的航運加以歧視，不應對非沿岸國給予不平等待遇，進出河港應一律自由平等，所有國際航道應予適當維護，對於危險地區應予適當警告，這一類的事情應爲各國所普遍接受。因此對於多國河川航行問題可以締結區域協定解決之。美國與加拿大於一九五四年對於聖勞倫司海道（St. Lawrence Seaway）所安排區域合作辦法是一個例證。這條海道是一九五九年開放通航，依照一九〇九年兩國界河條約的規定，設立國際聯合委員會管理。

關於河水之有害使用，河流之改道與阻礙，現今國際法中尚無規則可資適用。不過各國一致認爲，沿岸國如有害使用河水、將河流改道、或阻礙河水暢流、致使國際航道自由航行受阻，使其他沿岸國受到損害，此是一種違背國際法的行爲。例如，以色列欲使約旦河改道，引起沿岸阿拉伯國家的不滿，卽是一個顯明的例證。如果達不到這一點，至少可以說，沿岸國對於在其管轄下的河川，無論作任何使用，不得使其他沿岸國在經濟上蒙受重大或不可補救之損失，例如各沿岸國對於河水汚染應作合理防止。一九五七年仲裁法庭在審理法國與西班牙關於藍洛克湖仲裁案（Lake Lanoux Arbitration）決定：依照國際法的習慣規則，沿岸國在興建新的河道工程之前，並無義務需要先與其他沿岸國諮商，或獲得其事前同意；惟應在實施工程時，在合理的情況下，須顧及其他沿岸國的利益。至於河水流域地區，沿岸國有權在合理情況下，公平分享流域地區河水的使用，此一原則爲許多條約所接受。一國因使用國際河川而損及他國所發生之爭端，可提請仲裁裁決，或以最公平方式調解。赫德生（Manly O. Hudson）法官一九三七年審理麥司河改道案（Diversion of Water from the Meuse Case），卽適用『公平原則』（principles of equity），解決使用河水的爭端。印度、巴基斯坦與國際復興開發銀行爲解決一九四八年以來關於印度（India）、眞臘（Chenab）、赫魯（Jhelum）三河流的爭端，於一九六〇年九月十九日簽訂一項協定，規定適用『公平分配（equitable apportionment）原則。依照該協定，在十年過渡期間，暫時安排印度與巴基斯坦共同繼續使用所有河川的水流，待巴基斯坦利用西邊河川與建儲蓄及灌漑工程完成後，印度、眞臘、赫魯三河水分給巴基斯坦使用，臘威（Ravi）、卑士（Beas）、蘇里（Sutlej）三河水分給印度使用。

一九七○年，有人建議比照日內瓦海洋法公約的編訂，研訂一項國際河川法公約。可是有人認爲往昔國際河川的習慣規則，不適於現今河川使用的新技術、河水汚染問題以及河川流域全面計劃開發。一項國際公約的一般規定，普遍適用各個地區的河川，有人認爲行不通，不如採用區域制度。

國際法協會一九六六年在赫爾辛基第五十二屆大會中，通過一部國際河川水流使用條約草案，對於國際河川採用大多數接受的公平使用原則，並擬訂若干新規則，例如處理河水汚染及木材漂流等規則。此一條約草案爲國際河川新問題擬訂的規則，可供未來議訂國際河川公約之參考。總之，國際河川不單純只是航行問題，現今各國更加重視國際河川的水利、水力發電、供水控制及汚染等新問題。

聯合國國際法委員會於一九七一年開始研究非航行用的「國際水道流域」（international watercourses）的法規問題，使用「國際水道流域」一詞，表示研討重點已從河川轉移到更廣大範圍的國際水道（transnational waterways）流域，包括河川、湖泊、運河、水壩、水庫、其他地上水及地下水。國際法委員會於一九七八至一九八○年期間研究流入各大河川支流的問題，認爲規範國際河川制度的法規，不僅不能解決有關國家對於資源使用的不公平問題，也不能解決有關國家對其領土自然資源的主權控制（sovereign control）問題，「國際水道流域」的概念，是指一條流經兩個以上國家的河川流域的整個地區，意卽「在地理上流經兩個以上國家的領土……水流所及之範圍，不論地上水及地下水，萬流一齊滙合歸於同一水道」。在原則上制定一套全球性的普遍通則令所有國際水域適用。不如任由每一國際水域的沿岸國家自訂一套特殊可行的規章。至少應課予沿岸國一項義務，在其採取任何活動時，應顧及對其他沿岸國家之影響。至於國際河川及湖泊沿岸汚染問題，更增加整個問題的複雜性。

（註一）國際常設法院於一九二九年審理奧德河案（River Oder Case），强調國際河川沿岸國的『區域利益』（Community of interest）原則。

（註二）一九四七年十月三十日簽訂之『關稅暨貿易總協定』（General Agreement on Tariffs and Trade）重申，經由最便利的河川航道，國際自由通過原則。

第二款　通洋運河

內陸運河屬於沿岸國領土的一部份，適用內國河川的航行規則。

至於通洋運河（interoceanic canals），如蘇彝士運河，巴拿馬運河及基爾運河，則適用特殊條約規定。

一、蘇彝士運河（Suez Canal）：依照一八八八年君士坦丁堡條約（Convention of Constantinople）規定，蘇彝士運河中立化與非軍事化至相當的程度。無論在平時或戰時，蘇彝士運河對於一切國家之商船與軍艦自由開放。但在戰時，不得封鎖運河，不許在運河或距港口三浬內海面從事戰鬪行爲。（在實際上，此項規定並不能防止强大的海軍國家在運河口三浬之外封鎖敵國船艦駛入運河。）交戰國軍艦應儘速通過運河，不得在蘇彝士運河兩端的塞得港和蘇彝士港停留二十四小時以上，交戰國軍艦不得在運河或其港口內裝卸軍隊、軍火及其他戰爭物資，運河兩岸不得構築永久的軍事要塞，軍艦不得在運河內駐防。依照一八八八年條約的規定，蘇彝士運河是埃及的一部份領土。

一九五六年，埃及意圖將蘇彝士運河公司（Suez Canal Company）經營運河的特權，收歸『國有』，於是各國自由使用運河的權利，蒙受嚴重損害，終至英法聯合於一九五六年十月至十一月間，進軍蘇彝士運河，攻打埃及，運河受阻，直至一九五七年恢復航運。一九六七年以埃戰爭再起，運河又被阻，直至一九七五年始重行開放。

大多數法學家認爲，各國使用蘇彝士運河的權利，並不是基於埃及的讓與及容忍，而是由國際法所保證賦予的一種國際性的權利。除一八八八年君士坦丁堡條約之外，尙有一九五四年十月十九日的英埃協定，依照該協定，締約雙方承認，蘇彝士運河是在『經濟上、商務上及戰略上，具有國際重要性的航道』。聯合國安全理事會於一九五六年十月十三日通過幾項原則，規定蘇彝士運河的自由通過權應當維護，『不得公然或暗地有所歧視』；並規定蘇彝士運河應與任何國家的政治『絕緣』；依照規定徵收通過稅捐和費用。埃及曾於一九五七年四月二十四日對未來使用蘇彝士運河的條件發表聲明，申述它將尊重一八八八年君士坦丁堡條約的文字與精神，但是這一問題並未獲得澄清。

二、巴拿馬運河（Panama Canal）：巴拿馬運河之國際地位，建立於一九〇一年英美間之海潘西佛條約（Hay-pauncefote Treaty），及美國與巴拿馬在一九〇三年與一九〇六年所訂的兩項條約。依照一九〇一年海潘西佛條約的規定：『運河對於所有國家的商船與軍艦應一律自由開放，惟船艦須遵守依照完全平等原則所制定的各種法令。』（註一）嚴格說來，此項規定僅適用於締約國，實際上，美國卻使之適用於所有海運國家的船艦。海潘西佛條約採用蘇彝士運河之同樣規則，規定巴拿馬運河不得封鎖，或在運河內從事任何敵對行為。條約各項規定在使巴拿馬運河中立化，但在實際上，美國為保障巴拿馬運河區的安全，得採取必要的保護措施。

巴拿馬雖主張其對運河具有法律上與名義上的主權，可是依照一九〇三年十一月十八日簽訂之海瓦利拉條約（Hay-Varilla Treaty），以後復一再修訂，美國對於十哩寬的巴拿馬運河區，享有永久佔領與管制權。而且，美國對運河區具有事實上主權的權力。一九五五年一月二十五日，美國與巴拿馬對於該運河區簽訂相互諒解與合作條約，巴拿馬對於美國具有的事實上主權的權力，作默示的承認。依照該條約規定，巴拿馬對於在運河區工作的非美國籍人員有收稅之權。

美國與巴拿馬兩國政府於一九七七年九月七日在華盛頓簽訂巴拿馬運河永久中立及營運條約(Permanent Neutrality and Operation of the Panama Canal)，及其議訂書，規範巴拿馬運河的地位及美國與巴拿馬兩國的各自權利。依照一九七七年巴拿馬運河條約規定，巴拿馬對巴拿馬運河及運河區具有領土主權獲得明確承認，美國到一九九九年底放棄對巴拿馬運河的控制；「在該條約有效期間」，巴拿馬將其具有的「領土主權」(territorial sovereign) 中對運河的營運，維持及保護權利，以及制訂船隻依序通過規章的權利讓給美國行使，在此中立及營運條約和議訂書中，詳細規定巴拿馬運河繼續具有國際通洋進出海道的地位。依照該項條約第一條規定，巴拿馬運河「是一條國際通過水道，依照本條約建立的制度，應永久中立」，第二條宣佈巴拿馬運河中立「不論平時戰時，應對所有國家船隻，依完全平等條件保持安全與開放」。船隻通過條件或費用不得有所歧視。第五條規定：美國政府於一九九九年底放棄管制，唯有巴拿馬政府經營巴拿馬運河，維護在巴拿馬運河區的軍隊，防禦陣地及軍事設施，該條約議訂書的重要，在使美、巴兩國以外其他國家得參加巴拿馬運河的新制度，依照議訂書第三條規定，該議訂書（The Protocol）開放給「世界所有國家」加入，此項沒有差別開放給所有國加入的條款，已使美巴兩國簽訂的雙邊條約多邊化（multilateralize），形成爲國際法的一部份。

三、基爾運河（Kiel Canal）：依照一九一九年凡爾賽和約，基爾運河對一切國家的商船軍艦自由開放。德國曾於一九三六年片面廢棄此等條款。無疑地將來對德和約中，必將恢復各國船艦的自由通過權。一九二三年蘇俄與波蘭作戰時，英籍油輪溫伯頓（Wimbledon）號由法國公司租用，載運軍火駛往丹澤，接濟波蘭，但德國以在俄波戰爭中遵守中立爲理由，不准該輪通過基爾運河。此項爭端曾由英法提交常設國際法院，該法院於一九二三年引用蘇彝士運河與巴拿馬運河的先例，判決敵國軍艦通過通洋運河，不構成對沿岸國中立的侵犯。

（註一）美國與巴拿馬一再發表聯合聲明，主張商談一項新約，以替代一九〇三年條約，在此項新約中，承認巴拿馬對運河區的主權，以及『無論在平時戰時，巴拿馬運河對所有國家船隻開放，不得有任何差別待遇。』

第三節 領海

沿海國家基於安全及實際利益需要，均取得沿海岸一帶水域，爲其領域的一部份，行使完整的主權，稱爲領海（territorial sea）。一九八二年海洋法公約第二條規定：沿海國的主權及於其陸地領土及其內水以外鄰接的一帶海域，稱爲領海。此項主權及於領海的上空及其海床（sea bed）和底土（subsoil）。

第一款　領海的寬度

依照通行已久的習慣規則，一國領海包括沿海岸一帶水域，其寬度自低潮線或自其他選定的基線向外測量，至少爲三浬。除了外國船舶在他國領海享有無害通過權，及沿海國負有將其領海航行的危險，以適當方式通知外國船舶義務外，沿海國對於其領海所具有的主權，完全與其領土相同。

沿海一帶水域屬於沿海國家所有，是基於理性（rational）與歷史等因素而形成的。最初，在十五、六世紀及十七世紀初，幾個海商國主張對一部份公海享有所有權，可是由於沒有一個國家能夠有效佔領浩瀚的海洋，此種要求廣大的領海範圍逐漸減少，直至最後，一國要求管轄公海的部份，僅爲其安全所需或其權力所及之沿海一帶水域。因而領海主權原則與海洋自由論（The Doctrine of the Freedom of the Seas）同時獲得發展。至十八世紀初，領海主權原則完全確立。在此一時期，賓克雪克（Bynkershoek）於一七二〇年出版『領海論』（Essay on Sovereignty Over the Sea）一書，他在這本書中提出一個原則，卽沿海國統治其沿海岸水域的寬度，僅以海岸砲射程所及之處爲限。他說：『武器火力所及之處，卽爲領土主權之範圍。』（Territorial sovereignty extends as far as power of arms carries）。

賓克雪克是闡明砲程規則（Cannon-Shot Rule）的第一位公法學家，不過在他的著作發表之前，砲程規則已見諸實施。在賓克雪克之前所實行的砲程規則，僅限於劃定中立的水域，在此中立水域內，不得從事戰鬪，及在海岸要塞區內對船舶實施保護權。

後來便以確定的浬數來表示大砲的射程，但不知大砲射程與浬數二者是從何時開始合而爲一。斯堪的納維亞各國要求沿海岸一帶中立水域，其寬度即以浬爲測量的標準。至十八世紀，法國與丹麥進行談判，即曾提出三浬的建議，作爲砲程規則與斯堪的納維亞各國主張的中立水域的一個折衷辦法。十八世紀末，義大利兩位法學家加賴尼（Galiani）與艾蘇里（Azuni）主張海岸外三海浬爲『砲彈射程所及的最大距離』。同時，德國一位法學家戴馬騰斯（de Martens）對於三浬的規則表示異議。我們可以說，領海寬度定爲三浬自有其歷史發展，至於砲程規則與三浬寬度合而爲一，純是歷史上的偶合。

至十九世紀，領海三浬寬度爲大多數國家、法院及法學家所接受。英美兩國於一八一八年簽訂的漁業條約，曾承認三浬規則。二十世紀初，英美兩國倡導領海三浬寬度最力，它憑藉條約或其他各種方法，反對他國對領海的過份要求。當時採用三浬制的國家爲英、美、法、中、西德與日本等十七國，可是挪威、瑞典、西班牙與葡萄牙等國要求更寬的領海。在此種情況下，三浬制度尚難成爲國際法的一個普遍規則。正如一位法學家所說：

> 關於領海三浬制，我們最多只能說是現行的一種慣例，僅為一部份國家所遵守，由於未能形成為普遍遵守的法規，其他國家仍自由決定其領海寬度。

反之，我們可以確定地說，領海的最低寬度應爲三海浬（國際海浬以法制一八五二公尺爲準）。此一規則，在二十世紀之初，已爲各國所普遍接受，成爲國際法的一項習慣規則。不過，各國尚未能一致承認領海最大寬度爲三海浬。一九三〇年海牙國際法編纂會議，曾討論領海最大寬度限於三浬的問題，由於挪威、瑞典等國家要求更寬的領海，堅決反對領海三浬制，同時由於法國主張設立鄰接區，以致對於領海的寬度，未曾達成協議。

一九五八年第一屆海洋法會議時，美國建議領海的最大寬度，限於六浬。此項提案因未獲得三分二多數國家支持，未獲通過。至一九六〇年第二屆海洋法會議，重加討論，美國與加拿大聯合提案，規定領海最大寬度爲六浬，外加漁區六浬，此項提案復以一票之差，又未通過。

近十幾年來，由於武器的進步及科學技術的發展，三浬領海已不適合各國基於自身利益與安全的需要，多數國家紛紛擴大其領海寬度，分別提出六浬、十二浬，甚至如秘魯、厄瓜多爾等中南美國家提出二百浬領海主張。各國這樣不斷競相擴張下去，將無止境。鑒於大勢所趨，美國於一九七二年二月與蘇聯及其他國家協商，爲求國際間有一公認的領海寬度，贊同領海最大寬度爲十二海浬，在一九八二年第三屆海洋法會議中簽訂的海洋法公約的第三條規定：每一國家領海的寬度，從基線量起不超過十二海浬。

第二款　領海的界限

第一項　領海之基線

關於領海界線的劃分，一九八二年海洋法公約，對於測算領海基線與外線的方法，有明確的規定。

領海的基線是連結向外測算領海的起點而成。劃定領海基線的方式有三：

一、正常基線：正常基線爲沿海國官方承認之大比例尺海圖所標明之海岸低潮線。這條線是從海潮過後，潮水退落最低的許多線平均而得，低潮線與海岸線平行，成爲兩條平行線。海岸平直國家多採用這種基線（圖一）。

二、直線基線：在海岸線極爲曲折的地方，或者沿岸島嶼羅列密邇之處，得採用以直線連接酌定各點之方法，劃定測算領海寬度之基線。挪威鑒於其北部海岸極爲曲折，曾於一九三五年七月下令，在其沿岸選定四十八處陸地伸出點或沿岸島嶼，連接成爲若干直線，定爲其專屬漁區基線。國際法院於一九五一年審理『英挪漁權案』，承認挪威使用此項直線基線。

海洋法公約第七條規定，測算領海寬度的基線可採用直線基線，並採用國際法院審理「英挪漁權案」確認挪威使用直線基線幾項原則：

㈠在海岸線極爲曲折的地方，或者緊接海岸有一系列島嶼，可連接「各適當點」作爲基線。

㈡在因有三角洲和其他自然條件以致海岸線非常不穩定之處，可沿低潮線向海最遠處選擇各適當點作爲基線。

㈢直線基線的劃定不應在任何明顯的程度上偏離海岸的一般方向，而且基線內的海域必須充分接近陸地領土，使其受內水制度的支配。

㈣除在低潮高地上築有永久高於海平面的燈塔或類似設施，或以這種高地作爲劃定基線的起訖點已獲得國際一般承認者外，直線基線的劃定不應以低潮高地爲起訖點。

㈤在採用直線基線之處，確定特定基線時，對於有關地區所特有的並經長期慣例清楚地證明其爲實在而重要的經濟利益，可予以考慮。

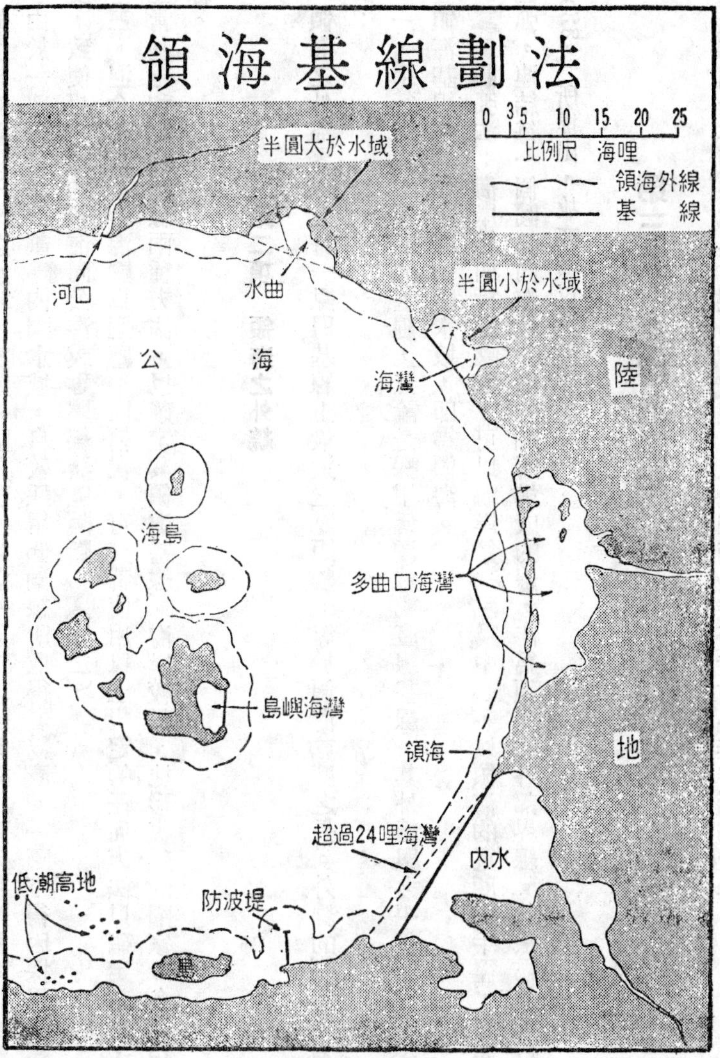
領海基線劃法
0 3 5 10 15 20 25
比例尺 海浬
領海外線
基線
半圓大於水域
河口
水曲
半圓小於水域
公 海
海灣
陸
地
海島
多曲口海灣
島嶼海灣
領海
超過24哩海灣
內水
低潮高地
防波堤
島

圖 一

領海基線向陸一方之水域，構成一國內國水域之一部份，國家採用直線基線所取得的海洋範圍，由於一部份公海被劃爲內國水域，自較採用低潮線所取得者爲廣。一國不得因採用直線基線制度，致使另一國的領海同公海或專屬經濟區隔斷。（圖二）

三、混合基線：沿海國爲適應不同情況，可交替使用以上規定的任何方法以確定基線，即兼採正常基線和直線基線兩種方法，以確定其領海基線。海岸較長、地形複雜的國家，多採用混合基線。

第二項　領海之外線

領海之外部界線上每一點與基線上最近之點距離，等於領海寬度之長。外線的劃定，有兩種方法：

一、平行線法：領海的基線，無論是採用低潮線或直線基線，其外線與之平行，是爲平行線法。領海基線與外線之間一段水域，即爲領海。

二、圓弧法：海岸線曲折的國家，可以海岸每一點爲中心，以領海的寬度爲半徑，向海劃許多圓弧，連結每一個圓弧向海最伸出的點所構成的線，作爲領海的外部界線。此法爲美人包格斯（Boggs）所提出，故亦稱包格斯法。

第三款　無害通過權

沿海國對其領海雖具有絕對管轄權，但他國商船在平時有『無害通過』（innocent passage）

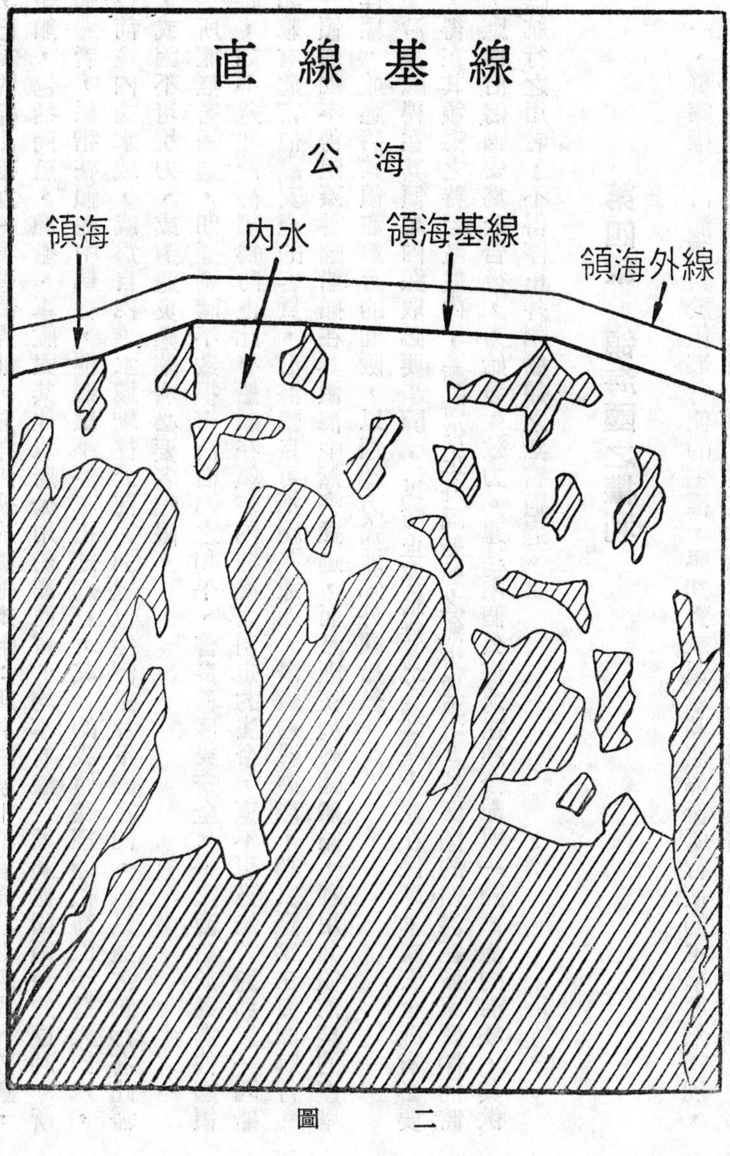

二圖

權，已爲國際法確立一項習慣規則。海洋法公約明確規定：所有國家—不論爲沿海國或內陸國，其船舶，包括商船、漁船、軍艦與其他政府公用船舶而言，均享有無害通過他國領海的權利。所謂通過者，係指在領海中航行，應繼續不停和迅速進行，其目的或僅在經過領海但不進入內水，或爲前往內國水域，或爲自內國水域駛往公海。通過包括停船及下錨在內，但以通常航行有此需要，或因不可抗力、或遭遇災難確有必要者爲限。

所謂無害通通，卽通過時不致損害沿海國之和平、善良秩序或安全。一國漁船於通過他國領海時，如不遵守沿海國爲防止此等船舶在領海內捕漁而制定的法令，應不視爲無害通過。一國船隻如載有危害他國安全的客貨，沿海國自可拒絕其通過。潛艇通過領海，必須懸旗在海面航行。

領海國不得阻礙外國船舶在其領海中無害通過，而且應便利外國船舶，利用其領海裏的燈塔或浮標，並應將其領海航行的危險，以適當方式通知外國船舶。

沿海國得在其領海內採取必要步驟，以防止非爲無害之通過，並在保障本國安全確有必要時，得在其領海之特定區域內，暫時停止外國船舶之無害通過。被關閉的領海區域與關閉的時期，應由沿海國妥爲公告後，方始發生效力。連結兩個公海或連結公海與一國領海的海峽，其供國際航行之用者，不得停止外國船舶之無害通過。

第四款　領海國之權利

一、警察權：沿海國對於領海行使的主權，與其對於領域其他部份所行使的主權原無差別，它自可在不違反國際法規則的範圍以內，制定緝私、防疫、保全軍事機密、便利運輸航行、預防海水污染、與保護海中生物資源等項法令，這是普遍承認的警察權或控制權。外國船舶駛入領海，應遵守沿海國所制定的此項法規。

二、民事及刑事管轄權：沿海國在其領海內享有無限制的民事及刑事管轄權，惟沿海國行使此項權利時，應妥爲顧及航行船舶之利益。依照國際慣例，外國軍艦駛入他國領海以後，得享有管轄上的豁免。任何軍艦通過領海，如不遵守沿海國的有關法令，經沿海國請其遵守而仍不依從者，沿海國得要求其離開領海。外國商船駛入他國領海以後，卽在沿海國的管轄之下。但對無害通過其領海之船舶，沿海國之民事及刑事管轄權，應受嚴格之限制。因此沿海國不得爲着行使對於船上某人的民事管轄，而命令該船停駛或改道；除開船舶本身在沿海國水域航行過程中或爲此種航行目的所承擔或生債務之訴訟外，沿海國不得因任何民事訴訟，而對船舶從事執行或實行逮捕。沿海國通常不得因外國船舶通過領海時船上發生犯罪行爲，而在通過領海之船上行使刑事管轄權、逮捕任何人犯或從事調查。但有下列情形之一者：㈠罪行的後果及於沿海國者，如船舶攜帶僞造貨幣；㈡罪行屬於擾亂沿海國之安寧或善良秩序者；㈢經船長或船旗國領事請求地方當局予以協助者；㈣取締違法販運麻醉藥品；沿海國對於在其領海內停泊或駛離內國水域通過領海之外國船舶，自可行使民事及刑事上的管轄，採取必要措施，在船上實行逮捕或調查之權。上述規則亦適用於外國國家所有而作商務用途之船舶。對於外國國家所有而專作公務用途之船舶，不得行使民事及刑事管轄權。

三、漁捕權：沿海國得將其領海內的普通漁捕與固定漁捕，保留與其本國人民從事作業。但是國家也可以在協定下，特許他國漁船在本國領海內從事漁捕，如一九三〇年英蘇漁業臨時協定，蘇聯特許英國漁船在其領海內捕漁。

四、沿海貿易權：除有相反的條約規定外，沿海國得將其沿海航運及貿易，禁止他國船舶經營，保留與其本國人民，此項權利稱爲沿海貿易權（cabotage）。沿海貿易權，最初原是一國同屬一海兩港間的航運及貿易。現今在商務條約中所謂沿海貿易權，是指一國任何兩港間之海上貿易。同屬一海之兩港間貿易，如廣州與汕頭間的貿易，固是沿海貿易；不同一海之兩港間貿易，如上海與基隆之間的貿易，也是沿海貿易。但保護國與其屬地之間兩港的貿易，如倫敦與香港之間的貿易，不得視爲沿海貿易。

五、海底資源開發權：近年由於科學技術的進步，因而沿海國主張對其領海之下的海底資源，享有專屬的勘探及開發之權，他國不得沿海國之特許，自不得進行勘探與開發。

第四節　海　灣

國際法院對於英挪漁權案（Anglo-Norwegia Fisheries Case）的判決，對沿海國對於海岸凹入水域的主權作較寬的解釋，對於有關海灣的規則有其顯著的影響。

在此項判決之前，英國認爲海灣入口不超過六浬者，整個海灣應爲一國內水。海灣入口處伸入海中最遠的尖端稱爲岬，連結兩岬作一條直線，視爲測量該處領海的基線。還有許多國家認爲：沿海國得在其海灣內連結任何兩點而長度不超過十浬的直線，在這條直線以內的水域，視爲內國水域，此項規定並未能爲國際法多數法官所接受。依照國際法院的判決：㈠沿海國視其某一海灣爲其內國水域，經他國長久默認之後，他國對於此項事實必須予以承認；㈡在非上述第一種情況下，沿海國得基於經濟利益的需要，或海灣與其陸地聯繫綦切，得視該海灣爲其內國水域。國際法院並明確規定，領海的本身與其基線的劃定，必須比照海岸的一般形狀，且用以決定其是否成爲海灣。

國際法院此項判決，承認國際間最近一項趨勢，卽沿海國無論是基於國防、或領土完整、或商務利益，均得將其海灣置於其本國完全控制之下。

何謂海灣？海洋法第十條有明確規定。所謂海灣，是指海岸明顯的水曲，其凹入程度和曲口寬度之比例，使其中之水域被陸地環抱，而不僅爲海岸的彎曲。茲試連結海岸曲折處向海最突出的兩點，作一直線，而以該線長度爲直徑，作一半圓，如果直線的水域面積，等於或大於該半圓的面積，該處卽構成海灣；如果直線內的水域面積，小於該半圓的面積，該處僅是海岸的彎曲，不得視爲海灣。至於水曲面積的測定，以水曲沿岸周圍之低潮標與連接其天然入口各端低潮標之線之間的面積爲準。水曲因有島嶼致曲口不止一處者，半圓形應以各曲口口徑長度之總和爲直徑劃成之。水曲內島嶼應視爲水曲水面的一部份，一併計入（圖一）。

海灣沿岸屬於同一國家，而其天然入口各端低潮標間之距離不超過二十四浬者，得在此兩低潮標之間劃定收口線，其所圍入之水域，視爲內國水域。如海灣天然入口各端低潮標間之距離超過二十四浬者，應在海灣內擇其可能圍入的最大水面，劃定長度二十四浬之直線基線，直線以內的水域爲該國的內國水域，並得以該直線爲基線，向外劃定其領海。

前項規定不適用於『歷史性』的海灣。基於時效的歷史性海灣，則視爲沿海國的內國水域。例如我國的渤海，卽基於『歷史』的理由，成爲我國的內國水域。

第五節　海峽

海洋法公約為用於國際航行的海峽（straits），制訂一套新的國際法規，是第三屆聯合國國際法會議的一大成就。

海峽兩岸同屬一國而其寬度少於其領海寬度一倍者，即視為該國的領海；如果海峽兩岸分屬兩個國家，而海峽的寬度不超過兩國領海寬度者，則分屬於該二國的領海，通常是以海峽的中間線為分界線。海峽寬度超過領海寬度一倍者，常時引起爭議。有些法學家認為即令海峽寬度超過領海寬度一倍，仍為沿海國之領海，有些法學家則反對此說。

外國船舶與軍艦有權無害通過國際航行用的海峽。何謂國際航行用的海峽？國際法院判決科夫海峽案（Curfu Channel Case）說：決定海峽是否屬於國際航道的『標準』，一是其連結兩部份公海的地理位置，另一是其被用作為國際航道的事實，與通過船隻數量多寡無關。一個海峽不是兩部份公海間一條必要航道，而只是一條輔助航道，則不能視為國際航道。依照海洋法公約第三十七條規定：在公海或專屬經濟區的一部份與公海或專屬經濟區的另一部份或外國領海之間供國際航行之用的海峽中，所有船舶和飛機均享有『過境通行』(transit passage) 的權利，過境通行不應受阻礙。但如果海峽是由海峽沿岸國的一個島嶼和該國大陸形成，而且該島向海一面有在航行和水文特徵方面同樣方便的一條穿過公海或穿過經濟專屬區的航道，過境通行就不應適用。

何謂「過境通行」？是專為在公海或專屬經濟區的一部份和公海或專屬經濟區的另一部份之

間的海峽，繼續不停和迅速過境的目的而行使航行和飛越自由。但是，對繼續不停和迅速過境的要求，並不排除在一個海峽沿岸國入境條件的限制下，爲駛入、駛離該國或自該國返回的目的而通過海峽。

船舶和飛機在過境通行時的義務：應毫不遲延地通過或飛越海峽，不對海峽沿岸國進行任何武力威脅或使用武力，除因不可抗力或遇難而有必要外，不從事其過境通行以外的任何活動，應遵守一般接受的關於海上或航空安全的國際規章，及防止汚染的國際規章(海洋法第三十九條)。非經海峽沿岸國事前准許，不得進行任何海洋科學研究或水文測量活動（海洋法第四十條）。

海峽沿岸國不應妨礙或停止過境通行，並應將其所知海峽內或海峽上空對航行和飛越有危險的任何情況妥爲公佈（海洋法第四十四條）。惟可於必要時爲海峽航行指定海道或分道通航制，以增進船舶的安全通過（海洋法第四十一條）。海峽沿岸國可爲航行安全和海上交通管理、防止汚染或捕魚等事項，制定關於過境通行的法律和規章（海洋法第四十二條）。

海峽使用國和海峽沿岸國應通過協議進行合作，在海峽內建立並維持必要的助航和安全設備，或幫助過境通行的其他改進辦法，和防止、減少和控制來自船舶的汚染。

第六節　羣島國水域

海洋法另一特徵，是第四部份第四十六條至五十四條創制羣島國及其水域的新法制。何謂「羣島」（archipelago）？何謂「羣島國」（archipelago state）？這是必須先加明確界定。依照公約第四十六條規定：「羣島」是指一羣島嶼，包括若干島嶼的若干部份，相連的水域和其自然地形，彼此密切相關，以致這種島嶼、水域和其自然地形在本質上構成一個地理、經濟和政治的實體，或在歷史上已被視爲這種實體。這裏特別强調「在本質上」或「在歷史上」已經成爲這種實體（entity）。至於「羣島國」是指全部由一個或多個羣島構成的國家，並可包括其他島嶼，例如菲律賓和印尼都是羣島構成的國家。

爲解決羣島水域範圍大小問題，海洋法採用直線基線劃法。第四十七條規定：羣島國可劃定連接羣島最外線各島和各乾礁的最外線各點的直線羣島基線。依此劃定的羣島基線所包圍的水域，稱爲羣島水域。羣島國主權及於羣島水域的上空、海床和底土，以及其中所包含的資源。惟須具備以下幾項規定的條件：

㈠羣島基線應包括主要的島嶼和一個區域，在該區域內，水域面積和陸地面積的比例，應在一比一到九比一之間。

㈡這種基線的長度不應超過一百海浬，但圍繞任何羣島的基線總數中至多百分之三可超過該長度，最長以一百二十五海浬爲限。

㈢這種基線的劃定不應在明顯的範圍方面遠離羣島的一般外廓。

㈣除在低潮高地上築有永久高於海平面的燈塔或類似設施，或者低潮高地全部或一部與最近島嶼的距離不超過領海的寬度外，這種基線的劃定不應以低潮高地爲起訖點。

㈤這種基線的劃定不應使另一國的領海同公海或專屬經濟區隔斷。

㈥如果羣島國的羣島水域的一部份位於一個直接相鄰國家的兩個部份之間，該鄰國傳統上在該水域內行使的現有權利和一切其他合法利益以及兩國間協定所規定的一切權利，均應繼續，並予以尊重。

海洋法第五十一條規定：羣島國應尊重與其他國家間的現有協定，並應承認直接相鄰國家在羣島水域範圍內的某些區域內的傳統捕魚權利和其他合法活動，羣島國應尊重其他國家所鋪設的通過其水域而不靠岸的現有海底電纜。

所有國家的船舶均享有通過羣島水域的無害通過權。惟羣島國可指定適當的海道和其上的空中航道，以便外國船舶和飛機繼續不停和迅速通過或飛越其羣島水域和鄰接的領海。外國船舶和飛機在通過時所負的義務，以及在羣島水域進行研究和測量活動，應比照適用海洋法第三十九條及第四十條所規定的海峽過境通行的義務。至於羣島國的義務以及羣島國關於羣島海道通過的法律和規章，亦可比照適用第四十二條和第四十四條關於過境通行的相關規定。

第七節　專屬經濟區

第三屆聯合國國際法會議創制專屬經濟區（Exclusive Economic Zone）法律制度，並使其發生充分效力，這是國際法歷史上的一項重大發展。海洋法公約第五部份以二十一條條文（第五十五條至第七十五條）規範專屬經濟區的特定法律制度，玆分述於後：

一、專屬經濟區的範圍，依照第五十五條規定：專屬經濟區是領海以外並鄰接領海的一個區域。第五十七條規定：專屬經濟區從測算領海寬度的基線量起，不應超過二百海浬，我國「專屬經濟區暨大陸礁層法」明定，我國的經濟海域界線爲領海基線向外延伸至二百海浬以內。

二、沿海國在專屬經濟區內的權利、管轄權和義務，依照第五十六條規定：沿海國在專屬經濟區的權利並不相等於領土主權，但具有以勘探和開發，養護和管理專屬經濟區內上覆水域和海床及其底土的自然資源爲目的的主權權利，並對人工島嶼和設施的建造和使用，海洋科學研究，以及海洋環境的保護和保全具有管轄權。

三、關於沿海國在經濟專屬區的義務，沿海國在專屬經濟區內行使其權利，應不影響傳統上原爲公海的航行、飛越的自由，鋪設海底電纜和管道的自由。第五十九條規定，沿海國和其他國家之間在專屬經濟區內權利和管轄權的利益發生衝突，應在公平的基礎上參照一切有關情況，加以解決。

四、沿海國對專屬經濟區實施管制最爲困難的問題，就是沿海國對於專屬經濟區的人工島嶼、設施和結構的建造，以及專屬經濟區內生物資源的養護和利用，尤其是關於高度廻游魚種（highly migratory species）及海洋哺乳動物（marine mammals）的規定。第六十條規定：沿海國對在其專屬經濟區內建造的人工島嶼、設施和結構有專屬管轄權，並可於必要時在這種人工島嶼、設施和結構的週圍設置合理的安全地帶。我國專屬經濟區法規定，任何在專屬經濟區進行人工島嶼、設施、或結構的建造、使用、改變或拆除等，均必須事先依法申請許可。

五、關於專屬經濟區內生物資源的養護，第六十一條規定：沿海國應決定其專屬經濟區內生物資源的可捕量，並參照最可靠的證據，應通過正當的養護和管理措施，確保專屬經濟區內生物資源的維持不受過度開發的危害。

六、沿海國對其專屬經濟區內生物資源應作最適度利用，並應決定其捕撈生物資源的能力。沿海國在沒有能力捕撈全部可捕量的情形下，應通過協定或其他安排，准許其他國家捕撈可捕量的剩餘部份。在專屬經濟區內捕魚的其他國家的國民應遵守沿海國的法律和規章所制訂的養護措施和其他條件，並可涉及下列各項：

㈠發給漁民、漁船和捕撈裝備以執照，包括繳納規費和其他形式的報酬，而就發展中的沿海國而言，這種報酬可包括有關漁業的資產、裝備和技術方面的適當補償；

㈡決定可捕魚種，和確定漁獲量的限額；

㈢規定漁汛和漁區，可使用漁具的種類、大小和數量以及漁船的種類、大小和數目；

㈣確定可捕魚類和其他魚種的年齡和大小；

㈤規定漁船應交的情報，包括漁獲量和工作統計和船隻位置的報告。

我國專屬經濟區法明訂，爲養護專屬經濟海域內之海洋生物資源，採行必要之管制措施，包括海域之漁場範圍，並限制漁撈活動之季節、方法、目標、漁獲種類與數量。

七、關於溯河產卵種羣（anadromous stock），魚源國應有主要利益和責任，對於在其專屬經濟區外部界限向陸一面的一切水域進行這種捕撈，應制訂適當管理措施，以確保這種種羣的養護。魚源國可與捕撈這些種羣的其他國家協商，確定源自其河流的種羣的總可捕量。關於在專屬經濟區外部界限以外的水域進行這種捕撈，應與有關國家保持協商，以期就這種捕撈的條款和條件達成協議，並適當顧及魚源國對這些種羣加以養護的要求和需要。魚源國考慮到捕撈這些種羣的其他國家的正常漁獲量和作業方式，以及進行這種捕撈活動的所有地區，應進行合作以儘量減輕這種國家的經濟失調。

八、關於內陸國（land-locked states）與地理不利國應有權在公平的基礎上，參與開發同一區域的沿海國專屬經濟區的生物資源的適當剩餘部份。這種參與的條款和方式應由有關國家通過雙邊、分區域或區域協定加以制訂。當一個沿海國的捕撈能力接近能夠捕撈其專屬經濟區內生物資源的可捕量的全部時，該沿海國與其他有關國家應在雙邊、分區域或區域的基礎上，合作制訂公平安排，在適當情形下，並按照有關各方都滿意的條款，容許同區域的發展中內陸國和地理不利國參與開發該區域的沿海國專屬經濟區內的生物資源。海洋法第六十九條與第七十條對於內陸國和地理不利國所規定的權利，是否確具實際價值，仍然有待實施情況而定，在各方沒有滿意的協定時，這些條文在本質上仍屬脆弱。

九、沿海國行使其勘探、開發、養護和管理在專屬經濟區內的生物資源的主權權利時，可採取爲確保其依照海洋法公約制定的法律和規章得到遵守所必要的措施，包括登臨、檢查、逮捕和進行司法程序，惟不得監禁或其他方式的體罰。沿海國在其專屬經濟區行使管制具有廣泛的裁量權（海洋法第七十三條）。

十、海岸相向或相鄰國家間專屬經濟區約界限，應在國際法的基礎上以協議劃定，以便得公平解決。有關國家如在合理期間內未能達成任何協議，應訴諸海洋法公約第十五部份所規定的程序。在達成協議以前，有關各國應盡一切努力作出實際性的臨時安排，這種安排應不妨害最後界限的劃定（海洋法第七十四條）。我國專屬經濟區法明定，如我國專屬經濟區之外界與鄰近國家之專屬經濟區域領海外界有重疊時，應循衡平原則，以協議方式劃定。在協議未能達成前，得與相關國家基於諒解及合作精神，作成過渡時期之合理安排，此項安排不影響最後分界線之劃定。

中非兩國分別於一九七九年九月及六月宣布二百海浬「專屬經濟區」，由於地理鄰近，因而發生重疊現象。菲律賓乃一羣島國，根據海洋法公約規定，依羣島基線劃定專屬經濟區，從最北的巴丹島算起，甚至把我國領海也劃入其經濟海域範圍，因而糾紛迭起。解決之道，應以協議方

式劃定。（圖三）

圖　三

第八節　大陸礁層

第一款　大陸礁層問題的發生

近二三十年來，由於沿海國對其大陸礁層（Continental shelf）提出權利要求，此項要求雖是泛指蘊藏於大陸礁層內的所有礦物及非礦物資源，主要是指大陸礁層裏的石油，保留給沿海國開採，於是在國際法上引起一個重大問題。

『大陸礁層』又稱「大陸架」，原係地質學上的名詞。就一般來說，『大陸礁層』（Continental Shelf）或『大陸臺』（Continental Platform）是指鄰接於大陸地塊（Continental land mass）而淹沒於海水之下的平坦地層，實際是大陸地塊的自然向海延伸或附屬部份，其上覆海水最深處不超過二百公尺。自此深度起坡度突然增加，下降到海水較深部份。這個陡坡稱爲『大陸坡』（Continental slope）。在這『大陸坡』的坡跟處，往往有被沖積而成隆堆的平坦面，稱爲『陸基』（Continental rise）。大陸礁層、陸坡與陸基合稱爲『大陸邊』（Continental margin），是大陸與海洋的間隔地帶。在『大陸邊』之外，有的地形截然降落爲深邃的海洋，稱爲『海盆』（abyssal plain）。地球表面的主要特徵分爲陸地與海盆，依其成因，陸地屬於『大陸地殼』（Continental crust），海盆屬於『海洋地殼』（Oceanic crust）。『大陸礁層』雖爲海水所淹蓋，因其成因屬於『大陸地殼』，故被稱爲『大陸的』。沿海國地形構造不同，有的國家海岸外大陸礁層廣寬，有的國家海岸外大陸礁層狹小。（圖四）

在傳統的國際法裏，最接近海岸的小部份大陸礁層，在一國領海之下者，向來稱爲領海下的海床及底土，早已隸屬於沿海國主權之下。至於最大部分的大陸礁層，在一國領海之外而在公海之下者，適用公海自由原則。不過傳統國際法賦予沿海國兩項例外的權利：㈠沿海國基於無主物（res nullius）、歷史與時效、或是基於一個特定地區的共同利益的理由，取得在其隣近公海海床上的固定漁捕權；㈡沿海國得自其領土或領海下的地層，挖掘隧道，開採公海下地層裏的礦產。

在一九一六年及一九二七年時，西班牙地理學家布恩（De Buren）及阿根廷學者蘇亞勒茲（Jose Leon Suarez）分別主張沿海國對於大陸礁層應享有若干權利。當時沿海國雖已有此要求，尚未引起普遍注意。直到第二次世界大戰以後，由於石油的迫切需要，與科學技術的進步，沿海國始對大陸礁層提出各項權利要求。

一九四五年九月二十八日，美國總統杜魯門宣告：『在公海下而鄰接美國海岸之大陸礁層的海床及底土裡的天然資源，隸屬美國的管轄與控制之下』。美國並明確表示，此項權利主張並不影響大陸礁層之上水域的公海性質，與公海的自由航行權。如果美國大陸礁層延伸及於對岸國的海岸，或是美國與其毗鄰國所共有，其界限應依照『公平原則』（equitable principles）劃分。此項主張無異擴張其領海管轄權，美國政府要求管轄其沿岸大陸礁層，包括：

『阿拉斯加沿海岸大陸礁層伸張至白令海下數百浬，美國東海岸大陸礁層的寬度自二十浬至二百五十浬不等，太平洋沿岸大陸礁層寬度自一浬至五十浬不等。』

美國曾將此項權利主張，通知有關各國。此一新觀念，因適合當前實際需要，其他國家不但不加反對，反而羣起效尤。拉丁美洲的墨西哥、阿根廷、智利、秘魯、哥斯大黎加、巴西、厄瓜多、薩爾瓦多、瓜地馬拉、洪都拉斯、尼加拉瓜及巴拿馬等國，各自發表宣言，不但對於鄰接其海岸的大陸礁層的底土及海床提出主權的要求，甚至對於大陸礁層之上的公海水域也提出主權要求。還有少數國家，例如智利與秘魯，由於其沿岸大陸礁層狹小，竟要求擴大其領海至距離海岸兩百浬以內的海域，作爲補償。

亞洲的韓國、印尼、菲律賓、緬甸、印度、巴基斯坦、以色列、伊朗與沙烏地阿拉伯等國亦相繼發表宣言，對其大陸礁層提出相同的權利主張。

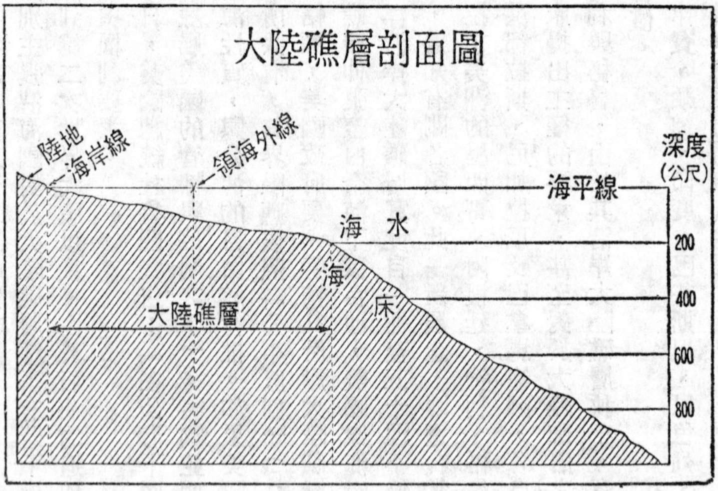

圖四

有些法學家認爲，國際法由於習慣形成一項新原則，賦予沿海國對其大陸礁層的海床及底土的資源，具有勘探及開發的專屬權利。可是公斷人艾斯圭（Lord Asquith）一九五一年在公斷石油開發有限公司對艾布達比案（Arbitration between Petroleum Development Ltd. and Sheikh of Abu Dhabi）時宣稱：大陸礁層理論在已經建立的國際法規則中沒有確定的地位。少數國家對於大陸礁層要求主權的權利，各自發表不同的宣言，因爲缺乏一致性，很難說已經形成爲國際法的一項習慣規則。

誠然，大陸礁層理論是傳統國際法裏所未有，而今引起許多新問題，需要制定新的規則來解決。一方面需要顧及沿海國的權利，因爲在其陸地沿岸的大陸礁層裏礦物資源，可能對其國防至爲重要，如許外國開發可能危及其安全；而且大陸礁層裏的資源，由沿海國去開發最爲適當。在另一方面，大陸礁層屬於沿海國管轄，嚴重侵犯公海上的航行自由，打破了傳統國際法裏的公海自由的觀念。

第二款　大陸礁層公約

一九五八年四月二十九日日內瓦第一屆海洋法會議，通過大陸礁層公約（Convention on The Continental Shelf）。它不僅承認大陸礁層的理論在國際法上的地位，而且制定領海以外的大陸礁層的新規則。一九八二年第三屆海洋法會議制定的海洋法公約，再度確認大陸礁層的法律地位，並明確加以規範。

一、大陸礁層的範圍：大陸礁層原係地質學上的名詞，以天然地形爲界限，故有伸張領海外數百浬者，亦有在領海內地形截然降落，即無礁層可言者。若盡依地質學觀念，以定大陸礁層的範圍，則有廣大礁層伸張至領海外數百浬之遙，無礁層或礁層狹小者，即不獲有同等的權利，未免有失公允。海洋法會議有鑒及此，故在海洋法第七十六條第一款明確規定：「沿海國的大陸礁層包括其領海以外，依其陸地領土的全部自然延伸，擴展到大陸邊外緣的海底區域的海床和底土，如果從測算領海寬度的基線量起到大陸邊的外緣的距離不到二百海浬，則擴展到二百海浬的距離」。

此項規定強調沿海國「陸地領土的全部自然延伸」，對一九五八年日內瓦大陸礁層公約所規定的沿海國領海以外之海底區域，「其上海水深度不逾二百公尺，或雖逾此限度，而其上海水深度仍使該區域天然資源有開發之可能性者」，已予修訂，改採陸地和海洋的地理形狀爲規範標準。海洋法第七十六條第三款規定，大陸邊（Continental Margin）包括沿海國陸塊（land mass）沒入水中的延伸部份，由大陸礁層、陸坡（slope）和陸基（rise）的海床和底土構成，它不包括深洋洋底（ocean floor）及其洋脊（ocean ridges），也不包括其底土。

海洋法對於大陸礁層和大陸邊的外部界限規定並不明確。海洋法第七十六條第七款規定：沿海國的大陸礁層如從測算領海寬度的基線量起超過二百海浬，應連接以經緯度座標標出的各定點劃出長度各不超過六十海浬的若干直線，劃定其大陸礁層的外部界限，按照同條第四款規定，在大陸邊從測算領海寬度的基線量起超過二百海浬的任何情形下，沿海國應以下列兩種方式之一，劃定大陸邊的外緣：

㈠按照第七款，以最外各定點爲準劃定界線，每一定點上沉積岩厚度至少爲從該點至大陸坡脚最短距離的百分之一。

㈡按照第七款，以離大陸坡脚的距離不超過六十海浬的各定點爲準劃定界線。大陸坡脚定爲大陸坡坡底坡度變動最大之點。

按照前述兩項目劃定的大陸礁層在海床上的外部界線的各定點，不應超過從測算領海寬度的基線量起三百五十海浬，或不應超過連接二千五百公尺深度各點的二千五百公尺等深線一百海浬。雖有如此規定，在海底洋脊上的大陸礁層外部界限不應超過從測算領海寬度的基線量起三百五十海浬。

二、沿海國對大陸礁層的權利：沿海國爲勘探大陸礁層和開發其自然資源的目的，對大陸礁層行使主權權利。而且此項權利是專屬性的，是依法（ipso jure）取得，並不取決於有效或象徵的佔領或任何明文公告爲條件。如果沿海國不勘探大陸礁層或開發其自然資源，任何人未經沿海國明示同意，均不得從事這種活動，或對大陸礁層有任何權利主張。沿海國在其大陸礁層上有專屬權利建造人工島嶼、設施和結構。沿海國有授權和管理爲在大陸礁層上進行鑽探的一切目的的專屬權利。

沿海國對大陸礁層行使權利，受到以下幾種限制：⑴不影響上覆水域或水域上空的法律地位；⑵絕不得對其他國家航行和公約規定的其他權利和自由有所侵害或造成不當干擾；⑶沿海國除爲了勘探大陸礁層，開發其自然資源，和防止、減少和控制管道造成的污染有權採取合理措施外，對於鋪設或維持這種海底電纜或管道，不得加以阻礙。

三、天然資源的問題：海洋法公約規定，大陸礁層的自然資源，包括在海床及底土的礦物和其他非生物資源、以及屬於定居種的生物，即在可捕撈階段，在海床上或海床下不能移動，或其軀體須與海床或底土保持接觸才能移動的生物。所謂礦物，主要是指石油與天然氣。所謂定居種的生物，是指珊瑚、海珠、海綿與牡蠣等，惟不包括在海底自由移動的魚蝦、及其他偶然在海底棲息或在海底孵育的魚類。海底的沉船與其貨物，自不得視爲海底的天然資源。沿海國對於在其領海以外的定着的魚類享有漁捕權，過去認爲是公海漁捕自由原則的一項例外，而今海洋法規定大陸礁層沿海國有權開發的自然資源，顯然超越以往的範圍，不但不顧無海岸國（Non-Coastal States）漁捕權的要求，而且創制一項不無問題的新規則。一九六二年法國漁船在巴西大陸礁層捕捉龍蝦，曾與巴西發生爭執，法國說龍蝦是於海中移動的，不屬於定居種生物，巴西堅稱龍蝦只在海底爬行的生物，不是游動的魚類，所以蝦蟹等是否屬於定居種生物，已發生問題。

第三款　共有大陸礁層的劃界

大陸礁層公約第六條規定：同一大陸礁層鄰接兩個以上海岸相向或毗鄰國家之領土時，其分屬各該國部份之界線，原則上由有關各國以協議劃定，以便得到公平解決。倘未能達成任何協議時，除因情形特殊應另定界線外，在海岸相向的國家，適用中央線，即以每一點均與測算每一國領海寬度之基線上最近各點距離相等之中央線爲界線。在海岸毗鄰的國家，適用相等距離，即其界線應適用與測算每一國領海寬度之基線上最近各點距離相等之原則定之。（圖四）

一九六九年，國際法院對於北海大陸礁層案（North Sea Continental Shelf Case）的判決，並未適用大陸礁層公約第六條第二項規定的相等距離原則。因爲西德與丹麥及荷蘭三國對於共有的北海大陸礁層劃界問題發生爭執，如採用相等距離原則，西德所得大陸礁層頗爲狹窄，乃訴請國際法院判決。國際法院認爲：（甲）西德不是大陸礁層公約的締約國，它既未接受該公約，當然不受該公約的拘束；（乙）相等距離原則雖有少數國家適用，可是這些少數國家在適用此項原則時，尚不足證明它們必須依法遵守此項原則，所以相等距離原則尚未成爲國際習慣法規。國際法院並認爲劃分共有大陸礁層的國際法原則：第一、應由有關國家以協議定之；第二、任何界線的劃定應依照公平原則（equitable principles）（圖五）。

國際法院此項『公平原則』的判決，其意義在於劃定大陸礁層界線應被認爲是公平的。因此，國際法院決定，本案各當事國對於劃界的協議，應該顧及一切有關情形，使每一當事國儘可能保有其領土自然向海延伸的大陸礁層的全部份，而不侵佔另一當事國陸地領土自然向海延伸的大陸礁層；倘若有任何重疊的部份，除非當事國協議外，對於重疊部份（例如共有大陸礁層界線的兩邊，同樣蘊藏有石油及天然氣），可以共同管轄或聯合開採，任何所得應該協議比例分配，倘不能達成協議，就應該平分。同時，國際法院宣告，大陸礁層的劃分，應顧及當事國海岸的一般地形，及其大陸礁層分佈的合理比例劃分，並應與海岸線長度相配合。

依大陸礁層公約第六條規定，沿海國可依協議劃定其大陸礁層的界線，惟其海岸必須彼此『相向』或『毗鄰』，否則，它們所訂的協定不能對抗第三國。例如丹麥與荷蘭曾簽訂條約，劃定其大陸礁層界線，國際法院在裁決北海大陸礁層案中，認爲丹麥與荷蘭顯然非『毗鄰』國家，它們雖自稱兩國海岸『相向』，但國際法院認爲它們海岸並不『相向』，因此判決丹麥與荷蘭協議劃界的效力，不能對抗第三者的西德。

我國於五十九年九月二十三日批准大陸礁層公約，惟對該約第六條第一項及第二項提出保留條款，認爲該約以中央線及相等距離劃分大陸礁層界線的規定，過於武斷。『主張㈠海岸毗鄰及（或）相向之兩個以上國家，其大陸礁層界線之劃定，應符合其國家陸地領土自然延伸之原則。

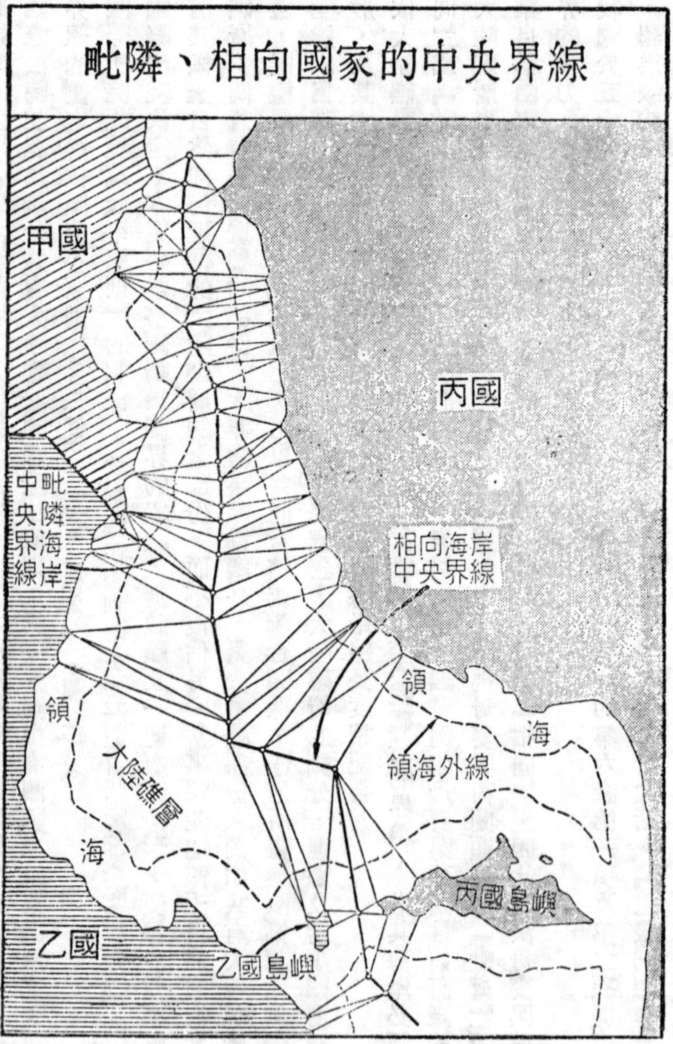
毗隣、相向國家的中央界線
甲國
丙國
毗隣海岸中央界線
相向海岸中央界線
領
海
領海外線
領
大陸礁層
海
丙國島嶼
乙國
乙國島嶼

圖五

㈡就劃定中華民國之大陸礁層界線而言，應不計及任何突出海面之礁嶼。』我國沿海廣寬的大陸礁層，均係我國陸地領土的自然延伸，一直到琉球海溝（Okinawa Trough）。而且大陸礁層上任何突出海面的礁石或小嶼（islet），其本身亦係該大陸礁層的一部份，與該公約第一條（乙）項所稱島嶼（Island）有別，自不應憑以主張其所屬大陸礁層的權利。其用意是在强調陸地領土自然延伸的原則，而且此項原則與我國大陸沿海地理情況相符合。例如，釣魚臺位於我國陸地自然延伸的大陸礁層之上，純就地形而論，應屬我國領土無疑。

第九節　公　海

第一款　公海自由原則

公海（High Seas）位於各國領海之外，爲曲折海岸外之領海所包圍，凡不屬於一國領海或內國水域的海洋部份，統稱爲公海。公海對各國一律開放，各國均享有在公海上航行、漁捕、鋪設海底電纜與管道及公海上空飛行的自由。任何國家不得主張公海任何部份屬其主權範圍。一國對於懸掛其國旗在公海上航行的船舶具有管轄權，這是基於對人管轄權，而非對於領土的管轄權。

公海自由原則，直至十九世紀初葉，始得到各國普遍承認。羅馬初期的法學家認爲，海洋與其上空均爲全人類所共有。中世紀末葉，由於商業發展，海商國家開始要求管轄鄰接其領土的一部份的公海。威尼斯（Venice）要求管轄亞得利亞海（Adriatic Sea），熱諾亞（Genoa）要求管轄萊古利海（Ligurian Sea），瑞典與丹麥要求分管波羅的海，英國不但要求對北海的主權，並將大西洋南自西班牙費利斯德爾角（Cape Finisterre）北至挪威斯達蘭（Stadland）劃歸其管轄。依一四九四年陶德斯萊西條約（The Treaty of Tordesillas），葡萄牙要求管轄印度洋與南大西洋，西班牙要求對太平洋及墨西哥灣的主權。它們各自要求對一部份海洋具有管轄權，曾得到他國的默認。

由於各國對海洋要求管轄權發生衝突，自然引起理論上的爭辯。格羅秀斯於一六〇九年發表『海洋自由論』，爲荷蘭在印度洋上的航行權辯護。他認爲海洋與陸地不同，不能有效『佔領』。海洋是『公有物』（res gentium），『依法不得私有』（res extra commercium），因而主張海洋應對各國自由開放。格羅秀斯的意見，當時受到許多主張對海洋要求管轄權的學者的反對。

後來由於海商國家共同利益的需要，公海自由原則開始獲得若干國家接受。再經過一個世紀，各國鑒於管轄一部份公海的要求，相互發生衝突，對所有海商國家均爲不利；而且倘無强大海軍維持，廣泛要求管轄浩瀚海洋，亦無實際利益，於是各國逐漸放棄對海洋管轄的要求，至十九世紀初，海洋自由原則才爲大多數學者所支持。現今由於國際社會的需要，尤其是爲了通商航海，普遍承認公海應該開放給各國自由使用。

所謂『公海自由』（freedom of the high seas），包含下列各項意義：㈠公海絕對不受任何一國主權管轄；㈡所有國家船舶，不論商船軍艦，在公海航行，享有絕對自由；㈢就一般而言，任何國家不得對於在公海上航行而未懸掛其國旗的船舶行使管轄權；㈣依照一般規則，一國對於懸掛其國旗的船舶，始得行使管轄權；㈤每一國家及其國民均有權利用公海，以敷設海底電纜及管道、從事漁捕及科學研究；㈥任何國家的飛機享有飛越公海上空的絕對自由。每一國家享有在公海建造國際法所容許的人工島嶼和其他設施的自由。『公海自由』絕對不是說公海上無法律秩序，過去爲了保障這些自由權利的行使，逐漸形成各項慣例。一九五八年日內瓦第一屆海洋法會議，曾將這些早期形成的慣例條文化，並制定各項新規則，彙編而成『公海公約』，成爲海洋法的重要法典，所有國家必須遵守。第三屆海洋法會議對公海的傳統觀念已作重大改變，所謂公海，不僅不包括國家領海及內水，也不包括在國家專屬經濟區，或羣島國的羣島水域的全部海域。因此公海水域面積已相對縮減數千萬平方里。一九八二年海洋法並確認深海資源爲人類的共同繼承財產，其資源開發應爲人類共同分享。

第二款　公海航行規則

任何國家，無論是沿海國或是內陸國，在公海上平等享有航行自由。換言之，懸掛任何國家旗幟的船舶，均有權在公海上行駛。船舶應具有國籍。國籍之取得與喪失條件，悉聽由各國國內法的規定。船舶依照某一國國內法規定的條件，在該國辦妥登記手續，取得該國國籍，並享有懸掛其國旗的權利。各國對於懸掛其國旗之船舶，應發給各項證明文件，並對懸掛其國旗之船舶，行使有效的管轄權。爲着便於管轄起見，公海上航行的船舶只應懸掛一國的國旗，不得具有兩個以上的國籍。船舶如懸掛兩個以上國家的旗幟航行，相互換用，不得對他國主張其中任何一國之國籍，且得視同無國籍船舶。而且船舶除其所有權確實移轉或變更登記者外，不得於航程中或停泊港內更換其所懸掛之國旗。依照公海公約第五條規定：船舶與其所懸掛國旗的國家，應具有若干『眞正聯繫』。一國對於擅自懸掛其國旗的船舶，得予逮捕並沒收之。

船舶有軍艦與商船之分，二者各有其不同的法律地位。一國對其本國的軍艦，享有絕對的管轄權。軍艦在公海上航行，完全免受船旗國以外任何國家之管轄。所謂軍艦必須具備四個要件：㈠軍艦屬於其本國的海軍；㈡軍艦具有本國軍艦的外部標誌；㈢軍艦的指揮官爲本國政府正式任命的軍官，其姓名列於海軍軍官名册之中；㈣軍艦上的船員服從正規海軍的紀律。除開軍艦而外，一國所有或經營之船舶專供政府非爲商業目的使用者，在公海上可享有與軍艦同等的地位。國有及國家經營的船舶其爲商用者與普通商船相同，往往爲國際慣例與國際條約所限制。

各國爲確保海上安全起見，對於懸掛本國國旗之船舶所使用之信號、通訊之維持、預防碰撞、船員編制及其工作條件、船舶之構造、裝備及適航能力，均須遵照國際公約所定標準，制定各項法規，令其本國船舶遵守。

船舶在公海上發生碰撞或其他航行事故，致船長或船上任何其他人員須負刑責或受懲戒時，非向船旗國或此等人員隸屬國之司法或行政機關，不得對此等人員提起或進行刑事訴訟或懲戒程序。在懲戒事項上，唯有發給船長證書或資格證書或執照之國家，有權於經過適當法律程序後，宣告撤銷此項證書。持證人縱非發證書國之國民，對於懲戒事項，亦由發給證書國爲之。除船旗國之主管機關外，他國任何機關不得命令逮捕或扣留在公海上的船舶，縱使藉此進行調查亦所不許。

在公海航行的船舶，負有救助遇難船舶人員的義務。各國應責成懸掛本國國旗船舶之船長，在不甚危害其船舶及船上人員的情況下：㈠對於在海上發現有生命危險之人，予以救助；㈡於據告有人遇難亟需救助理當施救時，應儘速前往援救；㈢於碰撞後，應對於對方船舶及其人員予以救助。

各沿海國應合作舉辦並維持適當與有效的搜尋和救助的服務。

第三款　海　盜

就管轄權而論，傳統國際法上認爲海盜是重大罪行，是人類公敵，任何國家得予逮捕、審訊及懲罰。任何國家對於海盜船舶或飛機得予扣捕，從事海盜行爲的人犯當然喪失船旗國的保護，以及因其所屬國籍而應享的任何特權。因此海盜成爲所有國家均有權管轄的罪行。

海盜（piracy）定義，過去是指非法之徒在公海上殺人或掠奪財物，但是海盜新的定義已擴大其範圍，海洋法第一〇一條對海盜行爲的定義，規定下列行爲中的任何行爲構成海盜行爲：

一、私人船舶或私人飛機的船員，機組成員或乘客爲私人目的，對下列對象所從事的任何非法的暴力或扣留行爲，或任何掠奪行爲：

㈠在公海上對另一船舶或飛機，或對另一船舶或飛機上的人或財物；

㈡在任何國家管轄範圍以外的地方對船舶、飛機、人或財物；

二、明知船舶或飛機成爲海盜船舶或飛機的事實，而自願參加其活動的任何行爲；

三、教唆或故意便利上項兩項所述行爲的任何行爲。

四、新近國際法擴大海盜的含意，私人不論有無獲得財物，只要有從事海盜行爲的意圖均應視為海盜。例如在公海上報仇行為。不論犯行使用的工具是船舶或飛機，受害者是另一船舶或飛機，只要是在公海上或在任何國家管轄範圍以外的地方從事任何非法的暴力，均構成海盜行為。海盜船舶或飛機的定義，第一〇三條規定，如果處於主要控制地位的人員意圖利用船舶或飛機從事海盜行為，該船舶或飛機視為海盜船舶或飛機。

第一〇一條規定海盜行為的定義是「為私人目的」，如果是出於政治動機，卽不構成國際法上的海盜罪行。海盜行為另一要件是在公海上對另一船舶或飛機，或對船舶或飛機上的人或財物，因而刼機案件是在飛機艙內的犯罪行為，而且不是對飛機本身或飛機上的人或財物所犯的罪行，是故不能成為國際法上的海盜。

首先須要分清國際法上海盜與國內法上海盜的區別。在某些國家國內法對於海盜的規定，與國際法上的海盜行為並無嚴格劃分。例如，英國刑法規定在公海上販運奴隸卽是海盜，此並非是根據國際法的規定而來。更要分清國與國間之雙邊條約或共同聲明認為是海盜行為，並不擴大解釋成為國際法上的海盜，因為雙邊條約或共同聲明只能對簽約國家有拘束力。

只有私人船舶或私人飛機能從事海盜行為，依照第一〇二條規定，軍艦、政府船舶或政府飛機由於其船員或機組成員發生叛變並控制該船舶或飛機而從事海盜行為，視同私人船舶或飛機所從事的行為。軍艦或其他公用船舶接受承認國政府或敵國的命令所從事的行為，不能視為海盜船舶。但是在內戰中敵對團體發生叛亂行為，卽難劃分清楚。為了合法政府的利益，宣布叛亂團體控制的船舶為海盜，聽憑海上强國的自由處置。英國對於叛亂團體船舶在公海上不對其人民的生命財產作連續或惡意的暴力行為，則不視為海盜船舶。叛亂團體如果從事暴力或扣留行為，且與其叛變無關，對外國船舶完全出於任意攻擊，依法應被視為國際法上的海盜罪行。

海盜所從事的非法暴力行爲，與叛亂團體所從事被認可的行爲，其區別在於叛亂政府或當局與外國維持關係，並能對其武裝部隊所從事的行爲負責。叛亂團體奉命所從事之行爲對另一國人民受到傷害，依照國際法所承認的原則，能以獲得適當補償，此卽不能視爲海盜。如果缺乏任何政府對海盜行爲負責，卽構成海盜行爲，一般說來，除非是在完全任意攻擊外國船舶的情況下，凡是有一個政府負責的非法暴力行爲，均否定其爲海盜行爲。

第一〇〇條規定：所有國家應盡最大可能進行合作，以制止在公海上或任何國家管轄範圍以外的任何其他地方的海盜行爲。海洋法關於海盜的其他有關規定如下：

一、第一〇四條規定：船舶或飛機雖已成爲海盜船舶或飛機，仍可保有其國籍。國籍的保留或喪失由原來發給國籍的國家的法律予以決定。

二、第一〇五條規定：每個國家均可扣押海盜船舶或飛機或爲海盜所奪取並在海盜控制下的船舶或飛機，和逮捕船上或機上人員，並扣押船上或機上財物，扣押國的法院可判定應處的刑罰，並可決定對船舶、飛機或財產所應採取的行動，但受善意第三者的權利的限制。

三、第一〇七條規定：此項扣押只可由軍艦、軍用飛機或其他有清楚標誌可以識別的爲政府服務並經授權扣押的船舶或飛機實施。

第四款　在公海上從事未經許可之廣播

一九六四年至一九六五年期間，在北海（North Sea）公海上設廣播站、播送流行歌曲、音樂、宗教及廣告節目，沿海國家認爲在公海上從事未經許可的廣播違反國內法及國際法。

海洋法第一〇九條規定：「未經許可的廣播」，是指船舶或設施違反國際規章，在公海上播送旨在使公衆收聽或收看的無線電傳音或電視廣播，但遇難呼號的播送除外。所有國家應進行合作，以制止從公海從事未經許可的廣播。對於從公海從事未經許可的廣播的任何人，均可向下列國家的法院起訴：

(1)船旗國；
(2)設施登記國；
(3)廣播人所屬國；
(4)可以收到這種廣播的任何國家；
(5)得到許可的無線電通信受到干擾的任何國家。

這些國家可逮捕從事未經許可的廣播的任何人和船舶，並扣押廣播器材。

一九八九年六月四日天安門事件之後，流亡海外的中國民運人士，在法國購置一艘「民主之神」號廣播船，擬駛近中國海岸外廣播，因爲違反上述規定，未能獲得實施。

第五款　登臨權

第一一〇條規定：除條約授權的干涉行爲外，軍艦在公海上遇到享有完全豁免權的軍艦和政府公用船舶以外的外國船舶，倘有合理根據認爲有下列嫌疑，有權登臨（right of boarding）該船：

（甲）該船從事海盜行爲；

(乙)該船從事奴隸販賣；
(丙)該船從事未經許可的廣播而且軍艦的船旗國依據第一〇九條有管轄權；
(丁)該船沒有國籍；
(戊)該船雖懸掛外國旗幟或拒不展示其旗幟，而事實上卻與該軍艦屬同一國籍。

在此規定的情形下，軍艦可查核該船懸掛其旗幟的權利。爲此登臨目的，軍艦可派一艘由一名軍官指揮的小艇到該嫌疑船舶。如果檢驗船舶文件後仍有嫌疑，軍艦可進一步在該船上進行檢查，但檢查須盡量審愼進行。如果嫌疑經證明爲無根據，而且被登臨的船舶並未從事嫌疑的任何行爲，對該船舶可能遭受的任何損失或損害應予賠償。

這些規定比照適用於軍用飛機和爲政府服務的任何其他船舶或飛機。

第六款　緊追權

沿海國主管機關有正當理由，認爲外國船舶在其內國水域、羣島水域、領海或毗連區內違反其法令或侵害其權益時，得命令其本國軍艦或軍用航空器，進行緊追（hot pursuit）。外國船舶在一國內水、羣島水域、領海或毗連區內，原即受沿海國的管轄。如果外國船舶在一國內水、羣島水域、領海或毗連區內，違反該國的法令，逃向公海，而沿海國不得予以追捕，沿海國將無法有效地行使其管轄權。

我國專屬經濟海域法明訂，爲了維護我國在經濟海域的各項管轄權及主權權利，並防止外國船舶非法侵犯、捕撈，政府對非法船舶可行使緊追權，必要時得使用一切可能的國家力量執行任務。

沿海國主管當局有充分理由認爲外國船舶違反該國法律和規章時，可對該外國船舶行使緊追權，惟須具備以下要件：㈠此項追逐須在外國船舶或其小船之一在追逐國的內水、羣島水域、領海或毗連區內時開始，而且只有追逐未曾中斷，才可在領海或毗連區外繼續進行。㈡當外國船舶在領海或毗連區內接獲停駛命令時，發出命令的船舶並無必要也在領海或毗連區內。如果外國船舶是在毗連區內，追逐只有在設立該區所保護的權利遭到侵犯的情形下才可進行。此項緊追權應比照適用於專屬經濟區內或大陸礁層上。㈢追逐只有在外國船舶視聽所及的距離內發出視覺或聽覺的停駛信號後，才可開始。㈣緊追權只可由軍艦、軍用飛機，或其他有清楚標誌可以識別的爲政府服務並經授權緊追的船舶或飛機行駛。

緊追權在被追逐的船舶進入其本國領海或第三國領海時，立卽終止。

在一國管轄範圍內被逮捕並被押解到該國港口以便主管當局審問的船舶，不得僅以其在航行中，由於情況需要而曾被押解通過專屬經濟區的或公海的一部份理由而要求釋放。

在無正當理由行使緊追權的情況下，在領海以外被命令停駛或被逮捕的船舶，對於可能因此遭受的任何損失或損害，應獲賠償。

第七款　鋪設海底電纜和管道

依照海洋法公約規定，各國均有權在大陸礁層以外公海海底上，鋪設海底電纜及管道。沿海國爲勘探大陸礁層及開發其天然資源須採取合理措施，對於他國此項電纜或管道之敷設或維護，不得加以阻礙。不過一國在敷設此項電纜或管道時，對於海床上原已存在之電纜或管道應妥爲顧及，尤不得使原有電纜或管道之修理，受有妨礙。

自十九世紀中葉以來，各國紛紛在公海海床上敷設電報線與電話線，因而引起保護海底電線問題。早在一八六九年，美國即建議締結此項國際公約，卒因法俄戰爭爆發而未果。迨至一八八二年，法國發出邀請在巴黎召開一次國際會議，其目的在制定保護海底電線規則，結果有二十六國於一八八四年簽訂國際保護海底電報線公約。

晚近各國在公海上敷設高壓電纜與管道，以輸送電力與石油。因而國際間共同保護海底電纜與管道之重要性，益形增加。一九五八年日內瓦海洋法會議乃採用一八八四年公約中主要條款，列於公海公約之中，一九八二年海洋法公約中採取相同之規定，要求各國應制定必要的法律和規章：

㈠規定其本國船舶或人民，如故意或重大疏忽而破壞或損害公海海底電纜，致使電報或電話通訊停頓或受阻，或以同樣情形破壞或損害海底管道或高壓電纜，應一律予以懲罰。但是，個人爲拯救其生命或船舶，雖曾作一切必要之預防或避免破壞或損害措施後，仍將電纜或管道破壞或損害，則不應適用此項規定。

㈡規定凡受該國管轄之公海海底電纜或管道所有人，因鋪設或修理此項電纜或管道，致有破壞或損害另一電纜或管道之情事者，應償付後者的修理費用。

㈢規定任何船舶所有人，能證明爲避免損害海底電纜或管道，曾採取一切合理的預防措施，而損棄錨、網或其他漁具者，得向電纜或管道所有人取得賠償。

第八款　漁捕及養護公海生物資源

所有國家均有權由其國民在公海上捕魚。這裏所謂國民，係具有一國國籍之大小捕魚船舶；至於船上人員屬於何國國籍，非所過問。所謂漁捕，兼指普通漁捕與固定漁捕而言。固定漁捕或爲被漁捕的水產固着於海床之上，或爲從事漁捕的工具固着於海床之上。前一類的固定漁捕，係指在海床上下固定不動、或非與海床或底土在形體上經常接觸卽不能移動之生物；後一類的固定漁捕，係指利用埋置海底設備經營之作業，卽漁捕所用之漁具之支撐部份埋置海底，建於一定地點，經常備用，或於拆除後每季重建於同一地點之作業。

因爲一國對於在公海上懸掛其國旗的船舶具有管轄權，國家自可制定法令，保障本國漁船在公海上從事漁捕；它也可締結國際條約，放棄在公海某一部份漁捕權，因而禁止其本國漁船前往該地區作業。

一九五八年四月二十九日制定的捕魚及養護公海生物資源公約規定，各國國民在公海捕魚，受到以下三種限制：

一、須遵守其本國所訂之條約，如一八八七年北海漁船禁止販酒公約。

二、尊重本公約規定之沿海國利益與權利，如在近岸公海下採捕珍珠、珊瑚、牡蠣與海綿等有機體，得基於歷史與時效的理由，爲沿海國所獨享，他國對沿海國此項權利，須予尊重。

三、遵守本公約關於養護公海生物資源各條之規定。

現代捕魚技術進步，倘不加以限制，公海漁業資源將有被網盡殺絕之虞。因爲現今尚無國際機構實施普遍管制，顯然需由各關係國家自行或與他國合作採行養護措施。

一九八二年第三屆海洋法會議，制定公海生物資源的養護和管理的規則，與『養護公海生物資源公約』主要之立法意旨相符，可使所有此項資源保持最適當而持久產量，作適度利用，俾克取得食物及其他海產最大供應量。

海洋法公約課予各國負有義務，爲本國國民自行或與他國合作採行養護公海生物資源之必要措施。其他主要規定如下：

㈠如一國國民在公海任何區域採捕任何一種或數種魚源，而該區域內並無他國國民從事此種採捕，該國應於必要時，在該區域內，爲本國國民採行養護有關生物資源之措施。

㈡各國應互相合作，以養護和管理公海區域內的生物資源，凡其國民開發相同生物資源或在同一區域內開發不同生物資源的國家，應進行談判，以期採取養護有關生物資源的必要措施。

㈢在對公海生物資源決定可捕量和制定其他養護措施時，各國應根據有關國家可得到的最可靠的科學證據，並在包括發展中國家的特殊要求在內的各種有關環境和經濟因素的限制下，使捕撈魚種的數量維持在或恢復到能夠生產最高持續產量的水平。並在所有有關國家的參加下，經常提供和交換可獲得的科學情報，漁獲量和漁撈工作量統計，以及其他有關養護魚的種羣的資料。

㈣有關國家應確保養護措施及其實施不在形式上或事實上對任何國家的漁民有所歧視。

第十節　內陸國

海洋法賦予內陸國出入海洋的權利及有關過境鄰國至海洋的特權，是海洋法另一特徵。爲使內陸國行使海洋法公約所規定的各項權利，內陸國應有權出入海洋。爲此目的，內陸國應享有利用一切運輸工具通過過境國領土的過境自由。

所謂「內陸國」（land-locked states）是指沒有海岸的國家。所謂「過境國」（transit state）是指位於內陸國與海洋之間以及通過其領土進行過境運輸的國家，不論其是否具有海岸。所謂「過境運輸」（traffic in transit）是指人員、行李、貨物和運輸工具通過一個或幾個過境國領土的過境，而這種通過不論是否需要轉運、入倉、分卸或改變運輸方式，都不過是以內陸國領土爲起點或終點的旅運全程的一部份。至於「運輸工具」（means of transport）是指鐵路車輛、海洋、湖泊和河川船舶以及公路車輛；在當地情況需要時，搬運工人和馱獸。

內陸國行使過境自由的條件和方式，應由內陸國與有關過境國通過協定予以議定。過境國在對其領土行使完全主權時，應有權採取一切必要措施，以確保本部份爲內陸國所規定的各項權利和便利，絕不侵犯其合法利益。過境國對於海洋法第一二五條規定之實施，主要有賴於過境國本於誠信（good faith）原則。惟本公約的規定，以及關於行使出入海洋權利的並因顧及內陸國的特殊地理位置而規定其權利的特別協定，不適用最惠國條款。

海洋法第一二七條規定：過境運輸應無需繳納任何關稅、稅捐或其他費用，但爲此類運輸提供特定服務而徵收的費用，不應徵收高於使用過境國運輸工具所繳納的稅捐或費用。爲了過境運輸的便利，可由過境國和內陸國協議，在過境國的出口港和入口港內提供自由區域或其他海關便利。如果過境國內無運輸工具以實現過境自由，或現有運輸工具包括海港設施和裝備在任何方面有所不足，過境國可與有關內陸國進行合作，以建造或改善這些工具。過境國應採取一切適當措施，避免過境運輸發生遲延或其他技術性困難。第一三一條規定：懸掛內陸國旗幟的船舶在海港內應享有其他外國船舶所享有的同等待遇。

第十一節　海床區域

海洋法第十一部份規範海床（seabed）、洋底（ocean floor）及其底土（subsoil）區域的法律地位及其有關規定。關於這一部份可說尚未獲得全世界普遍同意，因此無需逐條詳加研討，僅簡析於後：

一、一般規定，所指「區域」（Area）範圍是沿海國大陸礁層以外的海床、洋底及其底土。二、是闡明海床、洋底及其底土區域法律地位之基本原則以及國家的義務。海洋法第一三六條規定：海床「區域」及其「資源」（resources）是人類的共同繼承財產（common heritage of mankind）。所謂「資源」是指「區域」內在海床及其下原來位置的一切固體、液體或氣體礦物資源，其中包括「多金屬結核」（polymetallic nodules）。海洋法第一三七條規定：任何國家不應對「區域」的任何部份或其資源主張或行使主權或主權權利，任何國家或自然人或法人，也不應將「區域」或其資源的任何部份據為己有。任何這種主權和主權權利的主張或行使，或這種據為已有的行為，均應不予承認。

三、規範「區域」內資源的開發和活動的政策。海洋法第一五〇條規定「區域」內資源的開發，為全人類的利益開發共同繼承財產，並對「區域」資源進行有秩序、安全和合理的管理，包括有效地進行「區域」內活動，並按照健全的養護原則，避免不必要的浪費。

四、設立「國際海底管理局」(International Sea-Bed Authority)，所有締約國都是管理局的當然成員。管理局是締約國組織和控制「區域」內活動，特別是管理「區域」資源的組織(第一五七條)。管理局的主要機關為大會、理事會和秘書處，並設立企業部，分別行使對其授予的權力和職務(第一五八條)。管理局應具有國際法律人格，以及為執行其職務和實現其宗旨所必要的法律行為能力(第一七六條)。為使其能夠執行職務，管理局應在每一締約國的領土內享有所規定的特權與豁免(第一七七條)。

五、規定海床爭端的解決和國際海洋法法庭海底爭端分庭所提供的諮詢意見。

海洋法第一三五條規定：本部份或依其授予或行使的任何權利，不應影響(海床)「區域」上覆水域的法律地位，或這種水域上空的法律地位。

第十二節　海洋環境的保護和保全

海洋法第十二部份，規範海洋環境的保護和保全。玆就其廣泛性質分述於後：

一、一般規定。海洋法第一九二條規定：各國有保護和保全海洋環境的義務。第一九三條規定：各國有依據其環境政策和按照其保護和保全海洋環境的職責，開發其自然資源的主權權利。此兩條規定是再度申述一九七二年斯德哥爾摩人類環境會議主旨環境與發展之間的相互關係。海洋法第一九四至一九六條規定各國應在適當情形下，個別或聯合地採取一切措施，防止、減少和控制任何來源的海洋環境污染；確保在其管轄或控制下的活動的進行，不致使其他國家及其環境遭受污染的損害；並應防止由於使用新技術或引進外來的新物種造成海洋環境污染。

二、全球性和區域性合作，制定防止、減少和控制海洋環境污染的規則、標準和建議的辦法及程序。各國應直接或通過主管國際組織進行合作，以促進研究，實施科學研究方案，並鼓勵交換所取得的關於海洋環境污染的情報和資料（海洋法第一九七至二〇一條）。

三、各國應對發展中國家的科學、教育、技術和其他方面提供適當援助，發展中國家在有關款項和技術援助的分配等事項上取得優惠待遇（第二〇二至二〇三條）。

四、各國應用公認的科學方法觀察、測算、估計和分析海洋環境污染的危險或影響，將所得結果予以發表，並應就其計劃中的活動對海洋環境的可能影響作出評價（第二〇四至二〇六條）。

五、各國應制定法律和規章，以防止、減少和控制來自陸地、船隻、大氣層和國家管轄的海底活動及海床區域內活動的污染。各國應通過主管國際組織或一般外交會議採取行動，制訂防止污染的國際規則和標準（第二〇七至二一二條）。

六、國家應執行其所制定的防止污染的法律和規章，以及一切有關的國際規則和標準。負責執行的國家包括有領土管轄權的國家（例如來自陸地的污染），勘探的國家（例如來自海底活動的污染）、沿海國（如在其領海，專屬經濟區內或在其大陸礁層上發生傾倒廢料）、船旗國（對於懸掛旗籍國旗幟的船隻或在其國內登記的船隻和飛機）。海洋法第二一七至二二二條規定：船旗國、港口國及沿海國應執行防止汚染的國際規則和標準，例如港口國已查明在其港口或岸外設施的船隻，違反關於船隻適航條件的國際規則和標準，從而有損害海洋環境的威脅，應採取行政措施，以阻止該船航行。第二二二條規定：各國應對來自大氣層或通過大氣層的汚染，執行一切有關防止汚染的國際規則和標準。

依照第二二一條，本部份的任何規定，不應妨害各國爲保護其海岸或有關利益，包括捕魚，免受海難或與海難有關的行動所引起，並能合理預期造成重大有害後果的汚染，而依據國際法，在其領海範圍以外，採取和執行與實際的或可能發生的損害相稱的措施的權利。

七、各國應規定便利司法程序的措施及執行權力的行使。第二二三條規定：對任何違反汚染行爲提起的司法程序中，各國應採取措施，便利對證人的聽詢，以及接受另一國當局或主管國際組織提交的證據。第二二四條規定：對外國船隻的執行權力，只有官員或軍艦、軍用飛機或其他有清楚標誌可以識別爲政府服務並經授權的船舶或飛機才能行使。第二二五條規定：各國對外國船隻行使執行權力時，不應危害航行的安全或造成對船隻的任何危險。第二二六條規定：對外國船隻的實際檢查應只限於查閱該船按照一般接受的國際規則和標準所須持有的證據、記錄或其他文件，或其所持有的任何類似文件。第二三〇條規定：對外國船隻在領海內外所犯違反防止汚染的行爲，僅可處以罰款。第二三一條規定：各國對外國船隻所採取的任何措施，應迅速通知船旗國和任何其他有關國家。第二三二條規定：各國所採取措施，如屬非法或超出合理的要求，造成任何損害或損失，應負賠償責任。

八、第二三四條規定對冰封區域（ice-covered areas）沿海國，有權制定和執行非歧視性的法律和規章，以防止、減少和控制船隻在專屬經濟區範圍內冰封區域對海洋的汚染，這種區域內的特別嚴寒氣候，和一年中大部份時候冰封的情形對航行造成障礙或特別危險，而且海洋環境汚染可能對生態平衡（ecological balance）造成重大的損害或無可挽救的擾亂。這種法律和規章應適當顧及航行，和以現有最可靠的科學證據爲基礎對海洋環境的保護和保全。

九、各國有責任履行其關於保護和保全海洋環境的國際義務。對於在其管轄下的自然人或法人汚染海洋環境所造成的損害，應確保按照其法律制度，可以提起申訴，以獲得迅速和適當的補償或其他救濟（第二三五條）。

十、本公約關於保護和保全海洋環境的規定，不適用於任何軍艦、海軍輔助船、爲國家所擁有或經營並在當時只供政府非商業服務之用的其他船隻或飛機。但每一國家應確保在合理可行範圍內這種船隻或飛機的活動方式符合本公約（第二三六條）。

十一、本部份的規定不影響各國根據先前締結的關於保護和保全海洋環境的特別公約和協定所承擔的義務，也不影響爲了推行本公約所載的一般原則而可能締結的協定（第二三七條）。

第十三節　海洋科學研究

各國進行海洋科學研究，應遵守下列一般原則：

一、所有國家均有權進行海洋科學研究，惟應專爲和平目的，不應對符合本公約的海洋其他合法用途有不當干擾。

二、各國應在互利基礎上，促進海洋科學研究的國際合作，通過適當途徑公佈和傳播海洋科學研究所得的知識，積極促進科學資料和情報的流通，以及研究所得知識的轉讓，特別是向受影響的沿海國家提供情報。

三、所有在專屬經濟區內及大陸礁層上進行海洋科學研究，應經沿海國同意。在正常情形下，沿海國應對其他國家，按照本公約專爲和平目的和爲了增進關於海洋環境的科學知識以謀全人類利益，而在其專屬經濟區內或大陸礁層上進行的海洋科學研究計劃，給予同意。

四、所有國家均有權在海床「區域」內，或在專屬經濟區範圍以外的水域內，進行海洋科學研究。在海洋環境的任何區域內，部署和使用任何種類的科學研究設施或裝備，應確保海上安全，不應對已確定的國際航路構成障礙，應具有表明其識別標誌，並應具有國際上議定的適當警告信號。

五、各國和各主管國際組織，對其自已從事的海洋科學研究所造成的損害，或對其他國家進行海洋科學研究所採取的措施，如果違反本公約，應承擔責任。因沿海國未遵照本公約規定所採取的行動引起某些爭議，進行研究的國家，得要求沿海國將此項爭議提交國際調解。

第十四節　海洋技術的發展和轉讓

海洋法第十四部份條文，規定有關促進海洋科學和技術的發展、轉讓和傳播。爲實現此項目標，應通過現有的雙邊區域，或多邊的國際合作，發展和轉讓海洋技術。並設立國家和區域性海洋科學和技術中心，應與主管國際組織或管理局合作，以便有效達成海洋科學研究的目標。各國在促進合作時，應適當顧及一切合法利益，包括海洋技術的持有者、供應者和接受者的權利和義務。廣言之，國際合作應促進制訂海洋技術轉讓方面一般接受的方針、準則和標準，並協調國際性海洋科學研究方案的進行。

第十五節　爭端之解決

海洋法第十五部份關於爭端之解決，有許多規定不免過於理想。例如締約國負有義務，以和平方法，解決他們之間有關本公約的解釋或適用的任何爭端。當爭端不能以協商獲得解決，經爭端任何一方的請求，應提交根據本公約第十五部份第二節有拘束力裁判的管轄法院。依照公約第二八七條第一款規定：一國在簽署、批准或加入本公約時，或在其後任何時間，應有自由用書面聲明的方式，選擇下列一個或一個以上方法，以解決有關本公約的解釋或適用的爭端：

㈠按照附件六設立的國際海洋法法庭；

㈡國際法院；

㈢按照附件七組成的仲裁法庭；

㈣按照附件八組成的特別仲裁法庭，處理有關漁業、海洋環境、海洋科學研究或航行等類的爭端。

公約第二八七條第二款規定：根據上述第一款作出聲明，不應影響締約國在第十一部份第五節規定，接受國際海洋法法庭海底爭端分庭管轄的義務。第三款規定：締約國如爲有效聲明所未包括的爭端的一方，應視爲已接受附件七所規定的仲裁。某些類爭端應提交沒有拘束力的附件五所規定的調解程序。締約國對於特別敏感的爭端，例如有關疆界或軍事活動的爭端，有權拒絕接受強制解決程序。

第十六節　一般規定

海洋法公約第十六部份主題是一般規定，規範締約國對於海洋法行爲的一般原則。第三〇〇條規定：締約國應誠意履行根據本公約承擔的義務，並應以不致構成濫用權利的方式，行使本公約所承認的權利，管轄權和自由。第三〇一條重述聯合國憲章第二條第四款的原則，締約國應不對任何國家的領土完整或政治獨立，進行任何武力威脅或使用武力，或以任何其他與聯合國憲章所載國際法原則不符的方式，進行武力威脅或使用武力。這兩條規定都是國際法已經建立的原則，海洋法再度予以重申。對於違反國家基本安全利益的情報，締約國得不受本公約的義務約束而予以洩露。沿海國對於在其鄰接區海域上發現的考古及歷史文物具有管轄權。第三〇三條規定：各國有義務保護在海洋發現的考古和歷史性文物，並應爲此目的，進行合作。

第十七節　最後條款

海洋法第十七部份是最後條款。爲求獲得普遍實施，第三〇五條規定：本公約開放，不僅供所有國家簽署，而且供各種準國家實體（entities）簽署，包括納米比亞（Namibia）、自治聯繫國（self-governing associated States）、自治的領土及國際組織。本公約持續開放簽字，至一九八四年十二月九日止在牙買加外交部簽字。此外，從一九八三年七月一日起至一九八四年十二月九日止，在聯合國總部簽字。迄今簽署者已達一百五十九，但美、英、德三個重要國家尚未簽署。第三〇八條規定：本公約應自第六十份批准書或加入書交存之日後十二個月生效。迄今交存批准書或加入書者僅有四十餘份，故海洋法公約尚未生效。

對本公約提出不涉及「區域」（non-seabed provisions）內活動的具體修正案，須締約國三分之二的批准，始在批准國家間生效。專門關於「區域」內活動的任何修正案，須經理事會和大會核准，但應確保該修正案不妨害勘探和開發「區域」內資源的制度。

海洋法公約倘獲所有國家一致批准或接受，則其規定將得到國際社會普遍實施，實際上成爲國際法的習慣規則。倘大多數國家都不批准或接受該公約，將會爲國際社會帶來重大的困難與問題，例如非締約國在深海海床上礦產的開發，即會引起糾紛。爲了實際目的，一九五八年四個日內瓦海洋法公約除在少數國家間實施外，應予停止執行。依照海洋法公約第三一一條第一款規定：在各締約國間，本公約應優於一九五八年四個日內瓦海洋法公約。此項規定意謂一九五八年四個日內瓦公約，仍可在非本公約締約國間實施，實際上這些國家除不贊同關於海床區域內活動及設立海床管理局的規定外，它們大多數仍接受海洋法公約主要的規定。第三一一條第二款規定：本公約應不改變各締約國根據與本公約相符的其他條約而產生的權利和義務，但以不影響其他締約國根據本公約享有其權利或履行其義務爲限。此項規定表示，某些海事法規，仍在本公約規範的範圍之外。例如防止海上碰撞的一般規則，各國仍須遵守。

聯合國海洋法公約是一項史無前例的國際立法，其對國際法之影響，目前尙難預測。

第十八節　海洋法最新發展

茲將海洋法公約於一九八二年十二月十日通過之後的最新發展，簡述於後。依照該公約最後議訂書附件第一項決議的規定，設立一個籌備委員會（Preparatory Commission），由聯合國預算資助經費，爲聯合國秘書處服務，籌備海床管理局按照本公約第一章制訂深海海床採礦規則（deep seabed mining, DSBM）並設立國際海洋法法庭。依照第二項決議，籌備委員會在海洋法公約生效前，準備海床活動「先期計劃」的投資。該會並負責草擬法令、規章及程序，包括制訂深海海床採礦法典。籌備委員會已於一九八三年在海床管理局所在地牙買加首都京斯頓舉行首次會議，該委員會的主要機關是全體大會，下設四個專業性委員會，分別處理：㈠與陸上礦產業主發生的問題，㈡設立企業部（Enterprise），㈢制訂法令、規章與程序，㈣設立國際海洋法法庭。法國、印度、日本與蘇聯已申請登記參加「先期計劃」投資。美國沒有參加籌備委員會，正在研究另一種深海海床採礦的制度，俾使各國所發的深海海床採礦許可證，能以相互承認。籌備的進度，並不如所期，一方面是因爲公約尚未生效，另一方面是因爲世界礦產價格不足以鼓勵海床採礦。總之，籌備委員會過去雖已經做了許多工作，迄至目前籌備工作仍在進行之中。

第九章 領空與航空法

第一節 領 空

第一款 對空主權學說

自二十世紀開始以來，由於航空器飛躍的發展，因而引起各國關切鄰近其領土上空的主權問題。

在第一次世界大戰（一九一四年至一九一八年）之前，各國普遍承認公海及無主地的上空絕對自由而開放。

一國對其領土與領海上空的主權，有以下五種學說：

㈠絕對主權說（usque ad coelum）：一國對其整個領土上空具有絕對主權，並可向上伸展及於無限高空。至其禁止外國航空器飛越其領空，乃係對空主權相因而生的權利。

㈡絕對自由說：主張空中絕對自由，與海洋自由論相類似。

㈢分層自由說：借用公海與領海之間的劃分，一國對空主權只能向上空延伸達一定高度，其餘更高部份應是無主和自由的。

㈣有限自由說：是對於分層自由說的限制，就是地面國家為保障其本國利益，得制定各種航空規則，限令在其領空以外更高部份飛行的外國航空器遵守；但超過其領空之上的更高部份，任何國家不得擅為已有。

㈤有限主權說：主張領土上空主權屬於地面國家所有，但應承認他國民用航空器的無害通過權，不過他國軍用航空器不得享有此項特權。

第二節 航空法

第一款 一九一九年巴黎國際航空公約

第一次世界大戰爆發，為符合實際需要，只有絕對主權說，為世界各國所普遍接受，認為一國對空主權應及於無限的高空。此說不獨為交戰國家所採取，而且為中立國家所接受。

一九一九年，世界各重要國家在巴黎和會中通過一個條約，稱為『國際航空公約』（Convention for the Regulation of Aerial Navigation）。該公約及其後補充的各項議定書，是站在國際立場制定的航空規則。該公約僅適用於平時，戰時不得影響締約國（不論是交戰國或中立國）採取行動的自由。英國是該公約的簽署國，但美國未有參加。

為劃一國際間的航空規定，該公約對於航空規則有詳細規定。此等規則是依據該公約中所揭示的三項原則而制定的：

㈠一國對其領土及領海上空享有絕對主權。該公約第一條規定：『締約國承認國家對其領土及領海上空，享有排他的主權。』惟最近大氣空間上層及太空的各種科技發展，對絕對主權說發生重大的影響。

㈡定期與不定期國際民航飛機之區別。在平時該公約之締約國每造，都應許可其他各造的不定期的航空器，在其空中有無害通過的自由，惟應遵守該國制定的航空法規（第二條）。但定期國際民航飛機，未得飛越其上空之地面國家的同意，不得享受此項權利（第十五條）。

㈢各締約國除非完全為其本國國民所有的航空器，不得准其註册，任何航空器不得在一個以上國家註册。

依照這三個基本原則，該公約及其後補充的各項議定書，對於航空器註册、適航證書、飛行員駕駛執照、及機場附近之飛行規則等都加以規定。該公約並設立一個國際航空委員會（Commission Internationale de Navigation Aerienne, 簡稱 C.I.N.A.），會所設在巴黎，藉謀國際民航事業的發展。

一九一九年國際航空公約不適用於美洲各國，包括美國在內。若干美洲國家另於一九二八年締結泛美商業航空公約（亦稱哈瓦那公約 Havana Convention），該公約內容與一九一九年巴黎公約大體相同。二者所不同者，哈瓦那公約主要是一個商業航空協定，未有附加各種技術規定，也未規定設立一個國際民航機構。

在第一次與第二次世界大戰之間一段時期，國際間對有關國際航空及國際空運尚訂有其他幾種協定，其中包括若干種雙邊協定，對於定期國際航空飛機之飛航權利，有詳細之規定。

綜觀一九三九年第二次世界大戰爆發以前，對於國際航空法所持的態度，是定期國際航空飛機，尤其是國際航空客貨運輸，不屬於多邊條約所給予無害通過權範圍之內。而且，就一般情形而論，外國飛機之着陸權，仍由有關國家自由決定。

第二款　一九四四年芝加哥國際民航公約

在第二次世界大戰之前及在第二次世界大戰期間，由於航空事業的進步，與飛越洲際與海洋間的航空運輸的發展，因而對於國際民航飛機的過境與降落權的自由，引起許多新的問題。經營定期國際民航事業的國家，如在世界其他地區沒有可供自由起落的機場，自然要求設有機場的國家給予其飛機降落權。而且各國均欲保護其本國的定期民航業務，即使是距離甚遠的兩個國家之間，對於空中客貨運輸權之分配，也會發生許多問題。一九四四年十一月在芝加哥召開國際民航會議，就上述有關的各項問題商討解決的辦法。這個會議有四十多國參加，對於商業性的民航客貨運輸權，以及關於國際航空各種技術及飛航問題，締結幾項國際性的協定。

國際航空，從地面國立場說，允許外國飛機飛越其領空是對其領空主權的一種限制。但從飛機所屬國立場說，是其向外國取得一種『特許』(concession)，或是一種『特權』(privilege)，亦即本國飛機在外國領空享有的一種『自由』（freedom）。芝加哥國際民航會議討論的主題，就是所有國家協議給予『航空五大自由』（Five Freedoms of the Air），亦即每一個國家的民航機希望在外國獲得下列五種權利：

㈠飛越外國領空而不着陸；
㈡非為營業目的而降落於外國；
㈢航空機得在本國裝載客貨，運往外國卸下；
㈣航空機得在外國裝載客貨，運回本國卸下；
㈤航空機得在兩個外國之間，裝卸客貨。

這『五大自由』是在國際民航運輸方面佔最重要地位的美國所提議，可是並未獲得會中其他國家一致同意，制訂成為國際法。在這五大自由中，只有前兩個『自由』獲得與會大多數國家的支持。於是芝加哥會議起草兩個協定：㈠國際航空過境協定(International Air Services Transit Agreement)，內中規定前兩個『自由』，就是只過境而不着陸與非營業目的而降落於外國的權利。依照這個協定的規定，締約國得在其境內指定外國航空機飛行路線，及可供使用的機場。㈡國際航空運輸協定(International Air Transport Agreement)，所有『五大自由』均規定在內。該協定之締約國完全保留本國航空機經營其國境內兩地民航客貨運輸業務。參加芝加哥會議的大多數國家簽訂第一個協定，不到一半的國家簽訂第二個協定，還有少數國家對於這兩個協定都不參加。由此可以明白顯示，第三、第四與第五『自由』，尚不能成為各國普遍接受的國際法規則。

除上述兩個協定之外，芝加哥會議還通過一個國際民航公約(Convention on International Civil Aviation)，制定一般國際民航法規，並對於上述兩個協定所給予之各種特種，加以限制，此外成立一個常設的國際民航組織（International Civil Aviation Organization, 簡稱I.C.A.O.）。國際民航公約規定航空機駕駛規則，以及關於飛行人員、衞生及安全規則，向國際民航組織各會員國建議有關關稅、出入境手續、各種便利飛航之措施。國際民航組織自一九四七年成立以來，積極推行國際民航業務，在國際航空法律與技術方面，均獲有相當的成就，其中包括採行國際飛航各種標準規定及建議措施。並簽訂：一九四八年國際承認設定於航空機上各種權利公約（Convention on the International Recognition of Rights in Aircraft），一九五二年關於外國航空機對於第三者所引起地面損害公約（Convention on Damage Caused by Foreign Aircraft to Third Parties on the Surface），以及一九五五年修訂一九二九年華沙公約（Warsaw Convention），關於航空運輸機對於客貨所負各種債務的特別議定書（A Special Protocol Concerning Liabilities of Air Carriers to Passengers and Cargo）（註一）。

芝加哥會議對於國際民航法規並無重大改變。從國際民航公約第一章至第三章一般條款的規定看來，其中所訂立的各種原則，與一九一九年巴黎公約大體相同。例如，第一條與第二條規定：每一國家對其領土之上空享有完全及排他的主權。第十七條至第二十一條關於航空器的註册及國籍的原則，均與巴黎公約規定相似。不過，芝加哥國際民航公約在許多方面有更明確的規定。例如，巴黎公約第二條規定締約國航空器享有『無害通過權』（innocent passage），不免概念混淆。但芝加哥公約卻明確規定：凡不從事定期國際民航業務之航空器，有權飛入締約國之領空，或不停留而通過其領空。又爲非商業目的而停留，不必事先徵得地面國的核准，但地面國得爲安全理由，有權令在其領空飛行的此類航空機立卽降落（註二）。而且不從事定期國際民航業務之航空器，在遵守地面國的法令下，得卸客貨或郵件。可是從事定期國際民航飛機，須獲地面國的許未得地面國特准，無權飛越該國領空或在該國降落。因此，定期國際民航飛機，須獲地面國的許可，始有飛越及降落權，而不定期國際民航飛機具有受限制的飛越及降落權，此二者的區別，仍然維持。地面國得將國內空運（air cabotage），完全保留給本國飛機經營。依照第二條與第七條的規定，所謂國內空運，包括其本土與海外領土或屬地間的空運。此項原則仍與巴黎公約規定相同（註三）。

芝加哥國際民航公約其他各項重要規定，計有國有航空器（包括政府軍用航空器）未獲地面國特准，無權飛越地面國領土上空或降落於他國。如遇戰爭，或全國處於緊急狀態，經將此等事實作適當通知後，任一締約國，無論其為交戰國或中立國，將不受該公約之約束，而可自由行動。該公約並作原則性規定：締約國對他締約國飛機飛越其領空，應給予同樣待遇，不得歧視。該公約並規定：所有締約國應採取各項必要措施，以使國際空中航行更為安全，更為便利。

上述各項原則，是國際航空法的主要原則，但其所包括的範圍極為有限，迄今尚有許多關於國際航空的重大事項，未能獲得統一規定。至於制定多邊公約，以和緩各國對於民航航線及業務上的劇烈競爭，固為急迫需要，但在目前仍屬過於理想。

芝加哥會議結束時，對於競爭日趨激烈的各國民航公司之間定期客貨運輸分配問題，未能訂於多邊協定中，作統一的規定，有關國家只得就個別情形，以雙邊協定規定之（註四）。其中最為重要者，為英美兩國於一九四六年二月締結的百慕達協定（Bermuda Agreement），其後成為民航雙邊協定的範本。有關民航的雙邊協定，各國分別簽訂，依照個別情況，相互給予『五大自由』的全部或一部，並不是沒有缺點的。例如，芝加哥會議主要目的，在於統一民航法規及實行細則，即受到嚴重影響。在一九四六年七月，美國實際退出『五大自由』協定，因而證實以多邊協定統一國際民航規則，是不容易達成的。至少國際定期民航空運業務，欲求普遍統一是行不通的。但是雙邊民航協定有若干類似或共同之處，例如相互給予過境及載卸客貨的航權，承認國際民航運輸應予便利之原則，以及行政與技術條款之趨於一致。就各國政府關於民航飛機的過境、載卸客貨及落地權所締結的雙邊協定顯示，國家在其『鄰接空間』（Closed Air Space）具有絕對主權的學說，現今仍佔優勢。事實上，各國對於這種學說不但不加限制，反而不斷擴展。例如，美國政府爲確保國防安全起見，曾於一九五〇年十二月公布一項命令，規定在接近其海岸的公海上空，得行使若干管轄權。依此命令，任何航空器，包括外國航空器，倘欲飛入美國領空，須於飛至美國領空外的一定距離的公海上空，向美國航空當局報告飛行位置及任務。美國對於此項管轄權所及的一部份公海上空，稱爲「防空識別區」（Air Defence Identification Zones）。

現在各國爲確保其領空安全，均在其領土周圍上空劃定『防空識別區』。經國際民航組織批准，各國並可在其領土周圍上空劃定『飛航情報區』（Air Flight Information Zone），通常每一國家的『飛航情報區』與『防空識別區』的範圍相接近。依照國際民航組織的規定，當航空器經獲准進入某一飛航情報區後，該區內飛航管制單位，應提供飛機各項飛航情報，包括氣象、通訊、飛航管制及搜尋救護等。

第二次世界大戰後，還產生一種權宜的辦法，就是劃定『空中走廊』（air corridors），供他國飛機使用，在走廊以外的上空，則置於地面當局絕對管制之下。

（註一）爲了統一世界各國對航空運送人與乘客和托運人之間的權利義務，三十二國於一九二九年十月十二日在華沙締結『統一有關國際航空運送規則公約』，簡稱華沙公約。一九五五年九月二十八日簽訂『海牙議定書』，提高了華沙公約中有關運送人的責任。由於美國政府對於海牙議定書所提高的賠償限額仍感不滿，於是修改華沙公約的問題，尤其是關於乘客傷亡賠償最高限額、運送人所負的責任，以及有關保險等問題，成爲一九六五年至一九六六年國際民航會議中的敏銳問題。導致美國民航局與各國飛航的運送人於一九六六年簽訂『蒙特婁協定』(Montreal Agreement)，承允提高賠償限額，而且實際默認『絕對責任原則』。國際民航組織法律委員會於一九七〇年二、三月間修訂華沙公約條文草案，再度提高賠償限額，並規定乘客之傷亡，除由於本身衰弱外，運送人應負絕對責任。詳見美國國際法雜誌六十四卷（一九七〇）第六四一—六四四頁。

（註二）依照國際民航公約規定，締約國飛機在他國領土上飛越及降落權，受到若干限制，例如飛航路線、裝運貨物以及飛越區域等等。

（註三）鄭斌著『國際航空運輸法』(The Law of International Air Transport)，一九六二年版，是國際航空運輸法的標準著作。

（註四）不定期航運業務，除由雙邊協定予以規定外，亦由多邊協定予以規定，例如一九五六年四月三十日簽訂之『歐洲不定期航運事業商務權利協定』。

第三款　航空器上所犯罪行與空中刼機

近十幾年來，國際民航業務發展迅速，航空器上常發生各種罪行，爲確保民航安全，民航刑法(criminal law of the air)成爲國際航空法(air law)中一個重要問題。國際民航組織法律委員會於一九四八年決定優先審議航空器上所犯罪行問題，經十五年之研討，終於一九六三年九月十四日在東京舉行的國際航空法會議中，通過並簽訂『航空器上所犯罪行及若干其他行爲公約』(Convention on Offences and Certain Other Acts Committed on Board Aircraft)，簡稱『東京公約』。對於觸犯刑法之犯罪行爲，以及危害航空器或其所載人員或財產安全之行爲，確立有關國家之管轄權。東京公約規定：航空器在飛航中者，指航空器自開始使用動力準備起飛之時起，至降落滑行終了之時止，只有航空器登記國得行使其對該航空器上所犯罪行之刑事管轄權。對於下列犯罪行爲，有關國家得行使管轄權：(甲)犯罪行爲係實行於該締約國領域以內者；(乙)犯罪行爲係由於或對於該締約國之國民或其永久居民所爲者；(丙)犯罪行爲違害該締約國之安全者；(丁)犯罪行爲係違反該締約國有關航空器飛航或操作之任何有效規章者；(戊)管轄權之行使係確保該締約國履行某項多邊國際協定任何義務所必需者。該約第三條第二項規定：『各締約國應採取必要措施，以登記國之資格對於在該國登記之航空器上所犯罪行使其管轄權。』倘其他締約國無此項管轄權，則飛行在登記國領域以外之航空器所犯罪行，將很容易逃避懲罰。東京公約並賦予航空器正駕駛員，爲保護航空器或其所載人員或財產之安全，有權對在該航空器上疑犯採取合理措施，包括必要之約束，航機降落時，並得將疑犯交付當地國家主管官署，或予以卸下。任何締約國應予接受，並應立卽對事實作初步之調查。

一九三三年在秘魯發生第一次刧機事件，及至戰後首次刧機事件發生在一九四七年。爲防止刧機事件，東京公約第十一條曾有規定：如航空器上有人藉暴力威脅，非法刧持飛航中之航空器，締約國應採取一切適當措施，使駕駛員恢復或保持其對航空器之控制，該航空器所降落之締約國，應儘速准許乘客及航空人員繼續其行程，並應歸還航空器及其所載貨物於合法之持有人。惟東京公約對犯罪之懲罰及罪犯之引渡，未作規定。

最近國際刧機事件，一年比一年增多，一九六六年發生三次，一九六七年發生六次，一九六六年發生三十次，可見刧機問題至爲嚴重。航空法委員會（Air Law Committee）卽於一九六八八年開始研究刧機問題，認爲空中刧機危及人身及財產之安全，嚴重影響空運業務，需要制定一個新公約，規定適當措施，以懲罰劫機犯。國際民航組織於一九七〇年十二月一日至十六日在海牙召開『非法劫持航空器』全權代表國際會議，通過一項『制止非法劫持航空器公約』（Convention for The Suppression of Unlawful Seizure of Aircraft），簡稱海牙公約。對於任何人在飛行中之航空器上，藉武力或威脅，或以任何其他方式之威脅，對該航空器非法劫持或行使控制，或企圖行使任何此項行爲，規定每一締約國應嚴厲懲罰該項犯罪。因此海牙公約第七條明確規定：『在其領域內發現疑犯之締約國，如不將該疑犯引渡，則無論該項犯罪是否在其領域內發生，應無任何例外，將該案件送交其主管機關，俾予以起訴。該等機關應照在其國內法下任何嚴重性之一般犯罪之相同方式裁決之』。倘罪證確鑿，應予以嚴厲懲罰。並規定該項犯罪爲締約國間可引渡之罪，而且爲便於締約國間引渡起見，該項犯罪應被視爲不僅係在發生地之犯罪，且係在有管轄權國家領域內之犯罪。因此世界上無論任何地方發生劫機事件，無論疑犯具有何國國籍，也無論在任何國家之航空器上，均可使該項犯罪受到嚴厲懲罰，如果逃犯所在地之國家，不能適用它的法律，則無法達到制止劫機的目的。

一九六九年八月發生巴勒斯坦游擊隊將所劫美國航空飛機上人員扣爲人質，一九七〇年五月及九月又連續發生巴勒斯坦游擊隊將所劫飛機炸毀，並將機上乘客扣作人質。此種破壞飛機（sabotage）及其他暴行（terrorism），在東京公約及海牙公約中缺乏規定。國際民航組織法律委員會於一九七〇年九月二十九日至十月二十二日在倫敦召開第十八屆會議，研究如何進一步遏止，在『制止非法劫持航空器公約』中所未包括之國際民航的其他非法行爲。嗣經國際民航組織於一九七一年九月二十三日在蒙特婁簽訂一項『制止危害民航安全之非法行爲公約』（Convention for The Suppression of Unlawful Acts Against The Safety of Civil Aviation），簡稱蒙特婁公約。該公約規定：任何人非法或故意爲下列行爲者爲犯罪：(甲)任何行爲可能危及在飛行中之航空器之安全者；(乙)破壞在使用中之航空器，或在使用中之航空器上放置一種器械或物質，致使該航空器有被破壞可能者；(丙)使在使用中之航空器遭受此種損害致不能飛行，或在使用中之航空器上放置一種器械或物質，使其有遭受此種損害之可能者。

海牙公約第四條第二項規定：『當疑犯在其領域內出現而未依照第八條之規定將其引渡至本條第一項所稱之國家(航空器登記國、或航空器降落地國、或承租人主要營業地或永久居所所在地國)時，每一締約國亦應採取必要之措施，對該項犯罪建立其管轄權。』此項規定確立一項『强制普遍管轄權』(compulsory universal jurisdiction)。是故海牙公約及蒙特婁公約均有規定，當罪犯或疑犯在其領域內出現時，如不將其引渡，則應將其拘禁，且不論該項犯罪是否在其領域內發生，均應將該案件送交其主管機關，予以起訴。該起訴機關有義務，『應依照該國法律所規定之任何嚴重性之一般犯罪之相同方式裁決之』。倘此項裁決確定，依照上述普遍管轄權條款之規定，該等法院有權審訊該案件。締約國並負有義務，使危害民航安全之犯人受到嚴厲之制裁。

在現今情況下，東京、海牙、蒙特婁三個公約中的規定，尚屬切合實際，但須爲大多數國家所遵行。對於不參加這三個公約的國家，甚至公開反對這三個公約規定的國家，尤其是對於『應儘可能便利乘客及機員繼續其旅程，並應即刻將該航空器及其裝載之貨物，歸還於具有合法權利之所有人』之規定，而不遵行的國家，加拿大與美國建議予以制裁。此項建議提出於一九七一年國際民航組織大會，經討論後予以擱置。英、法、俄等國亦曾提出其他各項辦法，國際法學會建議採取集體制裁，迄今議論紛紜，尚未獲得一個滿意的解決。

第四款　航空問題新發展

最近巨型飛機的出現，載客容量大爲增加；加以飛行速度增快，飛航班次增多；因而對於雙邊民航協定的實施引起一些問題，尤其是關於交換航權（traffic rights，卽載卸客貨權）問題。例如某一國家的客貨量不足以分配給各國航空公司，使得航權的交換感到困難，除非客貨量將有顯著的增加，否則，爲了保護其航運利益，就需要予以限制。如果此項趨勢日見增加，則飛行快捷的環球民航飛機，爲了爭取客貨，勢必需要國際或區域的解決辦法。

最近氣墊飛艇（Air Cushion Vehicles）成爲一種運輸工具，可是它在國際法上的地位尙未確定。依照有些國家的國內立法，曾把氣墊飛艇視爲普通航空器看待。國際民航組織理事會於一九六七年十一月八日大會中建議修改航空器的定義爲：『凡能造成空氣反應，除對地球表面造成的空氣反應者外，以支持其在大氣中飛行的任何機器』，以便將氣墊飛艇不列於普通航空器之內。假如依照某些國際法學家的意見，爲制定氣墊飛艇的國際法律地位，首先就需要劃分氣墊飛艇與普通航空器的區別，可是此項行動並未能完全解決此一問題。英國立法明確規定，氣墊飛艇既非船舶，亦非航空器，而具有其本身之特殊地位。現在僅有少數國家制定法規，管理此種新的運輸工具，而且此項管理法規大多是沿襲航空法與海商法而制定。例如在英國登記之氣墊飛艇，需要標明國籍與登記標誌，並須經民航局發給安全證書及駕駛許可，由此可知氣墊飛艇現在成爲國內法與國際法上一個新的問題。

現今濫用空間（abuse of the air）問題，亦成爲國際法上一個重大問題。關於無線電通訊，現已有兩項原則：㈠每一個國家有權阻止有害的無線電波，通過它的空間；㈡每一個國家負有義務，不容許並得阻止使用它的領土，傳送有害他國的無線電法。

近代其他各種科學技術的發展，顯然需要在國際方面建立若干原則，以保護世界上所有國家，免受來自空中的損害。例如，一國在其上空利用人工造雨，可能使鄰國上空的雨消雲失，以致遭受乾旱；再者，核子武器試驗可能使鄰國上空大氣或雲層感染危險性的輻射塵。關於這一方面，一個國家固不能保證他國不受來自空中的危害，但在其能夠防範的範圍內，負有義務不要對他國造成重大或嚴重的危害，並不得對他國上空施放危險物體。至於此種義務對於產生危險性『輻射塵』(fall-out) 適用到何種程度，現在仍然是一個爭論的問題。一九六七年一月二十七日簽訂的『各國在太空包括月球及其他天體進行探測活動應遵守之原則條約』，以及一九七二年三月二十八日簽訂的『太空物體造成之損害國際責任公約』中，對於國家在這方面所負責任，均有明確規定。

一九六三年八月五日在莫斯科簽訂的禁止在大氣中、太空及水中試爆核子武器條約，現已有一百多個國家參加。依照該條約第一條規定：締約國承允禁止、防止並不得在其管轄或控制之大氣中、或大氣層以外之太空、或包括領水及公海之水中的任何地方，進行試爆任何核子武器。一九七四年七月三日美俄在莫斯科簽訂限制核試協定，規定自一九七六年三月三十一日起，限制地下核子試爆的爆炸威力，至多不得超過十五萬噸黃色炸藥的威力。並規定繼續舉行談判，以達到完全禁止核爆的目的。

再者，還有空氣汚染與飛機噪音問題，也成爲現代國際法保護及改善人類環境的重要問題，對於這兩個問題，我們將在第十三章『人類環境法』中討論。

第十章 太空法

第一節 太空科學發展的影響

自一九五七年第一顆人造地球衞星發射成功之後，人類活動進入太空。近三十多年來，太空科學技術、太空航行及星球探測神速進展，各國在大氣上層(upper strata of the atmosphere)太空（outer space）及宇宙（cosmos）（註一）的活動隨之增多，因此在國際法方面曾經引起許多新的問題。

現今各國已經能夠發射氣球、火箭、長程飛彈及衞星進入大氣上層（就是超越現在普通噴射引擎或活塞引擎飛機所能飛行的最高限度），也能播送無線電波經過大氣上層，而且一種用火箭推送的飛機，能以上飛到大氣空間的最高層。

至於人類在太空及宇宙的活動，更是不斷的增加。第一、各國發射的衞星不僅在數目、重量及軌道範圍方面增加，而且功用繁多，例如，有的是爲了氣象、飛彈偵察、航行、地球測量、汚染測報、有的是爲了電離層測量、太陽輻射測量、照像及通訊。第二、自一九五九年蘇聯發射衞星擊中月球並拍攝月球反面影片之後，美蘇兩個太空國家，開始競相探測宇宙及遙遠的星球，例如探測火星及金星。第三、美蘇兩國不斷進行送人進入太空的計劃，使得航天員（cosmonauts）能以在軌道上飛行，到了一九六九年至一九七一年，美國航天員登陸並探測月球，而且有人和無人駕駛的太空航行器能以往返月球，運回月球上的泥土和石塊。甚至往返太空渡船（space shuttles）及太空站（space stations），都已實現。

登陸月球及探測太空，除了對於月球及宇宙行星系統增加認識之外，而且對於外空科學（extra-terrestrial science）有很多發現，例如對於太空的性質、宇宙線的性能、環繞地球的輻射區域、地球磁場的範圍、電離層的性質，以及微小隕石密度的測量，都有重要的貢獻。

國際法在太空法律方面的發展，實在很難趕得上太空科學技術的神速進步。因爲制定太空的法規，必須從太空及宇宙活動中所獲得的可靠資料爲依據，是故太空法（space law），只能在極爲有限的程度內，配合太空探測的進展。國際法院法官賴奇士（Manfred Lachs），是一位著越的太空法學家，他在審理北海大陸礁層案中說：

當法律遭遇到自然或技術的各種實際情況時，其解決辦法必須依循事實所獲得的規範。因為法律的宗旨，就是解決各種事實所呈現的問題，所以法律與各種現實生活之間有顯著的密切關聯。並非是法律學說提供此等問題的答案；而是選擇採取最適於解決問題的一項辦法，併入於法律體系之內。（註二）

聯合國大會於一九五九年十二月十二日決議設立聯合國太空和平使用問題委員會，下設兩個小組委員會，一爲科學技術小組委員會，一爲法律小組委員會。法律小組委員會，從事太空法的草擬與研討。迄今已經或正在制定的太空法，計有下列各種公約：——⑴一九六三年美英蘇三國在莫斯科簽訂的大氣中、太空及水中禁試核子武器條約，簡稱一九六三年禁試條約。依照該約的規定：締約國擔允在大氣以外的太空禁止、防制並不從事核子武器之試驗爆炸。⑵一九六七年一月二十七日簽訂的『關於各國探測及使用外空包括月球與其他天體之活動所應遵守之原則之條約』，簡稱一九六七年太空條約。⑶一九六八年四月二十二日簽訂的『援救航天員送回航天員及送回射入外空之物體之協定』，簡稱一九六八年航天員協定。⑷一九七二年三月二十八日簽訂的『太空物體造成損害國際責任公約』，簡稱一九七二年責任公約。⑸一九七四年十二月十二日經聯合國大會通過的「關於登記射入外太空物體的公約」，並於一九七五年一月十四日開放簽署，簡稱「一九七五年登記公約」。⑹一九七九年十二月五日經聯合國大會批准的「關於各國在月球及其他天體活動之協定」，簡稱「一九七九年月球條約」。聯合國大會並通過若干決議，關於各國探測及使用太空的廣泛原則。以上所述的各種條約均互有關聯，並與聯合國大會決議中各項原則相互影響，惟其中仍以一九六七年太空條約最爲重要，它是迄今制定的第一部太空法典。

依據這些國際條約和聯大的決議，我們試就國際太空法的各種重要問題，提出其基本原則與規則，分別在以下各節中討論。

(註一)『宇宙』(Cosmos) 一詞，意指太空中遙遠區域。

(註二) 見國際法院一九六九年報告書 (I. C. J. Reports, 1969)，關於北海大陸礁層案 (In the North Sea Continental Shelf Cases)。

第二節　太空與領空界限的劃分

國際法對於『太空』（Out Space）一詞的定義，現今尚無明確的界說。可是『太空』與『大氣空間』（air space）或『領空』（Territorial Air Space）界限的劃分，確是一個最為重要的問題，現今約有三派不同的學說。

第一派學說基於傳統的國家主權理論（usque ad coelum），他們認為地面國家的主權，得隨着人類活動進入太空，因而主張一國地面上太空部分成為國家的領域。這派學說的最大弱點，是地面與太空距離遙遠，人類在太空之活動，無法被認定係在某一國家地面之上。因為與某一國家地面垂直的高空，並非是固定不動的，這是科學已知的事實。是故一國對其領土上空具有主權並可向上伸展及於無限高空的原則，實際已經不能適用於太空。現今各國已不堅持主權及於太空之說，而且在一百英哩以上太空軌道的衞星，通過地面國家的上空，雖然未曾獲得地面國家的事先同意，可是所有國家都已默許此一事實。

就另一方面來說，大多數國家在原則上同意：為了安全理由，國家主權必須達到相當高度。有人主張國家『領空』應該達到大氣上層，或者是在大氣層與太空之間。國際法協會（International Law Association）一九六八年會議決議：一九六七年太空條約中使用的『太空』一詞，應被解釋為在一九六七年一月二十七日該約簽訂之日，所有在地球軌道上繞行的衞星所能達到的最低點（lowest perigee）以上的所有空間，這一定義並不妨碍太空一詞以後可能包括更低點以上之空間。對於『太空』是否需要予以明確劃分的問題，多數國家顯示並不熱心，甚至認為現在不作決定，將來國家領空或許比現在所認為可能的高度更高。各國顯然願意暫時承認，為和平或科學目的而放射的物體給予無害通過權，但不得對過境國造成損害，過境國為了安全，自有拒絕軍用飛彈通過之權，各國採取這樣態度，未曾放棄它們對於主權的最後主張。歸結各方意見來說，每一國家主權可以及於空氣密度足以支持普通航空器飛行的高度，這已經成為不爭之論。

㈡第二派學說以自然科學為依據，作為劃分『太空』與『領空』的標準。他們認為『領空』的高度，應硬性的予以哩數規定，低於該哩數的空間為地面國的領空，高於該哩數的空間為太空。這派學說的困難，端在上述哩數無法決定。如果以大氣的上浮力為標準，領空的高度當不超過二十五哩；如果以人造衞星環繞地球現今所能達到的最低點，為太空與領空的分界線，領空的高度最好定在五十英哩；如果以大氣的密度為標準，領空的高度，應至少為一千五百哩。

㈢第三派學說保留『領空』與『太空』的界限問題，而以人類活動的性質，作為決定法律地位的標準。人類以普通航行器所作的活動，應屬於領空的範疇，認為可以適用航空法的規則。人類以太空航行器所作的活動，應屬於太空的範疇，認為可以適用太空法的規則。這派學說嚴格分開普通航空器與太空航行器，是未能顧及晚近科學與工業技術的發展，例如，美國的愛克斯十五（X-15）火箭飛機，即介乎普通航空器與太空航行器之間。而且當太空航行器飛越大氣空間低層而進入太空時，或自太空降落而重入大氣空間低層時，其應適用的法律，究為航空法，抑為太空法，抑或兩法先後地適用，仍是難以解答的問題。

國際法學者對於領空與太空的界限，究應如何劃分，迄今未有定論，所以目前各國尚無法確定劃分領空與太空的界限。在目前這種不定狀態中，自將導致各國的衝突，聯合國太空法律小組委員會亟欲解決這個問題。不過太空法現尚在萌芽時期，遠不如海洋法的發展，可是海洋法中對於領海寬度迄至一九八二年海洋法會議中始行決定，目前國際法欲就領空與太空界限達成協定，則未免爲時過早。領海寬度未有確定，未曾阻礙海洋法的發展，則領空與太空界線之未能劃分，當亦不致阻礙太空法的發展。

第三節　太空與天體適用法律問題

一個國家由人駕駛的人造衞星有效佔領太空的一部份，這個國家是否可以對於這一部份的太空取得主權？關於這個問題，在於太空能否成爲有效佔領的對象。就現今科學所知，太空是流動的，運轉的，而且變化無常，所以太空不能成爲有效佔領的對象。但月球及其他星球等天體則可爲佔領的對象。爲保障和平使用太空起見，天體不應爲任何國家所獨佔。換言之，首先達到某一星球的國家，不應該在天體上取得任何主權上的權利。所以，太空與天體的法律地位應當是自由的，必須保持開放的地位，方能維護各國自由探測，與和平使用太空的權利。

我們說太空與天體的法律地位應當是自由的，並非是說太空與天體是處於無法律狀態之中。人類在太空的一切活動，必須受法律的支配，一如人類在公海航行，自應遵守航海規則。一切國際法原則，例如善意原則，凡無空間限制，自可適用於太空。同時，聯合國憲章對於各國在太空的發展與探測，無疑的可以適用。法律的原則，既是國際法淵源之一，對於人類在太空的活動，亦自可適用。當國際法的主體——個人——進入太空，則一切國際義務與國際權利在其相互關係中，均有拘束力，國際習慣規則亦自可適用於太空。條約與國際公約的締結、合法、效力、解釋與履行等規則，自亦適用於涉及太空事項的條約。僅有兩種國際法規，應予排除：一爲物理上與法律上不可能在太空適用者，一爲在未來關於太空的條約中，可以修改或禁止適用的規則。

對於這些原則，聯合國大會曾於一九六一年十二月二十日及一九六三年十二月十三日的兩次決議中，以及一九六七年太空條約第一至第三條約文中均予闡明，規定國際法，包括聯合國憲章在內，對太空及各天體（celestial bodies）一律適用。太空及各天體應任由各國在平等基礎上，並依照國際法的規定探測及使用；此種探測及使用，應爲全體人類福利進行之，並不得爲任何國家所專有(註一)。

關於『太空與天體得由各國自由予以探測與使用』的原則中所謂『使用』一詞，自不包含『以主權要求、使用、佔領、或任何其他方法而據爲己有』的權利。對於此項原則各國持有不同的解釋，爲說明它的法律意義，應區別爲：㈠禁止太空區域據爲專有；㈡太空資源的專有，太空條約中未有規定。

就第㈠點而言，不獨禁止月球及其他天體區域不得據爲專有，嚴格言之，就是太空也不得據爲專有。關於太空與天體的區域，應解釋爲禁止取得絕對主權名義（absolute title），並非禁止各國對這些區域行使任何權利。一國有能力對於這些地區行使某些權利，而不要求絕對主權名義，爲現行國際法所不禁止，一如各國在公海中享有的自由航行及捕魚的權利。

就第㈡點而言，是否許可各國對於太空資源據爲專有問題，意見至爲紛歧。在現階段我們只能依照公海自由的規則，認爲太空自然資源的據爲專有，乃是自由探測與使用太空的本義，自不應予以禁止。

（註一）假若甲國僅爲防禦目的，使用其衞星拍攝乙國軍事設備等，依照此等原則，是否合法，殊値研討。

第四節　太空之非軍事化

自第一顆衞星發射之後，各方面爲防患於未然，都在致力太空之完全非軍事化，但此一問題不能離開全面裁軍而單獨獲得解決。美國與蘇聯一再表明其意旨，不在太空中留置任何大規模毀滅性的武器。雙方並就此事交換意見，表示無意在太空中留置任何載有核子武器之物體，或任何其他大規模毀滅性武器。這兩個太空國家的一致意見，導致聯合國大會第十八屆常會通過第一八八四（拾捌）號決議，鄭重敦促所有國家：

㈠勿將任何載有核子武器，或任何其他種類大規模毀滅性武器之物體，放入環繞地球之軌道，勿在天體上裝置此種武器，或以任何其他方式，將此種武器留置於太空；

㈡勿促成、鼓勵、或以任何方式參加上述活動之進行。

這個決議的宗旨，既非陳述現行的法律，亦未規定任何新的義務。它只是嘉許美蘇兩國表示其意旨的聲明，而鄭重地促請其他各國採取同樣的行動。任何國家背棄其已發表的意旨聲明，或未響應上述鄭重的呼籲，將負擔一種不亞於違反法律義務的責任。

一九六三年八月五日美、英、蘇三國於莫斯科簽訂『大氣中、太空及水中禁試核子武器條約』。該約第一條規定：各締約國擔允在其管轄或管制之任何區域內，在大氣中、在大氣外（包括太空）、或在水中（包括領水或公海），禁止、防制，並不從事任何核子武器之試驗爆炸，或任何其他核子爆炸。

當太空法律小組委員會起草太空條約約文時，建議將聯合國大會第一八八四號決議文列爲一項條約義務。太空條約第四條規定：『本條約當事國承諾不將任何載有核武器，或任何他種大規模毀滅性武器之物體，放入環繞地球之軌道，不在天體上裝置此種武器，亦不以任何其他方式，將此種武器設置外空。』（註一）至於月球非軍事化應如何作詳明的規定，現正在聯合國太空法律小組委員會審議月球條約草案中予以研訂。

上述限制太空作軍事使用的價值雖不應低估，但是美蘇兩個太空國家在太空活動方面所作的各種試驗，大半屬於軍事方面，此一事實却不容忽視。現今太空主要軍事用途是爲了偵察、通訊與航行。無論是依照太空條約，或是國際法其他成文法，以及聯合國憲章的規定，均不視爲太空許多軍事用途爲非法，例如美國於一九六六年確認它已擁有足以摧毀軌道上敵對太空航行器的反衞星武器。美國已於一九七四年將載人的太空實驗室射入軌道，其目的主要是和平用途。可是羅維爾爵士（Sir Bernard Lovell）認爲，這種太空實驗室可能具有攔截和攻擊力，必然含有戰略性。因爲現行國際法尙無規定，許可他國或國際組織實地檢查此種太空實驗室，對於此種太空實驗室有無賦予特殊任務，自難查明。

鑒於未來的可能發展，世界各國能否預防太空軍事用途頗成問題。現有跡象顯示，美蘇兩個太空國家逐漸認識，限制太空軍事化，對於雙方均有利益。第一、雙方對於太空軍事活動的競賽是愈演愈烈。第二、美國與蘇聯協議，於一九七五年試驗美蘇兩國太空航行器結合系統（docking system），這樣從事實際太空合作，對於限制太空軍事用途將可發生有利影響。第三、太空未來軍事用途，與反彈導飛彈有密切關聯。美蘇二國於一九七二年五月在莫斯科簽訂的限制反彈導飛彈條約，對於太空非軍事化方面，亦將發生有利影響。

上述三項因素，對於太空軍事化的限制，雖是一個良好跡象，但是我們對於未來這些發展，也不可過於樂觀。問題在於這兩個太空國家是否深切了解，一國在太空軍事化方面所獲得的安全，反而刺激另一國在這方面加速武器競賽，對於這一問題的解答，受到許多因素的影響，在現階段尚難予以評估。

不過有一種太空軍事用途，對於維持和平或可發生有利影響，就是偵察衞星的運用。現有數百個這類衞星，日夜不停的環繞地球運行，能以獲取詳盡的敵情，幾使任何國家，均無軍事機密之可言，亦使敵國無法發動突襲之可能（註二）。

關於外太空非軍事化及非核化，要想達到絕對沒有的地步幾乎不可能。外太空和平用途委員會法律小組委員會正在研擬規範外太空使用核能的原則，確保使用此種核能安全評估及適當的通知，以及使用國的管制與所負的義務。關於非軍事化，一九六七年太空條約第四條規定，締約國承諾不將任何載有核武器或任何他種大規模毀滅性武器之物體放入環繞地球之軌道，不在天體上裝置此種武器，亦不以任何其他方式將此種武器設置外太空。可是衆所週知外太空並未達到非軍事化，例如利用衞星進行軍事偵察及追踪。最近更以太空爲基地，發射雷射武器，可以擊中地球上廣大範圍的目標，因此聯合國正在研討外太空的非軍事化，及國際合作共同謀求外太空的和平探測與利用。

（註一）美國參院外交委員會審議太空條約時，范斯（Mr. Vance）認爲：所謂大規模毀滅性武器一詞，應包括諸如化學、生物及未來可能發展的任何其他具有大規模毀滅能力的武器。

（註二）偵察衞星使用雷達、紅外線及紫外線照像機、雷射（lasers）及超現（ultramodern）電子設計，可以日夜觀測，並拍攝地球上每一方英寸的地面，並可竊收地上電報密碼和電訊通話。

第五節　太空物體之登記

自太空發展甫行開始，聯合國卽認淸，太空物體發射資料的登記，對於國際社會至關重要。聯合國大會於一九六一年十二月二十日通過第一七二一（拾陸）號決議，『促請發射物體入軌或越軌之國家，迅速經由秘書長，向太空和平使用委員會提供情報，以作發射之登記』，並請求秘書長保持上述情報的公開紀錄。惟該項決議，對於發射情報登記之時間與方式，未有明確規定，任由發射國家自由裁量。爲建立良好之登記制度，各國應就登記細節，獲致協議。

自一九六二年三月七日以來，聯合國秘書長卽已保持着這項紀錄。誠然，這種紀錄的保持，是極其重要的。有了這種紀錄，就可決定對於太空航行器與太空站的管轄，確定太空作業的責任，維持有秩序的太空電訊，適用互助送回航天員與太空物體的規則，確定損害與太空汚染的責任等。

一九六七年太空條約第十一條課予締約國一項義務，卽向太空及天體發射任何物體的國家，應依最大可能及可行之程度，將此種活動之性質、進行狀況、地點及結果，通知聯合國秘書長、世界大衆及國際科學界。聯合國秘書長於接獲此項資料後，應準備立卽作有效傳播。

上述太空條約的規定，與一九六八年航天員協定有密切關係。航天員協定第五條規定：締約國於獲悉或發現太空物體或其構成部分，已於其管轄領域內，或在公海上，或在不屬任何國家管轄之任何其他地點返回地球時，應通知發射當局及聯合國秘書長；各國應採取其認爲可行之步驟，尋獲該物體或其構成部分；並應送還發射當局，或留待發射當局代表處置。

國際法教授孟基維克（Prof. Mankiewicz）曾於一九七〇年在海牙國際法協會年會中，提出一篇有關太空物體登記方面的研究報告，經大會討論之後，通過一項決議，認爲任由各國自由登記，是不適當的辦法。他們認爲唯有實施義務登記制度，國際社會能以行使視察權，始能確保太空的有效使用，以及發射國家方能履行其國際義務。聯合國大會第一委員會於一九七二年討論此一問題時，比利時代表范武塞（Van Ussel）指出，直到一九七二年止，在地球軌道上運行的物體，已有二、七五〇枚，雖然知悉它們大多數的來源，可是對於它們的性質與發射目的，則很少確知。

爲保障太空探測的安全，需要制定一項公約，規定義務登記制度。紐西蘭於一九七二年聯合國大會第一委員會辯論時，贊同草擬一項登記公約，並說明紐西蘭對於一九七二年降落在其領土內的太空物體擬送還時，但却沒有國家承認發射的責任。法國與加拿大曾於一九七二年分別向聯合國提出太空物體登記條約草案，這兩個草案已經研訂合併爲一個草案，送請大會審議。聯合國大會於一九七四年十一月十二日通過「關於登記射入外太空物體的公約」（The Convention on Registration of Objects Launched into Outer Space），一九七五年開放給各國簽署，簡稱一九七五年登記公約。

第六節　太空物體所造成損害之國際責任

一九六三年聯合國通過的太空法律原則宣言規定：『各國對本國之太空工作，不論由政府機關或非政府團體進行，以及對保障本國工作符合本宣言所定原則，皆負有國際責任。非政府團體在太空之工作，須經所屬國家之核准與經常監督。國際組織從事太空工作時，其遵守本宣言所定原則之責任，由該國際組織及參加該組織之國家負之。』就此項原則而言，只有國家或國際組織，得發射物體，進入或越出軌道。而且從事發射的國家或國際組織，在任何情形下，對其所發射的物體，繼續負擔責任。發射國家與國際組織所負擔的責任有兩種：㈠保證發射當局，遵守任何應予適用的國際法規；㈡發射當局在得索還的條件之下，直接負擔任何損害或損失的賠償。

關於探測太空的活動，每一發射物體入軌或越軌的國家，負有義務採取各種預防措施，以免對其他國家造成損害，或使地球環境發生任何長遠變化，或使大氣上層、太空、天體及地球遭受污染，或使大氣上層與太空的自由使用與科學探測受到妨害。這些基本責任，在一九六七年太空條約中均有規定。該約第六條關於本條約當事國對其本國的太空之活動所負之國際責任，曾作一般規定，內容與上述太空法律原則宣言相同。第七條是對太空發射物體作特別規定，凡發射或促使發射物體至太空之當事國，及以領土或設備供發射物體用之當事國，對於此種物體在地球、大氣空間或太空，加於另一當事國或其自然人或法人之損害，應負國際責任。第十一條規定：當事國在進行太空探測時，應避免使其遭受有害之污染，及以地球外物質（extra-terrestrial matter），使地球環境發生不利之變化。倘當事國有理由認爲，該國或其國民計劃在太空進行之活動或實驗，可能對其他當事國和平探測及使用太空之活動引起有害干擾時，應於進行此種活動或實驗前，擧行適當之國際會商。

依照一九七二年責任條約，對於太空物體所造成損害之國際責任之實質與程序，均有更詳盡的規定。該約第二條規定：發射國對其太空物體在地球表面及對飛行中之航空器所造成之損害，應負給付賠償之『絕對責任』(absolute liabilily)。第三條規定：遇一發射國太空物體，在地球表面以外之其他地方，對另一發射國之太空物體或此種太空物體所載之人或財產造成損害時，唯有損害係由於前一國家之過失（註一），或其所負責之人之過失，該國始有責任。但第七條規定：對於發射國之國民，以及參加該太空物體之發射操作，與受發射國之邀請而在預定發射或收回的附近地區之外國國民，倘造成損害時，發射國無負任何國際責任。第八條規定：一國遭受損害，或其自然人或法人遭受損害時，得向發射國提出此等賠償之要求。第十四條規定：倘賠償要求未能經由外交談判，於一年內獲得解決，關係各方應於任一方提出請求時，設立賠償要求委員會。賠償要求委員會應決定賠償要求是否成立，並於須付賠償時，訂定應負賠償之數額。引起爭辯最多的是第十二條，該條規定『發射國依本公約負責給付之損害賠償額，應依照國際法及公正與衡平原則決定，俾就該項損害所作賠償，得使提出賠償要求所關涉之自然人或法人、國家或國際組織，恢復損害未發生前之原有狀態。』

一九六八年航天員協定第五條第四項規定：締約國有理由相信，在其管轄領域內發現，或其於別處尋獲之太空物，具有危險或毒害性質時，得將此情形通知發射當局，發射當局應立卽採取有效步驟，於該締約國指揮及管制下，消除可能之損害危險。例如蘇聯於一九七八年二月「宇宙九五四」號（Cosmos 954）衞星，及一九八三年一月「宇宙一四○二」號衞星意外墜毁，輻射碎片墜落地球，難以發現，將危害大氣環境，須制訂一項新公約，予以規範。十五國聯合工作小組已經在考慮此項問題，並於一九七八年向聯合國太空和平使用委員會提出研究。

至於在『在太空犯罪』（crimes in space）問題，例如發射國故意忽視，對於地球環境可能造成嚴重損害之危險，有人認爲是在太空犯罪，發射國應負國際刑責。

（註二）此項過失，自不包括太空物體返回大氣空間，遭雷電襲擊所受之損害。

第七節　衞星通訊

衞星通訊，包括使用衞星通話、電視廣播、以及傳播各種錄音與資料。衞星通訊的一般問題，例如無線電頻率的分配、紀錄與使用，以供衞星作業，各國應遵守國際電信聯盟的章程。一九六三年修改的無線電章程，成爲衞星通訊作業的法典。國際衞星通訊，應在全球無差別的基礎之上，提供所有國家使用。此項原則首載於一九六一年聯合國大會第一七二一（拾陸）號決議中，一九六八年聯大第二四五三（貳拾叁）號決議重申此項原則：認爲衞星通訊之方法，應在實際可行範圍以內，立即以普及全球不分彼此爲基礎，供諸世界各國使用；並請商談衞星通訊方面國際協定之當事國，經常注意此項原則，俾不致妨害此項原則之最後實現。

一九六四年八月十九日各國在華盛頓，簽署『建立全球商用通信衞星系統暫行辦法協定』，首次建立一個衞星通訊組織（INTELSAT）（註一），目的在建立一個全球通訊網，以擴大提供世界各地的電信業務。該協定已有八十一國參加，每個締約國應簽字於特別協定，或指定一個通訊官署或通訊公司簽字。太空通訊部分的所有權，依照各國負擔費用的比例，以不分割的股份，屬於特別協定的簽字者。特別協定簽字者的代表，組成衞星通訊委員會，以執行上述條約與特別協定。美國通訊衞星公司（COMSAT），依據該協定的一般原則與委員會的決議，『在太空部分的設計、發展、製造、建立、作業與維持等方面，執行經理職務。』一九七一年十一月十五日蘇聯及其他共產國家在莫斯科簽約，另建立一個衞星通訊組織（INTERSPUTNIK）。惟該約並不阻止締約國對於其他太空通訊系統之參加與利用，亦不排除與其他太空通訊系統之合作。

除了上述這兩個全球性的衞星通訊系統外，尙有若干關於太空通訊方面所締結的區域性及雙邊協定。尤其是美國與印度簽訂的協定，雙方合作使用『赤道衞星發射臺』（geo-stationary satellite）（註二），直接向印度五千個村莊廣播教育性節目。這種經由衞星直接廣播，雖在一九七五年始行實施，但是對於它所引起的各種法律問題，聯合國太空和平使用委員會法律工作小組已經在開始研究。該工作小組認爲，衞星對個人直接廣播，應遵守聯合國憲章、太空條約、國際電信聯盟章程及無線電規則、以及人權宣言的一般原則，和聯合國大會的決議。一九七二年聯合國大會曾在研訂一項公約，管理各國使用人造地球衞星直接電視廣播的各項規則。但此項公約涉及技術及國家主權問題，非短期所能締結，惟任何國家都不能壟斷衞星廣播發射，亦無優先使用赤道衞星軌道的權利。而接受國有權保護其主權，在轉播之前有諮商與同意之權，對於不法廣得採取抵制措施。總之，太空衞星電視廣播，不得從事旨在煽動或鼓勵任何威脅和平、破壞和平或侵略行爲之宣傳；而且每一國家應有權拒收外國有意向其領域內播送之任何宣傳。

（註一）亞歷山大衞（C. H. Alexandrowicz）著『全球通訊法』（The Law of Global Communication）一書中，就 INTELSAT 各方面澈底調查，認爲它是半官方機構（quasi-public agency）。該書於一九七一年由 Columbia University Press 印行。

（註二）『無線電規程』稱『赤道衞星發射臺』（geo-stationary satellites）者，乃是位於赤道，以地球自轉的同等速度，循繞地球兩極軸航行的衞星。

第八節　太空物體之管轄

一九六三年太空法律原則宣言宣佈：『將射入太空之物體登記在案之國家，對於該物體及該物體內任何人員，在其停留太空期間，保有管轄及控制。』一九六七年太空條約第八條第一段，已將此項原則予已明文規定。依此原則，每個太空物體，都應當予以登記。基於這種登記，登記的國家或國際組織，享有對於該物體的管轄與控制權，並負擔關於該物體的責任。

所謂登記國對於登記的太空物體保有『管轄及控制』，意指登記國的法律，適用於太空物體與該物體內所發生的事件而言。例如太空犯罪者，仍然隸屬於其本國法律的管轄。且任何其他國家，不得以電子或其他方法，干擾該物體的經常作業，即任何國家不得以無線電指揮、改航或破壞非其管轄的太空物體。

登記國對於其太空物體的管轄，受到兩個主要限制：

㈠太空物體於作業或遇難時，可能進入他國領域內的大氣空間。當它在他國的屬地管轄內時，它應當隸屬於當地國的法律管轄之下。太空物體的內部事項，可能不受當地國法律的管轄，其被視爲例外的範圍，尚有待於決定。

㈡國家爲着自衞目的，得以電子或其他方法，干擾他國的太空活動，以對抗來自太空的干擾。我們認爲：只有最特殊的緊急情勢，才可容許太空活動的被干擾。

一九六三年太空法律原則宣言，及一九六七年太空條約第八條第二段均規定：射入太空之物體及其構成部分之所有權，不因其通過太空或返回地球而受影響。這個原則確認：太空物體的發射，或其重返地球而在他國境內降落，均不得基於發射者失去控制，因而喪失所有權，使之成爲無主物。

發射國對於其太空物體或構成部分，在地球、大氣空間或太空所加於他國之損害，應負國際責任。相對的，一九六七年太空條約第八條第三項規定：此項物體或構成部分，倘在其所登記之本條約當事國境外尋獲，應送還該當事國，如經請求，送還物體前，當事國應先提出證明資料。

第九節　航天員的救援與送回

一九六三年太空法律原則宣言，列舉三項關於航天員（astronauts）的原則：㈠各國應視航行太空人員爲人類在太空之使節；㈡各國應於航天員發生意外、遭受危難、或在外國領土或公海上緊急降落時，應給予一切可能之救助；㈢航天員之作此種降落者，應安全迅速送回登記其所乘太空航行器之國家。

航天員爲『人類在太空中之使節』，至少包含有『不得侵犯』的意義。如果航天員陷於敵方，以其具有人類使節的地位，應享有身體不得侵犯之權。

一九六七年太空條約，將上述三項原則列爲第五條約文，規定遇航天員有意外事故、危難或緊急降落之情形，應給予一切可能協助，迅速並安全送回航天員。

一九六八年四月二十二日簽訂的『援救航天員送回航天員及送回射入外空之物體之協定』第一條規定：締約國於獲悉或發現太空人員遭遇意外事故，或正遭受危難情況，或已在締約國管轄領域內，在公海上，或在不屬任何國家管轄之任何其他地點，作緊急或非出於本意之降落時，應立卽：(甲)通知發射當局，或於不能查明發射當局並立卽與之通訊時，立卽以其可以使用之一切適當通訊工具公開宣告；(乙)通知聯合國秘書長，由秘書長以其可以使用之一切適當通訊工具，傳播此項消息，毋稍稽延。

一九六八年航天員協定第二條規定：如因意外事故、危難、緊急或非出於本意降落之結果，太空器人員在一締約國管轄領域內降落，該締約國應立卽採取一切可能步驟，援救此種人員，並提供一切必要協助。該締約國應將所採步驟及其進展情形，通知發射當局及聯合國秘書長。如發射當局之協助，有助於實現迅速援救，或對搜尋及援救行動之效力大有貢獻，發射當局應與該締約國合作，以求有效進行搜尋及援救行動。此項行動應受該締約國指揮管制，該締約國應與發射當局密切並不斷會商行事。

航天員協定第三條復規定：如獲悉或發現航天員已下降於公海上，或不屬任何國家管轄之任何其他地點，能提供協助之各締約國，於必要時，對搜尋及援救此種人員之行動，提供協助，以確保其迅速獲救。提供協助的國家，對於其所支付之費用，應有要求償還的權利。

一九六七年太空條約第五條第二項規定：『在太空及天體進行活動時，任一當事國之航天員，應給予其他當事國航天員一切可能協助。』航天員雖來自地球不同的國家，但應受到互助義務的拘束。

爲了加强『和平探測與使用太空爲人類之共同利益』的原則，各國應便利太空器之通過其領空，並應協助航天員之被迫降落其領土。至於發射國能否要求其他國家提供降落場，以便其太空器降落，尚是一個有待協商的問題。發射國能否使用他國追踪站的設備，更是一個難以解決的問題。

第十節　衞星探測地球資源

衞星使用遙感（remote sensing）探測地球資源，對人類生活各方面，即將發生重大的影響。這種衞星稱爲『地球資源技術衞星』（Earth Resources Technology Satellites，簡稱ERTS）。由於它的使用，將可增加世界糧食生產，發現新礦物資源、水資源與能源，偵測大氣及海中汚染，偵察海洋生物的移動，偵查森林火災、蝗蟲散佈及冰山流向等。

美國於一九七二年七月二十三日發射這種衞星，從事第一次實驗。聯合國認爲這種衞星發展，對於法律的影響有研究的必要。早於一九七一年十一月決議，設立一個工作小組，研究這個問題。該工作小組於一九七三年一月十九日至二月十日舉行會議，給『遙感』下一個定義。所謂『遙感』，乃是『使用太空物體觀察方法，協助測定地球表面、內層及其上空的形狀或現象的性質和情況的一種技術』。

就國際法的觀點而言，此種遙感意義，乃是從所有國家領土管轄範圍內的地球表面上，獲取各種資料和情報。因而這種衞星的使用，引起各項法律問題。例如，發射國在未獲得有關國家事先許可之前，能否獲取他國的地面資料？這些獲得的資料，在未得該國家同意前，能否分發給第三國或私人使用？均是值得研討的問題。

依照太空法律宣言原則與一九六七年太空條約的推論，各國一致認爲，每一國家有權發射這種衞星，進入太空軌道，而且可以自由探測太空及地球，因爲現行國際法，尚無禁止使用之規定。

不過此種自由探測權利之行使，受到若干限制。依照太空條約規定，探測及使用太空，應爲所有各國之福利進行。太空條約第十一條規定：凡在太空進行活動之當事國，同意依最大可能及可行之程度，將此種活動之性質、進行狀況、地點及結果，通知聯合國秘書長、世界大衆及國際科學界。聯合國秘書長於接獲此項資料後，應準備立卽作有效傳播。對於使用遙感衞星探測地球資源所獲取的各種資料，自應適用。

太空條約第九條規定：當事國在太空所進行之一切活動，應妥爲顧及本條約所有其他當事國之同等利益。依照此項規定，我們可解釋爲：一國須先獲得有關國家之同意，始能使用或分發衞星所獲取的他國的自然資源資料。美蘇兩個太空國家對於此一問題持不同意見，美國認爲，分發地球資源資料供各國使用，對全世界有利。蘇聯認爲，一國的自然資源是其主權不可分割的部分，應予尊重。就現階段而言，提供地球資源資料，供第三國使用，必須獲得該有關國家的同意。

法國、阿根廷與蘇聯曾向聯合國太空法律小組委員會提出一項關於衞星探測地球資源適用的法律原則草案，規定一國使用衞星遙感獲取他國自然資源的資料，應在相互接受的條件下，提供該國此等資料。探測國未得其明白表示同意前，無權將此類資料公開，給第三國或國際組織使用。

此種使用衞星遙感，探測地球資源的未來發展，現今尚難預測。可是各國均認為，對於這種太空活動，應及早研訂各項可以適用的法律規範。美蘇兩國同意：衞星遙感所獲得的資料，須與有關國家共享。而且美國認為，應儘可能提供給全世界使用。

第十一節 太空法的未來發展

自聯合國大會於一九六三年一致通過太空法律宣言之後，太空法已從過去法學家冥想模議的階段，進而為各國所承認的一種法律體系了。

各國在太空的活動，給國際社會引起了許多複雜問題，對於這許多問題，均需要法律予以規範。例如現行國際法對於太空航行規則，尚付闕如。我們主張公海航行自由，可以適用於太空。一九六七年太空條約比照公海規則，規定登記國對於於在太空或天體上之物體及該物體內之人員，保持管轄及控制權，但該約並未規定給予太空器國籍。至於太空器航行的路線與速度，以及宇宙器科學操作方法，為了航行安全與避免受他國的干擾，以及確保地球及人類環境不受損害，需要制定各種限制的規則。

聯合國對於太空技術造福人類之實際應用，至為關切，並已採取各項計劃，俾使發展中國家，獲得太空技術的利益。太空法律小組委員會未來的工作，將對下列三項問題，研訂各項可行的規則：㈠為探測或使用太空所發射的太空物體登記制度；㈡管理來自月球與其他天體的物質的法規；㈢使用衞星遙感探測地球資源之規則。

太空法一如其他國際法規則，不能脫離國際現實政治而獨立發展。當現實世界仍是主權國家分立之時，國家利益將繼續為決定法律的重要因素。征服太空，並未能改變人類對國家利益的重視。不過由於太空的活動，將會加强國與國間之相互依賴性。只有互相協調，才能解決複雜細密的太空法問題。

太空法不是靜止的，它是隨着太空科學技術的發展而演進。未來太空法的發展形態，必須配合有關科學與工業技術的發展，並為謀求適合人類福祉，而研訂出來的法律體系。

（註一）本章係依據：㈠利頓 (Leyden) 大學航空暨太空法教授戈九思 (D. Goedhuis) 博士著『太空法現狀 (The Present State of Space Law)』，刊載於一九七三年發行為紀念國際法學會一百週年所編之『國際法現狀及其他論文集』(The Present State of International Law and Other Essay) 中第二〇一至二四四頁；㈡甄克士(C. W. Jenks)著『太空法』(Space Law)，一九六五年倫敦 Stevens & Sons 出版；㈢史達克 (J. G. Starke) 著『國際法導論』(An Introduction to International Law) 第一七七至一八八頁關於太空法；綜合編述而成。

（註二）雷崧生譯甄克士著『太空法』，商務印書館五十七年版，是國內現有唯一的一本太空法專書，本章多所引用，值得參考。

（註三）下列太空法的專著和專文，值得推薦參考：

㈠Gyula Gal, Space Law (1969);

㈡McWhinney and Bradley (eds.), New Frontiers in Space Law (1969);

㈢D. Goedhuis, "Reflections on the Evolution of Space Law", Netherlands International Law Review, Vol. XIII (1966), pp. 109-149;

㈣鄭斌教授著：“1967 Space Treaty”, Journal du Droit International, July-September, 1968, pp. 532-644; "Analogies and Fiction in Air and Space Law", Current Legal Problems 1968, pp. 137-158; and "The 1968 Astronauts Agreement or How not to Make a Treaty", Year Book of World Affairs, 1969, pp. 185-208;

㈤Howard J. Taubenfeld, "Progress in International Law: Outer Space and International Accommodation", Review of International Commission of Jurists, December, 1969, pp. 29-38.

第三編

國家之權利與責任

第三編 國家之權利與責任

第十一章 管轄權

第一節 管轄權概說

國家對人、對物、對行爲（acts），或對事件（events）行使的管轄權，因各國的歷史背景與地理環境而異。例如，英美國家重視領域管轄權（territorial jurisdiction）。依據此項原則，每一國家對於在其領域內之財產、人民、或發生之行爲得行使管轄權。英美國家之所以重視領域管轄權，是由於英美疆界瀕臨海洋，在往昔與他國人民來往及財物流動，不如以陸地爲疆界的國家之自由與無限制。而歐陸國家對於領域管轄權多持廣義觀點，這是由於歐陸各國多以陸地或河川爲界，人民來往容易及財物流通頻繁所致。

過去英美法院行使之管轄權很少超過領域管轄權。可是近代交通頻繁，商業交易密切，國際刑事犯罪日增，（例如販毒及外滙買賣等違法案件），英美國家對領域管轄權的傳統觀念，亦隨之改變。我們現在已經可以看到，近年許多國際立法，規定簽署國行使之管轄權超出領域範疇，英美均爲這些國際公約的簽署國，自應遵照實施。

國際法對於國家所主張的管轄權，並無嚴格限制。這是從一九二七年蓮花案（Lotus Case）中顯示出的一項原則。常設國際法院在該案判決書中說：對任何國家行使的管轄權並無限制，除非能以證明所加之限制乃係現行國際法的一項原則。常設國際法院在判決該案時，並未接受當事國之一法國的主張。法國認爲一國要求行使管轄權，必須提出符合國際法或國際慣例的證明。可是，常設國際法院認爲主張不應行使此種管轄權的國家，應負義務提出國際法禁止之證據。

名法官艾瓦特（H. V. Evatt）曾說：『一國不得對與其毫無關係之人、事、物行使管轄權』，這是一國行使廣泛管轄權的唯一限制。一般說來，凡是人民或事物實際處於一國領域之內，這個國家必然受其影響，因而需要對其領域內之人或物行使管轄權，由此可見，領域管轄權的原則乃是一項通行的原則。

第二節　領域管轄權

國際法明確承認國際社會中所有國家均得對其領土內之人、事、物行使管轄權。英國名法學家麥克米倫（Lord Macmillan）曾闡明此項原則說：

『所有主權獨立國家，對於其領域內之人與事，以及在其領域內發生之一切民刑案件，均有管轄權，這是國家主權的一個重要屬性。』

正如以上所說，英美國家自始卽對領域管轄權持狹義觀念，它們認爲領域管轄權具有排他性，不過它們亦承認此項原則也有少數例外情形。

依照英國的實例，任何人或物祇要當時是在其領域以內，卽使在英國無有戶籍或住所，英國亦可對其行使管轄權。英國並認爲立法機關制定之法律，除有明確相反之規定外，僅限於適用其領域內的人、事、物。美國採行的實例與英國相同。

領域管轄權之適用，除國家領土外，依照慣例，以下三種亦視同國家領土：

㈠領海；

㈡懸掛其旗幟的船舶；

㈢海港。

㈠領海內的管轄權：前一章曾經說過，一國船舶有無害通過外國領海權。但沿海國對於單純通過其領海的外國船舶，並不完全豁免其管轄權。一八七六年英國刑事法庭審理佛朗哥尼亞一案(R. v Keyn, The Franconia)，該案是一艘德國船在多維爾的地方因爲疏忽而撞沉了一艘英國船，引起人員傷亡，英國刑事法庭因無法規依據，裁決對於在三海哩內外國船舶上犯罪之外國人無管轄權。此項裁決使英國司法當局感到震驚，乃於一八七八年制定領海管轄法（The Territorial Waters Jurisdiction Act），使英國法庭對於外國人在其領海內犯罪有管轄權，但對於外國罪犯須經外務部許可才能起訴。

近年聯合國國際法委員會對於沿海國及通過領海的外國船舶的權利與義務曾加以硏討，一致認爲沿海國爲保障其本身利益起見，對於危害其安全、公共秩序、或財政利益之外國船舶的任何行爲，得採取必要的合理措施。外國船舶並應當遵守領海國符合國際習慣規則的各種法令，如保障海上交通、預防海水油汚、與保護領海內生物資源等法令。

㈡船舶管轄權：一國對於在海洋上航行懸掛其本國國旗的船舶享有管轄權，有些法學家譬喻此等船舶爲『漂流的海島』(floating island)，視爲本國領土的延續。此項理論固然適用於行使在公海上的本國船舶，而且也適用於行使在外國領海內的本國船舶。近數年來，美國最高法院曾拒絕接受船舶類似領土的說法，指出船舶不是船旗國領土的一部份，但船旗國對於懸掛其本國旗幟的船舶所行使的管轄權，與對其領土所行使的管轄權相同。名國際法學家赫爾(Hall)也曾嚴厲批評將本國船舶喻爲『漂流的海島』的理論，及公海上船舶具有領土性質的原則。

㈢海港管轄權：海港係一國的內國水域，所以海港完全受其本國的管轄。但是，由於國際習慣規則的發展，一國船舶停泊於他國港口之內，應受當地國一項特殊法規的管轄，不過每一個國家對於停泊在本國港口內外國船舶的管轄，隨各國實施的不同管制法令而相異。

國際法的一般規則是：一隻商船駛進外國港口完全受當地國的管轄，至於各國遵行此項規則的程度則隨各國實施的辦法而有不同。但有一個重要例外情形，就是國際法習慣規則規定：在海上受難船舶有權駛入外國港口避難，而且在此種情況下駛入港口得豁免當地國的管轄，但該船舶在港口內不得有意違犯當地法令。有些國家認爲此等避難船舶祇能享受有限度的豁免。

至於停泊在外國港口內的船舶上發生罪行，其管轄權誰屬問題，則視當地國所實行的法令而定。

依照英國的辦法，外國商船停泊在英國港口之內，或英國商船停泊在外國港口之內，均完全受港口所在地國家法令的管轄。可是關於刑事案件，除非船旗國駐在地代表——例如領事，或控制船舶之人員的請求協助，或罪行可能影響當地港口的安全或秩序，英國向例均不過問。英國認爲當地國對於每一案件應否干涉，應由當地國有關當局決定。

美法兩國的實例與英國有些不同，其最顯著者：（一）關於船舶內部紀律或經濟事件，認爲船旗國當局，包括駐在地領事，具有主要管轄權；㈡關於影響港口安全或秩序的事件，當地法院及其他有關機關保留管轄權。因此，對於一八八七年威登海斯案（Wildenhus' Case），美國最高法院認爲這艘停在美國港口內的比利時輪船上一名比籍船員刺殺另一名船員的事件，應受當地美國法院的管轄，而不應受比利時駐在該地領事的管轄。

各國對於停泊在其港口內的外國船舶所實施的管理辦法雖有不同，然多爲形式問題，而非實質問題。而且這些不同的辦法，由於近年國際協定的締結，有漸趨一致之可能。一九二三年國際海港管理公約（The Convention and Statute of 1923 on The International Regime of Maritime Ports），即是一例。

第二款　國家及於領土外的管轄權

國家對於領海、海上船舶及港口的管轄權，與其對於領土管轄權相類似。除此之外，國家有時需要擴大領域管轄權原則，及於在其領土外所犯的從屬的罪行。由於近代國際交通工具的突飛猛進，常有在一國蓄意策劃的罪行，而至他國完成。有些國家認爲領域管轄權不能及於在其境外的主犯，因而對於在其境內從犯的罪行也不主張予以懲罰，因爲從犯的罪行祇是主犯罪行的附屬部份。可是有些國家擴大領域管轄權的適用，以適應此種新的情況的需要：

㈠主體的領域管轄原則（Subjective Territorial Principle）：有些國家主張其有權懲罰在其境內開始而在他國領土內完成的罪行。此項原則雖未成爲各國所普遍遵行的國際法規則，但是由於一九二九年日內瓦禁止僞造貨幣公約，及一九三六年日內瓦禁止非法販賣毒品公約載有此項規定，已在特別情況下，獲得實施。依照這兩個公約的規定：締約國對於在其境內意圖僞造貨幣及販賣毒品，不論其最終罪行在何國發生，均有懲罰之義務，對於此項犯罪之準備行爲，亦應予以懲罰。

㈡客體的領域管轄權原則（Objective Territorial Principle）：有些國家主張其有權懲罰在他國境內開始而在其本國境內完成或對其本國社會秩序發生不良後果之罪行。海德教授（Prof. Hyde）給客體的領域管轄權原則下一個定義如下：

行為人在一國境外所作之行為直接結果，對於該國發生有害之影響，如果該行為人出現在該國領土內，該國得行使領域管轄權，懲罰該行為人。

一九二六年國聯編纂國際法專家小組委員會，對於一國對在其境外所犯刑事案件之管轄權，提出一項正式報告。該項報告給客體的領域管轄權原則提出兩個例證：㈠一個人放槍越過國界致射殺鄰國人；㈡一個人身在英國，寄信給住在德國的收件人，詐取錢財。這兩個實例中的犯人都是寄身在其罪行發生國家的領土之外。

在禁止僞造貨幣公約及禁止非法販賣毒品公約的規定中，均適用客體的領土管轄權原則。在英美兩國法院的判決中，也曾承認此項原則。可是適用此項原則一個最顯著的判案，就是一九二七年常設國際法院對於蓮花號案（Lotus Case）的判決。案情很簡單，就是法國郵船蓮花號（The Lotus）在公海上與土耳其一隻運煤船相撞，土耳其認爲是蓮花號船員的重大疏忽，以致土耳其煤船破沉，八名土耳其船員喪生。法船蓮花號於此項事件發生後繼續航行至君士坦丁堡，依照客體的領土管轄權原則，當蓮花號船上肇事的船員出現在土耳其境內時，土耳其主張對蓮花號船員使土耳其運煤船遭受損害的過失行爲有管轄權，遂對蓮花號船上負責船員起訴，結果判定其犯殺人罪。常設國際法院多數法官認爲土耳其法院此項判決並無違反國際法之處。

第二款　外國僑民的管轄權

國際法承認一國對於在其領土內的外國僑民與對其本國國民相同，具有領域管轄權。摩爾法官(J. B. Moore)在蓮花號一案中指出，一國對於違反法律的外國僑民，不得因其爲外國人，而可享受當地管轄權的豁免。祇有在以下兩種情況下，外國僑民始能要求豁免當地管轄權：㈠享有特殊豁免權的外國僑民，得不受當地法律的管轄；㈡當地法律不符國際法，外國僑民始能要求豁免當地的管轄權。

第三款　刑事管轄權

一個國家對於在其境外的刑事犯是有否具有管轄權，各國採行的辦法頗不一致。英美及其他幾個國家主要採用刑事管轄屬地主義。依照英美國家的意見，一國對於不在其境內犯刑事罪的外國僑民無權管轄。可是由於國際公約對於國際性罪犯各國均得懲罰的規定，(例如，各國有權懲罰僞造貨幣及販賣毒品的罪犯)，逐漸使得英美所主張的刑事管轄屬地主義受到若干限制。不過現今大多數國家均不採行此種絕對的刑事管轄屬地主義。

主張刑事管轄屬地主義是基於以下幾項理由：通常認爲社會秩序受最大影響之國家應有權處罰犯人。在一般情況下，社會秩序受最大影響之國家就是犯罪所在地的國家。另外一個最重要的理由，就是犯罪所在地國家對於在其境內的本國人民或外國僑民所犯的罪行具有最大的利害關係，並具有最方便的機構和最大的權力懲處這類罪行。

第一款已經說明，領域管轄權原在幾種例外情況下可以擴及於領土之外。但對於一八八七年發生的凱亭案件（Cutting Case）則不能適用。凱亭是美國人，他在德克薩斯州發表一篇文章，墨西哥政府認爲這篇文章構成對於一位墨西哥人的誹謗罪，當凱亭進入墨西哥境內而將其逮捕。美國政府認爲，領土管轄權原則不能適用於一個暫時旅居的外國人在未入境前被認爲違反當地法律的行爲。美國此項主張曾獲得普遍的支持。

第四款　領域管轄權的豁免

依照國際法與國內法的規定，享有領域管轄豁免權的，計有：

㈠外國國家及元首；
㈡外國外交代表；
㈢外國公有船舶；
㈣外國武裝軍隊；
㈤國際組織。

以上五種豁免權的享有者，如果不能豁免當地刑事管轄，至少可以豁免當地民事管轄。不過並非絕對豁免民事管轄，這些享有者如果自動接受當地民事管轄，國際法並不嚴格禁止。因此，如果豁免權的享有者適當拋棄其所享有的豁免權，當地國家自可行使其領域管轄權。

第一項　國家及元首

第一目　國家及元首的豁免權

依照國際法的規定，一個國家及其元首得向他國法院提出訴訟。除非依照條約的特別規定或自動接受他國法院的管轄，國家及其元首在他國法院不得爲被告。第六章中已經說明，一個國家及其元首在他國所享有的豁免權，必須該國或其政府首先得到他國的承認。

國家與其主權者同樣享有豁免權，建立此項規則的理由爲：

㈠一個主權國家不能對另一主權國家行使管轄權；

㈡基於相互給予的禮誼，一國爲酬答他國給予的豁免權，同樣地應給予他國及其主權者在其本國享有豁免權；

㈢一般來說，一國的法院在事實上不能强制外國的國家或主權者，如果一國的法院有此意圖，則被視爲是一項不友好的行爲；

㈣一個國家許可外國在其境內執行公務，或者邀請外國的元首至其境內訪問，此一事實卽含有給予該國或其元首在其境內享有豁免權之意，因爲沒有一個國家元首願意在其他的條件下前往他國。英國法官約頓（C. J. Jordan）認爲此種豁免權，是一項『默示的義務』。

國家及其元首在外國享有豁免權具有兩項含義：㈠國家及元首享有外國法院訴訟的豁免；㈡屬於國家或元首所有的財產同樣被豁免外國法院的管轄權。關於第一點，英國法學家認爲，英國法院不得以司法程序對於外國的國家或元首進行訴訟。換言之，英國法院不得違反外國的國家或主權者的意志，使其成爲法律訴訟的當事人。此項法律訴訟，凡是對於外國國家或主權者本身或其所有財產的損失賠償，均不得爲之。此項規則是英國上議院判決克利斯丁納（Cristina）案所創立。該案發生於西班牙內戰時，一艘西班牙船逃入英國卡的夫（Cardiff）港，當地西班牙領事代表西班牙共和政府將該船徵爲公用，該船的船主向英國法院申請頒給追物狀（writ in rem），以恢復該船的所有權。英國法院如對西班牙政府進行訴訟，只有令其出庭或作缺席裁判，因而英國法院顯然强制西班牙政府接受其管轄，否則西班牙政府將喪失其對該船的所有及附屬權利。於是該船主的請求及對西班牙政府的訴訟程序乃被擱置。

此項豁免規則被英國法院嚴格遵守，甚至不得對外國的國家或主權者進行間接的訴訟。英美兩國法院對於他國公有商船，也豁免一切管轄權。

關於此項豁免規則的第二點，英國法院適用同樣原則，不論他國的國家或元首是否爲訴訟當事人，對於該國或其元首所有的財產或佔有的財產，均不得以司法程序予以沒收、扣留或其他司法處分。如果該國元首對於被英國法院處分的財產不具有物主的名義，爲了要求享有豁免權，至少它須提出對於該財產的所有權狀或佔有證明書。關於這一點同樣適用上述克利斯丁納（Cristina）案，英國上議院裁定：英國海事法庭對於西班牙政府公用船舶頒發的追物狀，是對外國主權者進行訴訟，故應予擱置。外國政府要求享有豁免權，只須提出證明，表示『它的要求不是不眞實的，卽爲有效』。無需提出所有權的一切證據。

此項豁免規則不僅限於適用對物（in rem）的訴訟，甚至適用於對人（in personam）的訴訟。假使此項對人的訴訟獲勝，間接地使外國的國家或主權者喪失所有或佔有的權利，該國家或主權者均得主張豁免權。

近些年來，由於國家從事各種國際貿易，因而引起另一個問題，就是關於國家的商業行爲是否亦可享有當地國家管轄權的豁免。義大利與比利時等國的法院對於此類案件並不拒絕行使管轄權。美國法院至少曾經有一次認為，一個外國貿易公司發行的一部份公司股票爲其政府所據有，或其政府視爲國營或公營事業，該外國貿易公司不得因此而享有豁免權。

一個國家或主權者並不是在所有案件中均絕對的享有豁免權，有時視要求法律救濟的性質，而不得免除司法訴訟。在以下幾種情形，一國法院得對外國的國家或主權者實施管轄，這些情形可以說是此項豁免規則的例外：

㈠除外國使領館館址用地外，關於一國境內的土地權得提出訴訟，理由是『屬地管轄權是國家領土主權不可分的一部分，此項原則至爲重要，而不得加以限制』；

㈡當地法院得處分與外國政府或主權者有關的一項信託基金（a trust fund）；

㈢外國政府或主權者爲債券持有人，其代理人以債券持有人所爲之行爲，得受當地法院之管轄；

㈣外國政府或主權者對於一個辦理結束的公司的資產主張權利，當地法院對於該項資產有權處分。

實例顯示，並不是所有國家願意將全部管轄權豁免。第一，有些國家將外國的國家行爲與其純商業性行爲劃分開，僅對前者豁免管轄權。美國於一九五二年宣佈採行此項辦法。第二，有些國家的國內法院對於要求豁免權的每一案件的性質與目的詳加研究，以決定該項案件是否眞正屬於外國公務行爲。第三，關於外國政府機關及外國半公營公司的豁免權，並無確定的實例。有些國家除依照有關國家國內法的規定外，並視其他情況以決定該外國機關或公司是否得享有豁免權。關於外國半公營公司，尤其是不具有政府機關性質，而只是一個法人，不得享有管轄豁免權。

外國國家或主權者違反當地國家的法律，以其享有豁免權，當地國家只能循外交途徑謀求救濟。豁免權並可及於元首私人行爲，例如婚姻的承諾，甚至當其在微行時所爲之行爲，亦可豁免當地法律的管轄。

豁免權得經由明示或默示同意拋棄。如何始構成默示同意拋棄，應視各種案情而定。而且各國法院對於外國拋棄豁免權均不願自行推定，因此一般認爲下列行爲並不構成接受管轄權：

㈠在訴訟之前接受和解，甚或申請暫緩進行訴訟；

㈡處在外國管轄權下簽訂契約；

㈢處在外國管轄權下之船舶被拿捕；

㈣外國主權者爲契約當事人之一方，該契約條款規定，關於該項契約所引起之糾紛，接受當地法院之管轄。

除在當地法院要求行使管轄權時，外國給予同意外，其他行爲均不足以爲其接受管轄權。

當地國法院對於外國國家爲原告之案件，如被告提起反訴（counter-claims）應否受理的問題，頗值得研究。當外國國家自動提起民事訴訟案時，如被告就同一案件提起反訴，要求原告給予其賠償或給付其訴訟費用時，外國政府或主權者必須遵從當地法院對於該案的判決。依照美國最高法院最近的判例，如果被告提起直接反訴（direct counter-claim），即對原告提起訴訟所根據之事實或法律行爲提起反訴，當地法院可以受理，甚至被告提起間接反訴（indirect counter-claim），即對與原告提起訴訟所根據之事實或法律行爲無關之事項提起反訴，當地法院亦得受理。實際上對於此項問題的決定標準，在於爲原告之外國國家是否確定表示願意接受當地法院關於該案件的全部管轄權而定。

一九七○年之前，英國所有判例，對外國元首享有的豁免權，遵循「絕對豁免理論」(absolute doctrine of immunity)，而其他國家則採「限制豁免理論」(restrictive doctrine)。現在英國爲符合一九七○年代主權者豁免理論(sovereign immunity)的新發展，遵照一九七八年「國家豁免法」(State Immunity Act)規定，對以前英國法院遵循的「絕對豁免理論」有若干重大改變。英國在制定「國家豁免法」之前，國際間已有若干新發展對主權者享有「絕對」豁免權的法律理論已有改變。美國國務院代理法律顧問泰廸(Jack Tate)於一九七二年五月致函美國司法部長巴曼(Philip Perlman)宣稱：「絕對豁免理論」已甚少國家贊成，今後美國國務院對於外國政府請求給予主權者豁免，應遵循「限制豁免理論」，於是美國拒絕採用「絕對豁免理論」，這封信因而有名稱爲「泰廸書函」(Tate letter)。

在瑞希圖拉案(Rahimtoola v Nizam of Hyderabad)中，鄧寧爵士(Lord Denning)對於外國政府從事商業行爲給予豁免表示反對。一九七二年五月在巴賽(Basle)通過歐洲國家豁免公約暨議訂書(European Convention on State Immunity and Additional Protocol)，開放給歐洲國家簽署。提出「相稱豁免權」(relative immunity)觀念，以別於「限制豁免權」(restrictive immunity)。該公約基本原則仍維護外國國家及政府應享有「絕對管轄豁免」，但在第一至十四條中列舉若干案情，外國主權者不能主張管轄權豁免。美國依照國務院及司法部多年處理外國主權者豁免的實例，於一九七六年通過「外國主權者豁免法」(Foreign Sovereign Immunities Act)，其立法主旨即在外國主權者享有「絕對豁免」之外，對於「限制豁免理論」制訂成爲法規，凡是依據外國在美國從事商業活動或外國在美從事與商業活動有關的行爲，或外國在美國領域以外從事商業活動有關的行爲而對美國發生直接影響的訟訴案件，外國不得豁免美國法院管轄。

英國法院繼美國立法之後，在審理下列兩案中亦採取「限制豁免理論」。英國樞密院司法委員會在審理菲律賓艾德蒙公司案（The Philippine Admiral (owners) v Wallerm Shipping (Hong Kong) Ltd）中認爲，當外國政府或第三者用作商業的船隻在英國法庭受到物權（in Rem）的訟訴時，外國不得主張「絕對豁免管轄」。英國上訴法庭在審理奈及利亞中央銀行案（Trendtex Trading Corpn v Central Bank of Nigeria）中認爲，奈及利亞設立的中央銀行不是政府機關，只是一個法人（legal entity），因而不能享有管轄豁免；該法院另外兩位法官鄧寧爵士及蕭氏（Lord Denning and Show LJ）認爲，即使奈及利亞中央銀行是政府機關，在對人（in pessonam）訟訴案中也不能享有豁免權，因爲原告控訴該銀行的信用狀是商業文件。鄧寧爵士提出一項法律原則：當外國主權者（foreign Sovereign）在英國與商人進行商業行爲即無豁免權。

英國一九七八年制定的「國家豁免法」，與一九七二年「歐洲國家豁免公約」所採立法原則相同。「英國豁免法」確認外國國家及政府享有「絕對管轄豁免」的一般原則，並詳細列舉英國法院不得給予豁免的例外規定：㈠英國法院須遵循外國國家享有「絕對豁免」原則，除非「國家豁免法」另有相反規定。㈡如果外國放棄豁免權，接受英國法院管轄，即無豁免權。㈢在下列訴訟中不能適用豁免權：

⑴在國家豁免法第三節中詳列的商業行爲。

⑵外國須在英國履行的全部或部分義務。

⑶外國在英國與個人簽訂的雇用契約，或該雇用契約全部或部分須在英國履行。

⑷外國在英國行爲或不行爲，肇致人員死傷或財產損失。

⑸外國佔有或使用在英國境內的不動產。

⑹因外國佔有或使用在英國境內的不動產而生之任何義務。

⑺在英國登記或受英國保護而屬於外國國家的任何專利、商標、設計或育種權，或外國在英國被控侵犯英國的任何專利、商標、設計、育種權、版權或使用商業公司名稱的權利。

⑻外國是依英國法律設立的社團成員，或公司合夥人，或該公司社團業務受英國主要營業機構控制。

⑼外國爲商業目的應負責繳付的任何附加稅、關稅、貨物稅、農產賦稅或爲房屋捐稅。

英國「國家豁免法」第九節規定，倘一國以書面同意將一項爭議交付仲裁，在英國法院程序規定，有關仲裁外國不得享有豁免權，除非在兩國簽訂的仲裁協定有相反規定，始不予適用。「國家豁免法」第十四節規定：任何外國國家、主權者或元首、外國政府或政府任何機關得適用相關豁免權及特權，但國家行政機關以外任何分立的非屬政府的法人（separate, non-governmental entity），具有控告及被訴的行爲能力，只有在行使主權權利及在國家得享豁免權的情況下的相關訴訟，得豁免管轄。

其他國家繼美英制定主權者豁免法之後，採取相同立法，例如加拿大於一九八一年制定「國家豁免法」，巴基斯坦於一九八一年制定「國家豁免法」（State Immunity Ordinance）

第二項　外交代表

第一目 外交人員

外交人員在駐在國境內，完全免除刑事訴訟的管轄，及有限度的免除民事訴訟的管轄。英國對於外交人員所給予的豁免，一部分是將國際法通行的習慣規則列爲普通法（Common Law），另一部分根據各種法令，如一七〇八年的外交特權法、一九五〇年國際組織豁免及特權法、一九五二年專爲不列顚國協各分子國間所派的高級專員及愛爾蘭派遣的大使、隨員及其眷屬的外交豁免法、以及一九五五年外交豁免權限制法。根據一七〇八年的外交特權法，凡是導致外交人員被逮捕或其財物被扣押的一切訴狀，均屬無效。英國一九五〇年的國際組織豁免及特權法，將外交使節專享的豁免特權，擴大及於國際組織的職員、會員國的代表、及國際組織爲特別任務所派遣的國際官員。

外交人員本身享有的豁免權，及於其家人及隨從。各國通常實例，都是將其所要求享受豁免領域管轄權的人名列册定期送存於駐在國的外交部。凡是持有外交護照之人員，而不是派駐在當地使領館人員，尙不夠資格享有豁免權。至於外交人員傭僕享有豁免權的程度，各國情形不一。在英國，一七〇八年外交特權法明文規定，外交官家內的傭僕得免除民事訴訟。至於外交人員傭僕因從事商業而涉訟，則不能豁免當地法院的管轄。

在英國，外務部承認某人具有外交人員地位，英國法院卽予接受，不得表示懷疑。英國對於外國政府及元首的承認，亦具有相同的效果。這是英國上院在裁決恩基凱控訴莫西曼（Engelke v Musmann）一案中所制定的判例。

外交人員得拋棄其所享有的民事管轄豁免權。如果主張享有特權的人員是使領館館長以下人員，則拋棄此項特權的行爲，必須出自其上級人員或其政府，而其上級人員所爲之拋棄行爲，必須係遵照其政府的訓令。

如果使領館館長將其所屬下級外交人員享有的特權拋棄，則不論該外交官個人是否要保留其豁免權，卽可停止其所享有的特權。通常英國法院對於外交人員拋棄特權的行爲，必須具有確實的證據，始予承認。拋棄管轄豁免權並不意謂當地法院對該外交官得强制執行訴訟程序。在一般情形下，尙需該外交官的上級進一步的表示，願意接受當地訴訟程序，當地法院始能强制執行。

當外交人員的任務結束時，其所享有的豁免權仍繼續一段合理期間，以便其保持尊嚴，結束公務後，離開其所派駐的國家。但對於被撤職的外交官或被使領館館長將其特權拋棄的外交官，其所享有的豁免權不得延長。

外交人員所享有的管轄豁免權，旨在使其代表國家有效執行職務，而不受干擾與阻礙。此項原則同樣適用於使領館舍（但不得用館舍從事叛亂行爲），以及爲執行其任務所需使用的一切財產，均不得侵犯。

如果外交人員在其所駐在之國家境內從事間諜活動，非法刺探軍情，駐在國得不受其管轄豁免權的約束，將該外交人員予以驅逐出境。

至於外交人員前往任所途經第三國，或居住在非其派駐之國家，對其所享有的外交人員地位有無影響的問題。依照國際慣例，外交使節享有無害通過權，卽當其前往任所途經第三國時，其路過的國家不得予以干擾。因而有些法學家主張，外交人員得免除其所過境的國家的管轄。但是多數法學家並不贊成派駐在一國的外交使節可以在其他國家享有管轄豁免的特權。

豁免管轄與免除責任不能混爲一談，因爲外交人員一旦拋棄豁免權，其所負之法律責任卽行發生。英國郝瓦特爵士（Lord Hewart）在裁決狄肯生一案（Dickinson v Del Solar）時說：

外交人員所享有的特權，並不能免除其過失行為所應負之法律責任。明確的意義應是：除非他們接受管轄，在英國法院不得以外交使節為被告。外交特權並非免除法律責任，僅是免除當地國家的司法管轄。

第二次世界大戰之後，國際組織紛紛成立，因而產生國際官員，如聯合國秘書處職員、各國出席國際會議的代表、他們所負的職責與任務，顯然需要與外交人員享有相同的豁免權。

因而英美國家制定法律，將外交人員享有的豁免權擴大及於國際組織的官員。英國曾於一九五〇年制定國際組織豁免及特權法，並根據該法頒佈各種行政命令。美國曾於一九四五年制定聯邦國際組織豁免法。關於英美兩國所制定的這兩項法規的詳細規定，本書不及一一論述。簡言之，國際組織的官員所享有的特權，並不如該兩項法律名稱所顯示的廣泛。英美兩國給予國際組織官員及出席國際會議代表的豁免權，是有限度的。國際組織高級官員，一如外交人員的情形，得拋棄其下屬官員享有的特權。同時對於階級不同之國際官員，其所享有的特權也不相同。因此，國際官員所享有的豁免權，並不是免除其所負之法律責任，僅是免除當地的司法管轄。現今其他各國將逐漸地依照英美兩國的立法，普遍採行。

最後，多數國家之法院，對於外交使節，無論其爲公務行爲或私人行爲所發生之訴訟，一概不予受理。關於這一點，外交人員與領事的地位有顯著的不同。領事的私人行爲不得享有豁免權。依照英美兩國上述法規的規定，並不是所有國際官員的私人行爲，均享有豁免權。依照英國一九五五年制定的外交豁免權限制法規定，對於不給予英國外交官私人行爲豁免權國家的外交官，英國得以行政命令撤銷其外交人員本人、隨員及傭僕私人行爲的豁免權。

第二目　領　事

領事不是外交代表，關於領事的私人行為，前面已經說過，不能豁免當地的司法管轄，但依條約規定給予領事此項特權，則屬例外。可是關於領事執行公務的行為，依照國際法，不受當地國家司法訴訟的管轄，但在其獲得本國政府同意下亦可以管轄。領事享有此種有限度的豁免權，是由於駐在國接受外國派遣其前來執行領事任務，為使其適切執行其職務，顯然需要豁免當地司法的管轄。如果駐在國人民因領事的公務行為而受到損害，他只有請求其本國政府經由外交途徑謀求救濟，駐在國如不滿意領事的言行，可得撤銷其領事證書。

領事如果同時兼任其本國政府的外交代表，則其私人行為，即可完全免除當地法院訴訟的管轄。

第三項　外國船舶

第一目　公用船舶

一國軍艦及公用船舶停泊在他國港口內，享有較為廣大的領域管轄豁免權。一國為公共目的使用民營船舶，運輸軍隊軍火，也被視為公用船舶。從船舶所懸的旗幟及其所屬國家管理當局頒發的各項文書中，可以查明該船是否為軍艦或公用船舶。

對於外國船舶的管轄權有兩種學說：㈠『漂浮的海島』（floating island）說，根據此一學說，一國視他國的公用船舶為該國領土的一部份，港口國家的法院對於他國公用船舶上發生的罪行或犯人管轄權，均被排斥；㈡當地國家法院豁免外國公用船舶及其船員若干管轄權，不是基於公用船舶係外國領土的學說，而是根據當地國家法令給予的一種默示許可。當地國家的法令所給予外國公用船舶的豁免權是有限度的。公用船舶所屬的國家，對其船舶享有的豁免權亦可以拋棄。

英國樞密院在裁決鍾其春（Chung Chi Cheung v R）一案中，排斥外國公用船舶視同外國領土的學說，主張當地法律仍可適用於公用船舶。該案是一個英國人在一艘位於香港領海的中國公用船舶上從事謀殺行爲，而被香港法院判罪。該案上訴時，被告的律師認爲香港法院對於該案無權管轄，如果公用船舶眞被視爲外國領土，這種申辯自然有理。然而樞密院司法委員會却認爲公用船舶僅享有當地若干管轄豁免，除了這些豁免之外，當地法律仍然適用於公用船舶及船上所發生的罪行。根據各種確定的事實，中國政府已拋棄這些豁免權，因此香港法院仍有權管轄。英國樞密院並指出，只有第二種學說，始符合每一個國家最大利益的需要，本國法院有權審訊並懲罰在其境內的罪犯，始能保護其國內秩序不受破壞。英國樞密院爲支持它的此項意見，曾引述美國最高法院法官馬歇爾（Marshall）在交易船（Schooner Exchangc v M' Faddon）案的判詞，他認爲公用船舶的豁免權是基於當地國家『默示許可』，外國船舶進入其港口，此項許可即含有免除當地國家管轄之意。

當外國公用船舶停泊在本國港口內，不論是對該船舶本身，或是恢復物權，或是因碰撞要求損害賠償，或是對於該船舶上的船員，當地法院均不得加以司法管轄。但是此項豁免權僅以該公用船舶爲國家目的有效行使其爲國家機構的任務的限度爲止。英國樞密院在上述鍾其春一案中說：

> 外國公用船舶內部事務，如受當地管轄而受干擾，船員不能執行職務，則外國主權者將不會遣它的船舶駛往國外。

可是，外國公用船舶必須遵守港口國的法令，例如檢疫及衞生法規，並不得違犯當地的稅法。如果公用船舶違犯這些法令規章，則可經由外交途徑解決，甚或强迫令其駛離港口。停泊在港口內的外國公用船舶上的犯罪行爲，除非侵害當地人民，仍屬船旗國所管轄。有些法學家更認爲在岸上犯罪的犯人，不是船上的船員，如逃往外國公用船舶上庇護，當地主管機關在未徵得該船船長同意之前，不得擅自上船逮捕犯人；如船長拒予同意，當地機關只有經由外交途徑要求船旗國給予同意。有些法學家持相反的意見，他們認爲外國公用船舶不能作爲刑事犯的庇護所，當地警察得上船逮捕逃犯，至多可基於人道的理由，主張外國公用船舶可以收容政治性的犯人。如果外國公用船舶的船員上岸違犯當地法令，他們雖不享有豁免權，但在通常情況下，當地警察仍將其交給船上主管人員懲罰。如果船員係因執行公務在岸上違犯當地法令，他可全部免除當地司法的管轄。

第二目　國營商船

近年來，各國政府以普通船舶從事國際貿易，在世界市場與民營輪船公司開始航業競爭。因而發生一個問題，就是關於公用船舶享有的豁免權原則，是否可以同樣適用於國營商船。主張國營商船亦可享有豁免權的理由，是這些商船爲一個政府所有，如果容許他國對這些商船行使管轄權，則無異以船舶所屬的國家爲『訴訟』的對象。他們並說，『在平時維持並促進國民的經濟福祉，與維持並訓練海軍，同爲公用目的。』

相反的，有些法學家對於公用船舶享有豁免權的此種新發展嚴加批評，反對國營商船享有豁免權。他們持有以下兩個主要理由：㈠外國主權者的財產享有豁免權的理論，是基於國家尊嚴、平等及獨立的原則，國與國相互之間給予的禮誼。可是一個國家在國際市場從事商業競爭，與主權國家的尊嚴不相符合，應撤銷此類船舶享有豁免權；㈡外國政府因國際貿易發生的爭端，可以對當地國家的人民提起訴訟。可是反過來，當地國家人民向法院對外國國營商船提起訴訟時，外國國營商船如果享有絕對的豁免權，這對當地國家的人民說，是不公平的。主張外國國營商船應享有豁免權的法學家對於上述批評答辯說，當地受損害的人民得請求其本國政府經由外交途徑謀求救濟。可是英國莫漢姆爵士（Lord Maugham）反駁說：

當今世界，對於受外國政府損害的不幸人民，經由外交途徑謀求救濟，殊難收到實效。

現今英美兩國贊同國營商船享有豁免權。可是有些國家和英美立場不同，不承認外國國營商船享有豁免權。例如，義大利曾接受對他國國營商船的訴訟，並執行法院所作的裁決。

第一次世界大戰之後，許多次國際會議討論外國國營商船管轄問題，幾乎一致認爲國營商船與民營商船適用相同法律救濟與訴訟程序。一九二六年四月，許多國家在布魯塞爾簽署關於國營商船豁免權統一規則國際公約。該項公約於一九三七年生效，但只有少數國家批准或加入。該項公約主要規定爲：對於國有或國營客貨船舶提出有關船舶航行或貨物運輸方面之權利要求，應與民營客貨船舶相同，對其所負責任應受相同規定之約束。軍艦、政府巡邏艇、醫院船、及專爲政府使用而非爲商業目的之船舶，雖可不受上述限制，但仍可對公用船舶提出若干權利要求，如要求給付救助費用，卽是一例。聯合國國際法委員會對於該公約所制定的各項規則，亦深表贊同。

第四項　外國武裝部隊

第一目　外國軍隊的豁免權

一國武裝部隊准進入外國領土，享有一種有限度而非完全的管轄上的豁免。武裝部隊在外國所享有豁免權的程度，視他國許可的情形，尤其視派遣國與接受國關於軍隊入境簽訂的協定中有無明文規定而定。

派遣國與接受國關於外國駐軍協定中如無特別規定，僅是准許外國軍隊入境，此舉卽產生若干國際法的後果。美國最高法院法官馬歇爾（Marshall）在裁決交易船（Schooner Exchange）一案中提出一項原則，簡述如下：

一國許可友邦武裝部隊入境，卽默許對該部隊全體或官兵個人，不行使任何有礙其繼續成為其主權者服役之有效軍隊之管轄權。

換言之，接受國默許：凡損及外國軍隊之完整及效能之任何管轄，均不行使。根據此項原則，接受國默許或特許外國武裝部隊享有下列兩項豁免權：㈠外國武裝部隊官兵在營區以內犯罪，或雖在營區以外而執行職務的犯罪，以及違犯軍風紀之罪行，該部隊指揮官及其本國軍事法庭享有排他的管轄權；㈡凡是關於外國武裝部隊的內部行政，或涉及該部隊為執行任務所必須之事項，不論民事或刑事，外國武裝部隊及其官兵均享有當地管轄權的豁免。反之，如果外國武裝部隊官兵是在營區以外且非執行軍事職務，例如在遊樂時所犯之罪行，接受國有權要求其受當地法律的管轄。

根據上述原則可以知道，接受國特許外國武裝部隊進入其本國境內，並未完全放棄其管轄權。

在通常情況下，外國軍隊的主官或外國軍隊本國的軍事法庭，至少對於其部隊的軍風紀或軍隊內部行政事項的管轄，得免除當地國各級法院的監督管轄（supervisory jurrisdiction）。

至於外國武裝部隊享有的豁免權應達到何種程度始可維持其軍隊效能，法學家們顯然有不同的意見。美國司法當局的意見及其實例，均主張為維持外國軍隊的效能，外國軍隊應享有完全豁免權。至於其他國家，例如英國，卽不採行此種辦法，對於外國部隊官兵行使民事管轄權。其他各國亦持不同的意見。例如，澳大利亞法院在審理芮特一案（Wrighe v Cantrell）時認為，駐在澳大利亞境內從事太平洋戰爭的美國軍隊，其官兵個人縱是在執行職務的時候，傷害當地人民，亦須受當地法院的民事訴訟管轄，而不致損害該部隊的完整與效能。

在接受國與派遣國之間如無特別協定，對於派遣國軍隊享有的豁免權，則可適用上述各項原則。可是，如果兩國之間締結有特別協定，則當地法院的管轄權應受此項協定條文規定的限制。例如，接受國許可派遣國部隊得免除一切民事與刑事的當地管轄，則當地法院應接受其政府所給予的此項豁免權。

此種管轄上的豁免，只是給予外國的武裝軍隊。凡是與武裝部隊及軍事作戰無關的外國人民，雖其接受本國高級軍官的指揮，亦不得享有豁免權。

第二目　外國駐軍地位

在第二次世界大戰期間，英國及不列顚國協其他國家對於在其境內的同盟國軍隊，尤其是美國軍隊，制定各項法律，規定當地法院對於盟國軍隊的官兵具有完全管轄權，但盟國軍隊可免除當地刑事的管轄。派遣國軍隊拋棄其專屬管轄權，當地法院自仍得管轄。民國三十二年，我國頒佈處理在華美軍人員刑事案件條例。第一條規定：美軍人員在中國境內所犯的刑事案件，均歸美軍軍事法庭審判。

第二次世界大戰以後，由於聯合國憲章的規定，或是依照區域安全辦法，或是依照雙邊防禦條約的規定，同盟一國的軍隊常被派遣駐在他國境內，以致發生外國駐軍地位問題。北大西洋公約國家爲解決這個問題，於一九五一年六月十九日在倫敦簽訂武裝部隊地位協定。該協定條文規定：派遣國與接受國對於北大西洋公約國家派遣軍的官兵及文職人員行使共同刑事管轄權。但是有下列兩項例外規定：

㈠凡罪行之為一國所處罰，而為另一國所不處罰者，應屬於該處罰國的專屬管轄；㈡在共同管轄的案件中，派遣國對於下列案件具有主要的管轄權：（甲）僅涉及破壞派遣國財產或安全的罪行；（乙）僅涉及侵害派遣國武裝部隊官兵或軍文人員的身體或財產的罪行；（丙）執行職務時，行為或不行為所引起的罪行。關於民事管轄，派遣國不得要求豁免，但其部隊官兵因執行職務所引起之民事判決，不得予以强制執行。

一般原則，派遣國對於在軍營內或因執行勤務之犯法行為有專屬管轄權，聯合國維持和平部隊因為是國際部隊所組成，絕對豁免接受國的管轄。

第五項　國際組織

國際組織，如聯合國與國際勞工組織等，依照國際協定與國內法的規定，享有領域管轄的豁免權。聯合國大會於一九四六年及一九四七年先後通過聯合國特權及豁免公約及『各專門機關特權及豁免公約』。迨國際原子能總署成立，因其地位與聯合國專門機關略有不同，該總署於一九五九年通過『國際原子能總署特權及豁免協定』。美國於一九四五年制定聯邦國際組織豁免法，英國於一九五〇年制定國際組織豁免及特權法，對於國際組織及國際組織官員享有的特權及豁免權有詳細的規定。本書將於第二十二章中說明國際組織享有的一般特權及豁免權。

我國政府於三十六年六月頒佈『聯合國各組織及人員在華應享受之特權及豁免辦法』規定：㈠聯合國各組織在中國領土內設立辦公處所：（甲）檔案及文件不得侵犯；（乙）信件及通訊應免除檢查，並得使用密碼；（丙）資產收入及其他財產應免除直接稅，其為供公務之用而運入及運出物品或出版物，應免除關稅及進出口限制。㈡聯合國職員在中國境內：（甲）因執行公務而生之訴訟應予豁免；（乙）其薪給及津貼免予課稅；（丙）第一次到達中國國境時所携帶私人用品及行李應免除關稅。㈢來華出席各項國際會議之各國代表所享特權與豁免，比照駐華外交官待遇。

第三節　對人管轄權

對人管轄權（Personal jurisdiction）與對領土管轄權顯然不同，涉訟的個人必須具備某種條件，一國或數國始可對其行使管轄權。事實上，只有在涉訟的個人出現於一國權力內而該國並可對其實施訴訟程序，此時該國始能行使管轄權。此種情況都是在涉訟個人自願入境或被引渡之後始可發生。

根據現行國際間的實例，一國行使對人管轄權，均係基於下列兩項原則之一：

㈠積極性國籍原則（Active Nationality Principle）：根據此項原則，被告國籍所屬之國家享有管轄權，此爲各國普遍承認的一項國際法規則。與積極性國籍原則有相互關係的引渡法原則，就是任何國家都不負有將其本國國民引渡與他國的義務。

㈡消極性國籍原則（Passive Nationality Principle）：根據此項原則，由遭受損害者國籍所屬之國家享有管轄權。國際法在某種限制下始承認消極性國籍原則。因而在前述凱亭案（Cutting Case）中可知，不贊同消極性國籍原則的國家，無有義務接受他國根據此項原則控訴其國民。只有案件發生所在地國家疏於或不能懲罰肇事人犯，當該人犯在被害者國籍所屬的國家權力之下出現，後一國家始享有管轄權，因為每一個國家都有保護其國外國民的權利。有幾個國家的刑事法典，特別是墨西哥、巴西及義大利的刑事法典，適用消極性國籍原則。例如，土耳其的刑事法典規定，對外國人在其境外犯罪致使其本國或其國民遭受損害，賦與其本國法院以有限度的管轄權。可是英美兩國却不承認此項原則，例如，常設國際法院美國籍法官摩爾（Moore）在審理蓮花案（Lotus Case）時說，土耳其刑事法典規定土耳其法院對外國人在其境外犯罪致使其國民遭受損害有權管轄一節，是與國際法相違背，但不能確知他的此項意見是否為常設國際法院其他法官所贊同。

第四節　根據保護原則行使的管轄權

國際法承認，每一國家對於危害其國家安全、領土完整、或重大經濟利益之犯罪，得行使管轄權。此一原則通稱為保護原則（Protective Principle）。多數國家的刑事法典中，都將此項原則的實質以不同的措辭列為國內法的條文。

國家行使此項管轄權有兩個理由：㈠此種罪行後果對於遭受危害國家影響至巨，故可援用保護原則；㈡由於此等罪行並不違反當地國家的法律，或以此等罪行屬於政治性為理由而拒絕引渡，被侵害之國家除行使管轄權外，許多此類犯罪將可逍遙法網之外。

反對保護原則最有力的理由是，每一國家都是依照其本國觀點以判斷何者為危害其國家安全或重大經濟利益之行為，如是，在許多案件，如果適用保護原則，將流於專斷，有失公允。

第十二章　國家責任

第一節　國家責任的性質與種類

國家的行爲或不行爲如果違反了國際法的規則，致使外國或外國人民受到損害，依照國際法的規定，這個國家應負救濟與賠償的責任，受損害國家享有要求損害救濟與賠償的權利。是則所謂「國家責任」，意指「國家對其國際過失行爲負責」，而且此項行爲須違反國際法。倘使不爲國際法所禁止的一項行爲而造成國際損害是否引起國家責任？國際法委員會對此問題仍在研擬之中。

至於損害救濟與賠償的獲得，顯然須視案件情況而定。在通常的情況下，受害國經由外交交涉以求獲得精神上的賠償（satisfaction）。例如，一國的尊嚴或榮譽受到損害，如果負責任的國家正式道歉，或保證同一事件將不再發生，一般認爲受害國已得到適當的賠償。金錢賠償（pecuniary reparation）與精神賠償不同。有時，外國或外國人民在物質上受到損害時，則需要給予金錢賠償。在許多實例中，關於國家責任與賠償數額問題均須由國際仲裁法院裁決。

引起國家負擔責任的過失有各種不同的情形。例如，一國不履行條約義務，致使他國人民受到損害，這個國家可能須負破壞條約的責任。總之，引起國家負擔責任的原因不外出於：㈠行為(an act)，或㈡不行為(an omission)。

至於國家應否負責，須依照國際間公認的標準來衡量。國際法就是國際間公認的一項標準。一國的行為或不行為，依照國際法來衡量其是合法或犯過失，以及國家所犯的過失到何種程度。如果依此標準衡量一國的行為或不行為是合法的，那就不會引起國家責任問題。例如，際際法一致承認每一個國家都有全權拒絕他國人民入境，因而一國人民請求前往他國而被拒絕，其國籍所屬之國家不得提出任何權利要求。同樣理由，凡國際法許可國家行使的管轄權，當一國行使該項管轄權時，自也不會引起國家的責任。

有關國家責任的各項規則現正在演進之中，聯合國國際法委員會對於這個問題也在繼續研究，也許將來演進到個人可能要對其不法行為負國際責任，國家要為其違反國際法而成為『國際罪行』(international crimes)，須受到國際制裁。聯合國大會及國際法委員會對此國際罪犯責任問題均在進行研究，擬制訂一部違反人類和平及安全法典，但西方國家並不熱心，認為可能與現行條約牴觸，且犯罪的國家與個人，交由何種法庭審理，亦是問題。

第一款　聯邦國家內各邦責任誰屬問題

聯邦國家內的邦或被保護國對於他國或他國人民所造成的損害，其所引起的國際責任究應由誰負擔？這是國際法上的一個問題。一般認爲各邦或被保護國所引起的國際責任應由其聯邦或保護國負擔，因爲在國際事務上，各國只承認聯邦與保護國具有與他國發生外交關係的能力。即使是依照一國憲法規定，各邦或保護國所引起的國際責任是專屬於各邦或被保護國的職責，可是在國際間此項責任，仍應由聯邦或保護國負擔。聯邦或保護國不得假藉聯邦憲法或保護條約的規定，而拒絕負擔此項國際責任。英美兩國均接受此項原則，例如，美國人民在巴西各省遭受損害，美國拒不接受巴西將此項責任諉諸於其各省。

各國接受此項原則的理由是，如果被害國家分別向各邦或被保護國提出權利要求，必然招致聯邦或保護國的不滿，認爲此項行爲干涉其國家內政。在事實上，關於國際義務履行與否，公認聯邦及保護國應負主要責任，而各邦或被保護國爲聯邦或保護國所管轄的區域。因此，各邦或被保護國的行爲或不行爲，構成國際法上的任何過失，均應由聯邦或保護國負擔。國際法委員會報告說：「一國領土的各級政府機關，例如市、省、地區政府的行爲與不行爲應由國家負責，這是國際司法判決及各國實踐長久明確承認的原則。」

第二款　國家的國際責任

在我們就實際案情以確定國家責任的時候，必須明確瞭解國際法與國內法的界限。在下列兩事中可以顯明看出二者的界限所在：㈠一國違背或不履行國際行爲規則，將可引起國家的國際責任；㈡一國因其官員所犯之過失行爲而引起之國際責任，不得以該官員依國內法無權所爲之過失爲理由，而推諉其應負之國際責任。

關於第一點，一國之行爲或不行爲必須是違犯或不遵守國際法的規定，始構成國家責任。國家絕不會因爲違犯國內法而發生責任問題。一國如違反國際法，不得以其行爲不違反國內法爲理由，而拒絕其應負之國際責任。聯合國國際法委員會通過的「關於國家責任條款草案」第四條規定：「只有國際法可以認定一國的行爲爲國際不當行爲。這種認定不因國內法認定同一行爲爲合法行爲而受影響。」

關於第二點，任何國家不得以其官員所犯之過失行爲，依照國內法的規定，認爲超越其職權範圍，或其不具有是項職權，而拒絕其應負之國際責任。由於國際法優於國內法，縱使該官員依國內法規定不具有是項職權，如果依照國際法規定，該國應負有責任，則不能以國內法爲理由而逃避其國際責任。

第三款　免除國家責任的正當理由

免除國家責任正當理由問題，國際法委員會於一九八一年通過的「關於國家責任條款」草案中曾有以下規定：

一、一國在他國所指導的權力或控制下所犯的國際不當行爲，因係他國強迫的結果，可免除該國責任，應由他國負起國際責任。

二、一國同意他國去犯一個不符合後一國對該國義務的特定行爲，此行爲在該國同意的範圍內，排除此行爲對該國的不當性。

三、一國由於他國的國際不當行爲而採取依據國際法對付該國的措施，例如合法報復，倘不涉及武力，則為國際法所許可。

四、一國的不法行為如果是由於不可抗力，或是在極度危難的情況下，而且此種情況的發生不是該國有意促成，則可免除其國際責任。

國際法委員會通過的「關於國家責任條款」草案中規定另兩項重要理由，可免除國家的國際責任。一是關於自衞的必要措施，如果一國行為構成符合聯合國憲章下的合法自衞措施，自可排除該國不符合其國際義務之不當性。同時，關於引用「必要情況」(state of necessity) 作為免除國家責任的理由，規定以下嚴格的限制：

一、一國不得引用必要情況作為排除一個不符合該國國際義務行為的不當性，除非：

甲、該行為是為維護國家基本利益所遭遇嚴重和立即危險的唯一方法；和

乙、該行為對於（行為國）對其應負義務的國家的基本利益不造成嚴重損害。

二、在任何情形，一國不得引用必要情況以排除一個行為的不當性：

甲、如果國家的行為不符合基於國際法一般強制規律 (a peremptory norm) 下的國際義務；或

乙、如果國家的國際義務是不符合一個條約明示或默示的規定，而該條約排除了對該義務引用必要情況之可能；

丙、如果有關國家促成必要情況的發生。

第二節　違反條約或契約與徵收財產之責任

一國因不履行條約義務而引起之責任大小，依條文的規定而決定。條約規定締約國的權利與義務，如果締約一方不履行條約的義務，就發生國家責任問題。常設國際法院在裁決僑儒工廠賠償案（Chorzow Factory Case）時，確認『一項協定遭受任何破壞，均將引起賠償責任』，乃係國際法的一項原則。

一個國家與外國人民或公司簽訂的契約，則不能適用上述原則。一國不履行此種契約依照國際法的規定，並不一定構成責任問題。縱使發生責任，此種責任與違背條約義務所發生之責任亦不相同。依照國際法的規定，國家只有對於此種契約以外所負的職責而不履行時，例如，契約另一方當事人遭受『拒絕正義』（denial of justice）時，始引起國家責任問題。

國家徵收外國人民的私產所引起的責任，是一個完全不同的問題。一國任意徵收他國人民的財產，顯然爲國際法所不許。可是由於近年國際情勢的變遷，一般認爲國家有權徵收他國人民的財產。在十九世紀，一國徵收他國人民的財產，受損害的外國人民所屬的國家卽有權要求損害賠償。可是現今各國均控制着大部分的私人企業與工業，如果根據其對內的政策，徵收本國人民與外國僑民財產無有歧視，並不被認爲是違反國際法的措施。例如，一國實施『國有』（Nationalization）政策，徵收本國人民及外國僑民財產，此種行爲不違反國際法；如一國强制『徵用』（Expropriation）或『沒收』（Confiscation）外國僑民的財產，則爲國際法所不許。

在一九三八年至一九三九年期間，墨西哥徵收英、美、荷蘭三國人民設在墨西哥的十七個石油公司的財產，因而對於這個問題引起了激烈的爭辯。受損害的三國政府抗議這種無理的徵收行爲。墨西哥反辯說，此項徵收係根據墨西哥既定的對內政策而採取的措施。墨西哥並於一九三九年十一月，修改憲法，禁止將開採石油的特權讓與外國的私人公司。最後，墨西哥最高法院裁定此項徵收行爲是合法的，並承認外國石油公司有要求獲得補償的權利。在一九五一年至一九五二年期間，伊朗制定法律，將英國人民的石油財產收歸國有（實際是沒收），及至一九五六年，埃及將蘇彝士運河公司的特權收歸國有，均發生同樣的爭議。

各國實踐、學者理論及案例均顯示，依照國際法有效徵收外國財產必須符合以下條件：㈠爲公共目的或公共利益；㈡對外國人沒有歧視；㈢不涉及不正當的不法行爲。

一國徵收外國人民或公司的財產而不給予適當的補償，則被認爲違反國際法。至於僅給予名義上的賠償，或是無限期的拖延，或不作肯定的承諾，或所給予之賠償低於其給予本國人民的賠償，構成對外國僑民的不公平待遇。

對於不法徵收，除依合法徵收應付之賠償外，同時應加付受害者所受到之任何損失。

近年對於各種形式的所謂「潛在徵收」（creeping expropriation），例如使用歧視的價格管制、限制營利所得、資本滙回稅、高額歧視性稅捐等，國際法對於這一問題尚未能解決。只有兩國在商談雙邊友好及通商條約時，除其他規定外，雙方可就這些問題舉行協商。

第一款　卡爾服條款

卡爾服條款(Calvo Clause)，係因阿根廷法官卡爾服（Calvo）而得名。中南美各國政府與外國公司或人民簽訂契約常列有此一條款。中南美各國政府依此條款獲得若干特權，同時，使外國人民拋棄因該契約所引起之任何問題，而請求其本國政府保護或援助的權利。此項條款的締訂具有各種不同的方式，美墨賠償委員會裁決北美疏浚公司案（North Amarican Dredging Company Case）中，列舉下列一例，頗具代表性：

在墨西哥境內，為履行本契約之一切有關事項，締約當事人、僱工或其他職位的所有人員，依此契約工作，得直接或間接的被視為墨西哥人民。除墨西哥共和國法律賦與其本國人民之權利外，他們對有關本契約之利益與工作，不得要求享有任何特殊之權利。因此，他們被剝奪了外國人民所可享有的任何權利，且無論在任何條件下，亦不容外國外交人員干預有關本契約的任何事項。

卡爾服條款的目的，在使因該項契約引起之法律爭端，歸當地國家國內法院審理，排斥國際仲裁法庭管轄，並防止享有特權之外國公司或個人，請求其本國政府採取外交行動。拉丁美洲國家與外國公司或個人簽訂的許多契約中，均列有卡爾服條款，是由於在拉丁美洲國家內獲准特權的外國公司或個人，不願經由當地國內法院請求救濟，常藉口一點點理由，請求本國政府出面干涉，以保護他們的利益。

國際仲裁法院是否承認卡爾服條款的效力問題，其歷次所作的裁決，不相一致。國際仲裁法院許多次裁定卡爾服條款無效，認爲個人不能簽訂拋棄本國政府保護其國民權利之契約。在另外的案件中，國際仲裁法院法官認爲卡爾服條款有效，禁止契約當事人向國際仲裁法院提出權利要求。例如，前述之北美疏浚公司，美墨賠償委員會卽拒絕此項要求。他們認爲依照卡爾服條款，提出要求之公司負有義務，依照墨西哥法律請求救濟，而事實上該公司並未循此途徑。可是，英墨賠償委員會却不拒絕此項要求，認爲引用卡爾服條款不足以抗辯，因爲提出要求之公司確實曾向墨西哥法院起訴，可是經過九年之久而未獲審理。

關於卡爾服條款的意見，可歸納如下：

㈠該條款旨在停止外國保護其本國人民之主權，則屬無效。

㈡英國政府曾聲明說：國際法中『並無法規禁止契約規定，當地法院對於契約一切規定事項，具有完全及排他的管轄權』。換言之，外國國民不能視其所僑居之國家爲弱小國家，即不向當地法院起訴，逕請其本國政府干預，以求獲得救濟或賠償。

㈢該條款旨在阻止原告之本國政府，不得對於顯然違反國際法之案件從事干涉，亦屬無效。

總之，卡爾服條款不足以阻止各國行使保護其國外僑民的權利，也不能免除各國保護其境內外國僑民的責任。

第二款　國家關於債務的責任

在國家繼承時，繼承國謀求避免履行被繼承國的財政義務，因而發生國家關於債務的責任。在其他情況中，例如一國政府未能償付國債利息，或者國際組織會員國拖欠會費，均足引起國家的債務責任。

至於國家保護其本國人民向他國索債的權利，有下列三種學說：

㈠巴瑪斯登學說（Palmerston's Theory），這是英國巴瑪斯登爵士於一八四八年提出，他主張債權國有權對債務國依外交手段，甚至可以軍事干涉，以保護其人民向他國索債的權利。

㈡德拉果主義（Drago Doctrine），這是阿根廷外交部長德拉果於一九〇二年首次提出的主張，卽國家負有不得對債務國使用強迫手段索債的義務，包括不得採取武裝軍事行動。德拉果的主要目的，在限制國家使用武力索取國債；至於以外交手段，或是向國際法院提出權利請求，他並不反對。及至一九〇七年，各國締結限制使用武力索取契約債務海牙公約。該公約規定：締約國不得使用武力以索取其國民與他國所訂之契約債務；但債務國拒絕接受仲裁或拒絕接受仲裁判決，則爲例外情形。

㈢大多數國家認爲債務國所負之責任，完全與一般國際協定所規定之義務相同。當債務國未能償還債務時，國際法並無特別補救的規則和方法可資適用。此一學說，則爲普遍所接受。

第三節 國際侵權責任

關於國家的責任，通常是由於國家自身之過失行爲所引起。此處所謂過失，是指國家違反國際法所規定之義務，而不是單純違反契約義務。此種過失行爲稱爲『國際侵權行爲』（international delinquency）。依照現今國際法的趨勢，個人侵權行爲應負之責任，本節暫不討論。

本節主要討論的問題，是僑居國外人民遭受的損害，以及國際法對於保護國外僑民所制定的許多法規。國外僑民所受的損害有多種，例如，財產遭受搶刼、僑民身體受到傷害、遭受當地機關非法逮捕、當地法院拒絕給予公平適當的救濟等。一般而言，凡旅居外國領土之僑民必須遵守當地之法律，當地國家對於外僑亦負有保護的責任。例如當地國家對於僑民所受之損害應提供適當之司法救濟，保護外僑免受當地政府官吏及人民之侵害。如外僑遭受不法侵害，當地國家應採取一切可能措施，逮捕並審訊侵害外僑之刑事犯。

根據國際法，我們可以說外國僑民至少享有生命、自由及財產之權利，但此等權利均難以給予明確的定義。

關於國際侵權行爲，可適用將責任轉嫁於國家的觀念。轉嫁（imputability）觀念可幫助說明國際侵權行爲。譬如甲國的機關或官吏，違反國際法的規則而侵害乙國人民，就法律而言，甲國因此侵害行爲須對乙國負責。這個意思就是甲國的機關或官吏違反國際法之過失行爲，此項責任由該國機關或官吏身上轉嫁於國家。因此轉嫁的觀念，乃係將一國機關或官吏的侵權行爲轉歸國家負擔責任的思想過程。

只有依照國際法的規定，一國機關或官吏之侵權行爲所負之責任，始可轉嫁於國家。例如，官吏超越其職權範圍所爲之過失，依照國內法的規定雖不能轉嫁於國家，但是依照國際法，此項行爲責任仍可轉嫁於國家。

因此可知轉嫁的責任須符合下列兩項條件：㈠一國的機關或官吏的行爲必須違反國際法規定的義務；㈡依照國際法規定，此項違反國際義務之責任應歸屬於國家。只有在國家機關或官吏侵權行爲之責任可以轉嫁時，始由國家負擔其國際責任。法學家布萊爾利說：國家

> 只為其自身侵權行為負責，其意義是國家本身是一個抽象的概念，國家「當局」不法行為或不行為，依照國際法，其責任得歸屬於國家本身。

至於國家應否負擔責任，須查明以下幾項情況而定：

㈠首先須決定國家機關或官吏所犯之過失行爲或不行爲，依照國內法的規定，其有無是項職權。

㈡如果國家機關或官員具有是項職權，其次應查明其違背職權之行爲依照國際法可不可以將責任歸之於國家。雖然國家的機關或官吏超越國內法所賦予之職權，可是依照國際法仍可將責任歸之於國家。例如楊曼斯案（Youmans Case），墨西哥一個城市的市長，命令一名尉官率領軍隊前往鎮壓對幾個美國僑民實施攻擊的暴亂，軍隊到達現場，不但不驅散暴徒，而且對美國僑民所躲藏的房屋開槍，擊斃一名美國僑民，並强迫另兩名美國僑民走出屋外，一併將其打死。墨西哥軍隊不服從上級命令，竟開槍打死外國僑民。雖然這批軍隊行爲超越其職權範圍，墨西哥政府仍須對其軍隊的過失行爲負責。

㈢如果確知國家機關或官吏依照國內法並無是項職權，因而超越其職權（ultra vires）的行爲所引起之責任，不能歸之於國家。國家機關或官吏無權所爲之行爲，不能說是代表國家的行爲。國際法漸進編纂專家小組委員會提出報告說：

如果官吏之行為超越其職權範圍，可以說是他的越權行為，就司法而言，此一行為不是國家之行為。此項行為可能是違法的，但從國際法的觀點，不能將此項行為責任歸之於國家。

可是，如果一國的機關或官吏之不行爲或失職，致違反國際法的義務，所引起之間接責任仍可歸之於國家。例如，國家主管機關或官吏，不採取限制過失行爲發生之措施，不盡其逮捕與懲罰罪犯的職責，或不採取措施以防止犯罪事件之再發生，因而國家應負擔此等不履行職權行爲所引起之間接責任。

(四)依照轉嫁原則，至少是國家官吏所爲之侵權行爲始可將其行爲責任歸之於國家，那麼普通人民所犯之違法行爲，自不得將責任歸之於國家。但是由於政府機關的不行爲或失職（default）而違反國際法應負的責任，此項責任仍可歸屬於國家。例如政府機關未能履行其制止及懲處犯人的責任，或是政府機關縱容人民去犯不法行爲，或是有意想從中取利鼓勵私人犯法而成爲從犯，或是以口頭或書面授權或批可私人犯此不法行爲，此等私人所犯的不法行爲，不論其是否爲該國國民，其責任仍可轉嫁於國家。有人認爲國家必須具有默示縱容這些過失行爲，始能將這一方責任歸屬於國家，例如國家疏於防範此等傷害發生，或者案發後未曾調查案情，或者對於犯人未予懲處。近年來個人或羣衆時常發生暴行，在何種情況下，暴行發生地的國家始對損害負責？法學家認爲當地國縱容暴行發生，或者未能適當懲處犯人，或不許引渡犯人至被害人所屬的國家，當地國均須負國際責任。

國際仲裁法院曾有數次裁決私人在暴動中侵害外僑生命財產的案件。國際仲裁法院裁決，國家只有在疏於防範暴動發生或有背誠信的情況下，始對暴徒的過失行爲負責。如果該國對於外僑的生命財產已盡其適當的保護，它已履行國際法所規定的義務，即不應再負任何責任。國聯國際法漸進編纂專家小組委員會報告說：

> 因暴動、革命或內戰對於外國僑民所造成之損害，不應引起國家的國際責任。可是，以暴動而論，如果暴動專是侵害外國僑民，而國家又未履行其防範及鎮壓的職責，則國家仍應負責。

倘國家有意助長或資助羣衆暴動，或者鼓勵或煽動此種活動，造成傷害，該國應負責任。國際法委員會認爲在特殊的情況下，可將轉嫁或歸屬（attributabiliy）理論擴及到與國家活動有眞正關聯的其他政治實體或個人。國家責任條款草案第七條第二項規定：

「雖非國家或地方實體正式結構的一部分，但經該國國內法授權行使政府權力要素的實體，其機關的行爲依國際法亦應視爲該國的行爲，但以該機關在有關事件中係以此種資格行事爲限。」

此項規定的目的，是將授權行使政府權力的公共團體或公用事業包括在內。國際法委員會認爲：因爲國家交付其機關以外的實體（entities）行使政府權力若干要素，在此種情況下，該國不能逃避其國際責任。國際法委員會認爲「經該國國內法授權行使政府權力要素的實體」，其行使的特定職權與政府機關正常行使的職權相同。

國家責任條款草案第八條，將實際上代表國家行事的個人的行爲歸屬於國家，該條規定如下：

「一個人或一羣人的行爲，在以下情況，依國際法亦應視爲國家的行爲：

甲、經確定該人或該羣人實際上係代表該國行爲；或

乙、該人或該羣人，在官方當局不存在和有理由行使政府權力要素的情況下，實際上行使這些權力。」

關於甲項，國際法委員會意指在國家官方機構之外，私人代表國家所爲之輔助行爲。關於乙項，國際法委員會認爲在某些特殊情況，例如遇到軍事侵犯而無官方機關時，或遇天然災害，發生地震或洪水，而又無政府官員時，私人負起公共職務，以提供必要的服務。

例如紐西蘭反對法國在南太平洋島核試人士所使用的「綠色和平船」（Green Peace Vessel）彩虹勇士（Rainbow Warrior）號，於一九八五年七月在紐西蘭水域內被法國工作人員擊沉，在

紐西蘭法庭被控訴時，法國承認對其工作人員所爲之行爲負責，而這些被控的工作人員也不能援用豁免理論免除其刑責。

第一款　保護僑民的一般原則

國際法規定國家有兩項基本權利：

㈠國家在其領土內有行使管轄的權利，他國不得干涉；

㈡國家有保護其旅居國外僑民的權利。

一國行使保護其國外僑民的權利，應以不妨礙他國在其領土內行使管轄權爲條件。換言之，國與國間應相互保持對於上述兩項基本權利的適當均衡。

中南美國家與英美兩國對於這兩項權利各持一端。中南美國家對於在其境內的英美兩國僑民堅持行使管轄權；而英美兩國却要保護其僑居在中南美國家的僑民，常時指控中南美國家對於英美僑民『拒絕正義』(denial of justice)，顯然輕視中南美國家的法律與司法機關，使得中南美國家甚感憤慨。這兩項極端意見無法協調，導致一九三〇年海牙國際法編纂會議在編纂有關國家責任法規的工作上，遭遇失敗。

一國可根據『拒絕正義』的理由，爲其僑民向僑居地國家提出損害賠償要求。何謂『拒絕正義』(denial of justice)？就廣義言之，是指外僑受到當地國家司法、立法或行政機關的一切違反國際法的侵害，如外僑在監獄中受劣待，無故徵收外僑財產等。可是就狹義言之，『拒絕正義』是指被告國的司法機關拒絕原告國的人民依照適當法律途徑尋求救濟的過失行爲或不行爲。

就狹義解釋，必須是濫用司法程序，或是使用不當的司法程序，始構成『拒絕正義』，如阻止外僑向法院起訴、無故延期審判、拒絕聽取被告辯護、審判過分不公、判決顯有不法等，但僅係善意的判決錯誤並不構成『拒絕正義』。

美墨損害賠償委員會於一九二七年審理卡廷損害賠償案（Chattin Claim）時，發現墨西哥法院方面常有『拒絕正義』情事發生，並列舉各項事實，以證明墨西哥司法程序的不完備。該委員會說：「法院缺乏適當調查，沒有充分對質，不予被告機會獲悉全部被控罪狀、不當審訊程序、公開審理僅是形式，以及法院本身缺乏誠意，證明審理程序不合規定。」

一國在根據『拒絕正義』的理由向國際法院提出損害賠償要求之前，受害人必須『用盡當地救濟手段』（exhaustion of local remedies）。國際法規定：任何國家非至其僑民用盡一切當地救濟手段而無效果時，不得逕以『拒絕正義』為理由從事干涉，或提出損害賠償要求。此項規則的主要意義是：被害僑民非至向被告國的最高法院或主管機關提出請求而無結果時，尚不能構成『拒絕正義』。

關於『用盡當地救濟手段』，有以下幾項例外的情形：㈠如果當地法院顯然不能判決給予賠償，或當地救濟手段被認為是不適當的，可無需請求當地救濟；㈡如果當地沒有公正的機關可以請求，亦可無需請求救濟，如當地最高法院隸屬於行政機關之下，而該過失行為應由行政機關負責，或是立法機關之行為造成對於外僑的傷害；㈢如果外僑所受的傷害，是由於當地政府的行政行為所造成，且顯明不受當地法院管轄，亦無需使用當地救濟手段。㈣有關國家放棄「使用當地救濟」的條件，例如爭議國家同意將爭議問題交付仲裁，其本身是否就是默示放棄「使用當地救濟手段」，仍不明確。

第二款　國家責任的要件

一國如果違反國際法的規定，對於外國或外國人民造成損害，即構成國家責任。可是有人主張一國之不法的行爲或不行爲，除非是出於該國官員之惡意或故意疏忽所爲之行爲與不行爲，該國對於受損害之國家不負責任。此係一種錯誤的說法，因爲惡意或故意疏忽，乃是一項籠統而不確定的要件，與國家責任之法律與事實依據相牴觸，不能爲國際社會所接受。國際間亦很少有一項條約明確規定惡意或故意疏忽之行爲或不行爲，爲構成締約國之責任。只有在特殊的情況下，惡意或故意疏忽行爲或不行爲始可成爲國家的責任，例如，國家有意縱容暴徒之過失行爲，損害外國使領館或外國人民的時候，應負國際侵權責任。

國際仲裁法院亦從未以惡意或故意疏忽爲要件，而判決一國應負責任。一九二一年英美賠償仲裁法院在審理吉斯（Jessie Case）案時，雖然美國官員的行爲是出於善意，可是美國仍負擔其對英國的責任。該法院定下一項廣泛原則：

任何國家對於政府官員在其職務範圍內所為之過失，應對他國負責。

因此，該法院認爲惡意或故意的疏忽行爲，不得視爲國家負擔國際責任的要件。

國家關於原子能方面所負的責任，視發生情況的性質，並受一般合理條件的限制，須負絕對責任。倘經證實一國由於管理核子燃料及裝置的疏失，不能確保國際社會的安全，該國自應負責。

核子武器的實驗與使用，以及不具有核子武器國家在核能方面的發展，其危險自難避免。一九六八年七月一日簽訂的「防止核子武器蓄衍條約」（Treaty on the Non-Proliferation of Nuclear Weapons），其主要目的在防止核子武器的擴散。由於核子武器競賽的危險性，對該條約的簽訂亦具重大影響。其基本原則爲第一二兩條。第一條規定：每一具有核子武器之締約國，擔承不將核子武器，或其他核子爆炸裝置，或對於此項武器或爆炸裝置之控制，直接或間接轉移任何方面；並不得協助、鼓勵或勸誘任何不具有核子武器之國家從事製造、取得、或控制此種武器或裝置。第二條規定：每一不具有核子武器之締約國，承允不直接或間接接受來自任何方面之核子武器或裝置，並不得製造或取得此種武器或裝置，不尋求或接受關於製造此種武器或裝置之協助。依照第四條規定，所有締約國除受第一二兩條限制外，均有權爲和平目的而使用核能。惟依第三條規定，不具有核子武器的締約國經與國際原子能總署談判，簽訂保證協定，接受國際原子能總署所訂的安全檢查制度。

此一條約雖非理想的解決辦法，但是如果不訂立此項條款，則核子武器蓄衍勢將難以管制。

一九八六年四月蘇聯車諾比（Chernobyl）核子反應器事件發生後，國際間簽訂兩項公約，一是一九八六年「儘早通知核子事件公約」（Convention on Early Notification of a Nuclear Accident），另一是一九八六年「協助核子突發事件或輻射緊急事件公約」（Convention on Assitance in the Case of a Nuclear Accident or Radiological Emergency）。依照前一條約規定，締約國負有義務將核子事件情報通知並提供給可能受到不利影響的國家及國際原子能總署，這項義務極爲嚴格，締約國違反此項規定須負絕對責任。

第四節　損害賠償要求

由於國家具有保護其旅居國外僑民的權利，如其僑民受到他國的不法侵害，該國有權以外交手段干預，或向國際法院提出損害賠償的要求。原告國因其人民受到損害得視為其本國的損害，一旦從事外交干預或提出損害賠償要求，則該事件即成為兩國之間的交涉，受害人僅得經由其本國政府向負責任的國家提出損害賠償的要求。有些法學家認為受害人雖拋棄要求賠償的權利，可是其本國政府對其所受之損害仍可提出賠償要求。

法學家中有人認為國家對於僑民所受之損害，固有提出損害賠償的權利，而且這也是國家的行政責任。可是各國的實例顯示，提出損害賠償的要求，多由受害人主動請求國家行政機關出面干預。美國國務院卽採取此項立場。不論提出損害賠償要求是國家的權利，抑或是國家的義務，國際法院只承認國家才能為原告，此項規則已經確立。常設國際法院判詞說：

一旦國家代表其國民向國際法院提出請求，國際法院認為國家是該案件的唯一原告。

根據此項原則乃產生下列結果，卽被告國一旦對原告國支付賠償金額，至於原告國如何處理此項賠償金額，除另有明文規定外，被告國無權過問。事實上原告國亦無需將全部賠償金額交付受害人。

第一款　受害人的國籍

提出國際損害賠償要求之國家，應以受害人係以本國國民爲限。此處所謂國民，並可包括在該國外交保護下之『被保護』之人民，及完全依照歸化條件歸化之外國人。歷來國際仲裁法院的判案，均主張受害人自受害時以至判決時，必須保有原告國的國籍，或被承認具有原告國國民的法律地位。美德混合賠償委員會（United States-Germany Mixed Claims Commission）明確規定如下：

採取此項規則的理由，是該國因其國民受到損害而視其為本身的損害，故只有受害國始可提出損害賠償的要求。在通常情況下，加害國只能接受受害國的控訴……除此之外，採取任何其他規則均可使受害人將其要求賠償的權利轉讓與強國，或歸化為強國的國民，以求強國代其提出損害賠償的要求。

一國公司所受損害，同樣適用「索償者的國籍」（nationality of claims）原則，只有該公司國籍所屬之國家有權提出損害賠償要求。倘案情牽涉到三個國家，則處理較爲困難，例如：

㈠受到違反國際法損害的公司是在甲國註册；
㈡在乙國營業受到不法侵害；
㈢該公司的主要股東是丙國國民。

丙國是否有權可以爲該公司股東的國民向乙國提出損害賠償要求？

國際法院於一九七〇年審理巴斯洛納公司案（Barcelona Traction Case），曾對此類情況有所澄淸。國際法院裁定，依照判例，比利時無權代該公司股東比利時人向法院控訴西班牙要求損害賠償，因爲該公司是在加拿大註册，就國際法而言，該公司屬於加拿大國籍。國際法院所持理由如下：

㈠國際法必須尊重一般國內法律的原則，依照國內法的規定，一個公司受到第三者的侵害，尚未涉及到對股東的損害賠償責任，縱使股東的利益造成損害。所以依照國際法的一般規則，只有公司國籍所屬之國家始有權行使外交保護，爲該公司所受之國際損害要求救濟。

㈡如果此項過失是損及股東的直接權益，例如損及股東出席股東大會及其投票權，則可能適用不同原則，但在本案中，比利時承認它之提出損害賠償，不是基於股東的直接權益受到侵害，而是西班牙對該公司採取不法措施。

㈢此項公司國籍所屬國家之專屬權，在某種情況下，例如公司本身已不存在，或者公司國籍所屬國家缺乏使用外交保護能力，可能會轉讓給該公司股東國籍所屬之國家；可是在本案中，巴斯洛納公司並未停業，在加拿大仍是一個公司法人，加拿大政府並非無能力行使外交保護，雖然出於它本身的緣因，加拿大自一九五五年卽已停止代該公司進行干預。

國際法院並不接受下列兩項主張：

㈠如果投資成爲其國家經濟資源，不許該國索償將影響其國民生活，對此不法侵害，它可提出損害賠償。此類性質的主張，須基於條約或特別協定，可是比利時與西班牙並無此項協定存在。

㈡在某種情況下，一國基於平等理由，主張有權保護其受不法侵害的公司股東的國民。任何此項平等主張能以成立，將使各國競相爲其國民索償，造成國際經濟關係的不穩定。

國際法院此項決定，卽在不許公司國籍所屬以外國家，對於公司所受之不法侵害提出賠償要求。

依據國際法院對諾臺實案(Nottebohm Case)判決顯示，諾臺賓在法國出生，在瓜地馬拉經商，歸化爲列支登斯敦國民，美德交戰時，瓜地馬拉以其爲敵國人民將其拘捕，並沒收其財產。戰後列支登斯敦代其向國際法院提出損害賠償要求，國際法院裁決，受害人因歸化而取得索償國國籍，以歸化人與歸化國無密切而眞正之連繫，第三國沒有義務承認這歸化的效力，因此認定歸化國無權提出損害賠償要求。倘受害人具有雙重國籍，亦可適用「眞正而有效的國籍」(real and effective nationality)原則，以決定有權提訴索償的國家。

一九二九年，一隻在加拿大登記的伶仃號(I'm Alone)帆船，偸運私酒前往美國，在美國海岸外二百哩的公海上，被美國一艘海岸巡邏艇擊沉，這隻帆船在名義上或法律上爲加拿大國民所有，但在事實上則爲美國人所有，可是加拿大認爲它有權提出損害賠償要求，聲稱美國海岸巡邏艇將這隻帆船擊沉是非法的，而且是任何國際公約所不許可的行爲。

有些學者批評『受害人之國籍』原則是一種虛構的理論，將一國國民所受的損害，視爲該國國家的損害，純出於假設，但各國的實例及國際仲裁法院的裁決均支持此項原則。

有時國家爲解決國民受到侵害，對於索償的程序，可以條約予以特別規定。一九六五年三月十八日通過之「解決國家與他國國民間投資爭端公約」(Convention on the Settlement of Investment Disputes between States and Nationals of Other States)規定，設置解決投資爭端國際中心，作爲調解爭端機構。「中心」之管轄權及於締約國與他國國民間直接因投資，並經當事人書面同意提交「中心」之任何法律爭端，關於他締約國國民之國籍，包括自然人與法人。如果投資者是自然人，當爭端當事人將爭端交付調解或仲裁之日，及該項交付調解或仲裁之請求依規定登記之日，該投資人在任一日期具有爲接收投資國之國籍，縱然接受投資國同意，也無資格將爭端提交「中心」解決。倘投資者是公司或其他法人，卽無如此嚴格的規定，該公司法人在同意將爭端交付調解或仲裁之日，卽使具有爲接受投資國之國籍，如果接受投資國業已同意，由於公司受外來控制，應視爲他締約國之法人，許其將爭端提交「中心」解決。

第二款 損害程度

依照國際法，關於國家責任的規定，原告國對於其所受之損害，不論物質上的損害、國民身體的傷害、或是金錢上的損失，均有權提出賠償要求。而且，一國官員的過失行爲，違反了國際法，侵犯他國人民的權利，該被害人國家所受之損害是一種獨立的損害，與被害人所受之損害不同。常設國際法院在判決僑儒工廠案（Chorzow Factory Case）說：

> 個人所受之損害與國家所受之損害絕不相同；個人所受之損害，只能作為對於國家賠償之估計標準。

一九一五年，英國一艘『路西達尼亞』（Lusitania）號輪船被德國潛艇擊沉，輪船上美國乘客遇難。美國政府卽代表遇難的美國人向美德混合賠償委員會提出賠償要求，該委員會拒絕對德國政府施以懲罰性的賠償，僅對死亡之美國人民予以損害賠償。相反的一個實例，是一九二六年一名美國人吉尼斯（Janes）被墨西哥人殺死，美國政府對於墨西哥有關當局未能逮捕兇犯而提出懲戒性質的損害賠償要求，該委員會認爲墨西哥未予兇犯懲戒之行爲，構成對被害人親屬之

『侮辱』，判決應予損害賠償。

一般規則，爲顧及完全恢復原狀爲事實上不可能，故判決予以金錢賠償，但有些情況，最適當的救濟辦法就是恢復原狀。

國際仲裁法院在幾次損害賠償的判決中，將損害分爲兩種，一種是個人遭受的損害，一種是國家遭受的損害。在上述『伶仃』號（I'm Alone）帆船案判決中，卽將加拿大國家遭受之損害，與船主個人遭受之損害分開。國際法院認爲聯合國職員在執行職務時遭受之損害，聯合國除爲其受害之職員提出損害賠償要求，並得爲聯合國本身提出損害賠償要求。

可是在實際上，大多數國家僅對於其國民遭受之實際損害提出賠償要求，而且此種實際損害，通常是國際仲裁法院據以估計賠償程度的標準，而不以國家侵權行爲所應負之責任爲標準。

國際法院一九八六年在審理尼加拉瓜控告美國案（Nicaragua v United States）中，認爲美國違反國際法習慣規則的義務，例如美國不應使用武力，並違反一九五六年兩國所簽訂的友好通商航海條約。原告國尼加拉瓜認爲對其有利，遂請求國際法院期中判決，先宣佈給予尼加拉瓜賠償，至於賠償額度以後再行裁定。國際法院決定如下：㈠它有權裁定賠償；㈡尼加拉瓜請求以後階段再決定賠償額度是適當的；㈢國際法院規約對於其是否可作期中判決缺乏明文規定，既無授權，亦未阻止。可是本案在審理時，美國並未出庭，國際法院對於有礙雙方談判解決的行動應該避免，因而國際法院決定，在此階段對於尼加拉瓜的請求，不予考慮。國際法院於是裁定：「賠償方式與額度，如雙方不能達成協議，將由法院裁決，並爲此目的，保留對本案的審理程序。」

第十三章 權利與義務之繼承

第一節 繼承概說

本章所討論之內容，在其他教科書中常用『國家繼承』及『政府繼承』兩種名稱，其實，此兩種名稱並不十分適當。

在所謂『國家繼承』之名稱下所討論的主要內容，是從變更或喪失本體的國家，移轉權利或義務給其他國家或準國家組織，此種本體之變更或喪失，主要發生在部份領土上主權全部或部份更迭之時。國際法對此所涉及的問題可概列如下：

㈠被繼承國之現有權利及義務消滅至何種程度？或在該國僅有部份領土變更主權之情形下，該國保持權利義務至何種程度？

㈡全部或部份接受主權的國家，亦即繼承國，有權接受權利或義務至何種程度？

在此種意義上，『國家繼承』之名稱便有謬誤，因爲此種說法無異將私法觀念，移用於國家之間。在私法中，凡遇死亡或破產之情形，權利及義務卽從消滅或無能力之人移轉給其他個人。然而在國際法中，並無國家間相互繼承之通則。喪失或變更本體之國家，亦並無另一國家可以全部取代其權利與義務。主要的僅是對於領土主權的變換，其主權爲同時的獲得及喪失，喪失的是前此享有主權的國家，獲得的是經過全部或部份的移轉而得到主權的國家。

再就『政府繼承』而言，亦涉及另一個問題。不論主權更迭的方式是合法的或革命的，更迭的本質純粹是內部的，一個新政府接管國家政務，問題在於前政府的權利及義務消滅到何種程度，以及新政府享受權利、擔負義務到何種程度。

用較爲正確的詞句來說，上述兩種情形可歸結爲：㈠由於領土主權之外在變更而移轉權利與義務；㈡由於主權內在變更，與領土變更無關，而移轉權利與義務。

第二節　領土主權之外在變更

領土主權外在變更常有下列各種情形：㈠甲國之部份領土併入乙國之領土，或甲國之部份領土劃分給乙、丙、丁諸國；㈡從甲國分出之部份領土上成立新國家；㈢甲國之全部領土併入乙國領土，甲國事實上已經消滅；㈣甲國之全部領土分裂爲乙、丙、丁諸國，而使甲國消滅；㈤甲國之全部領土成爲幾個新國家之領土之一部份，甲國因而消滅；㈥甲國之全部領土成爲某一新國家之領土之一部份，甲國因而消滅。

以上列擧之各種外在變更主權之情形，實未能將各種複雜情況完全包羅。領土主權之變更，不但可發生於國家與國家之間，亦可發生於國家與準國家組織或國際組織之間。例如，一九二〇年至一九三五年間，國聯對於德國薩爾領土具有暫設的合法主權。準國家組織中，如託管領土及保護國，近年紛紛獨立，亦可獲得主權及國家地位。此外，其中所涉及之不同情況及因素亦不可忽視。主權變更有各種不同的方式，例如，歸併、國際會議之決定、自願割讓、或革命等均是。至於有關領土之大小、受影響的居民之多寡、與涉及社會的及經濟的利益等，在現代結構複雜的國家主權變更中，無可避免地均發生相當的作用。最後要考慮的是所要移轉的特定權利和義務的性質。

基於上述種種理由，要將此一問題當作一組相互連貫的原則來處理，頗有困難，亦缺乏簡易的標準來作爲處理的南針。誠如史密斯教授(H. A. Smih)所說：

……在實例上所發生的繁複不一的問題，幾至阻礙在狹隘範圍內作精確及完整的分析。

儘管如此，我們若考慮到實例、司法管轄權及理論時，仍不能不注意到：在領土主權發生外在變動時，權利或義務之移轉是否爲正當、合理、公平、或對國際社會有利的問題。值得注意的是近年的繼承實例中，似已援用了正當性及合理性的衡量標準。一九四七年至一九四八年，印度帝國劃分爲印度及巴基斯坦兩個新國家時的各種安排，卽其一例(註一)。抑有進者，凡主權變更時明文規定移轉若干義務之條約，國際法院大體上皆參照合理與正當原則加以解釋。

然而各國在此一問題上之實例迄未劃一，而充滿矛盾，可能由於繼承之國際法尚未建立明確之定則所致。近世趨尙均係將一切可能的情形，明白訂列於有關當事國間之條約中，此種繼承屬於所謂『自動繼承』，新加坡依據一九六五年八月七日協定，自馬來西亞分離爲一獨立主權國家，就是自動繼承的例證。

（註二）詳情可參閱奧康納（O' Connell）所著一九四九年英國國際法年鑑，第四五四～四六三頁。

第一款 條約權利及義務之繼承

國家變更或消滅時，發生條約繼承問題。國際條約關係之繼續既無一致可行的規則，而一切條約權利及義務的繼承，亦無通則可循。聯合國國際法委員會為確保在國際條約關係上有較大法律保障，編纂有關國家在條約方面的繼承規則，於一九七八年八月二十三日在維也納通過「關於國家在條約方面繼承公約」（Vienna Convention on Succession of States in respect of Treaties），以便各國作為遵行準則，惟對於本公約條文未予規定的問題，仍以習慣國際法規則為準。

傳統國際法將條約分為規律條約（executory treaty）與處分條約（executive treaty）兩種。

一切條約權利及義務的繼承，並無通則可循。凡一國因其領土全部喪失而消滅時，表面上，條約中所訂屬於規律（Executory）性質之權利及義務，均不移轉給繼承國。惟有下列例外：㈠此種條約直接與領土有關，而領土已變更主人。例如，劃界條約、設定地役權或準地役權（如通過權）之條約，或使有關領土中立化或解除軍事化之條約，㈡有關衞生、痲醉藥品及類似事務之多邊公約原於該領土適用，亦不受此種變動之影響。惟此一法則，在事實或情勢認為若干條約義務及權利之移轉爲合理或衡平時，仍須遷就事實或情勢。例如履行某一特定條約曾對消滅之國家有利，而繼承國亦已受到利益，則繼承國應負責履行相關之義務。同時，如繼承國僅爲原先國之擴大（例如普魯士併入德意志帝國）。原則上先前之條約權利及義務亦將移轉。

倘原先的國家並未消滅，例如僅喪失領土之一部份者，則條約權利及義務之移轉，視條約性質而定。政治性條約（例如同盟條約）中所規定之權利或義務，原則上不予移轉，此在大體上似極合理，特別是條約中預先假定，被繼承國爲其他國家可與參加盟約之唯一國家。有關衛生、技術及類似事務之多邊公約，其爲普遍適用者，所訂權利或義務可以移轉。但參加國際組織的公約則爲例外，繼承國成爲會員國之前必須經由國際組織的決定。凡處分性的條約，其已造成的法律狀態，在全部或部份的繼承中，繼承國必須繼承，例如設定之地役權或準地役權，或有益於主權變更之本土或其相鄰領土之各種義務，亦將移轉。上述以外之條約，如商務條約及引渡條約，除非有特別需要，均不移轉。就引渡條約而言，如令繼承國受其約束，一般而言，並不合理，蓋因在通常情形下，此種條約均針對特別之犯罪而設，且與被繼承國之國內刑法程序有關，同時繼承國亦可能施行不同之刑法。

「關於國家在條約方面的繼承公約」第四部份第三十一條至第三十八條，對於兩個以上國家合併而組成一個國家時，或一個國家的一部份或幾部份領土分離而組成一個或一個以上國家時，原則上條約繼續對繼承國有效，除非繼承國對其中任何一個國家有效的條約與別的當事國另有協議，或從條約可知或另經確定該條約對繼承國的適用不合條約的目的和宗旨，或者根本改變實施條約的條件。在某種情況下，當條約僅對一部份領土有效，繼承國作出通知，表示該條約應對其全部領土適用。

本公約第十五條規定：一國領土的一部份，或雖非一國領土的一部份但其國際關係係由該國負責的任何領土，成爲另一國領土的一部份時：(甲)被繼承國的條約，自國家繼承日起，停止對國家繼承所涉領土生效；(乙)繼承國的條約，自國家繼承日起，對國家繼承所涉領土生效。

自一九五三年之後，許多屬地和託管領土紛紛獨立，新獨立國家與原統治國簽訂「讓渡協定」(devolution agreements)或片面發表「轉移聲明」(temporising declaration)，同意繼承以前的條約。原則上，新獨立國家與原統治國簽訂之「讓渡協定」，並不自動對締約第三國生效，有些新獨立國對其將來國際條約關係發表一般聲明，寧可從「新」(clean slate)開始，或就其以前所適用的條約發表「選擇聲明」(free choice)，此項「自由選擇」理論，曾被列入一九七八年維也納公約有關條款，例如該公約第十條規定：條約如規定遇有國家繼承發生時，繼承國可有選擇權利，自認爲該條約的當事國，該國可依照該條約的規定，通知其對條約的繼承。

一九七八年維也納公約第三部份是，關於新獨立國家的一般規定。所謂新獨立國家，是指其領土在國家繼承日期之前，原是由被繼承國負責其國際關係的附屬領土的繼承國。該公約第三部份第一節第十六條規定：新獨立國家對於任何條約，不是僅因爲在國家繼承日期，該條約對國家繼承所涉領土有效的事實，就有義務維持該條約的效力，或者成爲該條約的當事國。嚴格來說，這不是條約繼承規則，而是任由新獨立國家自由選擇，所以第三部份第二、三、四、五節有關新獨立國家對於雙邊及多邊條約中的權利義務轉移所適用的規定，措詞用語不是採取國際法規定的義務性質，而是使用任擇條款，例如第十七、十八及二十二條的規定，都規定新獨立國家繼承多邊條約時，須發出書面繼承通知，表示其同意，始能確立其成爲該條約當事國的地位。此項繼承通知，即是代表新獨立國家同意負擔條約義務或取得條約權利，與條約繼承理論並不相符。

第二款　非財務契約權利義務之繼承

非財務契約權利義務之移轉程度或範圍，學者間爭辯甚烈，惟下列原則似可成立：

㈠一種契約權利，其性質僅屬於要求給付未經清償之損害賠償，由於被繼承國或繼承國從中取得利益，成爲對被繼承國或繼承國的一種準契約的權利，此種權利主體變更不能再行要求，故隨主權之變更而喪失。但如準契約（quasi-contract）之要素被涉及，例如，被繼承國或繼承國因此種契約取得不當利益，則此種契約權利及其相關之義務仍應繼續存在。

㈡一種契約權利，其性質屬於讓與或取得的權利，繼承國應予尊重。這種讓與或取得的權利，在本質上必須清理。易以較爲概括的說法，繼承國如不賦予效力與這種權利，乃是不正當的。此種讓與或取得權利的理論，業已爲各國國內法院及國際法院所接受，惟其意義及範圍仍有若干未盡確定。

此種讓與或取得權利的理論，緩和了過去有關契約權利與義務不繼承的硬性規定。英國上訴法院於一九〇五年裁決西蘭德中央金礦公司案（West Rand Central Gold Mining Co. v R），制訂一項『不繼承』原則，即一國被繼承國征服或合併而告消滅時，作爲征服者之繼承國得有完全自由，決定是否繼承被繼承國之契約權利及義務。後一種見解（不繼承原則）與前一種意見（應予尊重）及實例相當牴觸。同樣，不繼承原則在今天亦不會被視作一種絕對應該遵循的原則。

第三款 繼承及讓與契約

一般實例及見解均認爲：讓與契約（concessionary contracts）內所訂之義務，在國家消滅、主權變更時便告終止，除繼承國重新承認此項讓與。其所以必須如此之原因誠不可解，因爲有效履行讓與契約的權利及義務，可使繼承國得到很大利益，故令讓受人繼續享有其權利，自爲正當而合理，可是許多學者仍然認爲此項讓與契約不應繼承。與此一意見相反的，乃是在理論上主張讓受人隨時有權就其喪失之權利，獲得公平之補償，俾使此等權利唯有在繼承國負有適當補償義務之情形下，始告終止。按照法學家奧康納(O'Connell)之見解，讓受人仍保有與其投入之資金及勞務相等之利益，此種利益係『繼承國在國際法之義務下應加尊重之一項取得的權利』。

第四款 繼承與國債

繼承國是否有義務繼承國債（public debts）的問題，在實例及學理上均極分歧。就表面言，繼承國既已接管被繼承國領土而得到貸款之利益，自應就移轉領土部份負擔被繼承國之國債。此一責任原則，係基於『既享權益，必盡義務』之公理，爲美國所一再支持。凡貸款之利益顯與移轉的領土有直接關聯者，更應適用。例如，貸款已被用作爲該領土上之永久性建設者是。

同時，我們尚須注意實際貸款契約的條款，設如債務係以被繼承國之稅收爲擔保，且與移轉之領土有關者，如令繼承國負擔超過其繼承的領土稅收的債務，亦欠合理。

凡因與繼承國敵對之目的，或為被繼承國以外之其他國家之利益而舉之國債，繼承國均不負償還之責任。

困難的問題存在於：被繼承國之領土分成若干部份，由新國家或現有國家接管，其所借的國債應如何處理。就學理言，有關債務應由各繼承國分攤，惟此一原則又與奧託曼債務仲裁案（Ottoman Debt Arbitration）仲裁法官見解相左。就實例言，被繼承國之債務應按照公平分配辦法，由各繼承國間以條約承擔之。可按移轉領土收益之比例分攤債務，或按照其他合理方式分攤亦可。

一九八三年四月七日在維也納通過的「關於國家在國家財產、檔案及債務方面繼承公約」對於繼承國關於國債的義務訂有一項原則，繼承國不得影響債權人的權利及義務。例如第三十六條規定：被繼承國與繼承國之間關於轉屬的某一部份國家債務的協定，不得援引以對抗主張權利的第三國或國際組織，除非該協定已獲該第三國或國際組織接受。第三十七條規定：一國將一部份領土移交給另一國時，被繼承國的國家債務轉屬繼承國的問題，應按照被繼承國與繼承國之間的協議解決；如無協議，被繼承國的國家債務應按照公平比例轉屬繼承國，並應考慮繼承國的財產、權利和利益與該項國家債務之間的關係。第三十八條規定繼承國為新獨立國家時，被繼承國的國家債務不應轉屬新獨立國家，但鑒於有關的被繼承國國家債務同轉屬新獨立之國家的財產、權利和利益之間的連繫，新獨立國家與被繼承國之間另有協議者除外；惟此項協議不應違反各國人民對其財富和自然資源享有永久主權的原則，其執行亦不應危害新獨立國家的經濟基本均衡。第四十條與第四十一條規定：國家一部份領土分離組成一新國家時，被繼承國不復存在，而其領土各部組成兩個或兩個以上國家時，除有協議外，被繼承國的國家債務應按照公平的比例轉屬繼承國，但須顧及一切有關情況。

第五款　繼承與私法權或國內法權利

私法權或國內法權利之已經成爲讓與或取得的權利者，繼承國必須尊重，特別是在被繼承國之國內法仍繼續實施時爲然。

然而此種權利之持續性亦受有相當限制，如繼承國變更原有之國內法，而影響此種權利時，國際法亦未便加以干預，蓋國際法並無約束繼承國維持原有國內法的法規。繼承國可以隨時變更被繼承國的國內法，而撤銷已有之權利及名位。但此舉若破壞國際法所定之其他義務，例如沒收外國僑民財產而不予適當補償，則爲國際法所不許。

第六款　繼承與不法行爲之權利要求

對於不法行爲（tort）義務之繼承，並無一般原則可循。按照兩大名案：勃郎賠償案(Robert Brown Claim）及夏威夷賠償案（Hawaiian Claims）所揭櫫的原則，繼承國毋須尊重未清理的不法行爲損害賠償的要求。然而，倘若賠償的數額業經當事人協議清理，或已經法院判決或裁決，如無任何不正當或不合理之理由存在，則繼承國有義務償付此種已經決定之賠償額。不論主權之變更是出於被迫的或自願的，繼承國對於不法行爲的損害賠償要求，均毋須尊重，此項規則固有其正當理由而告確立，但究竟基於何種原因而普遍適用，仍令人不盡瞭然。例如，一件不法行爲係與領土有關（如分劃水域之錯誤），或繼承國已得到若干永久性之利益，在某種情形下，令繼承國尊重他人對被繼承國未清理之賠償要求，應係合理之事。

第七款　繼承與公帑公產

一般均承認繼承國對於被繼承國之公款及公產，不論動產或不動產，均可接收。此一繼承原則並可適用於公司的特許權、所有權、或金錢性質的權利。

一九八三年四月七日在維也納通過的「關於國家在國家財產、檔案及債務方面的繼承公約」第二部份規範國家財產的繼承。一般來說：國家財產從被繼承國轉屬繼承國時，不予補償（第十一條）。當一國將一部份領土移交給另一國時，如無協議，位於國家繼承所涉領土內的被繼承國的國家不動產應轉屬繼承國；與被繼承國對國家繼承所涉領土的活動有關的被繼承國的國家動產應轉屬繼承國。第十五條規定：繼承國爲新獨立之國家時，適用下列繼承規則：

㈠位於繼承國領土內的被繼承國的國家不動產轉屬繼承國；

㈡屬於國家繼承所涉領土的不動產及位於該領土外的不動產，且上述兩者均爲被繼承國的國家財產應轉屬繼承國；

㈢不屬於㈡項所述而位於國家繼承所涉領土外的被繼承國的不動產及動產，兩者曾爲其附屬領土創造做出貢獻者，應按照附屬領土所做貢獻的比例轉屬繼承國；

㈣與被繼承國對國家繼承所涉領土的活動有關的被繼承國國家財產的動產，應轉屬繼承國。

第十七條規定：國家的一部份或幾部份領土與被繼承國分離而組成一個國家時，如無協議，適用下列繼承規則：

㈠位於繼承國領土內的被繼承國的國家不動產，應轉屬繼承國；

㈡與被繼承國對國家繼承所設領土的活動有關的被繼承國的國家動產，應轉屬繼承國；

㈢第㈡項所述以外的被繼承國國家動產，應按照公平的比例轉屬繼承國。

第十八條規定：被繼承國解體和不復存在而其領土各部份組成兩個或兩個以上國家時，除有關繼承國之間另有協議外，適用下列繼承規則：

㈠位於繼承國領土內的被繼承國的國家不動產，應轉屬繼承國；

㈡位於被繼承國領土外的被繼承國的國家不動產，應按照公平比例轉屬各繼承國；

㈢與被繼承國對國家繼承所涉領土的活動有關的被繼承國的國家動產，應轉屬有關繼承國；

㈣第㈢項所述以外的被繼承國的國家動產，應按照公平比例轉屬各繼承國。

第八款　繼承與國家檔案

一九八三年四月七日關於國家在國家財產、檔案及債務方面繼承的維也納公約（Vienna Convention on Sucession of Stetes in respect of State Property, Archives and Debts）對於國家檔案之繼承有詳細之規定，惟超出本章範圍，不予詳述，在通常情況下，對於這個問題，有關國家大多用協商解決。一般原則規定，凡與國家繼承所涉領土的檔案，或係該領土一般行政有關的檔案，或在一部份領土移交給另一國家或分離而組成一個國家時，專屬於該領土的國家檔案，應轉屬繼承國。

第九款　繼承與國籍

此處的問題乃是繼承國是否可將被繼承國的人民認爲其自己之國民？以及其範圍如何？就表面看，凡是生活或居住於某領土上之人民，在該領土之主權變更時，便自然取得繼承國之國籍。困難在於：原居住或生活於此一領土上之人民，在主權變更時寄居在該領土之外，則關於此等人民的地位，其法規究應如何擬訂？

在國際法上，繼承國並無義務給予上述人民選擇國籍的權利，同樣，被繼承國亦無撤銷上述人民國籍的義務。在多數情形下，仍係由條約或協定予以詳細規定。例如中華民國與日本國間和平條約第十條訂明，「就本約而言，中華民國國民應認爲包括依照中華民國在臺灣及澎湖所已施行或將來可能施行之法律規章，而具有中國國籍之一切臺灣及澎湖居民，及前屬臺灣及澎湖之居民及其後裔……」都取得中華民國國籍。

第三節　主權之內在變更

一個國家內部政府組織或憲政體制之變更，其權利與義務之移轉，通常適用所謂「繼續原則」（Principle of Continuity）。換言之，該國家本身應繼續承受國際法規定之權利及義務（包括條約權利及義務在內）。由是繼承之政府應對其前任政府之行爲負其責任。

印度於一九四七年成爲獨立國，其內部政體已有變更，但仍繼續爲聯合國之原始會員國，承受原先之一切權利及義務。此爲一般國家所支持，可見繼續原則受到廣泛的適用。

但繼續原則不得濫用。倘若條約的條款中事先明白或默示規定，以某種政府形態或特定之憲政繼續存在爲基礎者，則此種政府一經變更，新政府卽不再受條約之拘束。此外，國家亦可能發生基本的革命性變遷，新政府在政治上、經濟上或社會上均面目一新，事實上亦不可能令其負擔若干不當的義務。

在一國之內，以非法或違憲的手段篡奪政權，且在一段時期內建立事實上的政府，因而使他國負擔各種義務，這是一個性質較爲特殊的問題。倘若退位之政府通知各國，他國如與篡位的政權訂立新條約，彼在復位之後將不予承認。此等條約之簽訂對締約國是一種冒險行爲，退位政府如一旦復位，可以宣佈不受是項條約之拘束。

另一種特別之情形乃是一國之內的叛亂團體，建立臨時事實上的政府，控制全國一部份領土，而最後又爲原先的政府所討平，美國南北戰爭時南部邦聯政府之被推翻卽其一例。在此種情形下，凡是叛亂政府所擧之債務或侵權行爲，原先的政府均不負其責任。倘其所擧之債係爲全國的利益，或其侵權行爲係由原先的政府本身破壞國際法上的義務所促成，原先的政府應該承擔其責任。

第十四章　國家與個人

第一節　國　籍

國籍是國家與個人間最通常的聯繫，有時亦是唯一的聯繫，使個人在國際法上的權利與義務得因此而確立。國籍的定義可以說是具有一國國民的地位。國家乃一羣個人的集合體，這些個人的行爲、決定和政策，均係透過代表這些個人的國家而獲得實現。『美墨賠償委員會』（United States-Mexico General Claims' Commission）對於雷林奇案（Re Lynch）所作的判詞，其中有一段對這種地位曾有最好的說明，其文如下：

一個人的國籍形成了一種持續性的事物狀態，而不是在某一特定時刻所發生的一種自然事實。一個人的國籍乃是主權國家和公民間的一種持續的法律關係。一個人的國籍的主要基礎，乃是他作為一個獨立政治社會成員的資格。此種法律關係包括兩方面的權利及對待的義務，對個人來說，其權利義務不比國家少。

有關國籍的大多數規則，悉由國內法規定之。學者們久已承認：『國家按照自己的憲法及法律，來決定何種人民有權成爲其本國公民』，此乃是國家的特權。

近年來不列顛國協會員國各有其國籍法，英國國籍法亦經修訂。國協各會員國的『國民』，兼有英國『臣民』之地位，此乃表示爲國協之成員，並享有若干特權。如此說法或引起疑惑。實則各國國內法中有關國籍之規則頗爲分歧，在取得固有國籍之方式上表現得最不一致。若干國家規定以父或母的國籍，爲子女的國籍，稱爲血統制（血統主義 jus sanguins）。若干國家則規定以誕生所在地的國籍，爲出生嬰孩的國籍，稱爲誕生地制（誕生地主義 jus soli），同時並採用血統制。另有若干國家以血統制爲主，而以誕生地制爲輔，亦有以誕生地制爲主而以血統制爲輔。

由於各國國籍法之缺乏統一性，致產生雙重國籍、無國籍及結婚婦女國籍無所適從等問題。爲解決此等問題，一九三〇年海牙國際法編纂會議通過關於國籍法衝突問題公約、以及兩件補助議定書，一爲雙重國籍兵役議定書，一爲關於無國籍特別議定書。新近簽訂的公約，包括一九五七年二月二十日簽署的已婚婦女國籍公約，一九五四年九月二十八日關於無國籍人地位公約，及一九六一年減少無國籍公約。

國籍與下列四者有所不同：

㈠種族。

㈡聯邦之州或省之成員資格或公民資格（例如我國之省籍）。此種地方性的公民資格，雖或可使資格持有人享有充分的權利，但並無國籍的國際地位。

㈢外交保護權。例如，按照美國法律及實例，很多不是美國國民的人，都享受美國的保護權，同樣，法國所保護的人民，並不一定就是法國國民。

㈣公民權。按照德國納粹政府於一九三五年通過的『紐倫堡法律』(Nuremburg Laws)，

『德國人民』與『德國公民』之間有顯明的區別。前者僅在可以證明自己具有條頓血統，並願意為德國服務時，始取得正式公民地位。猶太人自然不能取得正式德國公民的資格。

第一款　國籍的國際重要性

一個人之為那個國家的國民，事關重要。其理由在於國籍在國際法上具有很多重要的權利與義務：

㈠國外僑民外交保護權是國籍的一項重要屬性。我們於討論國家責任之時，亦曾提到各國有權保護其在國外之僑民。英國普通法上的國籍觀念亦與此原則相符。

㈡特定之個人如為一國之國民，則該國家如在職責上疏於防範其國民個人所犯之錯誤行為，或在錯誤行為之後，未能加以處分，應向他國負責。

㈢一般而言，一國不得拒絕其國民回到其本國領土。一九六六年『公民權利和政治權利公約』第十二條第四款規定：任何人進入其本國的權利，不得任意加以剝奪。

㈣國籍含有對國家盡忠之意，盡忠之主要義務之一，乃是為國家服兵役之義務。

㈤國家有權拒絕他國之要求，引渡其本國國民至要求之國家，除非另有條約規定。

㈥戰時敵人之地位，可根據有關人之國籍加以決定。

㈦國家得基於國籍隨時行使其對國民的管轄權。

如遇某一個人之國籍有疑問時，在很多情形下均將發生困難。學者們對此早已公認：此一問題應由其本人自稱所具國籍之國家，依其國內法裁決之。一九三〇年海牙國籍法衝突問題公約第一、二兩條亦支持此一原則。其條文如下：

第一條：每一國家依照其法律，決定何人為其國民。此項法律如與國際公約、國際慣例及一般承認之國籍法原則相符者，他國應予承認。

第二條：關於某人是否隸屬某一特定國家之國籍之問題，應依該國之法律以為斷。

此處可附帶一提者，即合法取得之護照，亦可視爲國籍之證明。

第二款 國籍之取得

就各國實例觀察，國籍之取得不外下列數種主要方式：

㈠誕生：或取得誕生地的國籍，或取得誕生時父母的國籍，或取得兩者的國籍。誕生取得的國籍稱爲固有國籍。

㈡歸化：或藉婚姻（例如妻子取得丈夫之國籍）、或藉收養、或藉申請歸化而取得一國國籍。

㈢征服：被征服或割讓土地上之居民，取得征服國或受讓國之國籍。

第三款 國籍之喪失

按照各國實例，國籍得因下列原因而喪失：

㈠脫離或拋棄：例如在領事館簽立證書，或登記或依照本國法令規定，得宣告出籍爲外國人。

㈡削籍：依照一國削籍法的規定，對於不效忠的國民，予以削籍的處分。

㈢滿期：長期居住國外，滿若干年後，即喪失其本國國籍。

就國際法及國內法而言，凡持有一國國籍達相當時間者，不得任意喪失其固有國籍。個人若要獲得喪失國籍的承認，必須提出充足之證據。例如一九三〇年海牙國籍法衝突問題公約第七條有如下之規定：僅僅發給出籍許可證，並不一定即喪失簽證國之國籍。按照英國法，個人如欲申請喪失某國國籍者，不僅須按照國內法，向法院提出有關事實的充分證據，且須證明其因國籍而享有的一切權利與義務亦隨之喪失，如仍享有保護權或恢復國籍之可能性者，則不容推卸其應負之義務。

第四款　雙重國籍無國籍及已婚婦女之國籍

由於各國國籍法之相互衝突及缺乏統一性，常有一人兼具兩國國籍者。最常見的情形，爲婦女與不屬於同一國籍之男子結婚，得按照其本國法律保持原有之國籍，又可按照其丈夫所屬國家之法律，取得丈夫之國籍。另一種情形爲不在父母所屬國家之領土內出生，亦可取得兩國國籍。例如我國採血統制，美國採出生地制，中國籍父母在美國所生的子女，即具有中美兩國國籍。惟未成年人達到成年時，得聲明選擇其中之一爲其國籍。這種任擇權可以根據兩國間條約的規定。一九三〇年海牙國籍法衝突問題公約第三至第六各條，係處理由雙重國籍而產生之若干困難問題。其中特別重要者乃是第五條，規定一個具有雙重國籍之人，在第三國應受到一如單一國籍之待遇，第三國且須就下列二種情形，擇一加以承認：㈠其慣常及主要居住國家之國籍；㈡在諸種情況下，似與該實際上關係最為密切國家之國籍。國際法院在審理諾臺賓案（Nottebohm Case）時曾採用第㈡項標準，作為「眞實及有效國籍」原則，主張在發生國籍衝突時，應以當事人有最密切而眞正聯繫之國家為其國籍。

該公約第八條至第十條處理已婚婦女之國籍，規定已婚婦女從夫之國籍，並且規定在若干情形下，得保持其婚前之國籍。聯合國於一九五七年通過『已婚婦女國籍公約』，以保障已婚婦女之國籍地位。依照該公約規定：簽字國同意其國民與外國人之婚姻關係不論締結或解除，也不論在婚姻期中丈夫國籍的改變，不當然的改變妻子的國籍，並規定應給予與外國人結婚之婦女通過歸化手續取得其夫國籍之便利。聯合國大會於一九六七年十一月通過「消除對婦女歧視聲明」第五項規定：婦女與男人具有取得、改變、或保留其國籍的平等權利，婦女與外國人結婚不當然影響妻子之國籍，使她成為無國籍人，或把丈夫的國籍強加於她。此項原則已經詳列於一九七九年「消除對婦女一切形式歧視公約」之中。依照該公約第九條第一款規定：「締約各國應給予婦女與男子相同的取得、改變或保留國籍的權利，它們應特別保證與外國人結婚，或婚姻期間丈夫改變國籍，均不當然改變妻子的國籍，使她成為無國籍人，或把丈夫的國籍強加於她」。第二款規定：「締約各國在關於子女的國籍方面，應給予婦女與男子平等權利。

國內法及國際法對於無國籍的情形，均加以有條件的承認，近年以來，且已形成國際法中之重大問題。由於此一問題之日益尖銳化，乃不得不於一九四八年十二月之世界人權宣言中增列第十五條，規定『人人有權享有國籍』，以及『任何人之國籍不容無理褫奪』等條文。無國籍產生之原因，或由於各國國籍法之衝突，或由於領土主權之變更，或由於其國籍所屬之國家削除其國籍。個人如無國籍不但飽嘗無國籍的痛苦，缺乏安全，而且在國際法的適用上，亦存在一個嚴重的問題。

對於無國籍之人救濟之道，不外：㈠課國家以義務，使其承認無國籍之人已經取得某一國籍，或承認其並未喪失某一國籍。或基於特別理由或根據某些特殊條件，賦予其國籍。一九三〇年海牙國際法編纂會議所通過的國籍法公約及一九六一年八月三十日在紐約通過的「減少無國籍公約」，在這方面稍有進步。㈡責成各國除非具有正當理由外，不採取削除國籍之措施。㈢由寬大爲懷的國家，將國籍授與無國籍之人，但大多數國家均不願採行此一辦法。㈣由國際公約規定，准許無國籍人得使用身份或旅行證件，並規定外國應給予入境、居住、工作等特權，以消除此種無法律保護地位之不利情形。在這方面，一九五一年七月二十五日在日內瓦簽訂之「難民地位公約」，以及一九五四年在紐約簽訂「關於無國籍人地位公約」，均曾賦予無國籍人重大的利便。

此外，國際法委員會及聯合國大會，對於無國籍問題及其補救辦法均在致力研究。例如，國際法委員會於一九五三年第五屆會議時曾通過兩個公約草案：一爲消除將來無國籍之公約，二爲減少將來無國籍之公約。這兩種公約草案均經審議，將於召開國際性會議時作最後之通過。

第五款　公司及社團之國籍

公司及社團之國籍問題，完全是一個現代的新觀念。國際法院在審理案件時，必須援用「國籍主張」（Nationality of Claims）原則，先判定某一公司或社團之國籍，或承認對於適用一國國民的條約具有效力時，亦須先判定某一公司或社團是否具有該國國籍。

用以確定公司國籍所採之標準，各家意見並不一致。就表面言之，一個有限公司之國籍，乃是取得法人設定所在地國家之國籍，此爲若干條約所採用之辦法。至於各個合資人或股東之國籍，一般均不加顧及。同樣，社團之國籍，亦爲該公司組設所在地國家之國籍，或其管理機構爲管理目的通常辦公處所在地國家之國籍。

第二節　國家對於外國人的權利及義務

第一款　外國人之入境

對於外國人進入非本人國籍之國家，學者有四種主要意見：

㈠一個國家有義務允許一切外國人入境；

㈡一個國家有義務允許一切外國人入境，但得設有限制，得拒絕若干種類的人入境，例如，吸食毒品者、患有疾病者、及其他不宜入境者；

㈢一個國家有義務允許外國人入境，但得對其入境設定若干條件；

㈣一個國家充分有權任意拒絕一切外國人入境。

就各國實例而言，第一種意見未能被接受爲國際法的一般規則。大多數國家在法理上都主張國家得任意拒絕任何外國人入境，並斷言此種無限制之權利，乃是國家主權的一項重要屬性。英美二國法院均有判例，規定任意拒絕外國人入境，乃是領土主權的固有權利。

我們研究若干國家的移民法之後，更可發現國際法中，並無允許外國人入境的義務，而各國法例亦鮮有任令外國人入境者。若欲進一步列舉例證，則自從一九二〇年以來所締結的若干有關難民入境的協定及公約卽是，其中最近的一例，便是一九五一年七月二十五日的日內瓦難民地位公約。

在理論上所有國家固主張其具有拒絕外國人入境的權利，但在實施時，各國並不充分行使此種權利。一般都是對於外國人入境，附加若干條件或限制。只有對於某一類人，例如對於旅客、學生等可以許其自由入境。此外，各國在行使此權利時，亦必須顧慮到一種實務上之限制，倘若對於某國公民完全禁止入境，則在外交上將被認爲對某國是一種無禮或不友好的行動。

各國間對於外國人入境的互惠待遇，最常見於雙邊的商務或航海條約。各國通常均不在條約中規定締約國國民自由入境的權利，蓋如此無異限制其政府的行動自由。

第二款　外國人入境後之法律地位

外國人進入另一國家的領土之內，便須受該國法律之拘束，其情形一如在其本國然。然而大多數國家都使外國人受到某種不同的待遇或限制，例如不許外國人享有選舉權、從事某種行業權、或購置不動產之權利等。近年來，大多數國家更提倡民族經濟，無形中對於外國人的限制，又予加嚴。

國聯經濟委員會曾於一九二四年將外國人在他國的待遇予以分類：

㈠財務待遇，例如有關課稅之規定；

㈡從事行業、工業或職業之權利；

㈢有關居所、持有財產及公民特權及豁免之待遇；

㈣入境及移民之條件。

就㈠項而言，除非具有外交豁免權，居留之外僑不得免除一切普通稅捐或海關稅。英美等國著名判例，均主張各國在國際法上對僑居的外國人，在該國管轄之內的財產具有課稅的權利。

就㈢項而言，外僑可免服居留國之强迫兵役，除非其所屬國家同意放棄此種豁免。然而此一通則，並不適用於參加當地警察之强迫服役。或更明言之，外僑應參加當地爲抗拒外來突然侵犯、維持公共秩序之目的而召集之强迫服役。在第二次世界大戰期間，多數交戰國均曾强迫僑居的外國人，參加與戰爭有關之勞役，甚至有將自動服兵役，作爲服行强迫公民義務之變通辦法者。此蓋由於近代『總體戰』之需要而使然。在某些情況下，這種强迫外僑服役，曾爲國家間簽訂的協定或條約所承認。

本書第十二章論國家責任時曾說，外國人均享有其本國之保護權，不過其本國並不一定非行使此種權利不可。一國對外僑顯然有不公平之差別待遇，或公然武斷沒收其財產，將構成外僑之本國出而干預之合法依據。外國人在其本國所固有之居住權亦當受保護。惟按常設國際法院對於奧斯卡金案（Oscar Chinn Case）所作之裁決，所謂保護讓與權，並不即指居留國有義務不將可能導致外僑損失之特許權益，授予其本國公民。許多國家，特別是亞非國家，外僑應適用國民待遇標準，因爲外僑入境時，即已默認願意接受國民待遇標準，否則他可選擇不入境。居留外僑在僑居期間，對其居留國應表示忠誠服從，否則，相反之行爲足以構成叛亂罪。

第三款　外僑之驅逐出境及强制出境

一般均承認國家具有驅逐、强制外僑出境之權力。此種權力與拒絕入境之權力一樣，亦屬國家領土主權之固有權利。即使是本國公民亦不能豁免此種國家權力，近年來若干國家削除其本國國民的國籍，甚至驅逐其出境，可爲證明。

然而驅逐之權力與驅逐出境之方式，却是截然兩個問題。驅逐出境或强制出境，必以合理之方式行之，不得對外僑有不必要之傷害。一九六六年「公民權利和政治權利公約」第十三條規定：合法處在本公約締約國領土內的外僑，只有按照依法做出的決定才可以被驅逐出境，並且，除非在國家安全緊迫原因另有要求的情況下，應准予提出反對驅逐出境的理由，和使他的案件得到合格當局或由合格當局特別指定的一人或數人的複審，並爲此目的得請人作代表。驅逐前之拘押應加避免，除非外僑拒絕離境或可能逃避管轄。一國不應遣送外僑至某一國家或領土內，致其人身或自由因種族、宗教、國籍或政治立場等關係而受到危害。被驅逐出境之外僑，亦不應遭受不必要的侮辱。

國際法並不禁止集體驅逐外僑出境；惟此舉通常僅屬於一種報復之方式而已，不過有時亦可視同一種不友好之行爲。

第三節 引渡及庇護

一個國家對於外國人提供庇護之自由，在某種程度上係與應他國之要求而拒絕引渡之自由相一致，此與庇護他國政治犯通常不予引渡之原則，尤爲一致。引渡一旦開始，庇護卽告終止。由於兩者間有此關聯性，故可合併加以討論。

第一款 引渡

引渡（extradition）一詞，係指一國依據條約或互惠原則應他國之請求，對違反請求國法律之刑事犯交付請求國之程序而言。通常被控之罪行均係在請求國領土內發生，而被控之罪犯係在交付國之領土內。引渡之請求通常均係經由外交途徑提出及答覆。

關於引渡的法律及實例，受到下列各項合理考慮的限制：

㈠各國均欲使嚴重的罪行不得逍遙於法外。但罪犯藏身於他國之領土內，却因若干刑法程序的規定或缺乏管轄權之關係，逃犯所在國無法對之起訴或處刑。因此對於逃亡之罪犯，國際法乃應用『非罰卽遣』之原則，亦卽逃亡所在國對於罪犯必須處刑，或交付其本國予以處刑。

㈡罪行發生所在地國家，由於搜集證據較易，對於罪犯處刑之願望最强，以及確定犯罪事實眞相最爲便捷，故由其審詢罪犯亦最爲適合。因此逃亡國外之罪犯應交付犯罪所在地國家，亦最爲允當。

由於國際運輸及交通之日益迅捷，引渡在十九世紀即開始盛行。惟因國際習慣法對此所持之消極態度，最初引渡係藉雙邊條約而實行。此種引渡條約既影響締約國公民之權利，締約國必須修改其本國法令。各國因此建立一項通則，非經條約或法令之正式授權，逃亡之罪犯不得引渡，亦不得請求引渡。國際法並無規定國家負有引渡或不引渡的義務。因此之故，若干學者乃稱引渡是一種『不完全的義務』。在缺乏條件或法令之情形下，引渡之執行純粹是基於互惠或國際睦誼。

就英國的國內法而言，其習慣法之傳統亦認爲，引渡必須依據條約及法令的規定。按照英國法律，國王無權逮捕逃犯並將之交付他國，而且有關引渡之條約，亦被認爲對英國公民之私法權利有所減損，故在付諸實施之前，須經過立法手續。英國乃於一八七〇年通過『引渡法案』，僅適用於訂有引渡條約之國家，以及本法案曾經敕令規定適用之國家。

從實務觀點言，引渡之請求，僅限於特別嚴重之刑事案件，或具有公共重要性之刑事案件。一般言之，引渡之程序緩慢而費時，而且在重洋遠隔的國家之間，引渡罪犯，常很難辦到。國際法認爲引渡之准許及其程序，應由國內法詳細予以規定。惟各國法律對於引渡問題，尤其是對於庇護國國民是否可以引渡，庇護國所需之犯罪證據，以及交付逃犯程序中行政及司法機關之權限等問題，各國法律各有不同的規定。

引渡之申請，在經由外交途徑提出之前，例須先行具備兩項條件：

㈠必須是可以引渡之人（extraditable person）；

㈡必須具有可引渡之罪行（extradition crime）。

第一項　可引渡之人

各國實例均一致主張，請求國得引渡其本國國民或第三國之國民。多數國家通常均拒絕交付藏身於其領土內之本國國民，惟國家間如絕對遵守互惠待遇者，則引渡本國國民的請求，有時可以獲得同意。我國引渡法第四條規定：請求引渡之人犯爲中華民國國民時，應拒絕引渡，但該人犯取得中華民國國籍在請求引渡後者，不在此限。

第二項　可引渡之罪行

可引渡之罪行，普通均列舉於雙邊引渡條約之中。

一般言之，各國可引渡之罪行，僅限於重罪犯。而且由於引渡程序之繁複費時，將引渡罪行之種類作有限度之規定，顯屬有益之舉。若干國家將可引渡之罪行，僅限於請求國及被請求國雙方法律規定必須受最低刑罰之犯罪。例如，我國引渡法第二條第一段規定：『凡於請求國領域內犯罪，依中華民國與請求國法律規定，均應處罰者，得准許引渡；但中華民國法律規定，法定最重本刑爲一年以下有期徒刑之刑者，不在此限。』

按照一般規則下列各罪均不引渡：㈠政治犯；㈡軍事犯；㈢宗教犯。政治犯不引渡原則在十九世紀始告確立。蓋當時正值各國內部多事之秋，如荷蘭、瑞士及英國等國家，均堅持其庇護政治犯之權利。同時『政治犯』(political crime) 一詞之定義亦欠明確，各國係用不同之標準加以判別：㈠犯罪之動機；㈡犯罪時之環境；㈢僅包括叛國或企圖叛國等特殊之犯罪；㈣直接反抗請求國政治組織的行爲；㈤英國主張犯罪所在國家必須有兩個政黨互爭政權，犯罪卽係爲達到爭權之目的，因此將無政府主義者及恐怖分子等行爲列於『政治犯』之範圍以外。英國近年來更贊成較爲廣泛之解釋，主張凡與政治目的有關之犯罪，或爲避免政治迫害或因政治過失而被起訴之犯罪，均列爲『政治犯』。

國際法對於請求引渡之人犯所犯之罪行是否爲政治犯罪的問題，確認庇護國在主權權利上，可按照其國內法及實例，自行裁決。

至於犯罪之性質，多數國家均採行『雙重犯罪』（Double Criminality）原則。亦卽犯罪必須依庇護國及請求國之法律均應受罰時，始可引渡。美國最高法院於一九三三年審理法可鐸案（Factor v Laubenheimer）時曾引用此一原則。當時英國政府以法可鐸（Jacob Factor）在倫敦收取明知爲非法獲得之款項之罪名要求引渡，而法可鐸則居住於美國依利諾州，按照依利諾州法律，英國所指之罪名並非犯罪。最高法院則謂如按美國聯邦刑法此一罪名應受處罰，則並不有礙引渡，否則罪犯僅須逃亡到不受罰之某一州，便可不被引渡，未免不合法理。

另有一項被採用之原則，乃是『引渡罪行特定原則』（Principle of Specialty），是指請求國有義務不得處罰引渡罪行以外之犯罪。此一原則常見於引渡條約內，亦曾由美國最高法院予以確認。在英國，則其適用稍不確定。在科理剛受控案（R.v Corrigan）中，英國引渡法勝過包含引渡罪行特定原則之英法兩國簽訂的引渡條約，而判定被告可用引渡罪行以外的犯罪而受審判。按我國引渡法第七條之規定，我國原則上並不反對追訴或處罰請求書所載以外之罪行，但請求國必須作必要的重新請求，得我國同意後，方能進行。

第二款　交還

「交還」(Rendition)是較爲普通的名詞，意指兩國在無引渡條約的情況下，根據臨時特別的安排，或是基於互惠原則，被請求國將人犯交付請求國押回審判，至其罪行是否可予引渡則未顧及。

近年航運便捷，罪犯作奸犯科之後，逃往外國躲避，罪行發生所在地國家亟欲將其緝捕歸案，繩之以法，又苦兩國無引渡條約可以援用，經臨時作特別安排，由犯人所在地國家，使用移民局的權力，將罪犯遞解出境，或拒絕庇護。從遞解國或接受國觀點，並無「交還」性質，但事實上具有「交還」的效果。最近幾年，我國就是使用這項「僞裝的引渡」(disguised Extradition)辦法，將逃往鄰近國家的犯人押解回國審判。

第三款　庇護

國際法中的庇護(asylum)觀念，包括兩種要素：㈠避難，比僅僅暫時性的逃難更有過之；㈡庇護所在地國家主管當局所爲積極保護之程度。

庇護可分二類：一爲領土內的庇護(territorial asylum)，係指某國在其領土上提供庇護；二爲領土外庇護(extra-territorial asylum)，係指由使領館、國際組織辦事處、軍艦及商船等，對於所在地國家的逃亡者給予庇護之謂。關於這兩種庇護原則的適用，係由事實而產生。蓋給予領土內庇護之權力乃是領土主權之固有權利；而給予領土外庇護，既需所在國默認逃亡者享有不受逮捕之保護，自屬對於所在國主權之一種減損。

一項普遍適用的原則，就是所有的國家都有權給予領土內庇護（除非它在這方面已接受某種限制），而給予領土外庇護之權則屬例外，必須逐案加以設定。

不過兩種庇護却有一共同之點，即是在國家主權的合法主張與人道要求兩者之間，求得諧調。

第一項　領土內庇護

國家在其領土上提供庇護之自由，起源甚早。其範圍不但及於政治的、社會的或宗教的逃犯，而且及於一切來自外國的人，包括刑事犯在內。這種自由亦僅是國家接納或排斥外國人的一般性權力之一面。惟在正常的情形下，凡非所在國之國民，以及在該國領水內的外國船舶上受監禁之人，均不得享受庇護。至於國家對於在拘留中而不願加以遣送的戰俘，是否給予庇護，則爲學者爭論之問題。

或謂逃亡者均享有『庇護權』，實不允當，蓋逃亡者在國際法上並無强制規定可使其享受庇護之權利。國際上唯一合法權力，乃是逃亡地國家自己有權給予庇護。若干國內法誠有規定對逃避迫害的個人提供庇護權，一九四八年的世界人權宣言（見第十四條）亦訂有個人庇護權，以免於迫害。但國際法到現在爲止，還未保障此種人權。聯合國大會於一九六七年十二月十四日通過「領域庇護宣言」（Declaration on Territorial Asylum），建議各國應遵循下列準則：

㈠對於避免迫害尋求庇護之人，不得使其在邊界遭受拒絕，或者其已進入庇護國而不得將其驅逐出境或强制遣返。如果基於國家安全的重大理由，或是在大批逃亡湧入的情況下，爲保護其本國人民的需要，不得不拒絕庇護，該國亦應對尋求避難之人給予暫時庇護，或採取其他辦法讓其前往其他國家。

㈡當一國給予或繼續給予外國人庇護感受困難時，其他國家應本國際整體精神，各自或共同或經由聯合國考慮採取適當措施，以減輕該國的負擔。

㈢一國給予受迫害之人庇護時，其他國家應予尊重。

國家給予庇護的自由，自會受到其與他國簽訂的引渡條約所限制。原則上，對於違反和平的戰犯，或違反人道的罪犯，不應給予庇護。

聯合國大會於一九七四至一九七五年期中提出一項「領土庇護公約」草案，現正交由聯合國秘書處法律專家研討中，此一草案係根據「領土庇護聲明」中所提出的各項原則，更加明確的訂列於公約之中，同樣的沒有授予國家具有絕對的庇護權。依照該公約的草案第一條規定，一國給予外國人庇護是屬於國家主權的權利，但是各締約國應本「人道精神」作最佳努力，對於依公約規定合格之人始給予庇護。

聯合國於一九七七年一月十日至二月四日在日內瓦召開大會，八十五國參加，討論領土庇護公約草案，未能達成協議，通過成爲一項多邊公約。大家承認國家給予庇護權，具有不受限制的性質，而且各國係根據其本國的政策，實例及國內法的規定，逐案裁定應否給予庇護。

有些國際法學家鑒於最近亞非國家發生大批難民越界逃亡，認爲國際法對於難民的地位與難民的權利應予釐定，他們主張在邊界不能拒絕難民避難，而應給予暫時避難，此項措施在意義上尚未達到「庇護」的地步。

第二項　領土外庇護

㈠使館內之庇護：現代國際法並不承認使館館長有在其館舍內提供庇護的一般性權利。而且，如果庇護之效果，將使駐在國無法對逃亡者正常執行法律及裁判，更爲國際法所禁止。國際法院在審理庇護案（asylum case）時，亦斷定並無此種外交庇護之一般性權利存在（庇護案涉及拉丁美洲地區，國際法有關庇護規則之適用問題）。但在下列情形下，使館館舍得提供庇護：（甲）作爲一種臨時措施，其對象限於因暴民統治而身處險境的人，或因當地國家極度政治腐敗，處境險惡，如給予庇護，便可暫時避過緊急威脅；（乙）當地有一種歷久公認的具有拘束力之慣例，認爲此種外交庇護是許可的；（丙）當地國及使館所屬國之間有特別條約（通常均以政治犯爲限）規定者。

㈡領事館或領事寓所之庇護：適用與使館館舍相同之原則，並在相同例外情形下得提供庇護。

㈢國際組織辦事處房舍之庇護：聯合國及各專門機關總部與當地國家簽訂的協定中，並無國際組織可以提供所在地國家罪犯庇護或避難之一般性權利之規定，同時亦無基於人道立場給予保護之權。然而，我們亦頗難設想，在暴民威脅之極端危險情形下，給予他人以暫時避難之一種權利會不受承認及維護；

㈣軍艦之庇護：此在國家之管轄權中已有論列，於此不再贅述；

㈤商船之庇護：商船不能豁免當地的管轄，因此不能對當地罪犯給予庇護。

第四節 人權及基本自由

國際法中有關人權及基本自由法規之擬議，是晚近國際立法的一種新趨勢。現今人類正在努力闡揚人權及基本自由觀念，試定界說，建立有調查或建議權之國際組織，期待將來實現此一偉大目標與理想。在人權宣揚及保障方面所擬建立之主要文獻，不外下列數種：

㈠聯合國憲章及各專門機關之組織法：此等法規既不以義務約束各會員國尊重人權，亦不具體規範此等權利。無非以最廣泛之詞句規定，聯合國及其專門機關僅有建議、倡導及鼓勵的權限，對會員國關於保護人權方面並無拘束力的義務。

㈡一九四七年義大利、羅馬尼亞、保加利亞、匈牙利及芬蘭等國所訂之巴黎和約，其中訂有尊重人權之空泛信約，但無法院或其他機關加以執行。當一九四八年至五〇年間，羅、保、匈等國破壞人權案在聯合國大會提出時，事實就證明巴黎和約鮮有任何價值。

㈢一九四八年十二月聯合國大會所通過的世界人權宣言：此一宣言代表旨在達到『國際人權法案』之計畫三個階段的第一步。國際人權法案是以普遍拘束各國義務爲基礎，由法院或行政機關予以有效執行。這三個階段是：第一個階段，將應行尊重之各種人權，用宣言加以列舉；第二個階段，由各國訂立若干拘束性的規約，訂明尊重所列舉的人權；第三個階段，採取措施及成立機關加以執行。

世界人權宣言旨在揭櫫理想和應採取的步驟，如就此項目的而論，世界人權宣言達到了預期的效果。其最重要的貢獻，乃是將每一種人權的範圍，用三十條條文一一予以定義。如要責備世界人權宣言缺乏執行機關的條文，或是爲了它不是一種具有拘束力的法律文書，無異是誤會了它原始的有限目的。它原本是爲了列擧普遍可以接受的人類不可出讓的權利，對於國際及各國國內人權發展方面有深遠影響。現今普遍認爲：關於保護人權，不屬於國家絕對管轄範圍，國際機構及其他國家亦可過問，美國主張人權外交，卽是一例。

㈣一九五〇年十一月四日歐洲議會會員國，在羅馬簽訂之歐洲保護人權及基本自由公約：此一重要區域性的人權憲章，由歐洲議會所發起，其在下列各方面無疑較世界人權宣言稍有進步：（甲）就世界人權宣言中所列擧之若干權利，規定各國承諾提供國內補救辦法；（乙）將世界人權宣言中所包括之權利賦予確切之定義，以及每種權利的限制及例外情形；（丙）設立歐洲人權委員會，得應當事國之申請，或（在被指控國接受下）應個人及非政府組織之訴願，調查違反人權案件並提出報告。至一九五五年七月，依照公約規定，有六個國家已接受個人申訴權，該委員會卽開始有權受理個人之申訴。該公約並規定：具有强迫管轄權的歐洲人權法庭，只要有八個以上國家接受此種管轄，便可成立。一九五八年九月已達到此項規定，該法庭遂於一九五九年一月成立，一九六〇年判決第一宗案件。依照規定，歐洲人權委員會的權力極爲有限，但其工作却並不消極，業已受理過數百件申訴的案件。

㈤聯合國人權委員會於一九四八年至一九五二年間起草兩個人權公約草案，一爲經濟、社會及文化權利公約草案，一爲公民權及參政權公約草案。這兩種公約草案可以表示在邁向第二個階段，亦卽訂立拘束性的公約以尊重人權。起初原擬起草一種公約，嗣後聯合國大會指示人權委員會，令其將經濟、社會及文化權利，與公民權及參政權分別擬訂二種公約。如今，這二種公約經聯合國大會於一九六六年十二月十六日通過，已於一九七六年生效。目前聯合國內各『開發中』的會員國有一種趨向，即是重視經濟、社會、文化等權利，甚於公民權及參政權，其理由是：除非前者獲得保障，後者並無用處。

雖然這二種公約規範的權利不同，但它們訂有共同條款，例如承認自決權利及禁止歧視。同時依照各自公約的規定，設立的機構亦不同。「公民權利及政治權利公約」規定，設立人權事務委員會，負責審議各締約國提出的報告，並應把它自己的一般建議，送交各締約國及聯合國經濟暨社會理事會。關於公民及政治權利只須各國立法即可達成，而經濟、社會及文化權利，須視各國現有資源之逐漸利用始有進展，所以「經濟、社會及文化權利公約」規定，締約國各就此等權利所獲的進步及採取的措施，只須定期向聯合國經濟暨社會理事會提出報告。

㈥關於保障人權問題實施的義務，訂載於以下各項公約中：一九五〇年三月三十一日之「禁止販賣人口及取締意圖營利使人賣淫公約」(Convention for the Suppression of Traffic in Persons and of the Exploitation of Prostitution of Others)，一九五一年七月二十五日之「難民地位公約」(Convention on the Status of Refugees)，一九五六年九月七日之「廢除奴隸，販賣奴隸及奴隸相似制度（如農奴制）與成規之日內瓦補充公約」(Supplementary Geneva Convention for Abolishing Slavery, the Slave Trade, and Institutions and Practices Similar to Slavery)，及一九七三年十一月三十日之「制止並懲罰種族歧視罪國際公約」(Internatitional Convention on the Suppression and Punishment of the Crime of Apartheid)，及一九六五年十二月二十一日之「消除一切形式種族歧視國際公約」(International Convention on the Elimination of All Forms of Racial Discrimination)，規定設立「消

除種族歧視委員會」，由專家十八人組成，以個人資格任職，審理違反人權案件的控訴，及審議各締約國實施本公約所採措施的報告。該公約於一九六九年生效，該委員會於一九七〇年開始工作。一九七九年十二月十八日聯合國大會通過之「消除對婦女一切形式歧視公約」(Convention on the Elimination of All Forms of Discriminaton against Women)，以及一九八一年十一月聯合國發表之「消除對宗教信仰一切形式歧視宣言」(Declaration on the Elimination of All Forms of Intolerance and Discrimination Based on Religion or Belief)。

下列各點亦應一述：

㈠上述各種人權憲章對於國內法已發生影響力，例如若干國內法院之裁決均認爲：凡與人權抵觸之契約，基於公共政策之理由，均爲違法及無效。自一九四五年以來，新興獨立國家憲法中，訂有保障人權的條款。

㈡國際勞工組織通過各種勞工公約，保障勞工權利，並賦予具體的效力，例如勞工組織工會之自由。

㈢義大利與南斯拉夫於一九五四年十月五日就的里亞斯特行政區訂立諒解備忘錄，其中曾適用世界人權宣言。

㈣有關人權綱領性的文件中，計有一九四八年「美洲關於個人權利及義務宣言」，一九五九年十一月二十日聯合國大會通過之「兒童權利宣言」，聯合國防止歧視並保護少數民族委員會於一九六二年一月通過之「關於自由及政治權利不受歧視十五項基本原則」，對於人權的定義及法規的制訂均在不斷的進步。

㈤美洲人權公約於一九六九年十一月二十二日開始簽署，該公約對人權的定義更爲詳盡，並設立美洲人權法庭（Inter-American Court of Human Rights），締約國願意接受法庭管轄，在批准或加入該公約時，可以作此聲明。美洲國家組織憲章所附之一九六七年布宜諾斯艾利斯議訂書（1967 Protocol of Buenos Aires），規定設立「美洲人權委員會（Inter-American Commission on Human Rights），成為美洲國家組織的主要機關，其職權在促進「一九四八年美洲關於個人權利及義務宣言」中所揭示的人權。由於「美洲人權公約」即將生效，締約國所負實施人權的義務，將由美洲人權委員會與美洲人權法庭兩個機關主管。

㈥一九七五年八月一日「赫爾辛基宣言」（Helsinki Declaration），是由美、加、教廷及三十多個歐洲國家，在丹麥首都赫爾辛基舉行歐洲安全及合作會議中通過，參加國家在宣言中重申尊重人權及基本自由，尊重少數民族在法律之前平等的權利，以及共同與各別努力，包括與聯合國合作，以促進對人權與自由之普遍及有效的尊重，該宣言中載明締約國「確認個人對其自身權利及義務方面，有認知及行為之權」。「赫爾辛基宣言」雖不被認為具有國際條約的效力，但此宣言可以表示，各國均承認人權已不僅是國家管轄範圍的事，乃是國際關切的問題。

㈦建立歐洲共同市場的一九五七年三月二十五日羅馬條約及歐洲社會法庭，均承認基本人權。

㈧傳統的「戰爭法」或「武裝衝突法」（law of armed conflict）原是國際法的一部分，自一九六七至一九六八年以來，增列有關人權的規則，因而稱為「在武裝衝突期中適用之國際人道法」，使人權的理論與在武裝衝突期中適用的國際法相結合，誠為人權運動對國際法發展的重大貢獻。

㈨設在巴黎的「經濟合作暨發展組織」（OECD）理事會於一九八〇年提出下列一項建議：「關於保護隱私及越境傳送個人資料準則」，對保護隱私權有某些程度的幫助。

國際法所討論的重要人權，不僅是個人的權利，而是指一羣人的集體權利，例如少數民族的自決權。一九四八年「滅絕種族罪公約」中所保障的種族權利，少數民族維護自己特性的權利，因此「公民權利及政治權利公約」第二十七條規定：「在那些存在着人種的、宗教的、或語言的少數人的國家中，不得否認這種少數人同他們的集團中的其他成員共同享有自己的文化，信奉和實行自己的宗教，或使用自己語言的權利」。

第十五章　國際經濟法與貨幣法

第一節　國際經濟法

近代國家對於經濟實施廣泛管制，例如對於民間企業的進出口貿易、國內外投資、航運、農產品及商業銀行，無不予以管制。凡是影響兩個或是兩個以上國家的經濟及金融事項，有關國家自應締結協定，以規範相互間的經濟利益。在這一類的協定中，以雙邊條約爲最多，例如貿易協定、通商航海條約等。其次爲設立國際組織的公約，一般性的有一九四四年七月一日至二十二日布利登伍滋（Bretton Woods）國際貨幣財政會議通過的同意條款，分別設立國際貨幣基金、國際復與開發銀行，及一九五五年五月二十五日在華盛頓設立的國際財務公司，一九六五年三月十八日關於解決國家與他國人民投資爭端公約，一九五七年三月二十五日羅馬條約成立歐洲經濟組織，一九四七年十月三十日關稅暨貿易總協定，一九四五年十月十六日簽署憲章成立糧食暨農業組織，以及國際各種商品協定，如一九八二年生效的第六屆國際錫協定，一九七七年國際糖協定，一九八〇年關於國際咖啡協定，一九七九年國際天然樹膠協定，一九七一年國際小麥協定，一九八二年國際蔴及蔴產品協定，以及一九七五年成立鋼鐵出口國家協會的協定。

八、近年關於國際經濟事務方面法規有新發展，例如一九六六年十二月十七日聯合國大會通過決議案，設立聯合國國際貿易法委員會（Commission on International Trade Law），其任務在統一國際貿易法，促進更多國家參加國際貿易公約，草擬新的國際貿易法，以及促進國際貿易慣例與實例的法典化。自一九七二年以來，國際間除了簽署若干經濟及貨幣條約之外，還通過許多宣言及有關文件，雖無拘束效力，但對將來國際經濟新秩序的發展方向提出一系列的藍圖，例如一九七四年聯合國大會一致通過的建立國際經濟新秩序宣言，一九七二年十二月十二日聯合國大會決議的「國家經濟權利及義務憲章」(Charter of Economic Rights and Duties of States)，一九七五年第七屆經濟合作及發展特別會議通過的決議最後聲明，加拿大、法國、西德、義大利、日本、英、美七大工業國歷年高峯會議所發表的宣言，及關於國際貨幣事務二十四國政府間集團於一九八二年九月三日在加拿大多倫多發表的聲明。吾人要從這許多通商條約及有關的宣言中，抽出一般適用的原則，成為具有拘束力的國際法規則，甚為困難。唯有就國際通商貿易的實例，來說明國家經濟利益的發展方向。

第一、每一國家除非為了平衡支付困難之外，負有義務對於他國貿易，不得設有歧視限制或差別課稅。不論這種歧視是故意或無意，則無關重要，只要這種歧視事實存在，即足已構成差別待遇。例如關稅暨貿易總協定的締約國負有義務，在發現有歧視的情形時，應將此種歧視予以改正或排除。一九七四年十二月十二日制訂的「國家經濟權利及義務憲章」第四條規定：「每個國家不論政治、經濟和社會制度的任何差異，有權進行國際貿易和其他方式的經濟合作。任何國家不應遭受純粹基於此種差異的任何歧視」。此一原則正在逐漸形成之中。

至於怎麼樣才構成歧視（discrimination），無疑的會發生爭議。假如甲國與乙國締結通商條約，締約國互允給予他方特殊優惠，例如減免關稅，而丙國輸往這兩個國家的貨物，仍須繳納高額關稅，則丙國是否有權提控這種特惠是差別待遇？倘若丙國與甲乙兩國也訂有通商條約，規定給予最惠國待遇（most-favoured-nation treatment）不相等的繳納關稅，顯然成爲歧視。倘若沒有最惠國條款（most-favoured-nation clause），則很難認定兩國間給予貿易互惠，構成對第三國的歧視。國際常設法院一九三四年對於奧斯卡金案（Oscar Chinn Case）的判決，就認爲兩國間貿易互惠辦法，不能算是對第三國的歧視。關稅暨貿易總協定的目標，卽在擴大最惠國的義務，期使消除各國關稅的歧視。聯合國國際法委員會對於影響世界貿易的最惠國條款也在從事研究，該委員會在一九六七年至一九八〇年歷屆會中決議，不僅研究最惠國條款對於國際貿易的關係，例如與關稅同盟及自由貿易區等問題一併研究；並且研究最惠國條款在各國實施情形，例如外國人在他國設立公司及使用土地的權利。一九七五年八月一日在赫爾辛基舉行的歐洲安全及合作會議藏事文件中，各參加國家均承認「實施最惠國條款對貿易發展發生有利效果」。聯合國將來有可能制訂最惠國待遇公約，普遍實施。

第二、關於外國私人投資，現今有一項原則，就是投資所在的國家，對於外滙的管制，不應妨礙外國投資人支取收益或所得，也不得妨礙其收回所投入的資本（雖然收回資本並不是無條件的絕對權利），除非——：㈠此種限制是維持貨幣準備所必需；㈡此種限制是爲了投資所在國家人民福利暫時的需要。而且任何此種限制，不得有所歧視。不過給予外國投資人特別有利條件，卻爲國際貿易法所不禁止。現今國際經濟法的趨勢是在獎勵投資，但資本輸入國對於資本輸入所規定的審查、核准及登記等項的條件，並無限制。一九七四年十二月十二日制訂的「國家經濟權利及義務憲章」第二條第二款甲項規定：按照其法律規章，並依照其國家目標和優先次序，在其國家管轄範圍內的外國投資，加以管理和行使權力。任何國家不得被迫對外國投資，給予優惠待遇。」一

為了保護及獎勵國外私人投資，近年有各種建議，例如以國際公約，來規範外國投資人與資本輸入國彼此的基本權利，設立國際投資法庭，以制定多邊投資保險法規。國際法對保護投資所採取的第一個重要辦法，就是一九六五年三月十八日關於解決國家與他國人民間的投資爭端公約，在共同協議的基礎上，建立國際和解及仲裁辦法，使得外國投資人與資本輸入國，能以直接進行法律爭端的解決。關於促進投資，一九五六年成立的國際財務公司的任務，就在鼓勵生產性的投資。

國際法院於一九七〇年在裁決巴斯洛納公司案（Barcelona Traction Case）中提示一項一般原則，就是資本輸入國應該對於外國人的投資，給予若干法律保護，但並不是外國投資人的擔保者，國外投資一定要冒若干風險。

第三、國際貿易法有一項趨勢，就是在國際各種商品協定中，規定生產國家與採購國家應當合作，以維持商品價格的穩定，並管制生產國家適當需要的生產量，以平衡供需關係。國際貿易法對於一國為適應其經濟需要而限制生產，雖無禁止之規定，例如阿拉伯產油國家於一九七三年減少石油產量，影響全世界能源供應，各國對於此種不合理的片面限制生產，尚乏妥善的對策。由於締約國在國際各種商品協定中，所規定的辦法極不相同，缺乏統一的規定，所以對於穩定世界商品價格，平衡供需要求，目前尚得不到任何一致的結論。

關於國家對於國際商品供應所負的義務，一九七四年「國家經濟權利及義務憲章」第六條規

定一項廣泛原則如下：

> 各國有義務利用種種安排，及在適當情況下，締結長期多邊商品協定，對國際貨物貿易的發展作出貢獻，要照顧到生產者和消費者的利益。所有國家共同有義務促進一切在穩定、有利和公平的價格上交易的商品的正常流動和進出，從而有助於世界經濟的公平發展，並要特別顧到發展中國家的利益。

從本條的規定可以看出，新近的重點是放在發展中國家的需要和利益。聯合國貿易暨發展會議（UNCTAD）一九七六年五月在肯亞首都奈洛比（Nairobi）舉行大會，建議由共同基金出資採購所有產品，設立國際商品「緩衝存量」（buffer stocks），並建立出口管制及生產管制制度。此項建議雖經大會通過，但所有開發中國家並不是毫無保留的接受。聯合國大會於一九七六年六月十三日通過一項協議，創設「國際農業發展基金」（International Fund for Agricultural Development），其功能卽在改善並動用會員特許提供的資源，以發展開發中國家的農業。一九八〇年六月二十九日會員國通過一項協議，爲實施奈洛比建議，設立國際商品共同基金，在生產國家與消費國家各種協定的範圍內，提供資金採購「緩衝存量」，並採取其他商品穩定措施。

第四、國際貿易法現有一項原則，就是各國應當避免傾銷及無限制的囤積物品，以危害發展中國家的工業發展（所謂發展中國家 developing countries，是指尚未高度發展，或工業化正在進行，將成爲一個以工業經濟爲主的國家）。此項原則是所有國家均應遵守的一項經濟睦鄰（economic good neighbourliness）規則；國際貨幣基金與關稅暨貿易總協定締約國歷次會議的基本目標，就是在於便利國際貿易的擴展，用以促進全面就業，增進各國生產力。總之，國家為保護其本國經濟所採取的措施，應當顧及對於他國經濟可能發生的不利影響。一九六一年設立的經濟合作暨發展組織（Organisation for Economic Co-operation and Development，簡稱OECD），其任務即在協調各國的經濟政策，實施上述的原則。「國家經濟權利及義務憲章」第二十四條規定：「所有國家有義務在其相互間經濟關係中，考慮到其他國家的利益，特別是所有國家應避免損害發展中國家的利益。」

第五、現今國際貿易法的趨勢，在廢除對於進出口商品數量的限制，除非是維持貨幣準備金緊急的需要，得實施暫時的限制（參閱關稅暨貿易總協定第十一條至十四條）。

第六、各國多已承認一項原則，對於稅收及平衡支付問題無重大影響的海關手續，應予簡化，以及對於貿易的限制或障礙，應予減少。關稅暨貿易總協定的宗旨，就是在消除關稅壁壘。一九五二年十一月七日簽訂的便利輸入商業樣品及廣告物品之國際公約，以及聯合國大會於一九六五年十二月二十日通過一項決議，主張『逐漸統一並協調國際貿易法』，以及改善國際貿易的條件。經濟合作暨發展組織於一九八三年五月十日部長會議發表聯合聲明，表示共同決定「逐漸放寬並解除各種貿易限制及貿易不正常的措施。」

第七、對於使用能源、原料及食物等自然資源的規範及管制的規則，將來會成為國際經濟法中一個重要部份，一九七三年至一九七四年石油生產國家限制石油輸出，造成油價大漲，世界各國因此需要建立一個石油「共有制度」（Sharing régime）。一九七四年九月召開世界能源會議，同年經濟合作暨發展組織設立「國際能源總署」（International Energy Ageney），其功能即在確保能源的合理共有與分配。聯合國於一九八一年八月在肯亞首都奈洛比舉行「新能源與再生能源」會議，通過一項「協議行動方案」（Agreed Programme of Action），以供將來制訂能源共有的國際法規則，關於將來能源的新規則，主要在於國際合作發展新的能源（例如利用地熱、風力、海潮、海浪及海水溫差發電），及發展新技術，利用再生的能源。關於這些國際合作發展能源的問題，將成為今後「國際能源總署」理事會所要討論的主要議題。

關於「鈾」（uranium）能源共有問題，現已開始研究。美國曾於一九七六年五月在奈洛比舉行的聯合國貿易暨發展會議（UNCTAD）中建議，設立「國際能源銀行」（International Resources Bank），雖未獲大會通過，但共有能源問題，將與國際經濟法有關。現今國際法應有一項規則，規定生產國與消費國負有義務相互諮商能源共有問題，同時消費國應承認一項義務，即在供應短缺時，應公平享用能源。而且為節省能源，基於公平原則，共同減少能源消費。否則能源共有的規則即很難制訂。

第八、發展中（或低度開發）國家，有權接受特別經濟援助及特別貿易優惠，已經成為一項確立的原則。一九六五年二月八日附加於關稅暨貿易總協定的議定書第四章，即有此項規定；聯合國貿易暨發展會議（United Nations Conference on Trade and Development，簡稱UNCTAD），最近曾向此方向努力；一九六五年十二月二十日聯合國大會決議，加速對發展中國家資本輸入及技術援助。鼓勵低度開發國家某些產品的輸出，實行此種優惠辦法，除須與受重大影響的國家諮商外，國際法並不加以禁止，這只是在自由發展與開放貿易關係中的一項例外辦法。例如，關稅暨貿易總協定在一九六六年及一九七一年准許澳大利亞及其他已開發國家，給予低度開發國家的關稅優惠，以及經濟合作暨發展組織在一九七〇至一九七一年所普遍實施的貿易優惠辦法，以增加發展中國家的輸出所得，並增進其經濟發展，在此情形下，優惠辦法成為促進貿易的工具。

在一九七四至一九七六年期間，國際會議通過各項決議，要求給予發展中國家援助。一九七四年十二月十二日通過的「國家經濟權利及義務憲章」第十八條規定：「發達國家應當向發展中國家施行、改進和擴大普遍的、非互惠的和非歧視的關稅優惠制度，但要按照在主管國際組織範圍內就這一制度所通過的有關協議結論及有關決定。發達國家還應認眞考慮在可行和適當的領域內，並以給予特別和較爲有利的待遇的方式，採取其他區別對待的措施，以滿足發展中國家的貿易和發展需要。」第十九條規定：「爲了加速發展中國家的經濟增長，彌合發達國家和發展中國家之間的經濟差距起見，發達國家在國際經濟合作可行的領域內，應給予發展中國家普遍優惠的、非互惠的和非歧視的待遇。」聯合國大會於一九七五年九月十六日第七屆特別會議中通過決議，重申發達國家以前的承諾，以其全國生產毛額（GNP）〇．七％，用以對發展中國家的發展援助。一九七六年五月在奈洛比舉行的聯合國貿易暨發展會議通過決議：發達國家應免稅輸入發展中國家製造產品，應繼續多邊貿易協商，對發展中國家提供特別及更有利待遇，輸出國家應集會商討可行法規，對發展中國家施行技術轉移。

自一九七四年以來，國際間期望建立「國際經濟新秩序」（New International Economic Order），重新擬訂國際經濟法規及制度，以援助發展中國家。一九七四年聯合國第六屆特別大會通過兩項有關決議：一爲建立國際經濟新秩序宣言，一爲建立國際經濟新秩序行動方案，此兩項決議爲建立國際經濟新秩序奠下堅固基礎及範圍，惟此一新制度之建立仍待今後努力。聯合國國際貿易法委員會於一九七八年六月設立一個國際經濟新秩序工作小組，開會研討國際經濟新秩序的確定範圍及制度，至少應包括本章所述促進發展中國家經濟的各項原則（例如優惠待遇、穩定出口贏利及技術輸入），並應包括開發中國家平等參加國際經濟關係。雖然國際經濟新秩序的觀念與規則，尚未達到具有法律效力，可以約束發達國家，但當發達國家與發展中國家在協商時，必然受到國際經濟新秩序的影響。

發展中國家認爲從發達國家輸入技術是最重要事項，實際上這是建立國際經濟新制度的關鍵理論。爲促進在科學及技術方面國際合作，以達成發展中國家經濟發展，應視技術轉讓，是發達國家一項法律或道義上義務。「國家經濟權利及義務憲章」第十三條第一二兩款規定：「每個國家有權分享科學技術進步和發展的利益，以加速它的社會和經濟發展」。而且「所有國家應促進發展中國家取得現代科學和技術的成果，轉讓技術，以及爲了發展中國家的利益而創造本國技術，其方式與程序要符合其經濟與需要」。聯合國於一九八二年十二月十日制訂的海洋法公約第一百四十四條規定技術轉讓，本書第八章已有詳盡討論。

爲了實施上述的各項原則，各國在經濟睦鄰方面應相互諮商，並接受各國代表的訪問考察。國際貨幣基金同意條款、關稅暨貿易總協定、以及各種多邊及雙邊協定對此均有明確的規定。這些都是國際經濟法的重要原則，其所涉及到的僅是有限的範圍，國際經濟方面尚有許多問題，有待解決。除了上述各項原則之外，尚有許多國際經濟法原則正在形成之中，例如藉國際行動以促進經濟平衡發展、國家開支應與生產增加相配合等，我們敢以預言，在最近的將來，國際經濟法將有更大的發展。

第二節　國際貨幣法

國際貨幣法（International Monetary Law），包括現已建立的錯綜複雜的國際貨幣法規與原則，大部分是依據傳統的銀行及貿易實例，期求以公平及有效辦法，進行國際金融業務，以促進國際金融合作，並維持有秩序的外滙交易制度。例如：——㈠國際貨幣基金同意條款所訂各項原則及規則，主要目的在建立國際滙兌的穩定制度，及維持會員國間有秩序的外滙關係。㈡各國貨幣平價制度（par value system）的規則與原則。所謂平價就是各國貨幣的對外兌換率，依照現行國際貨幣基金協定之規定，各國應透過基金，核定其本國貨幣與黃金之平價，以確定各國貨幣間之固定滙率。各國訂定滙率後，只許在國際收支基本失衡時，並須事先商得國際貨幣基金的同意，始可在百分之十範圍內調整其貨幣滙率。㈢依照國際貨幣基金同意條款及關稅暨貿易總協定的規定，各會員國只有在外滙收支情況不能平衡時，並須接受國際管制，始能對貿易及貨幣支付實施限制。㈣國際貨幣基金同意條款的規定，以及有關的各種方法，均在建立各國貨幣的互相兌換，以減少外滙管制與限制。㈤實施國際貨幣基金各項法規，及穩定國際貨幣的各種實際辦法，主旨在解除通貨措施上差別待遇，穩定國際合理滙率，擴展國際貿易，避免滙率貶值競爭，以及促進國際貨幣合作等方面，曾發揮顯著功能。

依照國際貨幣基金同意條款（Articles of Agreement of the International Monetary Fund）成立的國際貨幣基金的宗旨，包括使其成爲一個對國際貨幣問題能提供諮商和合作的永久性機構，促進滙兌穩定，維持會員國間有秩序的外滙關係，避免競爭性的外滙貶值，以基金會的儲備金提供會員國，糾正其國際收支不平衡時的惡性調整，以免危害其經濟及社會結構，縮短會員國國際收支不平衡的時間及減輕其程度。國際貨幣基金是一個獨立的國際組織，不能將其職權委託其他國際機構代爲行使，其會員國應普及，並應平等相待。國際經濟法與國際貨幣法二者之間有相互關聯性。例如國際貨幣基金同意條款第四條規定：穩定外滙滙率制度，是穩定一國經濟及金融的必要條件，反之，一國經濟及金融政策的穩定，提供穩定貨幣的良好基礎。加拿大、法國、西德、義大利、日本、英、美七大工業國歷屆高峯會議中，均重申穩定國際滙兌的各項原則及與國際貨幣基金合作。

國際經濟法與國際貨幣法二者間之關聯性，更可從國際貨幣基金與世界銀行（國際復興開發銀行）近年密切工作關係中得到證明。國際貨幣基金主要業務範圍，是建立國際貨幣制度，消除競爭性外滙貶值，並促進有秩序的外滙關係，而世界銀行的主要業務範圍，是訂定發展方案，促進私人國外投資及國際貿易。可是國際貨幣基金最近特別重視儲蓄、投資及其貸款支持的生產計畫，以增進經濟成長，而這些業務却是世界銀行的職掌。

可是，國際貨幣法現仍在初步發展階段，尙難適應近幾年來國際貨幣一再動盪。一九六八年三月發生黃金風潮，一九七一年四五月間在西歐發生黃金馬克危機，一九七一年八月十五日美國決定停止黃金兌換外人持有的美元，其他各主要通貨實施浮動滙率，至一九七一年十二月中旬，各國訂定史密遜寧協定，國際間始恢復固定滙率。一九七二年六月，英鎊重行浮動。一九七三年二月，美元再度貶值，日圓開始浮動。一九七三年三月間，西德馬克升值，歐洲各主要通貨，聯合浮動。至此第二次大戰後苦心建立的國際貨幣體制，顯示脆弱難存，必須重新建立。但是國際社會對於國際貨幣法，尚無任何完美法規，僅採取臨時措施。國際貨幣基金於一九六八年至一九六九年期間，實施黃金二價制(two-tier system)，即將工業用金與貨幣準備，劃分爲兩種價格；復於一九七〇年一月一日創立特別提款權（special drawing right），各參加國按攤額（quota）比例計算，分配額記入『特別提款帳戶』。國際收支發生困難之參加國，即可動用其所持有之特別提款權，換取可兌換之通貨；另一方面則由國際貨幣基金指定國際收支或準備情況良好之參加國，對國際收支發生困難之參加國提供所需要之通貨；取得特別提款權國家，須付利息，經過相當時期之後，再可由國際收支發生困難之參加國，以可兌換之通貨，繳還其特別提款權。特別提款權之創立，可以增加國際貨幣流動性，亦可使國際收支短絀之國家，利用此項權利，支付國際收支逆差，而可不逕採保護措施，以阻礙世界貿易發展。國際貨幣基金所採取的這些辦法，尚不能穩定國際金融的遽變，成爲國際貨幣法的一般規則。

改進外滙滙率制度，仍爲國際貨幣制度基本問題。依照布利登伍滋會議協定，各會員國貨幣平價上漲或下跌之幅度，均不得超過原定滙率百分之一。近年各國經濟成長甚速，顯已使各國貨幣滙率不符實際。例如英鎊與法郎已數度貶值，美元亦已採取黃金兩價制（不得按市場價格，向市場購進黃金，但得出售黃金）。馬克浮動上漲，顯示國際貨幣基金現行滙率漲跌限制必須放寬。因此發生兩派不同的意見，一派主張固定滙率，另一派主張浮動滙率，國際貨幣基金採取折衷辦法，即所謂『緩慢調整之釘住滙率』（crawling adjustable-peg），即將滙價波動範圍，略爲放寬，按月逐步變更滙率。主張浮動滙率者認爲，各國由於通貨膨脹和生產力成長，造成經濟失調，外滙失衡，而發生金融危機，急需額外償付資產，以及投資性資本之大量流動，非適時適度調整滙率，無以適應此種情勢。主張維持固定滙率者認爲，固定滙率有助於國際貿易及資金交流，由各國自動決定滙率，即所謂浮動滙率，不足以建立各國貨幣間之適當平價。而滙率之突然大幅變動，更足以妨礙正常之貿易及投資關係。

國際貨幣基金於一九七二年設立國際貨幣制度改革委員會，由二十國財長組成，擬訂重建國際貨幣新秩序的計劃。於一九七二年九月開始工作，預期兩年制訂一套綜合性的國際貨幣新法規。國際貨幣基金於一九七三年九月在奈洛比擧行會議時，首次提出改革綱要，依照重建國際貨幣秩序的基本原則，協議採取若干措施：允許滙率有更大彈性，接受浮動滙率(floating exchange rates）在限度內變動，承認國際貨幣基金設立特別提款權（special drawing Rights）作爲主要準備金，黃金及儲備通貨重要性降低，不應採取輸入管制措施，爲達成支付平衡的目的。

一九七三年十月發生能源危機，石油輸出減少，油價大漲，投機性資本大量流動，造成國際金融情況不穩。在此情況下，各國不願接受任何長期性貨幣改革的約束，使得國際貨幣制度的改革必須延緩。國際貨幣基金一九七四年三月底正式宣佈，改革國際貨幣制度兩年內無法達成，實際上有些改革可提早實施，有些改革則需經長時間的演進。

二十國委員會於一九七四年六月十三日在華盛頓開會結束工作，提議一項行動方案，包括由國際貨幣基金董事會設立一個臨時委員會，制訂浮動滙率辦法，並向董事會提出一項工作報告及改革綱要與附件，說明將來國際貨幣制度逐漸改革的方向及許多技術性問題。

此後，國際貨幣基金遂將一般性的國際貨幣改革留待將來討論，先修訂國際貨幣基金的協定條款。董事會設立的臨時委員會於一九七六年一月在牙買加開會，就修訂基金協定條款達成協議，經董事會於一九七六年四月通過，成爲第二次修訂案。第二次修正案於一九七八年四月一日生效，就國際貨幣基金原有結構作重大調整，繼續對改革中的國際貨幣制度擔負重要任務。

第一項重要改革是通貨平價制度(par value regime)，國際貨幣基金會員國以前須依照固定通貨平價維持滙率，現在依照修訂的規定，會員國有權自行選擇滙率。國際貨幣基金總裁韋勒溫(Willeveen)一九七七年四月二日指出，現今有些國家實施單一浮動滙率，有些國家實施聯合浮動滙率，有些國家滙率釘着一國外滙，有些國家滙率釘着多國外滙，經過此次修訂，而使其合法化，並使各會員國與國際貨幣基金繼續工作，以確保國際金融秩序，並促進外滙制度的穩定。依照新規定，國際貨幣基金須經全體投票權百分之八十五的多數票決，始能建議外滙變更辦法，以符合國際貨幣制度的發展，基金並負擔監督任務，以確保國際貨幣制度的有效運作，及會員國履行其各項義務。

第二項改革是黃金在國際貨幣制度中的重要性減低，主要有以下四點：

㈠黃金的功用不再是通貨平價制度中「共同貨幣單位」(common denominator)。

㈡黃金亦將不再成爲基金未來採取通貨平價制度「共同貨幣單位」。

㈢會員國將無義務向國際貨幣基金交付黃金，而國際貨幣基金亦無須向會員國支付黃金，而且只有在基金全體投票權絕對多數票決許可的情況下，基金始可接收會員國交付黃金。

㈣國際貨幣基金在買賣黃金時，須避免安排黃金市場的固定價格。

減低黃金的重要性，相對的加强特別提款權的功用，協助此項特別提款權，成爲國際貨幣制度的主要儲備資金，使得全球貨幣流通得到更好的國際監督，國際貨幣基金將擴大使用特別提款權，以符合近年國際金融的發展。

國際貨幣基金協定條款第二次修正全部實施後，期望對國際貨幣改革有進一步發展。國際貨幣基金自一九七六年以來採取以下重要措施：

㈠基金於一九七七年八月設立一融貸資金機構。

㈡基金於一九八〇年八月決定提供長期大額貸款，協助會員國支付平衡。

㈢基金於一九八〇年九月決定統一並簡化「一籃」貨幣（currency baskets）制定，以決定並管制特別提款權的價值。

㈣近年特別重視促進會員國支付平衡的調整，及國際貨幣基金的監督功能。一九八三年九月國際貨幣基金年會，一致同意需要加强對國際貨幣基金的監督任務。

一九三〇年在巴賽（Basle）設立國際結帳銀行（Bank for International Settement），在國際貨幣制度中擔任的主要功用，是促進各國中央銀行的合作，提供票據交換，以便利國際銀行間的結帳，並成爲國際金融的信託機構。在近二十年中，國際結帳銀行地位增强，將繼續成爲國際金融結構中的一個常設機構。

第十六章　經濟發展與人類環境法

第一節　經濟發展與環境汚染之關係

現今國際社會面臨兩大問題，即經濟發展與人類環境的維護及改善。聯合國及其他國際機構對此兩大問題極為重視。

經濟發展與環境汚染二者在國際法方面的關係並不顯著。經濟發展是正在發展中國家積極努力的途徑，而環境汚染乃是發達國家所遭遇的問題。在此種情形下，致使若干有關連的問題竟被忽略。第一、負責促進經濟發展計劃的國際機構，在給予發展中國家大量經濟援助的計劃中，必須顧及此項計劃之實施，對於生態環境汚染之影響。否則，因經濟發展而汚染生態環境，將會抵消發展中國家所獲致的利益。第二、發展是經濟學科的一部門課題，其品質標準不像數量之易於確定。但有一項被共同接受的品質標準，就是維護發展中國家的環境不受汚染。第三、聯合國大會曾有多次決議，宣布所有國家（尤其是發展中國家），在經濟發展方面，對其本國的天然資源享有不可割讓的永久主權。一九六六年聯合國第二十一屆大會第二一五八號決議案在序言中宣稱：『天然資源不特有限，而且往往可以用盡，其開發之是否適當，足以決定發展中國家目前與將來之經濟發展情況』。鑒於有限的天然資源有被用盡之虞，就發生人類環境的維護問題。一九七二年在瑞典首都斯德哥爾摩舉行的人類環境會議，通過一項維護「人類環境宣言」（Declaration on the Human Environment），其中第二及第三項原則規定：人類應以妥當的計劃與管理，維護地球的自然資源，並應儘一切可行辦法，維護地球重要資源的再生能力。

經濟發展與環境保護二者間有密切關係，在「人類環境宣言」的序文及所揭示的原則中一再確認，例如序文第四項宣稱：就開發中國家而言，環境問題是因低度開發造成的。又如第八項原則所稱：經濟及社會發展，是確保人類有利生活及工作環境的必要條件，並在地球上創造各種必要條件，以改善人類生活品質。

一九八〇年八、九月間舉行的聯合國第十一屆臨時大會通過的「第三屆聯合國發展十年」（Third United Nations Development Decade 1981-1990）國際發展策略中宣稱：在發展中國家加速經濟發展，將加强其改善環境能力，在發展過程中，必須考慮貧窮和低度開發對環境影響，以及經濟發展、環境、人口與資源相互間的關係……必須確保經濟發展過程，在環境方面能夠長期保護生態平衡，更須努力防止森林破壞與土壤剝蝕。

爲了以上各種原因，特將經濟開發與人類環境，併在一章討論。

第二節　經濟發展

現階段的經濟發展，尚未能形成一套具有約束力的國際法，賦予發展中國家特定的權利，課予發達國家若干義務。關於此類國際法規現有的最主要部份，乃是促進經濟發展及提供發展援助的各種國際機構的組織法。同時，國際間制定或宣布了許多經濟發展的標準和指導綱領，這些標準和指導綱領在國際法範疇裏，其效力不亞於國際勞工組織或南極條約國家議決的各項建議。發展中國家經濟發展的特別需要，對於國際經濟法（International economic law）的某些原則業已發生了影響，就其國內商務以及國際貿易觀點，國與國間不得歧視的障碍，業已減少，旅居在發展中國家的外國僑民，所受的差別待遇，業已消除。

『經濟發展』一詞，由於範圍廣泛，很難予以明確的定義。聯合國發展委員會一九七〇年提議『第二屆聯合國發展十年』（Second United Nations Development Decade）報告中說：『經濟發展對發展中國家而言，並不只是增加其生產力，而是其社會經濟結構的重大變更。』這篇報告中又說：『經濟發展的最終目的，在於提供各種機會，改善全民生活。』爲達成此項目的，發展中國家必須縮減人民所得的差距，及財富分配的不均，剷除多數人貧窮與社會的不義，並消除地域性及少數集團的不平等；同時需要增加新的就業機會，供應更多營養豐富的食物，以及提供良好的教育及衛生設施。由於科學研究與技術進步，對於發展中國家的經濟發展及現代化，具有重要的影響，應多方面透過國際合作，予以建立並加強。

世界銀行設立的國際發展委員會（Commission on International Development），在一九六九年報告書中，提出國際經濟發展的十大目標：㈠創設自由及平等貿易的有利環境，廢除發達國家輸入初級商品（primary Commodities）過重關稅；㈡促進民間外人投資，消除投資人所冒的特別風險；㈢增加援助，促使發展中國家達到生產自足；㈣援助資金數額，應達到捐贈國家全國生產毛額百分之一；㈤發展中國家償付債款，應使合於援助方式；㈥查明援助程序上障礙，並予以清除；㈦國際機構之技術援助應予加强；㈧管制人口增加；㈨提供充分資金，發展教育及研究工作；㈩經濟援助應予多邊化（multilateralized），此項多邊化的經濟援助，在給予及接受援助方面，均有助於整體發展的原則。

聯合國大會於一九七〇年十月二十四日通過第二屆發展十年（一九七一年至一九八〇年）國際發展策略，訂立的宗旨與上述的十大目標相符，要求經濟發達國家，於一九七二年能以提供它們全國生產毛額百分之一，用以援助發展中國家。這些一般性的目標，在實施時，必須適合每一個發展中國家的需要。聯合國於一九八〇年八、九月間擧行第十一屆臨時大會，宣佈自一九八一年一月一日開始「第三屆聯合國發展十年」，採取相同的國際發展策略，以期達成最大程度經濟發展，並强調經濟發展將繼續是國際社會未來的問題。

現行國際經濟法的基礎，在於協助經濟發展的國際組織的法規，其中最主要者爲：聯合國貿易暨發展會議（United Nations Conference on Trade and Development，簡稱UNCTAD）、聯合國發展方案（United Nations Development Programme，簡稱 UNDP）、國際復興開發銀行及其有關組織、經濟合作發展組織（Organisation for Economic Co-operation and Development，簡稱 OECD）的發展援助委員會（Development Assistance Committee）、歐洲經

濟組織（European Economic Community）、以及可倫坡計劃委員會（Colombo Plan Committee）。亞洲開發銀行（Asian Development Bank）、美洲開發銀行（Inter-American Development Bank）及非洲開發銀行（African Development Bank），對於各洲的經濟發展亦有重大貢獻。這些國際組織間的協調及合作的規則，與實際業務法規，將逐漸形成國際經濟法。

近年國際間雖有許多加強財政及國際組織結構的建議，但經濟發展仍在初期階段，例如國際發展問題委員會（Commission on International Development Issues）於一九八〇年報告中，建議一九八〇年至一九八五年短期緊急發展方案，對開發中國家大量轉移資金，國際能源策略及全球糧食方案、國際稅則制度、國際金融機構合理貸款，及創設世界發展基金（World Development Fund）。還有在發展中國家調整經濟發展各項措施，例如減少營運經費、密切協調援助事務，並就食物生產、改善衛生及擴充教育方面加強措施。

第三節　人類環境之維護與改善

近年來科學與技術突飛猛進，工業化與都市化急速發展，工廠林立，人口集中，對人類環境及大自然均已產生嚴重不良的影響。例如原子塵之污染空間，殺蟲劑之危害動植物，工廠廢料渣液之污損田地河流，各種車輛排洩黑煙之污濁都市，以及對世界自然資源濫肆開發，石油漏溢之污染海洋，凡此種種，不僅對大自然之生物構成嚴重的威脅，且有碍人類之健康與生存。再以工業廢物與垃圾之任意拋棄與缺乏適當處理，雨水流砂之沖積，亦不斷造成河流與湖泊之堵塞，而交通之紊亂與擁擠，工廠、飛機及車輛各種噪音之吵鬧；以及都市過度急速發展，人口膨脹，造成住宅之不足分配，水電之供不敷求，亦均爲人類帶來莫大之不便與不安，是故對人類生存環境之維護與改善，實爲刻不容緩之問題。

聯合國秘書長於一九六九年五月二十六日就人類環境問題，提出一項報告書（聯合國文件E/4667），對造成人類環境危機的各種因素，曾作詳盡分析。他認爲最主要的原因有三，就是人口的急遽增加，都市的過速發展，以及科學技術的快速進步。因此使得人類對於空間、糧食及天然資源需要日增，以致造成各種嚴重後果。聯合國大會於一九六九年十二月十五日通過秘書長的報告書，並責成秘書長於一九七二年籌備召開聯合國人類環境會議，同時設置一個二十七國籌備委員會，從事一切籌備事宜。

聯合國秘書長在其報告中强調，迄今國際立法會議，對於人類環境問題，只作片面處理，尚有待於全面的努力。例如一九六七年關於各國探測及使用外空包括月球與其他天體之活動所應遵守之原則之條約（Treaty of 1967 on the Principles Governing the Activites of States in the Exploration and Use of Outer Space including the Moon and Celestial Bodies)第九條規定：締約國從事研究外空、月球及其他天體，並進行探測，應避免使其遭受有害之污染，及以地球外物質使地球環境發生不利之變化。其他如非洲團結組織在一九六八年通過的非洲維護自然資源公約(African Convention on the Conservation of Natural Resources)，一九五四年修訂之國際防止海上石油汚染公約(Convention for the Prevention of the Pollution of the Sea by Oil)，一九五一年國際保護植物公約 (International Plant Protection Convention)，一九六九年十一月二十九日在布魯塞爾簽訂的防止公海發生石油汚染災害的國際公約（International Convention relating to Prevention on the High Seas in Cases of Oil Pollution Casualties），和石油汚染災害民事責任的國際公約（International Convention on Civil Liability for Oil Pollution Damage），以及其他有關管制歐洲幾個重要河流汚染的各種協定。一九六三年禁試核子武器條約（The Nuclear Weapons Test Ban Treaty），一九六七年拉丁美洲禁止核武器條約（The Treaty for the Prohibition of Nuclear Weapons in Latin America），一九六八年防止核武器蕃衍條約（The Treaty on the Non-Proliferation of Nuclear Weapons），一九七一年禁止在海洋底床及其下層土壤放置核武器條約（The Treaty on the Prohibition of the Emplacement of Nuclear Weapons on the Seabed and Ocean Floor and Subsoil Thereof），亦可視爲是保護人類環境的措施，因爲締結這些條約的目的，是在防止幅射塵汚染大氣和海洋。聯合國大會曾於一九七〇年十二月十七日通過一項關於各國管轄範圍以外海洋底床與下層土壤之原則宣言(Declaration of Principles Governing the Seabed and the Ocean Floor and the Subsoil Thereof beyond the Limits of National Jurisdiction）第十一款規定：各國應依照行將建立之國際制度，採取適當措施，並互相合作，防止海洋環境之汚濁與汚染，防止干擾海洋環境之生態平衡，保護與養護海洋中之天然資源，以及防止海洋對環境中之動植物之危害。

聯合國秘書長在其報告中，並詳細說明聯合國各專門機關對於人類環境所採取的各項保護措施。例如，國際勞工組織（ILO）爲了保護工人，防止工作環境之汚染及幅射塵的感染，曾通過保護工人感染游離幅射公約（Convention on Protection of Workers against Ionising

Radiation），以及其他各種標準規定。聯合國糧農組織（FAO）對於水資源及植物之利用與維護，以及對於海洋污染科學研究，也採取了許多措施。聯合國教科文組織（UNESCO）爲贊助對於環境科學問題之研究，曾於一九六八年召開會議，研討合理利用及維護生物資源的科學基本問題。世界衞生組織（WHO）曾致力於環境標準之定義，環境危害之檢查，以及環境改變之研究。國際民航組織（ICAO）對於機場附近飛機的噪音，及超音速飛機響聲，對於人類之可能危害，曾從事研究調查。

聯合國秘書長在其報告中，要求各國應就下列各項重大問題擬訂國際規範：⑴海洋及大氣污染及感染問題。因爲這是全人類生存攸關問題，而且在某些情況下，污染及感染的影響無法局限於一隅。⑵野生物種及自然環境之保護。因爲野生物是人類共同的遺產，對於受危害的物種之輸出、輸入及售賣的管制，有簽訂國際協定之必要。⑶海洋資源之濫肆開發。海洋是供應人類蛋白食物重要來源之一，不予維護，有被用盡之虞。⑷測報大氣、水土及氣候的變化。⑸環境優良品質國際標準的釐定。⑹所有國家對於危害環境的某些工業的作業過程，應相互管制與約束，以免爲獲得競爭上的利益，而不顧此種危害環境後果。歷屆國際勞工會議的主題，就是在使各國從事經濟競爭時，不致有碍工作環境適當標準的實現。

一九七三年二月十二日至三月二日在華盛頓舉行的『締結野生物種的國際貿易公約之全權代表會議』，爲保護野生物，曾通過『野生動植物物種之遭受危害者之國際貿易公約』，規定所有締約國對於受危害的野生物物種有保護的義務。對於瀕臨絕種的、或將有絕種之虞的、或爲預防濫用而應受管制的野生物的買賣及獵取等問題，規定一項國際共同管制辦法。對於這些野生物的買賣，各締約國應指定管理機關，核發輸出入憑證，用以管制，並應指定科學機關，鑑定這些野生物的買賣，不致危及稀少物種的生存。

第四節　人類環境會議

聯合國人類環境會議，於一九七二年六月五日至十六日在瑞典京城斯德哥爾摩舉行。會中通過人類環境宣言（Declaration on the Human Environment），人類環境行動計畫（Action Plan for the Human Environment）、以及關於機構與財政安排、訂每年六月五日爲世界環境日、及建議各國政府應採行的措施等項決議。

第一款　人類環境宣言

聯合國人類環境會議宣稱：人是環境的產物與鑄造者，環境是人類維持生存和發展智能的場所。由於科學和技術的加速發展，人類已擁有改變環境的廣大力量。自然與人爲的環境，攸關全人類的幸福與生存。因此，維護與改善人類環境，是影響人類幸福與全世界經濟發展的大問題，爲全世界人民希望之所寄，亦爲各國政府不可旁貸的責任。在今天這個時代，人類改造環境的能力，如能用之於正途，將爲世人帶來幸福，並能提高人生的品質（quality of life）；如使用不當，或漫不經心，同樣的生產能力，對於人類和環境，可以造成無窮的危害。我們看到許多地區人類造成的危害，對於飲水、空氣、地球和生物的汚染，達到危險的程度；對於生存環境的生態平衡，已經造成重大不利的影響；對於生存資源，已經破壞到枯盡的地步；以及危害到人類身體、心理和社會健康的程度。際此時會，我們對於人類環境問題必須審愼採取共同行動，使得今世與後代的人們，能以生活在一個優美的環境之中。爲達到此目的，個人和機關團體都應接受義務，共同努力。各國中央及地方政府都應負起責任，在其管轄區內，釐定維護環境的政策和行動。同時需要國際合作，籌集資金，支援發展中國家，對於維護環境盡其責任。而且環境問題具有國際性，需與國與國間加强合作，更需要國際組織的共同努力，始克有成。

於是聯合國人類環境會議宣布了二十六項原則，一如一九四八年世界人權宣言，敦促世界各國共同遵循，以期解決各國及世界的環境問題。

㈠人人享有自由、平等及適當條件生活的基本權利，在優美的環境中，過着尊嚴幸福的生活。人人負有維護及改善環境的莊嚴義務，爲今世和後代人類謀福利。

㈡地球上的自然資源，包括空氣、水土和動植物必須予以保護。

㈢土地連綿生產重要資源的能力，必須予以維護。

㈣人類對於野生動植物的物種，負有保護並盡妥善養護之責。

㈤地球上不能更生之資源，必須確保其將來不致有盡絕之危險。

㈥施放有毒物質或熱量達到危害環境程度，必須予以制止，以確保生物體系不致受到嚴重或不可挽回的傷害。

㈦各國應採取一切可行步驟，防止海洋汚染。

㈧經濟及社會發展，必須確保人類享有良好生活及工作環境，並在全球創造各種條件，以改善生活品質。

㈨低度開發及天災所造成之環境不良，唯有給予開發中國家大量和及時的財政及技術協助，方是最佳解決之道。

㈩發展中國家初級產品及原料價格和適當工資的穩定，大有助於環境的改善，因為經濟發展與環境改善，必須予以同時考慮。

㈩㈠所有國家釐定其環境政策，對發展中國家現今或未來的發展潛力，不應有不利之影響，對全人類生活狀況之改善，亦不應有所妨礙。

㈩㈡維護及改善環境得利用各種資源，並應顧及各種情況及發展中國家的特別需要，倘其發展計劃中，因列有保護環境而增加任何費用時，可應其要求，給予額外國際技術或財政援助。

㈩㈢為了達成合理利用各種資源，進而改善環境起見，各國在其發展計劃中，應採取完整協調的方式，確保經濟發展，能以適應保護及改善人類環境的需要，造福於人羣。

㈩㈣合理計畫，是緩和經濟發展與保護及改善環境二者之間衝突的良方。

㈩㈤為求避免對於環境發生不利影響，並為人羣謀求最大的社會、經濟利益，對於人口移置及都市化，須有合理計劃。

㈩㈥在人口生產率高或過度集中地區，有關國家政府應擬定適當的人口政策。

㈩㈦為了改善環境品質，各國應有適當機構，從事國家環境資源的研究、利用及管制的工作。

㈩㈧為了人類共同利益，必須利用科學技術及偵測，免除並管制環境的各種危害，並解決環境的各種問題。

㈩㈨對年青及成年人實施環境維護教育，以增進個人及社會對於保護及改善環境，具有開明意見及負責行為。大衆傳播應播散教育性質的新聞，以應保護及改善環境之需要。

㈩全國及國際性對於環境問題有關的科學研究及經濟發展須予加强，尤其是發展中國家更應促進。

㈡各國享有依照其本國環境政策利用其資源的權利，並負有義務，確保在其管轄範圍內之活動，不致危害他國的環境。

㈢各國應合作議定，有關在其管轄範圍內之活動，對於在其管轄範圍以外地區，所造成的環境污染及其他危害之受害人，應負的責任與賠償的國際法規。

㈢在不妨礙國際社會所協議的標準下，先進國家所使用的標準，應顧及在每一國家適用的價值與範圍。

㈣所有國家應以通力合作精神，處理國際性的環境保護及改善的問題。

㈤各國應確使國際組織在保護及改善環境方面，擔負協調、有效及積極的任務。

㈥人類及其環境，必須排除核子武器及一切其他大規模毀滅性方法的影響。

上述人類環境宣言雖獲大會一致通過，但不具强制性質，僅是：㈠一項願望（asperation）文件；或是㈡一項將來行動綱領；或是㈢一項道德規範；或是㈣國際環境法的發展初步；或是㈤一項環境倫理。有人認爲人類環境宣言主要價值在於未來教育的效果。

第二款　人類環境行動計畫

第一屆人類環境會議通過一百零九項有關維護及改善人類環境的具體建議，此等建議約可分爲三大綱目。㈠全球環境鑑查（地球觀測）計劃，包括對人類環境的鑑查、研究、偵測及資料的交換。㈡環境管理工作，包括訂立環境管理之目標與計畫，以及國際諮商與協議；㈢國際支援各國環境鑑查及管理應採行的措施，包括有關環境鑑查及管理的教育及訓練、新聞傳播、國際主管機構、財政援助及技術合作。

人類環境會議通過的全部建議，不能一一列擧，現在分類摘要敍述於下：

㈠爲改善環境對於人口安置的計劃及管理：——建議對於鄉村及都市人口安置的計劃、改善及管理，需要就人類環境各方面，作通盤考慮，尤其是對於住宅、交通、飲水、下水道及公共衞生方面，給予最高優先，以謀求解決因經濟開發而引起的環境問題。

㈡利用自然資源的環境問題：——建議對於農村土地生產能力的破壞與保養，病蟲害的管制與減少農業化學的危害，農工業廢料處理，林業管理，汚染物對野生物的影響，漁業發展及管理，海洋環境及資源的保護，飲水管理，防止開礦對於環境之不利影響，能源使用及開發等項問題的調查、研究、計劃及措施。

㈢汚染物的偵測與管制：——建議各國政府採取最可行辦法，減少放出有毒或危險物質。建立國際性汚染物標準，對於散佈一國管轄範圍以外的汚染物實施管制計劃。各國應積極支持國際間關於獲取鑑查汚染物來源知識的計劃，以供教育訓練之用。國際合作登記，並處理輻射廢料，以及管制海洋汚染等問題。

㈣關於教育、新聞、社會及文化方面的環境問題：——建議聯合國及教科文組織應採取必要步驟，建立環境教育國際計劃，教導每一個人使用簡單方法，處理並管理其週圍之環境。廣設新聞節目，使每一個人熟知環境問題，能以配合社會，管理環境。各國應盡力保護，具有世界價值的文化財產，必要時，國際社會應予以技術及財政援助。

㈤經濟發展與環境：──建議各有關的區域組織，就研究與鑑查該區域內各國面臨的重大環境與社會問題，擬定短程及長程計劃，以期各國在經濟發展過程中，獲得查證及解決環境問題的技能。工業發達國家，不應將其維護環境的費用，直接或間接的轉嫁給發展中國家。發展中國家發展工業，應顧及環境問題，尤其應該避免製造汚染。維護及改善環境的技術，應該推廣，終至普遍採用。

人類環境行動計劃主要貢獻，在於加强各國行動及國際合作，以查鑑及評估全球環境重大危險及問題。

第三款　設立國際機構及財政安排

㈠理事會：是聯合國環境方案（United Nations Environment Programme）的制訂政策機構，依照地區平均分配原則，推選五十八個會員國擔任，主管環境計劃及一般政策，促進環境方面的國際合作，指導並協調各國際組織現行的環境工作。

㈡秘書處：設在肯亞首都奈洛比，執行並協調環境工作。秘書處設幹事長一人，幹事長由聯合國秘書長提名，經聯合國大會選任之，協調聯合國體系內的環境計劃，檢查環境計劃實施情形及效果，並提供其意見，謀求各國科學團體合作研究環境問題，並提出中長程計劃，以供聯合國實施。

㈢環境基金（Environment Fund）：依照聯合國現行財政辦法，由各會員國捐贈，設立環境基金，推行聯合國發動的環境計劃；資助全球及各地偵測，鑑定及搜集有關環境資料；就發展中國家的經濟情勢，提供財政資助，確使發展中國家的經濟發展，不致蒙受不利影響。

㈣環境協調委員會（Environment Co-ordination Board）：由幹事長擔任主席，定期舉行會議，確使國際機構在推行環境計劃方面，能以合作協調，並要求各國主管機構，在實施環境工作方面，能與國際配合。

第五節 國際環境法

綜觀聯合國第一屆人類環境會議通過的人類環境宣言所列舉的各項原則，只是人類環境計劃行動方針，並無法律的拘束力。不過就宣言中第二十一及第二十二兩項原則而論，却爲國際環境法（International Environment Law）宣布三項原則：

㈠各國享有依照其本國環境政策利用其資源的主權權利。

㈡各國負有義務，確保在其管轄範圍內之活動，不致危害他國的環境或其國家管轄範圍以外地區的環境。

㈢各國應合作議定，有關在其管轄範圍內之活動，對於在其管轄範圍以外地區，所造成的環境污染及其他危害之受害人，應負的責任與賠償的國際法規。

總之，第一屆人類環境會議爲國際環境法提供一個發展的基礎。一九七二年聯合國大會第二十七屆常會通過一項決議，認可人類環境會議上述各項建議，並付諸實施。聯合國人類環境方案（UNEP）的理事會於一九七三年六月在日內瓦舉行首屆會議，決定聯合國環境方案主要工作，在鑑查並評估重要的人類環境問題。

一九七二年十月三十日至十一月十三日在倫敦舉行的國際會議中，通過「防止傾倒廢物及其他物質汚染海洋公約」(Convention on the Prevention of Marine Pollntion by Dumping of Wastes and Other Matter)，已於一九七五年八月三十日生效。該公約第一條規定：締約國應個別並集體促進有效管制一切海洋環境汚染源，並採取一切可行措施，防止傾倒有害廢物汚染海洋，此等有害廢物可能影響健康、傷害生物資源、及海洋生物、或損傷優美環境。第二條規定：各締約國應依照其科學、技術及經濟能力、個別及集體採取有效措施，防止傾倒廢物汚染海洋，並應就此方面協調其政策。該公約附件一列舉絕對禁止傾倒的物質項目，是國際環境法的一個最重要法規。此後直接或間接有關保護或改善人類環境的公約或法律文件，列述如後：

㈠聯合國教育科學暨文化組織於一九七二年十一月十六日在巴黎召開的會議中，通過「保護世界文化及自然遺產公約」(Convention for the Protection of the World Cultural and Natural Heritage)

㈡一九七三年三月三日在華盛頓簽訂的「野生動植物物種之遭受危害者之國際貿易公約」(Covention on International Trade in Endangered Species of Wild Fauna and Flora)。

㈢一九七三年十一月二日簽訂的「防止來自船舶的汚染國際公約」(International Convention for the Prevention of Pollution from Ships) 及其六個附件與兩個議訂書，一九七四年簽訂的「防止來自陸地汚染海洋公約」(Convention on the Prevention of Marine Pollution from Landbased Soursces)。

㈣一九七四年八月十九至三十日在羅馬尼亞首都布加勒斯舉行的世界人口會議所通過的行動

計劃，㈣建議直接控制人口長成，惟各參加國未曾承諾其有拘束力。

㈤一九七九年十一月十三日在日內瓦簽訂的「長程越界空氣污染公約」（Convention on Long-Range Trans-Boundary Air Pollutiou），已於一九八三年三月十六日生效。

㈥一九八二年十二月十日簽訂的聯合國海洋公約第十二部分關於海洋環境的保護和保全。

聯合國環境方案（UNEP）的理事會認爲，首先需要設立各種機構，促進並協調各國及區域環境保護工作，執行改善人類環境計劃，現已設立下列機構：㈠「國際住處及人類居所基金」(International Habitat and Human Settlements Fundation)，以改善世界貧窮人民住屋及社區條件；㈡建立「地球觀察制度」(Earthwatch system)，及「全球環境偵測制度」(Global Environment Monitoring System)，以偵測具有危險及傷害的污染物質。㈢建立國際查詢制度的環境新聞署（International Referral System for Sources of Environmental Information，簡稱爲INFOTERRA）提供有關人類環境計劃、發展及科技的新聞及資料，七年內在一百個國家設立「國家新聞集中站」(National Focal Points)，以協調各國有關人類環境活動的資料。㈣建立一個「對於潛在有毒化學物品國際登記處」(International Register of Potentially Toxic Chemicals)，自一九八〇年以來，該處關注越界運輸及處理危險性的廢物，㈤設立化學安全國際方案及落後地區空氣污染偵測制度。

一九七六年五月三十一日至六月十一日在溫哥華舉行聯合國人類居住會議，通過「人類居住宣言」(Declaration on Humen Settlements)，防止人類居住環境的惡化，承認人有居住的權利，是人權的一項普遍原則。

一九七九年聯合國大會通過關於世界保護生物資源策略，獲得許多國家及科學家的普遍贊成。聯合國環境方案曾發動「區域海洋方案」(regional seas programme)，例如一九七八年召開中東八國區域會議，通過一項保護及發展海洋環境及海岸區域公約及行動計劃，並簽訂一項「合作制止石油汚染及其他有害物質汚染」的議訂書。一九八一年召開十國西、中、非洲區域會議，通過與上述相同的公約、行動計劃及議訂書。

自一九七九年開始，聯合國環境方案（UNEP）負責管理三個環境信託基金：㈠保護地中海環境汚染基金，㈡保護並發展巴林、伊朗、伊拉克、科威特、阿曼、卡達（Qatar）、沙烏地阿拉伯及阿拉伯聯合大公國海洋環境及海岸區域基金，㈢爲實施「野生動植物物種之遭受危害者之國際貿易公約」而設立的基金。

爲紀念斯德哥爾摩人類環境會議十週年，一百零五個國家於一九八二年五月十八日在奈洛比舉行第二屆人類環境會議，通過「奈洛比宣言」(Nairobi Declaration)，其要點如下：

㈠與會各國宣稱：一九七二年斯德哥爾摩會議揭示的各項原則，迄今仍屬有效，且爲未來人類環境法提供一個基本的行爲規範。

㈡各國認爲「人類環境行動計畫」只獲「部份實施」，而且人類環境有些部份嚴重惡化，包括森林砍伐、水土破壞、臭氧層變化、二氧化碳、酸雨增加，以及動植物物種滅絕。

㈢各國應促進國際環境法之逐漸發展，包括締結各種國際公約及協定。

聯合國大會於一九八二年通過決議，設立關於新能源及再生能源發展與利用之政府間委員會，所有會員國均可參加，自一九八三年至一九八八年期間，曾召開多次會議，爲聯合國系統內各組織及機構，擬定有關新能源及再生能源的政策指導原則。聯合國環境方案於一九八三年至一九九四年期中，支持各種初期實驗計劃。發展太陽能、利用風力、家庭及農業發展能源，綜合研究各種能源生產、使用及運輸對環境之影響。一九八七年理事會提出一項國際環境策略計劃，名爲「世界環境遠景」（World Environmental Perspective）。

聯合國環境方案於一九八四年至一九八八年期中主持簽訂兩項歷史性文件：㈠一九八五年在維也納簽訂的「保護臭氧層國際公約」（International Convention for the Protection of the Ozone Layer），㈡一九八七年九月簽訂一項附加於該公約之後的議訂書。臭氧層位於大氣層之上，保護地球上生命，不受幅射强力傷害。該公約旨在控制氯氟化碳（Chlorofluorocarbons, CFCs）擴散，消除臭氧層對人類傷害。

另一個問題就是所謂「酸雨」（acid Rain），對森林及農產品可能造成傷害。一個鄰國的污染活動，可能超越國界造成另一國家傷害，解決之道，就是有關國家簽訂雙邊協定。有時酸雨可使許多國家受害，此將需要簽訂多邊或區域協定，共謀解決。

第六節　核能安全與環境

國際核能與環境專家在美國「三哩島」（Three Mile Island）核能電廠事件發生後，曾開會研討如何維護國際環境不受核能意外事件影響，及至一九八六年四月二十五日至二十六日發生車諾比（Chernobye）核能電廠事件，顯示國際法對於核能安全與環境有嚴重缺失。車諾比事件顯示人類及自然資源所受傷害，可能擴散到鄰近各國。國際原子能總署（IAEA）在維也納召開臨時大會，於一九八六年九月二十六日通過兩項公約：㈠核子意外事件或幅射緊急事件儘早通知公約(Convention on Early Notification of a Nuclear Accident or Radiological Emergency)，已於一九八六年十月二十七日生效。㈡核子意外事件或輻射緊急事件協助公約（Convention on Assistance in the Event of a Nuclear Accident or Radiological Emergency），已於一九八七年二月二十六日生效。依照通知公約規定，國際負有義務將涉及軍民設備的核子意外事件(核子武器除外)，的情況通知受到不利影響的國家及國際原子能總署。五個擁有核子武器的國家表示：在該公約規定的範圍內，它們願將對他國有重大幅射影響的核子意外事件通知有關國家。歐洲社會國家在歐洲地區除已行之辦法外，亦採取適當措施，補充兩項公約，以確保核子設備安全，與各會員國間之密切合作。依照第一次檢討一九六八年防止核子蓄衍條約大會所提的建議，一九七九年簽訂確實保護核子物料公約（Convention on the Physical Protection of Nuclear Material），已於一九八七年二月二十六日生效。該公約規定各締約國應採取措施，防阻各種惡意行爲，例如偸竊、破壞、移動及使用在運送或儲藏中的核子物料。

最後値得提及的有二事：㈠十四個太平洋國家於一九八五年八月六日簽訂條約，設立南太平洋核子自由區（South Pacific Nuclear Free Zone）。㈡核子廢料處理問題，如果想處理核子廢料完全沒有危險，這幾乎不可能，因爲埋藏核子廢料無論選在何處，必然對環境或海洋有些影響。

第四編 國際交涉

第四編　國際交涉

第十七章　外交人員

第一節　外交代表

現今世界幾乎所有國家，都派遣外交使節及外交人員駐節他國。使館人員雖常更換，但一國設在他國之使館是常設性質。此種常駐使節制度，是經數世紀演進而建立的，成爲國與國之間從事交涉的主要機關。

常駐外交使節與曩昔臨時派遣的外交使節不同。常設使節實際上是自十七世紀開始。外交使節的權利、義務與特權，是依照十八世紀的習慣發展出來的，至十九世紀初，各國對於外交使節始有若干公認的慣例。歐洲英、法、俄、普、奧、葡、西及瑞典八國於一八一五年召開維也納公會（Congress of Vienna），簽訂共同遵守的章程。自是之後，關於外交代表的法規與慣例繼續發展，終於一九六一年四月十八日簽訂維也納外交關係公約（Vienna Convention on Diplomatic Relation）。關於公約中未經明文規定的問題，仍應適用國際習慣法之規則。

第一款　外交代表的等級

關於外交代表的等級，尤其是關於優先位次（precedence）及身分地位（status）等事項，常時引起爭論。曩昔擔負臨時任務的大使，稱爲『特命』（Extraordinary）大使，以示與常駐使節之區別，以後二者通稱特命大使，並增加『全權』（Plenipotentiary）銜名，現今一國派駐他國的大使，通稱『特命全權』大使。所謂『全權』者，謂其代表國家元首，有全權處理其所擔負之外交任務。

一八一五年維也納公會之召開，即在統一外交代表的等級，及其優先地位的次序。此項統一的規定，現今稱爲『維也納章程』（Regulation of Vienna），曾被當時歐美大多數國家明示或默示接受。依照維也納章程規定，常駐外交代表分爲三級：

㈠大使及教廷大使（Ambassador including Papal legates and nuncios）：大使被認爲是派遣國元首的個人代表，因而受到特別榮譽。他享有親自與接受國元首談判的特權。事實上，現今各國大使很少使用此項特權，因爲大使現在都是與駐在國外交部辦理交涉，所謂享有與一國元首辦理交涉之權，只是一項名義上的權利而已。（註一）

㈡特命全權公使（Ministers Plenipotentiary and Envoys Extraordinary）：特命全權公使雖也是一國元首派至他國元首者，但他不被認爲是派遣國元首的個人代表，他只是派遣國派往駐在國辦理國家事務的代表。依照慣例，公使非在適當時會，無權晉謁接受國元首。

㈢代辦（Chargés d'Affaires）：代辦不是一國元首派至他國元首者，而是一國外交部部長派至駐在國外交部部長者。

國際法學家特維斯（Twiss）認爲這種分法，顯而易見這三個等級的常駐外交代表所行使的職權各有不同。可是簽訂維也納章程的英、法、俄、普、奧五國，於一八一八年在愛拉夏伯魯（Aix-la-Chapelle）舉行會議，修訂維也納章程。議訂在第二級特命全權公使與第三級代辦之間增設駐辦公使（Minister Resident）。駐辦公使乃是一國元首派至他國元首者，顯然可以列入第二級特命全權公使之內。其所以增設駐辦公使之用意，在使次要國家派遣之公使，只能列爲新增設的第三級，而不能與歐洲大國派遣的公使列爲同級，享受與其相等的在先地位。二十世紀以來，各國已不復派遣駐辦公使。

一九六一年四月十八日聯合國外交往來及豁免全權代表會議通過之維也納外交關係公約，對於使館館長分爲以下三級：

㈠向國家元首派遣之大使或教廷大使，及其他同等級位之使館館長；

㈡向國家元首派遣之公使及教廷公使（internuncios）；

㈢向外交部長派遣之代辦。

除關於優先地位及禮儀之事項外，各使館館長不應因其所屬等級而有任何差別。維也納外交關係公約規定：使館館長在其各別等級中之優先地位，應依其開始執行職務之日期及時間先後定之。使館館長依照接受國之通行慣例，在呈遞國書（credential）後，或在向接受國外交部，或另經商定之其他部，通知到達，並將所奉國書正式副本送交後，卽視爲已在接受國內開始執行職務。使館館長之國書如有變更，而對其所屬等級並無更動時，其優先地位不受影響。現今多數國家依照呈遞國書的日期，而定同等級使館館長的在先地位，我國卽是採用此項辦法。但是天主教國家一向承認第一級教廷大使（Apostolic Nuncio）的地位，優先於其他國家派來的使館館長，因此在天主教國家，第一級教廷大使總是外交團領袖（Dean of Diplomatic Corps）。維也納外交關係公約關於外交代表在先地位的各項規定，不妨礙接受國所採行關於教廷代表優先地位之任何辦法。且規定各國接受使館館長，對於同一等級之館長應適用劃一程序。各使館外交職員之優先順序，應由其使館館長，通知駐在國外交部。

派遣使館館長所屬之等級，應由關係國家商定之。往昔派遣大使級館長至重要國家，公使級館長至次要國家。現今各國派駐他國的使館館長均是大使，很少派遣公使級館長，以示對接受國之重視，而無軒輊之分。現今公使一職，逐漸成爲大使館內的高級館員，例如我國派駐在各重要國家的大使館內，設有公使，其職位猶如副館長。

外交代表除常駐使節之外，現今尚有特派外交代表，擔負特殊使節（ad hoc mission），如派往他國辦理特別交涉的代表，以及參加國際會議的代表，他們所負的任務，均載於其全權證書（Full Powers）中，由其携交與接受國家之有關當局，或其所參加之國際會議的證書委員會。

第二款　外交代表之派遣與接受

國與國建立外交關係，最重要的是相互設館換使。原則上兩國交換使節，總是同等級的，且以協議爲之。

一國派遣大使或公使駐在某一國家時，必須事先徵得駐在國的同意，這就是謂同意表示（agrément）。在徵求同意期間，雙方均應嚴守秘密，直到確已獲得接受國的同意，派遣國始能正式發表。接受國對於派遣國所提之大使或公使人選，亦可表示不接受，且無須說明不接受之理由。派遣國不得視接受國的不同意，爲不友好的行爲。接受國同意的人選，稱爲『合意之人』（Persona grata）；接受國所不同意的人選，稱爲『不合意之人』（Persona non grata）。接受國得隨時通知派遣國，宣告使館人員爲不受歡迎人員，且不需解釋理由。遇此情形，派遣國應斟酌情況，將其召回，或終止其在使館中之職務。

大使或公使於出國赴任時，必須携帶到任國書（Letter of Credence）。到任國書是派遣國元首，介紹其派遣的外交代表，予駐在國元首的正式文書，由派遣國元首簽署，並由外交部長副署。到任國書計有封口的正本一份，不封口的副本一份，大使或公使到達駐在國首都，即將到任國書副本送達駐在國外交部，通知他已抵達任所。經向駐在國外交部接洽，請見駐在國元首日期，以呈遞到任國書。在國際習慣上，前任使節往往不及親向駐在國元首呈遞辭任國書（Letter of Recall），他的辭任國書，卽由新任使節於覲見駐在國元首呈遞到任國書時，連同呈遞。

派遣國如徵得接受國的同意，得派一個使節兼駐一個以上的國家。同一個使節亦可兼任派遣國駐在接受國及國際組織之代表。兩個以上國家如徵得接受國的同意，得合派同一人爲駐在接受國之使節。而且派遣國經接受國事先同意，得應未在接受國內派有代表之第三國之請求，負責暫時保護第三國及其國民之利益。

第三款 使館人員

一個獨立國家，得自由委派其駐外使館內人員。使館人員分爲外交人員、行政及技術人員、以及事務人員三種。

一、外交人員：外交人員係指具有外交職位的人員而言。他們列名於駐在國外交部所印發的外交官銜名錄（Diplomatic List）中，都是當地外交團的團員。外交人員分爲兩種：

㈠職業外交人員：職業外交人員係指職業的外交官而言。職業外交人員的等級分爲大使、大使館公使、參事、一等秘書、二等秘書、三等秘書。使館職業外交人員的派遣，原則上應屬派遣國國籍。派遣國委派屬接受國國籍之人或第三國國民爲其使館外交人員，得事先徵詢接受國的同意，而且接受國所表示的此項同意，得隨時撤銷。使館館長缺位、因事或因病不能執行其職務時，得委派使館中職位高的職業外交人員一人，暫時代行館長職務，稱爲臨時代辦（Charge d'Affaires ad interim）。一國使館如在接受國內並無職業外交人員時，派遣國得於徵得接受國同意，指派行政或技術人員一人，主持使館日常行政事務。

㈡專門人員：專門人員係指陸、海、空軍武官、商務參事、文化參事、新聞參事及其他專門人員而言。關於陸、海、空軍武官的派遣，接受國得要求派遣國先行提名徵求該國同意。其他專門人員如科學參事，農業參事等，則視各國需要而派遣。

二、使館行政及技術人員：行政及技術人員係指承辦使館行政與技術事務之使館人員，如譯員、打字員等。

三、使館事務人員：事務人員係指使館內的傭僕，如司機與司厨等。

至於使館人數多寡，原視派遣國需要而定，並無明確的限制。近年來，鑒於蘇俄駐外使館人數龐大，且有假外交人員之名，從事非外交工作。一九六一年維也納外交關係公約規定：關於使館之構成人數，如另無協議，接受國得酌量本國環境與情況及特定使館之需要，要求某一國家使館構成人數，不超過該國認爲合理及正常之限度。接受國亦得在同樣範圍內，拒絕接受某一類之官員，但不得有差別待遇。例如：利比亞因埃及在其境內從事顚覆活動，曾一律拒絕各國派遣武官駐在其國內。

第四款　常駐外交代表之職務

一、常駐外交代表在駐在國中代表其本國：常駐外交代表在駐在國中的一切活動，均具有代表其本國的性質。他是本國對於駐在國政策的發言人，他是兩國友好關係的象徵，他應當經常留居在駐在國首都，他應該與駐在國政府保持融洽的關係，他不應有使駐在國政府對其言行有不滿之處，他不得干涉駐在國的內政。

二、常駐外交代表於國際法許可之範圍內，在駐在國中保護其本國及本國國民的利益：常駐外交代表在駐在國內最重大的任務，就是保護並發展本國的權益。駐在國如有侵犯本國的條約權益，或虐待本國僑民，或歧視本國貿易，或損害本國政府或本國國民之財產等情事，外交代表可以據理力爭，使本國權益得到適當之保護與發展。

三、常駐外交代表辦理本國與駐在國間的一切交涉：本國與駐在國間的一切交涉，如促進友好合作關係及解決爭端等，常駐外交代表皆可依照本國政府的訓令，與駐在國外交當局，進行交涉。交涉的方式，或用口頭，或用書面，須視事情的性質及當時的環境而定。

四、常駐外交代表得以一切合法手段，調查駐在國之狀況及發展情形，報告其本國政府：常駐外交代表主要任務之一，是觀察駐在國政治、軍事、外交、經濟、社會、文化各方面的情形，並隨時將駐在國各種重要情勢，機密的向其本國政府提出報告。但在調查駐在國各種狀況的時候，不得採用不合法的手段，例如不得收買軍事情報。

五、常駐外交代表促進其本國與駐在國間之友好關係，並發展兩國間之經濟、文化與科學關係：常駐外交代表的職務，除增進其本國與駐在國間之友好關係，並應謀求發展兩國間之經濟、文化與科學技術的合作關係。

第五款　外交代表的特權與豁免

自古以來，各國公認外交代表具有特殊地位。國與國爲增進彼此之間的友好關係，相互給予外交代表特殊的禮遇與管轄上的豁免。此種特權與豁免，逐漸形成爲各國共同遵守的慣例。聯合國於一九六一年四月在維也納舉行外交往來及豁免會議，對於外交代表以往依照慣例所享有的特權與豁免，在公約中作明確的規定。

外交代表所享有的各種特權與豁免，其始固或出於一國對於他國外交代表的一種禮遇，發展到今天，各國訂立公約，確認外交代表享有此等特權與豁免，其目的在於確保外交代表之能有效執行職務，並非是給與外交代表個人以利益。外交代表不因其對接受國管轄所享之豁免，而免除其受派遣國之管轄。

常駐外交代表，包括使館館長與館員，在駐在國內享有同樣的特權與豁免。常駐外交代表的家屬，亦享有比照常駐外交代表的待遇。使館的事務人員與外交代表的傭工僕役，亦享有若干優遇與豁免。一般說來，事務人員與工役，如果是駐在國的國民，他們所享有的優遇，較之派遣國國民之擔任同樣職務者爲少。

特派出席國際會議與常駐國際組織的外交代表，亦享有與常駐外交代表相同的特權與豁免。現今國際組織的職員，因具有國際官員的身份，亦應同外交代表一樣，享受於其獨立行使關於國際組織之職務所需之特權與豁免。

第一項 人身不可侵犯權

外交代表人身不可侵犯，是國際法上最早的一項慣例。所謂外交代表享有人身不可侵犯權，積極意義是指接受國應待以優禮，特示尊重；消極意義，是指接受國應採取一切適當措施，以防止其身體、自由、尊嚴與名譽受任何侵害。外交關係公約中對外交代表享有的人身不可侵犯權，曾作以下各項具體的規定：

一、外交代表對駐在國之刑事管轄，享有絕對豁免，不受任何方式之逮捕或羈押。對駐在國之民事及行政管轄亦享有豁免，但遇下列三種案件，不得主張其管轄上的豁免：

㈠關於駐在國境內私有不動產之物權訴訟，但其代表派遣國爲使館用途置有之不動產，不在此限。

㈡關於外交代表以私人身份，並不代表派遣國，而爲遺囑執行人、遺產管理人、繼承人、或受遺贈人之繼承事件之訴訟。

㈢關於外交代表於駐在國內，在公務範圍以外所從事之企業或商務活動之訴訟。

二、外交代表不得為執行處分之對象，但關於上列三種案件，而執行處分復無損於外交代表人身，或寓所之不得侵犯權者，不在此限。

三、外交代表無作證之義務。

四、外交代表豁免適用接受國之社會保險辦法。

五、外交代表豁免駐在國所有捐稅。但下列各項，不在此限：

㈠通常計入商品或勞務價格之間接稅。

㈡對於外交代表在駐在國境內私有不動產課征之捐稅。

㈢駐在國課征之遺產稅、遺產所得稅或繼承稅。

㈣對於自駐在國內獲致之私人所得課征之捐稅，以及對於在駐在國內商務上投資所課征之資本稅。

㈤為供給特定服務所收的費用，如水電等費用。

㈥關於不動產之登記費，法院手續費或紀錄費，抵押稅及印花稅。

六、外交代表之私人寓所享不得侵犯權，駐在國並應予以保護。

七、外交代表之文書及信件享有不得侵犯權。

八、外交代表私人用品，免除一切關稅及其他課征。

九、外交代表私人行李免受查驗，但有重大理由，推定其中裝有接受國法律禁止進出口之物品者，不在此限。遇此情形，查驗須有外交代表或授權代理人在場，方得為之。

第二項　執行職務之特權與豁免

外交關係公約規定：『接受國應給予使館執行職務之充分便利』。因此，接受國對於常駐外交代表負有提供一切便利的義務。

一、接受國應確保所有使館人員在其境內行動及旅行之自由，但接受國爲國家安全所設定禁止或限制進入的區域，不在此限。

二、接受國應允許使館爲一切公務目的自由通訊，並應予以保護。使館與其本國政府及無論何處之該國其他使館及領事館通訊時，得採用一切適當方法。通信自由爲外交代表執行職務必要之條件，因而，外交關係公約更進一步作明確之規定，以爲保障。

㈠使館之來往公文不得侵犯。所謂來往公文，係指使館及外交代表職務上一切來往文件。

㈡使館得使用密碼，拍發電報。惟使館自設電臺，必須先獲接受國特許。

㈢外交郵袋不得予以開拆或扣留。惟外交郵袋之包裝，須附有可資識別之外部標記，且以裝載外交文件或公務用品爲限。外交郵袋得託交預定在准許入境地點降落之商業飛機機長傳遞。機長應持有官方文件，載明構成外交郵袋之郵包件數，但機長不得視爲外交信差，使館得派館員一人，逕向飛機機長，自由取得外交郵袋。

㈣外交信差於執行職務時，應受接受國保護。外交信差享有人身不可侵犯權，不受任何方式之逮捕或拘禁。惟外交信差應持有官方文件，載明其身份及構成外交郵袋之包裹件數。派遣國或使館得派特別外交信差，但特別外交信差將其所負責携帶之外交郵袋送交收件人後，卽不復享有外交信差所享有之豁免權。

三、使館辦理公務所收之規費及手續費，免徵一切捐稅。

第三項　使館與檔案之特權與豁免

接受國應便利派遣國依照接受國法律，在其境內置備派遣國使館所需之館舍，或協助派遣國，以其他方法獲得館舍。遇必要時，接受國並應協助派遣國使館，為其人員獲得適當之房舍。使館館長有權在使館館舍、及在使館館長寓邸與交通工具上，懸掛其本國國旗與國徽。使館館舍不得侵犯，使館檔案及文件無論何時，亦不論位於何處，均不得侵犯。所謂不得侵犯的意義有三：

㈠接受國的警察、司法或稅務人員，非經使館館長之許可，不得擅入使館館舍。

㈡接受國負有責任，採取一切適當措施，保護使館館舍，免受侵入或損害，並防止一切擾亂使館安寧，或有損使館尊嚴之情事發生。

㈢使館館舍及設備，以及館舍內其他財產，與使館交通工具，免受搜查、徵用、扣押或強制執行。

外交代表之私人寓所，一如使館館舍，應享有同樣之不得侵犯權及保護權。外交代表之文書及信件，同樣享有不得侵犯權。

第六款　防止和懲處侵害外交代表的罪行

近年常發生侵害外交代表和外交使館的嚴重罪行，例如謀殺或綁架外交代表，甚至攻擊外交使館。爲防止此等罪行之一再發生，聯合國大會於一九七三年十二月十四日通過「關於防止和懲處侵害應受國際保護人員包括外交代表的罪行的公約」(Convention on the Prevention and Punishment of Crimes against Internationally Protected Persons, including Diplomatic Agents)。該公約雖已生效，可是迄今對於攻擊使館，及侵害外交人員的各種暴行，仍然不斷發生。例如一九七九年十一月伊朗暴民搗毀美國駐德黑蘭大使館，侵佔使館館舍，扣留美國外交及領事人員作爲人質，並將使館文件、檔案毀壞或取走，嚴重違反對外交人員之保護。

依照防止和懲處侵害應受國際保護人員的罪行公約第一條規定：所謂「應受國際保護人員」，是指在外國境內的一國元首或政府首長或外交部長及其隨行家屬；以及按照國際法應受特別保護的一國任何代表或官員，或政府間性質的國際組織的任何官員或其他代理人，及與其構成同一戶口的家屬。該公約的主旨是第二條，規定每一締約國應將下列罪行定爲國內法上的罪行，並應按照這類罪行的嚴重性，處以適當的懲罰：

㈠對應受國際保護人員進行謀殺、綁架、或其他侵害其人身或自由的行爲；

㈡對應受國際保護人員的公用館舍、私人寓所或交通工具進行暴力攻擊，因而可能危及其人身或自由；

㈢威脅或企圖進行任何這類攻擊，或參與任何這類攻擊的從犯。

第二條的規定並不在任何方面減除締約國依據國際法，例如依據一九六一年外交關係公約，採取一切適當措施，以防止應受國際保護人員的人身、自由或尊嚴受其他侵害的義務。

第三條第一款規定：締約國應採取必要措施，以確定其在下列情況下，對第二條所列舉的罪行的管轄權：㈠所犯罪行發生在本國領土內，或在本國登記的船隻或飛機上時；㈡嫌疑犯是本國國民時；㈢所犯罪行是對因代表本國執行規定的職務而享有應受國際保護地位的人員所犯時。第三條第二款規定：締約國應同樣採取必要措施，於嫌疑犯在本國領土內，而本國不依第八條規定將該犯引渡至本條第一款所指明的國家時，對這些罪行確定其管轄權。

該公約第四、五、六及十條規定：各締約國應就防止和逮捕此類罪犯進行合作，並採取各種協助措施。第七條規定：締約國於嫌疑犯在其領土內時，如不予以引渡，則應毫無例外，並不得不當稽延，將案件交付主管當局，以便依照本國法律規定的程序提起刑事訴訟。

該公約的第八條綜合規定有關此類罪犯的引渡，在各締約國之間的任何現行引渡條約，未將第二條所列舉的罪行列爲應該引渡的範圍內，這些罪行應視爲屬於該引渡的罪。締約國承允將來彼此間所訂的每一引渡條約中，都將這些罪行列爲應該引渡的罪，以訂有條約爲引渡條件的締約國，從未與該締約國訂立引渡條約的另一締約國，接到引渡要求時，如果決定引渡，得視本公約爲對這些罪行進行引渡的法律根據。引渡須依照被要求國法律所規定的程序和其他條件辦理，不以訂有條約爲引渡條件的締約國，應承認這些罪行爲彼此間應該引渡的罪，但須依照被要求國法律所規定的程序和其他條件辦理。爲便於各締約國之間進行引渡起見，每一罪行應視爲不但發生於實際犯罪地點，而且發生於依照第三條第一款規定必須確定其管轄權國家的領土內。

國際法院在審理「美國駐德黑蘭外交及領事人員」受侵害案（United States Diplomatic and Consular Staff in Tehran）時，堅持外交人員及使領館之不可侵犯，而接受國對於使領館人員及使領館館舍、文件檔案有保護的義務。國際法院認爲伊朗政府未能依照維也納外交關係公約第二十二條規定，採取適當措施，保護美國使館人員、館舍、檔案，遭受暴民攻擊，亦未採取適當措施，保護美國駐臺布利滋（Tabriz）及舍拉滋（Shiraz）兩地的領事館，且將領事人員扣留作爲人質。國際法院裁定伊朗政府未盡其恢復現狀且未阻止暴民侵害之責。

第七款 外交代表職務之終止

常駐外交代表職務的終止，約有以下幾種不同的情形：

㈠派遣國將其外交代表召回：一國召回其外交代表，如非出於接受國的請求，通常都由派遣國元首發給辭任國書，於離境前向接受國元首或外交部長呈遞。在特殊情況下，一國召回外交代表具有嚴重意義。例如，派遣國召回其外交代表，以表示其不滿意與接受國之間的關係。通常只能在兩國間的緊張關係無法解決時，始可將其外交代表召回。

㈡派遣國通知接受國，謂外交代表職務業已終了（外交關係公約第四十三條）。

㈢接受國請求派遣國召回外交代表：此一行動同樣發生嚴重意義，因爲此將導致兩國外交關係的決裂。

㈣當派遣國與接受國之間發生戰爭，接受國得在派遣國代表的護照上，給予出境簽證，令其離去，以示絕交。

㈤接受國通知派遣國，宣告外交代表不受歡迎人員，如派遣國拒絕，或不在相當期間內召回該外交人員，或終止其職務，接受國得拒絕承認該員爲外交人員。

㈥外交代表使命的完成。

㈦國書中載明外交代表的任期屆滿。

（註一）Legates 由紅衣主教充任，並僅派往天主教國家；而 Nuncios 則為教皇派任之普通大使，見崔書琴著「國際法」，二〇一頁。

第二節　領事

領事是一國派在外國的商務代表，而非政治代表。領事的主要職務，是保護其本國商務及僑民的利益，而沒有國家外交代表的性質。惟在派遣國未設使館，亦未委託由第三國大使館為其代表之國家內，領事經接受國之同意，得准予承辦外交事務，但不影響其領事身份。

一九六三年三月四日至二十二日聯合國在維也納舉行領事關係會議，九十二國派遣代表出席，會中通過領事關係公約，對於領事的等級、派遣與接受、職務、特權與豁免等有詳細的規定，以便各國遵行。

領事關係公約所定的事項，包括範圍甚廣。惟該公約並不禁止各國間另訂國際協定，以確認、或補充、或推廣、或引申本公約之各項規定（第七十三條）。並確認凡未經本公約明文規定之事項，應繼續適用國際習慣法之規則（公約弁言）。

最近趨勢，各國對於外交與領事的職務多合而為一，常見一國的代表交換或同時擔任外交與領事職位。在這種趨勢的影響下，外交代表與領事官員二者之間的區別逐漸縮小。依照以往國際法的習慣規則，領事官員享有的特權，不如外交代表之確定而隆重。一九六三年四月二十四日維也納領事關係公約的締結，旨在尋求將一九六一年四月十八日外交關係公約規定的外交代表特權與豁免權，擴大適用於領事官員。近年英美兩國也曾與許多國家簽訂類同的領事條約，以期儘可能擴大並確定領事官員所享有的特權。

第一款　領事制度之沿革

領事（Consuls）的設置，遠較外交代表爲早。不過，近代領事制度，實際是從十六世紀開始的。最初領事是由僑居外國的商民自己推選，稱爲選任領事。嗣後派遣國直接派遣專人主持領事事務，稱爲派遣領事。領事常被派駐一個以上的商埠或城市，與常駐外交代表須經常駐在一國首都者不同。

第二款　領事之種類與等級

領事分爲兩種：

㈠職業領事（professional consuls）：職業領事是派遣國派駐在接受國內，辦理領館事務的正式官員。他們總是派遣國國民，由派遣國給以薪俸，不得從事其他職業。在國際實例上，職業領事分爲總領事、領事、副領事、領事代理人四級。

㈡名譽領事（honorary consuls）：名譽領事是由派遣國聘任的，兼辦領館事務。他們往往不是派遣國的國民，亦不支領薪俸，他們仍可從事於其他職業。在國際實例上，名譽領事分爲名譽總領事、名譽領事與名譽副領事三級。

領館之類別，分爲總領事館、領事館、副領事館及領事代理處四種。

第三款 領事之派遣與接受

國與國間領事關係之建立，以協議爲之。在通常情形下，兩國同意建立外交關係，亦卽同意建立領事關係。惟領館之設立，須得接受國之同意。領館之設置地點、類別及其轄區，由派遣國定之，惟須經接受國同意。

領館館長由派遣國委派，並由派遣國發給委任文憑（Consular Commission），或類似文書，以爲其職位證書，其上通例載明館長之全名，職銜與等級、領館轄區及領館設置地點。派遣國應經由外交途徑，或其他適當途徑，將委任文憑或類似文書，轉送領館館長執行職務所在地國家之政府，請求發給領事證書（Exequatur）。領館館長領到領事證書，表示他已得到接受國政府的准許，卽可在其指定的管轄區域內執行職務。領事證書未送達前，領館館長亦得暫時准予執行職務。一國拒不發給領事證書，無須向派遣國說明其拒絕之理由。但領館館長一經其准予執行職務後，接受國應立卽通知領館轄區之各主管當局，並應採取必要措施，使領館館長能執行其職務。領館館長不能執行職務或缺位時，得由資深領事官員暫代領館館長。

派遣國得自由委派領館館員，無徵求駐在國同意之必要，僅由派遣國在充分時間前，將領事官員的全名、職銜及等級，通知駐在國外交部。領事官員原則上應屬派遣國國籍。委派屬接受國國籍之人或第三國國民爲領事官員，非經接受國明示同意，不得爲之，此項同意得隨時撤銷。接受國得隨時通知派遣國，宣告某一領事官員爲不受歡迎人員，或任何其他領館館員爲不能接受。

遇此情形，派遣國應視情形，將其召回，或終止其在領館中之職務。倘派遣國拒絕履行，或不在相當期間內履行上述規定之義務，接受國得視情形，撤銷關係人員之領事證書，或不復承認該員為領館館員。

領館館長在各別等級中之優先位次，依頒給領事證書之日期定之。如領館館長已暫時執行職務，其優先位次給予暫時承認之日期定之；此項優先位次在頒給領事證書後，仍應予以維持。兩個以上領館館長同日獲得領事證書或暫時承認者，其相互間之優先位次，依委任文憑或類似文書送達接受國之日期定之。代理館長位於所有領館館長之後，其相互間之優先位次，依派遣國使館通知接受國外交部所述明之開始擔任代理館長職務日期定之。名譽領事官員任領館館長者，在各別等級中位於職業領館館長之後。同一領館內領事官員間之優先位次，以及關於此項位次之任何變更，應由派遣國使館通知接受國外交部，如派遣國在接受國未設使館，則由領館館長通知之。

關於領館館員人數，如兩國之間無明確協議，接受國得酌量領館轄區內之環境與情況及特定領館之需要，要求館員人數，不超過接受國認為合理及正常之限度。

第四款　領事職務

領事職務，通常以國際慣例及派遣國與接受國所訂領事條約許可之範圍為限。除非得到接受國政府之同意，不得在其領館轄區外執行職務。除非領事轄區包括駐在國全境，或駐在國無其本國外交代表，領事官員很少與駐在國中央政府當局接洽。通常此種接洽都是透過其本國的大使館。領事官員執行職務時，得與其轄區內之主管地方當局接洽。唯有經接受國同意，或條約明定時，領事才可與接受國的中央政府直接聯繫。依照一九六三年維也納領事關係公約第五條規定，領事職務包括：

(一)保護派遣國及其國民之利益。

(二)增進派遣國與接受國間之商業、經濟、文化及科學關係之發展，並在其他方面促進兩國之友好關係。

(三)調查接受國內商業、經濟、文化及科學活動之狀況暨發展情形，向派遣國政府提出報告，並向關心人士提供資料。

(四)簽發派遣國國民之護照及旅行證件，並發給擬赴派遣國旅行人士之簽證或其他適當文件。

(五)幫助及協助派遣國國民。

(六)擔任公證人、民事登記員及類似之職司，並辦理若干行政性質之事務。

(七)在接受國境內死亡繼承事件中，保護派遣國國民之利益。

(八)保護為派遣國國民之未成年人及其他無充分行為能力人之利益，尤以須對彼等施以監護或託管之情形為然。

(九)遇派遣國國民因不在當地或由於其他原因不能於適當期間自行辯護其權利與利益時，在接受國法院及其他機關之前擔任其代表，或為其安排適當之代表，俾依照接受國法律規章，保全此等國民之權利與利益。

(十)依現行國際協定之規定，或於無此種國際協定時，以符合接受國法律規章之任何其他方式，轉送司法書狀與司法以外文件，或執行囑託調查書，或代派遣國法院調查證據之委託書。

(十一)對具有派遣國國籍之船舶，在該國登記之航空機以及其航行人員，行使派遣國法律規章所規定之監督及檢查權。

㈩對本條第㈩款所稱之船舶與航空機及其航行人員給予協助，聽取關於船舶航程之陳述，查驗船舶文書並加蓋印章，於不妨害接受國當局權力之情形下，調查航行期間發生之任何事故，及在派遣國法律規章許可範圍內，調解船長、船員與水手間之任何爭端。

㈪執行派遣國責成領館辦理而不為接受國法律規章所禁止、或不為接受國所反對、或派遣國與接受國間現行國際協定所訂明之其他職務。

第五款　領事之特權與豁免

第一項　領館之特權與豁免

依照維也納領事關係公約之規定，接受國應給予領館執行職務之充分便利。派遣國有權在接受國內使用本國之國旗與國徽；領館所在之建築物及其正門上，以及領館館長寓邸，與在執行公務時乘用之交通工具上，得懸掛派遣國國旗，並揭示國徽。

領館館舍不得侵犯。接受國官吏非經領館館長或其指定人員或派遣國使館館長同意，不得進入領館館舍中專供領館工作之用的部分(註一)。接受國負有特殊責任，採取一切適當步驟，保護領館館舍免受侵入或損害，並防止任何擾亂領館安寧或有損領館尊嚴之情事。領館館舍、館舍設備以及領館之財產與交通工具，應免受為國防或公用目的而實施之任何方式之徵用。

領館館舍及職業領館館長寓邸之以派遣國或代表派遣國人員為所有權人或承租人者，概免繳納國家、區域或地方性之一切捐稅。

領館檔案及文件，無論何時，亦不論位於何處，均屬不得侵犯。領館與派遣國政府及無論何處之該國使館及其他領館通訊，得採用一切適當方法，包括外交或領館信差、外交或領館郵袋及明密碼電信在內。但領館裝置及使用無線電發報機，須經接受國許可。領館之來往公文不得侵犯，領館郵袋不得予以開拆或扣留。領館郵袋須附有可資識別之外部標記，並以裝載來往公文及公務文件或專供公務之用之物品為限。領館信差享有人身不得侵犯權，不受任何方式之逮捕或拘禁。

領館得在接受國境內，徵收派遣國法律規章所規定之領館辦事規費與手續費，此項規費或手續費，概免繳納接受國內之一切捐稅。

（註一）領館館舍不得侵犯，並非謂領館排除當地管轄權，亦非謂領事在領館對其國民得行使警察權。在領館遭受火災或其他災害需要立即採取保護行動時，接受國官吏得認定其會予同意而進入領館。

第二項　領館人員之特權與豁免

接受國對於領事館官員應表示適當尊重，並應採取一切適當步驟，以防其人身、自由或尊嚴受任何侵犯。領事官員不能享有外交代表的全部豁免權。對於領事官員不得予以逮捕，候審或羈押候審，但遇犯嚴重罪行之情形，依主管司法機關之裁判執行者不在此列。對於領事官員不得施以監禁，或對其人身自由加以任何其他方式之拘束，但為執行有確定效力之司法判決者，不在此限。如對領事官員提起刑事訴訟，該員須到管轄機關出庭。惟進行訴訟程序時，應顧及該員所任職位，予以適當之尊重。

領館人員對其爲執行領事職務而實施之行爲，不受接受國司法或行政機關之管轄。惟此項規定不適於下列民事訴訟：㈠因領館人員並未明示或默示以派遣國代表身份而訂契約所生之訴訟；㈡第三者因車輛、船舶或航空機在接受國內所造成之意外事故而要求損害賠償之訴訟。

領館人員在接受國境內享有行動及旅行之自由。領事官員得自由與僑居在接受國內之本國國民通訊及會見，並有權探訪受監禁、羈押或拘禁之派遣國國民，與之交談或通訊，並代聘其法律代表。

領館人員得被請在司法或行政程序中到場作證。要求領事官員作證之機關，應避免對其執行職務有所妨礙。於可能情形下，得在其寓所或領館錄取證言，或接受其書面陳述。領館人員就其執行職務所涉事項，無擔任作證或提供有關來往公文及文件之義務。

領館人員及其家屬，應免除接受國法律規章就外僑登記及居留證所規定之一切義務，並應免除適用接受國施行之社會保險辦法。領館人員免除接受國關於僱用外國勞工之法律規章所規定之任何有關工作證之義務。

領館人員及其家屬免納一切對人或對物課徵之國家、區域或地方性捐稅，但下列各項不在此列：㈠通常計入商品或勞務價格內之間接稅；㈡對於接受國境內私有不動產課徵之捐稅；㈢接受國課徵之遺產稅、遺產取得稅或繼承稅及讓與稅。㈣對於自接受國內獲致之私人所得包括資本收益在內所課徵之捐稅，以及對於在接受國內商務或金融事業上所爲投資課徵之資本稅；㈤爲供給特定服務所徵收之費用；㈥登記費、法院手續費或紀錄費、抵押稅及印花稅。

領館公務用品、領事官員或其家屬之私人自用品免納關稅。領事官員及其家屬所携私人行李免受查驗，免除一切個人勞務及所有各種公共服務，並免除類如有關徵用、軍事捐獻及屯宿等之軍事義務。

第六款　領事職務之終止

領館人員之職務，遇有下列情事之一卽告終止：

㈠派遣國通知接受國，謂該員職務業已終止；

㈡撤銷領事證書；

㈢接受國通知派遣國，謂接受國不復承認該員爲領館館員。

領館人員職務終止後，應給予必要時間及便利，使其本人及其家屬準備並儘早出境，遇必要時，接受國尤應供給彼等本人及財產所需之交通運輸工具。

第三節　特種使節

一國除得派遣外交代表及領事人員外，並得派遣特種使節團至另一國，交涉特定問題，或執行特定任務；且派遣或接受特種使節，不以建有外交或領事關係爲必要條件，惟此種特使團之派遣，必須徵得接受國之同意。

國際外交關係，除常設外交使節之外，尚有種種其他方式，統稱『特種外交』（ad hoc diplomacy），包括巡廻使節、外交會議、以及爲特定目的派往一國之特種使節。關於特種使節之特權及豁免，經國際法委員會於一九六七年提出特種使節條款草案，送請聯合國大會審議，於一九六九年十二月八日通過『特種使節公約』（Convention on Special Missions），規範特種使節之派遣、接受、任務及待遇之法規。

特種使節公約中大部份規定，是採用一九六一年維也納外交關係公約，及一九六三年維也納領事關係公約的條款。該公約對於技術性質之特種使節，與政治性質之特種使節並無區分，對於派遣國元首或外交部長率領特種使節團時，除適用該公約外，並享有依國際法對國家元首或外交部長正式訪問應給予之禮遇、特權及豁免。特種使節團高級人員享受特別地位，非因其爲使節團團長，乃因其本身地位爲國家元首或政府首長之故。特種使節團人員所享受之特權及豁免，與常駐外交使節團所享受者相同，其目的在確保代表國家之特種使節團能有效執行職務。

現將一九六九年特種使節公約之規定擇要列舉於下，這些規定與一九六一年外交關係公約有不同之處，從這些不同規定中，可以看出特種使節與常設外交使節之性質不同：

㈠兩個以上國家如徵得另一國之同意，得同時各派特種使節團至該國，俾以全體協議，共同處理對所有各該國有共同利益之問題（特種使節公約第六條）。

㈡在派遣特種使節團人員之前，派遣國須將其特種使節團人數，擬派人員之姓名及職銜，通知接受國。接受國酌量本國環境與情況，及特種使節團之需要，認爲特種使節團之人數不合理時，得拒絕接受（第八條）。

㈢特種使節團承派遣國之命，與接受國洽商之一切公務，應逕與或經由接受國外交部，或與另經商定之該國其他機關辦理（第十五條）。

㈣特種使節團之所在地，應設於關係國家議定之地點。倘無協議，特種使節團應設於接受國外交部所在地。特種使節團倘在不同地點執行職務，關係國得商定特種使節團所設辦事處應不以一處爲限，並得從中選定一處爲主要辦事處（第十七條）。

㈤兩個以上國家之特種使節團得在第三國境內集會，惟須事先徵得第三國明白表示同意，第三國依其表示同意時所指定之範圍，對派遣國負有接受國之權利與義務（第十八條）。

㈥派遣國與接受國間斷絕外交關係或領事關係，並不當然結束斷絕關係時所有之特種使節團（第二十條第二項）。彼此未承認之國家間互派特種使節，已爲今日國際社會所接受的事實。

㈦接受國應顧及特種使節團之性質及任務，給予特種使節團執行職務所需之便利（第二十二條）。

㈧接受國應確保所有特種使節團人員，在其境內有爲執行特種使節團職務所必需之行動及旅行之自由。一九六一年維也納外交關係公約第二十六條之規定，却無『行使職務所必需』之限制。

㈨特種使節團人員於公務範圍以外，使用車輛所造成事故之損害賠償之訴訟，不得豁免接受國之民事及行政管轄（第三十一條第二項卯款）。

㈩特種使節團人員及其家屬或信差，赴任或返回派遣國，途逕第三國國境，第三國應給予不得侵犯權，及確保其過境所必需之其他豁免，惟第三國須事前獲悉特種使節團人員及其家屬或信差過境，而未表示反對者爲限（第四十二條）。

特種使節團職務終了時，接受國必須尊重並保護仍歸特種使節團使用之館舍及使節團之財產與檔案。派遣國必須於合理期間移轉該項財產與檔案。在派遣國與接受國間並無斷絕外交領事關係之情形下，特種使節團職務終了時，縱有武裝衝突情事，派遣國得使特種使節團之財產與檔案，委託接受國認可之第三國家保管（第四十六條）。

第四節　派駐國際組織之代表及觀察員

今日國際組織的重要性日增，國家需要派遣代表或觀察員常駐在國際組織所在地，以處理其與國際組織間的業務，例如各國多派遣常駐聯合國代表團。

一九五八年聯合國大會決議，請國際法委員會進行研究國家與政府間組織之關係。國際法委員會經連續四屆會議之研討，就國家設在國際組織之代表團的地位與待遇，提出二十一條條款草案（draft articles）。該草案規定適用的範圍：㈠會員國常駐國際組織代表團，㈡非會員國常設觀察員辦事處，及㈢派駐國際組織機關及出席國際組織所召開會議之代表團，僅以世界性國際組織為限，不適用於區域組織。

該草案經過聯合國大會詳加討論，並於一九七五年三月十四日在維也納舉行的國際會議中通過：「各國代表與世界性國際組織之關係的公約」（Convention on the Representation of States in their Relations with International Organizations of a Universal Character），對各國派駐在國際組織的各級代表的地位、功能、特權及豁免均有規定。

關於國家派駐國際組織之代表及觀察員享有之特權與豁免，在該公約中所規定者，大致與一九六一年外交關係公約及一九六九年特種使節公約規定相同。『常設觀察員辦事處』雖為非會員國所設，但仍有代表及常設性質，其享有之特權與豁免，卽應大致與畀予『常駐代表』者相同。在討論該條款時，有些國家代表認爲釐定『常設觀察員辦事處』，及『派至國際組織機關及出席會議代表團』之特權及豁免範圍，應以聯合國憲章第一〇五條所定『行使職務所必需』之標準。該條款使得派遣國、地主國及國際組織三方面利益保持平衡，並加强國家派駐國際組織代表之地位，對於整個外交法（diplomatic law）有其重大貢獻。惟該條款對於國際組織派駐在各國代表之地位未有規定，因爲這些代表必然是國際組織的官員，他們的地位已在一九四六年聯合國特權及豁免公約，及一九四七年聯合國各專門機關特權及豁免公約中有詳盡之規定。

該公約在許多地方是採用一九六一年維也納外交關係公約，可是在實際上，維也納外交關係公約並不能完全適用於各國派駐在國際組織的代表與觀察員，例如該條款第十款規定，派遣國可隨意委派常駐國際組織代表團人員。此點確立常駐國際組織代表與傳統外交使節之根本差別，因外交使節須徵求駐在國同意，外交人員亦可被宣告爲不受歡迎，或不能接受之人員，但常駐國際組織代表團人員則無此限制。

該公約雖經國際會議通過，但是國際組織所在地之地主國，大多數表示不願參加該公約，因爲它們認爲該公約所規範的內容，均在國際組織與會所所在地國家簽訂的特別協定（Headquarters Agreement）及各有關的國際組織的特權及豁免公約中已有規定，而該公約不必要給予更優之豁免，所以持保留立場。實際上，各國派遣常駐聯合國及其專門機關的代表或觀察員所享受的特權與豁免，與各國駐在當地的外交代表所享受的特權與豁免，幾乎相同。此類機構及其執行職務人員的法律地位及其所享有的特權，國際間尚缺乏此類習慣法可以援用，多由派遣國與接受國協商決定。

第五節　派駐無邦交國家之代表

現今國與國間關係密切，縱使兩國間互不承認，或是斷絕外交及領事關係，可是兩國間仍然需要維持着實質的交往關係。一國除派遣外交代表或領事人員擔負正常外交或領事關係外，爲着各種實際需要，在無邦交國家亦得派遣外交代表(diplomatic Agents and Representatives)，以保護本國僑民，並維護兩國間的商務關係。此種派至無邦交國家之代表，仍具有常設性質，例如一國設在另一國之貿易代表(Trade Commissioners)，新聞處(Information Agent)或觀光局(Tourist Service)等。

現行國際法對於這一類的國家代表，雖然尙無通行法規可資遵循，可是爲了適應當前國際社會的需要，這一類的國家代表的形態，正在逐漸發展之中。最顯著的一個例證，就是中、日兩國於一九七二年九月二十九日斷交之後，爲各本國人民在對方國家居留或旅行時，協助其獲得入境，居留及子女教育等之便利，並爲促使民間經濟、貿易、技術、文化及其他各種關係順利發展起見，兩國民間機構代表於一九七二年十二月二十六日簽署協議書，雙方同意互設駐外辦事處。我國亞東關係協會在東京橫濱、大阪、福岡設立辦事處，日本交流協會在臺北、高雄設立辦事處，辦理兩國間之僑民事務，發展雙方間之經濟、貿易、觀光業務。爲雙方間貿易、投資、技術合作等事項，締訂各種民間協定，並爲保障其實施從事一切必要之活動。爲保障對方國家之漁船得在本國近海之安全作業，及各本國船舶出入對方國家港口，與維持雙方間海空客貨運輸，給予一切必要之便利。促進雙方各種學術、文化、體育等交流活動。雙方辦事處及辦事處人員，在各本國國內法令許可範圍內，兩國政府保證給予必要之支持、協助及便利。

中美兩國於一九七八年十二月三十一日斷絕外交關係，美國國會爲繼續維持美國人民與臺灣人民間之商業及其他關係，特於一九七九年四月十日制訂「臺灣關係法」（Taiwan Relations Act），使美國政府與「中華民國之臺灣統治當局」間不因斷交而仍可維持原有之法律關係。在「臺灣關係法」中一再强調，「外交關係與承認之欠缺，不得影響到美國法律對臺灣之適用」（該法第四條甲項），並「不得就此廢止、侵害、修改、拒絕、或以任何方式影響前此或今後，爲臺灣在獲致或與臺灣有關之任何權利或義務（該法第四條第乙項第三款第一目）。

依據「臺灣關係法」規定，美國在臺北設立「美國在臺協會」（American Institute in Taiwan），在臺執行一般使領館業務。我國在美國首都華盛頓設立「北美事務協調會」（Coordination Concil for North America Affairs），並在美國各大城市設立分處，繼續執行前駐美使領館業務。美國派駐在臺協會的職員多爲外交人員，而我國派駐在美國的代表及職員亦多爲職業外交官，而且雙方代表及其職員和家屬所享有的外交特權與豁免，依照中美兩國於一九八〇年十月二日簽署生效的「特權、免除及豁免協定」（Privileges, Exemptions and Immunties Agreement）規定，在實質上幾與外交人員享有的特權及豁免無多差異。

依照「臺灣關係法」規定，中美兩國過去所簽訂之一切條約繼續有效（該法第四條丙項），並得簽訂任何新約。而且爲「維持臺灣人民安全或社會經濟制度」，美國得「提供臺灣防禦性武器」（該法第二條乙項五款）

就美國國會通過的「臺灣關係法」觀之，中美兩國自一九七九年一月一日之後雖無外交關係，但是經過這十多年的實踐，中美兩國的實質關係，並未因斷交而受到重大影響。且因兩國爲維持實際利益的需要，兩國在政治、軍事、經濟、文化、科技等方面的關係可說有增無減。而此類派駐在無邦交國的代表所形成的實例（Practice），將會在國際法上逐漸發展出一種新的模式。

我國自一九七二年退出聯合國之後，許多國家先後與我國斷絕外交關係，但是兩國間斷絕外交或領事關係，並不能完全斷絕人民的交往與貿易的關係，尤其是在今日國際相互依存密切的關係中，國與國間彼此都有需要維持着各種程度不等的交往關係。我國政府爲了突破外交的孤立，採取主動、積極和靈活的策略，致力與我國雖無外交關係但却對我國沒有敵意的國家拓展政治、經濟、文化和其他方面的交流，並在這些無邦交國家中設立各種名稱不一的機構，維持着官方或民間交往的實質關係，同時在這些無邦交國家中派駐代表及外交、商務、新聞人員，執行類同使領館的業務。

從我國設在無邦交國家機構的名稱之不同，即可辯識到我國與該國是維持着官方或民間的關係。現在，我國設在無邦交國家的機構，約可分爲下列五類：

㈠設在斐濟、模里西斯、巴布亞紐幾內亞、及巴林等國的「中華民國商務代表團」（Trade Mission of the Republic of China）。

㈡設在杜邦、科威特、利比亞、厄瓜多等國的「中華民國商務處」（Commercial Office of the Republic of China）。

㈢設在比利時、芬蘭、德國、愛爾蘭、馬來西亞、菲律賓及土耳其等國的「臺北經濟文化辦事處」（Taipei Economic and Cutlural Office）。

㈣設在泰國、約旦、丹麥、希臘、匈牙利、挪威、荷蘭及哥倫比亞等國的「遠東商務處」(Far East Trade Office)。

㈤設在澳大利亞的「遠東貿易公司」(Far East Trading Co. Pty. Ltd)，設在英國的「自由中國中心」(Free Chinese Center)，設在奧地利的「中國文化研究所」(Institute of Chinese Culture)，及設在香港的「中華旅行社」(Chung Hwa Travel Service) 等民間機構。

現今國際政治型態的發展，使得國家不再以維持傳統的外交與領事關係，爲促進彼此利益的唯一方式。所以這些與我無邦交的國家，也有許多國家在我國設有各種機構，並派遣代表常駐在我國，來維持並促進兩國間的實質利益。

至於我國派駐在這些無邦交國家的代表、職員及眷屬享有之特權與豁免，完全依照雙方之特別協議，或是出於接受國之禮誼。一般言之，這類代表雖不具有外交官之名，但其任務是爲促進兩國實質利益，故其身份與地位，却受到駐在國的尊重與禮遇，惟其所享有的特權則視兩國間之關係程度及雙方協議而有不同。我國政府爲謀改善當前外交困境，正在努力提升我國派駐在無邦交國家之機構法律地位名稱、功能、以及駐外人員之禮遇與豁免。

目前我國與美國雖無正式外交關係，但雙方爲了兩國實質利益需要，仍可簽訂條約，例如中美兩國自一九七九年一月一日斷絕邦交之後，不但前此簽訂之一切條約繼續有效，而且以後所簽訂之新約包括民航、教育與文化、特權與豁免、貿易與商務、科技合作、及海運等項協定達數十種。不過簽署的機構與官員不是由雙方外交部或外交部長出面簽署，而改由兩國派駐在對方的機構或代表簽署，或由主管官署的次級機關簽署，不過此一協定經雙方政府核定之後，在國際法上具有的法律效力，與條約無異。

國與國間雖無外交關係，甚至斷絕外交及領務關係，由於雙方利益的需要，仍須維持各種實際交往關係。在這些實際交往中，傳統國際法缺乏習慣規則可循，中華民國在過去二三十年中，與許多無邦交國家在實踐中形成的實例，逐漸爲國際法創制一套新的習慣規則，值得國際法學者的深入研究與探討。

第十八章 條約法

第一節 條約的性質與功用

在一九六九年以前，關於條約的最大部份法規是國際習慣法的規則。一九六九年五月二十三日簽訂的『維也納條約法公約』（Vienna Convention on the Law of Treaties，簡稱維也納公約），乃將這些習慣規則儘量納入，或予修訂。在條約法公約中也將國際法的新規則編入，其中亦有若干規定是各國不同意見和實踐協調的結果。但是維也納公約並不是一部完備的條約法法典，所以該公約特在前言中，確認『凡未經本公約各條規定之問題，將仍以國際習慣法規則為準』。一九七一年美國國務院宣稱：維也納公約是現行條約法及實例具有權威的準則。該公約已於一九八〇年一月二十七日生效。

依照條約法公約第二條規定：稱『條約』者，謂國家間所締結而以國際法為準之國際書面協定。凡是國與國間為承擔權利義務而達成的任何種書面或口頭協議，不論其所具的形式及名稱如何，亦不論其締結的情勢如何，均為條約。『條約』一詞，是有關國際協定的一個總名稱。雖然條約法規定，條約僅指國與國間所締結的書面協定，但亦可包括國際組織相互間或國際組織與國家間所締結的協定。是故我們可以說，條約是二個以上的國際法主體，爲釐定相互間關係，依據國際法而締結的書面協定。

維也納條約法公約第三條明確規定：本公約不適用於國家與其他國際法主體間所締結之國際協定，或其他國際法主體相互間之國際協定，或非書面國際協定。但不影響：(甲)此類協定之法律效力；(乙)本公約所載任何規則，對於此類協定之適用；(丙)本公約之適用於國家間以及其他國際法主體爲當事國之協定爲根據之國際關係。足見該公約承認國家與其他國際法主體間，或其他國際法主體相互間締結協定之法律效力與事實。

同時，我們如將條約僅視爲一項國際協定，則條約在國際關係中的功用與意義，未免過於單純。條約是國際社會用來從事國際複雜交往關係的主要工具。私人在國內法中可使用很多種方式，例如契約、讓與、租借等，每種方式可以適用一種特定目的，以供其進行法律行爲。但是在國際關係的實例中，從國與國間的雙邊關係到多邊的國際關係，幾乎每一種法律行爲，都有賴於條約(註一)。例如制定國際組織根本大法(如一九四五年舊金山簽訂之聯合國憲章)，創設一個國際組織(如依照一九四四年芝加哥國際民航公約的規定設立國際民航組織)，二個以上國家成立軍事同盟，某一國家之成爲中立國(如比利時在一八三一年倫敦條約規定下成爲中立國)，一國將其領土讓與或租借與他國，以及國際立法之制定(所謂『立法』條約)等，無不以條約方式遂行其特定目的(註二)。

幾乎在所有實例中，條約的目的在加於締約國各種須遵守的義務。許多國際法學家常提出一個問題，就是爲何條約具有此種拘束力？也許這個問題的唯一答案，就是國際法規定：經正當手續締結之條約，對於所有締約國創設各種必須遵守的義務。有些國際法學家，如安齊諾蒂（Anzilotti）認爲：條約之有拘束力，在於締約國在條約中所承允之義務，必須善意遵守，卽所謂『條約必須遵守』（Pacta Sunt servanda）原則，爲擧世所承認。是故凡有效之條約，各國必須善意履行（條約法第二十六條）。國家一旦在條約中同意其所負擔之義務，非經其他締約國之同意，不得撤消此項義務，這是國際法上確定的原則。英、法、義、普魯士、俄、奧地利、土耳其於一八七一年在倫敦會議中曾宣佈下列一項原則：

『非得締約國本於友好諒解所給予之同意外，任何國家不得解除其條約義務，也不得修改其中之規定，這是各國公認國際法中一項主要原則。』

德國納粹政府蓄意撕毀一九一九年凡爾賽條約後，國聯理事會於一九三五年四月重申條約不可違反之原則，宣告德國此種行爲係非法行爲，並對此種片面破壞條約義務之行爲，予以譴責。

條約本身與一個國家和外國人民或公司所簽訂之契約不同；雖然後者最終亦可成爲簽訂契約的國家與外國人民或公司籍隸之國家間的問題，但是此種契約不是國際法範疇中之條約，亦不受國際法關於條約規則之約束。

有的教科書將條約分爲同盟條約、保障條約、商務條約等，好像每一類條約在法律性質上各有不同。由於此種分類易引起誤解，故在討論條約問題時並無價值。

新近發展，條約所包括者不止於國與國間所締結的協定，並包括國際組織相互之間，或國際組織與國家之間所締結的協定。由於聯合國與各『專門機關』的成立，此種協定在迅速的增加。例如聯合國與其專門機關，經由經濟暨社會理事會代表，締結兩者之間所發生的各種關係協定。

（註一）條約與各國在國際關係中所採取的片面行爲（unilateral acts）不同。片面行爲包括抗議（protest）、通告（notification）、聲明放棄（renunciation）、接受（acceptance）、及承認（recognition）等，約有下列用途：㈠承允各項義務；㈡承認各種情勢；㈢宣佈政策；㈣保留權利之通知；㈤對於責任之保留。

（註二）關於條約法的參考書籍：

㈠Rosenne著『條約法』（The Law of Treaties, 1970）；

㈡聯合國出版的『締結條約之法規與實例』（Laws and Practices concerning the Conclusion of Treaties, 1953）。

第二節　條約的形式與名稱

曩昔條約採取單一正式文書的形式。可是現代國際條約所用的形式與名稱，至爲不一，其主要原因爲過去締約所使用的形式，不易爲現代國際生活所接受。締約國依其本國意思，自由採用條約的形式及名稱。

國際條約的主要形式如下：

㈠元首之間的條約：在此種形式下，條約是以兩國元首的名義締結。例如，英王與美國總統締結的條約，約文中明確對他們二者課以遵守的義務。此種形式僅用於特殊的協定，如領事條約以及其他較爲重要的條約。

㈡政府間的條約：條約是以兩國政府間名義締結。政府間的條約與元首之間的條約，在實質上並無不同；不過，在通常情況下，政府間的條約應用於技術性或非政治性協定，或次要協定。其最顯著的一個例外，就是英國政府與日本政府於一九〇二年所締結的英日同盟條約。

㈢國與國之間的條約：條約是以國家名義締結，例如一九四九年四月四日簽訂的「北大西洋安全條約」。

㈣各國部長間的條約：條約是以締約國的部長名義締結，通常都是以各國外交部長名義締結。

㈤各國行政部門間的協定：條約是以各國行政部門的代表名義締結，例如各國海關當局代表所簽訂的關稅協定。

㈥各國政府領袖間的條約：此項條約是以各國政治領袖名義所簽訂。例如，一九三八年九月間的慕尼黑協定，是由英國首相張伯倫、法國總理戴拉第（Daladier）、與德義兩國政治領袖希特勒和墨索里尼所簽訂；美蘇兩國於一九七二年五月二十六日簽訂的「反彈導飛彈系統條約」是由美國總統尼克森及蘇聯書記布玆列夫所簽訂。

㈦軍事首長間的條約：此項條約是以兩國間軍事首長名義所簽訂。一九五三年七月二十七日韓國停戰協定，就是由雙方前線最高指揮官簽訂的。

至於締結條約採取何種形式，並不影響條約具有拘束力的性質。此項原則推演至極端，條約甚至不需要書之於文字，一國外交部長就其職掌及權力範圍內事項，代表其國家，對另一國家外交部長所作承諾性質的口頭聲明，可能與成文條約同樣的具有拘束力。國際法並不限定條約的一定形式，最重要是條約的內容與實質。英國官方宣稱：

國際法對於國際條約的形式並無規定。正式協定與非正式協定之間，在法律性質上並無區別。如果締約雙方對於影響其將來國家關係的協定有意遵守，則不論其所採取之形式為何，與該條約本身之存在無關。問題在於締約國的意思所在，至於將其意思載於一項條約、或公約、或議定書、甚或列於會議紀錄的一項宣言中，均無關緊要。

條約名稱繁多，有的表示訂立條約的程序不同，有的表示莊嚴程度的不同。除條約（Treaty）而外，還有以下各種名稱：㈠公約（Convention）、㈡議定書（Protocol）、㈢協定（Agreement）、協約（Arrangement）、㈤同意紀錄（Procès Verbal）、㈥規約（Statute）、㈦宣言（Declaration）、㈧臨時辦法（Modus Vivendi）、㈨換文（Exchange of Notes）或換函（Fxchange of Letters）㈩蕆書議定書（Einal Act）、⑾總議定書（General Act）、⑿協議（Accord）。條約名稱的不同，在性質上並無任何區別。誠然，某幾種形式的文書較常用於某幾種目的，某些名稱也以適用於某幾種協定居多，如『條約』一詞多係用來包括關於和平、同盟或割讓領土或其他重要事項的協定。可是，各種協定並無固定的或有系統的命名法。

㈠ **公約**（Convention）

公約是多邊條約一個較為正式而通用的名稱，如一九四四年芝加哥國際民用航空公約。國際組織通過的各種有拘束力的文件，亦多稱為公約，如國際勞工組織通過的各種國際勞工公約。

㈡ **議定書**（Protocol）

議定書在形式上沒有條約或公約的莊嚴，國家元首間的條約從不採取此一名稱。議定書包括下列各項文件：

（甲）一個公約的附約，為相同的締約代表所起草，有時稱為簽字議定書（Protocol of Signature）。此種議定書內所載都是次要事項，如公約特殊條款的解釋，任何次要性質的補充條款，公約中所未載列的條款，或者某一締約國的保留條款。在通常情況下，公約本身的批准，事實上亦需批准附屬於該公約的議定書。

（乙）一個公約的補充文件，但具有獨立性質，可以單獨批准，亦可單獨生效。例如一九三〇年關於無國籍之海牙議定書，是與一九三〇年關於國籍衝突問題之海牙公約同時簽訂，前者雖係後者的補充文件，但具有獨立性質。

（丙）一個正式獨立的條約，例如一九二四年日內瓦議定書，以及幾項有關國際常設法院的議定書。這幾項協定之所以稱爲議定書，因爲它們不是經由正式外交會議所締結，而是由國際會議所通過。

（丁）有關國家達成某項諒解的紀錄，此種議定書常時稱爲同意紀錄（Precès-Verbal）。

㈢ **協定**（Agreement）

協定在形式上沒有條約的莊嚴，國家元首締結的條約不採用此項名稱。通常協定的範圍較小而締約國較少。有時各國政府行政部門的代表簽訂的純技術或行政性質的專約，稱爲協定，此種行政協定，無需經過立法機關的批准手續。

㈣ **協約**（Arrangement）

協約與協定之意義相同，通常，協約多指臨時辦法。

㈤ **同意紀錄**（Procès-Verbal）

同意紀錄係指國際會議的紀錄及外交代表談判的結論，可是現今用意，係指有關國家達成某些協定條款的紀錄。例如，義大利與瑞士兩國代表於一八九二年在蘇利芝（Zurich）簽訂的同意紀錄（Precès-Verbal），是義瑞兩國代表就商務條約中的條款，所達成的諒解紀錄。同意紀錄有時也用來指交換或存放批准書的紀錄，有時不重要的純行政事務的協定，也稱爲同意紀錄。一般情形，同意紀錄都無需經過批准手續。

㈥**規約**（Statute）

（甲）規定國際組織職權的組織法稱爲規約，例如一九四五年的國際法院規約。

（乙）一個公約的附屬文件，規定若干適用公約條款的規章，稱爲規約。例如，一九二一年在巴斯洛納（Barcelona）簽訂的過境自由公約（Convention on Freedom of Transit），即附有過境自由規約（Statute on Freedom of Transit）。

㈦**宣言**（Declaration）

宣言一詞可以分別表示下列三種不同的意義：

（甲）一項規定締約國共同遵守的行爲規則，如一八五六年的巴黎宣言（Declaration of Paris）。

（乙）一項解釋條約或公約條款的附屬文件。

（丙）一項關於不重要事項的非正式協定。

（丁）一項外交會議的決議，宣佈若干原則，供各國遵守，例如一九六八年至一九六九年維也納條約法會議通過的『禁止以軍事、政治或經濟强迫締結條約宣言』。

（戊）一國意向的聲明，例如依照國際法院規約第三十六條第二項規定，宣言接受國際法院强制管轄。

（子）聯合國大會的決議，重申一項重大原則，例如一九五九年通過的「兒童權利宣言」。

因而，宣言有的需要批准，有的不需要批准。

㈧ **臨時辦法**（Modus Vivendi）

臨時辦法是一項臨時性質國際協定的紀錄文件，以待根本解決或進一步的安排。通常，只是以談判的全權代表名義締結，或由談判代表初簽，無需正式簽署，也不需批准。

㈨ **換文**（Exchange of Notes）或換函（Exchange of Letters）

締約國藉換文方式所同意某種諒解，或承允某種義務，為近年各國所最常採用的一種非正式的形式。有時經由締約國雙方外交或軍事代表互換文書，有時亦有多邊換文（multilateral exchanges of notes）。換文或換函均無需批准。

㈩ **蕆事議定書**（Final Act）

蕆事議定書或稱蕆事文件，為締結一項公約而召開的國際會議的紀錄文件。蕆事議定書簡述會議的時間、地點、參加的國家、各國代表的姓名、以及會中通過的公約、決議、宣言及建議。有時，蕆事議定書中並列有解釋公約文件。蕆事議定書由參加會議的代表簽字，但無需批准。有些蕆事議定書是一項正式國際條約，例如一九三三年八月在倫敦簽訂的『小麥輸出入國家會議蕆事議定書』。

⑪ **總議定書**（General Act）

總議定書是一項正式或非正式的條約。國聯大會於一九二八年通過的和平解決國際爭端公斷總議定書。

⑫ **協議**（Accord）

訂立國際法的一般規則或設立國際組織的一種條約名稱。

條約的名稱，尚不止於以上所述的十二種。例如，設立國際聯合會的條約稱為『盟約』

(Covenant)，設立聯合國的條約稱爲『憲章』。(Charter)，戰時交戰國間所訂關於交換俘虜的協定，稱爲『軍事協定』(Barter)，關於停戰的協定，稱爲『停戰協定』(Armistice 或 Truce)。此外尚有『協議備忘錄』(Aide Memoire)、『條款』(Articles)或『協定條款』(Articles of Agreement)、『公斷協定』(Compromis)、議決案(Resolution)、及『教廷條約』(Concordat)、『合同』(Compact)、『文件』(Instrument)、『備忘錄』(Memorandum)、『協定備忘錄』(Memorandum of Agreement)、『諒解備忘錄』(Memorandum of Understanding)、『紀錄』(Minute)或『同意紀錄』(Agreed Minutes)、『照會』(Note verbale)、『合約』(Pact)等。

第三節　締約國

傳統的國際法，認爲只有完全主權國，才能成爲條約的締約者(Parties to Treaties)。晚近國際法的發展，已使締約者不限於國家，國家以外的國際法主體，如國際組織、甚至準國家組織(Non-state entities)，都具有締約的能力。有時技術性的協定，可由兩國政府行政部門的代表簽訂。有時國際公約可以適用於締約國的屬地及託管領土。無疑的最大多數的條約，仍爲完全主權國所締結。

第一款　條約的權利與義務

條約不得對第三者課以義務或賦與權利，這是國際法中一項公認的原則，而且在許多條約中明文規定，該項條約僅對締約國發生拘束力。各國實例及國際法院判決均遵行此項原則。條約法公約第三十四條規定：『條約非經第三國同意，不爲該國創設義務或權利。』但有下列五種例外情形：

㈠條約當事國有意賦予第三國一項權利，例如關於一項解決國際問題的辦法，或賦予港口、河道等國際地位的條約，其權利義務可能及於非締約國。法、英、俄三國一八五六年關於愛蘭島（Aaland Islands）不得設防公約，就是一個最好的例證。至一九二〇年，瑞典（非締約國）堅決要求該公約之條款應予遵守。國聯法學家委員會對於這個問題發表意見說：瑞典雖非締約國，也無條約權利，不過該公約在事實上創立一個客觀法則（objective-law），其權利所及超過於締約當事國本身。正如常設國際法院所稱，此種第三者權利的行使，絲毫不得擅自推定，主要視每種條約的實際情況而定。不過，締約國如有意賦與非締約國權利，此種意思表示具有決定性。問題在於非締約國所接受的權利，是否正是締約國所欲賦予之權利。

條約法公約第三十六條的主旨，在對於此類賦予第三國權利的條約確立一項原則，惟需第三國表示同意。該條約文規定：該第三國倘無相反之規定，應推定其表示同意，但條約另有規定者不在此限。第三十七條第二項規定：第三國享有此項權利，倘經確定原意爲非經該第三國同意不得取消或變更該項權利，當事國不能取消或變更之。

在一九三六年蒙特羅海峽會議（Montreux Straits Confence）中，土耳其主張一九二三年洛桑條約（Treaty of Lausanne）所設定的達達尼爾及博斯普魯斯海峽辦法，應適用於非締約國。土耳其認爲該辦法雖爲少數國家所締結，但已成爲通行規則，其所設定之通過權應不限於締約國。會中對此問題雖未作決定，但土耳其政府此項主張，深得若干法學家的贊同。

㈡多邊條約所建立的習慣規則，顯然適用於非締約國，不過非締約國並非是受該多邊條約的約束，而是受該習慣規則的約束。雙邊條約亦可能創設國際法的習慣規則，依照相同的原則，對第三國有拘束力。條約法公約第三十八條即作此規定：『條約所載規則，由於國際習慣而成爲對第三國有拘束力。』

㈢多邊條約所創設的國際法新的行爲規則，此項新的行爲規則，幾已獲得全體大國所接受，則此一新規則，將一如國際法的其他規則，得拘束非締約國。例如一九四六年紐倫堡戰犯法庭裁決，認定一九二八年非戰公約（Briand-Kellogg pact）創設一項非戰規則，締約國與非締約國均應遵守。

㈣有些國際公約在簽訂時，卽欲其普遍實施，得在約文中規定，該公約適用於非締約國。例如一九三一年『日內瓦毒品公約』，現爲一九六一年三月三十日在紐約簽訂的『痲醉品單一公約』（Single Convention on Narcotic Drugs）所替代。該公約規定：痲醉藥品國際監督機構得決定，非締約國所需合法痲醉藥品的數量；而且規定非締約國所購買或製成之痲醉藥品數量，超過國際監督機構所決定之數量，其與締約國負有同樣禁止痲醉藥品輸出之義務。聯合國憲章第二條第六項規定：非聯合國會員國應遵行憲章中所載的各項原則。

㈤條約法公約第三十五條爲第三國規定一項條約義務：如條約當事國有意以條約之一項規

定，作爲確立一項義務之方法，且該項義務經一第三國以書面明示接受，則該第三國卽因此項規定而負有義務。此項規定是否是一項例外，頗值懷疑；因爲第三國以書面接受此項義務，可能構成爲三方面締結的協議。此項解釋從第三十七條第一項的規定，可以得到助證，卽該項義務必須經條約各當事國與該第三國之同意，方得取消或變更，但經確定其另有協議者不在此限。

鑒於條約法第三十四至三十八條可能影響到第三國的權利義務，締約國簽訂任何條約，如果不願對第三國賦予權利或加諸義務，其可行之途，卽是在約文中作此明確規定。同樣非締約國亦可明確表示，非經其明示同意，不受他國所訂條約義務的約束。

第二款　條約權利與義務的轉讓

條約的權利與義務不能轉讓，有時是國際法的一項通則。因此國際法委員會於一九七二年第二十八屆會報告中宣稱，國際法認爲條約權利與義務的轉讓，不是國際法的常規。並稱：國際法規則明確規定締約國協議轉讓其所訂條約的權利或義務，非經其他締約國同意，不得約束其他任何締約國。此項原則雖屬正確，但若不作以下的保留與限制（reservation and qualification），恐亦難爲普遍所接受。

㈠條約權利與義務的轉讓（assignable），必須締約國與非締約的受讓國（assignee state non-party）另訂新約，始可實施，正如民法中契約權利與義務的轉讓相同，所有舊約締約國與受讓國簽訂新約，明確表示舊約的權利與義務消失，而爲轉讓給受讓國的權利與義務簽訂的新約所取代。而且舊約的締約國要有明確的轉讓意思（animus novandi），就是締約國有意轉讓舊約中的權利與義務予受讓國，因而簽訂新約以代替舊約。

㈡依照條約的規定，締約國可將條約的權利與義務轉讓給一個非締約國，倘使一締約國作此轉讓時，條約限制須通知其他締約國，則轉讓國必須適當遵守此項限制，條約的權利與義務始可轉讓。

㈢依照一項條約規定，受惠國（beneficiary state）對於一項應受清償的債務或權利主張，似無理由不能轉讓，除非此項轉讓明顯損及債務國，則另當別論。

許多條約的權利與義務是不能轉讓，例如條約本身明確禁止此種轉讓，或純政治性的條約，或引渡條約中的權利與義務，均不得轉讓。

第四節 條約之締結與生效

第一款 條約締結程序

締結條約有以下幾種程序：

㈠派遣談判人員（accrediting of negotiators）；

㈡談判及議定約文（Negotiation and adoption）；

㈢認證（authentication）、簽署（signature）、與交換文書（exchange of instruments）

㈣批准（ratification）；
㈤加入（accession and adhesions）；
㈥生效（entry into force）；
㈦登記與公布（registration and publication）；
㈧適用與履行（application and enforcement）；
茲就每一程序分述之。

第一項　派遣談判代表

當一國決定與他國開始商談一項條約，首須派遣談判代表（Accrediting of Negotiators）。每一位代表應予正式任命，賦予必要職權，使其具有官方代表身份，並具有出席會議、參加談判、締結及簽署條約的權力。一國代表須備有國家元首或外交部長頒發的全權證書，授予他此等職權。條約法公約第二條規定：稱『全權證書』（Full Powers）者，謂一國主管當局所頒發，指派一人或數人代表該國談判、議定或認證條約約文，表示該國承受條約拘束，或完成有關條約之任何其他行爲之文件。我國談判代表的全權證書，係呈請總統簽署頒發，並由外交部長副署。

依照各國談判條約的實例，有時全權證書並非是必需具備的。條約法第七條（乙）款規定：由於有關國家之慣例，或由於其他情況，可見此等國家之意思，係認爲該人員爲此事代表該國，而可免除全權證書。兩國政府行政部門爲簽署一項技術協定，通常也不需要頒發全權證書。蓋因談判國家的意思，認爲談判技術協定的代表無需全權證，乃是一項公認的原則。條約法第七條規定：國家元首、政府行政首長及外交部長，爲實施關於締結條約之一切行爲，視爲代表其國家，毋須出具全權證書。使館館長，爲議定派遣國與駐在國間條約約文；國家派往國際會議，或派駐國際組織或該國際組織之一機關之代表，爲在該會議、組織或機關內議定之條約約文，均得視爲代表其國家，亦毋需出具全權證書。

締結雙邊條約時，兩國代表須各將其所奉全權證書互相校閱。至於由國際會議議訂多邊條約，則採用不同的程序。在會議開始，成立一個證書審查委員會，就參加會議每一位代表的全權證書加以審查，然後向大會提出報告。例如，一國代表備具的全權證書，僅賦予他談判條約的權力，沒有賦予他簽署權，證書審查委員會須將此事實報告大會，大會將要求該代表，獲得其政府賦予簽署條約的權力。在實際上，證書審查委員會並不堅持各國代表非呈遞全權證書不可，有時一國的總理、外交部長或駐聯合國常任代表發出的電報或信函，亦被接受爲代表的全權證書。

各國對於出席國際勞工大會的政府、資方和勞方的代表，均不頒發全權證書。政府頒發給出席國際勞工大會的代表證書，只是賦予他出席國際勞工大會之權，對於會中通過的各項公約，代表們無權簽署。因此，國際勞工大會通過的公約，不是由各國代表簽署，而是由會議主席與國際勞工局局長簽署認證。由此可見國際勞工大會是採取與其他國際會議的不同方式，制定各項國際勞工公約。

條約法公約第八條規定：關於締結條約之人員不能出具適當全權證書，即不能視爲經授權爲該國此事之代表，非經該國事後確認，不發生法律效果。

第二項　談判及議定約文

條約經由談判(Negotiation)程序議訂之；談判得循外交途徑或彼此同意之其他途徑進行。雙邊條約多係經由預備會議進行的，多邊條約通常係經由國際會議進行的。無論是在那一種情況下，談判代表在談判未開始時，必須獲有其本國政府的訓令，在談判期中，須與其本國政府保持連繫，遇事均需向其本國政府請示，必要時，需要獲得其本國政府給予新訓令。一般實際情形，在簽署條約約本之前，談判代表必須向其本國政府請示，簽署是否需要保留，在奉到其本國政府正式訓令准其簽署時，始得在條約上簽署。

國際會議商談條約的程序如下：在會議開始時，設立法律及起草等委員會，接受並審議各國代表提出的草案。會中並推選一位卓越代表擔任報告員(Rapporteur)，卽爲主要起草人，協助會議的審議工作。除正式公開會議之外，許多會商是在會場『走廊』、旅舍及宴會中進行。俟達成協議後，再提出正式會議，依參加國三分之二多數表決或其他表決規則通過。往昔，條約約文幾乎一律憑所有參加談判的國家協議而議定，一致同意可說是常規。如今由大規模國際會議或在國際組織內商訂條約的辦法，逐漸盛行，條約法第九條第二項規定：『國際會議議定條約之約文，應以出席及參加表決國家三分二多數之表決爲之，但此等國家以同樣多數決定適用另一規則者不在此限。』

締結多邊條約的程序，除經由國際會議外，現今有些國際公約是經由國際組織通過的。例如聯合國大會、世界衞生組織大會、國際民航組織大會通過若干國際公約。參加談判國家在議訂條約約文階段，縱使是在談判終結時，對全部約文投贊成票，並非同意接受約文拘束之表示。國際組織通過的公約，須由會員國或非會員國自由簽署、接受或加入，方始對該國具有拘束力。

一九六五年三月八日通過的『解決國家與他國人民間投資爭端公約』，是採行一項特別程序。該公約經由國際復興開發銀行（世界銀行）六十一個會員代表組成的法律委員會草擬，復由銀行董事會議定該公約的最後約本，然後送請各會員國簽署，批准或接受。

第三項　認證、簽署及交換文書

條約約稿達成協議後，須由談判代表在約本上簽署（Signature）。有的約本須公佈一段期間，然後正式簽署，例如北大西洋安全公約於一九四九年三月十八日公佈，至一九四九年四月四日始在華盛頓簽署。條約簽署，一向都舉行莊嚴隆重的儀式。雙邊條約均由兩國全權代表簽署，簽署完成，兩國代表交換約本，送呈各自政府保存。多邊條約是在國際會議閉幕會中舉行，由每一國家的代表，走至會議桌前，代表其國家元首或政府，在正式約本上簽署。

簽署爲一國有意接受條約拘束的第一步手續，除有協議免除簽署手續外，條約簽署行爲是不可缺少的。各國代表在約本上簽署，還有認證的作用，證明此種約本爲正確作準的約本。條約法公約第十條規定：認證約本依約文所載，或經參加草擬約文國家協議之程序，倘無此項程序，由此等國家代表在條約約文上，或在載有約文之會議蔵事文件上簽署、作待核准之簽署(Signature ad referendum）或初簽（initialling）。

因此，簽署需在同時同地在各國代表面前舉行。通常簽署的日期，卽爲條約正式訂立的日期。

有些條約先由談判代表初簽（initial），然後再正式簽署。惟初簽僅有認證約文的作用，關係國家須於其後正式簽署，始可成爲條約之簽署國。一國成爲簽署國的日期，係以簽署之日爲準，而不以初簽之日爲準。例如洛加諾相互保障條約，先於一九二五年十月十六日在洛加諾初簽，然後於一九二五年十二月一日在倫敦正式簽署。

初簽可有多種用途。一種是在談判進行至某一階段時認證約文，以待各國政府續加考慮。倘一國代表僅有談判權，一時未能取得其政府正式授予簽署權，他可以先在約本上初簽。有時一國代表雖未接獲本國訓令，因特殊需要，主動與他國進行談判，但仍認爲應由他認證約文，他也可以採用初簽程序。

有時，不僅一國代表，甚至一國元首在條約上簽署。例如，一九一九年美國總統威爾遜在凡爾賽條約上簽署。近年，這種情形更爲常見，例如，一九三八年九月慕尼黑協定，英國首相與法國總理均在該協定上簽署。

前面曾經說過，國際勞工大會通過的各項公約，不是由各國代表簽署，而是由國際勞工大會主席與國際勞工局局長簽署，予以認證。國際機構通過的各種公約，現今亦有無需簽署，而由各國表示接受或加入。

近年有一項新例發生，就是一個公約正式簽署之後，指定地點在一定日期之前，聽由其他國家自由簽署。一般規定，此一時期不超過九個月。其目的在使更多國家參加該公約，因而在該公約中設有特別條款，創始締約國同意，某些國家得於一定期限內簽署該公約。一九三〇年四月十二日在海牙簽署的國籍法衝突問題公約第二十二條規定，就是一個明顯的例證。第二十二條約文規定如下：

本公約於一九三〇年十二月三十一日之前，聽由任何國聯會員國，或第一屆國際法典編纂會議應邀請之國家，或國聯理事會將本約本送請其簽署之國家簽署。

現行通例，凡在聯合國及專門機關主持下商訂的一般多邊條約，都載有一項條款規定：各該條約聽由聯合國及專門機關所有各會員國、國際法院規約所有各當事國、及大會邀請的其他國家簽署。遇可否參加涉有疑問的情形，須由大會或國際組織的主管機關作決定。有些條約明文規定，須由關係國家以三分之二多數決定。

在規定期間，每一國家得隨時簽署該公約，惟在此期間屆滿之後，未簽字國家，卽不得自由簽署。此時，一個非簽署國而欲成爲該公約之締約國，只有完成加入手續。因其非簽署國，故不能加入後再行批准，而須於加入時，立卽接受該條約之拘束。例如，美、英、蘇三國於一九六三年八月五日在莫斯科簽訂之『大氣中、太空及水中核子武器禁試條約』規定：在該條約生效前，聽由任何國家自由『簽署』；在該條約生效後，則可『加入』（accede or adhere to）。

晚近尚有一種權宜的方法，稱爲『接受公式條款』（acceptance formula clause），就是一個公約無限期的聽由其他國家：㈠無條件之簽署，卽無保留的接受；㈡待核准之簽署（signature subject to），如以後經其政府接受，則與正式簽署具有同樣效果；㈢無限制的接受（acceptance simpliciter）。這三種方法，聽由其他國家自由選擇其中之一種方法，接受該條約之約束，成爲締約國。新近條約在條款中使用『接受』（acceptance）一詞（註一），通常係指依照一國憲法規定，批准或加入一個條約而成爲締約國之行爲。設立此項條款的主要目的，是在適應有意加入國家，因其憲法對於條約批准所規定之不同程序而發生之困難。例如有的國家不願使用『批准』一詞，藉以免除送請立法機構批准之手續。

（註一）參閱我國名國際法學家梁鋆立先生在『美國國際法雜誌』（American Journal of International Law, 1950）第四十四卷第三四二頁論接受意義一文。依照一國國內憲法的規定，接受者實乃最後對條約作受其約束的決定。

第一目　簽署之效果

條約簽署的效果，視該條約是否需要批准（ratification）、接受或贊同（approval）而定。

如果條約需要批准、接受或贊同，則簽署無異表示談判代表對於約文已經達成協議，且願意接受條約之拘束，乃將該條約送請其政府考慮，其本國政府得自由接受，或拒絕批准該條約。此項簽署並表示，其本國政府有意對於該條約之實施有無困難，得重新加以考慮，並使簽署國有資格依照條約規定，辦理批准手續。如約文中並無明確規定，簽署國並無負有須將該條約送請立法機關審議之義務。條約法公約第十八條規定：如一國已簽署條約而須經批准、接受或贊同；如一國業已表示同意承受條約之拘束，而條約尚未生效，且條約之生效不稽延過久；該國在尚未明白表示不欲成爲條約當事國之意思以前，負有義務，不得採取任何足以妨礙條約目的及宗旨之行動。

有時，需要批准、接受或贊同之條約，明確規定該條約自簽署之日起暫時生效，以待雙方批准、接受或贊同，例如，日本與澳大利亞於一九五七年七月六日簽訂之貿易協定，卽有此項規定。

如果一項條約無需批准、接受或贊同，或無批准條款之規定，簽署具有確定簽署國同意接受條約之拘束。此一條約之最好解釋爲：除有相反規定者外，該條約自簽署之日起生效。作此解釋的理由是：凡條約之需批准者，均載有批准條款，凡無此項規定者，該條約得被認爲自簽署之日起生效。此項解釋，現今已成爲通例。有些條約明確規定自簽署之日起生效，例如一九〇二年英日同盟條約，卽有此項規定。許多次要或技術性的條約，一般稱爲『協定』、『臨時辦法』、或

『同意紀錄』者，僅需簽署，而無需批准，均載有自簽署之日起生效的條文。

倘在其代表所奉之全權證書中，明確表示簽署爲該國承受條約拘束之意思，則簽署本身卽構成對該國之約束，而無需再採取其他行爲。條約法公約第十二條規定：談判國對於簽署表示承受條約拘束之同意有其自主權，它可明示或默示同意，例如經該國代表之簽署；或約文之初簽構成條約之簽署；或代表對條約作待核准之簽署，倘經此本國確認，卽構成條約之正式簽署；該國均承受條約之約束。

第二目 文書之交換

條約法公約第十三條規定：締約國代表以交換構成條約之文書，表示該國同意承受條約之拘束，倘遇：（甲）文書規定此種交換有此效果；（乙）另經確定此等國家協議，文書之交換有此效果。例如美國與古巴於一九七三年二月十五日訂立一項關於刧持航空器、船舶及其他犯罪之諒解備忘錄（Memorandum of Understanding on Hijacking of Aircraft and Vessels and Other Offenses）。由於美國與古巴間並無外交關係，此項備忘錄訂立之方式，卽係由美國國務卿羅吉斯（W. P. Rogers）在華盛頓以載有該備忘錄全文並表示承受其約束之照會，致送代表古巴在美國利益之捷克駐美大使；在同一天，古巴外長在哈瓦那以同一內容之照會，致送代表美國在古巴利益之瑞士駐古巴大使；此項文書之交換，卽構成美國與古巴間之條約。美國國務卿並在訂立此一條約之同日發表聲明，說明此一條約之簽訂，並不影響美國不承認古巴政府之政策。

第三目 條約之蓋章

國際條約上之加蓋印信，雖不是一種必要手續，但大多數國際條約都加蓋印章，以昭信守。現今國際條約上加蓋印章，已失去其以前之重要性，並無必要以加蓋印章，作爲認證條約約本之用。但是，各國公認，加蓋印章是條約的一種認證方式，我國與他國簽訂正式條約約本，均在火漆上加蓋外交部鋼印。

第四項　批　准

條約或公約簽署之後，如約文中明確或默示規定尚待締約國批准者，締約代表須將該條約送請其本國政府完成批准手續。

國際法現行的批准制度，係在十九世紀逐漸形成的。早先，批准根本是一種正式而作用有限的手續，即由一國君主在條約擬定後，對其先前發給談判條約的代表全權證書，再予確認或作最後的證實。當時，批准並非對條約本身的核可，而是確認代表奉有談判條約之權。在此情形下，君主具有對其代表所持的合格全權證書，予以『批准』之義務。後來，批准多半成爲議會控制行政機關訂約權力的手段，批准的意義發生了根本變化。結果條約本身須經締約國政府事後批准，始具有拘束力，遂成爲締結條約的一項必要手續。

但在同一時期，國與國間的交往頻繁，經濟及技術方面的合作關係密切，爲求早日生效，各國常採用比較非正式的幾種國際協定，諸如換文及換函等。遇有這一類行政或技術協定，當事國的意思，通常爲單憑簽署，即具有拘束力。

在理論上，批准係締約國元首或政府對於條約的認可。可是，晚近的實例，批准的意義不僅是締約國最後認可行爲，而被認爲是締約國正式宣告其遵守條約義務的意思表示。所以條約法公約第二條規定：稱『批准』（ratification）者，係指一國據以在國際上確定其同意承受條約拘束之國際行爲。爲符合此項規定，批准不含有追溯既往效力，僅自簽署之日實施條約義務。過去曾一度認爲批准是締約的必要手續，條約如未經批准手續，即認爲條約無效。法學家司徒威爾（Lord Stowell）曾就這一點論道：

> 依照現行實例，批准是締約的必要手續；現今所訂條約，無不有批准條款之明確規定，由此可以確證批准之不可或缺；因此，我們可以認定締約全權代表之權力，受到締約後批准之限制。批准乃締約的一項手續，而且是一項必要的手續，就法律的效力論，條約如未經批准，締約手續就尚未完成。

摩爾法官（Judge J. B. Moore）在判案中認爲，條約得在批准前生效，乃是一項『陳舊』理論。

實際上這些司法觀點，並不符合現今實例，現今有三分之二以上的條約，均沒有批准條款的規定，這完全出於締約國家的自由選擇。而今爲多數接受的意見認爲：條約是否需要批准作爲承受拘束的條件，純視締約國的意思而定。條約法公約第十四條即作此規定：遇有下列情形之一，一國承受條約拘束之同意，以批准表示之：（甲）條約規定以批准方式表示同意；（乙）另經確定談判國協議需要批准；（丙）該國代表已對條約作須經批准之簽署；或（丁）該國對條約作須經批准之簽署之意思，可見諸其代表所奉之全權證書，或已於談判時有此表示。

條約是否需要批准，並無一定規則可循，應以締約當事國的意思爲準。條約之所以需要批准，係基於以下幾項理由：

㈠締約國在承擔條約義務之前，應有對其締約代表所簽訂之條約，予以審核之機會；

㈡基於國家主權的理論，締約國有權依其本國意思，自其已參加之任何條約中退出；

㈢常有簽訂一項條約之後，需要修改國內法，以資適用條約規定的義務。在簽署與批准這一段期間，使締約國完成必要的立法，俾便國會進行批准工作；尤其是遇到聯邦國家，此項考慮至爲重要，如果需要立法以實施條約的規定，而此項立法又屬於聯邦所屬的各邦之權，聯邦政府就需要在批准條約之前，必須與各邦政府諮商。

㈣一國政府締結條約，應徵詢大衆輿論或國會是否贊同，如果輿論或國會激烈反對，締約國就不能予以批准，這乃是民主政治的一項常規。

第一目　條約批准與國內法

近代各國憲政制度的發展，除國家元首之外，其他機關亦賦予締約權，因而增加條約批准之重要性。同時，每一國家對於條約批准的手續各有不同。例如，一項條約雖明確規定自簽署之日起生效，可是有些國家依照國內法的規定，該條約必須經過國會的審議通過，另有些國家即可依照條約的規定，無需再經過批准手續。

按照英國的實例，並無法律條文規定，所有英國政府簽訂的條約，在批准之前均須經國會通過。但是依照慣例，某些條約須送請國會批准，例如同盟條約必須先經國會通過，然後批准才可生效。在理論上，英王依照憲法得自由批准任何條約，而無需國會同意。但是基於人民的付託，凡是損害人民的權利或增加人民負擔的條約，國會必須予以審查通過。實際上，凡需批准之條約全文，應於簽署之後，儘早或至少在批准前二十一天送請國會審議批准。

通過對於條約的批准，乃係一國元首的職權，但是次要的條約，一國政府行政首長或外交部長得予以批准。條約批准書是最正式的文件，惟無一定格式的規定。有的條約需要互換批准書，有的條約需要存放批准書。

有些條約作待『接受』(acceptance)或『贊同』(approval)之簽署，其意義較批准方式爲簡化。實際上，依照條約法第二條的規定，『接受』、『贊同』與批准的定義相同。第十四條第二項規定：一國承受條約拘束之同意，以接受或贊同方式表示者，其條件與適用與批准同。

在我國條約須經批准者，由行政院院會議決，提出立法院審議通過，再咨請總統批准，不過條約如涉及領土變更者，必須再經國民大會同意。

第二目　簽署國並無批准條約的義務

一國拒絕批准條約，被認爲是主權國家固有的權力。因而國際法並無規定，一國對於條約的批准，負有任何法律義務或道義責任。除非爲了國際禮誼，一國且無義務向他國說明其拒絕批准條約的理由。可是實際情形，大多數國家如不欲批准某一項條約，卽不參加該條約之簽署，除非有不可預見的情況發生。

各國對於多邊『立法』條約，包括國際勞工大會所通過的各種公約，延緩或不予批准，曾引起若干嚴重問題。國聯曾設立一個委員會調查各國不予批准之原因。綜合該委員會報告書中所述之原因，約有下列數端：㈠近代政府組織複雜，對條約之批准或加入，牽涉長時間的行政手續；㈡國際條約未經縝密草擬，疏漏難免，致使各國延遲或不予批准；㈢凡憲法規定條約須送請立法機關審議之國家，其國會議案甚多，無有時間審議條約；㈣條約只有在簽署之後，始發覺窒礙難行，而需要詳加審核；㈤有些條約需要加入國制定新法令，或增加其財政負擔；㈥有些國家對於某項條約缺乏興趣。國際勞工局經多年策劃，設立『公約及建議書實施事宜專家委員會』，經常研究督促各國批准並實施國際勞工公約之方法。各國延遲批准國際條約，可以說是晚近國際公約省略批准條款的原因。

第三目　條約批准書的互換或存放

條約法公約第十六條規定外，批准書(an instrument of ratification)、接受書、贊同書或加入書，依下列方式確定一國承受條約拘束之同意：(甲)由締約國互相交換；(乙)將文書交存保管機關；或(丙)如經協議，通知締約國或保管機關。

關於雙邊條約，締約國須互換批准書，互換之批准書由各國外交部條約司保存。互換批准書通常作成一項同意紀錄，以記載並證明條約批准書之互換事實。

上述互換批准書的方式，並不適用於多邊條約。在通常情況下，多邊條約規定所有批准書均存放在一個中心處所，例如，將批准書存放於簽署所在國外交部。在第二次世界大戰之前，國聯通過之各種公約，其批准書存放於國聯，並由國聯秘書長通知有關國家，此項任務現由聯合國秘書處接替。一九六三年簽訂的核子武器禁試條約，加入國家的批准書，可分別存放於美、英、蘇三個創始締約國。

第五項　加入及加附

在實際上，未有簽署某項條約之國家，只有以加入或加附的方式，參加該條約。依照現行實例，一個未簽署國甚至在條約生效前，亦得加入或加附。有些國際法學家認爲加入(accession)

與加附（adhesion）有其不同之處。『加入』乃係完全接受該條約之全部條款，不得對任何條款予以保留，而『加附』只是接受該條約之一部分條款。有些法學家認爲『加入』乃係參加該條約，其地位與原簽署國之地位相同，而『加附』之意義，只是贊同該條約之各項原則，如美國於美西戰爭中自動聲明願加附一八五六年巴黎宣言是。『加附』之所以被採用爲締約程序之一，似乎由於若干國家在憲法上訂有加附條約的程序或辦法所致。惟實際上，『加入』與『加附』兩詞常交相混用，難以區別。

『加入』是國家對於業已生效之條約表示接受之意。例如，一項條約或公約規定，須十個國家存放批准書時始生效力，待十個國家存放批准書時，以後對於該公約之批准或接受，稱爲『加入』。不過『加入』一詞的此項用法，並未能獲得普遍的支持。依照條約法公約第二條規定『加入』與『批准』之意義相同。第十五條規定以『加入』表示承受條約拘束之同意，與第十四條規定之『批准』意義亦相同。卽除條約另有規定外，加入書非經締約國互相交換，或交存保管機關，或經協議，通知締約國或保管機關，不能確定一國承受條約拘束之同意。

國際法學家艾肯認爲：一國接受國際勞工大會所通過之勞工公約，只能使用『加入』或『同意』（consent to）一詞，而不能使用『批准』。他說：『批准』（ratification）一詞，只能適用於一國對於經其締約全權代表表示同意並曾簽署之條約，予以正式認可。對於國際會議所通過之公約，其本國代表未予同意及簽署，嗣後該國僅接受該公約，則不適用『批准』一詞。

國際法對於加入條約之文件，並無一定之規定，通常情形，加入書與批准書方式相同，一國將其參加某項條約之意願，通知有關方面，卽完成加入手續。

在理論上嚴格的說，一國對於未曾簽署之條約，只有獲得所有締約國之同意，始得加入。此項原則之理由，乃係締約國有權知悉並認可該條約拘束之其他締約國，因此該條約所創設之相等權利與義務始能維持。晚近各種多邊條約，大多規定加入條款及存放加入書或批准書之程序，加入國得於條約生效後，依照加入條款辦理加入手續，即可成爲該條約的締約國。

第六項　生　效

條約之生效，視條約之規定，或依談判國之協議（條約法公約第二十四條第一項）。前面已經說過，許多條約於簽署之日即行生效，不過有些條約須要批准。國際法一般規則是：一項條約於全體簽署國交換或存放批准書後生效。現今多邊條約規定，本條約俟若干國家存放批准書或加入書後生效。通常爲六個到十個國家，例如一九三〇年在海牙簽訂之國籍法衝突問題公約即作此規定。又如一九四八年聯合國大會通過之滅絕種族罪防止及懲罰公約規定，須有二十個國家存放批准書始得生效。可是有些條約規定條約於某年月日生效，而不問有多少國家批准該條約。有些條約規定，本條約在某項事件發生後生效。如一九二五年洛加諾共同保障條約第十條規定：該條約在德國獲准加入國聯後生效。由於條約所規定的事項急不容緩，或由於其他原因，關係國家往往在須提請憲法機關批准或核可的條約中，規定此項條約暫時生效，或在實際上予以適用，以待在法律上生效，例如一九四七年十月三十日簽訂之『關稅暨貿易總協定』第四章後，於一九六五年二月八日附加之議定書，即暫時適用。條約法公約第二十五條即承認條約在生效前，倘條約本身作此規定，或談判國協議如此辦理，得暫時適用。

通常條約中規定，該條約對於批准或加入國家於其存放批准書或加入書之日生效，或於其存放批准書或加入書一定日期之後生效，通常多爲九十日。有些條約特別規定某一國家非制定必要的立法之後，不對該國生效。

除另有明文規定外，條約所載之權利與義務，對於各當事國自條約對該國生效之日起發生效力。此項規定否認批准可有追溯既往（使條約自簽署之日起生效）的效果。

第七項　登記與公佈

聯合國憲章第一〇二條規定：聯合國任何會員國所締結之一切條約及國際協定，應『儘速』在聯合國秘書處登記。登記應於條約生效後爲之，並由聯合國秘書處公佈之（註一）。當事國對於未經依上述規定登記之條約或國際協定，『不得向聯合國任何機關援引之』。此項規定之涵義是：凡未經登記之條約或國際協定之當事國，不得在國際法院訴訟時，或聯合國大會或安全理事會中援引該條約。聯合國舉辦條約登記之目的，只是在公開條約的內容，使得民主國家人民，可以杜絕秘密條約的流弊。並非使未登記之條約失效，或防止在聯合國以外之機構或法院中援引該條約。

由於聯合國憲章第一〇二條規定，會員國得任意選擇，是否將其所締結之條約，向聯合國秘書處登記，如其決定不登記，自不能向聯合國任何機構援引，因此，一九四七年聯大第六（法律）委員會認爲，此項規定，無異對於條約登記，發生一項具有拘束力的義務。

關於憲章第一〇二條規定有幾點疑義，扼要解釋如下：㈠在『儘速』辦理登記前一段短暫時間內，未經登記之條約，得向國際法院或聯合國其他機構援引，惟須認定當事國正在辦理登記手續中；㈡一項條約在締結之初，雖未能『儘速』登記，但以後仍可登記，以資彌補；㈢在原則上，聯合國秘書處對於條約的登記職務，純屬事務性質，但顯明不是條約，也不是國際協定，應拒絕予以登記；㈣依照聯合國大會的決議，秘書處對於聯合國憲章生效前所締結之條約，與非會員國所送交登記之條約，應予『存案』及『紀錄』（顯與登記及公佈不同）。㈤關於已登記條約之變更締約國、約文、範圍及適用等事項之認證文書，亦應予登記。

在國聯時期，卽已開始條約登記制度。國聯曾將已登記之條約，印行『條約彙編』二〇五册。聯合國秘書處亦將其所登記之條約，連同批准及接受日期等項，在『聯合國條約彙編』(United Nations Treaty Series) 中，予以公佈。聯合國秘書處對於已登記之條約負有公佈之職責，如其未予公佈，並不能使該條約喪失效力。依照國內法，條約需要正式予以公佈，並須在政府公報中予以發表。

過去向聯合國秘書處登記之條約，包括聯合國各專門機關所締結之條約或協定，託管協定，各國接受國際法院的任擇强制管轄所作的聲明，甚至國際性的片面安排，例如埃及於一九五七年四月廿四日對於未來使用蘇彝士運河的宣言等。

除聯合國之外，有些國際組織訂有與其有關的各項條約的登記辦法。

(註一) 條約法公約第八十條第一項規定：條約應於生效後送請聯合國秘書處登記，或存案及紀錄，並公佈之。

第八項　適用與履行

締結條約的最後階段，是如何使締約國適用條約中的條款，必要時，締約國須在國內立法以適用條約，或由國際機構管理與監督，以使締約國確實履行條約義務。有些國際組織專設委員會以司監督之責，並得派遣人員實地視察，例如國際勞工組織即設有『公約及建議書實施事宜專家委員會』，調查並研議會員國實施國際勞工公約及建議的情形。

第二款　條約程式與其構成部分

國際法對於公約或條約的程式與其構成部分，並沒有任何特殊的規定。在國際實例上，公約或條約的主要構成部分如下：

一、弁言（preamble），包括締約國元首的稱號、國名或政府名稱、締約的宗旨、締約國締結條約的『意願』及締約代表的姓名與職銜。

二、實質條款（substantive clauses），包括關於權利義務的條款，或稱爲主要條款。

三、最後條款（final clauses），或稱程序條款，包括有關條約的適用與生效的條款。此類條款通常約有以下幾項：㈠條約締結日期；㈡接受、簽署或加入等手續；㈢條約聽由其他國家參加簽署；㈣生效；㈤效期；㈥締約國對於條約之廢止；㈦締約國經國內立法以適用條約；㈧條約之適用於締約國屬地及其他領土；㈨條約使用何種文字作準；㈩爭議之解決辦法；⑪條約之修改；⑫登記；⑬條約正本之保管。

四、昭信條款，包括簽署之時間與地點。

五、締約代表之簽署與加蓋印章。

第五節 保留

一個國家於簽署、批准或加入條約時，常時希望不接受或限制條約中某些條款的效力。欲達成此項目的有三項辦法：㈠條約本身訂有關於保留的規定；㈡締約國間有此協議；或是㈢加入國家以適當方式提出保留。

條約法公約第十七條規定：一國同意承受條約一部分之拘束，僅於條約許可，或其他締約國同意時有效；一國同意承受許可選擇不同規定之條約之拘束，僅於指明其所同意之規定時有效。依條約法公約第二條規定：稱『保留』(reservation)者，謂一國於簽署、批准、接受、贊同或加入條約時所作之片面聲明，不論措詞或名稱為何，其目的在摒除或更改條約中若干規定對該國適用時之法律效果。例如保留得免除條約中若干條款，或修改其規定，或限制其效果，或作特別解釋。簽署國對於條約如何適用所發表之聲明，不改變簽署國間之義務，並非是眞正保留。例如印度接受一九四八年三月六日簽訂的政府間海事諮詢組織公約，聲明保留採取措施發展航海工業之權，該組織一九五九年大會認為這不是一項保留，乃是一項政策聲明。

一個主權國家有權對條約中條款提出保留，正如一個主權國家有權拒絕某項條約的批准。因為在國際會議中欲覓取全體一致的締約基礎，極不容易，因而容許對於整個條約某些部分有不同意的國家，得於簽署或批准時，對其不同意之條款提出保留。一般認為：對於條約中某些條款不接受的國家，允許它有限度參加該條約，也比將其擯斥於條約之外為佳。所以，當締結公約的主要條款獲得一致協議時，對於次要條款如有不同的意見，而容許持不同意見的國家提出保留，乃是適當可行的途徑。

保留之法律效果，對保留國而言，其與另一當事國之關係上，照保留之範圍，修改保留所關涉之條約規定；此項保留並不影響條約其他當事國相互間之關係。倘反對保留之國家，未反對條約在其本國與保留國間生效，此項保留所關涉之規定，在保留之範圍內，於該兩國間不適用之（條約法公約第二十一條）。

在原則上，一國提出保留，只有在獲得其他締約國同意時始有效力。反之，締約宗旨將受損害。有時，一國在會議中宣佈其保留某些條款的意思，此項保留當時並獲得他國代表的同意。惟在原則上，此項『初步』保留，嗣後於簽署、批准、接受、贊同或加入時仍應予確認，或至少載於正式會議紀錄中。條約法公約第二十三條第二項規定：保留係在簽署須經批准、接受或贊同之條約時提具者，必須由保留國在表示同意承受條約拘束時正式確認。遇此情形，此項保留應視為在其確認之日提出。如果一國希望對於條約附保留的批准，它須徵詢其他締約國對其所提出之保留是否予以同意；如果經過適當時期沒有國家提出異議，得推定為默示的同意。條約法公約第二十條第五項規定：倘一國在接獲關於保留之通知後十二個月期間屆滿時，迄未對保留提出反對，此項保留即視為業經該國接受。實際上國家對於條約提出保留的情形很普遍，以致忽視需要徵詢其他締約國同意的條件；因而國家常時於簽署時提出保留，而不在起草會議中宣佈，或於批准或加入時提出保留，且不事先徵詢已簽署或批准國的同意。

一國提具保留之方式有多種：有的載在附於公約之後的簽字議定書，有的載於蕆事議定書，有的載於換文，有的在一國簽字的上下地位中註明，有的在會議中宣佈而列於會議紀錄中，有的互換或存放批准書、加入書、接受書或贊同書之時，在各該文書本身或其他隨附文書中提出。

條約法公約第二十三條第一項規定：保留、明示接受保留及反對保留，均必須以書面提具，並致送締約國及有權成為條約當事國之其他國家。保留係在簽署須經批准、接受或贊同之條約時提具者，必須由保留國在表示同意承受條約拘束時正式確認。

由於國際勞工公約的性質不同，國際勞工組織認為，國際勞工公約不能予以附條件的批准。但是一旦國家在批准一項國際勞工公約時，得附具說明：其在某種情況下，有限度的實施該公約。國際勞工公約中並設有條款，容許加入國家在實施時可以自由適用。

一般認為：當條約明確規定或默示禁止保留，倘有關國家提出保留，自將不予許可。凡為條約明示准許之保留，無需其他締約國事後予以接受，但條約規定須如此辦理者，不在此限（條約法公約第二十條第一項）。

對雙邊條約提出保留不成問題，因為締約一方提出保留，等於是一項新提的建議，締約兩方可以為此重議條約的約文。倘若雙方達成協議——不論是採納或否決這項保留，條約便可締結，否則就不訂立。可是，假使締約國不止兩國，就不免發生種種問題，因為甲國也許願意接受保留，而乙國却反對。如果關係許多國家參加的多邊條約，這些問題會變成非常複雜。

傳統國際法認為：任何保留非經全體締約國一致接受，不能生效。可是現行實例，對於少數國家締結的條約，除非另有相反的規定，必須推定保留非經一致接受不可。可是對多邊條約所附的保留，至少必須獲得其他關係國家相當數目的共同接受，方可發生效力。如果一國提具一項與多邊條約目的相悖的保留，絕不應該容許該國根據另外少數國家對該項保留的接受，就有權以締約國自居。據其他締約國看來，這項保留或許會推翻條約的基礎。

近年由於締結國際公約數目增加，而無限制的提出保留，曾引起許多困難問題。一項條約忍受過多的保留，使得條約無法實施。甚至一個國家當其批准條約時，難以知道其他國家是否會提出一項保留，而使其不能參加該條約。因而採取各種解決困難的辦法，以使公約得有多數國家加入。

凡多邊條約中對保留無明文規定之辦法，聯合國秘書長可以按照下列辦法處理。在公約未生效前，任何國家加入條約而提出保留，則此項保留必須獲得在該條約生效日前已簽署各國之同意。倘加入國家在公約生效後提出保留，則此項保留須經業已簽署各國之同意。

在美洲國家間採行另一種辦法，就是凡簽訂某項條約而未附保留之國家，則此條約在該數國間發生效力。凡簽訂上述條約而附有保留之國家，則該條約在該保留國家與其他簽訂該條約而願接受上述保留之國家間發生效力；但該項條約在該保留國家與其他簽訂該條約而反對保留之國家間不發生效力。

條約法公約第二十條第二項規定：倘談判國數目有限，而條約之目的與宗旨顯示，全部條約之適用為每一當事國同意承受條約拘束之必要條件，保留須經全體當事國接受。

條約法公約第二十條第三項規定：倘條約為國際組織之組織約章，除條約另有規定外，保留須經該組織主管機關接受。

條約法公約第二十條第四項規定：凡不屬上述二、三項所稱之情形，保留經另一締約國接受，就該另一締約國而言，保留國即為條約之當事國，但須條約對各該國均已生效。倘保留經另一締約國反對，則條約在反對國與保留國間並不因此而不生效力，但反對國明確表示相反之意思者不在此限。

在一九四九年至一九五〇年期間，因許多國家加入一九四八年滅絕種族罪防止及懲罰公約提出保留受到反對，因而儘量讓多數國家參加多邊條約一事，引起三個問題：㈠可否提出保留？㈡此項保留的效果如何？㈢那一類國家始有反對此項保留的權利？並將這三個問題提請國際法院發表諮詢意見。國際法院法官大多數意見認爲：㈠可否提出保留問題：卽使公約中無明文規定，亦應許可提出保留。其他有關國家對於此項保留，並不一定需要明示同意；尤其是對國際會議中以多數票通過之多邊條約，此項同意可以默示爲之。如果一國所提出之保留在客觀上不違背公約之精神與目的，則該國與其他締約國的地位完全相等；一種保留是否違背條約的精神與目的，則應視此種保留是否符合多邊條約應儘可能獲得普遍實施的原則，以及條約『完整性』(integrity)的原則而定。㈡保留的效果：一國對於多邊條約提出保留，而其他一部分締約國，依據上述判斷標準，認爲該項保留違背條約的精神和目的而予反對，則就該反對國而言，保留國不是該條約的締約國，但是如果另外一部分締約國，認爲該項保留並未違背條約的精神和目的而願接受保留時，則就該贊成國而言，保留國仍爲該條約締約國。㈢那一類國家始有反對此項保留的權利：簽署或接受一個多邊條約的國家，具有反對此項保留的權利；可是沒有簽署或接受該條約的國家，自無權反對他國對於該條約所提出之保留；簽署而沒有批准該條約之國家，非至其批准後，其反對保留亦不發生效果。

國際法院此項諮詢意見，只使各國有更多自由提出保留，並未能解決關於保留的所有問題；例如，一國如果預料其他國家將對其簽訂的條約提出許多保留，它可能就不會簽署。聯合國國際法委員會於一九五一年也硏究這個問題，它强調一國提出保留須獲得締約國的同意。它所持的理由是：維持一項公約的『完整性』，比其獲得普遍接受更爲重要。國際法委員會並建議：公約中應明訂條款，規定應否許可加入國提出保留，以及提出保留的效果。

可是，聯合國大會於一九五二年一月十二日通過一項決議，建議各會員國遵守國際法院的諮詢意見。自一九五二年以來，有更多新興國家要求參加國際公約，因而提出更多保留，儘量容忍保留結果，難免損害公約的完整性。所以條約法公約第十九條特別規定，提具保留必須「符合」(compatibity) 條約目的及宗旨。

爲了免除因保留而發生的困難問題，國際間嘗試圖使用各種解決方法。一個最簡單的方法，就是在公約中訂明一項特別條款，規定不得作任何保留，例如一九五二年十月七日在羅馬簽訂之外國航空器對於地面第三者造成損害公約第三十九條即作此規定；或規定對於重要條款不許保留，例如一九五八年四月二十九日簽訂之大陸礁層公約規定，不得對該公約第一條至第三條提出保留。其外就是只許可提出特別保留，例如現今公約中常有規定，許可加入國家提出該公約不適用於其屬地或海外領土的保留。還有一種方法就是在公約中規定一項條款，許可作某種保留，而限制加入國任意提出其他保留。最好的方法也許是在公約中訂明一項條款，規定對於該公約提出任何保留，須徵詢締約國的意見，如果於一定期限內未予答覆，則認定其接受該項保留。可是締約國如超出一定比例（如三分之一）反對該項保留，則提出保留的國家只有兩途可循，除了不批准公約外，只有無保留的批准該公約。例如一九五四年六月四日簽訂之關於觀光海關便利公約第二十條規定：在簽署蕆事文件前提具保留，如獲大會多數接受，即許可該項保留，並紀錄於蕆事文件中，惟在簽署蕆事文件後提具保留，遇有該公約締約國三分之一反對，則不准許該項保留。

保留是對條約的內容，加以實質上的變更。近年有些國家在批准或加入時，附帶發表一些意見或聲明，有的是對條約本身，或是對條約中某一特別條款的特別諒解或解釋，有的是對條約某些情況，或是對其本國實施條約問題提出聲明。這些諒解聲明若是變更條約的實質內容，則與保留無甚區別。倘使提出的諒解聲明顯然變更或排除批准或加入國家條約的義務，則此項聲明即是保留。

條約法公約第十九條至二十三條對保留（Reservations）有詳盡規定，今後國家在簽訂條約時，欲提出保留、或接受或反對他國的保留，必須考慮到對該條約的影響。

條約法第二十二條規定：保留得隨時撤回，無需經業已接受保留之國家同意，且自其他締約國收到撤回保留之通知之時起，方始發生效力。對保留提出之反對，亦得隨時撤回，自提出保留之國家收到撤回反對之通知時，方始發生效力。

第六節　條約之修改

現今所使用的『修改』（revision）一詞，意指更改條約約文之程序。條約法公約中使用『修正』（amendment）與『修訂』（modification）二字，是指對於條約所規定的義務加以修改之謂。

為使條約能以適應情勢的變遷，通常的方法，是在條約中訂有修正條款（amendment clauses）。條約法公約第三十九條規定：『條約得以當事國之協議修正之』，乃是修改條約的基本原則。在通常情況下，雙邊條約之修改，須獲得締約雙方之同意，而多邊條約之修改，須獲得所有締約國之同意，始能生效。

近年來各種條約中訂有不同的修改條款，預先規定條約的修改手續。一般修改條款規定條約修改的手續爲：締約一方或若干締約國，或經由國際間某一有權機構，得提議修改條約。此項提議必須獲得締約國之贊同，始能召開國際會議，進行磋商如何修改條約。依照修改條款的規定，修改條約的日期，可能有下列四種規定：㈠隨時可以修改；㈡條約生效後屆滿一定期限後方可修改；㈢規定期間屆滿後定期修改；㈣同時採取上述兩種以上方法。一般說來，國際會議中對於條約的修改需要獲得一致同意，始獲通過。自一九四五年以來，對於多邊條約之修改，取決於多數。修改條約之主要困難，在於締約國之能否批准所修改之條款。於是採用其他便通方法，以免締約國辦理批准手續。有時認爲所修改的部分並不重要，無需依照修改條款中之規定正式修改條款，而另以議事錄、議定書或其他行政協定方式替代之。例如，一九三六年六月修改一九三一年日內瓦麻醉藥品公約第五條，就是採用同意紀錄（Procès-Verbal）方式。在有些情況，不批准國家可以選擇退出該公約，或者倘在規定期間內不予批准，該國將被視爲非締約國。

有的國際公約中明文規定，某一國際機構有權建議修改公約，此項建議或者需要徵得締約國之同意，或者不需要徵得締約國之同意。此項徵詢同意之手續，僅是行政行爲。

關於修正多邊條約之程序及效果，條約法公約第四十條至四十一條規定幾項原則如下：㈠修正多邊條約之任何提議，必須通知全體締約國；㈡各該締約國均應有權參加修正談判之進行；㈢凡有權成爲原條約當事國之國家，亦應有權成爲修正後條約之當事國；㈣多邊條約兩個以上當事國，依照條約本身之規定，得締結協定，僅在彼此間修改條約，並應將此項修改通知其他當事國。

第七節　條約之適用與效力

第一款　條約之適用

關於同一事項，後訂條約與先訂條約規定不合，如何適用問題，引起若干困難。解決這個問題的本身，主要在於這兩個條約的當事國，如何協調其所承受的義務。

條約法公約第三十條第二項規定：遇條約訂明須不違反先訂或後訂條約，或不得視爲與先訂或後訂條約不合時，該先訂或後訂條約之規定應居優先。同條第三項規定：遇先訂條約全體當事國亦爲後訂條約當事國，先訂條約僅於其規定與後訂條約規定相合之範圍內適用之。而且在爲兩條約之當事國，與僅爲其中一條約之當事國間，彼此之權利與義務，依兩國均爲當事國之條約定之。

關於雙邊條約與多邊公約的適用，各有不同的考慮。遇兩個多邊公約互有牴觸時，倘先訂公約並無明確規定禁止後訂公約之適用，而且此一後訂公約符合國際社會的利益，或是規範國際社會行爲的一般規則，縱使後訂條約在實質上減損先訂條約，而且先訂條約全體當事國並未全部參加後訂條約，後訂條約不應停止適用。例如第二次世界大戰後所簽訂的各種公約，縱使對於戰前各種公約的規定予以修訂，而且未有獲得戰前各種公約全體當事國之同意，戰後所訂公約亦優先適用。如遇兩個條約的有關規定文義不明確，則可推定兩者彼此並無牴觸。至於兩個條約是否眞正不合（incompatibility），須視兩個條約當事國的意思（intention）而定；如果一個條約被視爲另一個條約的附件，以供當事國承受更廣泛或更明確的義務，則此兩個條約可以同時適用。例如一九三六年日內瓦制止非法販賣毒品公約，與一九六一年三月三十日在紐約簽訂的痲醉品單一公約懲罰條款，可以同時適用。

聯合國憲章第一百零三條規定：聯合國會員國在本憲章下之義務，與其依任何其他國際協定所負之義務有衝突時，其在本憲章下之義務應居優先。

第二款　條約之效力

締結條約如在事實上無法履行，或是由於錯誤、受詐欺、被強迫而缺乏同意，或條約本身爲非法或不道德，與國內法中簽訂契約相同，在原則上應認爲無效。此一問題屬於理論範疇，各家議論紛紜，莫衷一是。條約法公約在這一方面曾制定一般原則，期能獲得普遍接受。該公約規定條約失效的六個理由：㈠無權締約，㈡錯誤，㈢詐欺，㈣賄賂，㈤强迫，㈥與絕對法牴觸。

㈠無權締約（Treaty-making incapacity）——依照條約法公約第四十六條規定：一國不得援引其代表超越其國內法關於締約權限規定之事實，以撤消其承受條約拘束之同意，惟（甲）違反之情事顯明涉及其具有基本重要性之國內法規定者，及（乙）其他談判國依通常慣例，並秉善意，視爲顯明違反情事者，不在此限。第四十七條規定：一國談判代表之權力附有特定限制，除非在其表示同意前，已將此項限制通知其他談判國，該國不得援引該代表未遵守限制之事實，以撤消其所表示之同意。

㈡錯誤（error）——條約法第四十八條規定：一國得援引條約內之錯誤，以撤消其承受條約拘束之同意，但此項錯誤以關涉該國於締結條約時假定爲存在，且構成其同意承受條約拘束之必要根據之事實或情勢者爲限。如錯誤係由關係國家本身行爲所助成，或當時情況足以使該國知悉有錯誤可能，或僅與條約約文用字有關之錯誤，不影響條約之效力。

㈢詐欺（fraud）——條約法公約第四十九條規定：倘一國因另一談判國之詐欺行爲而締結條約，該國得援引詐欺爲理由，撤銷其承受條約拘束之同意。惟該公約對於何謂詐欺，並無明確之定義；國際間亦乏先例，公認何者構成詐欺行爲。

㈣賄賂（corruption）——條約法公約第五十條規定：倘一國同意承受條約拘束之表示，係經另一談判國直接或間接賄賂其代表而取得，該國得援引賄賂爲理由，撤銷其承受條約拘束之同意。

㈤强迫（coercion）——條約法公約第五十一條規定：一國同意承受條約拘束之表示，係以行爲或威脅對其代表所施之强迫而取得者，應無法律效果。第五十二條規定：條約係違反聯合國憲章所含國際法原則，以威脅或使用武力而獲締結者無效。傳統國際法認爲，國際法上的條約與國內法上的契約，性質未盡相同，用威脅得來的契約無效；但用威脅得來的條約却有效，否則許多和約，便均成爲廢紙了。現條約法公約規定違反聯合國憲章原則，而以威脅或使用武力締結之條約無效，實是一項進步的立法。如果一國使用武力以外的威脅如政治或經濟壓力，迫使他國締結「不平等條約」，這種條約是否仍舊有效呢？許多新興國家主張無效；如果許其無效，則將對締結的條約引起許多爭執。

㈥與絕對法牴觸（conflict with a norm of jus cogens）——條約在締結時，與一般國際法『强制規律』（peremptory norm）牴觸者無效。一般國際法强制規律，係指國家組成之國際社會全體接受，並公認不許損抑，且僅有以後具有同等性質之一般國際法規律始得變更之規律。所謂『絕對法』（Jus Cogens）一詞的主要概念是：在國際法之外，存有一項『最高規範』（peremptory norm），不容違反。而且此一最高規範，隨時在適應時代的變遷，永遠止於至善，任何條約與其牴觸者無效。

條約法公約第四十五條規定：一國於知悉事實後，且經明確同意條約有效，或仍然生效或繼續施行；或其行爲被視爲已默認條約繼續生效或施行，該國卽不得再援引締約無權、錯誤、詐欺、或賂賄爲理由，致使條約失效。

一國根據上述理由而使條約失效，應依循條約法公約第六十五條規定之程序，將其主張通知其他當事國。如有任何其他當事國表示反對，有關當事國對於此項爭端，終將尋求司法解決、公斷及和解。

第八節　條約之終止

條約之終止（termination）有下列兩種情況：㈠依照法律的規定；或是㈡由於締約國的行爲。

第一款　條約依照法律的規定而終止

一、雙邊條約締約一方的消滅而終止，例如，美國與的黎波里（Tripoli）簽訂的一八〇五年條約，由於義大利併吞的黎波里，該條約隨之終止。在此種情況下，常時引起國家繼承問題。

二、締約國間發生戰爭，其所締結的條約，當然終止。不過有些情況，條約只是暫時停止實施，並不終止。

三、雙邊條約當事國一方有重大違約情事時，他方有權援引違約爲理由，終止該條約。多邊條約當事國之一有重大違約情事時，將依照各種情況，在全體當事國之間，或在違約國與各當事國之間，或在違約國與受違約特別影響之當事國之間，終止該條約。至於人道性質之條約內所載關於保護人身之各項規定，則不適用上述規定（條約法公約第六十條）。例如國際法院於一九七一年六月二十一日關於南非繼續在納米比亞（西南非）對於會員國之法律後果發表諮詢意見，認爲南非未有履行受任統治國的義務，不受聯合國監督，得終止其委任條款，及其治理委任統治下之領土。

四、倘因實施條約所必不可少之標的物永久消失或毀滅，以致不可能履行條約時，當事國得援引不可能履行爲理由，終止該條約。倘條約不可能履行，係一當事國違反條約義務，或違反任何其他國際義務，該當事國不得援引不可能履行爲理由，終止該條約（條約法公約第六十一條）。

五、條約得因傳統所謂『情勢重大變遷』（rebus sic stantibus）而終止。依據此項原則，締約當時存在的事實情況發生基本改變，締約國得援引爲理由，以終止條約，或撤銷條約。此項原則亦可認爲是條約中一項必具的默示條款，就是條約義務只有在重大情勢不發生變化時始繼續存在。國際法委員會於一九六六年第十八屆會報告書中，認爲此一『情勢重大變遷』條款有不良影響，主張廢棄此一名詞，基於公允與正義的理由，贊成改用『情況之基本改變』(Fundamental Change of Circumstances) 原則。

條約法公約第六十二條對於情況之基本改變，作如下之規定：

一、條約締結時存在之情況發生基本改變而非當事國所預料者，不得援引爲終止或退出條約之理由，除非：

(甲) 此等情況之存在構成當事國同意承受條約拘束之必要根據；及

(乙) 該項改變之影響將根本變動依條約尚待履行之義務之範圍。

二、情況之基本改變不得援引爲終止或退出條約之理由：

(甲) 倘該條約確定一邊界；或

(乙) 倘情況之基本改變係援引此項理由之當事國違反條約義務，或違反對條約任何其他當事國所負任何其他國際義務之結果。

三、倘根據以上各項，一當事國得援引情況之基本改變爲終止或退出條約之理由，該國亦得援引該項改變爲停止施行條約之理由。

關於本條第一項規定，可以說有兩項標準。第一項是主觀標準。即締約國認爲締約時存在之情況的繼續乃是實施條約的一項決定因素，當此種情況發生基本改變時，得終止或退出條約，這是一項主觀標準，有賴於締約國的主觀而定。國際法院在判決上沙夫與蓋克斯自由區案（Case of Free Zones of Upper Savoy and Gex) 中，贊同此一標準。第二項是客觀標準，即情況之改變必須是發生基本的改變，當事國始得終止或退出條約。本條規定排除當事國在締約之後，僅因感到條約義務沉重，卽援引爲終止條約之理由。本條並未規定，必須要在條約締結一定期間之後，始能發生情況之基本改變，這要視國際情勢的實際情況而定，甚至在締約之後數月內，國際情勢亦可能發生劇烈改變。而且本條並不影響締約國在條約中明確規定，在某種情況發生基本改變時，有權可以退出該條約。例如一九六三年核子武器禁試條約規定：締約國認爲『非常事件』之發生，將危害其『最重利益』時，得退出該條約。

當事國援引情況之基本改變爲理由，以終止或退出條約，必須依循條約法公約第六十五條至第六十六條關於條約終止所規定之程序，將其要求條約終止之理由，通知其他當事國。換言之，不能因爲情況發生基本改變的結果，條約卽可自動終止。

一八七一年倫敦宣言與一九三五年四月國聯理事會的決議，認爲締約一方不得以其主觀的見解，適用情勢變遷原則，片面的廢止一項條約。在此種情況下，最好的解決辦法是締約國一方將其解除條約的要求，通知其他締約國，在徵得其他締約國的同意後，始終止該條約的效力。土耳其於一九三六年，鑒於歐洲的政治及軍事情勢發生重大變遷，卽依此方式，要求終止有關達達尼爾及博斯普魯斯海峽的一九二三年洛桑條約（Treaty of Lausanne）。有關國家同意土耳其此項要求，遂於一九三六年在蒙特羅（Montreux）擧行會議，對於達達尼爾及博斯普魯斯海峽，締結一個新條約。另外一個解決辦法，就是由締約國將此問題提請國際法院裁決。

英國政府認爲：締約國間權力平衡及其影響力所發生的變遷，非得其他締約國的同意，不得引爲解除條約義務的理由。可是英國在慣例上一向認爲此種政治情勢的變遷，締約國得以此爲理由，擧行會議，對該條約重加商談，如獲協議，得停止或修改該條約。而且在慣例上英國認爲：

如果條約存在的特殊理由消失或發生重大變化時，得成爲終止條約的理由，例如，河川永久乾涸、海島永久沉沒，此種爲條約所規定的事實情況發生變遷時，自得終止條約的實施。

六、條約若訂有一定期限，例如以五年爲期，當該期限屆滿時，條約便告終止。

七、締約國的退出，致使一項公約的加入國家的數目減少到該公約所規定的必要締約國數目時，條約因之而終止。例如，一九四八年滅絕種族罪防止及懲罰公約第十五條規定：締約國因退出而減少至十六國時，該公約應卽終止其效力。可是條約法公約第五十五條規定：除條約另有規定外，多邊條約並不僅因其當事國數目減少至生效所必需之數目以下而終止。

八、條約法公約第六十四條規定：遇有新的一般國際法强制規律(jus cogens)產生時，任何現有條約之與該項規律牴觸者，卽成爲無效而終止。這是一項引起爭論的規定，而且鑒於一九六八年至一九六九年日內法會議草擬條約法公約時所引起之反對，不能說是一項普遍接受的國際法規則。反對此項原則的主要理由，是沒有任何條約能以生效，而不受到未來產生强制規律（jus cogens）之影響。而且當事國也不能在條約中，明確規定排除此種意料不到之影響，蓋以此項規定將因强制規律而失效。

第二款　條約由於締約國的行爲而終止

一、依條約規定；或經全體當事國於諮商後表示同意，得終止或退出條約（條約法公約第五十四條）。

二、任何條約於其全體當事國就同一事項締結後訂條約，且

（甲）自後訂條約可見，或另經確定當事國之意思爲此一事項，應以後訂條約爲準；或（乙）後訂條約與前訂條約之規定，彼此不合之程度，使兩者不可能同時適用。

在此任一情形時，前訂條約應視爲業已終止（條約法公約第五十九條）。

三、締約國通常得將其終止條約之意思通知其他締約國，或依其廢止行爲而終止或退出條約。所謂『廢止』（denunciatiion），乃是締約國一方將其退出條約的意旨通知其他締約國。在通常情況下，條約本身規定有廢止條款，或者締約國一方徵得其他締約國的同意，保留廢止條約之權利。條約法公約第五十六條規定：條約如無關於其終止之規定，亦無關於廢止或退出之規定，不得廢止或退出，除非：（甲）經確定當事國原意，爲容許有廢止或退出之可能；或（乙）由條約之性質，可認爲含有廢止或退出之權利。關於一國廢止或退出條約的實際困難，是使有意繼續該條約的其他締約國，因條約原先規定的相互權利義務發生影響，而受到阻擾。

事實上，多邊公約應載一項特別條款，容許該公約生效後屆滿一定期間，締約國得廢止該公約。此項廢止亦可規定，非至規定期間（例如一年）屆滿後，廢止將不生效。

第三款　條約停止實施

條約的停止（suspension）與終止（termination）不同，前者僅是由於某種原因，使條約暫時不能實施，一旦停止的原因消失，條約就恢復其原有效力。

在下列情形，條約得對全體當事國，或某一當事國停止實施：（甲）依條約之規定；或（乙）無論何時，經全體當事國於諮商後表示同意（條約法公約第五十七條）；（丙）倘自後訂條約中確定當事國有停止實施前訂條約之意思（條約法公約第五十九條）。多邊條約兩個以上當事國得於彼此間，停止條約之實施，如果：（甲）條約規定有此種停止之可能；或（乙）有關之停止，非與條約之目的及宗旨不合（條約法公約第五十八條）。

第九節　條約之解釋

第一款　解釋機關

現在國際間解釋條約之機關：㈠國際法院；㈡歐洲煤鐵聯營（European Coal and Steel Community）、歐洲共同市場（European Economic Community or Common Market）及歐洲原子能組織（European Atomic Energy Community）三個機構的法院，得解釋設立這三個機構的一九五一年四月十八日及一九五七年三月二十五日簽訂的條約。㈢國際行政機構亦有權解釋其有關之條約，例如國際勞工局得解釋有關國際勞工公約，聯合國各機構亦得解釋其有關公約，國際貨幣基金董事會及執行理事會依照國際貨幣基金同意條款第十八條之規定，有權解釋該條約。㈣其他特別機構，例如設立法學家特別委員會（ad hoc Committee of Jurists），解釋某一條約之疑義。

第二款　解釋文件

國際會議通過一項公約，常自覺約文中有不週密之處。爲避免某項條款解釋發生疑義，常簽訂補充文件，例如簽訂議定書、議事錄、同意紀錄、或蕆事文件，附於公約之後，對於約文中有疑義的條款作詳盡的解釋。

第三款　多邊條約使用的文字

條約常使用兩種以上文字繕寫，多邊條約通常都是使用英法兩種文字，規定英、法文本同一作準。所謂英法文本同一作準，一般言之，是以此兩種約文確定條約之意義。有時，遇有歧義時，規定以英文本或法文本具有優越的效力。一九三七年倫敦糖業協定使用英、法、德、俄四種文字。一九四五年聯合國憲章使用中、法、俄、英及西班牙五種文字，憲章第一一一條規定，這五種文字約本同一作準。

條約法公約第三十三條規定：㈠條約約文經以兩種以上文字認證作準者，除依條約之規定，或當事國之協議，遇意義分歧時，應以某種約文爲根據外，每種文字之約文，應同一作準。㈡條約用語，推定在各作準約文內，意義相同。㈢倘發現作準約文意義有差別時，應顧及條約目的及宗旨之最能調和各約文之意義。

條約中如無特別之規定，一般原則是締約一方只受其本國約文本之拘束，而不得要求他方約文本之利益。

第四款　條約解釋的一般原則

國際法院及法學家釐定許多解釋條約的原則，這些原則有時雖可適用，但並非是絕對的，對於某一特定的條約，或對於某一特定的問題，只是可以相對的適用。

條約解釋的一般原則，簡述如下：

㈠依據字義解釋（Grammatical Interpretation）及締約國的意旨（Intention of the Parties）解釋：條約文字首須依其明顯而普通的意義解釋。可是，如果字義解釋不合理，或與條約其他部份不一致，或者顯然與締約者的意旨有不同，則不應採取字義解釋，而依照締約國的意旨解釋約文。

條約之解釋，主要目的在於探求締約國締約當時的意旨，尤其是締約當時賦與條約字句之意義，並應考慮到締約國於談判條約時的『目的』或『計劃』。惟須就整個條約內容，確定締約國的眞正意旨；只有在例外的情況下，始許可使用其他資料以探求締約國的意旨。條約法公約第三十一條第四項規定：倘經確定當事國有此原意，條約用語應使其具有特殊意義。因爲條約約文必須假定爲當事國意思的眞正表示，且解釋的目的爲闡明約文意義，而不是研究當事國的假定意思。

㈡依據條約的目的與上下文義（Object and Context of Treaty）解釋：如果一項條約中特定字句發生疑義，應依照條約的一般目的與上下文義予以解釋。條約法公約第三十一條第一項規定：條約應參照條約之目的及宗旨解釋之。所謂上下文義，只是就有疑義字句的有關部份而言，並非指整個條約而言。條約法公約第三十一條第二項規定：就解釋條約而言，上下文除指連同弁言及附件在內之約文外，並應包括嗣後所訂關於條約之任何協定或文件。

㈢依據合理與一致的原則（Reasonableness and Consistency）解釋：條約應就條約字句作合理的解釋，同時應與條約其他部份的字句意義一致。依照一致的原則，解釋條約應符合現行國際法。在適用合理及一致的原則時，應遵循以下幾項規則：(甲)除非有明文規定者外，國家加入條約不願其主權受到限制；(乙)條款字句不明確，應對締約國主權作最少限制的解釋；(丙)條約所規定之義務，應對負擔義務之國家作最有利的解釋；(丁)若同一條約的條款發生牴觸，除非明文有相反規定者外，則特別條款優於普通條款（lex specialis derogat generali）。

㈣依據有效原則（principle of Effectiveness）解釋：常設國際法院特別重視此項原則的適用，認爲條約之解釋應作『通盤』之考慮，以使條約發生『最大效果與功用』。換言之，在使條約的條款得能實施，且可產生適當的效果。此項原則對於解釋國際組織法規的多邊條約，尤爲重要，此可使國際組織發揮最有效的功能。但對於變更公約實質，或違反條約文字與精神之解釋，則不許可。

㈤依據條約以外資料（Recourse to Extrinsic Material）解釋：在通常情況下，解釋機關限於依據條約內容作解釋。不過，解釋條約如不與條約明文有牴觸時，得依據以下幾項條約以外資料解釋：(甲)訂約的歷史背景與有關慣例；(乙)預備資料（preparatory work），例如條約草案、談判會議紀錄及對於條約草案之修正本等。條約法公約第三十二條規定：遇依一般解釋，使得條約意義仍屬不明或難解，或所獲結果，顯屬荒謬或不合理時，爲確定其意義起見，得使用補充資料，包括條約之準備工作以解釋之。更可依據上述資料，以證實依一般方法所獲之解釋。

但不得依據未經對方接受的各項建議或秘密談判文件以解釋條約。條約的預備資料之未公開發表者，不得據以對抗未經參加此項條約談判之締約國而解釋條約。例如立法條約，實際談判係由少數國家主持，而且以後加入的國家只接受最後通過的約本，對於談判時各方的意見，無從知悉，所以這種條約的預備資料，不能作爲解釋條約之依據。(丙)締約國得將共同協議之解釋，規定於議定書、決議案或委員會報告書中。除非此種解釋性的文件爲條約的一部份外，雖此等文件具有甚大價值，但仍被視爲預備資料；(丁)嗣後關於條約之解釋或條款之適用所訂之協定(條約法公約第三十一條第三項)。根據締約國嗣後的行爲，以證明締約國的眞意與其訂約的目的。惟締約國所作之解釋，僅在被視爲是一項新的補充協定時，始具有拘束力。(戊)嗣後長期履行條約規定的一項實例，含有解釋作用，倘獲確定，亦可視同一項補充文件。(己)在有疑義時，亦可參照其他相關條約。

第五款　爭端條約

近年來，許多國際公約設有爭端條款(disputes clause)，規定公約因解釋或適用發生爭端之解決方法。條約因解釋發生爭端，通常可由締約國舉行談判、訴諸公斷、調解、或經由司法程序解決。

第五編

國際爭端及戰爭關係

第五編　國際爭端及戰爭關係

第十九章　國際爭端

第一節　國際爭端概說

國家與國家間之有爭端，一如個人與個人間之有爭議，惟其後果可能更爲嚴重而已。其中除細微之歧見或爭執不致引起國際關係上之惡化以外，亦不乏足以威脅和平與安全、或至少擾亂整個國際平衡關係的長期摩擦及緊張情勢之爭端。在往昔，這種爭端常導致戰爭；時至今日，各國多不走極端。在爭端無法解決時，通常均出之以斷絕經濟或外交關係。以目前各國相互依存關係之深，國家使用武力以解決爭端，則受累者固不止當事國而已。因此就國際社會之利益而言，國家間的爭端最好能以公平合理方式儘速解決。因而此類國際爭端遂亦列入國際法的範疇。

國際法在這方面所採用的規則和程序，一部份屬於實例或慣例，一部份遵依若干重要的具有立法性質的公約，如一八九九年及一九〇七年爲和平解決國際爭端而訂立的海牙公約、以及一九四五年在舊金山制定的聯合國憲章。聯合國憲章係爲建立聯合國而擬訂，其主要目的之一卽在便利國家間爭端之和平解決。兩次世界大戰之間所成立的國聯，亦以和平解決國際爭端爲其主要目的。

概括言之，解決國際爭端之方法不外兩途：

一、和平的解決方法，亦卽當事國同意尋求友善的解決；

二、武力的或強制的解決方法，亦卽以武力強行解決。以下分別加以論述。

第二節 和平解決的方法

和平解決爭端的方法可分爲下列數種：

一、仲裁；

二、司法解決；

三、談判、斡旋、調停、調解或調查；

四、聯合國和解。

玆分別加以詳述。

第一款 仲裁

通常國際法的仲裁（Arbitration）程序，與國內法並無不同之處，就是將爭端事件交由當事人任意選定之仲裁員裁決，仲裁員在裁決時並不嚴格顧及法律規定，其裁決不免有妥協的成份。然而由於以往國際仲裁的經驗顯示，甚多純粹涉及法律問題的爭端，係交付仲裁員按照法律的準則加以解決。而且在各種條約中，亦不乏將爭端交付仲裁的規定，其中不僅規定仲裁所爲之裁決，應遵照『公允善良』（ex aequo et bono）的原則，而且特別訂明仲裁法庭應該援用國際法。在十九世紀，仲裁條款上常用一種格式訂明：仲裁裁決『應按照國際法的原則以及符合最高權威同類法庭的實例及法理。』

仲裁是一種很古老的制度，但其最近的歷史却僅有一百年之久。一七九四年英美訂立『哲氏條約』（Jay Treaty），該約規定設置三個混合仲裁委員會，以解決兩國間重大的問題。將廢棄了約有二世紀之久的仲裁制度恢復，成爲近代仲裁的開端。一八七二年，美英兩國又有所謂阿拉巴馬仲裁案（Alabama Claims Award），據國際法庭赫德生法官（Manly O. Hudson）的記述：

> 阿拉巴馬案仲裁的成功，使國際仲裁漸趨活躍。自一八七二年後的三十年內，各種仲裁法庭處理上百件案子都相當成功。英國曾參加三十次仲裁，美國二十次，歐洲各國在六十件仲裁案中為當事者，拉丁美洲各國則在五十件仲裁案中為當事者。

各種條約，特別是具有立法性質的公約中，每每制訂條款，規定將各種爭端交付仲裁。赫德生法官有言：『仲裁因此成爲國際立法的僕役。』蓋因有關各種公約條文解釋或適用的爭端，亦可交付仲裁解決。

一八九九年海牙會議不但將仲裁予以法典化，並且奠定常設仲裁法院之基礎，故不失爲最重要的進展。一九〇七年第二次海牙會議，完成了第一次海牙會議的未竟工作。

常設仲裁法院是一個性質特殊的司法機構，它既非『常設』，亦非『法庭』。常設仲裁法院的成員是由當事國所指定，每一個參加海牙會議所通過的兩個公約或其中一個公約的締約國，得指派四位國際法學家，他們都是合格的仲裁員，隨時由當事國視需要就其中遴派。因此所謂常設仲裁法院的法官們從不舉行庭議。赫德生又云：

他們的唯一職司乃是備供選用，成為法庭的仲裁員，有了他們充任其事，仲裁法庭始告設立。

設有兩國間發生爭端，而願交付常設仲裁法院仲裁時，則應遵循下列程序：兩國各指派仲裁員二人，其中一人得為本國籍，或為該國所提名的仲裁員，組成仲裁法院。仲裁員自行互選主席一人，僅擔任仲裁法庭之主席。裁決由過半數票表決。如此成立之仲裁法庭，應依照二國間的仲裁協定裁決案件。仲裁協定中規定爭端的標的、指派仲裁法庭仲裁員的時限、仲裁法庭的權限、仲裁程序以及裁決所必須遵循的原則等。常設仲裁法院本身並無此種權限。此項制度自建立以來，設立仲裁法庭約已有二十起，其所作之裁決書亦不乏重要者，其中如美國與墨西哥之間一九〇二年的派亞斯基金案（Pious Fund case），美國與英國間一九一〇年的北大西洋沿海岸漁權案，以及英國與法國間一九一一年的沙瓦凱案（Savarkar case）等，均為犖犖大者。而事實上仲裁員之人選亦常限於少數富有經驗的仲裁員。此種辦法頗有其顯而易見的優點。

儘管赫德生曾說，常設仲裁法院充其量不過是『一種方法或程序』，其本身亦不免有若干顯著的缺點。但比較來說，建立常設仲裁法院制度尚屬成功。本世紀初，國際爭端之解決，實多利賴。第一次世界大戰前後仲裁條約締結之頻仍，亦足以反映當時各國重視仲裁辦法之趨勢。仲裁條約種類繁多，其較爲普通之方式不外：㈠屬於一種雙邊條約，將若干指定種類的爭端交付仲裁；㈡屬於一種多邊條約或公約，將一切爭端交付仲裁；㈢屬於一種多邊條約或公約，將一切或若干種類的爭端交付仲裁或司法解決或調解。此外自然尙有很多仲裁協定或條約的實例，其中訂明將某種爭端交付仲裁，並列擧仲裁程序或提示有關仲裁法庭適用之原則等。

除上述情形外，第一次世界大戰結束之後，亦有若干重要仲裁法庭之設置。其中値得一提的有：墨西哥賠償委員會（Mexican Claims Commissions）曾裁定六個國家代表其人民對墨西哥提出之賠償要求，以及在歐洲所設的混合仲裁法庭，處理由凡爾賽和約（一九一九年）所引起疆域重劃的各種權利之爭端。

國際爭端交由仲裁解決，事先必須獲得爭端國同意，同意方式由當事國以一致協議的仲裁協定（compromis）行之，將特定之爭端交付仲裁。

仲裁法庭的組成，實例上亦顯示若干參差不一的現象。有僅設仲裁員一人裁定爭端者，有當事國家指派專人組成聯合委員會者，或於當事國指派之人員以外，再用其他方式遴選人員組成混合委員會者。當事國提名的仲裁員通常均係本國人，有時被認爲係代表其本國且受其本國節制的外國人，惟此種方式在很多方面都可引起異議。

交付仲裁的爭端，其性質最爲繁複不一。仲裁法庭審理的爭端，主要爲法律問題，但亦有以事實問題爲關鍵，而需要對爭論的是非曲直有相當瞭解。此種仲裁法庭未因無公認之法律規則可資適用，或因案情牽涉政治因素，而拒不承辦。因此之故，國際法學家對於『可交付仲裁』及『不可交付仲裁』的兩種爭端之間通常所作之區別，不免難於瞭解，且亦無太多的實用價値（各法學家之間亦有一共同見解，卽凡兩造中有一造在本質上要求變更國際法的法則者，均屬不可交付仲裁之爭端）。不過當事國在締結仲裁條約時，亦常有設定特別條款，將影響雙方『重大利益』或涉及『國內管轄』之問題，列爲仲裁以外之爭端。在某種意義上，此種保留的爭端，亦得謂爲『不可交付仲裁的爭端』。英法二國於一九〇三年締結的仲裁條約中有一條款規定，雙方均不得以『影響兩造的重大利益、獨立或尊榮的』爭端交付仲裁，卽其一例。

仲裁與司法解決皆係基於爭端國之同意，以法律方式解決爭端。仲裁對於技術性的爭端較司法解決更爲適當。倘爭端國同意，仲裁不須公開進行，亦不需公佈仲裁結果，且仲裁程序更富彈性，同時可進行事實調查。仲裁法庭的權限及成效，已爲國際所公認，所以仲裁在解決國際爭端中有其貢獻。

第二款　司法解決

所謂司法解決(Judicial Settlement)，就是國際爭端經由依法組成的國際法院，應用法律規則所獲致的解決。

司法解決之與仲裁不同者，在於司法法院與仲裁法庭之組織，在本質上完全不同。目前國際社會中唯一的常設司法機關，乃是海牙國際法院。該法院接掌以前常設國際法院的司法業務。國際法院是常設法院，而仲裁法庭則爲臨時成立的；而且國際法院與仲裁法庭有以下幾點重要不同：

㈠國際法院是一常設司法機關，依照規約及其程序規則審理案件，判決對所有爭端當事國有拘束力。

㈡國際法院設有一個常設書記官處（Registry），執行收發文件，歸檔、紀錄、認證等一般行政業務，及作爲一個與各國政府及其他機關通訊的處所。

㈢國際法院審理案件程序完全公開，審理紀錄及判決均須公佈。

㈣原則上，國際法院受理所有國家一切有關法律的案件，尤其是現行條約及公約中特定的事件。

㈤依照規約第三十八條的規定：國際法院對於陳訴各項爭端，可適用國際法各項法規裁判，經當事國同意，並可本『公允及善良』原則裁判案件。

㈥國際法院法官，包括國際社會重要地區國家法律專家，且代表世界各主要法系，爲其他任何法庭所不及。

㈦國際法院審理案件有一定的程序，並維持相當程度的連貫性，臨時設立的仲裁法庭則無法達到。

國際法院係依照一九四五年在舊金山制定的聯合國憲章第十四章的規定而設立，國際法院爲『聯合國的主要司法機關』。有關該法院的組織、管轄權及辦事程序的詳細規章，均經訂定作爲憲章之附屬規約。國際法院規約條文，幾全與昔日之常設國際法院規約相同。其中規定聯合國所有會員國均爲國際法院規約之當然當事國，但非聯合國會員國之國家亦得經安全理事會之建議，由聯合國大會依其所訂定之各項條件，決定其成爲當事國（憲章第九十三條）。

國際法院依照規約第三十條規定，自訂兩項規則，以執行其職務。

㈠國際法院規則，經於一九七八年四月十四日修訂，包括關於法院本身與書記官處（Registry）的組織及職掌及法院程序的規則。

㈡關於國際法院內部司法作業的規章，經於一九七六年四月十二日修訂，例如法官在書面審查之後，開始口頭審訊之前，特就特殊法律觀點交換意見等事項。

國際法院由法官十五人組成。其候選人由常設仲裁法院各國選舉團提名。由聯合國大會及安全理事會分別進行選舉，以得絕對多票數者當選。按照規約，選舉國際法院法官不但要注意候選人應具備最高法官資格，並且應當使全體法官確能代表世界各大文化及各主要法系（規約第九條）。遇有法官因辭職、病故、退休而出缺時，則依前述辦法補選，依『君子協定』，選出法官地區分配名額爲：非洲三名、拉丁美洲二名、亞洲三名、西歐及其他國家四名、東歐二名、北美洲一名。第一任國際法官選舉於一九四六年舉行，其任期爲九年，連選得連任，但不得兼任其他職務。

第一項　國際法院的職權

國際法院受理案件之當事國有二：㈠國際法院規約的當事國，㈡非國際法院規約當事國之接受聯合國安全理事會所決定之條件者，但此項條件不得使當事國在法院處於不平等之地位（規約第三十五條）。安全理事會於一九四六年十月十五日通過決議，其中所列條件爲：此等國家應向該院書記官處遞送一項聲明，接受該院依照憲章、規約及院章所訂之管轄權，並以善意遵守該院的判決，以及接受憲章第九十四條所列舉的義務等。

該院的管轄權分爲兩方面：㈠裁決訴訟案件；㈡提供諮詢意見。兩者均爲司法職權。

第二項　訴訟管轄

原則上，國際法院對於訴訟案件所行使之訴訟管轄權（Contentious Jurisdiction），是以爭端當事國的同意爲條件。規約第三十六條第一項規定：該院對於當事國提交之一切案件具有管轄權。通常，此種提交手續可另訂特別協定完成之。但第三十六條第一項之條文，並不意指該院僅對由爭端兩造共同提交之訴訟案件始有管轄權。爭端之一造單方面將爭端提交該院，而獲得他造當時或事後之同意者，卽爲已足。換言之，他造自願接受管轄卽可成立，其同意不必在提起訴訟前爲之，或以締結特別協定表示之。然而，設若爭端之他造並無同意及提交爭端之表示，則案件應從該院之記錄中撤銷之。而且該院亦不得在實際利害關係國家缺席之情形下，逕行判定案件之曲直。

只有國家得在國際法院爲當事人。惟國際法院有權向國際組織徵詢與案件有關的情報，各國際組織亦得自動提供此種情報。

國際法院僅在下列情形之下，具有强制管轄權（Compulsory Jurisdiction）：

㈠有關當事國間有條約或公約的拘束，雙方同意該院對於若干種類的爭端應有管轄權。規定將問題或爭端提交國際法院之各種條約中，包括有各『專門機關』（如國際勞工組織）的憲章以及有關託管領土的各種託管協定等。爲了使常設國際法院的工作延續下去，國際法院規約中復規定（第三十七條）：凡現仍有效之條約或公約中，規定某項事件須提交常設國際法院者，該項事件應提交國際法院。

㈡有關當事國依照規約第三十六條第二項『任擇條款（Optional Clause）』之規定發表聲明，承認國際法院的管轄。該條款係常設國際法院規約中原有條款，新規約第三十六條第二項仍予以保留，僅對若干晦澀不明之處略作修改。其中載明：本規約各當事國得隨時聲明關於具有下列性質之一切法律爭端，對於接受同樣義務之任何其他國家，承認法院之管轄爲當然而具有强制性，不須另訂特別協定：（子）條約之解釋；（丑）國際法之任何問題；（寅）任何事實之存在，如經確定卽屬違反國際義務者；（卯）因違反國際義務而應予賠償之性質及其範圍。此項聲明，得無條件爲之；或以數個或特定之國家彼此拘束爲條件；或以一定之期間爲條件。既有上述聲明，而爭端又屬於法律性質，且在規定之類別之內，此時國際法院之管轄便具强制性。國際法院有權決定某一特定爭端是否屬於『任擇條款』中載明之任一類別。

爲接替常設國際法院之工作，新設立的國際法院規約第三十六條第五項規定：曾依常設國際法院規約第三十六條『任擇條款』所爲之聲明而現仍有效者，就本規約當事國間而言，在該項聲明期間尚未屆滿前，應認其接受現行國際法院之强制管轄。常設國際法院時代，曾有五十六國以某種方式接受此項强制管轄，其中有十七國之聲明現仍有效，並已移交國際法院。此十七國之中包括英國、澳大利亞、加拿大、印度、南非、紐西蘭、巴拉圭及伊朗等國在內。此外，在國際法院規約之下，又有相當數目的國家聲明，接受其强制管轄，其中計有美國、中國、法國、荷蘭、挪威、瑞典及土耳其等（在一九五八年初，有效之聲明有三十四國之多）。在舊金山會議時，我國會主張新規約應訂明國際法院對於一切法律爭端都有强制管轄權。但其他國家則希望藉各國之廣泛接受『任擇條款』而達成此種結果。如今，此一期望尙未實現。

現仍有效之多數聲明中，均以相互接受國際法院强制管轄爲條件。其中尙有提出保留，將若干爭端列於强制管轄之外。對於管轄權之保留，現已達到某種程度之標準化，包括下列各項爭端不予列入强制管轄之內：㈠往昔之爭端或有關往昔情況或事實之爭端（如英國及瑞典之保留）；㈡可用其他方法解決之爭端（如英國、美國及土耳其之保留）；㈢國內或本國管轄之事項（如英國、美國之保留）；㈣戰爭或敵對行為時發生之爭端；㈤不列顛國協分子國間之爭端。

在各國所作接受國際法院管轄權聲明的保留中，最引起爭論的，是美國於一九四六年八月十四日保留聲明中所謂『自動』或『自決』保留形式（automatic or self-judging form of reservation），一般稱為『康納利修正案』（Connally amendment），即對於美國認為在本質上屬於其國內管轄權範圍內之事項的爭端，美國不接受國際法院的管轄權。此項保留與國際法院規約第三十六條第六項規定不符，關於法院有無管轄權之爭端，係由法院裁決，而不應由當事國自行裁決。

國際法院為解決『任擇條款』實施所遇到的障礙，經作以下幾點決定：

㈠起訴國在其聲明中利用廣泛保留，包括『自動』或『自決』形式保留，應訴國有權抗辯法院行使管轄權，因為接受管轄權是雙方接受同樣義務為條件。只有在雙方聲明無歧異時，始賦予法院强制管轄權，就是法院只能管轄任何一方都不排除的爭端。

㈡兩國有關事項的爭端，專屬被告國國內管轄事項，而又不屬於規約第三十六條第二項所列之『法律爭端』，被告國得提出聲明保留。

㈢屬於規約第三十六條第二項所列之事項，不得因應訴國提出片面保留聲明，而剝奪法院全部或局部的管轄權。

『任擇條款』之遠景似並不燦爛，各國提出的保留太多，例如，可以用書面通知終止效力的期限條款、明白訂定未來有權排除若干種爭端等等，無異成為逃避的淵藪，或有意設計的漏洞。如此『任擇』强制管轄制度，誠已失去其意義。

國際法院在判決科夫海峽案（Corfu Channel Case）之前，認為有第三類强制管轄之存在。

蓋按照聯合國憲章第三十六條規定，安全理事會得建議爭端雙方，將爭端案件提交國際法院，特別是因爲該條第三項責成安全理事會對有關法律性質之爭端，建議提交國際法院。在國際法院裁決時，有七位法官表示意見認爲，該條並不創立另一類新的强制管轄。此一解釋，顯然亦適用於安全理事會按照第三十三條所作之決定，『請』兩造以司法解決爭端。

當國際法院具有强制管轄時，正常申請訴訟程序，是由當事國敍明爭端事由及各當事國以請求書送達書記官長。書記官長應立將請求書通知有關各方，並應經由聯合國秘書長通知所有會員國及有權在法院出庭之其他國家。國際法院不能自動行使其管轄權，必須有一個當事國向其提出訴訟案件，而另一當事國不拒絕接受法院的管轄權。此項制度具有一項彈性，即不論在任何階段，兩造當事國均可自由協議解決其爭端，無須法院之同意，只要當事國通知法院，即可註消該項訟案。

法院行使强制管轄之效力，聯合國憲章第九十四條條文曾有規定。依照該條規定：凡會員國爲任何案件之當事國者，承諾遵行國際法院之判決。而且，遇有案件之當事國一造不履行法院判決應負之義務時，他造得向安全理事會申訴，安全理事會得建議或決定採取維持判決效力的措施。至於法院本身能否執行其判決，則並無明文規定，此誠爲一嚴重之弱點。

訴訟案件進行程序，包括書面與口述兩部份。書面程序包括向法院致送訴狀（memorials）、辯訴狀（counter memorials）、答辯狀（replies）、再辯訴狀（rejoinder）與其他供證之文件等。口述程序包括法院之聽取證人、專家、代表、顧問或律師等代表當事國所爲之陳述。法院審案時，除其本身另有決定或兩造聲請禁止旁聽外，應公開擧行。

按照規約第四十一條規定：法院認爲有必要時，有權指示當事國應行遵守以保全彼此權利之臨時辦法。在判決前，應將此項指示辦法立卽通知各當事國及安全理事會。

法官之評議一切問題，均以出席法官的多數決定之。如遇票數相等，則由院長或代理院長的法官決定。國際法院判決之效力，規約第五十九條至六十一條明文規定：法院之裁判除對於當事國及本案外，無拘束力（第五十九條）。法院的判決係屬確定，不得上訴（第六十條），但如發現具有決定性之新事實時，可以聲請覆核判決，惟至遲應於新事實發現後六個月內爲之，而且聲請覆核自判決日起逾十年後不得爲之（第六十一條）。除法院另有裁定外，訴訟費用由各造當事國自行擔負。

第三項　諮詢意見

依聯合國憲章第九十六條規定，大會或安全理事會對於任何法律問題，得請國際法院發表諮詢意見（Advisory Opinions）。聯合國其他機關與各種專門機關，如得大會許可，也可就主管業務範圍內所發生之法律問題，請求國際法院發表諮詢意見。諮詢意見僅限於具體或抽象的法律問題。法院在發表諮詢意見時，自亦屬司法權的行使。諮詢意見正如它的名稱所示，只有諮詢的性質，而無訴訟案件的判決所具的拘束效力。然而當事國得於事先以條約或協定規定，就某種問題受諮詢意見的拘束。例如一九四六年聯合國特權與豁免公約第三十節，以及一九四七年專門機關特權與豁免公約第三十二節之規定，爭端當事人應接受該法院所發表之意見爲確定解決。

凡向國際法院請求發表諮詢意見之問題，應以聲請書送交該法院。此項聲請書對於諮詢意見之問題，應有確切之敍述，並應附送足以釋明該問題之一切文件。此爲要求國際法院行使諮詢管轄權之正式而不可少之手續。書記官長應立卽將諮詢意見之聲請，通知凡有權在法院出庭的國家。書記官長並通知法院認爲對於諮詢問題能供給資料之國家或國際組織，俾使法院能接受其書面或口頭陳述。各國及國際組織所提供之書面或口頭陳述，得互相評議。依照規約第六十八條之規定及實例，法院執行諮詢意見之程序，與訴訟案件之程序相同。法院應將其諮詢意見當庭公開宣告。

法院亦自認在諮詢意見程序上有義務要遵守若干重要的司法限制，假如要求諮詢的主要問題，對於當事國之間的爭端具有決定作用者，且當事國之中有一國未曾出庭者，該院便不行使管轄權。蓋因諮詢意見之發表，在此種情況之下，便將成爲未經一造同意之裁決。對於條約約文的解釋，本質上屬於司法工作，對於此項問題請求法院發表諮詢意見，縱使此項請求與此項問題被聲稱屬於政治性質，法院不得拒絕。

同樣，法院亦可自行斟酌，基於其他理由而不發表諮詢意見。例如，提交之問題涉及法律觀點以外者，或在處理上左右爲難者等是。教科文組織（UNESCO）的執行理事會對該組織與其職員間爭端而由國際勞工組織行政法院基於程序上重大錯誤所下之判決，請求國際法院給予諮詢意見，並承認此一諮詢具有拘束力，國際法院認爲在此種情況下，教科文組織有權請求法院給予諮詢意見。這說明了國際法院對行政法院判決的有效性加以評斷，是對該項判決的一種救濟方法。

在常設國際法院時代，諮詢意見爲該法院有價值而重要的工作之一部分；無疑的，國際法院亦將承襲此一傳統。國聯理事會在解決國際爭端時，曾迭次借重諮詢意見之協助。其中就突尼斯及摩洛哥之國籍法，以及就德國移民波蘭問題所提供之諮詢意見，均係切實而重大的貢獻。

我們曾述及，國際法院應援用國際法，但其規約第三十八條又明白規定，在當事國同意時，得以公允善良之原則裁決案件。此即意指法院能基於公平正義之客觀標準而作裁決，並不是非受法律規則之拘束不可。明白言之，法院僅在當事國之同意下始可採取此一途徑。

關於國際法院辦理案件之程序，尚有若干要點，值得一述。法官九人即構成法定人數。案件經當事國之請求，法院得設立分庭。為處理某特定案件（例如，勞工案件及關於過境與交通案件），得由法官三人或三人以上組織分庭審理。為迅速處理案件，每年以法官五人組織一分庭，用簡易程序，審理及裁判案件。規約第三十一條規定，引用當事國國籍法官之原則。即凡屬於訴訟當事國國籍之法官，於法院受理該訴訟案件時，保有其參與之權。如法官中有屬於一造當事國之國籍者，任何他造當事國得選派一人為法官，參與該案件之審理。如當事國均無本國國籍之法官時，各當事國均得選派本國國籍之法官一人，參與該案件之審理。

我們於此必須承認，常設國際法院雖曾處理五十一件訴訟案及二十八件請求發表諮詢意見案，各國仍多不願將關係重大之案件提交國際法院，亦雅不願接受該法院對於此等案件之強制判決。法院對於訴訟案件之管轄，如必以當事國之同意為基礎，我們自難對常設國際法院抱過多之期望。誠如常設國際法院所云：

……沒有一個國家能夠不經過自己的同意而被迫將它與他國間之爭端提交調停、仲裁、或其他和平解決的方式。……

儘管各國不願借重常設國際法院，它仍判決了很多案件，發表了若干權威的法律見解或條約解釋。現在的國際法院歷史尚淺，亦已裁決了若干重要爭端。其屬於諮詢意見方面者計有：①聯合國會員國在表決接受新會員國時，除憲章所規定者外，不得提出其他條件；②新會員國入會的聲請，在安全理事會中若被否決，大會即不得准其加入；③以色列應賠償聯合國因柏納都鐸伯爵被暗殺而受的損害；④聯合國駐中東緊急軍及剛果軍兩項經費應構成憲章第十七條第二項所稱之

『本組織之經費』等。其屬於訴訟案件之判決者，計有科夫海峽案、及英挪漁權案等等。常設國際法院亦曾作過若干關係重大的判決。例如，土耳其伊拉克間一九二五年的摩蘇爾案（Mosul Case），該法院的判決爲：由國聯理事會按照洛桑條約（Treaty of Lausanne）規定所查明的疆界，應具有最後確定性。又如德奧關稅制度案（一九三一年），國際常設法院曾以多數票表決，認爲奧國如與德國作成關稅聯盟，則奧國之獨立將受妨害。又如突尼斯與摩洛哥於一九二三年公佈國籍法，常設國際法院表示意見謂：雖然國籍問題本質上是以屬於國家保留的國內管轄權爲原則，但如涉及條約解釋問題，或一個國家如意圖在一個保護國內行使國籍問題管轄權時，則便屬於國際法之範圍。以上三案均係提交國聯理事會所處理的重大政治爭端。常設國際法院對於國際法有重大貢獻之其他案件，如蓮花號案、溫伯頓案，東格林蘭案等等，本書均曾有論述。國際法院在司法方面所擔負的任務雖屬有限，但爲當前國際社會所不可缺少，尤其是依照國際法解決法律問題。

第三款 談判、斡旋、調停、調解或調查

談判（Negotiation）、斡旋（Good offices）、調停（Mediation）、調解（Conciliation）及調查（Inquiry），都不如司法解決或仲裁之爲正式的解決方法。

談判是兩國舉行直接磋商，以解決其國際爭端的方法，常與斡旋或調停同時進行。因此在國際間發生爭端時，常常優先採用談判方法，以達成協議。一旦彼此無法達成協議，甚至談判破裂，並不引起任何法律上的責任。

斡旋與調停通常均由友好的第三國協助，實現和平解決爭端所用之方法。但在某種情形下，提供斡旋或調停之一方，可能爲個人或國際組織，如聯合國安全理事會於一九四七年斡旋荷蘭與印尼間的爭端。斡旋與調停之區別，大部分是屬於程度問題。就斡旋而言，第三者僅促成談判之進行及和解之實現，其本身實際上並不參與談判或調查爭端之原委。因此，只要爭端雙方聚於一堂，尋求解決爭端之方案，則第三者便無積極工作可爲（參閱美洲各國於一九四八年訂立之波哥大憲章第十條）。就調停而言，調停者必須參與談判，其所提供之意見固對雙方並無拘束力，但可引導談判進行，並可提出意見，作爲談判的根據（上述區別，聯合國並未嚴格遵循。安全理事會於一九四七年指派成立的印尼斡旋委員會，一九四八年的巴勒斯坦調停委員會，以及一九五一年聯大設置之韓國戰爭斡旋委員會等，均未嚴守此種分際。）蘇聯政府於一九六五年底和一九六六年初促使印度與巴基斯坦在塔什干（Toshkent）談判解決雙方衝突並製造和好氣氛，使其達成協議，似兼有斡旋與調停二者的性質。

斡旋及調停之範圍均有限度。兩者均無實施澈底調查事實或法律之程序，因此，將來的趨勢頗有將此兩種方法作爲調解、調查、及聯合國和解的初步或補助步驟之可能。

『調解』（Conciliation）一辭，有廣狹二義。就廣義而言，它可以包括由其他國家或公正的調查團體或諮詢委員會之協助，運用各種方法，以求和平解決爭端。就狹義而言，調解僅指將一件爭端提交一個國際委員會，由該委員會查明事實眞相，並提出含有解決辦法建議的報告書，惟該報告書不是以法律爲根據的判決，並無拘束力。按照赫德生法官的意見，亦認爲爭端雙方均可自由接受或拒絕調解所提供之建議。此是，調解與仲裁之區別。

一八九九年及一九〇七年兩次海牙會議所訂的和平解決國際爭端公約，其中有國際調解委員會之規定。調解委員會可由雙方以特別協定成立之，俾調查事實眞相及提出報告書。其但書規定，報告書對爭端雙方均無拘束力。該公約中之措辭，亦儘量避免示意雙方强迫接受委員會之報告書。美國於一九一三年及其後數年間，曾與各國談判訂立『布賴安條約』（Bryan Treaties），成立類似的委員會。一九四八年三月十七日布魯賽爾條約（Brussels Treaty）及一九四八年波哥大憲章（Pact of Bogota）對於調解程序均有規定。

此類調解委員會之價値，若干權威人士均表懷疑。但調解程序之本身，在國聯理事會運用之下，又被證明極爲有用。國聯理事會運用調解至爲靈便，通常是指派一個小型委員會或個人進行調查，並建議一個融洽雙方歧見的方法。

調查的目的並不在提供明確的建議，而是在確定爭端中之事實，俾有利談判解決。關於邊界爭端的案件，常是指派一個委員會，先調查爭端標的的歷史及地理事實，然後可以澄清問題，以尋求邊界協定之達成。有時亦需成立一個專家委員會，以調查若干特別的事實，俾作爲初步闡明眞相之依據。

『調查事實』（fact-finding）是和平解決爭端的一項有效方法，因爲國際爭端事件的發生，常常由於國家間的誤會所造成，一旦發現事件之眞實情況，爭端就會迎刄而解。國際間曾努力要成立一個『調查事實機關』（fact-finding organ）或『調查事實中心』，聯合國大會於一九六七年十二月十八日通過一項決議，贊同公正的『調查事實』，是和平解決爭端的一項方法，促請各會員國有效使用此一方法，並請秘書長準備一個專家登記處，以供各國協議使用此一方法解決爭端，秘書長每年須將各方推薦的專家名單送請會員國參考。

一九七四年十二月十二日聯合國大會通過一項和平解決國際爭端建議，請各會員國注意現有的解決爭端的機構，充分利用並改善此等機構，此項建議並請各國利用秘書長的斡旋功能，以解決爭端。

聯合國大會於一九八二年核可『和平解決國際爭端馬尼拉宣言』（Manila Declaration on the Peaceful Settlement of International Disputes），重申聯合國憲章中和平解決爭端的各項原則，請各會員國利用上述及所有可供選擇的方法和平解決爭端。馬尼拉宣言要點如下：

㈠各國應銘記直接談判（direct negotiations）是和平解決爭端一項彈性而有效的方法，倘其選擇此一方式，則應誠意商談。

㈡依照憲章規定，安全理事會具有『調查事實』（fact-finding）職權，各會員國應多加利用。

㈢法律爭端應謀求司法解決，尤其是提請國際法院解決，不應視為是一項不友好行為。

㈣依照聯合國憲章規定，秘書長有責任將其所認為可能威脅國際和平及安全之任何事件，提請安全理事會注意，各國應充分利用秘書長此一功能，以解決爭端。

第四款　聯合國和解

聯合國於一九四五年成立，負擔和平解決國際爭端的重大責任。換言之，和平解決國家間爭端，為聯合國基本目標之一。聯合國憲章第二條規定：各會員國應以和平方法解決其國際爭端，不得以戰爭相威脅或使用武力。

就此而言，聯合國大會及安全理事會不但負有重大之責任，抑且賦有廣泛之權力。憲章第十四條授權大會，對於其所認爲足以妨害國際間公共福利或友好關係之任何情勢，得建議和平調整辦法。

聯合國憲章賦予安全理事會之權力則更爲廣泛，俾使其能迅速採取防止及執行之行動。大致言之，安全理事會對於兩類爭端得採取行動：㈠可能危害國際和平及安全之爭端；㈡威脅和平、或破壞和平、或侵略行爲之案件。就前者而言，安全理事會於必要時得促請雙方當事國，用和平方法（仲裁、司法解決、談判、調查、調停及調解）解決其爭端。同時，安全理事會得在任何階段建議適當程序或調整方法，以解決此種爭端。就後者而言，安全理事會有權建議或決定，爲維持或恢復國際和平及安全所需採取之辦法，並得促請關係當事國遵行若干必要或合宜之臨時辦法。安全理事會所作之建議或辦法，不論爲最後的或暫時的，只要其認爲必需，並無限制或條件。它可以建議解決之基礎，可以指派調查委員會，可以提交國際法院以及採用其他辦法。依照憲章第四十一條至四十七條之規定，安全理事有權使用經濟制裁等壓力以實施其決議，對於不服從決議之國家更可使用武力，以維持或恢復國際和平及安全。

專屬法律性質之爭端，通常均提交仲裁或司法解決，除此之外，安全理事會採用上述各種方法以協調爭端國家間之歧見，乃屬於政策或權宜問題。若干條約雖力謀規範何種爭端應交付仲裁、司法解決或調解，但經驗證明這種預先確定之辦法或程序，實際無多大價值。任何一種方法可能均屬妥適，主要還在於靈活的運用，運用愈靈活，和平解決之機會亦愈大。

一九二八年國聯大會通過之『和平解決國際爭端仲裁總議定書』，卽爲一種容許最大限度之靈活運用及自由選擇的類型。其中規定可用各種不同之程序。其第一章列有一切爭端可用之調解程序（在調解委員會之前）；其第二章列有法律性質爭端可用之司法解決或仲裁之程序；其第三章列有其他爭端之仲裁程序。各國可以接受總議定書之全部或部分程序，亦許可自作若干保留。遵行總議定書者計有二十三國，其中僅有二國部分接受，但不幸的是全部接受者又須附加相當的保留。結果是總議定書的實際影響力並不顯著，在常設國際法院受理案件之中，從未發生效力。聯合國成立以來，頗欲將國聯之『和平解決國際爭端仲裁總議定書』所定之內容，作適切之修正，但參加國家不多。

於此應加一述者，在第二次世界大戰前頗使國際法學家困惑的，乃是和平修改條約或現狀的問題。很多法學家指陳上述各種方法，無一可以適用解決『修訂凡爾賽和約』之爭議，遂建議設置一個國際衡平法庭（International Equity Tribunal），基於公平及正義原則，以符和平修改現狀之要求。擬議中準備賦予國際衡平法庭各種權力，此項工作現在似應由聯合國接辦。

第三節 强制解決方法

國際爭端如不能用和平的方法解決，最後則只有用强制方法尋求解決。强制解決的方法計有：戰爭、報復、報仇、平時封鎖及干涉等數種。

第一款 戰爭

戰爭（War）之唯一目的乃是以武力制服敵國，强迫使之接受解決之條件，而無他途可循。

在某種意義上，戰爭是國際法的最後制裁手段。我們可以想像得到，戰爭本身不是目的，而是達到維護法治目的之手段。

第二款 報復

報復（Retorsion）是一個國家以類似行動，對付另一國家的無禮貌或不公平的行爲。當國家尊嚴遭受侮辱時，該國在能力範圍之內，可採取不友好而合法的報復行動，例如絕交、取消外交特權、或撤銷財務或關稅的讓與等是。

報復的方式很多，致使人無從明確指出，在何種情形下行使報復始爲正當。卽謂在一切事態下，均可實施報復，亦無不可。

聯合國各會員國可以合法使用報復，此係受聯合國憲章第一、二條影響。例如第二條第三項規定：各會員國應以和平方法解決其國際爭端，俾免危及國際和平、安全及正義。一種可能被認爲合法之報復行爲，在某種情況下，如其足以危及正義者，依照聯合國憲章的規定，便被認爲不合法。

第三款 報仇

報仇（Reprisals）是各國用報仇的手段，向他國要求補償的方法。曩昔，報仇限於奪取財物或人民；但就其現代的意義而言，係指一國爲解決因他國的非法或不當行爲而造成的爭端，向他國採取的强制手段。報仇與報復之區別在於報仇行爲原爲違法，報復行爲法律上不可厚非。報仇的方式不一，諸如經濟抵制、禁運、海軍示威，或砲擊等均是。報仇是國際間最引起爭議的問題，例如一九七三年至一九七四年期間，阿拉伯產油國家禁運石油至某些國家，對於此項禁運的合法性，引起許多爭議，迄無定論，亦表示國際法在這方面尙無定則。

現行國際實例已大致認定，唯有對犯國際侵權行爲的國家實施報仇，始爲正當。如侵權國(delinquent state)事先並未被請求補償其造成之損失，或報仇程度超過所受損失時，報仇便爲不正當。各國蓄意的報仇行爲亦不乏鮮明之事例。如南斯拉夫於一九三五年驅逐匈牙利人出境，以報復匈牙利人在馬薩里刺殺南斯拉夫國王亞歷山大之責任；德國軍艦於一九三七年砲擊西班牙亞爾美利亞(Almeria)港，以報復西班牙飛機之轟炸其軍艦『德意志號』。有一部分權威學者主張，唯有以實現圓滿解決爭端爲目的之報仇始爲正當。而且非至向侵權國要求補償之談判宣告失敗之時，不得訴諸報仇。

嚴格言之，交戰國家在戰爭進行中所作之報仇行爲，與平時報仇全然不同，僅其名義均爲『報仇』而已。戰時報仇行爲之目的，在迫使敵國停止破壞戰爭法；例如，英國曾於一九三九年至一九四〇年間開始沒收中立國船隻裝運的德國出口貨物，以報復德國所佈磁性水雷非法擊沉英國商船。

聯合國會員國使用報仇，應受聯合國憲章之限制。不但第二條第三項限制報仇手段，同條第四項復規定：不得使用威脅或武力或以與聯合國宗旨不符之任何其他方法，侵害他國領土完整或政治獨立。因此，凡對他國使用威脅或武力所構成的報仇，概被認定爲違法。依照一九七〇年十二月二十四日聯合國大會通過之『關於各國依聯合國憲章建立友好關係及合作之國際法原則之宣言』中明確宣佈：『各國皆有義務避免涉及使用武力之報仇行爲』。安全理事會於一九六四年經多數通過譴責報仇行爲係與聯合國宗旨及原則不相容。依照憲章第五十一條規定，除了對抗侵害其領土完整及政治獨立之武裝攻擊爲合法自衞而採取報仇行爲，其他報仇均被視爲非法。而且，憲章第三十三條亦規定：任何爭議之當事國，於爭議之繼續存在足以危及國際和平與安全之維持時，應僅先以談判及其他和平方法求得解決。由是，因報仇而訴諸武力，似亦被認作違法。

第四款　平時封鎖

在戰時，封鎖交戰國之港口乃是非常普通的海軍行動。然而平時封鎖（Pacific Blockade）乃是在和平時所用的一種辦法。平時封鎖有時列入報仇之類，目的在迫使港口被封鎖的國家，圓滿遵從封鎖國的要求。權威法學家們對其合法性頗持疑慮。依照聯合國憲章，即使現在不予廢棄，是否許可以平時封鎖作爲一種片面行動仍有問題。

平時封鎖開始於一八二七年，自此以後，實例不下二十起。通常皆由擁有海軍之强國對弱小國家行之。此種行爲固易遭詬病，但按諸大部分實例，强國之使用平時封鎖，其目的每符合有關國家之利益，如制止內亂、促成條約之適切遵行、或預防爆發戰爭。如一八八六年之對希臘實施封鎖，即是爲了希臘囤兵邊境，藉封鎖而使之解除武裝，避免與土耳其衝突。若從此一觀點言，平時封鎖亦不妨視同爲加速解決國際歧見之一種集體措施。聯合國憲章第四十二條明文規定：安全理事會得採取封鎖，以『維持或恢復國際和平及安全』。

平時封鎖之使用亦有若干顯著的優點。它比起戰爭是一種不太暴烈的行動，且富有彈性。在另一方面又比報仇要過分些。除對弱小國家實施易於迫其就範外，對其他國家實施，將被視同一種戰爭行為。若謂强大的海權國家利用和平封鎖來避免戰爭，可謂為對於和平封鎖的中肯評語。

大多數國際法學家都同意，封鎖國無權沒收企圖突破封鎖的第三國船隻。大體上英國實例亦支持此種看法，因為第三國並無尊重平時封鎖之義務。一般原則是：一個封鎖國只有在它宣佈戰時封鎖，亦卽是封鎖與被封鎖國之間實際上已有戰爭存在，因而有權搜查中立國船隻時，才可扣押他國船隻。但若封鎖國僅僅實施平時封鎖，便無異默認其爭執中之利益，尚不足以與戰爭之負擔及冒戰爭危險相等。因此，在原則上，若無實際戰爭存在，封鎖國卽不應將中立國的義務加諸第三國。換言之，封鎖國不能同時主張平時和戰爭兩種利益。

美國於一九六二年十月在平時對古巴實施『選擇性封鎖』(selective blockade)，或稱『隔絕檢疫』(quarantine)，與十九世紀傳統的和平封鎖不盡相合。第一、封鎖區域超越古巴海岸之外，及於公海，其目的在『禁止』(interdict)供應武器及裝備至古巴，以防止在古巴設立飛彈基地，但不阻止貨品進出。第二、美國使用武力封鎖的船舶不限於古巴，凡是前往古巴的船舶，必要時，對於第三國的船舶予以檢查，或令其依照指定路線航行，以避免進入禁區。倘有違反禁令，並不扣押船舶及運送之武器。第三、美國總統『宣告』，實施此次『隔離檢疫』，是遵照美洲國家組織於一九六二年十月二十三日通過的一項建議：「會員國採取各種措施，確使古巴不應獲得補給」。第四、實施此項『隔離檢疫』，不同於傳統的平時封鎖，船舶事先可申請通行證(clearance certificate)，運輸貨物經過禁區，經檢查後放行。

美國對古巴實施此種特殊封鎖，如果為聯合國憲章所許可，則是由於非常特殊的地理及其他情況所致，而非由於先例。依照習慣的國際法，此項『隔離檢疫』，影響公海自由，應為聯合國憲章所不許。

第五款　干涉

干涉的意義及種類，已於本書第五章中論及，不再贅述。

第二十章　戰爭、武裝衝突及其他敵對關係

第一節　戰爭概說

一九五三年七月二十七日停戰協定結束的四年韓戰，從一九四七年至一九五四年的中南半島戰事，以及一九五六年蘇彝士運河區以色列、埃及、法國及英國的武裝衝突，證實了國際戰爭實例的演變，使國際法中傳統『戰爭法』的基礎完全改變。

這些敵對關係因不具備戰爭狀態（State of war），稱爲準戰爭的武裝衝突（non-war armed conflicts）。此類武裝衝突繼續發生，一九六二年四月至七月印尼與荷蘭發生西新幾尼亞（West New Guinea）衝突，一九六二年十月至十一月間印度與中共發生邊疆戰爭，一九六〇年至一九六三年剛果境內的武裝行動，印度與巴基斯坦於一九六五年九月及一九七一年十二月兩次武裝衝突，一九八二年至一九八三年黎巴嫩內戰，英國與阿根廷於一九八二年四月至六月爲

爭奪福克蘭島發生戰爭，都不曾宣佈戰爭狀態，而被認爲是準戰爭狀態的武裝衝突。

越戰是一種特殊情況，早期可歸屬於準戰爭武裝衝突，自一九六五年以後，衝突升高爲大規模戰爭，已不能再被視爲非戰爭狀態，參戰國明確認其爲戰爭，例如美國總統於一九七一年四月三十一日宣稱：因爲北越及越共（Vietcong）侵犯高棉（現稱柬埔寨）中立，美國爲了自保（self-preservation）有權揮軍進入高棉，以保護其部隊安全，一九七三年一月二十七日在巴黎簽訂結束衝突的協定，即稱爲『結束越南戰爭恢復和平協定』。至於越戰究係外國參加的大規模內戰，或係國際戰爭，抑係具有內戰性質的國際衝突，迄無定論。

傳統的戰爭法規，係規範國家間稱爲『戰爭』的敵對關係。戰爭如用最普遍瞭解的意義來說，乃是二個或二個以上的國家主要武裝部隊的衝突。每一個交戰國的最後目的乃是在擊敗敵國，再以自己的和平條件加諸敵國。戰略家克魯塞維茲（Karl Von Clausewitz）認爲一國使用大規模戰鬭，迫使敵國接受其意旨。法學家霍爾（Hall）賦予戰爭的定義是：

當國家間的歧見達於某一程度，雙方均訴諸武力，或一方從事武力行為，使他方視之為和平之破裂，戰爭的關係乃告成立。在此種關係中，作戰者得相互使用武力，直至其中有一方勢非接受其敵方所提條件不可之時為止。

韓戰乃是一種武裝衝突，起初一方爲北韓的陸軍（後來中共武裝部隊參加），另一方爲南韓陸軍及聯合國所組成的聯軍，並未宣布戰爭狀態。然而後來此種衝突公認是一種戰爭，必需應用傳統所習用的戰爭法。『準戰爭』武裝衝突的史例尚有：㈠一九三一年至一九三二年日本軍進佔東北及一九三七年中國抗戰。㈡一九三八年日俄在張高峯（Chang-Knfeng）衝突。㈢一九五六年十月至十一月的蘇彝士運河區的敵對行爲，此一武裝衝突未被認爲具有戰爭的性質。英國掌壐大臣曾於一九五六年十一月一日發表下列意見：

英國政府不認為其目前的行動構成戰爭……戰爭狀態並不存在，而僅有衝突狀態。

一九五〇年韓國武裝衝突爆發之前，各國在某種程度上早已預見這種『準戰爭』敵對（non-war hostilities）行爲的發展達到頂點。一九四五年舊金山會議制定聯合國憲章時，對安全理事會行使維持和平權力的條件，並不如國聯盟約第十六條規定，有某一毀約國發動戰爭之行爲存在，而是要有『威脅和平、破壞和平、或侵略行爲』之事實（憲章第三十九條）。一九四九年日內瓦紅十字會會議通過有關處理戰場上戰俘、病者及傷者以及保護平民公約，被認定可適用於任何種類的『武裝衝突』及戰爭。

武裝衝突分爲『國際武裝衝突』與『非國際武裝衝突』。一九七七年六月在日內瓦舉行的適用於武裝衝突之國際人權法的確認與發展會議中，通過兩項議定書——第一議定書是『關於保護國際武裝衝突受害者』，第二議定書是『關於保護非國際武裝衝突受害者』，列爲一九四九年八月十二日『日內瓦紅十字會公約』的附屬文件。依照第二議定書第一條規定『非國際武裝衝突』的定義，即第二議定書適用於第一議定書所未包括的所有武裝衝突，此種武裝衝突發生『在締約國領土內，其部隊與敵對的部隊或其他有組織的武裝集團之間，此敵對組織在其控制地區行使負責任的指揮權，使其能進行持久而協調一致的軍事行動，並能履行本議定書』，可是同條並規定：本議定書不適用於『不被視爲是武裝衝突的國內動亂及緊張情勢，例如暴動、單獨的及間歇的暴力行爲、及其他同性質的行爲。』

第二次世界大戰結束後，發生『準戰爭』敵對行爲的主要理由如下：

㈠各國不希望其行爲被解釋爲違背它們在國際條約下所負『不得從事戰爭』之義務（例如一

九二八年凱洛格廢戰公約，其中規定締約國廢棄戰爭為推行國策之工具）；

㈡防止非作戰國家宣佈中立，並藉限制的中立規則以阻礙其戰事的進行；

㈢使衝突局部化，以防止其達到全面戰爭的程度。由是對於下列二種情形必須加以區分：

（甲）國家間之戰爭；

（乙）武裝衝突或破壞和平，不具有戰爭狀態，亦不必局限於有關國家間的敵對行為，而可包括準國家組織（例如國際組織）參加。

此種區分，並非即指第二類敵對關係的有關國家及準國家組織比第一類發生戰爭的國家不需要國際法的規範。

第二類的演變具有重大意義，由韓戰衝突顯示，戰爭本身的性質成為一種正式的武裝敵對狀態，更清楚地係以交戰雙方的意圖為決定之因素。正如克魯塞維茲認為戰爭本身不只是一項政治行為，而且是達成某項目的的眞正政治工具。由是，二個或二個以上的國家只要正式宣戰，雖無戰事發生，戰爭狀態便告成立。例如第二次世界大戰期間，五十個國家曾對軸心國宣戰，而其中有半數以上都並未積極以軍事或其他力量對付敵國。而且依照現代的實例，武裝敵對行為的終止，亦並不一定是戰爭狀態的結束。例如在很多權威學者看來，太平洋戰爭的敵對行為，雖於一九四五年八月日本無條件投降後終止，但日本的敵方仍繼續對其保持戰爭狀態有數月之久，其理由乃是需要借此時期解除南太平洋區的日軍武裝，並佔領日本本土。

戰爭的『狀態』學說（The Status Theory of War），尚可從下列事例證之。德日兩國於一九四五年無條件投降之後數年期間，已遵照美、英、俄三國在戰時所規劃的的方案，解除一切可能繼續作戰的工具，其政府實際上係由盟國所控制。可是就法律觀點言，德日二國仍與其征服者處於戰爭之中。另一例是一九四七年英國外務大臣所發表一項文件，說明英德二國間的戰爭狀態仍在持續之中。英國最高法院認定該項文件對一切法院均有拘束力。此種交戰關係延長的目的，無疑在使軍事佔領與管制能繼續維持。而交戰國中任何一方都未能迅速達成和平解決，簽訂和約，亦爲一個重要的因素。

本章開端對戰爭所下之定義，曾謂戰爭是國家間主要武裝部隊的衝突。此處所謂『主要』頗值注意。誠如第二次世界大戰的史實所昭示，現代的戰爭不僅涉及交戰國家的武裝部隊，並可包括其全部人民在內。在第二次世界大戰中，交戰國間相互所施的經濟及財政的壓力，其重要性似僅次於實際的武裝敵對行爲。宣傳戰及心理戰之運用，對於瓦解敵人士氣亦極居重要。而且，人民遭受空襲及戰時糧食缺乏之痛苦，較戰鬪員尤有過之。

至於究竟是戰爭狀態，或僅是『準戰爭』狀態敵對行爲，此一問題須視下列各項因素而定：㈠衝突的程度；㈡衝突國的意圖；㈢非衝突國之態度及反應。

就衝突的程度而言：僅爲局部化或有限度的武力衝突行爲，不足稱爲戰爭。

就衝突國的意圖（intentions）而言：倘衝突僅與當事國有關，而不影響其他國家者，則衝突之意圖具有決定作用。換言之，凡經宣戰，或在未經宣戰的情況下，衝突國將衝突視作戰爭，此種意圖必須賦予實效；反之如雙方決定將戰鬪視同『準戰爭』的敵對行爲性質，則戰爭狀態便不存在。然而，假如衝突國之一方認爲是戰爭，而他方又認爲並非戰爭，此時則不可解決之困難必然發生。如印度與巴基斯坦於一九六五年九月發生敵對行動，就是一例。一方認爲是戰爭，顯然意在獲得交戰國權利，另一方否認是戰爭，旨在不受戰爭法的拘束。

就非衝突國之態度及反應而言：凡衝突影響非衝突國家之權益時，非衝突國家應考慮其採取之立場。假定敵對行爲之範圍擴大至於足夠戰爭的程度，則不論衝突者雙方之意圖如何，非衝突國家決定認爲交戰狀態業已存在。倘第三國採取此一途徑，則同衝突任一方均可行使交戰國權利，因有可能影響其權益，可是衝突國間的關係仍是非戰爭狀態。

第一款 『準戰爭』敵對行爲之規則

一九五〇年至五三年之韓戰衝突，以及上文所述之其他衝突，顯示出一種趨勢，卽各國每將有關戰爭的大部分法規，應用在『準戰爭』敵對行爲上。如一九四九年的日內瓦紅十字會公約，在措辭上亦明白規定，該公約得用於『準戰爭』武裝衝突。韓境聯軍統帥宣佈：聯軍遵守『戰爭法』及一九四九年日內瓦紅十字會公約規定的各項規則。聯合國大會於一九六九年十二月十六日通過一項決議，在武裝衝突中尊重人權，卽在所有武裝衝突中必須適用基本人道原則。但是此種武裝衝突，必有其各別的特殊情形。例如在採取敵對行爲的國家或準國家組織間，並未完全斷絕外交關係，一九六二年中共與印度邊界發生衝突，就是一個顯明的例證。因此無法預測未來的準戰爭狀態的武裝衝突，是否可以自動適用全部戰爭法規。至於何種戰爭法規可以適用，或適用至何種程度，均須視情況而定。

就聯合國安全理事會可對『準戰爭』武裝衝突採取執行行動而言，安全理事會依照憲章第三十九條及其後數條所作之實際建議或辦法，以指示參與敵對行爲的國家遵行者，自可列入國際法範圍內。

第二款 其他敵對關係

在和平狀態與戰爭狀態或『準戰爭』敵對行爲狀態之間，自尙可有其他各種程度不等的敵對關係存在，惟迄今幾尙未納入國際法範疇之內。西方國家與共產集團國家間自一九四六年以來所存在的對立狀態，亦卽所謂『冷戰』(Cold War)，卽其一例。此種冷戰，在某種程度上，亦已對國際法發生影響。例如對立國家間，雙方均史無前例的干涉對方的外交人員，爭取對方外交人員背叛其國家，和誘使其洩漏機密，甚至限制對方外交人員的自由，已被認爲是正當的舉措。而且在冷戰之下，儘管有關國家間仍維持正常外交關係，一個集團的國家勢必對另一集團的國家，擴大進行敵意宣傳及其他不友善的行爲。

美、蘇擁有核子及熱核武器和飛彈，並在全球佈署，造成的不安局勢，形成『冷戰』中所謂『恐怖均衡』(balance of terror)。這些國家未受到攻擊且未獲得聯合國安全理事會授權之前，在何種情況下，始可採取自衞行爲，而不致違反國際法，就是一個爭議的問題。例如美國高空偵察U-2飛機於一九六〇年飛越蘇俄領空，而被擊落，飛行員被俘。同樣情形，美國飛機於一九六二年十月至十一月間在古巴領空飛越偵察，此等行爲之合法性曾引起爭議，問題是否許可在平時進行空中偵察。依照常情而論，一國政府飛機未得他國許可擅自飛越他國領空，自屬違反國際法，倘此等飛行被視爲合法，豈不使國際法規則有了基本改變。

馬來西亞於一九六三年接受沙勞越及沙巴兩州加入組成聯邦，引發與印尼的『對抗』(confrontation)，此種『對抗』行爲，危害馬來西亞領土完整，在國際法上引起一個新的敵對關係。

所幸此種『對抗』為時不久，雙方於一九六六年八月十一日在雅加達簽署一項和平合作協定而結束。

第三款　戰爭或敵對行為之開始

自古以來，各國對於戰爭開始之實例極為紛歧。降及十六世紀，習慣上係用挑戰書或藉傳令官，將宣戰之意思通知對方，但其後卽廢而不用。至十七世紀，格羅秀斯認為宣戰是必要的，可是後來幾次戰爭的開始都未經正式宣告。至十九世紀，公認用宣戰或最後通牒等預先警告方式乃屬必要。可是二十世紀內很多實例，都與此一規則不相符合。一九〇四年，日本對蘇俄駐旅順艦隊實施突襲，開始敵對行為，自圓其說為日俄談判已告破裂，日本並已通知俄國將保留採取獨立行動，以保障其利益的權利。

旅順事件導致一九〇七年第三海牙公約（卽戰爭開始公約），其中規定敵對行為之開始，必須事先採取下列兩種預先明白警告方式之一種：㈠附具理由的宣戰書；㈡附具有條件宣戰的最後通牒。並規定戰爭狀態存在的事實，必須立卽通知中立國，雖使用電報通知，也無不可。就中立國而言，非俟其接到此項通知，不能認為戰爭狀態已經開始。不過若能證明中立國已知戰爭狀態無疑義者，中立國亦不得以未接通知為詞，而予以否認。

在一九三五年至一九四五年間，各國對此規則之尊重者極鮮，敵對行為屢次未經事先宣告而開始。在一九四五年第二次世界大戰結束之後，歷次發生的武裝衝突，均認為宣戰規則不適用於此類衝突，但也並不認為在敵對行為開始前已廢棄宣戰的程序。

第四款　戰爭權及武裝衝突權之法定限制

二十世紀的國際法中有一種最具意義的演變，乃是對於以往未加規範的國家訴諸戰爭或從事『準戰爭』敵對行爲，或使用武力的權利，現今予以法律規範，以及集體安全觀念的發展。

聯合國集體安全觀念，旨在維持國際和平與各國領土完整及政治獨立，反對武裝侵略，就所有國家整體利益而言，在本質上應屬合法。包奎（Bourquin）教授說：『集體安全組織不是反對某一特定侵略，而是反對共同危險的戰爭』。

國聯盟約（第十二條至十五條）主要重點，在於限制會員國訴諸戰爭的權利，以免其不遵守仲裁、司法解決、或國聯理事會之建議以解決特別容易導致破裂的爭端的義務。其次在杜絕若干種訴諸『準戰爭』敵對行爲的情況發生，例如，盟約規定各國有將可能導致敵對行爲的爭端，設法由仲裁或司法解決謀求解決的義務。盟約復規定各國有尊重他國領土完整及政治獨立之義務（第十條）。

一九二八年，凱洛格公約（或稱巴黎廢戰公約）之簽訂，各國一致同意廢棄依賴戰爭解決國際爭端及將戰爭作爲推行國策的工具。各國復同意除使用『和平手段』外，不得尋求其他手段（無疑包括『準戰爭』敵對行爲在內）解決國家間的爭端或衝突。

一九四五年聯合國憲章在措辭上比上述兩種文件更爲進步。對於狹義的戰爭已不予強調，代之而起的是『和平之威脅』、『和平之破壞』及『侵略行爲』，係將戰爭及『準戰爭』的武裝衝突均包括在內。憲章第二條規定：各會員國應以和平方法解決其國際爭端，俾免危及國際和平、安全及正義。並不得使用威脅或武力侵害任何國家之領土完整或政治獨立。各國並須約束自己，一秉善意，履行其依憲章所擔負之義務。會員國擔負的義務包括：㈠凡可能危及和平及安全之爭端，均應依照憲章第三十三條至第三十八條規定之和平方法，謀求解決；㈡遵從安全理事會維持和平之最高職權，其中包括安全理事會就國際敵對行爲所作認爲適當之決定及建議。這種維持和平的觀念，原不在憲章所訂明確義務之內，但可解釋爲安全理事會具有拘束力的決定或建議，各國之欲訴諸戰爭或敵對行爲者必須加以接受，這是憲章最顯著的進步之處。

在這方面，有下列二種情形極關重要：

㈠侵略之戰爭或敵對行爲；

㈡自衞性質之戰爭或敵對行爲。

就㈠項而言，除安全理事會依照憲章第三十九條有權力制裁『侵略行爲』外，紐倫堡及東京軍事法庭之審訊戰犯所作之判決，亦證實了一種觀念，那就是侵略的戰爭，或違反國際條約的戰爭，均屬違法。紐倫堡及東京軍事法庭更進而主張：凡是『策劃、準備、主動、或發動侵略戰爭或違反國際條約之戰爭』等行爲，都是國際犯罪，其從事此種行爲之個人負有刑責。此等觀念要皆以一九二八年凱洛格公約爲基礎。不過國際法學家鑑於一九四一年以前的各國實際遵行的慣例，對於上述判決之健全性曾表懷疑。

爲了適用紐倫堡原則，需要決定戰爭至何時方爲『侵略的』戰爭，或者爲了安全理事會達成維持和平的職權，需要決定『準戰爭』敵對行爲何時構成『侵略行爲』，此均爲困難所在。倘若一國合法自衞，對付他國之攻擊，固不能謂其犯發動侵略戰爭或使用武力侵略的罪行。但如一國破壞條約義務，或無正當理由故意加害對方，而攻擊他國之政治獨立或領土完整，則顯屬犯侵略罪行。在一九一九年至一九三九年期間，各國間簽訂互不侵犯雙邊條約者不乏其例，但條約之起草人鮮能賦予『侵略』一詞以定義。直到如今，此種困難仍未解決。一九五二年及一九五四年聯合國大會曾兩次成立侵略定義問題特設委員會，專司其事，用力雖多，迄無結論。

直至聯合國大會於一九六七年十二月十八日通過決議，第三次成立侵略定義問題特別委員會，該委員會至一九七四年三四月間第七次會議時，始一致通過侵略定義，復經聯大於一九七四年十二月十四日決議認可。依照該定義第一條規定：『侵略是指一個國家使用武力，侵犯另一個國家的主權、領土完整或政治獨立；或以本定義所宣示的與聯合國憲章不符的任何其他方式使用武力』。本定義中『國家』一詞，包括『國家集團』(a group of states)在內，且不影響國家承認問題，或一個國家是否爲聯合國會員國的問題。第二條規定：『一個國家違反憲章的規定而首先使用武力，就構成侵略行爲的顯見證據，但安全理事會得按照有關行爲或其後果嚴重情況另下論斷。』第三條逐一列舉侵略行爲：㈠一個國家的武裝部隊侵入或攻擊另一國家的領土；或因此種侵入或攻擊而造成的任何軍事佔領；或使用武力吞併另一個國家的領土。㈡一個國家的武裝部隊轟炸另一國家領土。㈢一個國家的武裝部隊封鎖另一國家港口或海岸。㈣一個國家或以其名義，派遣武裝部隊、武裝團體、非正規軍或僱用兵，對另一國家進行武力行爲，其嚴重性相當於上述所列各項行爲；或該國實際捲入了這些行爲。第四條規定『以上列舉的行爲並非詳盡無遺，安全理事會得斷定其他行爲亦構成憲章規定下的侵略行爲』。第五條規定：『不得以任何性質的理由，不論是政治性、經濟性、軍事性或其他性質的理由，爲侵略行爲作辯護，侵略戰爭是破壞國際和平的罪行。侵略行爲引起國際責任。因侵略行爲而取得的任何領土或特殊權益，均不得並不應承認爲合法。』第六條規定：『本定義絕不得解釋爲擴大或縮小憲章的範圍。』第七條規定：『本定義絕不妨礙人民淵源於憲章的自決、自由和獨立的權利。』第八條規定：『上述各項規定的解釋和適用是彼此相關的，每項規定應與其他規定連在一起加以解釋。』

此項侵略定義在法律上很難說是完美無瑕，其價值在對一國侵略行爲的性質建立了鑑定的標準。至於何國爲侵略者之問題，應由一具有職權之國際組織加以決定，此一組織卽安全理事會。鑑定標準除依侵略定義規定者外，一再拒絕用和平方法謀求解決爭端，而使用武力或威脅破壞人類和平及安全就是侵略。

就自衞之戰爭或敵對行爲而言，聯合國憲章第五十一條承認，各會員國對於對抗武力攻擊有單獨及集體自衞的自然權利，惟限於在安全理事會採取行動以前，安全理事會並保留隨時採取必要行動的充分權責。依照聯合國憲章第五十一條的精神，北大西洋各國於一九四九年四月簽訂區域安全條約，成立北大西洋公約組織。該公約規定，如任何一締約國遭受武力攻擊時，其他締約國卽採取集體自衞行動。

聯合國憲章第五十一條中所列之自衞權（Right of Self-defence），旣受安全理事會保留採取行動之限制，在範圍及程度上自與國際法習慣規則所可適用之自衞權有別。憲章所賦予的自衞權不但較通常所謂之自保權（Right of Self-Preservation）更受限制，而且唯有在一種『立卽而不可抵抗的』情況下，『無他種方法可循，亦無從容研議之餘裕』，始可採取防禦或保衞措施。而且這種措施還要不能夠不合理，並且不得過度。再就決定何爲侵略而言，則任何舉措是否可藉自衞權而認其爲正當之問題，最好亦宜由國際法院或國際機構裁決之。

第二節　戰爭及武裝衝突開始之效果

戰爭的開始（outbreak of war），對於交戰國雙方的關係，在法律上具有重大的效果。首先必須知道何人或何物應被認定爲具有敵性。蓋國內法禁止人民與敵國通商及交往，並規定可以沒收敵產。

國際法的一般規則，與國內法不同。國際法認爲各國可以在戰爭開始時自由制定此種立法，而且原則上此項規則對於『準戰爭』武裝衝突之情形亦同樣適用；不過受有一種限制，倘若此種衝突屬於聯合國安全理事會維持和平權力管轄範圍，則有關國家必須遵從安全理事會之決定或建議。

依照一九四九年日內瓦戰時保護平民公約第三十五條規定，對敵國人民除因國家利益需要拘留外，凡未被拘禁者均得離境。倘被拒絕，他們有權向當地主管法院或行政機關申訴。該公約並禁止對敵國人民採取超過軟禁或看管以外的嚴厲措施，應對被拘留的敵國人民予適當待遇。

關於戰爭開始，對於在國際法上與在國內法上所發生的主要效果，將於以下作廣泛之研討。不過下文所列舉之諸種法律效果，並不完全適用於『準戰爭』武裝衝突。

在一九五〇年至一九五三年的韓國武裝衝突，以及一九五六年的蘇彝士運河區的敵對行爲中，各國的實例顯示出，各國在這方面的態度可謂大異其趣。我們從各國實例上可以看出，在『準戰爭』武裝衝突之情形下，各衝突國家並不作繭自縛地援用戰爭法的嚴厲規則，尤其並不一定相互斷絕或暫停外交及條約關係，而是隨着衝突特殊情形之需要而自作調整，而且在必要時還須遵循聯合國安全理事會及大會所作決議或建議。

第一款　戰爭中之敵性

就對個人而言，各國實例對於敵性（enemy character）之認定，頗不一致。按照歐洲大陸法的規則，敵性決定於國籍；英美法院則主張住所制。但這兩種制度各有若干例外情形，又使英美制與大陸制漸趨於相同。時至今日，大陸與英美兩制間已無實際區別存在。

一般言之，敵對的戰鬥員及居住在敵人領土內之敵國人民，均一概以敵人待之。在敵人有效軍事佔領區內之住所，與敵人領土內之住所同樣看待。按照英美實例，甚至在敵人領土內居住或經營事業的中立國人民，亦均被認爲敵人。而敵國人民居住於中立國領土者反而不具敵性。惟兩次世界大戰期間的英美二國的立法，都以影響力或關連性作爲判斷敵性之準則，不論涉及之人居住於敵國領土或中立國領土。

英國上議院曾就戴姆勒有限公司與大陸輪胎橡膠公司訴訟案（Case of Daimler Co. Ltd. v Continental Tyre and Robber Co. Ltd.），對公司的敵性有所主張。對於在敵國境內經營業務而不在敵國設立及登記之公司，或既不在敵國境內經營亦不設立於敵國，而係設立於英國或中立國之公司之敵性，確立一項判斷標準。卽凡『其代理人或實際管理人員居住於敵國，或不論居住何處；凡依附於敵、聽命於敵、或在敵人控制下行事之公司』，均可判定其具有敵性。這是一項極端嚴格之原則，曾受到很多批評。除戴姆勒案的判決之外，英國法律明白規定，凡設立在敵國境內之公司具有敵性。

就船舶而言，表面上其敵性係決定於所懸旗幟。敵人所有的船舶，航行時懸掛中立國旗幟，如有下列情形，即被判定具有敵性，並喪失其中立性：㈠在敵國工作人員命令下參加敵對行為，或被敵方僱用，用以運載軍隊，傳遞情報等等；㈡拒絕合法行使臨檢權與搜索權。在這種敵船上發現之一切貨物亦判定為敵貨，非至中立國貨主提出相反證明時，不予變更。

就貨物而言，凡貨主具有敵性，貨物便作敵產處理。不列顛國協會員國頒佈各種戰時法令，其中禁止與敵通商及沒收敵產之規定，均反映出上述廣泛原則之被採用。

第二款　戰爭與外交關係

戰爭一開始，交戰國間之外交關係自然終止，彼此派往交戰國之大使或公使即向駐在國外交部領回護照，或不待領回，即由駐在國外交部派員送回，偕同館員與隨從，下旗返國。依照維也納外交關係公約第四十四條規定，駐在國須給予便利使能儘早離境，遇必要時，須供給其所需之交通運輸工具。

第三款　戰爭與條約

戰爭對於交戰國間所訂條約之影響，乃是法律上迄未解決的一個問題。按照較早的學說，開戰以後，交戰國間所有的條約一概立即終止。這種風行一時看法，現已為當代學者所捨棄，且與晚近各國實例不符合。蓋近代各國均將部份條約認爲廢止，部份條約認爲仍然有效，部份則暫行停止，俟和平時再行恢復。

各國的實例既不一致，故很難定出一致之原則。卡道羅（Cardozo）法官說：國際法『不能維持條約或廢止條約，不論其產生之效果如何。從實用的觀點來處理這種問題，維持也好，廢止也好，都依戰爭的需要而定。』

戰爭對於條約的影響可用兩種標準加以測定。一種是主觀的意思——亦卽締約雙方是否均有意使條約在戰爭開始後仍然有效？另一種是客觀的事實——亦卽條約之執行與戰爭之進行是否並行不悖？

玆應用上述兩項標準，衡量各國實例及學者意見，歸納結論如下：

㈠交戰國間爲維護共同政治行動或良好關係所締結之條約，如同盟條約，應予失效；

㈡凡代表一種業已完成之情況或旨在設置一種永久的狀態之條約，如割讓條約、劃界條約等，均不受戰爭之影響，而繼續有效；

㈢交戰雙方如係締約國，而條約內容爲規定戰爭行爲規則之條約，如一八九九年及一九〇七年的海牙公約，和其他制定戰爭規則之條約等，均保有拘束力；

㈣有關保健、藥品、保護工業財產等，屬於立法性的多邊條約，不因戰爭開始而廢止，但或暫時停止，以待敵對行爲終止後恢復，或在戰時仍部份適用；

㈤有時於條約中加列明文，言明締約國在戰爭開始時之立場。例如一九一九年國際航空公約第三十八條規定：戰事開始時，締約國不論爲交戰國或中立國，本公約並不影響其自由行動，亦卽意指戰爭期間締約國之義務暫停履行。

㈥關於其他類條約，如引渡條約，在無明確規定下，顯須暫停實施。

凡屬條約因戰爭而暫停履行者，若干學者主張其不因和平來臨而自動恢復效力，必須於和約中予以明白規定。實例對此說並無佐證之效，不過通常和約或結束戰爭狀態的條約中，列有明文，以排除何種條約繼續有效之疑慮。

第四款　戰爭與禁止通商往來

戰爭開始時，交戰國人民間之通商及往來卽告斷絕，通常各國均有特別之立法加以規定。各國對此所採實例之詳情，非本書探討之範圍，我們可得而略述者，乃國際法授與交戰國以極廣泛之自由，以制定與此有關之國內法。

同樣，交戰國人民間所訂之契約，國際法亦予國家以完全之自由，於戰爭開始時，或予以廢止，或暫行停止其效力，或任令其繼續有效。此亦屬於國內法之範疇，不擬多加論述。惟各國實例亦不乏統一性，卽凡足以資敵、或需與敵國人民往來或通信之契約，大多數國家均予以廢止。而對於已開始執行或清償債務之契約，則不廢止，而係暫停執行，以待戰爭狀態之結束。

第五款　戰爭與敵產

戰爭對於敵產發生的效果，係視該項敵產之屬於公產或私產而定其差別。

㈠敵國公產：交戰國得沒收其領土內屬於敵國之動產，本國軍隊佔領敵方領土之內的敵人動產，如可充軍用者亦得加以徵用。佔領敵方領土之不動產可加以使用，但不能取得或處分。海上軍艦及其他公用船舶之屬於敵國者亦得拿捕及沒收，惟從事探測研究工作，以及用於宗教、科學、慈善或醫院等用途者除外。

㈡敵國人民私產：如今各交戰國之一般實例，對於在其領土內之敵國人民私產均予以查封，而不加沒收，以俟和約訂立時再定處分。國際法中是否有不許沒收之規則尚乏定論，學者對此所持之意見亦殊不一致。但佔領區內之私產，除直接可用於戰爭者外（例如，戰場上合法戰利品、戰爭物資、或軍事佔領必需之貨物或勞務等），一律不得掠奪、沒收或干擾。惟與陸地上敵國人民私產之受相當保護者相反，海上敵船及敵貨應被沒收。至於中立國船隻上之敵貨，除下列二種情形下，不適用上述原則：（甲）其物資可充作戰用途；（乙）對於敵人一再破壞戰爭規則之報復。

第六款　戰鬥員及非戰鬥員

戰鬥員（combatants）可分爲二類：㈠合法的；㈡不合法的。合法的戰鬥員在戰爭中可以殺害、殺傷，或捕獲作爲戰俘。有若干類合法的戰鬥員（如間諜），受特別的危險或殘害，或在被捕時受到特別嚴酷的迫害。不合法的戰鬥員（unlawful combatants）可以被捕及拘禁，並由軍事法庭審訊及處罰其所犯之罪行。敵國人民或效忠敵國的人民，列於敵國軍隊名册中，倘其被俘，不得主張合法戰鬥員的權利，僱傭兵被俘亦無權受到戰鬥員或戰俘的待遇。

國際法在傳統上區分戰鬥員及非戰鬥員。在原則上，非戰鬥員不應受故意的攻擊或傷害。但有若干類非戰鬥員（如商船船員）可以被捕而視爲戰俘。十九世紀的官方宣告主張，削弱敵人的軍事力量，乃是戰爭唯一的合法目的。一八六三年，美國陸軍一般命令中曾有下列規定：

未武裝之公民，在人身、財產及尊榮上，應就戰爭情勢許可之範圍內，予以寬免。此一原則已日益為世人所公認。

一九〇七年第四海牙公約（陸戰法規與慣例公約及其附則）曾對戰鬥員及非戰鬥員，或武裝部隊及人民間之區別，作大膽之嘗試。然而在兩次世界大戰中軍事需要之下，此種區別現已幾不存在。

曾有學者就下列六項作戰行動，考察對於非戰鬥員之區別：㈠砲兵轟擊；㈡海軍轟擊；㈢圍城；㈣封鎖；㈤禁制品；㈥空中轟炸。其獲得之結論爲：由於非戰鬥員並非上述六種作戰行動的主要目標，但也能免於上述作戰傷害之保護。

就空中轟炸而言，歷史上所作保護非戰鬥員之努力並不令人滿意。一九〇七年海牙公約附則第二十五條規定：禁止攻擊或轟擊不設防之城市村莊，自應包括空中攻擊在內。但在第一次世界大戰期間，此一成文規則並未受到尊重。一九二三年海牙法學家委員會亦曾制訂空戰法規草案，但並未付諸實施。其中規定：轟炸唯有對特定之軍事目標如軍隊、工事、設施及兵工廠等行之，始爲合法，而且對於不濫炸平民卽無法遂行之轟炸，亦在禁止之列。一九三六年至一九三八年間的西班牙內戰，以及一九三〇年代之中日敵對行爲均顯示：僅僅禁止對特定軍事目標實施空中攻擊是不夠的。一九三八年國聯大會曾通過一項決議，建議一種主觀上之判斷方法，卽凡故意轟炸平民應屬非法。但直到第二次世界大戰爆發之際，各國對於限制空中轟炸之規則，迄未獲得協議。

第二次世界大戰期間，軸心國自始至終使用炸彈、燃燒彈及導向砲彈，肆意濫炸平民及民間目標。同盟國方面終亦以大肆轟炸相報復。而且最後於一九四五年還在廣島及長崎使用原子彈，造成大量的人民傷亡。不論其是否爲合法的報復，同盟國的空中轟炸實與軸心國摧毀民心士氣之轟炸並無二致。鑑於上述史例，在現代戰爭中，苟不欲將民心士氣認作一項眞正的軍事目標，殆屬不切實際之擧。誠然，在總體戰中，若要爲軍事目標下一反面之定義，亦已日益艱難。此外，尚有所謂人民『工作隊』(Work Forces)，或『準戰鬥員』(guasi-combatants)，意指僱用來製造戰爭工具之人民，亦已被當作與軍隊本身同等重要之目標。

一九四九年日內瓦戰時保護平民公約，曾圖保護若干種類的非戰鬥員，使其免於戰時或武裝衝突中與戰鬥員所受相同之危險及不利。其主旨並不在保護一切人民，主要是保護交戰國領土內之外僑及軍事佔領區之居民。不過條文對於其他人民亦規定給予偶而之保護，例如容許建立醫院，設定安全區及中立區，使病患、老耄、幼童、孕婦、傷者及不擔任軍職之平民，能與敵對行動相隔絕。該公約條文中復規定：凡有鮮明標誌之民衆醫院應不受攻擊。

此類公約中之所以必需詳細訂列上述條文，顯示戰鬥員及非戰鬥員之區別已所餘無幾。該公約僅規定交戰國負有義務，不得濫肆或非必要之方式攻擊人民，不得以與軍事作戰無關之目的攻擊人民，並不得採取恐怖行動。

美國對廣島及長崎所投之原子彈轟擊之合法性，各方認爲正當之理由，不外：㈠對軸心國歷次非法轟炸實施報復；㈡迅速結束戰爭，以拯救雙方民命。但就法律觀點言，兩者均不成立。蓋事理至爲顯然，除非原子彈及氫核武器受國際管制，人民在現代戰爭中受保護之機會實微。因此聯合國自一九四六年以來，卽力圖規劃一國際管制方案。原子武器之絕對禁絕似難實現，而國際管制可行方案(包括視察制度在內)，亦迄無協議，唯一之協議乃是於一九五六年十月廿六日通過設立國際原子能總署規約，其目的在加速並擴展原子能之和平及保健用途。

一九五〇年國際紅十字會委員會訴請會員國禁止使用原子彈及沒有區別的『盲目』武器，後來草擬『限制戰時危害平民』規則，作更詳盡規定，提供一九六五年在日內瓦舉行第二十屆紅十字大會討論，通過決議，確認四項原則，其中三項原則承認交戰國有權使用傷害敵人的方法不受限制，惟禁止攻擊平民，聯合國大會於一九六八年十二月十九日通過，關於在武裝衝突中維護人權的決議，重申上述原則。

第三節　戰爭法規

戰爭法規（Laws of War）係指國際法對於戰爭行爲所設定之若干限制，凡爲制勝敵國使用之武力均須在此限制內行之。蓋如無此種法規，則戰爭之野蠻及殘暴將無止境。有關戰爭之法規及慣例，均由交戰國長期存在之實例所形成。其淵源可上溯至中世紀，當時歐陸各國之基督教義及騎士精神，曾共同限制交戰國之過度行爲。按現代之戰爭法規，如殺戮平民、虐待戰俘、施放毒氣、以及擊沉商船而不顧船員之安全等行爲，均屬違法。

自十九世紀以還，大部份戰爭法規係來自條約及公約，而非藉由習慣所衍生。其中最重要者計有：一八五六年之巴黎宣言、一八六四年之日內瓦公約、一八六八年之聖彼德堡宣言、一八九九年及一九〇七年之海牙公約、一九二五年之日內瓦毒氣及細菌戰議定書、一九七二年禁止細菌（生物）及毒氣武器發展、生產和藏儲及其銷毀公約。一九三六年之潛艇法規議定書、以及一九四九年之四項日內瓦紅十字會公約（其名稱依次爲：①改善戰地武裝部隊傷者病者狀況公約；②改善海上武裝部隊傷者病者狀況公約；③戰俘待遇公約；④戰時保護平民公約）等，其對於戰爭法規重要部份之修訂及編纂，具有深遠之貢獻；一九七七年關於保護國際武裝衝突受害者及保護非國際武裝衝突受害者二項議定書。

上述各種法規之主要目的，不僅提供有關戰爭之法則，而且基於人道的立場，減少或限制對於個人之傷害，以及制定武裝衝突行爲之許可範圍。爲此理由，這些法規現代稱爲『人道的戰爭法』（humanitarian law of war），或稱『人道戰爭』（humenitarian warfare）法規。誠然，上述法規曾常被違反，但如無此等法規，則戰爭之殘暴必將全無拘束。就此而言，未來由自導飛彈、核子武器等所從事之所謂『按鈕』戰爭（push-button warfare），其影響誠不能忽視，實構成『戰爭法規』存在之嚴重威脅。

戰爭法規固爲人民之利益而制定，但在侵略國家發動一次非法攻擊的情形下，被攻擊之國家，若受此等法規拘束，顯將有利於侵略者及其武裝部隊。然而在戰爭進行之中，中立國或非交戰國得對侵略國加以歧視；在敵對行爲結束時，侵略國亦必須負擔賠償責任，或恢復不法獲得之領土。凡此無異對於侵略國之懲罰。

在實例上，各國軍人手册中，恒包括戰地指揮官根據戰爭之主要法規及慣例所編訂而成之訓令，其中以一八六三年美國政府委託利伯博士爲美國陸軍起草的陸戰法規爲最著名。

國際人道法（international humenitarian law）規則不僅約束國家，也約束個人，包括武裝部隊成員、國家元首、部長及其他官吏。對於從事軍事戰鬪的聯合國部隊，同樣須受約束，因爲聯合國是國際法主體，應遵守全部國際法，包括戰爭法。除非國際法中條約或習慣規則另有規定外，軍事需要不能作爲違反國際人道法的藉口。

第一款　人權法規的影響

過去十年國際法最顯著的發展，就是戰爭法受到人權法的影響，以致往昔稱爲『戰爭法』(laws of war)，現今改稱爲『國際人道法』(international humenitarian law)。在武裝衝突中適用的國際法規則，受到人權理論影響而有以下的發展：

㈠一九六八年在德黑蘭擧行的國際人權會議通過決議，建議聯合國大會，研究現行戰時保護人權規則。

㈡一九六八年十二月十九日聯大決議要求秘書長作此研究。

㈢秘書長於一九六九至一九七〇年期間提出關於在武裝衝突中人權的報告。

㈣國際紅十字會委員會於一九七一年至一九七二年主辦各國政府專家會議，討論應用於武裝衝突中的國際人道法的確認與發展。

㈤上述專家會議於一九七七年通過關於保護國際武裝衝突受害者議訂書，及保護非國際武裝衝突受害者議訂書二種，以增補一九四九年日內瓦紅十字會公約之不足，並使其適合現今武裝衝突情況需要。此種將人權原則融合於戰爭法中的趨勢幾無異議。

第二款　戰爭法規之制裁及戰犯

由於戰爭法規常被違反，國際法亦未始全無强使各國遵守戰爭法規之方法。其中最有效者乃是報仇（reprisal），不過報仇充其量也是一種暴烈及武斷的救濟手段而已。在第二次大戰期間，當德國開始使用鏈鎖戰俘之不法辦法時，英國就對德籍戰俘戴上脚鐐加以報復，直至最後德國被迫放棄此種不人道和非必需之辦法而後止。而且，德國由於恐懼英國施以猛烈的報復，致不敢對英國使用毒氣戰。

戰爭法規之另一種制裁，乃是在敵對行爲進行中及終止後，對戰犯（War Criminal）予以審訊及處罰。就此而言，第二次世界大戰後同盟國設立軍事法庭審判軸心國戰犯，曾樹立良好之先例。

其次，同盟國家國內法庭並曾審判軸心國主要戰犯以外之罪犯。被告中包括：㈠顯然參與軸心國戰爭陰謀之人員（例如，工業家、理財家及特工人員），被控與主要戰犯同罪；㈡敵國軍隊人員及平民之違反戰爭法規者，亦卽普通戰犯；㈢有叛國罪之所謂『通敵份子』，（卽奎斯林Quisling少校於一九四〇年在納粹統治下組織挪威傀儡政府）。審理上述罪犯之法庭，其種類之多，散佈地點之廣，可謂前所未見。其中包括各國國內的軍事法庭、專設法庭（由職業法官或法學家所組成）、民事法庭，以及國際軍事法庭等，審判地點分佈於歐洲、亞洲、澳洲，甚至南太平洋。

在審理之前，公認爲交戰國對於在其掌握中之敵方武裝部隊人員，或在其領土管轄權之內犯有此種罪行者，有權處罰此類戰犯。但違反戰爭法規者並非全爲戰犯。誠如魯特柏奇（Lauter-pacht）法官所言：戰犯一詞應限於人類共同良知所譴責之罪行而言，其中包括犯罪者之殘暴、不人道、或肆無忌憚奪取與軍事需要全無關係之財產等行爲。此種對於戰犯之觀念可由上述各種法庭所作之判決中綜合得到，且其適用富有彈性。例如在上述各種法庭判決中顯示，下列人員亦得判處戰犯之罪：㈠平民及軍隊人員；㈡無敵國國籍而有敵國關係淵源者；㈢未能約束部下從事殘殺者。依照一九七七年關於保護在國際武裝衝突中受害者議定書第八十五條第五項規定，凡是嚴重違反一九七七年日內瓦紅十字會公約及議定書之規定者均被視爲戰犯。

上述審判已建立一項判例，即長官之命令並不構成一種卸責之抗辯，惟可作爲減刑之依據。一九二一年德國法庭審理郎鐸佛利堡（Llandovery Castle）案，發現被告因於第一次世界大戰中殘殺救生艇中毫無防衛能力之人，乃予以定罪，並拒絕其所提『長官命令』之辯詞。德國法庭宣稱：倘若長官所下之命令，『盡人皆知其違法』，則其抗辯不能成立，不過此種命令可以作爲減輕罪刑之佐證。或謂法庭應考慮被告當時之心理狀態，倘若被告相信命令爲合法，則未始不可據以爲抗辯之理由。由是普通刑法中之所謂『心理狀態』（mens rea）問題亦頗爲重要。誠如紐倫堡法庭指出，眞實之鑑定在於奉令從事犯罪行爲之士兵，『究竟其道義之選擇在事實上是否可能』。

依照戰後各國戰犯法庭判例確立一項原則：部屬依從長官命令違反戰爭法規，固不可擬以抗辯免除其刑責，而長官對部屬之違法行爲，亦應視當時情況負有怠忽職守之責。總之，戰地指揮官應採取措施，防止部屬犯戰爭罪行，一旦獲知有犯法情事，應立即下令停止，倘已確知部屬罪行而不加制止，則構成刑責。

依照一九七七年關於保護國際武裝衝突中受害者議定書第八十六條第二項規定：部屬違反（一九四九年日內瓦）公約及本議定書的事實，在當時情況下，倘其長官知悉，其部屬正在從事犯行，或者獲悉情報當時情況許可使他們停止犯行，而未採取其職權內一切可行措施防止或制止此種罪行，則不能免除該長官的刑責或紀律責任。

所應注意者，部隊長官所負責任是『在當時情況』許可，而他應在其職權內採取『一切可行措施』防止或制止其部屬所犯罪行而未有採取行動，始課予刑責。

戰爭法規尚有一種制裁方式未可忽視。一九〇七年第四海牙公約第三條規定：倘交戰國違反此種法規，該國應付出補償，並負責其武裝部隊人員所作之一切行爲。按此條規定，在簽訂和約時，受害國可要求相當數額之賠償。

第三款　國際刑事法院

第二次世界大戰之後，一九四六年至一九四八年在紐倫堡及東京分別設立國際軍事法庭審判德國及日本的主要戰犯，這是國際社會第一次專爲審判戰犯而設的國際刑事法院，雖是臨時性質，但已樹立良好的先例。聯合國國際法委員會依據國際軍事法庭審判所樹立的各項原則，曾於一九五〇年草擬一項破壞人類和平及安全罪行法草案，同時，認爲需要成立一常設國際刑事法院（International Criminal Court），以審判破壞人類和平及安全罪行與滅絕種族罪行的人犯。

聯合國大會乃於一九五〇年十二月十二日通過一項決議案，設立『國際刑事管轄委員會』，由委員國派國際法專家參加，研議成立國際刑事法院及其管轄權問題。該委員會曾於一九五一年及一九五三年夏季兩度集會，完成草擬國際刑事法院規約草案一種，以供聯合國大會採擇實施。

關於如何成立國際刑事法院的問題，各國法學家認爲有下列四種辦法：㈠在聯合國主要機關中增設一國際刑事法院，其地位與現有之國際法院相等，但此一辦法非修改聯合國憲章無法辦到；㈡在現有之國際法院內增設一刑事法庭，其情形與國內法院之分民庭及刑庭相似；㈢由聯合國大會通過一項決議，專設一國際刑事法院，使其與聯合國發生密切關係；㈣由贊成國際刑事法院之國家簽訂一項公約予以設立，並授權國際刑事法院得對某一類的國際犯罪有管轄權。

可是聯合國大會討論該案時，有許多國家提出異議，尤其是大國均不熱心贊助。它們認爲國際刑事法院之管轄權有礙各國之主權獨立，且認爲各國如不接受國際刑事法院之管轄，該法院將無法强迫違反國際法之各國罪犯出庭受審。至於國際刑事法院審判案件時應適用何種法律，以及國際刑事法院所作判決如何强制執行，均感困難。因而認爲目前成立國際刑事法院的時機尙未成熟，遂將成立國際刑事法院的計劃，予以暫時擱置。

第四款 陸、海、空戰法規

一九〇七年第四海牙公約（陸戰法規與慣例公約）中對於陸上作戰之主要法規訂立甚詳，爲便利起見，有時簡稱『海牙法規』（Hague Rules）、或『海牙規則』（Hague Regulations），其中對於戰鬭人員之地位，亦卽何人應享受合法戰鬭員之待遇列有明確規定。凡游擊部隊、國民兵或義勇軍（如英國第二次世界大戰中所用的英國本土警衞軍）等之受正式軍事指揮者、佩有確定顯明之標幟由遠方可以識別者、公開携帶武器者、其行動合於戰爭法規及慣例者，均適用戰爭法規及合法戰鬥人員之權利及義務。『人民自衞軍』卽人民自動起來有組織的對抗敵人，其由政府當局召集予以武裝者，則爲使其視同合法戰鬥員起見，亦應具備上述四個條件；其在敵人逼近時自動擧械抵抗者，只需符合兩個條件；公開携帶武器並恪遵戰爭法規及慣例，卽可成爲合法戰鬥員。依照一九四九年日內瓦戰俘公約第四條規定，有組織抵抗運動的部隊，倘其符合上述四個條件，卽使在佔領區從事戰鬥，有權享受戰俘待遇。一九四七年至一九四八年間紐倫堡法庭審理『人質案』（Hostages Case）時曾有人主張：第二次大戰時在德國佔領區內作戰之便衣游擊隊及黨軍無權享受合法戰鬥員之地位，此種觀點事實上已被否定。該案中尙有另一判決：爲謀求當地人民之服從，將人質處決，亦曾引起不滿之批評。

一九〇七年海牙法規對於戰俘待遇亦有規定。一九二九年各國在日內瓦修訂戰俘待遇公約，至一九四九年日內瓦戰俘待遇公約復替代前約，對於戰俘及其他俘虜應受之人道待遇有詳明規定，適合二十世紀的戰爭和武裝衝突之實況，但考諸一九四九年以來的情況，倘未盡符合當前需要。俘獲國對於以人道待遇戰俘，該公約中訂有嚴格之義務。俘獲者如欲向戰俘盤詰對作戰有用之情報，不得使用不必要之殘暴手段。在敵對行動終止之後，應立卽釋放並遣送戰俘（見該公約第一一八條至第一一九條）。上述規定係基於戰俘如願返回其本國之假定。不過在韓戰休戰談判時，聯軍指揮部在甄別數千戰俘時却遭遇一個新的難題，很多戰俘由於恐懼回到鐵幕遭受迫害，均不願被遣返。一九五三年七月二十七日之韓戰休戰協定係在重視人道原則下所締訂（見韓戰休戰協定第三十六條至第五十八條），聽由戰俘自由意志的選擇。

一九七三年一月二十七日在巴黎簽訂的四方面（美國、南越、北越及越共）結束越南戰爭恢復和平協定第八條規定，締約各方應依交還全部人員名單所列，立卽遣返被俘軍事人員及外國平民，並不得遲於部隊依照協定第五條規定撤退之同日完成。依照該協定所附議定書第一條第二項規定，爲遣返被俘軍人及平民，應受國際委員會監督與管制。從這些規定中，包括遣返被俘平民，可見越戰性質與以前戰爭之不同。國際法對於未來此類武裝衝突中被俘平民之拘留與遣返，亦需予以規定。

一九四九年日內瓦會議通過下列各項公約：㈠改善戰地武裝部隊傷者及病者狀況公約，其中詳細規定交戰國應保護傷者及病者，並尊重正常收容此等傷病之醫護隊及機構；㈡改善海上武裝部隊傷者病者狀況公約，其中規定對於上述人員之尊重及保護，尤以有關醫院船之重要條文而見長，蓋係自第二次世界大戰之經驗得來。

一九〇七年海牙陸戰法規與慣例公約第二編，對於戰鬥及從事敵對行爲之方法及手段曾有規定。有若干戰鬥方法及手段均在禁止之列，例如，有毒武器及過度痛苦的武器之使用、或拒絕納降等。作戰的詐技如按照一般實例行之，應在許可之列，但如有背信或欺詐情形則屬不可。對於不設防之城鎮不得濫施轟炸（第二十五條）。第二次世界大戰期中曾有宣佈某某城市爲『開放城市』（open cities，如巴黎於一九四〇年，馬尼拉於一九四一年，羅馬於一九四三年等是），其意義與海牙法規中所稱之『不設防城市』（undefended towns）相當，惟加上另一特徵，卽該城市完全開放，可由攻擊者自由出入。不設防城市中之不開放及自由進入的軍事目標，得由空中加以轟擊。對於設防城市之轟擊，除突襲外，在開始前應由攻擊部隊之官員提出警告，並須免除對於標幟明顯之教堂、醫院、紀念碑等之轟擊。掠奪是在禁止之列。

海戰法規有一部份包含在國際法之習慣規則之中，有一部份包含在一八五六年巴黎宣言，一九〇七年海牙公約第六、七、八、九編規定海軍轟擊，第十、十一、及十三編各條規定海戰中之中立國權利及義務，以及一九三六年倫敦潛艇法規議定書中。海戰中，交戰國有權拿捕敵船及敵貨，參加海戰之海軍艦艇、潛水艇及航空器得擊毀敵國商船，惟須保證船員、乘客及證件之安全，但堅拒停船或上船搜查時則爲例外。商船對於不依照上述規定，而一見卽施以攻擊，亦有權自衞。私掠船爲非法（見一八五六年巴黎宣言）。商船得合法改裝成艦艇，但按照英國實例，改裝工程須在本國港埠完成，而不能在海上或中立國港口爲之。補助艦艇可按具有戰鬪性質看待，惟須爲海軍部隊之一部份而用以協助海軍作戰者爲限。

依照海牙公約關於海軍轟擊之規定，對於不設防港埠及城鎭等實行海軍轟擊，除非當地機關拒絕遵從徵發糧食補給的正式要求，概在禁止之列。凡軍事工程，陸海軍設施及其他軍事目標等得受攻擊。

漂流水雷不得濫佈。凡佈雷之交戰國均負有義務，不僅須採取一切可能預防措施，以策和平航行之安全；而且須在軍事考慮許可下，儘速通知雷區明確範圍。所惜海牙公約關於潛艇及觸發水雷條文規定較弱，益之以新型水雷及佈雷新法之演進，有關佈雷之法規誠不夠明確。

第二次世界大戰，對於上述各項海戰法規，尤其是對於一九三六年潛艇規則議定書的規定，一再不顧，一方面是對於違約者的報復，另一方面是由於嚴格遵守規定將招致危險。在過去三十年中，海軍武器裝備的新發展，例如核子動力戰艦及潛艇，具有發射核子飛彈的能力，在海戰中使用軍機，在戰艦上發射長程飛彈，使得過去所訂的海戰法規幾無法實施。這些科技的發展，迫使海軍在公海上作戰劃定『禁區』（exclusion zones），例如一九六二年美國海軍在古巴沿海劃定『隔絕區』（quarantine），祇許可海面艦艇進入，禁止核子動力潛艇進入禁區。

現今國際法尚無規則，禁止使用心理戰，或禁止鼓勵敵國人民叛變或起義。

依照一九二五年日內瓦議定書，毒氣及細菌戰均在禁止之列。一九七二年禁止發展、生產及藏儲細菌（生物）與毒氣武器及其銷毀公約作更詳盡的規定。一九五六年五月在海牙通過的國際保護文化財產公約規定：作戰雙方在戰爭中避免對於藝術品、紀念碑及歷史性建築之摧毀，列有保護措施。

聯合國於一九八〇年十月在日內瓦舉行禁止或限制使用『不人道武器』（Inhumane Weapons）會議中通過一個公約及三個附屬議定書，應是國際人道法中一個重要的法律文件。第一個議定書禁止使用傷害人體經X光檢驗不出的微碎武器，第二個議定書禁止使用地雷、詭雷及其類同武器，第三個議定書限制使用燃燒彈。該會議對於其他一些所謂『不人道武器』未能達成協議。留待將來研究的尚有下列三類：卽火箭、破片彈頭及空中爆炸砲彈，法學家認爲該會議對於規範傳統武器的使用所發生的效果，極爲有限。

第五款　軍事佔領

第一項　軍事佔領觀念之演進

當交戰一方擊敗或驅走對方軍隊，臨時控制敵方領土，謂之軍事佔領（Belligerent or Military Occupation）。國際法需要一套規則，以釐定佔領當局與佔領區人民之間的權利及義務關係。在格羅秀斯時代（十七世紀初），關於軍事佔領的臨時權利，與征服敵國領土的永久權利，並無區分。當時佔領軍對於佔領區行使主權的權利（Rights of Sovereignty），甚至征集佔領區人民服兵役。及至十七世紀中葉，對於佔領軍行使的臨時管轄權，與最後由和約決定敵國領土之地位二者之間，已有明顯的劃分。佔領軍基於對敵國領土的事實控制，而具有行使臨時法律管轄權（Temporary Legal Authority）。此種管轄權的性質與範圍，一方面決定於佔領軍的軍事需要，另一方面決定於佔領區人民之利益及福祉。由於二者相容相制的交相作用（interaction），而形成近代軍事佔領的法規。

第二項　軍事佔領法規

軍事佔領必須與征服敵國領土之其他兩個階段分別清楚：㈠侵入（invasion）：是指建立完全控制前的一個軍事作戰階段而言；㈡主權完全移轉：此一階段或係經由征服之後予以併呑，或係締結割讓領土條約之結果。而軍事佔領乃係介於上述兩個階段之間，對於敵國領土之事實而有效的控制。一九〇七年海牙規則（Hague Regulations）規定：唯在一國領土『事實上已置於敵軍權力之下』，軍事佔領始行開始。例如第二次世界大戰期中（一九三九—四五）顯示的實例，一個敵國從敵軍佔領中解放的第三國（如希臘）領土上臨時成立軍政府（military government）。軍事佔領開始，卽軍事侵入階段終止之時。此兩個軍事作戰階段的截然劃分，至爲重要。蓋在軍事佔領階段，佔領當局必須尊重佔領區內人民之若干權利及義務。其次，軍事佔領並不取代或移轉佔領區的主權，佔領國僅能在國際法許可下行使其軍事管轄權。職是之故，軍事佔領並不改變當地人民之國籍，亦不得要求當地人民向其效忠。佔領國之地位是一個過渡軍政府（Military Government），有權使居民服從其維護公共秩序、保護佔領軍安全、以及制定爲治理佔領區所必需之法令。

佔領國在佔領區之合法行爲，在佔領結束之時可取得承認，但違反國際法的行爲，例如，德國於一九三九年至一九四五年在佔領區內掠奪私人財產，則爲過當之行爲。

國際法中有關軍事佔領之基本原則，乃是佔領國之管轄權僅屬臨時性質，一俟交戰國間的問題獲得最後解決，便告終止。

第二次世界大戰德國在無條件投降之後，美、英、法、俄四同盟國曾對德國行使最高權力，其地位似屬於軍事佔領與主權全部移轉二者之間的一個階段。此種所謂盟軍監管制度，顯然屬於臨時軍事性質，並非併吞德國領土，德國之國家仍繼續存在。另有一部份學者認爲，此不能視同軍事佔領，蓋因納粹政府已被摧毀，德國被征服後，敵對行爲亦已完全終止。而且由於佔領國家之措施均係爲其自身之利益打算，故在實質意義上言，並非德國人民之受託者。惟就法律觀點言，戰爭狀態仍然保持。由於西德與東德分別成立政府，乃創一先例，亦頗具學理探討之價值。

佔領國之權利與義務，主要係維持佔領區秩序，管理佔領區資源，以適應居民及佔領軍之需要。並須尊重一項原則，即佔領區人民之生存權不應受剝奪。有關佔領區內公私財產之法規，本書第十五章第二節第五款『戰爭與敵產』中已有述及。居民除受軍事需要之約束外，仍應准許繼續其合法之職業及宗教習向，不得無故被放逐出境。佔領軍對於補給品及勞務之徵發，必須合理，不得逼令佔領區居民參加對其本國之軍事作戰。除非正常之稅收不足以維持地方管理費用外，不得向居民勒求捐獻，一九〇七年海牙法規第三編曾作此規定。

海牙法規各條款，現已爲一九四九年日內瓦戰時保護平民公約（第三部第三節第四七條至第四八條）所取代。爲保障佔領區居民之利益，並鑒於兩次世界大戰軍事佔領之經驗，該公約對於佔領國之義務，曾作審愼明確之規定，使之合於佔領區安全及秩序與軍事作戰之需要。佔領國所負之義務包括：㈠不得藉口個別居民之破壞治安，或干擾佔領軍，而扣留人質（Hostages），或對居民課加集體處罰；㈡不得使用武力，將居民以個別或集體方式，放逐或驅逐出境；㈢不得强迫居民參加軍事作戰，或從事佔領軍需要之外而與軍事作戰有關之工作；㈣不得徵發糧食及醫藥品，致妨礙平民之正常需要。該公約復規定一種明確的義務，必須維持當地原有法院及法官的地位，和原有的刑法，但不得强迫法官或官吏繼續執行公務。

海牙陸戰法規及戰時保護平民公約，並未將佔領國之一切問題悉行規定，對於經濟及財政方面問題，顯然缺乏明確之規定。例如，佔領國對於銀行、公共財政及維護或使用原有幣制或發行新幣之義務爲何？卽未曾訂列。照理，佔領國必須遵循確保統治秩序之原則，統治秩序中應包括對佔領區原有經濟及財政結構的妥適維護，但排除犧牲佔領區人民利益，而佔領國企圖獲得任何不當利益。

最後，關於佔領區內平民對於佔領國應負服從義務之問題。居民如有妨礙治安及公共秩序，從事間諜活動，以及干擾軍事佔領等行爲，均應受佔領國之處罰。然而，一九四九年日內瓦戰時保護平民公約（第六十七條至第六十八條），則反對居民對佔領國負有效忠義務之說。學者間亦有主張平民並無不從事『戰爭叛逆』（war treason）行爲之義務，而僅承認國際法授權佔領國於明白告誡居民不得從事某種活動之後，而對干犯之居民加以處罰之原則。總之，不論佔領國是否使用國際法上認爲犯罪的侵略行爲而佔領某一地區，其對於當地居民具有暫時的管轄權。

第三項　戰後之軍事佔領

戰勝國加諸於戰敗國之和平條件，國際法中尙無確定的規則。國際社會認爲戰勝國對於戰敗國的處置，仍應符合公平及正義的一般原則。例如，戰勝國對於戰敗國的懲罰，不應超過戰敗國所犯罪行的程度。格羅秀斯與瓦特魯兩位名法學家均主張，戰勝國對於戰敗國的懲罰，不應阻礙兩國友好關係之恢復。

第一次世界大戰結束之後，協約國家與德國締結之凡爾賽和約（Treaty of Versailles），雖仍訂有賠償及割讓領土之條款，但當時美國總統威爾遜（President Wilson）曾竭力求其符合正義原則。同時，戰勝國軍隊佔領萊茵區（Rhineland）十五年，以確保對德和約之實施。此等和約條款雖極嚴厲，但戰勝國對於戰敗國之內部組織並無意予以改變。一俟德國重建和平之政府，卽未再對德國國內政治活動，採取任何防止其再從事侵略戰爭之措施。

第二次大戰結束之後，戰勝國認爲僅僅解除侵略國家的武裝是不夠的，而需採取進一步行動，以防止侵略國將來之再武裝。同時，認爲必須儘可能地肅清戰敗國人民的戰爭思想。德國人自視爲優越的民族，妄自具有統治低劣民族的思想，同盟國認爲必需根除德國人的民族優越感，以使德國不再從事侵略行爲。例如，波茨坦宣言（Potsdam Declaration）宣稱：『德國軍國主義與納粹思想將予以根絕，同盟國同意現在和未來將採取其他必要措施，以確保德國不得再威脅其鄰國及世界之和平』。戰爭結束之後，同盟國雖承認德國及日本再建之政府，但禁止戰時德日兩國政治負責官員再度擔任政府職位，並控制着德日兩國的新聞、廣播及一部份教育機構，以對戰敗國人民實施再教育，改變其思想觀念。所有此等措施，乃係戰勝國基於廣泛的自衞原則，而對戰敗國所採取的合理措施。

第二次世界大戰結束之後，同盟國家對於德日兩國的軍事佔領，及對其內政所實施的監督，無異置德日兩戰敗國於一『考驗』（on probation）階段。在此『考驗』時期內，戰敗國的主權被停止，直至其加入聯合國成爲國際社會一份之後，戰勝國對其獨立所加諸的各種限制始獲解除。例如，日本加入聯合國之後，始解除其主權獨立所受之各種限制。東西德於一九九〇年十月三日統一，同盟國始結束對於德國的軍事佔領。

第六款　國際人權法

各國外交代表於一九七七年六月在日內瓦舉行『武裝衝突中適用國際法的確認與發展』會議中通過兩個議定書，第一議定書是『關於保護國際武裝衝突中受害者』，第二議定書是『關於保護非國際武裝衝突中受害者』。該會自一九七四年開始，主要目的在修訂一九四九年日內瓦紅十字會公約，使其符合當今戰況需要，歷經四年，至一九七七年始告完成。爲適應國際政治與科技新發展，就往昔的戰爭法規加以重申與確認，也就是在現今武裝衝突中，可以適用現代的國際人道法規，並明訂將此兩個議定書列爲一九四九年日內瓦公約的附屬文件。

自一九四九年以來，由於國際政治及科技的演變，對於一九〇七年簽訂的海牙規章及一九四九年簽訂的日內瓦紅十字會公約，有的規則適用，有的已不適用，固然需要加以修訂，使其適合現今武裝衝突情況。例如，各國政府及各種國際實體（entities）進行戰事，他們拒絕承認其武裝行動應受一九四九年日內瓦公約的約束。這種新式戰爭與武裝衝突，與一九四九年以前的戰爭性質不同。例如越戰，一部份是國際衝突，一部份是大規模內戰，且有外國參加。一方聲稱是『民族解放戰爭』，又稱是反殖民鬪爭，像這種武裝衝突，應受現代國際人道法規則的約束。這裏引起如何對待游擊部隊及僱傭官兵的問題，而且新發展出來的武器技術，例如使用集束炸彈、爆炸碎彈、燃燒彈、地雷、定時炸彈、詭雷及火箭等，比較以前造成更大破壞，更多不必要的傷害。尤有進者，自一九七二年在斯德哥爾摩舉行保護人類環境會議之後，全世界掀起保護人類環境及維護自然資源運動，因而認為以前的戰爭法規需要修訂，加以維護自然環境。而且在越戰中需要使用空中運輸工具，迅速撤運傷者至安全地區，此種情況也非一九四九年日內瓦紅十字會公約簽訂時所可比擬。

第一議定書『關於保護國際武裝衝突中受害者』，其主要規定如下：

㈠本議定書涵蓋國際武裝衝突，包括『人民爲行使自決權、反抗殖民統治、外國佔領及種族政權』的敵對行爲。（第一條第四項）

㈡對於軍隊及平民的醫療單位、人員及醫療運輸車輛、船舶與飛機，在情況許可下，應予確切保護。（第十二—十八條及第二十一—三十一條）

㈢本議定書雖未明確禁止特定武器的使用，但它重申禁止使用不必要傷害的武器及方法，並禁止使用對自然環境造成普遍、長期及嚴重傷害的方法（第三十五條）。締約國在研究發展戰爭新武器時，應決定該武器是否爲本議定書所禁止，或者應受國際法規的約束（第三十六條）。

㈣在武裝戰鬪員與平民無法區別的情況中（例如游擊隊的活動），在軍事戰鬪時只須符合公開持用武器卽可（第四十四條）。

㈤第五十二至五十六條規定，締約國負有義務，對平民及民用財物作更大的保護，包括不得饑餓人民，禁止破壞糧食及農業地區，並應保護儲存危險物的工廠及場所。

㈥第七十五條規定人權應獲得基本保障，包括對於各種人員受刑事程序保障，及保障不得濫施虐待。

㈦在戰區從事本身職業的新聞人員，持有特別身份證，具有平民地位，應予保護（第七十九條）。

㈧『沒有正當理由延遲遣返戰俘及平民』，視爲是『嚴正違反』規定的事項（第八十五條第四項第二款），如同韓戰及越戰發生的事例。

第一議定書對於核子戰爭未有明文規定。

第二議定書是規範關於準國家組織或集團間武裝衝突對受害者的保護。正如丁史坦（Dinstein）教授所言，該議定書最大目的是在『擴大對內戰受害者的保護』，對平民、儲存危險物品的工廠及場所，醫療人員及救護車輛給予特別保護。第二議定書主旨在減輕平民的傷亡，並望內戰雙方至少應尊重人權精神。

第七款　武器管制

『武器管制』意指採取措施對某些武器予以銷毀、減少、限制或禁止其生產，主要目的在維持武力平衡，減少武器競賽程度，甚至減低武裝衝突可能升高的危險。武器管制的目的，在預防戰爭的發生，也可以說有助於維持和平。對於武裝衝突時減輕傷害是國際人道法的範圍，而武器管制則在確保此種武裝衝突不致發生，這是二者的區別所在。

武器管制（arms control）與裁軍（disarmament）不同。裁軍是銷毀作戰能力，而武器管制是對此種作戰能力予以某種管制。現今國際法尚難對武器管制加以規範，多由少數強國簽訂雙邊或多邊協定處理。

第四節　戰爭終止之方式

二十世紀以來，各國的實例，對於㈠戰爭狀態終止之方式，及㈡戰爭中的敵對行爲和『準戰爭』武裝衝突之終止方式兩者，認爲有加以區別之必要。

第一款　戰爭狀態終止之方式

主要的戰爭狀態終止之方式有以下六種：

㈠交戰國雙方未曾達成相互諒解而只是停止敵對行爲：例如，瑞典波蘭之戰（一七一六年）、法國西班牙之戰（一七二〇年）、俄國波斯之戰（一八〇一年）、法國墨西哥之戰（一八六七年）以及西班牙智利之戰（一八六七年）。此一方式之缺點，乃是停戰後未來交戰國關係尚在不定狀態，故在此方式下，無法以條約解決關於財產、軍用物資、戰俘及疆界等複雜問題。

㈡由征服而歸併：凡被征服及歸併之國家，在國際法上已不復存在，因此被征服國與征服國之間不能有戰爭狀態。此一原則對於非法之侵略戰爭造成被侵略國家因歸併而消滅之情形下，究竟適用至何種程度，尚無明確原則可循。例如，衣索匹亞及捷克分別於一九三六及一九三九年歸併於義大利及德意志，同盟國對於此種非法造成之領土變更不予承認，而且這兩個國家均於短暫時間之內恢復獨立。一九七四年聯合國大會，關於侵略定義第五條規定：因侵略行爲而取得任何領土或特殊權益，均不得承認爲合法。

㈢簽訂和約：簽訂和約爲終止戰爭狀態常用之方式，和約中大體均將有關交戰國關係之重大問題詳細列舉，如佔領軍之撤退、戰俘的遣送及賠償等。但對於財產的處理則鮮有涉及，蓋交戰國均有權獲得敵對行爲終止之日，實際上在其掌有或控制下之財產，是卽所謂『保持佔有原則』(principle uti possidetis)。如無明確條款規定，則『原狀恢復原則』(postliminium principle) 除適用於財產之外，更可適用於當事人之權利。意卽一切戰前狀況及狀態均應予以恢復。自此之後，原先本國境內敵國國民在法律上的行爲能力亦告恢復，外交關係亦重新建立。

㈣停戰協定：主要的目的雖在實現敵對行爲之中止，但必待雙方實際遵照協定以終止戰爭狀態時，協定才發生效力。例如一九七三年一月二十七日美國、南越、北越與越共四方面停戰協定，終止越戰，恢復和平。

㈤休戰協定：交戰國藉休戰實現停止敵對，結束戰爭狀態。例如以色列與埃及、黎巴嫩、約旦、敍利亞四個阿拉伯國家於一九四九年簽訂休戰協定，結束戰爭狀態。

㈥戰勝之一方或多方片面宣佈終止戰爭狀態：第二次世界大戰之部份同盟國(包括英、美)，於一九四七年及一九五一年先後分別對奧、德二國採用此種異常的方式，其主要原因，乃是英美與蘇俄對於締結和約的程序和原則，無法達成協議。

第二款 國內法與戰爭終止

國內法中戰爭終止之日期，不一定與和約簽訂日期或敵對行爲終止日期相一致。國際法中亦無規定，阻止任何交戰國的國內法採用與和約中不同的日期，除非和約中有明確相反之規定。

第三款　敵對行爲終止之方式

敵對行爲的終止方式與戰爭狀態的終止方式不同。下列敵對行爲之終止方式，可以適用於戰爭中的敵對行爲及『準戰爭』武裝衝突中的敵對行爲：

㈠停戰協定：嚴格言之，停戰只是暫時停止敵對行爲。通常的意義，乃是停戰期間一旦屆滿，敵對行爲卽告恢復。停戰可以是全面的，此時一切武裝作戰均告停止；停戰亦可以是部份的或局部的，此時僅限於一部份之參戰武裝部隊，或僅限於作戰地區之某一特定區域。現代在全面停戰方面有一種趨向，卽停戰不僅暫時的停止敵對行爲。而且事實上終止戰爭，最後再由和約予以確定。在『準戰爭』武裝衝突的情形下，例如一九五〇年至五三年的韓國武裝衝突，停戰結束了武裝衝突，亦可以說是敵對雙方是在籌擬最後的和平解決。

㈡無條件投降或其他全面降服方式：第二次世界大戰時，同盟國曾採用無條件投降之方式，理由是同盟國家認定，與軸心國政府談判爲不可能，其次是爲了便於對佔領區的敵國人民，實施再教育和民主思想的灌輸。

㈢所謂『休戰』（truce）：意指中止敵對行爲，比『停戰』（armistice）稍不確定。聯合國曾使用休戰方式，終止一九四八年五、六月間巴勒斯坦衝突。

㈣停火（cease-fire）：聯合國安全理事會或其他國際機構，對於中止敵對行爲所發之命令或請求，常用『停火』一詞。例如，安全理事會曾於一九四八年十二月間，就荷蘭與印尼軍隊在印尼重啓敵對行爲一事，下令『停火』。

㈤終止敵對行爲協定：例如一九五四年七月二十日的三個日內瓦協定，終止越南、寮國及東埔寨三國的敵對行爲，結束中南半島越南政府與越共間的戰事。

㈥交戰國發表聯合聲明，恢復雙方間的正常、和平及友好關係，例如印度與巴基斯坦於一九六六年一月六日發表塔什干宣言，規定雙方部隊後撤。

第四款　結　語

第二次世界大戰及戰後時期，有一最令人不滿之情況，即敵對行爲之終止與和約之締結，兩者間之時期，作不當之延長。例如，對日本的敵對行爲雖於一九四五年終止，可是對日和約直至一九五一年九月始告締結，而對德佔領，迄至一九九〇年十月三日東西德統一，始告結束。此種現象使若干戰敗國家，置於一個長期不穩定之政權下，處於一種戰爭與和平之間的狀態。國際法對此問題誠應謀求解決之道。

第二十一章　中立及準中立

第一節　中立概說

一如前章所述，國家間之敵對關係，不但包括傳統意義上的戰爭，還包括『準戰爭』武裝衝突及和平之破裂。

就此兩類情形而言，在敵對關係範圍以外的國家，亦有兩種狀態：㈠戰爭中的中立狀態，㈡國家及準國家組織不參加『準戰爭』武裝衝突之狀態。後者（如一九五〇年至五三年的韓國武裝衝突）有時可以放寬解釋爲中立，但其與眞正的中立仍有若干差別，故不妨稱之爲『準中立』（quasi-neutrality）或簡稱『非敵對』（non-belligerency）。

第一款　中立

就其普通的意義言，中立（neutrality）指的是一個國家未與交戰國作戰，亦不參加敵對行爲的一種態度。然而就法律意義而言，它實不止是一種態度（attitude），而是指一種具有特別性質的法律地位（legal status），其中包括國際法上的權利、義務及特權等綜合關係，交戰國及其他中立國必須加以尊重。此種中立地位已經過長久而複雜的演變，其內涵在每一個時期都隨着戰爭的性質及各國政治權力的情形而變易。

中立是從雙邊條約逐漸產生出來的，條約中訂定締約雙方中有一方從事戰爭時，他方不得協助敵人作戰，其目的在使交戰國可以防止第三者向敵國提供援助。原先，此種中立情形是孤立和偶發的，尚乏中立概念。其後逐漸演變成爲，凡是在一次戰爭中未曾參戰的國家，都負有中立的義務。中立一詞，雖早於十七世紀已告出現，但無系統化的理論，到十八世紀時，賓克雪克（Bynkershoek）及瓦泰爾（Vattel）諸法學家，對於此項問題已有討論。當時理論與實例均承認，各獨立國家有遠避戰爭之權，及其在交戰國之間保持不偏不倚之義務。

至十九世紀，中立法獲得普遍發展。多數歷史家均將之歸功於美國在拿破崙戰爭中所採取之中立。當時英國結盟反對拿破崙及其歐洲各衛星國，而美國政府拒絕在美國領土內爲交戰國供應裝備或補給武裝船舶，並阻止徵召美國公民服役於交戰部隊。同時，英國盡力封鎖中立國與法國通商，於是有關中立國及交戰國權利之很多法規，都由於英美兩國政府間利益衝突，經妥協解決演變而成。而且，在拿破崙戰爭期間，英國捕獲法庭（Prize Court）係由司徒威爾（Lord Stowel）主持。司氏可以說是一個司法立法者，以其學養及天才，對於中立國權利及義務之新法規頗多建樹。十九世紀末葉，美國南北戰爭，亦使美國合法政府與英國間產生若干有關中立問題之爭議，其中有著名的一八七二年之阿拉巴馬損害賠償仲裁案（Alabama Claims Arbitration）。該案係有關美國南部邦聯在英國製造及裝修破壞商業的船艦，美國政府指責英國破壞中立，未能適切注意防止此種船艦之在英國裝配武器及交給南部邦聯使用。凡在南北戰爭期間曾受此等船艦（阿拉巴馬號即其中之一）攻擊而致損害者，美國聯邦政府有權提出損害賠償之要求。各仲裁員對於美國此項要求均加以支持。

對於十九世紀中立的發展有影響的其他重要事實，尚有比利時及瑞士兩國在歐洲每次戰爭發生時，均能維持永久中立。比瑞二國之永久中立，提供了很多有關中立權利義務的先例。就中立國而言，如能與交戰國維持無限制商業往來而不必捲入戰爭，則顯然對其有利。同樣，就交戰國之利益言，亦不願其他强國援助其敵方。而且在十九世紀歷次發生的重要戰爭，均爲有限度目標戰爭，不至於殃及參戰國以外之國家，中立國但能遵守法規，卽不受戰爭之危險及威脅，此種情況對於中立之發展亦特別有利，如一八五六年巴黎宣言及一八九九年及一九〇七年之海牙公約等所包含的普遍公認的中立法規，因對大多數國家有利，故亦爲大多數國家所樂予遵守。

但至第一次世界大戰（一九一四年至一九一八年），幾擴大成爲『全面戰爭』（total war），使大部分公認的中立法規，在很多事例上却無法適用，不但不能幫助各國保持其不偏袒的立場，實際上却迫使各國捲入戰爭（如美國於一九一七年參戰是）。第二次世界大戰發生，證明十九世紀的中立觀念陳舊過時。中立地位甚至比交戰地位更爲冒險。中立國相繼被波及，其中最强大之美俄二國亦受到未經警告之攻擊。大勢所趨，將來恐僅能在有限度而未能預測的範圍內維持中立，而且欲維護此一價值不定之中立制度，究竟是否有益於全體人類，亦大有問題。最近，各國對於有限戰爭（limited war）主張加以圍堵，不要使其擴大成爲大規模衝突，因而中立國不願捲入戰爭，將無助於圍堵之實現。

第二次世界大戰結束以來，國際情勢發展更加證實，中立範圍有漸受限制之趨向。區域安全條約之締結，如一九四九年四月北大西洋安全公約，一九五一年九月美、澳、紐締結的太平洋安全公約，締約國均已自動放棄其在將來戰爭中主張中立的權利，對於締約國之任何一方遭受攻擊，其他所有締約國均負有給予援助之義務。而且在以往歷次戰爭中最有勢力，並且主張中立權最力的中立國——美國，亦已成爲各區域安全公約的主要締約國。

第二款 中立之合理基礎

中立制度約有四種作用：㈠中立具有使戰爭局部化之作用；㈡中立足以挫折戰爭意圖；㈢中立可以助成他國置身戰局之外；㈣中立可以調整國際關係。

第二次世界大戰中，挪威、丹麥、荷蘭及比利時等國保持中立，誘使德國發動侵略，而且阻礙這四個國家作共同有效的防禦安排，卒被德國優勢軍力所迅速攻陷，使德國在歐洲之軍力大增，導致義大利參加德國方面作戰，最後更鼓勵日本發動太平洋戰爭。可知中立之效果，不但不能使戰爭局部化，或挫折戰爭意圖，反而將歐洲局部戰爭，演變成世界大戰。中立不但未能產生上述第一、二兩種作用，顯然發生反效果。

至於第三種作用，美國之參加第一次世界大戰，與英、法並肩作戰，其眞正目的在保障其中立權利。而美俄二國在第二次大戰中亦曾盡心維持中立，可是終被德日二國分別攻擊，開戰二年後卽被迫參戰。可見中立並不足使國家置身於戰局之外。

至於第四種作用，就一九二〇年至一九四〇年間國聯的經驗，可徵中立制度與國際關係上法治之維護，可謂大相逕庭。國聯各會員國囿於傳統的中立觀念，曾阻礙國聯未能積極防止第二次世界大戰之發生。

在第二次世界大戰開始前，大多數國家對於中立地位之態度已有了基本上的改變。各國非但不再堅持中立權利或交戰國的義務，反而準備作一切可能的讓步，以避免與交戰國發生衝突。在第一次世界大戰中，各國看見一個美國，爲了維護其中立權利而被牽入戰爭，無人再願蹈美國之覆轍，因而各國決定儘可能置身於全面戰爭之外。一九三六年至三七年間，法、英二國對於西班牙內戰採取不干涉政策，以免被誤認對交戰一方偏袒，而被捲入全面歐洲大戰之中，即其一

各國所持的這種新態度，復可從一九三九年至一九四〇年間美國在德國橫掃西歐之前所持態度、以及美國國會於一九三七年通過之中立法（Neutrality Law）上獲得證明。一九三七年的中立法可謂名不符實，實際上，乃是美國爲確保不與交戰國接觸，使它免於爲維護中立權利而可能捲入戰爭的一種措施。美國在十九世紀所堅定維護的中立權利，到了二十世紀却爲了國家絕對安全，免於發生敵對行爲，而輕易的予以放棄。

迨一九四〇年六月德國在西歐告捷之後，美國立場大爲改變。美國鑒於德國發動戰爭之目的在征服世界，乃連續採取積極行動，以援助英國對德、義作戰，此舉在十二個月之前，可謂尚是不可思議之事。在此之前，美國準備隨時放棄中立權利，可是在此之後，美國却不顧中立義務，將驅逐艦移交與英國，供應同盟國武器彈藥，並派艦艇巡邏危險的航道。美國國會復於一九四一年三月通過租借法案（Lend-Lease Act），使其能供應英國及同盟軍隊的補給及裝備。

我們綜觀美國在介入第二次世界大戰之前所採取的各項措施，可從下列三點認定其爲合法的措施：㈠德義二國破壞一九二八年凱洛格廢戰公約，對中立國家肆意侵略；㈡德義二國既不尊重中立權利，基於自保原則而採取各項合理措施，自屬正當，而且美國如聽令英國被征服，則國際

法本身亦名存實亡；㈢軸心國家正陰謀卽將對美國發動攻擊，其陰謀已昭然若揭。及至美國參戰之後，她對傳統的中立國權利既不尊重，且聯同英國，對歐洲各中立國施壓，阻止其與軸心國進行貿易。

第三款　中立及聯合國憲章

聯合國各會員國無有絕對中立權。依照聯合國憲章第四十一條之規定：各會員國必須遵照安全理事會之決議，對從事戰爭之國家執行應採武力以外之辦法。憲章第二條第五項規定：各會員國對於聯合國依憲章規定而採取之行動，應盡力予以協助。此外，聯合國對於任何國家正在採取防止或執行行動時，各會員國對該國不得給予協助。

雖然如此，中立制度亦未嘗完全廢除。卽使聯合國安全理事會正在採取防止或執行行動時，若干會員國亦可不被要求遵行安全理事會決定之辦法，或受到特別之豁免（參閱憲章第四十八條及五十條）。在此種情形下，各國既受拘束不得協助正被聯合國採取行動之交戰國，而須協助實際上正在採取行動之會員國（參閱憲章第四十九條），則此等國家之地位可謂爲『有條件』的中立。而且，安全理事國的常任理事國既可行使『否決權』，使安全理事會不能作成決議採取防止或執行行動，此時會員國可對交戰國保持絕對中立。

第四款　中立之開始

多數國家認爲，中立必需立卽通知交戰國。當一九三九年九月第二次世界大戰爆發後不久，幾乎所有中立國家都立刻宣布中立，並且將此一事實明確告知各交戰國。其中有若干國家當時爲國聯之會員國，中立之宣告，被認爲是會員國不受盟約義務拘束必要的意思表示。

第五款　準中立

凡不參加『準戰爭』武裝衝突之國家及準國家組織，其所處之地位，尙待國際法予以規範，此種地位可稱爲準中立（quasi-neutrality）。準中立實不如戰爭中之中立有其嚴格或固定之法律地位，準中立之地位須視某一武裝衝突的特殊情況而定。

『準戰爭』武裝衝突在受聯合國安全理事會和平執行行動支配之情形下，準中立國之地位，不論其是否爲聯合國之會員國，均受聯合國憲章之管轄，亦受到聯合國安全理事會或大會依憲章規定所作之決定或建議之約束。例如一九九一年一月十六日波斯灣戰爭發生，聯合國安全理事會一再決議，對伊拉克實施經濟制裁，不論是聯合國會員國或非會員國均應遵守。

第二節　中立及準中立之權利及義務

第一款　中立國之一般權利及義務

中立地位涉及中立國及交戰國兩方面之權利及義務，而兩者的權利及義務又是相互關聯。換言之，中立國之權利卽係交戰國之相對義務，交戰國之權利又係中立國之相對義務。不論是從中立國或交戰國之立場言，其義務可以區分爲三大類：㈠不作爲之義務；㈡防止之義務；㈢容忍之義務。

依照此種分類，中立國之一般義務可分述如下：

㈠不作爲之義務（duties of abstention）：中立國不得以直接或間接的軍事援助，給予交戰國之任何一方。例如，不得供給軍隊、或提供貸款、或供給避難場所與交戰國之軍隊。

㈡防止之義務（duties of prevention）：中立國負有義務防止在其領土或管轄範圍內，爲交戰國軍隊招募兵員、爲交戰國準備作戰行動、或在其領土上或領水內實施各項戰爭舉措。

㈢容忍之義務（duties of acquiescence）：中立國必須默忍，交戰國依照戰爭法的規定，對於中立國人民通商所作之限制行爲，例如，拿捕裝載禁制品之中立國船隻，交由捕獲法庭審判等。

同樣，交戰國之義務亦可依照此項分類略述如下：

㈠不作爲之義務：交戰國不得在中立國領土上從事戰爭行爲，或在中立國領水及領空內發動攻擊行動，亦不得干涉中立國與敵國間合法的往來，亦不得使用中立國領土或領水作爲作戰的基地或進攻之出發點。

㈡防止之義務：交戰國有義務防止虐待中立國的使節或人民，或損害其佔領之敵國領土內之中立國財產。

㈢容忍之義務：交戰國必須默忍中立國扣留避難於中立國領土上的軍隊官兵，或容忍中立國之港口給予敵方戰艦之庇護，使之能作必要之修理。

設如交戰國或中立國違反上述義務，因而造成他方之損害，在通常情況下，應負造成損害之責任，並必須向受損害之國家作金錢之補償。一八七二年的阿拉巴馬號輪損害賠償仲裁案，仲裁員鑒於英國未能防止美國南部邦聯所用驅逐艦之在英國建造及修理，因而使阿拉巴馬號及其他商船受損，須負造成一切損害之責任，判定英國給與美國價值一千五百五十萬元之黃金，作爲賠償。

就上述中立國之防止義務而言，中立國家實非履行防止義務不可。換言之，此等義務亦非絕對者。中立國僅就其力之所及採取各種可能措施，以履行其所負之防止義務。例如，中立國如不能防止一個强大國家之侵犯其中立，它並不對受害之交戰國負其不履行中立義務之責任。

關於上述交戰國之各種不作爲義務，有一、二重要之點應予說明。倘某一中立國對侵犯其中立領土之交戰國未有採取防止行動，或該中立國弱小而不足防止此種侵犯時，則另一交戰國有權在中立領土上出面干涉。交戰國之戰艦雖有權無害通過中立國領水，但不得濫用此種無害通過權。戰艦爲加油及修理目的亦得進入中立港口避難，但同一時間不能超過三艘。依照英國實例，在接到中立國通知後，戰艦僅得停留港口內二十四小時，但因氣候或緊急修理等充足理由，不在此限。如超過時限，中立國必須扣留其船隻及船員。

此外，交戰國尚有若干權利及優例亦值一述。交戰國除對中立通商及中立船舶有特別權利外，尚享有所謂『戰時船舶徵用權』(angary)，亦即徵用實際上在其管轄區域內而並非自動進入該區域之中立船舶或貨物，此項徵用限於作戰及緊急需要之物資，而且必須支付充分之補償。依照兩次世界大戰之實例，交戰國有權在公海上宣佈戰區，並指定中立國船隻所能通過之安全航線。英國與阿根廷於一九八二年四月至六月發生福克蘭島(Falklands)衝突時，英國政府曾於一九八二年四月二十八日宣告，在福克蘭島周圍沿海二百里設『完全專屬區』(Tatal Exclusion

Zone），任何國家船艦飛機如未獲得英國國防部許可，進入該海域，英軍將視同敵國船舶和飛機，有權予以攻擊。還有，就是在敵方從事非法作戰行爲時，交戰國可不顧損害及於中立國家而採取報復行動。依照英國實例，只要此種報復行動就當時情況來說是正當的，而且不致使中立國感受不便到不合理之程度即可。

所謂中立，並不排斥中立國對於交戰國之同情，惟此種同情不得形諸於對交戰國之具體援助行動。同樣，中立國人民私人給與交戰國之贈與或貸款，或其他類似之交往行爲，或私人應募參加交戰國之軍隊等，均爲中立法規所不禁止。國際法所要求於中立國之不偏袒交戰國任何一方，僅限於上述不作爲、防止及容忍等義務。不過由於現今國家控制國民及一切私人行爲範圍擴大，中立國與其人民之行爲顯然難分。在國家對其人民嚴密控制之下，中立國對其人民行動自由方面所負之義務，必趨嚴格。例如，一個中立國之不准許私人輸出武器及彈藥，現或已成爲中立國之一項義務。

第二款 非中立役務

在傳統上，非中立役務（unneutral service）係指中立國人民在海戰中所負之義務，常被認爲與戰時禁制品（contraband）相類似。由於兩者相類似，因而產生混淆不清之各種情況。爲對兩者加以區分起見，乃將非中立役務限於中立國船舶之搭載人員或運送軍事消息，以協助交戰之一方，而使受到不利之另一方有權採取沒收，或必要時擊毀該船舶之措施。

其實，非中立役務原則，較上述意義要廣泛得多。時至今日，它並不限於海上之船舶，必須包括航空器在內，因爲現今使用航空器在戰時運送交戰國作戰人員，極爲普遍。總之非中立役務之意義，實可謂爲中立國船舶或航空器所有人或主管人負有義務，不得自行使用其船舶或航空器，從事有利於交戰國一方而不利於他方之行爲（載運禁制品或破壞封鎖除外）的一種義務。中立國船舶或航空器所有人或主管人如有此種行爲，則受損害之交戰國得令該船舶或航空器停航，消除其不當載送之人員，並在嚴重情節之下，拿捕該船舶或航空器，移送捕獲法庭，依法判處其全部或一部分貨物。

通常不法之非中立役務計有：載運敵國軍隊人員、運送軍事消息至敵國、直接參與作戰行動、受敵國僱用而從事各種航行、以及傳遞對敵國有利之情報等。

第三款　準中立之一般權利及義務

凡未參與『準戰爭』武裝衝突之國家及準國家組織，自不受中立國家在戰爭中所守嚴格義務之拘束，然而亦不享有中立國之全部權利。不過準中立之權利與義務範圍究竟如何，尚乏實例可資遵循，而係由準中立國及衝突國相互協議定之。準中立國家有權保護其國民的生命財產，必要時，有權自衝突地區撤退其國民，大多數國家多無爭議。

武裝衝突如在聯合國安全理事會可以採取和平執行行動之情形下，準中立國不論是否爲聯合國會員國，其權利及義務得由安全理事會之決定或建議定之。憲章第二條第六項規定：本組織應保證非聯合國會員國遵行爲維持國際和平及安全釐定之各項原則。此項原則（憲章第二條第五項）包括應盡力協助聯合國依本憲章規定而採取之行動。聯合國對於任何國家正在採取防止或執行行動時，非會員國不得對該國給予協助。

第三節　經濟戰及封鎖

第一款　經濟壓力及經濟戰

在十九世紀以至一九一四年第一次世界大戰發生之前，甚至到一九三九年第二次世界大戰發生之前，中立國與交戰國之間的貿易及船運關係，大體均受『禁制品』及『封鎖』法規之拘束。在本質上，這些法規是基於一種狹隘的經濟壓力（economic pressure）觀念，欲以經濟壓力削弱交戰國的作戰能力。凡對禁制品採取攔截或封鎖辦法的國家，其主要意旨是在阻斷足以協助敵人作戰的重要物資由海上暢行資敵。這些法規並基於一項假定，即是來自中立國家的補給品，總是直接的而非間接的運到特定交戰敵國的海岸或港口。可是，在第一及第二兩次世界大戰中，英國由於生死存亡攸關，不得不向此種狹隘的經濟壓力觀念及錯誤假定作有效的挑戰，因此而擺脫十九世紀傳統的禁制品及封鎖法規之限制。而且，英國及美國在第二次世界大戰中曾適用影響深遠的經濟戰（Economic Warfare）理論，並且首次大規模付諸實施。在經濟戰的新觀念之下，經濟壓力不再受傳統的禁制品攔截和封鎖辦法的限制，而是使用其他許多變化多端的方法及措施，以期有效削弱敵人的經濟及財政能力，進而削弱其繼續作戰的能力。同盟國家所採取的經濟作戰措施，計有：㈠使用准運證（navicerts）、㈡重要物資優先購買權（pre-emption）、㈢控制敵國輸出、㈣對於中立國停止貸款及其他財政壓力辦法、㈤限制供給中立國重要物資强迫實施定量分配，使其無有多餘物資轉售給敵國。總之，交戰國發動經濟戰所採用的辦法及措施，範圍幾無限度。在一九四四年至一九四五年期間，同盟國迫使歐洲中立國家停止對德國輸出任何重要產品及物資。

梅德利考特（Medlicott）教授曾對第二次世界大戰中的經濟戰作過深入的研究，並且有詳明的闡述。從第二次大戰的實例所得到的結論是：交戰國在實施經濟戰時，依照國際法有權使中立國受到為削弱敵國經濟及財政所必要的各種壓力或限制，但是：㈠中立國所感受之不便，應儘量減輕到最低限度；㈡不得引起中立國實際嚴重損害（例如不使其保有最低限度之糧食及其他必需品）。

第二次世界大戰實行的經濟作戰之新觀念，排除了傳統上禁制品及封鎖兩種原則的若干限制。這兩項原則的修正，今日已成不爭之論。

禁制品及封鎖是戰爭法及中立法中兩項分立的原則，現今必須當作廣大領域之經濟戰中的特別問題。然而我們所不應忽視者，乃是在特殊的情形下，實施封鎖，主要依靠海軍作戰，而非經濟作戰。

敵人違反國際法，固可使用經濟戰中的各種辦法予以報復，但第二次世界大戰期間各同盟國所實施之經濟戰，却並不僅為報復手段而已。

第二款　禁制品

所謂禁制品（contraband），乃是交戰國認為可能助長敵人作戰能力而禁止運往其敵國之物資。

一八五六年巴黎宣言訂立若干規則，發展出禁制品觀念，現已成爲國際法的一部分。上述規則包括：交戰國可以沒收由中立國船舶載運供敵作戰之敵國禁制品，或由敵國船舶運載供敵作戰之中立國禁制品。交戰國爲自保計，顯有必要防止增强敵人戰力之物品輸入敵國，故國際法承認交戰國享有對上述禁制品之沒收權。

禁制品分爲絕對禁制品及相對禁制品兩種。凡明顯具有戰爭或軍事性質之物品均被視爲絕對禁制品（absolute contraband），如各種武器、軍服、營具、彈藥製造機器及砲架等。凡是兼可用於和平及作戰之物品則爲相對禁制品（relative contraband），如糧食、燃料、望遠鏡、火車車廂等。此等物品如在運往敵國或敵軍途中則視同絕對禁制品，可由交戰國對方予以捕獲。惟此種區別在目前是否有實際價值，殊屬疑問。

在絕對與相對禁制品之外，另有第三類貨物，卽所謂『自由物品』（frec articles），因其不能用於作戰，不應被宣告爲禁制品，如瓷器、玻璃、肥皂、油漆、顏料及手工藝品等。

到現在爲止，各國對於何種貨物應歸屬於上述三大類別中，尙未有定論。惟一致公認戰爭用具或用於作戰的物資爲絕對禁制品。甚至法學家及捕獲法庭之法官對此一問題亦鮮有一致看法。各國之實例劃一者少，矛盾者多。惠頓（Wheaton）在其所著『國際法』中曾謂：

在以往二三百年間，國際法中尙無其他問題如禁制品問題之激起如許爭論者。關於絕對禁制品一類則無甚困難問題。學者意見、捕獲法令及條約等幾乎一致認為，一切戰爭工具及適合作戰用之物資，均屬於絕對禁制品之列。除此以外，公法學家、各國慣例及各種公約對於禁制品之分類見解不一，難以協調。

一九〇九年之倫敦宣言，曾試將各種物資分列爲三類，但因未獲批准，以致未有生效。在第一、二兩次世界大戰中，各交戰國所宣佈爲絕對或相對禁制品者，在十九世紀時多爲公認之非禁制品。但過去學者的意見、條約之條款以及捕獲法庭法官所作判決，現今都被束之高閣，各交戰國只考慮其自身的政策及權宜，而宣佈何種物品及物資爲禁制品。英國在兩次大戰中所列擧的禁制品，範圍廣泛，可謂對於以前之禁制品及法規慣例廢棄不顧之有力證明。至第二次世界大戰時，無論在實例上以及依照英國司法之裁決，倫敦宣言已被視同廢紙。兩次世界戰爭的影響，使作戰方法全然改觀。鑒於現代戰爭需用裝備範圍之廣，大規模使用各種科學武器及工具，以及製造各種戰爭物資代用品，我們很難預見某種物品不具有作戰之用途。爲自保起見，各交戰國勢必自求適應此種新情勢，故在擬列官方禁制品清單時，就無法顧到舊法規與慣例，而將各類物品或物資悉行包羅在內。

第三款　繼續航海或運輸主義

通常沒收之禁制品，均爲顯然運往敵國供敵作戰之物資。但如目的在資敵，而由鄰近之中立國人民採購禁制品轉售於敵國，以避免海上攔截，此種間接情形甚多。在此種情形下，便須適用繼續航海或繼續運輸主義。

所謂繼續航海主義（Doctrine of Continuous Voyage），是由啓程港口運載貨物至中立港口，再由中立港口運往敵方，供敵作戰，視爲單一航程或單一運輸。其發生的效果，與未經過中立港口的航程所發生者同。換言之，運載的物品，不問其中途是否經過中立港口，也不論其是否更換承運的船舶，如最後目的地爲敵境，則自離開啓運港口時起，即認爲其目的地爲敵境，如爲禁制品，自可予以沒收。繼續航海主義曾由司徒威爾（Lord Stowell）在『瑪麗亞』（The Maria）一案中予以詳細闡明。

美國南北戰爭時，美國最高法院對所有破壞封鎖或禁制品之案件，曾常適用此一主義。除上述原則外，美國法庭更對於一切不明白的事實，以其自己的觀點，推定某種貨物供敵作戰，予以捕獲。例如，陳報貨物清單有所隱匿、或船舶文書未載明託運人、船舶或貨物之承運者爲敵工作，或某一中立國港口爲運往敵國禁制品的轉運站時，這些貨物均得推定爲供敵作戰。

在一九〇九年前，此一主義是否受到普遍之認可，頗有疑問，無論如何，當時尙未獲一致的實例所支持。至一九〇九年，倫敦宣言中曾有規定，此一主義適用於絕對禁制品；除非作戰之敵國是無口岸國家，此一主義不適用於相對禁制品。

第一次世界大戰中，英國的行政和司法充分適用繼續航海主義。英國敕令（orders-in-council）曾以最寬泛之措辭宣佈採用該主義，其程度較之一九〇九年的倫敦宣言尤有過之。英國各法院處理很多案件都一再援用該主義，例如英國法院在『金木案』（Kim Case）宣稱：依照各有名判例所示原則，許多現代法學家的意見及各國海戰的實例，繼續航海或運輸主義，包括海上與陸地運輸，自此次大戰開始，已成爲國際法的一部分。英國法院爲擴大適用繼續航海主義，並接受下列各項原則：㈠凡運往中立國，意圖經過加工後再轉運敵境之禁制品，在運輸途中即可拿捕；㈡承運禁制品之船主，雖不知該貨物供敵作戰之意圖。但若承購人方面購買此等貨物，事實上是爲了交貨給敵國者，亦在沒收之列。

其他交戰國之法院亦接受並援用繼續運輸主義(Doctrine of Continuous Transportation)。繼續運輸主義係將船舶目的地與貨物目的地分開，船舶之目的地確係中立國港口，而貨物另由小船或快艇突破封鎖運往敵境，此種貨物自離開中立國港口時便可視爲禁制品，予以拿捕。實際上繼續運輸主義與繼續航海主義無大區別，其演進的情形與適用的法規也幾相同。

實際上爲了減緩繼續航海主義對中立國貿易的影響，英國採用船舶及貨物，『准運證』(Navicert）制度。所謂『准運證』，乃是駐在中立國的外交代表或領事所發的執照，以證明裝運於中立國船舶之貨物不是禁制品，不得捕獲。此制度最早係由英國伊利莎白女皇政府於一五九〇年創始使用，但尚未被普遍應用。至一九一六年第一次世界大戰期間，同盟國曾援引適用。迨一九三九年第二次大戰爆發，再度予以適用。凡備有『准運證』之船舶通常均可豁免搜索，惟如發現新事實或貨物目的地變成敵軍佔領區，交戰國仍得予以攔截或拿捕。必要時，交戰國可拒發准運證，尤其當戰爭進行到某階段時，對於盟國自己需要的物品，如橡膠及錫等，便不准中立國船運。

原先，船舶僅不備『准運證』，並不構成拿捕或判罪之理由。然而自一九四〇年六月德國佔領法國及荷蘭之後，盟國海上封鎖的全盤形勢爲之一變，英國乃於是年七月卅一日公佈報復敕令規定：㈠貨物如無准運證，或將受到拿捕；㈡無『准運證』之貨物，被推定爲供敵作戰之禁制品。此一敕令並不全然意指中立國船舶非有『准運證』不可，但賦予船舶使用人以信守中立之義務，並減少船貨遭受攔截及拿捕之風險。英國此一敕令之合法性，自屬疑問。但作爲一種簡化封鎖，並對敵人施加壓力的合法報復行動，以及作爲調整中立國貿易的一種通行證辦法，誠無不當。

第四款　運載禁制品之後果與捕獲法庭之處罰

在上述情形下，禁制品須受拿捕，甚至在若干條件下，載運禁制品之船舶亦須受拿捕。交戰國之拿捕，限於在公海或其本國領水內爲之。在中立國領水內拿捕禁制品，乃是侵犯中立的行爲。

依照英國及歐洲大陸各國的實例，交戰國拿捕禁制品或運載禁制品的船舶之權利，並不是一種絕對權，而須經國家設立之捕獲法庭之判決予以認可。捕獲法庭及捕獲法之起源，須上溯至中世紀，當時常有捕獲海盜船之情事。例如英國海事法庭必須調查捕獲者之權限，及被拿獲的船舶及貨物之國籍。此一實例引申用於戰時的拿捕，卽戰時海上交戰國應有義務設立法庭，以裁決在海上拿捕船舶是否合法，漸漸成爲國際法中一項公認的習慣規則。此種法庭，稱爲捕獲法庭（Prize Courts）。捕獲法庭不是國際法庭，乃是國內法庭，惟其所適用者大多爲國際法。各國制訂有關捕獲法庭之法令規章，應符合國際法。

各國捕獲法庭之組織各不相同。若干國家係由法官及行政官吏混合組成，英美二國則純由司法官組成。

倘若捕獲法庭判定拿捕爲合法，則貨物或船舶被宣佈爲『良好捕獲』（good prize），由捕獲國予以沒收。處罰之判決連同一紙准售令一倂發給，購買人憑此獲得國際有效的所有權。經判決之後，對於捕獲物之處置已非國際所得過問，而屬於國內法裁斷的一個問題。

由捕獲法庭保管之被拿捕船舶或貨物，在其等待判決期間，得予以徵用，惟須受若干限制。

捕獲法庭對於被拿捕之船舶或貨物之判決，不外予以處罰，或予以釋放。

第五款　封　鎖

國際法中有關封鎖（Blockade）之法規，乃是對於中立國與交戰國貿易自由的另一種限制。交戰國為防止各國之船舶或航空器進出敵國領水或領空，而禁止其通往敵國海岸之全部或一部分，此項措施卽構成封鎖。封鎖是一種戰爭行為，如依照戰爭法規妥適實施，具有否定他國船舶或航空器航行自由的效力。依照一八五六年的巴黎宣言，有效的封鎖始具有拘束力，而且有效封鎖，係以交戰國所保持之軍力，『眞正足以阻止通往敵國海岸』為條件。凡進入或離開封鎖區域而破壞封鎖的船舶，得由執行封鎖之交戰國予以拿捕，其方式與禁制品相同。既經拿捕卽須送往其本國港口，以裁決其性質是否為合法捕獲物。一般而言，此種船舶運載之貨物亦應受捕獲法庭之處罰，除非交運者向法庭證明，此項裝運係在獲悉封鎖之前。

至於何種情形始構成封鎖之破壞，各國的實例大異其趣。例如，封鎖是否必須正式通知中立國船舶的問題，實例亦不一致。依照英美法學家之意見及實例，凡能推定管理中立船舶者已知悉封鎖業已實施，卽為已足。駛往敵國港口中立國船舶的船長，在開航前已知悉該港口已受封鎖，應可預料當其駛抵封鎖港口之附近時，港口必在同樣狀態之下；設如在其啓航之日以某種方式（例如封鎖宣告之公佈）使之知曉，如有破壞封鎖情事，其船貨應受處罰。

依照法國之理論，中立船舶不受封鎖持續或中止之推定之影響，但接近封鎖區域船舶之船長得接受封鎖艦隊之個別警告，將通知之事實載入航海日記內，特別述明通知之時刻、日期及地點。該中立國船舶經通知後如再企圖進入封鎖區域，始得予以拿捕。

除實際或具體的通知中立國船舶以外，國際法中還有一項規定，即封鎖之實施必須確切宣告，並以一件明確的書面聲明，通知各中立國，載明封鎖開始日期及禁止航行的海岸線界限。其次，依照有效封鎖原則，封鎖必須有足夠的軍力維持，阻止其他船舶進出被封鎖區域。此一原則爲英國權威的司法判決所支持。例如劉興登博士（Dr. Lushington）在諾斯考特案（Northcote v Douglas, the Franciska）中宣稱：

> 被封鎖之區域必須由一支軍力加以監視，足以使人知道進出之危險。換言之，除非遭遇特別之情況外，如濃霧及狂風等，務必使拿捕企圖進出封鎖區的船舶有最大可能。

同樣，英國法院院長柯克朋爵士（Lord Cockburn）在吉樸爾案（Geipel v Smith）中說：

> 就法律觀點言，敵國縱具有相當數量之艦艇，其突破封鎖仍成為一危險之舉，（雖然容或亦有船舶突破封鎖成功）始得稱為有效。

封鎖軍力之大小及其巡邏地點，與被封鎖海岸之距離，無關緊要，但須對中立國船舶構成足夠的危險程度。一八五四年克里米亞戰爭時，英國巡洋艦一艘控制蘇俄里加（Riga）港口一條航道，離岸一百二十哩，曾被認定足以封鎖該港口。美國司法裁決及實例與英國相同。

第一次世界大戰時，英國海軍曾對德國實施遠距離封鎖，其艦艇巡邏地點常距離德國港口一千哩以上。有人對此種封鎖方式曾表反對，謂其封鎖伸展及於通往相鄰中立國家港口及海岸線之航道，且在各方面說，都是缺乏效力的。英國此項封鎖辦法，最早實施於一九一五年。當時德國對英倫三島周圍海上之英國及同盟國商船實施攻擊，而不顧乘客或船員人身之安全，英國乃實施此項封鎖爲報復。依照英國敕令，凡經推定運載前往敵境，或由敵境運出，或載運敵人所有貨物的中立國船舶，令其駛往英國港口將貨卸下，甚而禁止其駛往德國港口。凡中立國船舶懸掛許可航行之旗幟，原定駛往中立港口而駛向德國港口者，以後如被捕獲，則應予沒收及其他處罰。此種封鎖依照十九世紀通行的法規，不論作爲報復措施，或作爲嚴格的封鎖，可能均非正當。可是英國政府却聲稱戰爭情勢變遷，認爲『遠距離』封鎖德國是正當的。並說現代的封鎖，唯有將經由中立國港口與敵通商包括在內，始爲有效。第二次世界大戰（一九三九年）期中，『遠距離』封鎖又再度使用，其所宣告的正當理由，乃是對敵實施全面經濟戰所必需。法國在兩次大戰中亦採取與英國相類似之封鎖措施。但英國之能執行此種封鎖，端賴其擁有强大之海軍力量。

第六款　交戰國之臨檢及搜索權

交戰國除了對禁制品有沒收權，對於破壞封鎖的船舶有拿捕權之外，爲了判明運載貨物的性質及檢查船舶的目的地及中立性起見，對於公海上之中立國船舶復具有臨檢及搜索權（Right of Visit and Search）。臨檢權與搜索權與上述沒收權及拿捕權並行不悖，久已形成爲習慣的規則。但行使時應以使中立國船舶感受最少之不便爲度。如對某一中立國船舶發現有可疑的情形，可令該船駛往其本國港口，俾作進一步之調查，必要時並將船貨移送捕獲法庭裁決。

往昔，臨檢權及搜索權受有嚴格限制，旨在保護中立國船舶，使之免受不必要之干擾，而影響其通商業務。但在第一及第二次世界大戰中，由於『全面戰爭』之形勢，使交戰國都不遵守這些限制。依照規定，在拿捕之前須先行搜索，而且除了檢查船舶文件、船員，及略為檢查貨物外，不得有進一步之行動。但事實上與此規定相反，中立國船舶常在公海上受到攔截，即使並無可疑跡象，亦被令駛往港口作澈底搜索，而使受扣船舶躭誤航程。英國認為此種不在公海而在港內搜索的辦法，具有三大理由：㈠由於近代貨輪噸位增大，使得隱匿敵貨容易，澈底搜索感到費時困難；㈡在公海上進行搜索，易受潛艇襲擊之危險；㈢需要與民政當局（如經濟作戰部）會同檢查貨運情形。若干國際法學者對英國的辯詞多有批評，但是現今情勢，使得英國不得不採取此項辦法，亦是無可否認的事實。

職是之故，實施『准運證』制度，顯然可以減少中立國船舶所感受之干擾。

第七款　經濟戰與準中立

一般而言，交戰國權利適用於『準戰爭』武裝衝突，國際間既缺乏明確協議，衝突國對於準中立國自不得採用禁制品攔截或封鎖。一九七〇年五月，美國於越南進軍高棉時，使用軍艦切斷通往高棉沿岸的補給線，顯是封鎖，但官方否認封鎖之存在。

然而，除禁制品或封鎖問題外，衝突國亦得採用任何經濟壓力措施，甚或因此而使準中立國遭受不便或損害，亦所不論，惟衝突國亦負有義務儘可能減少此種損害或不便。

如果此項衝突須受聯合國安全理事會和平執行之管轄，則準中立國不論其是否為聯合國之會員國，均須遵守安全理事會所決定之經濟戰措施。遇有因此項措施之執行而引起之特殊經濟困難時，有權與安全理事會會商解決此項問題（憲章第五十條）。當聯合國大會就某一情勢採取『維持和平』程序時，由於大會的決議只有建議性質，準中立國可自由選擇，或支持此等措施，以協助維持和平，或不予支持。

第六編

國際組織

第六部 國際指數

第六編　國際組織

第廿二章　國際組織總論

第一節　國際組織在國際法中之地位與功能

晚近國際法之主體，不僅包括國家，而且包括諸如聯合國、國際勞工組織等一類的國際組織。國際組織在國際法中之地位及其對於國際法發展之貢獻，值得研討。

國際組織猶如現代國家，現代國家的功能及其機構之職權，受國內憲法所規定，而國際組織的功能與職權也同樣受國際法規限制，此類法規亦可稱爲國際憲法，所以國際組織的活動，對國際法的發展有很多貢獻。

國際組織的憲法結構，並不完全倣傚近代國家的憲法模式，但頗多類似之處。國際組織是國際社會的機關，其具有之各種職權，與近代國家具有之各種職權相似。國家的職權可以劃分爲行政、立法及司法三種。國際組織亦具有行政權，不過國際組織之行政權，不如近代國家的中央行政機關有那樣大的權力，但賦予國際組織之行政權是在逐漸的增加，並分散給各個國際組織行使，使得每一個國際組織各有其不同的職權。例如，維持世界和平的行政職權屬於聯合國，監督世界勞工工作條件的職權屬於國際勞工組織，增進世界教育及智識技能的職權屬於聯合國教育科學暨文化組織。如果這些個別的職權，不是由幾個國際組織分別行使，而全由一個國際組織集中行使，那麼國際社會就有了和近代國家相同的行政機關。

至於國際立法職權，是由幾個國際機構如聯合國大會、國際勞工大會及世界衞生大會等行使，不過其所行使的立法權是有限度的。國際司法職權由國際法院及其他國際司法機構行使，其範圍同樣的有限。

依照大多數國際組織的憲章，並非是經由其機關，行使立法、司法、准立法或准司法的職權。嚴格來說，某些國際組織並非是執行機構，只是諮詢及顧問機構。

這些國際組織結構不一，有的是國家結合體（entities），經由各種機關作爲決策；有的只是定期的國際會議，經由一個常設的秘書處或管理局執行工作。

除此之外，尚有以下三點，很值得注意：

若干國際組織的功能主要在於鼓勵國與國之間的合作，即所謂『增進的』功能（promotional activities）。其次執行其專司業務，即所謂『專業的』功能（operational activities）。例如，聯合國糧農組織和世界衞生組織都是『增進的』功能多於『專業的』功能；㈡國際組織縱使具有『專業的』功能，通常也只有調查或建議之權，而不能作拘束性的決定；㈢一般國際組織不外是一個國際會議，換言之，國際組織或其機構作任何決定，最後將取決於會員國的多數，就是組成分子的協議。

現今國際組織對於國際法的發展已發生重大影響。往昔國家是國際法的唯一主體，傳統的國際法，是經由國與國間關係產生的國際慣例、條約及仲裁決定逐漸發展而成的。現在國際組織成為國際法主體，不獨國際組織與國際組織之間發生關係，而且國際組織與國際法其他主體之間亦發生關係。因此，在國家與國家之間的關係外，增加下列兩種關係，逐漸形成國際法的新法規：㈠國家與國際組織間的關係；㈡國際組織與國際組織之間的關係。經這兩種關係形成的重要國際法規與實例很多。關於第一種國家與國際組織之間的關係，如一九四八年聯合國主持調停的官員柏納都鐸（Count Folke Bernadote）在巴勒斯坦遇刺殉職，因而引起一個問題，就是聯合國對其職員所受的損害，有無為本身向法律上或事實上的政府（即使不是該組織會員國的政府），要求損害賠償之權？經向國際法院徵詢諮詢意見。國際法院於一九四九年提出其諮詢意見認為：聯合國是一個國際組織，有權提出此種損害賠償要求。關於第二種國際組織與國際組織之間的關係，它們彼此之間可以訂立各種協定，因此而增加了許多種國際法規與法律程序。

國際組織與個人之間的關係，雖已在國際法中產生各項重大的新原則，可是仍遠不如國家與個人之間的關係。例如，依照上述國際法院的諮詢意見，聯合國對其職員所受的損害，固可為其本身提出損害賠償，但國際法院是否也認為聯合國可代表受損害的本人及其家屬提出損害賠償的要求。這個問題實際就是，國家對於其在國外的官員及僑民受到不當的損害，可以代表其國民提出損害賠償的要求，聯合國是否也能同國家一樣，為其辦事人員提出損害賠償的要求。此將涉及如何協調聯合國辦事人員的雙重身份問題，因為一方面他是國際組織的職員，另一方面他是其本國的國民，受到他本國的外交保護。國際法院大多數法官認為：由於他具有聯合國官員的身份，所以聯合國可以不問他的國籍，有權為他提出此種損害賠償的要求，但不得與他本人所享受的本國外交保護權相牴觸。

最後需要說明一點：就是國家為使國際組織達成共同的任務，須限制國家本身的行動，賦予國際組織若干職權，以適應國際社會的需要，改進國際社會的福祉。否則，我們將不能完全認識現代國際組織的眞正性質和宗旨。

第二節 國際組織的法律性質及其憲章結構

第一款 國際組織的職權及其法律行為能力

各個國際組織的憲章對其職權均有明文規定。每一個國際組織各有其規定的職權範圍。國際組織憲章一般均有特別條文規定其宗旨、目的及職權。例如，聯合國憲章第一條規定聯合國宗旨有四項，其中有兩項重要職權：一為維持國際和平及安全，一為發展國際間以尊重人民平等權利及自決原則為基礎之友好關係。其他國際組織的憲章均有類似的規定，如國際勞工組織憲章序言及第一條條文，對於該組織的『目的』有明確的規定。聯合國糧農組織憲章序言及第一條條文，對於該組織的『職權』也有規定。其他國際組織的憲章，對其特有的目的及職權，均有明文規定。

因為國際組織受其憲章賦予權力的限制，在其與國家同為國際法主體時有基本不同之處。國家主權或管轄所引起的一類問題，對於國際組織將不會發生，至少情況不同。凡是國際法所規範的每一事項，幾乎都屬於國家權限之內。可是對於國際組織則適用相反的原則，就是，凡是國際組織憲章中未有明確規定的任何事項，均不屬於其職權範圍。例如，國際法院對於聯合國的職權曾發表下面一段諮詢意見：

國家具有國際法公認的全部國際權利與義務。像聯合國一類的國際組織所具有的權利與義務，視其組織憲章所規定的及其實際發展的宗旨與職權而定。

因此，在法律上，各國際組織的憲章中所規定的職權不應相互逾越。例如，國際勞工組織依照憲章不能行使聯合國安全理事會維持和平的職權，自然它也不能命令敵對的國家停火。

每一國際組織除具有其憲章明文規定的權力外，依其憲章規定得行使『爲執行其職務所必需的默示』權力。因此，在上述的國際法院諮詢意見中，大多數國際法院法官認爲，依照聯合國憲章的含義，聯合國對其辦事人員得行使外交保護權。所以，聯合國對於它的辦事人員在執行職務時所受到的損害，得爲其職員向有關政府提出損害賠償要求。最近國際法院諮詢意見認爲：聯合國大會具有一種默示的權力，創設司法或行政法院，而且司法或行政法院所作的裁判，對聯合國本身有拘束力。

至於國際組織的法律性質問題，就是國際組織在㈠國際法中；及其在㈡國內法中是否具有法人資格的問題。

國聯盟約中雖然沒有明文規定它是法人，可是法學家一般意見認爲，國聯具有國際法與國內法法人的資格。一部份所依據的原則是：爲使國聯有效執行其職務，必需默示的給予它此項法人地位。一部份是由於它在實際事務中，一再的作爲公司法人，例如，它與瑞士政府訂立協定，接管財產及基金等。

現在接替國聯職權的聯合國，憲章中同樣沒有明文規定它是法人。不過，起草憲章的人士認爲，從整個憲章全文的含義，多少可以推定默示的給予它法人的資格。而且，聯合國憲章第一百零四條規定：聯合國於每一會員國之領土內，『應享受於執行其職務及達成其宗旨所必須之法律行爲能力』。以後又在一九四六年二月，聯合國大會通過聯合國特權及豁免公約。依照該公約第一條規定：聯合國應爲『法人』，具有締約、取得及處分不動產及動產、及從事法律訴訟的行爲能力。在該公約通過之後，有幾個國家接着予以立法承認。依照某些國家的國內法，縱使沒有此項立法，但根據該公約及聯合國憲章第一百零四條的規定，也認爲聯合國具有法人資格。照此說來，可以認爲聯合國在國內法的法人資格已經取得。至於聯合國是否是國際法人？依照國際法院在上述聯合國職員因公受傷有提出損害賠償要求之權的諮詢意見中，判定聯合國是國際法人；即使是在聯合國與非會員國的關係中，它亦具有此種法人地位。

除聯合國憲章之外，其他國際組織的憲章亦列有聯合國憲章第一百零四條及聯合國特權及豁免公約第一條相似之規定。例如國際勞工組織憲章第三十九條規定：國際勞工組織應爲完全之法人，尤以從事於：㈠訂立契約時；㈡買賣不動產時；㈢進行法律訴訟時爲然。聯合國糧農組織憲章第十五條第一款及國際貨幣基金協定第四條第一款均有類似之規定。依據上述國際法院諮詢意見，大多數國際組織被認爲具有國際法人資格。至於這些國際組織在國內法上是否具有法人的資格，依照其憲章各有不同的規定。對於此種法人地位如何取得國內法的承認，現今尙無一致的原則可資適用。例如，一九四四年的國際民航公約第四十七條對於國際民航組織的法律行爲能力有如下的規定：

該組織於每一會員國之領土內，應享受於執行其職務所必需之法律行為能力，凡符合有關國家憲法及法律之規定，應賦予其完全法人資格。

此種方式是讓會員國家在其國內法許可範圍內，自由的給予或拒絕給予國際組織法人的特權。其他國際組織的憲章各有其不同的規定，有的規定會員國須完全承認它具有此種法人地位。

第二款　國際組織的分類

國際組織很難分類，迄今還沒有一種令人滿意的分類方法。

國際組織依其職權分類，可分爲經濟的、政治的及社會的，或者分爲司法的、立法的及行政的。惟因其職權重疊，而難以劃分清楚。聯合國現正在致力協調各專門機關的職權，但也難作明確的劃分。

國際組織又可分爲：

㈠全球性或全世界性的國際組織，如聯合國及國際民航組織等；

㈡區域性的國際組織，如南太平洋委員會、歐洲理事會、美洲國家組織等。由於現今全球性的國際組織一般皆可自行設立區域機構或附屬機構，使得區域性的國際組織漸失其重要性。

國際組織亦可分爲：

㈠國家間的國際組織，如聯合國；

㈡政府間的國際組織，如政府間海事諮詢組織。

是否可作如此分類，有人表示懷疑，但也有人認爲此項分類具有實際的重要性。名法學家任克斯（Jenks）認爲，此種分類不僅是形式的，而且是實質的。誠然，各國對於國家間與政府間的形式，在實際上難以明顯區別。有時，一個國家間的國際組織是依照政府間的一項條約或協定而設立，有些國際組織的憲章，對於會員國負擔義務的規定，對政府與國家兩個名詞，常交互使用，而無區別。而且有些國際組織的憲章中，使用『政府間』一詞，是依照其最廣泛的意義，指國家與國家之間或政府與政府之間的正式關係，而與非正式的關係或『非政府間』的關係相對稱（參閱聯合國憲章第五十七條及第七十一條）。對於『非政府間』的國際組織，我國通稱為民間國際組織。

國際組織尙可分為超國家的國際組織與非超國家的國際組織。超國家的國際組織具有決定權，它所作的決定直接對於會員國的政府、個人，各種團體及企業具有拘束力，不論會員國家同意與否，必須執行此項決定。依據一九五一年四月八日訂立的條約而成立的歐洲煤鐵共營組織（The European Coal and Steel Community），以其對於會員國領土內的煤、鐵、鋼經營，可以行使直接管轄權力，所以它是一個超國家組織。非超國家的國際組織須經由會員國同意，才能採取行動或作決定。

第三款　國際組織的協調

國聯盟約及聯合國憲章的起草人，曾試圖達成國際組織的完整性，並求協調國際組織之間的職權。他們的目的在使每一個國際組織的職權，像一個有機的整體，以免各自分散孤立，這是非常切合實際的需要。

國聯盟約第二十四條規定：凡公約所規定業已成立之國際事務組織，如經締約各國之認可，均應列在國聯管理之下；此後創設的各種國際事務組織及規範國際利益事項之各種委員會，統由國聯管理。此項規定，由於各種原因，只有國際航空委員會及國際測量局等六個國際組織，列在國聯管理之下。除此六個國際組織之外，國際勞工組織基於下列四個理由，一直和國聯維持着協調關係：㈠組織關係，國聯會員國事實上都是國際勞工組織的會員國；㈡兩個組織同編列一個預算；㈢國際勞工組織某些職權賦予國聯秘書長行使，如保管國際勞工公約約本之正本；㈣兩個組織之間密切合作，對某些經濟及社會問題共同從事調查。

聯合國憲章中對於國際組織的協調，有更具體而詳細的規定，簡述如下：

㈠國際組織是由各國政府協定所成立之『各種專門機關，依其組織約章之規定，於經濟、社會、文化、教育、衞生、及其他有關部門負有廣大國際責任者』，得與聯合國經濟暨社會理事會訂立協定，使與聯合國發生關係。該項協定須經聯合國大會及各該專門機關之核准（聯合國憲章第五十七條及第六十三條第一項）。

㈡聯合國經濟暨社會理事會，爲調整各種專門機關之工作，得與此種機關會商，及向其提出建議，並得向大會及聯合國會員國建議（聯合國憲章第六十三條第二項）。

㈢聯合國得經由其機構作成建議，以調整各專門機關之政策及工作（聯合國憲章第五十八條）。

㈣聯合國經濟暨社會理事會得採取適當步驟，以取得專門機關之經常報告，俾其有效實施聯合國大會及經社理事會對其所提出的建議（聯合國憲章第六十四條）。

㈤聯合國經濟暨社會理事會得商定辦法，使專門機關之代表得參加經社理事會及經社理事會所設各委員會之討論，或使經社理事會之代表參加各專門機關之討論（聯合國憲章第七十條）。

在其他國際組織的憲章中，不論是聯合國的『專門機關』，或是不屬於聯合國專門機關之列的其他國際組織，對於彼此之間的協調工作，亦均有類似之規定，其中包括與聯合國關係之規定。例如，對於各國際組織職員釐定共同之管理辦法，以及相互派遣代表等。

由於這些規定實際應用，各國際組織間發生廣大而密切的協調關係。凡是與聯合國發生關係之各專門機關，爲達成實際需要，已成爲聯合國『組織上專業化的機關』，聯合國可以不斷考核各『專門機關』之工作，俾使它們各自的職務，能成爲完整的有機體的一部分的功能。

各國際組織間得相互訂立協定，以促進彼此之間的協調和合作：第一類是依照聯合國憲章第五十七條及第六十三條之規定，聯合國得與專門機關訂立協定；第二類是專門機關間得相互訂立協定；第三類是專門機關與區域組織得訂立協定（例如國際勞工組織與美洲國家組織訂立協定）；第四類是區域組織間得相互訂立協定。第一類聯合國與專門機關訂立的協定，對於它們彼此之間的協調關係有詳細的規定，此種協定多少可作爲其他國際組織之間訂立協定的通用方式。聯合國與專門機關的協調方式有以下幾種：㈠相互派遣代表參加彼此的會議；㈡聯合國機構與專門機關得將其各自的議題相互列入對方會議的議程之內，加以研討；㈢相互交換資料與文件；㈣在共同方法及程序下統一人事行政法規；㈤專門機關研討聯合國對其所提出之建議，及其實施此等建議向聯合國經社理事會所提出之報告；㈥統一財政及預算法規；㈦各專門機關採取行動，協助聯合國大會及安全理事會各項決議之實施；㈧各專門機關對其職權範圍內的事項，得請求國際法院發表諮詢意見。

除與聯合國發生關係之專門機關外，尚有許多其他國際組織未列入聯合國整個體系之內。但聯合國憲章第五十七條對於專門機關的定義至爲廣泛，凡是未經列入的其他國際組織，無疑的可經由適當途徑，與聯合國訂立協定，發生協調關係。例如，依照聯合國憲章第七十一條之規定，聯合國經社理事會得採取適當辦法，與各種非政府組織會商其職權範圍內之事件。事實上，經社理事會已設立一個常設協調委員會，其主要職權是與其他國際組織進行協商。

為維持聯合國與專門機關之協調關係，聯合國經社理事會主要職責，是經由協商與其他行動以維持各專門機關在經濟、社會及人權方面的合作。聯合國內特設一個行政協調委員會，聯合國秘書長擔任該委員會主席，各專門機關行政首長為其組成人員，其職權為採取適當措施，使聯合國與專門機關訂立之協定，獲得充分而有效的實施，以免其各自業務發生重複，協商共同有關事項，考慮採取一致行動之可能性，並解決各國際組織間的問題。在這個專設委員會之內，各專門機關之間並設有諮詢委員會，及各種專門技術工作小組。各專門機構由於獲得這些委員會的協助，彼此在業務上獲得實際協調的效果，在共同相關的事務上採取合作的行動。

由此可知國際組織的完整性，建立於健全的行政基礎之上，並須不斷的實施行政監督，始能維持彼此間組織機能的完整性。

第四款　國際組織的結構

聯合國與各專門機關及其他國際組織的結構各有不同，不過，它們亦有若干共同特徵：

㈠會址：國際組織的憲章中通常規定有會址所在地點，可是有的留待以後由會員國決定。

㈡會員：國際組織的憲章中通常規定原始簽署國經批准或接受該憲章者，得為創始會員國。

其他國家之入會，須經該國際組織法定機構的特定多數票之決議，始得加入爲會員國。各國際組織的憲章中對於新會員之入會資格，如有規定，依照國際法院的諮詢意見，必須嚴格遵守。有些專門機關的憲章，例如，聯合國教育科學暨文化組織憲章規定：凡是聯合國會員國，如願接受該組織之憲章，可自動加入該組織。其他有些專門機關，例如，世界衞生組織及國際電訊聯合會，准許一個地區加入該組織爲『仲會員』（associate membership），仲會員有權享受該組織之一切利益，但無投票權，也不能成爲執行機構的成員。依照國際勞工組織憲章規定，地區代表可以會員國代表團顧問身份參加國際勞工組織大會。

㈢會員退會、除名及停止行使權利之條件：各國際組織對於這一方面並無統一或固定的規定。大多數國際組織憲章規定，會員退會須於十二個月前將其退會之意願以書面通知指定之機關，始得退出；不過，對於會員入會後至少須經過多少時間始能退會，及其退會通知是否須待至其履行財政或其他義務之後，始能生效，各有不同的規定。聯合國憲章對於會員退會並無明文規定。對於會員不履行義務而予以除名，現在不像第二次大戰以前，很少採行此種紀律制裁。現今趨勢，對於不履行財政或其他義務之會員國多不予除名，而停止其權利，其中包括投票權，直到其履行此等義務時始予恢復。

㈣機構：玆就國際組織的主要機構及區域或附屬機構分述如下：

（甲）主要機構分爲：

⑴制定政策機構：通常是『大會』，大會係由全體會員國派遣代表參加。其職權在監督該組織之工作，審核預算，選舉重要職員，通過憲章、公約及其他決議事項，並提出各項建議以供各國採擇實行。例如，世界衞生組織大會，卽係該組織制定政策的機構。至於此類政策機構需要多

久開一次會（從每年開一次會，至五年開一次會，各有不同），各會員國代表人數多寡，制定政策機構監督職權範圍的大小，及其是否將其職權授予小型組織的執行機構，亦均各有其不同的規定。

⑵執行機構：通常是理事會，理事會係由制定政策機構選舉其少數會員國代表組成。有時，執行機構之組成人員，須選舉對該組織專司業務範圍具有最大利益之會員國擔任之，並宜公勻分配。例如，國際民航組織的理事會及國際勞工組織的理事會，均有類似規定。有時，執行機構之組成人員需要就地理上作公勻分配，例如，萬國郵政聯盟執行理事會卽有此規定。有時，執行機構在組織上是非政治性的，其組成人員固可由各會員國中選出，但亦強調個人品德及專門學識的資格。例如，聯合國教育科學暨文化組織執行委員會及世界氣象組織執行委員會，均有此規定。至於執行機構權力的大小則各有不同，權力最大的可對會員國特定事項具有最高管轄權。例如，依一九五一年四月十八日簽訂的一項條約規定，歐洲煤鐵共營組織最高行政當局卽有此種最高權力，至於國際海事組織（政府間海事諮詢組織）却只有建議及諮詢之權。

⑶國際組織秘書處或國際文官：各國際組織憲章多有規定，國際組織辦事人員責任之專屬國際性質，不應接受其組織以外任何當局之訓令。爲加強國際組織官員之地位，特在憲章中規定各會員國承諾尊重辦事人員責任專屬國際性，決不影響任何本國籍辦事人員履行其國際職責。各國際組織秘書處的主管人員，無論是秘書長或幹事長，對其所具有之職權大小，依照憲章，雖各有不同之規定，而今却逐漸趨向於統一。

關於國際組織秘書處職員的國際地位，自一九五二年以來，由於其本國政府對其進行忠貞調查曾引起一項嚴重問題。雖然該國際文官應該遵守其本國法律，可是當他擔負國際職務，其本國政府對其從前涉嫌顚覆活動進行忠貞調查，倘其因享有國際文官特權拒絕答覆，是否會因此被解雇或受到其他不利處分？一九五二年十一月，秘書長請專設法學家委員會就這問題表示意見，該委員會認爲國際文官的獨立性固屬需要，但他們以享有特權爲理由，拒絕答覆忠貞調查，自將在其本國構成罪嫌，在某些案情中，他們將無法在秘書處留任。這意見爲秘書長全部接受，但聯合國行政法院却並不完全贊同。國際勞工組織的行政法院，也曾幾次判決說：拒絕忠貞調查，不構成終止僱用爲聯教組織職員的充分理由。本案起因是爲聯合國秘書處美籍職員十一人，於一九五二年期間，拒絕出席美國國會參議院委員會，爲其對美國的忠貞調查作證，因而在其秘書處僱用合約期滿前，受解僱處分，最後上訴聯合國行政法院，裁決應給予補償。秘書長要求大會撥款支付補償費時，大會決議請求國際法院表示意見，以說明行政法院是否越權。國際法院表示：行政法院未曾越權，大會應執行其裁決，對於僱用合約未滿期前受解僱者，沒有拒絕給予補償的理由。此是表示國際法院亦未全部接受前述法學家委員家的意見。

（乙）區域及附屬機構：

現代各國際組織有分權趨勢，均得自由設立區域及附屬機構。不過各國際組織對其設立之區域及附屬機構，有下列幾種不同情況：(1)區域會議，例如，國際勞工組織及聯合國糧農組織皆有區域性的會議；(2)成立顧問或諮詢委員會，研討一般性或專門性問題，例如，聯合國糧農組織的常設顧問委員會，國際電信聯合會設有國際無線電諮詢委員會等；(3)設立所謂職司委員會，處理專門業務，例如，聯合國經社理事會設立各種職司委員會，世界氣象組織設立幾個專門技術委員會，研討航空氣象學等；(4)國際電信聯合會設立行政會議，各民間電信機構得派代表參加。(5)聯合國人權委員會設立防止歧視暨保護少數民族小組委員，分權予小組委員會掌理。(6)成立機構另立名稱，例如『聯合國救濟近東難民公署』(United Nations Relief and Works Agency for Palestine Refugees in the Near East)，或稱會議，如『聯合國貿易發展會議』(United Nations Conference on Trade and Development)，或稱基金，如『聯合國兒童緊急基金』(United Nations Children's Emergency Fund)，或稱方案，如『聯合國環境方案』(United Nattions Environment Programme) 及『聯合國發展方案』(United Nations Development Programme)。

㈤投票權：各國際組織通過決議或建議事項，通常需要會員國過半數決定之。現今很少採用一致原則。有些國際組織使用計量投票制，各會員國投票權『輕重份量』不等。例如，國際復興及開發銀行及國際貨幣基金，各會員國投票數目視其負擔財政經費數額或其認購股金多少而定。最近國際組織投票表決程序，趨於『反應會員國的權力及利益，尤其是各會員國受該組織業務影響的程度，或有賴於它執行該組織的決定』。對於重大事項的表決，例如，新會員的入會或修改憲章，一般均是採用三分之二多數票決。聯合國安全理事會採取特別投票表決制度。依照聯合國憲章第二十七條的規定，安全理事會每一理事國應有一個投票權。關於程序事項之決議，應以九理事國之可決票表決之。對於其他一切事項之決議，應以九理事國之可決票包括全體理事國之同意票表決之。如果任何一個常任理事國對於非程序事項的表決，投反對票，該項議案卽被『否決』，這就是『否決權』(Veto)。

㈥會員國的報告：各國際組織的憲章一般多列有規定，該組織得審核會員國對其履行義務採取行動所提出之各項報告。例如國際勞工組織會員國須就其實施國際勞工公約及建議事項提出報告。

(七)通過公約及建議，以供各會員國採擇實行：此一問題留待在國際組織的立法功能中討論。

(八)預算問題：各國際組織的一般規定，都是由秘書長或幹事長編列各該組織經常及特別預算，送交制定政策機構審議通過，有些國際組織還須先送交預算委員會審核，再送交執行機構決定。全部經費由制定政策機構決定會員國分攤比額，由會員國按照攤額繳納。聯合國大會對於各專門機關之財政及預算事項，具有一般監督及建議之權。

第三節　國際組織的特權及豁免

各國際組織爲有效及適當達成其宗旨，在其常設或臨時機構所在的國家境內，需要享受若干特權及豁免。國際組織的辦事人員，亦應同樣享受於行使其職務所必需之特權。而且國際組織的收入及基金，原則上有關國家不應徵稅。

關於國際組織的特權及豁免，顯然需要在國際公約中明確規定，不能僅由參加國際組織的每一個會員國分別自行制定國內法予以規定。例如，聯合國憲章第一百零五條列有一般性的規定：該組織於每一會員國之領土內，應享受於達成其宗旨所必需之特權及豁免。聯合國會員國之代表及該組織之職員，亦應同樣享受於獨立行使關於該組織之職務所必需之特權及豁免。爲明定其施行細則起見，聯合國大會得作成建議，或議定公約。聯合國各『專門機關』的憲章中，對於其應享受的特權及豁免亦有類似之規定，甚至規定得更爲明確詳細。

一九四六年二月，聯合國大會通過聯合國特權及豁免公約，列有以下幾項原則：(1)聯合國財產及資產，除拋棄者外，免受各種法律訴訟。⑵聯合國的辦公處所及檔案不得侵犯。⑶聯合國之財產及資產，豁免直接稅及關稅。⑷聯合國公務通訊，在每一會員國領土內，享受不低於該國政府給予他國使館之優待。⑸會員國出席聯合國各機構及其會議之代表享有免於逮捕、文書不得侵犯、免除外僑登記等特權。⑹聯合國高級職員如聯合國秘書長及副秘書長享有外交官地位，以及其他職員以其公務資格所為之行為或發表之言論，均免受法律訴究，並享有免稅及免除其國家公役之義務。⑺聯合國職員為公務而旅行得持用聯合國通行證（Laissez-Passer），各國應承認並接受該項通行證為有效之旅行證件，並應予以旅行快捷之便利。

聯合國大會於一九四七年十一月二十一日核定聯合國各專門機關特權及豁免公約。該公約之規定與上述聯合國特權及豁免公約原則相同，不過每一個專門機關得分別訂立附加規則，對於每一專門機關依其特別性質所需要之特權及豁免，加以補充規定。例如，國際勞工組織附加規則規定：國際勞工組織理事會之資方及勞方理事，除拋棄者外，享有會員國代表同樣特權。每一個專門機關有權依其組織法規定個別的憲章程序，制定特別附加規則，並得對於附加規則所定之特權，予以增加或修訂。依照該公約『最後條款』的規定，每一個專門機關的會員國擔允適用該公約之統一規定，以及各專門機關自行制定的附加規則的特別規定。這樣就可很技巧的解決各種困難的問題。

關於聯合國及各專門機關會所（辦公處所及佔用之土地）的地位問題，可用特別協定訂定之（如聯合國與美國於一九四七年訂立之協定）。此等協定具有下列一般共同特徵：⑴當地法律適用於各國際組織會所設在的區域，但受秘書處行政規則適用之限制；⑵國際組織之會所及財產，不受所在國當局之搜查、徵用、沒收及任何其他形式干涉；⑶地方官員非經該國際組織之同意，不得進入其辦公處所；(4)當地政府須予適當注意，以保護國際組織之辦公處所，免受外來之干擾及擅自侵入；(5)國際組織會所豁免地方稅捐，但須繳付水電一類公用事業的費用。(6)國際組織享有自由通訊之權，免受檢查。

各國給予國際組織之特權與豁免，得超過上述兩項公約所規定之範圍。聯合國大會於一九四八年在巴黎舉行全體會議時，法國政府給予聯合國及出席會議的各國代表許多額外的特權。例如，聯合國有權免稅進口食品、菸酒及衣物，以供各國代表、秘書處職員及其家人之需用。一般說來，就上述兩個公約之規定，給予國際組織之特權及豁免之目的，非是使其享有治外特權或地位，而是使其能獨立、公正及有效的執行其職務。爲求公正及免受損害起見，國際組織得斟酌情形，決定何時要求給予這些特權及豁免。各國亦得斟酌實際情形，自由裁奪如何有效適用這些特權。

第四節 國際組織的立法功能

現今國際間尚無世界性的立法機關，但各國際組織或多或少均具有若干立法功能，如聯合國大會，經社理事會、聯合國國際貿易法委員會及國際法委員會，均具有促進制定各項公約之權。聯合國有六個以制定法規爲主旨的專門機關，即國際勞工組織、世界衞生組織、世界氣象組織、國際民航組織、國際海事組織、及國際電信聯合會。此等國際組織所制定之特別法規，可得而言者，約有下列三種情形：(1)國際民航組織各種區域會議制定區域規則或運作『程序』；(2)非政府代表得參加立法會議，例如勞方及資方代表參加國際勞工會議，及民間電訊機構得參加國際電信聯合會各種行政會議；(3)世界衞生組織制定之各項衞生規則，除在一定期間內提出拒絕或保留之通知之會員國外，對其他所有會員國一律生效。(4)制定立法標準規定，作爲最後議定書之附屬文件。例如制定海上碰撞國際規章附於一九六〇年倫敦海上生命安全會議通過的最後議定書。

國際組織爲適應緊急需要起見，與國內法情形相同，有下列兩項發展：(一)委任立法：國際民航組織授權其理事會，對一九四四年十二月七日之國際民航公約有修改或增設條款之權；(二)制定附屬法規：聯合國大會得自行制定其議事規則及『行政規則』，如條約登記規則，行政法院地位規則，及職員退休規則等。

第五節　國際行政法問題

國際組織具有行政及準司法功能（quasi-judicial function），一如國內法，將引起司法覆審問題。換言之，此將行使一種監督權，確使國際組織不得超越其法律權限。

一九五一年四月十八日成立歐洲煤鐵共營組織的條約，對於司法覆審的程序，特加明確的規定。依照該條約第三十一條至第四十五條規定，設立一個特別法院。依照該條約第三十三條及第三十八條規定，該特別法院對於歐洲煤鐵共營組織最高權力機關的大會及該組織的特別理事會，因『缺乏法律權限』及『違反實質上的法律程序』每年所爲之行政行爲及各項建議，具有監督權。此種司法覆審的另一個實例，就是聯合國行政法院（審理聯合國辦事人員的任用問題）規約規定，賦予國際法院有權決定聯合國行政法院是否超越其權限，及其在適用法律或程序上有無錯誤。聯合國行政法院與國際勞工組織行政法院的實踐，逐漸形成一些國際行政法規。

至於其他國際組織有關憲章之解釋及適用問題，通常的辦法，是提交該組織之某一重要機構解決之。例如，依照一九四四年十二月七日之國際民航公約第八十四條至八十六條的規定，由國際民航組織理事會解決之，或提請國際法院發表諮詢意見。在實例上，還有些國際組織自行解釋其憲章之疑義，或行使準司法的權力。例如，國際貨幣基金自行解釋並適用其協定的條款；世界衞生組織在適用一九五一年國際衞生規則時，得自行解決有關檢疫的問題或爭端。

現今國際組織爲執行其工作便利，有時涉及國內行政範圍，例如各國勞工團體向國際勞工組織控訴其組織工會權利受侵犯，國際勞工組織自由結社委員會授權各國小組委員會先作初步調查，再提交國際勞工組織自由結社委員會審議。此小組委員會具有若干程度的準司法功能。

第六節　國際組織的準外交關係及條約關係

第一款　國際組織的準外交關係

會員國派駐聯合國及各專門機關的常設代表團固具有外交使館的地位，就是聯合國各機構任命的國際官員，亦具有準外交官的身份。例如，聯合國在一九四九年任命一位高級專員，前往協助利比亞人民獲得獨立，成立自治政府。聯合國秘書長於一九六〇年任命特別代表駐在剛果，至一九六二年在剛果設立聯合國聯絡處，近年聯合國及其專門機關為各種目的派遣代表團至各會員國。例如聯合國於一九八三年五月派遣一個代表團赴伊朗及伊拉克調查兩伊衝突期間人民受到戰爭損害，以查明兩伊侵犯人權程度，確立聯合國執行人權功能的程序。聯合國及其專門機關所派遣的代表或代表團，與外交官負有相同之任務。除此之外，依照聯合國與各專門機關所訂立的關係協定，以及各專門機關相互間訂立的各項協定，聯合國與各專門機關得相互派遣代表及聯絡人員。歐洲經濟社會派遣外交代表團常駐美、加、日本及澳洲等國，這是一個特例。

第二款　國際組織的條約關係

有些國際組織的憲章，明確規定其組織具有締約權。例如，聯合國憲章規定：聯合國得與管理託管領土之關係各國，議定託管協定，安全理事會得與會員國訂立軍事協定，以及經社理事會得與任何專門機關訂立各種關係協定。除此之外，國際組織依照其憲章規定含義，必須享有為履行其職務所需之締約權，並可將此項締約權授權其所屬機構簽訂，例如聯合國難民高專，於一九八二年底與巴基斯坦簽訂關於阿富汗難民協定。

就各種實際情形而論，許多國際組織之間相互及其與各國及領土間，得訂立簡單而富彈性的各種條約，但這些條約須經過有關國際組織的制定政策機構的『批准』，始生效力。

一九八六年三月二十一日在維也納簽訂『國家與國際組織間及國際組織相互間條約法公約』，確定國際間承認國際組織具有締約權。

第七節　國際組織的解散及其權利義務與業務的繼承

第一款　國際組織的解散

國際組織在下列三種情形下予以解散：㈠成立有一定期間，限期屆滿；㈡具有過渡性質，成立時之情勢已經消逝，或已達成其成立之宗旨；㈢經會員國明示或默示的決定。此項決定似不需要一致通過，實際上，只要大多數國家，包括具有重大利益的國家的贊成票，卽可構成此項決定。因此，國聯及常設國際法院，經一九四六年四月十八日國聯大會全體會議的決議，宣佈解散。此項決定並不需要國聯或參加常設國際法院全體會員國個別的給予同意。各國際組織的憲章如無明確相反的規定，會員國應具有解散其參加的國際組織的默示權力。

被解散的國際組織資產及業務的清理是另外一個問題，事實上並無原則可循。國聯的解散是一特殊情形，因爲國聯會員國均同意將其資產分別移交給聯合國及各專門機關。

第二款　國際組織的權利義務與業務的繼承

一個國際組織繼承另一個國際組織的權利義務等問題，同時涉及接管其憲章所規定的業務問題。

㈠繼承的國際組織須在其憲章上，明示或默示的具有接管被解散的國際組織的權利及業務的資格。例如，世界衞生組織憲章第七十二條規定：該組織有權接管同性質機構的資產和業務。由於它在憲章上具有此項權力，過去國聯所設之衞生組織的業務和資產，都適當的移交給世界衞生組織。

㈡繼承的國際組織不能接管其憲章所規定的管轄範圍以外的業務，一般原則是政治性的業務不得繼承。因而在一九四六年，聯合國成立籌備委員會的執行委員會，鑒於國聯與聯合國政治責任不同，故提出建議，國聯的政治性業務不得移交給聯合國。但須加以說明，聯合國爲謀國際社會的利益，確實接管國聯若干政治性業務，如保管各種公約正本、國際管制痲醉藥品、禁止販賣婦女及兒童、以及關於婦女地位之調查等。

關於默示繼承有一個奇特的事例，就是國際法院於一九五〇年對於西南非國際地位發表的諮詢意見。依據該項諮詢意見，像國聯常設委任統治地委員會這樣一個國際機構，在國際社會擔負有若干職務。常設委任統治地委員會被解散之後，應由何種國際機構繼續行使其職務，缺乏條約明確的規定，因此，其職務得自動移交給一個擔負性質相同職務的國際機構。聯合國託管理事會即與被解散的國聯委任統治地委員會擔負同性質的監督職務。可是，在事實上國際法院却認爲，依照聯合國憲章，南非聯邦並沒有將西南非置於託管制度之下的義務，因爲要把從前的委任統治地改爲託管領土，仍需徵得受任統治國的同意（參閱聯合國憲章第七十九條及第八十條第一項）。

國際組織的憲章中，如對於接管其他解散的國際組織的業務，訂有明確條件和限制的規定，則遇及繼承問題，自應遵照此等規定辦理。此項原則最好的一個例證，就是現在繼承常設國際法院的國際法院的規約。例如國際法院規約第三十七條規定：『現行條約或協約規定某項事件應提交國際所設之任何裁判機關或常設國際法院者，在本規約當事國間，該項事件應提交國際法院。』

第二十三章 聯合國

聯合國（United Nations）是世界政府的中樞機關，是所有國際組織中一個中央組織。由各國政府間協定所成立之各種『專門機關』，由聯合國居間協調，使這些國際組織成爲一個完整體系。

聯合國乃係接受聯合國憲章所規定之義務的各獨立國家所組成的一個全球性組織，現有一百六十六個會員國。爲欲瞭解聯合國的功能，須對聯合國憲章制定經過及聯合國本身的性質，詳加闡述。可是聯合國經過將近半世紀的演變，憲章原先設立的機關，已不足適應世局的變化，除與專門機關及其他國際組織密切聯繫配合之外，爲應緊急需要，衍生各種國際機構，例如聯合國環境方案（UN Environment Programme）及印度洋特別委員會（Ad Hoc Committee on the Indian Ocean）等，爲瞭解聯合國全貌，須進一步探討其現今的結構及運作的情況。

第一節　聯合國憲章制定經過

聯合國憲章中所載之各項原則，是從第二次世界大戰期間盟國提出的理想與計畫中綜合得來的。盟國理想與計畫中最重要者有下列三項文獻：㈠美國羅斯福總統與英國邱吉爾首相於一九四一年八月聯合發表的大西洋憲章；㈡二十六國於一九四二年元旦聯署發表的聯合國宣言；㈢中、美、英、蘇四國政府於一九四三年十月發表的莫斯科宣言。此三項文獻認爲有從速成立普遍國際組織的必要，並且認爲這個國際組織，應該建立在所有愛好和平國家主權平等的原則上，世界上大小國家均得參加，以維持國際和平與安全。

一九四四年八月二十一日至十月七日，中、美、英、蘇四國先後在美國華盛頓郊外敦巴頓橡樹園（Dumbarton Oaks）舉行會議，草擬戰後國際組織的草案。嗣後於一九四五年二月，美、英、蘇三國政府首長在雅爾達集會，決定召開國際會議，邀請約五十個國家參加，以敦巴頓橡樹園所擬的草案爲討論基礎，制定一部憲章。在雅爾達會議中，對於安全理事會的表決方式，亦獲得協議。兩個月後，由四十四國法學家代表組成的法學家委員會在華盛頓開會，草擬一部國際法院規約草案，使國際法院成爲聯合國的一個主要機關。

一九四五年四月二十五日至六月二十六日，各國代表在舊金山舉行會議，討論敦巴頓橡樹園草案，制定聯合國憲章，其中包括國際法院規約。會中意見並不一致，尤以中、美、英、蘇四個發起國家與所謂『中等』國家及『小』國的代表，對於安理會常任理事國具有否決權及大會的職權發生激烈爭辯。在這種情況下，各國代表於短短兩個月時間中，能完成這樣一部周詳的憲章，確實是歷史上一件偉業。

敦巴頓草案經舊金山會議討論後，其主要修訂之處有以下七點：㈠聯合國憲章之宗旨及原則，在範圍上更爲擴大，對於會員國的義務加以更明確的規定；㈡聯合國大會的權力擴大；㈢聯合國對於經濟、社會、文化及人道方面獲有更大權力；㈣在憲章中增設條文，增進人權與基本自由；㈤對於區域辦法與區域機關，有重要修訂；㈥設立國際託管制度；㈦經濟暨社會理事會爲聯合國的主要機關，對特定範圍內事項，負有重大職責。

聯合國憲章獲得中、法、蘇、英、美五國及其他多數締約國批准後，於一九四五年十月二十四日生效，聯合國於焉誕生。因此，每年十月二十四日訂爲『聯合國日』。一九四六年一月十日，聯合國在倫敦舉行第一屆大會。三個月後，國聯舉行最後一屆大會，決議將國聯解散。聯合國乃正式接替其任務。

第二節　聯合國與國聯之比較

國聯（League of Nations）雖然解散，但其許多珍貴經驗却爲聯合國所接受。聯合國的憲章條文，有許多處是取法國聯的傳統、實例與組織。誠然聯合國是接替國聯而成立的，在許多方面承襲了國聯的長處，而二者之間也有其基本不同之處：

㈠聯合國對於會員國的義務規定比較廣泛，例如，聯合國會員國應以和平方法解決其國際爭端；應一秉善意，履行其依憲章所擔負之義務等。而國聯會員國義務，在國聯盟約中規定比較具體，例如，國聯會員國不得以戰爭而須依規定的各種方式解決其爭端（國聯盟約第十二、第十三及第十五各條）。

㈡聯合國除設秘書處外，設有大會、安全理事會、經濟暨社會理事會、託管理事會及國際法院五個主要機關，每一機關有其明確規定的職權範圍，以免工作重複。國聯除設秘書處外，僅設大會與理事會兩個主要機關，大會與理事會均得『處理國聯行動範圍內或影響世界和平之任何事項』（國聯盟約第三條及第四條）。

㈢聯合國憲章比較國聯盟約更為重視經濟、社會、文化及人道問題。

㈣國聯盟約第十六條關於『制裁』的規定，與聯合國憲章第七章關於『防止』及『執行行動』的規定，其間有重大的區別。聯合國安全理事會對於會員國不履行憲章義務所從事之戰爭情勢得採取『執行行動』，不受限制，而國聯對於會員國違反盟約所從事之戰爭情勢，其採取之『執行行動』亦不受限制；聯合國遇到任何和平之威脅、和平之破壞、或侵略行為存在時，得採取各種防止及執行行動。而且，聯合國各會員國並依照安全理事會議定之特別協定，供給為維持和平及安全所必需之軍隊。安全理事會使用武力計畫，由軍事參謀團提供意見，並予以協助。國聯盟約則無此項規定。

㈤聯合國議事表決方法採取多數決，只有安全理事會對於一切非程序事項之決議，須獲得五常任理事國之一致同意。國聯議事表決方法採取全體一致原則，對於一切重要事項之決議，須獲得全體會員國之一致同意。但亦有例外情形，如國聯盟約第十五條規定：國聯理事會對於調解國際爭端所提出的報告與建議，爭端國無投票權。這是因為國聯盟約的效力有賴於國聯會員國遵守其決定，而不像聯合國憲章，安全理事會的決定卽可付諸實施。

第三節　聯合國宗旨及原則

依照聯合國憲章第一條規定，聯合國之『宗旨』爲：㈠維持國際和平與安全；㈡發展國際間的友好關係；㈢促成國際合作，以解決國際間屬於經濟、社會、文化及人類福利性質之國際問題；㈣增進並激勵對於全體人類之人權及基本自由之尊重；㈤構成一協調各國行動之中心，以達成上述共同目的。聯合國能否成爲一個維持和平與安全的機構，以及聯合國能否比國聯成功，現今尚難逆料；不過，無論如何，聯合國迄今尚未能完全成爲一個有效維持國際和平與安全的國際機構，則可斷言。換言之，聯合國在維持國際和平與安全方面所獲之成就，並不太大。

依照憲章第二條規定，聯合國之原則可以分爲：

一、聯合國本身必須遵守的兩項原則：

㈠聯合國建立於各會員國主權平等原則之上；

㈡聯合國不得干涉在本質上屬於任何國家國內管轄之事件。

二、各會員國必須遵守的四項原則：

㈠各會員國應履行其依本憲章所擔負之義務；

㈡各會員國應以和平方法解決其國際爭端；

㈢各會員國不得使用威脅或武力侵害任何國家之領土完整或政治獨立；

㈣各會員國對於聯合國依憲章規定而採取之行動，應盡力予以協助；聯國對於任何國家正在採取防止或執行行動時，各會員國對該國不得給予協助。

第四節　聯合國會員國

聯合國的會員國分為二類：㈠創始會員會；㈡依照憲章第四條之規定而獲准加入的會員國。凡曾參加一九四五年舊金山會議或曾簽署於一九四二年一月一日聯合國宣言之國家，簽訂聯合國憲章，且予以批准者，均為聯合國之創始會員國。

至於非創始會員國申請入會，依照憲章第四條規定：『凡其他愛好和平之國家，接受本憲章所載之義務，經本組織認為確能並願意履行該項義務者，得為聯合國會員國。』但新會員國申請入會，至少須獲安全理事會九理事國之可決票，包括五常任理事國之同意票之推薦，並須獲得大會三分之二之多數通過，始獲批准。

國際法院於一九四八年經多數決議，對於新會員國加入聯合國的資格發表一項諮詢意見，認為憲章第四條所規定新會員入會的五項資格是全部列舉方式，而不是以舉例方式提出的。任何申請會籍的國家必須具備下列五個資格：㈠它必須是一個國家；㈡它必須愛好和平；㈢它必須接受憲章所載之義務；㈣聯合國認為它能夠履行上述義務；㈤聯合國認為它願意履行上述義務。國際法院並裁定：聯合國的會員國不得將其同意新會員國入會的投票，繫諸憲章第四條所未規定的資格，尤其不得以其他申請國同時被允許加入，作為投票同意該國加入為條件。國際法院認為憲章

第四條所規定的資格，是新會員國加入的充足條件，會員國對於新會員入會投票，祇能就憲章第四條所規定的資格加以考慮，不能作政治上的考慮。

依照現行慣例與程序（見安全理事會議事規則第六十條），對於新會員國申請會籍，實際上是先由安全理事會決定，而且被『否決』的國家，安全理事會即不能作有效的推薦。國際法院認爲大會對於未曾獲得安全理事會推薦的申請國家，不能自行決議允許其加入爲聯合國的會員國。至於經安全理事會推薦而申請入會的國家，大會自可自由拒絕其加入。

一九五五年十二月，安全理事會在所謂『整批交易』(package deal) 的辦法之下，十六個國家同時獲准加入聯合國。『整批交易』辦法，是一個投票集團對某幾個新申請會籍國家投贊成票，而以另一投票集團對其餘申請會籍國家投贊成票爲條件。此項權宜辦法，固消除安全理事會對於新會員國入會申請所加的阻止，但是，若說此項『整批交易』與國際法院認爲憲章不許會員國對新會員國加入作附條件的同意的諮詢意見相符合，乃是違心之論。

憲章第五條與第六條規定：大會經安全理事會之建議，得停止會員權利及特權之行使，或將其由該組織除名。凡聯合國會員國，業經安全理事會對其採取防止或執行行動者，得停止其行使會員權利及特權，如有屢次違犯本憲章所載之原則者，得將其由該組織除名。

關於會員國能否自行退出聯合國問題，憲章缺乏明文規定，惟國聯盟約第一條第三項規定：凡國聯會員國經兩年前預先通告後得退出國聯，但須於退出之時，將其所有國際義務及爲本盟約所負之一切義務履行完竣。一九四五年舊金山憲章起草第一委員會意見認爲，憲章不應明確規定許可或禁止會員退出聯合國；會員國最大職責是繼續與聯合國合作，以維護和平與安全。此項意見經大會認可。可是倘作爲一個維持和平組織的聯合國不能有效達成其目的，或者憲章修改影響會員國權利與義務，且未得會員國同意，自不能强迫其不能退會。

第五節　聯合國的主要機關

聯合國與國聯所不同者，在於聯合國採取分權制度。依照憲章規定，聯合國職權分由六個主要機關行使：㈠大會；㈡安全理事會；㈢經濟暨社會理事會；㈣託管理事會；㈤國際法院；㈥秘書處。每一個機關的職權範圍，均有明確規定。未經列舉歸屬於某一機關行使的權力，雖被認為賦予大會行使，實際上大會的主要職權為監督權與建議權，而無採取行動之權。

聯合國除了這六個主要機關之外，得設立輔助機關（Subsidiary Organs）。依照憲章第七條第二項規定，『聯合國得依本憲章設立認為必需之輔助機關。』聯合國大會及安全理事會依照憲章第二十二條及第二十九條之規定，有權分別設立於行使職務所必需之輔助機關。大會與安全理事會固可行使此項權利，對其設立輔助機關，具有相當程度的彈性。

第一款　聯合國大會

大會（General Assembly）是唯一由所有會員國組織而成的聯合國主要機關，每一會員國得派代表五人參加大會，但只有一個投票權。大會每年舉行常會一次，並於必要時，舉行特別屆會。特別屆會之召開，須經安全理事會，或聯合國會員國過半數之請求，或一個會員國提出請求而經會員國過半數之同意，由秘書長召集之。

大會主要是一個會議機構，其權力爲討論、調查、檢討、監督，並審議關於聯合國及其他各種機關（包括專門機關）範圍內的工作。一般說來，大會權力僅限於提出建議，其決定缺乏拘束力，也不能爲會員國設定法律義務，但許可會員國自行斟酌採取執行方法。不過對於預算、新會員國入會、停止會員國權利或開除會籍等特定事項，大會亦可作最後的決定。大會對於『重要』問題，例如關於安全理事會非常任理事國之選舉，以及憲章第十八條第二項所列舉的其他重要問題，應以三分之二多數決定之；關於其他問題之決議，包括另有何種事項應以三分之二之多數決定之問題，應以到會及投票之會員國過半數決定之。安全理事會五個常任理事國在大會中投票，沒有『否決』權。

大會職權包括以下幾項：㈠對於維持國際和平與安全事項具有討論與建議之權；㈡指導並監督國際經濟及社會合作事項；㈢監督國際託管制度；㈣審議關於非自治領土之情報；㈤具有預算及財政權，因而大會對於聯合國財政具有專屬控制權；㈥具有准許新會員國入會、停止會員權利及將其除名之權；㈦關於通過憲章修改之權（憲章第一〇八及第一〇九兩條）；㈧其他機關（如經社理事會等）理事國之選舉；㈨接受並審議有關聯合國工作之報告；㈩通過各種國際公約。可是，依照憲章第十條的規定，大會具有之討論及建議之權，並不限於上列事項。

雖然維持和平與安全的主要責任屬於安全理事會，但大會對於這方面仍具有若干審議與建議之權。大會『得考慮』關於維持國際和平及安全之普通原則，包括關於裁軍及軍備管制之原則；並得向會員國或安全理事會提出對於該項原則之建議（憲章第十一條第一項）；大會『得討論』聯合國任何會員國或安全理事會或非聯合國會員國向大會所提關於維持國際和平及安全之任何問題，並得提出對於各該項問題之建議（憲章第十一條第二項）；大會對於其所認爲足以妨害國際間公共福利或友好關係之任何情勢，包括由違反本憲章而起之情勢，『得建議』和平調整辦法（憲章第十四條）；大會對於足以危及國際和平與安全之情勢，『得提請安全理事會注意』，因爲安全理事會是負責維持和平與安全的主要機關。大會具有之建議權受到一項限制，就是當安全理事會對於任何爭端或情勢，正在執行本憲章所授予該會之職務時，大會非經安全理事會請求，對於該項爭端或情勢，不得提出任何建議，但此項規定並不排除大會討論該項爭端或情勢（憲章第十二條第一項）。爲免有關國際和平與安全的重大事項被『凍結』在安全理事會中，致使大會不得過問，憲章規定聯合國秘書長經安全理事會之同意，應於大會每次會議時，將安全理事會正在處理中關於維持國際和平及安全之任何事件，通知大會；於安全理事會停止處理該項事件時，亦應立卽通知大會。

在規定職權範圍之內，大會對於國際和平與安全問題，實能擔負起重大任務。大會曾討論向聯合國提出的某些重大政治問題，如巴勒斯坦、希臘、西班牙、韓國、蘇彝士運河、匈牙利事件、剛果危機諸問題，並對這些問題採取具體行動。例如，關於巴勒斯坦問題，大會曾於一九四七年任命一個特別委員會，調查各項爭端事實。大會於一九四八年曾任命一位調人，嗣後又設立一個調解委員會，和解猶太民族與阿拉伯民族之間的爭端。大會於一九四七年曾設立一個特別委員會，負調停與監督之責，處理巴爾幹問題。大會對於一九五六年十月至十一月間蘇彝士運河區戰爭的解決，亦有重大貢獻。大會復於一九六〇年九月授權聯合國部隊繼續留駐剛果，防止內戰的衝突。

由於『否決權』行使的結果，幾使安全理事會行動陷於癱瘓，因而產生一項意義重大的發展，就是在此種情勢下，大會對於國際和平與安全的問題的權力逐漸在擴大，使大會不獨可提出維持國際和平與安全的一般建議，且可提出特定建議。更有進者，安全理事會得以程序表決方式，免除任何常任理事國使用『否決權』，而將該項爭端從安全理事會議程項目中，移交於大會討論。

自聯合國成立以來，大會職權獲得以下幾項重大發展：㈠大會對於巴勒斯坦之爭端，於一九四九年四月建議設立一個調查及調解委員會，向安全理事會提出。安全理事會於一九五〇年五月決定可使用調查或調解方式以解決之。㈡大會於一九五〇年十一月三日通過所謂『聯合維持和平』決議案（The Uniting For Peace Resolution）。該項決議案規定：當安全理事會因爲常任理事國濫用『否決權』不能採取行動時，大會應當在接獲開會請求的二十四小時以內，召開緊急特別大會。緊急特別大會的召開，由安全理事會的任何九個理事國，或聯合國的過半數會員國請求之。該項決議案並規定，成立一個和平視察委員會，當任何地區發生緊張情勢威脅國際和平與安全時，派員前往實地視察事件實況，向大會提出報告；此外又成立一個集體措施委員會，考慮集體維持並保障國際和平與安全的方法。㈢大會於一九五〇年十一月十七日建議任命一個常設斡旋委員會。㈣大會於一九五〇年至一九五三年期間，對於韓國局勢所通過幾項決議案，如一九五一年二月一日通過一項決議案，設立一個特別措施委員會（The Additional Measures Committee），由集體措施委員會委員組成，就制裁北韓所應採取之經濟方面的措施提出建議。㈤大會對於裁軍方面曾費盡心力。首先於一九六一年設立十八國裁軍委員會，繼將該委員會成員擴大爲四十國，就一般及全面裁軍問題進行協商。自一九八四年起，該委員會在日內瓦舉行『裁軍大會』，爲期半年，討論全面裁軍問題。聯合國裁軍委員會於一九七八年及一九八二年舉行兩次特別裁軍會議，於一九六九年及一九八〇年分別宣佈兩個『裁軍十年』(Disarmament Decades)。一九五六年十一月間，蘇彝士運河區發生戰爭，參加這場戰爭的有以色列、埃及、法國，英國。聯合國大會決議促使敵對雙方停火，也許這是聯合國大會在維持和平與安全工作方面的最高表現。安全理事會因爲受到英法兩度行使『否決權』的阻礙，不能採取行動，遂依照『聯合維持和平』決議案，經由安全理事會七個理事國的贊同，於一九五六年十一月一日第一次召開緊急特別屆會。會中通過決議，要求敵對兩方停火，並成立一支由十國軍隊組成的聯合國緊急軍（United Nations Emergency Force），用以『確保並監督停火』，終於恢復該地區之和平與秩序。但我們並不能由於此項結果而就認爲聯合國大會能有效實施維持和平的行動。因爲就在同一個月——一九五六年十一月——召開第二次緊急特別屆會，處理蘇俄干涉匈牙利革命事件，會中雖通過決議，要求蘇俄停止干涉行動，由於蘇俄悍然拒絕，却未能達到維持和平的目的。

一九四七年，聯合國大會曾在兩屆大會之間，設立大會駐會委員會(Interim Committee)，或稱爲『小型大會』（Little Assembly），協助大會達成其有關維持和平與安全之職責。大會每屆常會議程繁重，使得大會難以詳盡討論，因而有設立此一委員會之需要。駐會委員會對於所有和平與安全問題，應密切注意，並可進而從事特別研究或調查，向大會提出報告，如此，大會得能較爲有效的盡其維持和平與安全之職責，而不損及安全理事會之權力，且不影響安全理事會之工作。

在一九四七年至一九四八年期間，駐會委員會曾對下列兩件重大事項進行調查，並提出報告：㈠採用各種實例與程序辦法，以減少安全理事會因使用『否決權』所發生之各種困難。大會依據此項報告，曾於一九四九年四月建議安全理事會常任理事國就『否決權』之使用問題，舉行磋商，對於某些問題應視爲程序問題處理，不得使用『否決權』。㈡促進國際間在政治方面合作之方法，其中包括大會建議安全理事會在處理和平與安全事項時，設立調人或調查及調解委員會。

一九六〇年比屬剛果（雷堡市）宣佈獨立，未久發生內亂。安全理事會於七月十四日、七月二十二日及八月九日三次決議授權哈瑪紹秘書長迅速派遣聯合國軍隊前赴剛果，制止剛果叛亂，恢復並維持剛果的法律和秩序，於是組成一支近兩萬名的十八國聯軍開赴剛果平亂。惟因哈瑪紹秘書長抵制蘇俄在剛果的擴張勢力，於是蘇俄在安全理事會公然反對哈瑪紹的剛果政策，並提出三頭馬車制，以取代現行之秘書長制。安全理事會因受到蘇俄的阻撓，聯合國大會乃於九月十七日召開第四次緊急特別屆會，通過一項決議案繼續支持哈瑪紹維持剛果和平之政策。

英國與阿根廷於一九八二年四月至六月期間，爲福克蘭島（Falkland Islands）主權問題發生衝突。聯合國大會曾於一九八二年十一月四日決議，要求英、阿雙方在聯合國主持下恢復談判，儘速和平解決福克蘭島的主權爭執。英國不接受該項決議，因爲該項決議未有規定，給予福克蘭島居民適用自決原則。

爲使大會有效處理其工作，在大會之下設立：㈠各種程序委員會（Procedual Committees）；㈡主要委員會（Main Committees），均在大會開會期間集會，因而稱爲會期委員會。主要委員會包括：第一委員會（討論一般政治及安全問題）、特別政治委員會（討論特殊政治及安全問題）、第二委員會（討論經濟及財政問題）、第三委員會（討論社會、人權及文化問題），第四委員會（討論託管及非自治領土問題），第五委員會（討論聯合國行政及預算問題）及第六委員會（討論法律問題）；㈢常設委員會（Standing Committees）與其他處理重要政治與安全問題的輔助機關。重要的常設委員會計有：會費委員會，行政及預算問題諮詢委員會，審計委員會等。輔助機關如一九五二年一月十一日設立的裁軍委員會（Disarmament Commission）。

依照憲章第十三條第一項的規定：大會應發動研究，並作成建議，以促進政治上之國際合作，並提倡國際法之逐漸發展與編纂。大會爲推行此項職權，於一九四七年設立國際法委員會（International Law Commission），由委員二十一人組成。一九六一年，委員名額增至二十五人。

關於國際經濟及社會合作之指導與監督。由大會及經濟暨社會理事會行使聯合國關於這一方的職權。經濟暨社會理事會與各『專門機關』訂立之各種『關係協定』，須經大會之核准；大會並有權提供建議，以協調各專門機關的工作與政策。

大會有一項最重要的職權是選舉其他機關的理事國，例如依照憲章第二十三條規定，大會選舉安全理事會十個非常任理事國；依照憲章第六十一條規定，大會選舉經濟暨社會理事會五十四個理事國；依照憲章第八十六條規定，大會選舉必要數額之託管理事會理事國；依照國際法院規約第八條規定，大會與安全理事會分別獨立選舉十五名法官。大會經安全理事會之推薦委派秘書長。

關於國際立法方面的職權，聯合國大會曾經通過若干種國際公約，其中包括一九四六年通過之聯合國特權及豁免公約，一九四七年通過之各專門機關特權及豁免公約，一九四八年通過之滅絕種族罪防止及懲罰公約（Genocide Convention），一九五八年通過四個海洋法日內瓦公約，一九六一年通過維也納外交關係公約，一九六三年通過維也納領事關係公約，一九六九年通過維也納條約法公約,及一九八二年通過海洋法公約,並通過關於各國在外太空活動所應遵守的各種公約。聯合國大會終將取代各種國際外交會議，成為通過國際公約的一個國際立法機關。

第二款　安全理事會

安全理事會是一個常設的功能機關，由十五個理事國組成。五個常任理事國，憲章中列舉其國名為中國、法國、蘇俄、英國與美國。十個非常任理事國，由大會選出，任期兩年。大會於選舉非常任理事國時，須注意下列兩項標準：㈠會員國對於維持國際和平與安全與對於聯合國其他宗旨的貢獻；㈡地域上的公勻分配（憲章第二十三條）。依照憲章規定，在下列兩種情況下，不是安全理事會理事國亦得參加安全理事會的討論：㈠在安全理事會提出之任何問題，經其認為對於非安全理事會理事國之聯合國任何會員國之利益有特別關係時，該會員國得參加討論，但無投票權（憲章第三十一條）；聯合國會員國而非為安全理事會之理事國，或非聯合國會員國之國家，如於安全理事會考慮中之爭端為當事國者，應被邀參加關於該項爭端之討論，但無投票權（憲章第三十二條）。一九八五年以來，會員國不斷要求擴大安全理事會理事國席位，以符合地域上更公勻的分配，甚至要求增加常任理事國的席位。

第一項　安全理事會的表決程序

安全理事會的表決程序，需要特別加以說明。依照憲章第二十七條規定：每一理事國有一個投票權。安全理事會關於程序事項之決議，應以九理事國之可決票表決之。對於其他一切事項（非程序事項）之決議，應以九理事國之可決票包括全體常任理事國之同意票表決之。惟憲章第六章關於和平解決爭端之事項，以及憲章第五十二條第三項規定關於依區域辦法和平解決地方爭端事項，爭端當事國不得投票。因此，安全理事會表決關於非程序事項的議案時，任何一個常任理事國的反對票，可以推翻或『否決』其他十四個理事國的贊成票，而使該議案無法通過，這就是所謂『否決權』（Veto）。

依照憲章與實例，對於『否決權』的行使亦有幾種限制。依照憲章第六章規定之爭端之和平解決，依照憲章第五十二條第三項規定之爭端之依區域辦法解決，以及爭端當事國的常任理事國的缺席或棄權，都不構成『否決』票，此已成爲安全理事會的一項慣例。安全理事會一常任理事國投棄權票，對於安全理事會決議之效力，一向被解釋爲不構成否決。此項慣例的合法性爲國際法院所支持。國際法院對於『南非繼續留在納米比亞（西南非）的法律後果』，於一九七一年六月二十一日發表諮詢意見認爲，安全理事會一九七〇年決議南非繼續留在納米比亞爲非法，雖有兩個常任理事國投棄權票，並不能使安全理事會該項決議無效。

自安全理事會成立以來，常任理事國之享有否決權，即爲有識之士所詬病。在舊金山會議的時候，中小國家曾對之表示不滿。由於否決權之被濫用，公法學家認爲當初中小國家對於否決權表示懷疑是有其遠見的。在憲章中規定否決權之主要理由是：五個常任理事國都是大國，大國自然擔負維持和平與安全的主要責任，沒有一個常任理事國應當依照安全理事會的決定，被迫遵循它所不同意的行動。在舊金山會議時，中、美、英、蘇四個邀請國聯合發表一項關於否決權的解釋性聲明。該項聲明指出：安全理事會對於討論程序事項以外之任何決定，都可能引起一連串的事件(a chain of events)，以致安全理事會終於有採取執行行動的必要，此種行動自然需要五個常任理事國的全體一致，因而常任理事國須享有否決權。該項聲明表示，大國將不『蓄意』行使它們的否決權，以阻撓安全理事會的行動。不幸的是常任理事國之一的蘇俄，曾濫用否決權達一百次以上，使得安全理事會行動幾陷於癱瘓狀態。爲求保持設立否決權的原意，祇有設法建立表決的良好實例，以爲補救。安全理事會常任理事國對於下列三項問題，得使用否決權：㈠對於某項問題之爲程序問題或實質問題之決定；㈡任何執行行動；㈢對於一項爭端從事廣泛調查之決定。可是對於一個問題僅作初步討論，或僅作初步決定，及聽取爭端國對於一項爭端的陳述，均不受否決權的限制。對於新會員國入會及停止會員國權利問題認爲是非程序事項，可是對於接受或不接受一國政府代表的證書問題，則被認爲是程序事項。惟在此值得一述者，即安全理事會之不能充分達成其維持和平與安全的職責，否決權並非是一個主要的障礙。即使沒有否決權的規定，也許另外產生其他阻撓安全理事會行動的辦法，造成同樣不合理的情形，或者像國聯所發生的一樣情形，有些國家被迫從國聯中退出。

第二項　安全理事會的職權

聯合國憲章賦予安全理事會維持和平及安全的主要責任。安全理事會是一個執行機關，由五個常任理事國組成核心，能夠採取各種有效的行動。憲章第二十五條規定：聯合國會員國同意接受並履行安全理事會之決議。安全理事會對於維持世界和平及安全雖負主要責任，但維持和平及安全的責任並非專屬於安全理事會。聯合國大會關於維持和平及安全事項具有討論及建議權，區域辦法或區域機關對於維持和平及安全事項亦可採取行動（憲章第五十二條至五十三條）。遇國與國間發生爭端或破壞和平事件，當事國得採取國際法所許可之任何辦法。一般說來，安全理事會必須依憲章第六、七兩章規定條款之範圍內，始得採取行動，例如由於『否決權』的行使，或是交付表決而未獲致通過，即不能採取任何行動。相反的，有人認爲安全理事會對於維持和平及安全具有超越的權力，與其他機關不同，它所具有的權力，並不限於憲章第六章及第七章各條款所規定之權力，爲了適當達成其任務，它並具有必要的默示權力。此項見解如被認爲正確，則安全理事會對於憲章第六章或第七章所未規定的事項，亦可採取行動。

安全理事會的主要職權如下：㈠國際爭端的和平解決；㈡維持和平及安全的防止或執行行動；㈢對於區域機關及區域協定的鼓勵與利用；㈣對於『戰略』託管地的管制與監督；㈤推薦新會員國入會，建議會員國權利與特權的停止，或將其除名；㈥修改憲章（憲章第一零八條至一零九條）；㈦與大會分別獨立選舉國際法院十五名法官。

關於安全理事會和平解決爭端的權力，依照憲章第六章規定如下：

（甲）當安全理事會認爲爭端之繼續存在足以危及國際和平與安全之必要時，應促請爭端之當事國，以談判、調查、調停、和解、公斷、司法解決、依區域辦法或區域機關所採取之行動、或其他和平方法求得解決（憲章第三十三條）。例如查德（Chad）向安全理事會控告利比亞案，安全理事會於一九八三年四月促請查利兩國依照聯合國憲章及非洲團結組織規定，以和平方法解決其爭端，不得延遲。阿根廷於一九八二年佔領福克蘭島時，安全理事會曾於一九八二年四月一日主動要求阿根廷與英國不得使用武力，繼於四月三日促請阿根廷立即自該島撤軍即停止衝突，並要求雙方充分尊重聯合國憲章的宗旨與原則，對它們的爭端，謀求外交解決。當事國如未能依照這些方法求得解決，無論是應安全理事會的請求或其他原因，均須將該項爭端提交安全理事會。安全理事會如認爲該項爭端之繼續存在，在事實上足以危及國際和平與安全之維持時，安全理事會得決定：①建議『適當程序或調整方法』；②或建議適當之解決條件（憲章第三十七條）。

（乙）安全理事會不僅可以調查任何爭端，而且可以調查可能引起國際磨擦或惹起爭端之任何『情勢』，以斷定該項爭端或『情勢』之繼續存在，是否足以危及國際和平與安全之維持（憲章第三十四條）。此項調查是安全理事會採取進一步行動的一個開端。安全理事會除自行調查該項爭端或『情勢』外，聯合國會員國（不論其是否是爭端當事國）、或非聯合國會員國而爲爭端當事國（憲章第三十五條）、或聯合國大會（憲章第十一條第三項），均得將該項爭端或『情勢』提請安全理事會注意。聯合國秘書長依其職權亦可將其所認爲可能威脅國際和平及安全之任何事件，提請安全理事會注意（憲章第九十九條）。

（丙）在任何爭端或情勢之繼續存在足以危及國際和平及安全的過程中，安全理事會得建議『適當程序或調整方法』。安全理事會作成建議時，應注意凡具有法律性質之爭端，在原則上，應理由當事國依國際法院規約之規定，提交國際法院裁決（憲章第三十六條）。

（丁）安全理事會如經所有爭端當事國之請求，得建議和平解決之條件（憲章第三十八條）。

關於安全理事會解決爭端的權力，有幾點需加以說明。第一，安全理事會促請各當事國以和平方法解決其爭端（憲章第三十三條），或建議適當程序或調整方法（憲章第三十六條），或建議解決條件（憲章第三十七條及第三十八條），祇是建議性質，而且限於可能危及和平與安全之爭端。雖然安全理事會得調查任何爭端以斷定該項爭端是否足以危及國際和平與安全（憲章第三十四條），但它並非對於所有爭端均有調查權力。除開憲章第六章所規定者外，安全理事會是否具有全權處理任何爭端，大有問題。第二，在『爭端』與『情勢』二者之間缺乏明確之劃分（注意憲章第二十七條第三項中關於安全理事會之投票權未有提及『情勢』）。依憲章第三十四條規定：安全理事會得調查可能引起國際磨擦或惹起爭端之任何『情勢』，以斷定該項爭端或情勢是否足以危及國際和平與安全。此外只有憲章第三十六條明確規定安全理事會對於足以危及和平與安全之『情勢』，得建議適當程序或調整方法。然而一種情況之屬於『爭端』或是屬於『情勢』應由何人決定？有時『爭端』與『情勢』誠甚難劃分，往往一種『情勢』本身就可能屬於『爭端』性質。此一問題是否由安全理事會作決定？至於一項事件究竟屬於『爭端』或情勢？通常須視爭端當事國提請安全理事會注意時，認爲此項事件是『爭端』或『情勢』而定。惟在若干情況下，依照議事規則，此項問題係交由安全理事會主席裁決。第三，甚麼一種情況始構成爲一種『爭端』？安全理事會處理之若干案件，有些並不是教科書中所論及之爭端，當事國對於一項爭執問題各持顯然不同的見解，例如，烏克蘭於一九四六年就希臘情況提出控訴，此項情況似與烏克蘭無關，如何能構成『爭端』。一般的說，安全理事會在憲章賦予其職權範圍內對於爭端之解決得採取特定之行動，例如在一九四六年至一九四七年期間處理的黎斯特（Trieste）問題，安全理事會接受任命的黎斯特總督的職責。有時安全理事會也自行調查爭端的有關方面，無需受爭端當事國任何聲明的約束。

安全理事會最重要之職權爲憲章第七章所載之防止或執行行動。安全理事會有權斷定任何和平之威脅、和平之破壞或侵略行爲之是否存在，並應作成建議，或決定其所採取之執行辦法，以維持或恢復國際和平及安全（憲章第三十九條）。安全理事會得促請關係當事國遵行其所認爲必要或合宜之臨時辦法，安全理事會對於不遵行此項臨時辦法之情形，並應予適當注意（憲章第四十條）。

安全理事會職權分爲二種，一是爭端解決的權力，一是執行的權力。就憲章第一條第一項規定看來，行使爭端解決的權力，須『以和平方法且依正義及國際法原則』。可是關於制止和平之威脅、平和之破壞及侵略行爲之執行權力，則未訂明這些條件。

安全理事會得採取兩種執行辦法：㈠武力以外的執行辦法。安全理事會得促請會員國全部的或部分的斷絕經濟關係及所有交通電訊關係，以及斷絕外交關係。㈡在上項辦法不足以維持國際和平及安全時，得使用空、海、陸軍事行動。此項執行辦法包括對於爭端國一方實施封鎖。執行安全理事會爲維持國際和平及安全之決議所必要之行動，應由聯合國全體會員國或由若干會員國擔任之，一依安全理事會之決定。爲減輕任何可能之困難，聯合國會員國應通力合作，彼此協助，以執行安全理事會所決定之辦法（憲章第四十八條及第四十九條）。而且，安全理事會對於任何國家採取防止或執行辦法時，其他國家，不論其是否爲聯合國會員國，遇有因此項辦法之執行而引起之特殊經濟問題者，應有權與安全理事會會商解決此項問題（憲章第五十條）。

爲使安全理事會執行此等職權，憲章第七章並規定設立軍事參謀團，由五個常任理事國之參謀總長或其代表組織之。對於安全理事會採取執行辦法之軍事方面包括裁軍及軍備管制，向安全理事會貢獻意見，並予以協助。憲章第四十三條規定，安全理事會與會員國得締結特別協定，由會員國供給爲維持國際和平及安全所必需之軍隊及其他協助。關於會員國供給軍隊之使用及統率問題，由軍事參謀團協助安全理事會決定之。不過此項特別協定，迄未締結，因此，此項規定未能獲得實施，以致未能達到憲章第七章所規定的預期目標。安全理事會在各會員國及軍事參謀團的協助下，可以建立爲維持國際和平及安全所必要之聯合國武力。

聯合國會員國雖有權行使個別的或集體的自衞，以抵抗武力攻擊，但此項自衞權的行使，不得影響安全理事會爲維持或恢復國際和平所採取執行行動之主要權責（憲章第五十一條）。

依照聯合國憲章的規定，安全理事會的權力有無受到法律或實際限制？安全事理會受到法律的限制，載於憲章第一條與第二條關於聯合國的宗旨及原則的規定之中。例如：憲章第一條規定：以和平方法且依正義及國際法之原則，調整或解決足以破壞和平之國際爭端；而且除開採取執行辦法外，聯合國不得干涉『在本質上屬於任何國家國內管轄』之事件（憲章第二條）。但在某種情況下，安全理事會並不受此項限制。例如，安全理事會認爲一項超越國界引起國際關切的事件，不得適用在『本質上』屬於國內管轄之事件。對於安全理事會權力的實際限制，除開『否決權』的行使對於安全理事會的權力有限制之外，就是安全理事會對每一議案的決定，均須得到必需數額的理事國的同意。

依憲章第八章關於區域機關及區域辦法的規定，安全理事會所負之職責如下：安全理事會應鼓勵以區域辦法或區域機關和平解決地方性爭端（憲章第五十二條）。安全理事會並應於適當情形之下，利用區域辦法或區域機關，履行其職權以內的執行行動。一般言之，除對第二次世界大戰中聯合國憲章任何簽字國之敵國外，如無安全理事會之授權，不得依區域辦法或區域機關採取任何執行行動。爲保持安全理事會的權力，凡依區域辦法或由區域機關所已採取或正在考慮之行動，應向安全理事會提出充分報告。

第三項　安全理事會與韓戰

一九五〇年至一九五三年的韓戰，是維持和平機構的安全理事會有無實效的一次重大考驗。在一九五〇年六月二十五日北韓軍隊向南韓進攻的時候，蘇俄由於抵制中華民國代表出席安全理事會，而自動缺席安全理事會會議。因此安全理事會當時不曾爲蘇俄的否決權所阻撓，通過決議，確認北韓軍隊對於南韓的武力攻擊，構成『和平的破壞』，建議各會員國向南韓政府提供援助，成立一支十六國聯軍，並在韓國境內設立一個聯合國軍統一指揮部。

蘇俄認爲依照憲章的表決規定，凡是安理會對於實質問題的表決，必須獲得它的同意票，因而它不承認安全理事會所通過上項決議的效力。駁斥蘇俄此項主張的人士認爲，無論蘇俄同意與否，不參加投票不能構成否決。

安全理事會對於北韓侵略南韓之所以能採取制裁行動，繫諸幾項偶然的因素：㈠蘇俄缺席安全理事會，未能使用『否決權』；㈡駐在日本的美國陸海空軍，距離韓國甚近；㈢由美國委派聯合國軍統帥。及至蘇俄於一九六〇年八月恢復出席安全理事會，安全理事會對於韓國問題的處理，由於受到蘇俄否決權的阻撓，不復再能採取有效行動。

第四項　安全理事會與賽普勒斯問題

大會於一九五〇年通過『聯合維持和平』決議案的目的，在使大會可以迅速召開緊急特別屆會，立即接辦安全理事會不能獲致協議的案件，建議集體措施，擴大了大會在維持國際和平與安全方面的職權。可是該項決議案未曾剝奪安全理事會作爲聯合國維持和平及安全的主要機關的功能。換言之，當形勢改變大會不能發揮作用時，安全理事會仍舊保留它維持國際和平與安全的職權。

聯合國現有一百六十六個會員國，亞非集團幾佔三分之二多數，於是它們擁有左右大會決議案之權，使大國反受制於小國，因而大國力圖恢復安全理事會維持和平與安全的權力，以免受小國的牽制。

一九六三年十二月，賽普勒斯由於希裔主張修改憲法問題，與土裔再度發生衝突。安全理事會於一九六四年三月四日一致決議，授權秘書長宇譚組織一支維持賽普勒斯和平的聯合國軍隊，並派一位調人，斡旋賽島的和平。翌日宇譚秘書長立即要求加拿大、芬蘭、瑞典、愛爾蘭、巴西等國提供部隊，與駐在賽島的英軍合組成一支爲數七千人的聯合國軍隊，維持賽普勒斯和平。聯合國此次行動，係由安全理事會處理，而不是由大會召開緊急特別屆會處理，顯示大國有意恢復安全理事會維持國際和平與安全的職權。

第五項　安全理事會與剛果情勢

關於一九六〇年至一九六四年期間剛果（Congo）情勢，安全理事會所採取的行動，是史無前例。依照安全理事會決議，派遣聯合國軍隊前往新獨立的剛果，並不是依照憲章第七章規定所採取的執行行動，只是一項軍事援助，維持剛果法律與秩序，以待比利時撤軍。及至比軍撤離之後，聯合國軍隊爲着相同目的繼續留駐剛果，特別爲了防止內戰發生，並減少種族間衝突。實施安全理事會決議的主要責任，交付秘書長辦理。安全理事會採取行動的理由主要是，如果安全理事會不採取行動，剛果內戰可能惡化，以致威脅國際和平。雖然此項措施並不嚴格符合憲章第七章規定所採取的執行行動，惟安全理事會爲維持國際和平與安全，對於剛果內戰似可授權採取措施，但不能說沒有爭議。

聯合國部隊，在一九六二年至一九六三年期間在剛果的工作，包括清除公路封鎖、有效管制卡淡加（Katanga）地區，擔負眞正軍事執行措施。可是有些法學家認爲此項行動超越安全理事會依憲章所定的『維持和平』的任務與範圍。所以剛果事例，不能解釋是實施憲章第七章的規定，仍是一個爭議問題。

第六項　安全理事會與羅德西亞情勢

羅德西亞原係英國在非洲之屬地，居民中絕大多數爲非洲土著，白人僅爲少數。一九二三年白人成立自治政府，稱南羅德西亞。惟英國仍保留處理對外事務。一九六五年十一月十一日當時執政之白人政府片面宣佈獨立，英國亦表反對，對其實施經濟制裁。土著人民則從事武裝反抗，企圖推翻白人政權。

安全理事會於一九六五年及一九六六年期間，曾通過三個重要決議，反對羅德西亞白人政權。前兩項決議稱爲『自動』(valuntary)制裁的執行行動。一九六五年十一月安全理事會通過的決議是一般性質的制裁，一九六六年四月通過的決議，明確授權英國政府採取措施，(必要時得使用武力)防止船舶運油至任何港口，供應羅德西亞。這是安全理事會第一次授權聯合國一個會員國採取强制行動。一九六六年十二月通過第三個決議授權英國採取選擇性强制制裁。這也是安全理事會第一次對一國內爭決議採取强制制裁行動。安全理事會於一九六八年及此以後曾對羅德西亞情勢迭有決議。鑒於羅德西亞情勢之惡化，構成對國際和平及安全之威脅，安全理事會決定採取執行行動，認爲是其職權範圍內的事，符合憲章第三十九條至第四十三條之規定，其合法性自無疑義。惟這些決議强調羅德西亞白人政權與英國政府的關係，就廣義言之，應屬內政範圍，其合法性尚待討論。因爲此事擴大了安全理事會的職權，超越憲章第七章所規定的範圍，自將令人不安。嗣後倘有類似情勢發生，則其原先統治的國家能否請求安全理事會採取執行行動來對抗叛亂團體，或者一個聯邦政府能否同樣請求安全理事會採取措施對抗其分裂的邦。就安全理事會對南羅德西亞情勢的決議而言，已經構成一個先例。

一九七九年四月溫和派黑人獲選出任編理，易國名爲辛巴威(Zimbawe)，安全理事會鑑於當地人民的自決權利已經獲得實現，遂於一九七九年十二月二十一日決議，請會員國停止制裁行動。

與此有關的一個事例，就是安全理事會曾對南非採取强制性的禁運(mandatory embargo)。安全理事會於一九六三年八月及十二月兩次決議，促請會員國禁止出售及運送武器及有關物資給南非政府，至一九七七年，安全理事會決定此項禁運屬於强制性，並決定設立一個委員會，監督此項禁運的執行情形，定時向安全理事會提出報告。

另一個事例是伊拉克與伊朗自一九八〇年發生戰爭八年之久，安全理事會於一九八七年七月決定要求兩伊停火，此項決議屬强制性，必須執行，至一九八八年八月兩伊最後接受停火。

第七項　聯合國維持和平部隊

國際間遇到某種情況發生，安全理事會不能負起維持和平的責任採取執行行動時，聯合國自得派遣維持和平部隊或觀察團至衝突地區，其任務在恢復或維持和平，或減緩情勢惡化。惟當安全理事會不能有所決定時，任何此項干預行動，包括維持和平部隊所在地點、任務、補給運輸以及與衝突雙方部隊接觸等，必須獲得有關國家的同意。例如駐在蘇彝士運河區及西奈（Sinai）地區的聯合國緊急軍（UN Emergeney Forces），駐在巴勒士坦的聯合國休戰監督組織（UN Truce Supervision Organisation），駐在塞普勒斯的聯合國軍，駐在多明尼加的聯合國代表團（UN Mission），駐在印度及巴基斯坦的聯合國軍事觀察組（UN Military Observer Group）。依據聯合國秘書長報告，倘不能獲得當地國家的同意與合作，聯合國維持和平部隊不可能從事工作，甚至不能存在。就是因爲這個理由，在一九六七年六月五日至十日以色列與阿拉伯衝突之前，聯合國緊急軍撤離埃及，因而受到批評。聯合國能否派遣維持和平部隊至衝突地區工作？在會員國間持有相反的意見。就法律觀點而論，有些國家堅持認爲，依照憲章第七章規定，派遣維持和平部隊，屬於安全理事會的職權，只有經過安全理事會決議核可，始可採取此項行動；其他國家則認爲，只要獲得有關國家一致同意，且符合憲章宗旨，經聯合國大會或秘書長授權，卽可派遣維持和平部隊。就實際情況而論，派遣維持和平部隊涉及經費問題，倘使所有會員國不接受强制性的經費分攤，卽使法律問題得以解決，則仍缺乏財源支付。關於聯合國在賽普勒斯維持和平工作的經費，採取自願捐獻辦法，證明也有困難。

聯合國派遣駐在剛果及賽普勒斯的維持和平部隊，賦予的任務只是維持法律秩序，因而在執行任務時遭遇兩項困難：卽聯合國維持和平部隊既不能干預內爭，在使用武力時，也不能超過自衞的需要。

未經安全理事會授權成立的聯合國維持和平部隊，在實施時有其特殊困難。聯合國秘書長於一九八二年向聯大報告指出，聯合國維持和平部隊一方面需要克服各種阻礙，加强其軍事能力，另一方面需要會員國個別的與集體的提供更堅强保證，以維護聯合國部隊之權威。秘書長提及一九八二年至一九八三年期間，分別派駐在西奈（Sinai）及貝魯特兩個聯合國以外的多國部隊（multinational forces），其所負的任務與聯合國維持和平部隊性質相同，惟設立此種多國部隊，對於安全理事會維持和平及安全的職權，自將發生不利影響。

埃及與以色列於一九七九年簽訂中東和平條約，擬設立西奈多國部隊及觀察員（Sinai Multinational Force and Observers）。此一部隊與聯合國無關，只是以埃兩國依照條約規定所成立，是在聯合國之外的一個替代辦法。以埃兩個復於一九八一年八月三日簽訂一項議訂書，此一多國部隊由美國及其他國家派軍組成，並於一九八二年派至駐地工作。同年又在貝魯地設立相同的多國部隊。依照憲章第二十四條第一項規定，各會員國將維持國際和平及安全之『主要』責任，授予安全理事會。所以安全理事會在維持和平及安全方面，並未具有專屬責任，會員國間依條約而成立此一多國部隊，其合法性自無疑義。可是實際上，使用多國部隊維持和平及安全，不僅影響聯合國的職權，其本身亦遭遇到許多困難。

聯合國於一九八八年設立軍事觀察組（UN Military Observer Groups），監督伊拉克與伊朗停火及自邊界撤軍，使兩伊之間的八年戰爭，獲得平息，這是一個成功的例證。

第八項　安全理事會與波斯灣戰爭

一九九〇年八月二日，伊拉克大軍侵佔科威特，舉世震驚。安全理事會隨即開會決議，要求科威特立即撤軍，並促請會員國對伊拉克實施經濟制裁。這是聯合國成立將近五十年以來，安全理事會五個常任理事國第一次對侵略行爲採取一致行動。

由於伊拉克總統海珊一再抗拒，而且宣佈兼併科威特爲伊拉克一個省。安全理事會先後曾通過十二個相關決議案，禁運武器糧食予伊拉克，以期恢復科威特主權。可是伊拉克仍置之不理。安全理事會遂於一九九〇年十一月二十九日決定授權聯合軍對伊拉克動武。美、英、法等二十八個會員國遵照此項決議，調派陸海空大軍進住中東。聯合軍限令伊拉克撤軍未果，遂於一九九一年一月十六日進攻伊拉克，波斯灣戰爭進行六週伊拉克主要武力被摧毀後，宣佈無條件接受停火並撤出科威特。

安全理事會復於一九九一年四月三日決議，提出停火條件如下：㈠伊拉克必須在聯合國監督下，摧毀其生化武器和射程在一百五十公里以上的彈道飛彈系統，並保證不再發展或購買上述武器及核武。㈡伊拉克必須對侵略及佔領科威特所造成的破壞結果負責，並須撥出部分石油收益作爲戰爭賠償。㈢聯合國派軍事觀察員，監督在科伊之間設置的十五公里寬的非軍事區。㈣伊拉克與科威特應遵守雙方一九六三年簽訂的邊界協定（這是聯合國首度强制會員國重劃疆界）。伊拉克於一九九一年四月六日經國會討論，別無選擇，只有正式宣告接受安全理事會的停火條件。由中、美、蘇、英、法等三十四國聯合組成軍事觀察團，前往伊拉克和科威特邊界監督停火，這也是安全理事會五個常任理事國首度聯合組成的軍事觀察團。

由於中、美、蘇、英、法五個常任理事國在安全理事會中對波斯灣戰爭採取空前一致立場，使得聯合國安全理事會對於其維持國際和平及安全的職權與功能，獲得充分體現。

第三款　經濟暨社會理事會

經濟暨社會理事會（Economic and Social Council）隸屬於大會權力之下，旨在促進經濟及社會的進步、改善人類福祉、尊重人權、並維護基本自由。聯合國憲章確認在經濟及社會方面之進步，乃係維持國際和平及友好關係所必需。經濟暨社會理事會由五十四個理事國組成，理事國由大會以三分之二的多數票選出，任期三年，可以連任。任何聯合國會員國或『專門機關』的代表，均得派遣代表參加經濟暨社會理事會的討論，但無表決權。

經濟暨社會理事會的職權：㈠協調各專門機關的工作；㈡發動關於各種經濟、社會、衞生與其他有關事項的研究與報告；㈢草擬關於其職權範圍以內某事項的公約草案，提交大會審議；㈣

召集關於其職權範圍以內某事項的國際會議（憲章第六十二條）；㈤對低度開發國家提供技術援助。經社理事會所有決議應以到會及投票之理事國過半數表決之。

經濟暨社會理事會分設：四個區域委員會（Regional Commissions）及若干職司委員會（Functional Commissions），以履行憲章所賦予之職務。四個區域委員會爲：㈠歐洲經濟委員會；㈡亞洲暨太平洋經濟委員會；㈢拉丁美洲經濟委員會；㈣非洲經濟委員會。職司委員會設有：㈠統計委員會，由十五個委員國組成；㈡人口委員會，由十五個委員國組成；㈢社會委員會，由十八個委員國組成；㈣人權委員會，由十八個委員國組成；㈤婦女地位委員會，由十八個委員國組成；㈥麻醉品委員會，由十五個委員國組成；㈦國際商品貿易委員會，由十八個委員國組成；㈧聯合國兒童基金，由三十個理事國組成。各職司委員會理事國由經濟暨社會理事會選出。經濟暨社會理事會在其職權範圍內，爲處理各種經濟暨社會問題，所設立的職司委員會或特別委員會，並無數額限制。經濟暨社會理事會曾於一九八二年決定採取步驟，改善其工作，包括區域合作事項。

第四款　聯合國秘書處

聯合國其他三個主要機關：託管理事會與國際法院已分別在本書第五章及第十九章敍明，無需在此重述。僅就聯合國秘書處的組織與職權，簡述如下：

聯合國秘書處（Secretariat）係由行政人員組成，爲聯合國之行政機構。秘書處的行政首長爲秘書長。秘書長應經安全理事會推薦，由大會任命之。聯合國秘書長同時兼任大會、安全理事會、經濟暨社會理事會、與託管理事會的秘書長。他的職權主要偏於行政方面，例如向大會提出聯合國的工作報告。秘書長亦得將其所認爲可能威脅國際和平與安全的任何事件，提請安全理事會注意（憲章第九十九條）。秘書長往往周旋於會員國之間，調和相反的意見，使雙方獲致協議，因此秘書長在政治方面的職權不斷獲得增加。

聯合國總部設於紐約，另於日內瓦設立聯合國歐洲分部。秘書長之下設有副秘書長八人，各自掌管一個行政單位。秘書處設職員若干人，襄助秘書長處理日常行政。秘書處職員雇用原則與服務條件的決定，應以求達效率、才幹與忠誠的最高標準爲首要考慮；於可能範圍內，應充分注意地域上之公勻分配。秘書長與秘書處的其他職員於執行職務時，均不得請求或接受任何政府或當局的訓示，並應避免任何有礙於國際官員身份的行動。聯合國各會員國承諾尊重秘書長及辦事人員責任之專屬國際性，決不設法影響其責任之履任。

第六節　憲章之修正

依照聯合國憲章的規定，憲章的修正可循以下兩種程序：

㈠大會：憲章修正案經大會會員國三分之二之表決，並由聯合國會員國之三分之二包括安全理事會全體常任理事國，各依其憲法程序批准後，對於聯合國所有會員國發生效力（憲章第一百零八條）。

㈡修憲全體會議：大會經會員國三分之二之表決及安全理事會任何九理事國之表決得召集全

體會議，以檢討憲章。全體會議以三分之二之表決所建議對於憲章之任何更改，應經第(一)項所述之相同批准手續，始正式生效（憲章第一百零九條）。

在制定憲章時，爲應若干會員國代表修憲的要求，憲章第一百零九條第三項規定：如於本憲章生效後大會第十屆年會前，此項全體會議尚未舉行時，應將召集全體會議之提議列入大會該屆年會之議事日程，大會僅需會員國過半數（非三分之二）及安全理事會任何九理事國之表決，應即舉行此項會議。

聯合國成立之後，由於中小國家不滿意安全理事會常任理事國擁有否決權，尤其不滿意蘇聯濫用否決權，各中小國家要求限制甚或廢止大國的否決權。一九五五年十一月二十一日，聯合國大會第十屆常會通過決議案，決定舉行修憲全體會議，並設立一個籌備委員會，以籌備舉行全體會議，檢討憲章。惟鑒於憲章之任何修正必須獲得安全理事會全體常任理事國之批准始生效力，召開修憲全體會議旨在廢除或限制否決權之行使，自爲安全理事會常任理事國所反對，故修憲全體會議迄未能舉行。

一九五五年後，聯合國會員國數目不斷增加，現今會員國總數已達一百六十六，較聯合國成立時之會員國總數五十一國，已增至三倍以上。新增之新會員國中，大多數均爲亞非中南美新興國家。因之，亞非中南美國家要求修改憲章，擴大安全理事會及經濟暨社會理事會席次，以適應其積極參加聯合國各主要機關的願望。

一九六三年十二月十七日，聯合國大會第十八屆常會決議依憲章第一百零八條之規定，通過下列憲章修正案將安全理事會理事國由十一席增至十五席，並將經濟暨社會理事會由十八席增至二十七席。大會決議：

㈠對於安全理事會組織之修正。

(甲)在第二十三條第一項內，第一句中之『十一』應改爲『十五』，第三句中之『六』應改爲『十』。

(乙)在第二十三條第二項內，第二句應作如下之修改：

『自安全理事會理事國由十一國增至十五國後，第一次選擧非常任理事國時，新增四理事國之二應以一年爲任期』。

(丙)在第二十七條第二項內，『七』應改爲『九』。

(丁)在第二十七條第三項內，『七』應改爲『九』。

㈡對於經濟暨社會理事會組織之修正。

憲章第六十一條修正如下：

一、經濟暨社會理事會由大會選擧聯合國二十七會員國組織之。

二、除第三項所規定外，經濟暨社會理事會每年選擧理事九國，任期三年，任滿之理事國得即行連選。

三、經濟暨社會理事會理事國自十八國增至二十七國後，第一次選擧時，除應選擧應於該年任滿之六理事國外，且應選擧新增之九理事國。在該新增之九理事國內，其中三理事國之任期爲一年，另三理事國之任期爲二年，一依大會所定辦法。

四、經濟暨社會理事會之每一理事國應有代表一人。

上述經大會通過之憲章修正案，經會員國三分之二包括安全理事會五個常任理事國的批准，已於一九六五年八月三十一日正式生效。

聯合國大會復於一九七一年十二月二十日通過決議，第二次修正憲章第六十一條，將經濟暨社會理事會理事國再自二十七國增至五十四國，此項修正已於一九七三年九月二十四日生效。

因修正後之聯合國憲章第二十三條及第二十七條與憲章第一〇九條相牴觸，故聯合國大會於一九六五年十二月二十日通過決議，將憲章第一〇九條第一項安全理事會七可決票修正爲九可決票，並於一九六八年六月十二日生效。

第廿四章　聯合國各專門機關

聯合國憲章第五十七條所謂由各國政府間協定所成立之各種專門機關（Specialized Agencies），都係經由經濟暨社會理事會與聯合國發生關係。此項關係不獨使各專門機關成爲聯合國的支柱，給聯合國以活力，而且由於各專門機關與聯合國發生關係，而使專門機關本身獲得權力。聯合國各專門機關之先後設立，使得各國政府與國際組織的工作發生更直接而密切的聯繫。依照聯合國憲章第六十三條之規定，與聯合國經濟暨社會理事會訂立關係協定之專門機關，現已有十六個。茲就此十六個專門機關的成立經過、宗旨與業務及其主要機構，分別簡述如下。

至於國際原子能總署係透過安全理事會與經濟暨社會理事會每年向聯合國大會提出報告，尚非聯合國的專門機關。而關稅暨貿易總協定，係一多邊協定，尚未形成國際組織。惟總協定締約國經過多次貿易談判，對國際貿易有重大貢獻，特與本章合併敍述。

聯合國經濟暨社會理事會與各專門機關訂立之關係協定，確定二者間發生關係的條件。這些協定都照例有一個共同標準格式：互派代表，參與對方會議；彼此提交事項，相互列入議程；交換情報，交換文件；採取相關的人事制度；協調有關統計、預算、財務事項。每一專門機關承諾審議聯合國大會對它所提的建議，並將執行建議所採行動向大會提出報告；應允協助安全理事會執行維持或恢復國際和平與安全的決議；應託管理事會之請，協助託管理事會；與聯合國合作，增進非自治領土居民的福利與發展。

第一節　國際勞工組織

第一款　成立經過

國際勞工組織（International Labor Organization，簡寫為 ILO）原係依照一九一九年凡爾賽和約第十三部創設的，隸屬於國聯的體系之下。嗣後，國際勞工局逐漸與國聯分開，凡爾賽和約第十三部亦獨立成為『國際勞工組織憲章』。該憲章曾於一九四五年、一九四六年、一九五三年、一九六二年及一九六四年五次修改。國際勞工組織過去與國聯之關係，已經脫離，另與聯合國於一九四六年十二月十四日訂立一項特別關係協定，成為聯合國的一個專門機關。

第二款　宗旨及特性

國際勞工組織自成立以來，其主要宗旨在促進國際間在工業及勞工方面之合作，以免各國在經濟方面之競爭，而影響改善全世界勞工待遇的實現。國際勞工組織主要的努力方向，在促進各國依照經濟及社會情況的改變及現代最開明的勞工政策訂爲國內法，並予以實施。在一九四五年與一九四六年修訂的國際勞工組織憲章中，宣示改善全世界勞工的待遇，爲實現社會正義的最低限度。對於此點，一九四四年國際勞工大會所通過的並附錄於憲章之後的費城宣言，再度的予以鄭重宣示。費城宣言揭櫫之基本原則爲：㈠勞工不是一種商品；㈡言論與結社自由，爲國際進步之要素；㈢貧窮對於繁榮，構成一種危害。費城宣言並承認國際勞工組織之職務，在於世界各國間推進各種方案，旨在達到充分就業與提高生活標準，供給訓練與轉業之設備，並擴大各種社會安全措施。

現代國際組織的一般趨向，是僅由國家派遣代表參加國際組織召開的會議，而且國際法多爲規範國家的利益，而非維護任何團體的利益。國際勞工組織的特徵是由政府、勞工與僱主三方面的代表所組成的一個國際組織。國際勞工組織此項特性，顯然是一個特殊的發展。

一九四五年及一九四六年對於國際勞工組織憲章的修改，主要在加强經大會通過之各種勞工公約的適用條款，使國際勞工組織完全與國聯脫離關係，而與聯合國及其他國際組織充分合作。例如，修改國際勞工組織憲章第十九條，以加强會員國實施國際勞工公約及建議書之義務，其中包括將主管機關未經批准之每種公約或建議書，於每隔相當時間，應依理事會之請求，將與該公約或建議書所訂事項有關之法律與實施狀況向國際勞工局局長提出報告；對於聯邦國家適用國際勞工公約或建議書，予以詳盡之規定。過去憲章第十九條中使用『公約草案』，易滋誤會，修訂後之憲章，則逕用『公約』一詞。又如修訂後之憲章第十三條規定，使得國際勞工組織的經費獨立。

國際勞工組織除經由大會通過各種公約及建議書外，並以次要的方式，陳述其勞工政策。例如，通過各種決議案，提出各項結論與報告，將所有這些文件彙編成爲一部國際勞工法典，成爲世界標準之勞工政策。國際勞工組織另一項重要特徵載於憲章第二十四條及第二十五條條文中，規定僱主或勞工團體得向國際勞工局控訴某一會員國對其已加入之公約未曾實施；過去曾有勞工團體提出此項控訴。國際勞工組織憲章第二十六條至第三十四條規定：任何會員國認爲其他會員國對於彼此均批准之公約未曾實施時，亦有向國際勞工局提出控訴之權利。理事會得設立調查委員會，以審查該控訴案，並得採取其他辦法，務使未能履行義務之會員國能切實奉行其所提出之建議。

第三款　主要機構

國際勞工組織會址設於日內瓦，其三個主要機構爲：㈠國際勞工大會（International Labor Conference）；㈡理事會（The Governing Body）；㈢國際勞工局（International Labor Office）。

㈠國際勞工大會：國際勞工大會是一個制定政策及立法機構，實爲『世界工業議會』（World Industrial Parliament）。大會每年至少開會一次，由每一會員國派遣代表四名組成。這四名代表之中，兩名是政府代表，一名是僱主代表，一名是勞工代表。每一代表發言與投票各自獨立，大會議決事項須經三分之二多數通過。大會通過之各種建議書與勞工公約，用以促進各國的勞工立法。建議書中列舉各種原則與標準，以為各國制定勞工立法之準則。各國政府負有義務，須將國際勞工大會通過之勞工公約提交立法機關審議，但無義務一定予以批准。大會通過的國際勞工公約，不是由會員國代表簽署，但具有條約的性質。主要是供會員國作為國內立法標準。各會員國應將大會通過之勞工公約提交其主管機關，俾便制定法律或採取其他辦法（國際勞工組織憲章第十九條）。會員國如獲得立法機關審議通過某一公約，應正式批准該公約，並應採取必要之措施，使該公約各條款付之實施。同時會員國應就其實施情形，每年提出報告。

㈡理事會：理事會是國際勞工組織的執行機構，每年集會數次。理事會與大會相同，具有三方面代表的特性。理事會由五十六人組織之，政府代表二十八人（十四人應由主要工業會員國委派，其餘十四人應由十四個主要工業會員國以外之大會政府代表所選定之會員國委派）；僱主代表十四人，由出席大會之僱主代表選舉之；勞工代表十四人，由出席大會之勞工代表選舉之。理事會選任國際勞工局局長，監督國際勞工局及各種委員會之工作。

㈢公約及建議書實施事宜專家委員會：依照國際勞工組織憲章第十九條及二十一條規定：各會員國有向國際勞工局報告關於各項公約及建議書之批准、處理與實施情形之義務，並由『公約及建議書實施事宜專家委員會』就各國政府提送之報告予以審議，提報大會，交由大會之『公約及建議書實施事宜委員會』討論，目的在藉輿論制裁之力量，促使各國政府切實履行國際勞工組織憲章所規定有關公約及建議書之各項義務。

㈣國際勞工局：國際勞工局為國際勞工組織的行政機構，係國際勞工大會與理事會的秘書處。其職掌為搜集、整理並印發各國勞工的生活資料，協助各國政府制定以大會決議為根據之法規，辦理大會或理事會所委託之特別調查，協助推行國際勞工公約之實施，並編印國際勞工刊物。

國際勞工組織近二十年來，積極提供專家意見及技術援助，以改善人力編組，生產力與管理，教育與發展，工作環境，職業衞生及安全，社會安全及工人教育，著有成效。

第二節　聯合國糧食暨農業組織

第一款　成立經過

聯合國糧食暨農業組織（Food and Agriculture Organization of the United Nations，簡寫爲FAO），於一九四五年十月十六日在加拿大魁北克擧行第一屆大會，簽署憲章，正式成立，簡稱爲糧農組織。

第二款　宗旨與業務

糧農組織的宗旨如下：

㈠提高人民的營養水準與生活標準；

㈡增進一切糧食與農林魚產品的有效生產與分配；

㈢促進鄉村發展及改善鄉村人民的生活條件；
㈣藉上述三種途徑，消滅饑餓貧窮，以促進世界經濟之發展。

爲達成上述宗旨，糧農組織之職權爲：

㈠收集、分析、編撰並傳播關於營養、糧食與農業的實用智識；
㈡關於糧食與農業之研究、包括教育、行政、儲藏、銷售、分配、農貸及農業商品等方面，得向國際機構或會員國提供建議辦法；
㈢促進對農業、土壤、水利投資，以改善糧食及牲畜生產；
㈣促進自然資源之維護、防治牲畜疾病；
㈤促進海洋與內陸漁業及鄉村能源之發展；
㈥鼓勵林業資源之合理利用；
㈦向會員國提供有關糧食與農業之技術協助。

第三款 主要機構

糧農組織會址設於義大利羅馬，其主要機構分爲：

㈠大會（Conference）：大會每兩年舉行一次，每一會員國僅有一個投票權。大會決定政策，並通過預算及工作方案。

㈡理事會（Council）：理事會由大會選出四十九個理事國代表組成之。在大會休會期間代表會員國執行大會職權，並對大會負責監督並協助各國政府關於農業產品的生產、消費及分配。

㈢委員會（Committee）：為協助理事會執行職務，理事會得設立一個設計委員會、一個財政委員會、一個商品問題委員會、及一個憲章暨法律問題委員會。大會或理事會並得設立地區委員會，凡領土位於該地區內之會員國及仲會員得參加地區委員會。

㈣糧農局：糧農局為糧農組織的秘書處，設幹事長（Director-Geneal）一人，職員若干人，與專家顧問委員會等。幹事長由大會選任。在大會及理事會一般監督下，幹事長有全權指導本組織之工作。

第三節　聯合國教育科學暨文化組織

第一款　成立經過

一九四五年十一月，英法兩國在倫敦召開會議，有四十四國出席，通過教育科學暨文化組織憲章。一九四六年十一月四日有二十個簽字國將其加入書存放於英國政府，該憲章生效，聯合國教育科學暨文化組織（United Nations Educational, Scientific and Cultural Organization，簡寫為UNESCO），正式成立，簡稱為聯教組織。

第二款　宗旨與業務

聯教組織的宗旨，在以教育、科學與文化，促進全世界對於正義、法治、人權與基本自由的尊重，無分種族、性別、語言與宗教，加强國際合作，增進國際和平與安全。

爲實現此項宗旨，聯教組織的職責，在以各種大衆傳播工具，促進各民族間相互認識與瞭解；推廣民衆教育，傳播文化，鼓勵科學教育；維護各民族文化傳統，並鼓勵藝術創造。

聯教組織的主要工作，包括實施義務教育，提高教育水準，人員交換，並提供科學及教育專家。

第三款　主要機構

教科文組織會址設於巴黎，其機構分爲：

㈠大會（General Conference）：大會每兩年開會一次，由全體會員國的代表組成，決定本組織的政策與工作綱領及預算。

㈡執行理事會（Executive Board）：執行理事會由大會選出五十一個會員國代表組成，執行理事任期兩年，連選得連任。執行理事會每年至少開會兩次，負責推行大會通過之工作綱領。

㈢秘書處（Secretariat）：秘書處由秘書長與若干職員組成。秘書長爲聯教組織之行政首長，經由執行理事會之推薦，提請大會委派之，任期六年。執行理事會所擬訂之工作計劃。

㈣會員國委員會（National Commissions）：各會員國家內均須設立會員國委員會，實施聯教組織的各項工作，並代表其政府及其國內各主要之教育、科學暨文化團體，與聯教組織之工作發生聯繫。

第四節 世界衛生組織

第一款 成立經過

世界衛生組織（World Health Organization，簡寫為 WHO）的憲章，經聯合國經濟暨社會理事會於一九四六年七月二十二日在紐約召開的國際衛生會議通過後，並經聯合國二十六個會員國批准，世界衛生組織乃於一九四八年四月七日正式成立。第十二屆世界衛生大會通過決議，修訂該公約，修訂條款已於一九六〇年十月二十五日生效。

第二款 宗旨與業務

世界衛生組織的宗旨，在促進全人類達到最高的健康標準。它的主要工作在指導並協調國際衛生機關之工作；提供衛生智識與技術協助，改善一般衛生狀況，防止疫病流行；起草關於國際衞生的公約或建議；編訂關於疾病、衞生與生物方面的名詞，使其標準化，並統一藥典。

第三款　主要機構

世界衞生組織會址設在日內瓦，其主要機構分爲：

㈠世界衞生大會（World Hearth Assembly）：大會每年開會一次，爲決定政策的機構，審議工作，制定方案，並通過預算，必要時得召開特別屆會。

㈡執行理事會（Executive Board）：執行理事會由大會選出三十一個理事國的代表組成，每年至少開會兩次。大會應依公勻地區分配原則，選舉理事國。每一理事國任命合格之衞生人員一名擔任理事。理事國任期三年，連選得連任。執行理事會之職務，爲執行大會之決議及政策。

㈢區域委員會（Regional Committee）：世界衞生大會得依照每一地區大多數會員國之同意，設立一區域委員會，以適應各地區之特別需要。例如，世界衞生組織在馬尼拉設立西南太平洋區域委員會，擬定該地區內之衞生行政。

㈣秘書處：秘書處設幹事長（Director-General）一人，及若干行政人員與技術人員。

第五節　國際復興開發銀行

第一款　成立經過

美國於一九四四年七月一日在布萊頓森林（Bretton Woods）召開國際貨幣財政會議，制訂設立國際復興開發銀行的同意條款（Articles of Agreement）。一九四五年十二月二十七日，二十八國簽署該條款，國際復興開發銀行宣告成立。國際復興開發銀行（International Bank for Reconstruction and Development），簡稱世界銀行（World Bank），於一九四六年六月二十五日，在華盛頓開始經營業務。

第二款　宗旨與業務

世界銀行的宗旨如下：

㈠供應生產事業投資，以協助會員國之開發與復興；

㈡參加或促進私人向外投資；

㈢鼓勵國際投資，發展會員國生產資源，以促進世界貿易之平衡發展，並維持各國之支付平衡。國際復興開發銀行可以直接放款，或擔保放款，以復興工業與發展經濟事業，並促進國際間生產事業資金之流通。放款的對象或是會員國，或是會員國下級行政單位，或是會員國民間工商企業。世界銀行得應會員國的請求，派遣代表團前往協助各會員國之經濟發展。

第三款　主要機構及表決程序

國際復興開發銀行行址設於華盛頓，其主要機構分為：

㈠理事會（Board of Governors）：由會員國各派理事及副理事各一名組成，全權管理該銀行的業務，每年開會一次。每一個會員國的投票權，與其國家認購的銀行股款成正比。每個會員國有基本票二百五十票，逾此每增認一股（美金十萬元），增多一票。在理事會中每一理事所得投的票數，即為任命該理事的會員國的票數。

任何國家請求加入國際復興開發銀行，須獲得理事會全體票數的過半數的同意。

㈡執行董事會（Board of Executive Directors）：執行董事會由執行董事二十二名組成，每月開會一次，代行理事會的職權。執行董事會由認股最多的五個會員國各派執行董事一名，其他十七名執行董事，由理事就其餘會員國中選舉之。在執行董事會中，每一指派的執行董事所得投的票數為指派該董事會員國所持的票數，每一選任執行董事則可投其被選任時所得的票數。除另有規定外，以過半數票決定之。

㈢總裁（President）：總裁由董事會選任，為董事會的主席，及世界銀行業務人員的首長。總裁在政策方面受董事會的指導，主管世界銀行業務，並任免行員。

第六節　國際開發協會

第一款　成立經過

國際開發協會（International Development Association，簡寫爲IDA），於一九六〇年九月二十四日設立，主辦國際開發貸款業務，其行政工作全由國際復興與開發銀行兼辦，凡是世界銀行會員國均得參加國際開發協會。

第二款　宗旨與業務

國際開發協會的宗旨係以低利長期貸款，供應低度開發國家建設需求，以實施國際復興與開發銀行協助會員國開發之目的，故爲國際復興與開發銀行之輔助機構。向國際開發協會貸款的國家，須符合下列四項條件：㈠窮國（一九八一年國民生產毛額平均在七九六美元以下），㈡經濟、財政及政治穩定，確保使用貸款長期發展，㈢財政支付特別困難，㈣確定承諾貸款是用於開發。

第三款　主要機構

國際開發協會會址設在華盛頓，其主要機構與國際復興開發銀行相同，設理事會，執行董事會及總裁。世界銀行的理事及董事當然爲國際開發協會的理事及董事，世界銀行的總裁當然爲國際開發協會的總裁及董事會的主席。國際開發協會不另設職員，亦由世界銀行職員兼任，且不支額外薪給。

第七節　國際財務公司

第一款　成立經過

國際財務公司（International Finance Corporation，簡寫IFC），於一九五六年七月二十四日在華盛頓設立，在業務上與世界銀行發生密切關係，但爲一獨立法人。一九五七年二月二十日成爲聯合國的專門機關。

第二款 宗旨與業務

國際財務公司的宗旨，在鼓勵會員國尤其是低度開發地區之私人生產企業（Productive Private Enterprise）的成長，藉以促進各會員國之經濟發展。

爲實現此項宗旨，國際財務公司之業務如下：

㈠遇有私人資金不克依合理條件獲致時，無需政府擔保償還，投資私人生產企業；
㈡提供投資機會、國內外私人資金及管理經驗。
㈢協助並鼓勵國內外私人資金投入生產業務。

國際財務公司的投資主要用於製造業，包括礦業、能源、觀光事業、公用事業、及與農業有關之生產計畫。

第三款 主要機構

理事會綜攬公司全權，世界銀行會員國同爲國際財務公司會員國者，其所派之理事爲國際財務公司當然理事及副理事。副理事僅於理事未出席時有表決權。

董事會監督公司一般業務之執行，世界銀行會員國同爲國際財務公司會員國者，其所派之董事爲國際財務公司當然董事。世界銀行總裁爲國際財務公司董事會之當然主席。

國際財務公司總裁，由董事會主席薦請董事會任命之。

第八節 國際貨幣基金

第一款 成立經過

一九四四年七月，布萊頓森林國際貨幣財政會議，同時制訂設立國際貨幣基金同意條款。一九四五年十二月二十七日，分配額佔基金百分之八十的會員國批准該同意條款，國際貨幣基金（International Monetary Fund，簡寫為 IMF）正式宣告成立。

第二款 宗旨與業務

國際貨幣基金的宗旨如下：

㈠增進國際貨幣合作，並擴大國際貿易；

㈡增進外滙兌換穩定，維持外滙兌換的辦法，並避免競爭性的外滙兌換的貶值；

㈢協助會員國間貨幣多邊支付制度的建立，消除會員國阻礙世界貿易所加諸的外滙限制。

為達成上述宗旨，國際貨幣基金提供外滙或黃金給會員國，以發展國際貿易；對於各國政府的財政問題提供諮詢；向會員國建議防止通貨膨脹的辦法；要求會員國實施金融及貨幣措施，以減少外滙限制的需要；並要求會員國放寬進口管制。

第三款　主要機構及表決程序

國際貨幣基金的會址設於華盛頓，其主要機構分爲：

㈠理事會（Board of Governors）：理事會每年集會一次，由會員國各派理事一名組成。會員國的投票權，與其認購的股款成正比。每個會員國有基本票二百五十票，加認一個單位（美金十萬元），增多一票，在理事會中每一理事所得投的票數，卽爲任命該理事的會員國的票數。

㈡執行董事會（Board of Executive Directors）：執行董事會由認股最多的五個會員國各派執行董事一名，另由理事會就其他會員國選擧二十二名執行董事。執行董事的任期爲兩年。主管國際貨幣基金的一切業務。其表決程序與世界銀行執行董事會的表決程序相同，採取比重投票制（weighted voting system）。

㈢總裁（Managing Director）：總裁由董事會選任，爲董事會的主席與務業人員的行政首長。

第九節　國際民航組織

第一款　成立經過

一九四四年芝加哥國際民航會議通過的國際民航公約，經二十六國批准後，國際民航組織(International Civil Aviation Organization，簡寫爲ICAO)，於一九四七年四月四日正式成立。

第二款　宗旨與業務

國際民航組織的宗旨，在發展航空之原則及技術，並建立民航的國際標準與法規。

國際民航組織適應舉世人民之需求，辦理安穩、準期、效率及經濟化之空運；促進會員國使用新的技術方法與設備；在會員國的合作下，對於氣象預報、空中交通管制、通訊、無線電臺及波長、搜索及救助機構，以及其他爲國際飛航安全所需的各種設備，擬定標準典範；簡化各會員國對於國際航空運輸所適用之關稅、入境及公共衞生的規則；草擬國際航空法規，並防止因不合理競爭所造成之經濟浪費。

第三款　主要機構

國際民航組織會址設於加拿大蒙特利爾（Montreal），其主要機構分爲：

㈠大會（Assembly）：大會每三年擧行一次，由各會員國派代表出席，決定本組織之政策及財政預算，審議理事會提交之任何事項，並處理在本組織職權範圍內而未經交於理事會之任何事項。

㈡理事會（Governing Council）：理事會由大會選出之三十三個理事國所派的代表組成。理事國分爲三種：一爲在航空運輸方面居主要地位之國家，二爲對國際民航設施有重大貢獻之國家，三爲世界各主要地區之代表。理事會選擧理事長一人，任期三年。理事會是國際民航組織的執行機構，擬訂國際民航標準規定，解決有關國際民航任何糾紛，並調查與民航有關事項。下設各種技術委員會，技術委員會的工作受理事會監督。理事會並得向會員國政府提出建議。飛航委員會，空運委員會及法律委員會是國際民航組織的三個附屬機構。

㈢秘書長（Secretary-General）：秘書長由理事會任命，爲國際民航組織行政首長，有權任命秘書處職員。

㈣國際民航組織分別在蒙特利爾、利瑪、巴黎、開羅，及曼谷五地設立辦事處（Field Offices）。

第十節 萬國郵政聯盟

第一款 成立經過

一八七四年十月九日在瑞士伯爾尼擧行第一屆國際郵政公會，通過國際郵政公約，一八七五年七月一日該公約經二十二國批准生效，正式成立國際郵政公署。

一八七四年的國際郵政公約的主要條款如下：

㈠全體締約國的領域，視爲一個單一的郵區；
㈡同性質同重量的郵件，繳付同樣的郵資；
㈢寄件國保留其所收的郵費，不必分與收件國；
㈣郵件經過第三國時，一律免費；
㈤締約國間關於郵政的爭端，提交仲裁解決；
㈥締約國同意設立國際郵政公署於伯爾尼，其經費由締約國分擔。

一八七八年第二屆國際郵政公會修改伯爾尼公約，始改稱爲萬國郵政聯盟（Universal Postal Union, 簡寫爲 UPU）。一九四八年七月一日與聯合國簽訂關係協定生效，成爲聯合國的專門機關。

第二款　宗旨與業務

萬國郵政聯盟的宗旨，爲將全體締約國的領域視爲一個單一的郵區，以相互交換信件，改善郵政業務，並促進國際間在郵政發展方面的合作。因此每個會員國同意使用最迅速的方法傳遞他國的郵件。

第三款　主要機構

萬國郵政聯盟的會址設於瑞士伯爾尼，其主要機構分爲：

㈠萬國郵政大會（Universal Postal Congress）：大會是權力最高機關，每五年開會一次，依照會員國的建議，修改萬國郵政公約及其他章程。

㈡執行理事會（Executive Council）：執行理事會係由大會依地區平均原則選舉四十個執行理事國組成，每年開會一次，對國際郵政公署實施若干監督，與聯合國及其他國際組織維持工作關係，從事諮商與研究工作，並向大會提出各項建議。

㈢郵政研究諮詢委員會（Consultative Commission On Postal Studies）：凡是萬國郵政聯盟的會員國，均得參加郵政研究諮詢委員會，其職掌係對有關郵政技術、業務與經濟問題從事研究並提供諮詢。郵政研究諮詢委員會理事會由三十五個理事國組成，每年開會一次，協調並決定該委員會的工作計畫。

(四)國際郵政公署（International Bureau）：國際郵政公署是萬國郵政聯盟的秘書處。其職掌爲協調並印發關於郵政的一切報告與統計，並是結算國際郵政賬目的劃撥所。

第十一節　國際電信聯合會

第一款　成立經過

一八六五年依照國際電報公約之規定，在巴黎成立國際電報聯合會（International Telegraph Union）。一九〇六年第一屆國際無線電會議在柏林舉行，簽訂國際無線電公約，成立國際無線電聯合會（International Radio Telegraph Union）。一九三二年兩個聯合會在馬德里舉行聯席會議，將兩個公約合併成爲國際電信公約。一九三四年國際電信聯合會（International Telecommunication Union, 簡寫爲 ITU）正式成立，簡稱爲電聯會。國際電信聯合會於一九四七年在美國大西洋城舉行第一屆全權代表會議，修改公約。並與聯合國簽訂關係協定，成爲聯合國專門機關。

國際電信聯合會於一九五九年在日內瓦舉行第三屆全權代表會議，修訂公約，稱爲日內瓦公約，於一九六一年一月一日生效，是爲現行之國際電信公約。

第二款 宗旨與業務

國際電信聯合會的宗旨，爲制定國際電報、電話及無線電法規，減低收費，增進各國電報、電話及無線電之發展，並擴大其利用。

國際電信聯合會的職權，在促進國際合作，以求各種電信之進步及合理使用；促進技術設施之發展及其最有效之運用；並協調各國之行動，以達成共同之目的。

國際電信聯合會尤應實施無線電頻帶之分配，及無線電頻率指配之登記，避免各國電波之干擾；促成會員國間之合作，以期發展有效業務，儘量減低費用；促進藉電信業務之合作，以採用保證生命安全措施；從事關於電信事項之研究，擬具建議，並搜集與刊佈各種電信資料。

第三款 主要機構

國際電信聯合會會址設在日內瓦，其機構分爲：

㈠全權代表會議（Plenipotentiary Conference）：全權代表會議爲國際電信聯合會的權力最高機構，每五年開會一次，制定基本政策。

㈡行政會議（Administrative Conference）：行政會議由全體會員國參加，討論特定的問題。行政會議通常與全權代表會議在同時同地舉行。有時舉行區域行政會議，通過各種電信協定。

㈢行政理事會（Administrative Concil）：行政理事會是由全權代表會議依照地域平均原

則選出四十三個會員國組成之。理事會每年舉行一次，理事會認為必需或六個會員國提出請求時，得增加開會次數。在兩屆全權代表會議期間，行政理事會應在全權代表會議所賦與之權限內，代行其職務。

(四)國際頻率登記委員會（International Frequency Registration）：國際頒率登記委員會由無線電行政會議選舉十一個委員組成，登記各國所作頻率之指配。

(五)國際無線電諮詢委員會（International Radio Consultative Committee）：國際無線電諮詢委員會之職掌，為研究有關無線電通信之技術與運用問題，並提供建議。

(六)國際電報電話諮詢委員會（International Telegraph and Telephone Consultative Committee）：國際電報電話諮詢委員會之職掌，為研究有關電報電話技術、使用及價格問題，並提供建議。

(七)電信發展局（Telecommunications Development Bureau）：研究電信發展技術。

(八)總秘書處（General Secretariat）：總秘書處設秘書長、副秘書長各一人，由全權代表大會選任之。

第十二節　世界氣象組織

第一款　成立經過

世界氣象組織前身是一八七三年成立的國際氣象組織。國際氣象組織於一九四七年九月至十月在華盛頓舉行第二十屆氣象機關首長會議，會中通過世界氣象組織公約。至一九五〇年三月二十三日，有三十個國家存放批准書與加入書，世界氣象組織（World Meteorological Organization, 簡寫為 WMO）正式成立。

第二款 宗旨與業務

世界氣象組織列舉五大宗旨如下：

㈠便利國際合作，以設立氣象臺網，供應氣象觀測與服務；

㈡促進設立並維持迅速交換天氣情報的系統；

㈢促成統一氣象觀測的標準，確使觀測與統計發佈的劃一；

㈣推廣氣象學對航空、航海、農業及人類其他活動的適用；

㈤鼓勵氣象學的研究與訓練，並協調國際方面此項研究與訓練的進行。

世界氣象組織利用地面觀察站、氣象衛星及各地區的氣象站建立成世界氣象觀察中心，近年由衛星迅速獲得之大氣層及海洋資料，以擴大對全球氣象預報，並利用衛星傳遞氣象情報，尤其對酸雨及臭氧層的變化，提供預警。

第三款 主要機構

世界氣象組織會址設於日內瓦，其主要機構分爲：

㈠世界氣象大會（World Meteorological Congress）：世界氣象大會由全體會員國的代表組成，大會至少每四年舉行一次。各會員國應指定其氣象機關首長爲首席代表，大會制定氣象業務與程序之技術規則，並決定一般政策。

㈡執行委員會（Executive Committee）：執行委員會監督大會決議之實施，研究有關國際氣象業務，並提出建議，向會員國提供氣象方面技術資料、意見與援助。執行委員會至少每年舉行一次，其組成人員包括本組織主席一人，副主席一人，六個區域氣象協會主席，及選出之二十八個會員國氣象機關首長。

㈢六個區域氣象協會：世界氣象組織分設非洲、亞洲、南美、北美及中美、歐洲、西南太平洋六個區域氣象協會，協調其區域內有關氣象業務。

㈣技術委員會：世界氣象組織下設：

⑴普通氣象學委員會；

⑵氣候學委員會；

⑶觀測儀器與方法委員會；

⑷空氣學委員會；

⑸航空氣象學委員會；

(6)農業氣象學委員會；
(7)水文氣象學委員會；
(8)海洋氣象學委員會。

㈤秘書處（Secretariat）：秘書處由秘書長及技術人員與行政人員組成，秘書長由大會任命。

第十三節 國際海事組織

第一款 成立經過

一九四八年二月十九日在日內瓦舉行聯合國海事會議，有三十五國參加，會中通過政府間海事諮詢組織公約，一九四八年三月六日起聽由各國簽署接受。一九五八年三月十七日，公約經二十一國批准，其中七國各擁有船舶總噸位在一百萬噸以上，於是該公約生效，政府間海事諮詢組織（Inter-Governmental Maritime Consultative Organization, 簡寫為 IMCO）正式成立。

一九四八年海事會議決定設立一個十二國籌備委員會，準備召開第一屆大會。一九五九年一月在倫敦舉行政府間海事諮詢組織第一屆大會，本組織正式開始工作。現易名為國際海事組織（International Maritime Organization, 簡寫為 IMO）。

第二款　宗旨與業務

國際海事組織的宗旨如下：

㈠就有關國際航運技術事項的管理與實施，包括海上安全，供作各國政府間合作機構；
㈡鼓勵各國政府消除對國際航運所加的歧視與限制；
㈢審議有關航業界採行的不公正限制措施；
㈣研討聯合國機關或專門機關向本組織提出之有關航運事項；
㈤對本組織研討事項供作各國政府情報交換。

國際海事組織草擬公約、協定及建議，向各國政府或政府間組織提出，其中包括海上生命安全、防止船舶海洋汚染、船員訓練及證書、防止海上碰撞等國際公約，及幾個責任與賠償的文件。國際海事組織曾通過幾百件建議，處理有關海洋運輸危險貨品、海洋信號、漁民及漁船安全、及核子動力商船安全等，這些建議雖無拘束力，但提供各國政府立法參考。

第三款　主要機構

國際海事組織會址設在倫敦，其機構分爲：

㈠大會（Assembly）：大會爲決策機關，每兩年開會一次，由全體會員國派代表參加，必要時得召開特別屆會。

㈡理事會（Council）：在大會休會期間，除向會員國建議採用航運安全規則外，理事會執行本組織一切職權。理事會由三十二個理事國組成，其中十個理事國由對國際航運業務具有最大利益的國家派任，十個理事由對國際海上貿易具有最大利益的其他國家派任。六個由大會就對國際航運業務具有重大利益的國家中選任，六個由大會就對國際海上貿易具有重大利益的國家中選任。

㈢海事安全委員會（Maritime Safety Committee）：海事安全委員會得建議會員國採用航運安全規則。委員會由大會就會員國對海事安全具有重大利益之國家選出十四國組成之，其中八委員國爲擁有船舶噸位最多之國家。另設法律、海洋環境保護及技術合作三個委員會，向大會提出報告與建議。

㈣秘書處：秘書處係由秘書長一人，海事安全委員會秘書一人及職員若干人組成之。秘書長由理事會任命，爲本組織之行政首長。

第十四節　世界智慧財產權組織

第一款　成立經過

世界智慧財產權組織（World Intellectual Property Organization, 簡寫爲WIPO），源自一

八八三年巴黎保護工業財產權公約(Convention for the Protection of Industrial Property)，及一八八六年伯爾尼保護文學及藝術作品公約（Berne Convention for the Protection of Literary and Artistic Works)。世界智慧財產權公約於一九六七年簽署，至一九七〇年生效，世界智慧財產權公約組織正式成立，並於一九七四年十二月十七日成爲聯合國的專門機關。

第二款　宗旨與業務

世界智慧財產權組織的主要宗旨，在對全世界的智慧財產權的維護與尊重，鼓舞創作活動，便利技藝轉移，傳播文學與藝術作品，以利工業及文化發展。智慧財產包含兩個主要方面：㈠工業財產，包括專利及其他技術發明權利、商標與工業設計等項權利。㈡版權及其相關權利，包括文學、音樂、藝術作品、電影、表演及唱片等。

爲了協助保護世界智慧財產權，該組織促進各國普遍接受保護智慧財產權條約，必要時鼓勵簽訂新約，並協助發展中國家在國內立法保護。

第三款　主要機構

㈠大會：世界智慧財產權組織最高權力機關爲大會、全體會員國、巴黎及伯爾尼公約的締約國均得參加。

㈡聯合會（Union）：巴黎公約及伯爾尼公約締約國所設立的聯合會，現爲世界智慧財產權組織所經營，成為一個共同執行機構，聯合開會，決定政策，通過預算及實施方案。

㈢秘書處設在日內瓦，由一位幹事長主持日常行政業務。

第十五節 國際農業發展基金

第一款 成立經過

設立國際農業發展基金的構想，是在一九七四世界糧食會議（World Food Conference）中提出，設立基金的協定於一九七六年六月十三日通過，同年十二月二十日開始簽署，基金初期收到十億美元保證，該協定於一九七七年十一月三十日生效。國際農業發展基金（International Fund For Agricultural Development, 簡寫為 IFAD）於焉誕生。

第二款 宗旨與業務

國際農業發展基金的主要宗旨，在動用所有資源，改善糧食生產，對開發中國家低收入人民提供較佳營養。在非、亞、拉丁美洲等地至少有百分之二十的人民，受到長期飢餓與營養不良所折磨。基金集中力量照顧最貧窮的鄉村，特別對於貧農、佃農、漁民、飼養牲畜的牧人及婦女。

基金提供低利貸款，增進農業生產，改善農村就業，營養與收入分配。至一九八九年中，國際農業發展基金在九十一個發展中國家，投資二十六億五千萬美元於二百四十七項農業發展計劃中，該等計劃的全部費用將超過一百億美元，受益人民可達到一億八千萬人。

第三款　主要機構

㈠執行理事會（Governing Council）：由全體會員國代表參加。會員國分爲三類：⑴已發展國家，⑵主要捐款國家，⑶受援助的國家，每個會員國有一個投票權。

㈡執行局（Executive Board）：由十八位執行理事與十八位副執行理事組成，代表三類不同的會員國。開會時由基金總裁擔任主席，決定政策及農業發展計劃。

㈢秘書處：由基金總裁（President）主持日常事務。

第十六節　聯合國工業發展組織

第一款　成立經過

聯合國工業發展組織（United Nations Industrial Development Organization，簡寫爲

UNIDO），是聯合國大會於一九六六年設立，旨在促進發展中國家的工業化，成為聯合國在工業方面活動的協調機關。聯合國工業發展組織於一九七五年在利瑪舉行第二屆大會中，建議將該組織改為聯合國專門機關。一九七九年在維也納舉行的各國全權代表大會通過該組織憲章，一九八五年六月二十一日獲得會員國批准生效。一九八五年十二月十七日聯合國大會批准與該組織簽訂的關係協定，聯合國工業發展組織自一九八六年一月一日正式成立。

第二款 宗旨與業務

該組織是聯合國在工業發展方面主要協調機構，鼓勵並協助發展中國家加速工業化。在工業已發展國家與正在發展中國家間，提供接談、諮商與談判的機會，鼓勵對發展中國家投資，並便利技術轉移，以增進世界工業發展。

聯合國工業發展組織召開一連串的諮商會議，邀請工業已發展國家與正在發展中國家聚集一堂，商討加速工業化的途徑。該組織從事研究與調查，創導工業發展的觀念與方法，協助政府及民間擬訂工業發展計劃，並協助區域工業發展計劃，該組織提供技術援助、諮詢服務，及工業情報之交換。

第三款 主要機構

㈠大會（General Conference）：決定指導原則，批准預算及通過公約與協定。

(二)工業發展局（Industral Development Board）：由五十三個會員國代表組成，檢討大會通過的計劃，並向大會提出建議。另設一計劃及預算委員會，由二十七個會員國代表組成。

(三)秘書處：任命一位幹事長，主持日常業務。

第十七節　國際原子能總署

第一款　成立經過

國際原子能總署規約經一九五六年九月二十日至十月二十六日在紐約聯合國總部舉行的國際原子能會議通過，並經十八個簽署國存放批准書而生效。國際原子能總署（International Atomic Energy Agency，簡寫爲 IAEA），於一九五七年七月二十九日正式成立。一九五七年十一月十四日與聯合國簽訂關係協訂。每年向聯合國提出報告。

第二款　宗旨與業務

國際原子能總署的宗旨如下：

(一)加速並擴大原子能對全世界和平、健康及繁榮之貢獻；

㈡確保由其本身、或經其請求、或在其監督或管制下提供之協助，不致用以推進任何軍事目的。

國際原子能總署贊助核能和平用途，建立核能安全及環境保護標準、協助會員國技術合作、及核能科學及技術情報交換。其重要功能在確保核料之和平用途，不致改變作爲軍事用途。國際原子能總署原子能安全體系，主要建立在核料清單，總署派檢查員實地查證。總署得與各國簽訂原子能安全協定，至一九八八年十二月三十一日止，曾與九十九國簽訂一六八個安全協定。

第三款 主要機構

國際原子能總署會址設在維也納，其主要機構分爲：

㈠大會(Ceneral Conference)：大會由全體會員國代表組成，每年舉行常會一次，必要時得召開特別屆會，大會得討論規約規定範圍內或與規約所規定任何機關之職權有關之任何問題或事項；並得向總署會員國或理事會提出對各該問題或事項之建議。

㈡理事會 (Board of Governors)：理事會由三十五個理事國組成，執行總署職務。理事會依下列方式組成：第一類理事共十國，由卸任理事會指定在原子能技術方面(包括原料之生產在內)，最進步之五個會員國，並就下列地區中未由此五國代表之每一地區，指定在原子能技術方面(包括原料之生產在內)，最進步之一個會員國爲理事國：㈠北美、㈡拉丁美洲、㈢西歐、㈣東歐、㈤非洲及中東、㈥南亞、㈦東南亞及太平洋、㈧遠東。第二類理事共三國，卸任理事會就下列原料生產國中指定二會員國爲理事國：比利時、捷克、波蘭及葡萄牙；並指定另一會員國以技術協助供給國之資格爲理事國，第三類由大會選舉二十二個會員國爲理事國，選舉時應充分顧及第一類所載各地區之會員國在整個理事會內之公勻分配，務使每一地區除北美外均在理事會第三類理事國經常有一代表。第三類理事國不得連選爲下任之同類理事國。

㈢幹事長（Director-General）：幹事長爲總署的行政首長，由理事會經大會核准後任命，任期四年。幹事長應秉承理事會意旨，履行職責。

第十八節　關稅暨貿易總協定

第一款　國際貿易組織的緣起

一九三〇年後十年間各國對外貿易施行各種限制，引起嚴重經濟恐慌。第二次大戰之後，各國懍於此種教訓，即擬設立一個專門機關，處理國際貿易問題，設法減低或撤消國與國間之關稅壁壘，以擴展世界貿易。這個組織的職務主要在於減低世界各國的稅率，確保原料的公平銷售，並對國際貿易擁斷方面實施若干管制。

聯合國貿易暨就業會議於一九四七年十一月二十一日至一九四八年三月二十四日在哈瓦拉舉行，通過國際貿易組織憲章。國際貿易組織（International Trade Organization，簡寫爲ITO）預定爲聯合國專門機構之一，一俟其憲章經二十個國家接受，即行成立。憲章通過後十八個月，各主要貿易國家顯然不擬批准這個憲章，致使國際貿易組織至今尚未成立。

一九六三年聯合國第十八屆大會應開發中國家的要求，決議於一九六四年三月二十三日至六月十六日在日內瓦召開聯合國貿易及發展會議。會中西方國家深恐世界貿易之領導權，由於國際貿易組織之成立，爲發展中國家所掌握，故極力反對設立國際貿易組織，最後協議在聯合國下成立一個貿易及發展局，由聯合國五十五個會員國組成。該局關於一切重要事項之決議須經三分之二多數決，已發展國家佔十八席。該局之下設初級產品委員會、製造品委員會及無形貿易暨與貿易有關金融委員會。

第二款　關稅暨貿易總協定簽訂經過

一九四七年起草國際貿易組織憲章的各國政府，先就減低相互間貿易障礙問題簽訂一項商務條約，定名爲關稅暨貿易總協定（General Agreement on Tariffs and Trade，簡寫爲GATT）。總協定於一九四八年一月一日生效，現有九十七個締約國，其宗旨在制訂國際貿易規則，增進貿易成長。自簽訂總協定以來，在減低並穩定會員國的稅率，建立世界貿易規則、減少貿易障礙、和解貿易糾紛等方面，獲致相當成就。關稅暨貿易總協定締約國曾舉行多次關稅會議，會中對於數千項目所徵的關稅稅率予以減低或凍結。對於各會員國違反總協定條款的各項貿易糾紛，可在關稅會議中提出控訴，此類控訴大多數均經獲得滿意解決。

第三款　主要機構及談判會議

關稅暨貿易總協定，顧名思義只是個多邊協定，而非一個國際組織，但是基於國際貿易實際需要，主要機構隨之應運而生。

㈠大會：關稅暨貿易總協定的締約國每年開大會一次，是最高權力決策機關，討論議題採一致同意，每一締約國有一投票權。大會尚具有解釋總協定的權力，兼有司法機構的性質。大會除有權以三分之二多數決定豁免一締約國履行總協定下的義務外，尚有權接受締約國於其權益受到其他締約國的侵害時所提出的申訴，並得於審查屬實時，要求加害國撤消其加害行爲，或授權受害國採取報復措施。總協定另設立申訴小組（Panel of Complaints），負責調查申訴事件，做成報告，向大會提出建議。

㈡代表理事會（Council of Representatives）：自一九六〇年起，在大會會期以外期間，所有與總協定有關的事務，均由締約國各選一名代表組成的『代表理事會』負責處理。另外尚設立許多臨時性的專門小組，研究與關稅及貿易有關的技術性問題。

㈢國際貿易中心：一九六四年在日內瓦設立的國際貿易中心(International Teade Centre)，成爲關稅暨貿易總協定的秘書處。該中心由幹事長主持，其任務是處理總協定的一般性的經常行政事務，協助發展中國家增加輸出，並就輸出市場提供情報與諮詢。

㈣貿易談判會議（Negotiating Rounds）：關稅暨貿易總協定爲達成減低關稅及貿易障礙，曾舉行七次重大貿易談判。其中最重要的三次談判是：第一回合於一九四七年在日內瓦談判。一九六四年至一九六七年談判稱爲肯納第回合（Kennedy Round），及一九七三年至一九七九年談判稱爲東京回合（ToKyo Round）。東京談判減少百分之三十稅率，影響三千億美元的世界貿易，並就輸出貼補與反貼補稅，政府採購，貿易障礙及輸入許可等項措施達成協議。

一九八二年關稅暨貿易總協定部長會議決定，舉行第八回合多邊貿易談判，稱爲烏拉圭回合（Uruguay Round）。在談判期間，最高權力機構爲貿易談判委員會（Trade Negotiations Committe）。下設商品談判小組(Group of Negotiations on Goods)及服務業談判小組（Group of Negotiations on Services）等，直至一九九〇年十二月在布魯賽爾繼續談判，由於各會員國對減少農產品稅率問題未達成協議，這一回合的貿易談判，尚未完成。

第二十五章　區域安全組織

第一節　區域安全組織與聯合國的關係

第一款　區域組織是聯合國的輔助機關

在起草聯合國憲章的時候，主張以區域辦法（Regional Arrangement）來維持某一地區的和平及安全者，約有三種意見。第一種意見可以法國爲代表，認爲當破壞和平事件發生時，聯合國大會與安全理事會尙須開會討論，不能迅速有效的採取執行行動，以應付現代的閃電式的戰爭。第二種意見可以澳大利亞爲代表，認爲安全理事會萬一不能採取行動時，區域安全組織會員國應保有採取維持和平與安全措施的權利。第三種意見可以拉丁美洲國家爲代表，認爲多年來維持美洲和平及安全的泛美聯盟（Pan American Union）應予保存，並應在聯合國體系內負擔重大任務。由於以上三種意見均贊同制定區域辦法，因而制定聯合國憲章第八章，規定區域組織之任務，在『應付關於維持國際和平及安全而宜於區域行動之事件』（憲章第五十二條第一項）。區域安全組織的會員國，並應將地方性的爭端，在提交安全理事會之前，依照該區域辦法，或經由該區域機關，力求和平解決（憲章第五十二條第二項）。安全理事會在採取執行行動時，應利用區域安全組織，作為其維持國際和平與安全的輔助機關（憲章第五十三條第一項）。

第二款 聯合國憲章對於區域組織的限制

在制定聯合國憲章的時候，一方面由於拉丁美洲國家代表們希望維持泛美聯盟的獨立行動，他方面由於若干國家主張安全理事會對於一切區域辦法應有干涉之權，因而通過一項折衷辦法，以協調聯合國與區域組織間的關係。依照憲章第八章的規定，聯合國對於區域組織具有限度的干涉權。換言之，聯合國對於區域組織的設立及活動，加以一定的限制。第五十二條規定：和平解決地方爭端的主要責任，賦予區域組織，只有在使用區域辦法而得不到解決時，始將此項爭端提交安全理事會。可是，安全理事會有權對於任何爭端或可能引起國際摩擦或惹起爭端之任何情勢，隨時進行調查（憲章第三十四條及第五十四條）。區域組織在需要採取執行行動的時候，必須首先獲得安全理事會的授權（憲章第五十三條）。

第三款 區域組織與集體自衛權

聯合國成立以後，由於大會及安全理事會陷於政治僵局之中，無法達成其維持世界和平與安全的職務，各會員國為保障其本國的安全及獨立，不得不在聯合國之外，作集體安全的安排。依照憲章第五十三條規定，區域組織如無安全理事會之授權，不得採取任何執行行動。安全理事會因受否決權的濫用陷於癱瘓狀態，若使區域組織完全受安全理事會的控制，則區域組織亦難望能以採取有效行動。可是，聯合國憲章認可會員國具有集體自衞權（Right of Collective Self-defense），於是，美國分別與各民主國家締結雙邊防禦條約，並進一步作共同防禦安排，於一九四九年締結北大西洋公約，一九五四年締結東南亞公約，構成一個安全體系。聯合國憲章規定，對於第二次世界大戰中的敵國得採取防備措施，蘇俄以防禦德國再起侵略爲藉口，遂與各共產國家締結雙邊互援條約，繼而於一九五五年締結華沙公約，組成共黨集團的武力。

各區域組織的締約國雖皆重申其遵守聯合國憲章的願望，可是各區域組織均獨立於聯合國之外，自由行動，不受聯合國的約束。憲章許可設立區域組織的宗旨，在使區域組織成爲聯合國的輔助機關，未有料想到區域組織的成立，反而有取代聯合國之趨勢。而且，現有之區域組織，與其稱爲區域組織（Regional Arrangement），毋寧稱爲集體安全組織（Collective Security Organization），蓋以這些組織是建立在集體自衞權之上，而非以區域安排爲其成立基礎。

第二節　美洲國家組織

第一款　成立經過

第一次美洲國家國際會議於一八八九年在美國首都華盛頓舉行，通過決議，設立『美洲共和國家國際聯盟』（The International Union of the American Republics），其唯一職務，在搜集並分發美洲國家商業資料。自此之後，美洲國家間不斷的舉行會議，致力促進美洲國家間合作，並設立各種泛美機構，辦理特定業務。美洲國家在五十多年期中，舉行八次美洲國家國際會議，締結四十個條約，通過數百個建議、決議或宣言，另外舉行專門或技術性會議約二百多次，增訂六十七個技術性的條約。直至一九四五年聯合國憲章制定，美洲國家爲保持泛美聯盟（Pan American Union）成爲聯合國內區域機關，感到需要制定一項憲章，以規範泛美聯盟的法律地位及職權，乃於一九四七年九月二日於里約熱內盧締結美洲國家間互助條約，並於一九四八年四月二十九日在哥倫比亞首都波哥大制定美洲國家組織憲章，由阿根廷、巴西、哥斯達黎加、智利、古巴、哥倫比亞、多明尼加共和國、玻利維亞、瓜地馬拉、宏都拉斯、海地、墨西哥、秘魯、巴拉圭、巴拿馬、薩爾瓦多、委內瑞拉、烏拉圭、美國、尼加拉瓜、厄瓜多二十一個美洲國家，組成美洲國家組織（Organization of American States，簡稱OAS），成爲聯合國內的一個『區域機關』（a regional agency），位於北美洲的加拿大則以觀察員身份參加美洲國家組織。

美洲國家組織的宗旨：㈠保障美洲大陸和平及安全；㈡保證和平解決地方性爭端；㈢會員國遭遇侵略，採取共同行動；㈣解決美洲國家間政治、司法及經濟問題；㈤促進美洲國家間經濟、社會及文化發展。

第二款　主要機關

美洲國家組織設立的主要機關如下：

㈠美洲國家大會（Inter-American Conference）：美洲國家大會係最高政策制定機關，由全體會員國代表參加，每一會員國具有一個投票權，每五年在會員國所同意之地點舉行，討論美洲國家間友好關係的任何事項，決定該組織的一般行政及政策。

㈡外交部長會議（Meeting of Ministers of Foreign Affairs）：外交部長會議係諮商機關，討論會員國遭受武裝攻擊等緊急事項。外長會議由理事會召開，每一會員國外交部長均得參加。另由各該會員國最高軍事首長組成之國防諮詢委員會與外長會議同時舉行，討論『抵抗侵略的防禦問題』。

㈢理事會（Council of the Organization）：理事會由會員國駐美大使或具有同等階級之人員組成。理事會可在外長會議休會期間，遇事隨時舉行諮商。理事會具有廣泛制定政策的權力，負責美洲國家大會籌備事宜，並監督泛美聯盟（秘書處）的工作。理事會下設三個機構：（甲）美洲國家經濟暨社會理事會；（乙）美洲國家法律理事會；（丙）美洲國家文化理事會。這三個理事會均屬專門性質，由會員國各派代表參加。

㈣泛美聯盟（The Pan American Union）：泛美聯盟係『美洲國家組織常設的中央機關及總秘書處』，設於美國首都華盛頓，在理事會指導下擔任秘書處工作，由會員國選任秘書長一人，任期五年，爲泛美聯盟行政首長，其下分設九部，分別處理經濟、社會、法律、文化、行政、科學、技術合作、統計及新聞事項。

第三款　重要發展

美洲國家組織旨在藉經濟、社會及政治的合作，以維持該地區的和平。其在政治方面的行動，主要依據是：一九四八年四月二十九日美洲國家組織憲章、一九四八年四月三十日美洲和解條約、及一九四七年九月二日美洲國家間互助條約。依照這些協定，美洲國家『正式譴責戰爭』，承允以各種和平方法解決彼此間一切國際爭端，並同意援助抵抗任何美洲國家遭遇之武裝攻擊。

美洲國家間互助條約，明確劃定安全區域（Security Zone）自北極起，向南延伸至南極，包括阿留申羣島、阿拉斯加、格陵蘭及加拿大。對此區域內任何地點實施攻擊，均被視為對所有美洲國家之攻擊，每一國家均有義務援助被攻擊之國家，直至採取集體措施為止。如果美洲內一個國家對另一國家之攻擊，美洲國家組織得命令有關國家停止軍事行動；如果有關國家不接受此項命令，繼而可能對之實施政治、軍事或經濟制裁。遇到發生武裝攻擊事件時，應立即召開理事會或外長會議，經由三分之二贊成票，得決議採取各種制裁，此項決議對所有會員國發生拘束力，不過對於不表同意之會員國，不得要求其採取軍事制裁。如在規定安全區域以外對某一會員國實施攻擊（如對美國在德國佔領軍實施攻擊），在美洲外長會議決議之前，對被攻擊國家不負援助之義務。

自美洲國家成立以來，充分顯示該組織能以採取迅速而有效的行動，應付該地區內所發生的各種爭端，並使之獲得解決。

一九五九年，卡斯楚（Fidel Castro）在古巴成立第一個共產政權，破壞了美洲國家集體安全體系。一九六一年美洲國家經濟及社會理事會在烏拉圭舉行特別會議，決議設立進步同盟（Alliance for Progress），美國提供大量經濟援助，以防止古巴共產政權之在美洲進行滲透顛覆活動。一九六二年外長會議決定開除古巴會籍。一九六三年初，蘇俄核子武器運入古巴，美洲國家的安全感受到更大的威脅。美國不惜以訴諸戰爭之强硬手段，迫使蘇俄將裝備古巴之核子武器撤走。現在美洲國家組織之會員國除墨西哥一國外，均先後與古巴斷絕外交關係，對古巴共黨實施圍堵政策。將來美洲國家能否制止古巴共產政權的擴張，乃是美洲國家當前最嚴重的考驗。

第三節　北大西洋公約組織

第一款　成立經過

第二次世界大戰之後，蘇俄一面赤化東歐各國，使其成爲蘇俄的附庸；一面在聯合國內濫用否決權，使其不能維持世界的和平及安全。當時西歐各國感受威脅，英國、法國、比利時、荷蘭及盧森堡五國遂於一九四八年三月十七日簽訂布魯塞爾條約，設立西歐聯盟(Union of Western Europe)。一九四八年六月美國國會通過范登堡決議案（Vandenberg Resolution），要求美國總統依照聯合國憲章第五十一條所規定之單獨或集體自衞權，締結區域及其他集體安全協定。美國政府乃開始與加拿大、英國、法國、比利時、荷蘭、盧森堡商談，不久挪威及丹麥兩國亦參加商談，至一九四九年四月四日，連同冰島、義大利及葡萄牙共十二國在華盛頓簽訂北大西洋公約（North Atlantic Treaty）。該公約於一九四九年八月二十四日生效，依照該公約規定，成立北大西洋公約組織（North Atlantic Treaty Organization，簡稱 NATO）。這是一個歐洲區域國家與美加兩國聯合組成的一個北大西洋區域組織，旨在『保衞建立於民主主義、個人自由及法治各項原則之各民族的自由、共同傳統及文化』。一九五二年希臘和土耳其應邀參加，一九五五年西德加入之後，北大西洋公約組織共有十五個會員國。

第二款　主要機關

依照北大西洋公約規定，僅設立一個理事會及一個防禦委員會，但授權會員國得設置附屬機關。北大西洋公約組織自成立以來，設立之主要機關如次：

㈠北大西洋理事會（The North Atlantic Council）：理事會由會員國外交部長組成，係最高政策機關，每年舉行兩次或三次會議，決定所有行政及財政事項，給予該組織軍事當局政治指導，並釐定戰時民政緊急計畫。在部長級理事會休會期間，各國派遣常任外交代表組成理事代表會議（Council of Deputies），每週至少開會一次，研究該組織之有關問題，及部長理事會交辦之工作。

㈡軍事委員會（Military Committee）：軍事委員會由會員國派遣參謀首長或軍事首長組

成，一年至少開會一次，擬定防禦計畫。下設常設小組（Standing Group），是軍事委員會的執行機關，由美、英、法三國參謀總長組成，發布戰略指導命令，並協調防禦計畫。

㈢歐洲統帥部（The European Command）：歐洲統帥部設於巴黎郊外，下設北歐、中歐、南歐及地中海四個地區指揮部。

㈣大西洋統帥部（The Atlantic Ocean Command）：大西洋統帥部設於美國維吉尼亞州諾福克（Norfork），下轄大西洋西區、東區及大西洋攻擊艦隊指揮部。

㈤秘書處：選任秘書長一人，爲秘書處行政首長。遇會員國間發生爭端，秘書長有權協助謀求解決，並得主動提供解決方法。秘書處設在巴黎，分設三部：①政治事務部（Division of Political Affairs），負責對理事會及其他國際組織之聯絡，向秘書長及理事會提出報告；②經濟及財政部（Division of Economics and Finance），研究關於會員國家間的經濟問題，及涉及國防之財政問題；③後勤供應部（Division of Logistics），增進會員國軍事生產資源之有效使用，並建立裝備標準化。

第三款　重要發展

北大西洋公約組織並非是一個超國家組織，理事會不能約束會員國行動，各代表只能在會議中協商，以達成各國均能遵守的協議。依照北大西洋公約第五條規定：『締約國同意對在歐洲或北美洲之一個或兩個以上之締約國之武裝攻擊，應視爲對締約國全體之攻擊；因而同意遇有此種攻擊發生時，每一締約國爲實行聯合國憲章第五十一條所認可之個別或集體自衞之權利，將立即個別或協同其他締約國採取其認為為恢復並維持北大西洋區域安全必要之行動，包括武力之使用在內，以協助遭受此項攻擊之一個或數個締約國。』

一九五〇年北大西洋理事會決議成立北大西洋公約組織軍隊，並在巴黎設立最高統帥部，由艾森豪將軍出任統帥。

一九五六年，義大利、挪威及加拿大三國外長組成小組委員會，建議擴大北大西洋公約組織各會員國在非軍事方面之合作，該項建議已經理事會接受。

一九六三年五月二十二日，北大西洋理事會決議，由英國V式轟炸機，美國北極星潛艇及其他國家核子戰術武器編成一支多國核子部隊，在最高統帥部內設一副統帥，負責核子部隊的指揮及計畫事項，以增强北大西洋公約組織的防禦力量。

一九六六年法國決定自北大西洋公約組織撤出其軍隊後，北大西洋公約組織理事會總部於一九六六年十月自巴黎遷至比利時首都布魯塞爾，歐洲統帥部於一九六七年三月三十一日遷至比利時南方蒙斯（Mons），其他軍事機構亦遷出法國境內。

一九七四年八月十四日希臘因土耳其進軍塞普勒斯，不滿該公約組織未能迫使土耳其停止軍事行動，憤而將其在北大西洋公約組織軍隊撤出，希臘仍為該公約會員國，使北大西洋公約組織南翼防禦減弱。

第四節 東南亞公約組織

第一款 成立經過

一九四九年中共竊據中國大陸；一九五〇年六月韓共南侵；一九五四年日內瓦協定，中南半島汲汲可危。美國、英國、法國、菲律賓、泰國、巴基斯坦、澳大利亞及紐西蘭八國為防止共黨在亞洲之擴張，於一九五四年九月八日在馬尼拉簽訂東南亞集體防禦條約（Southeast Asia Collective Defence Treay），一九五五年二月十九日生效，依照該公約規定，成立東南亞公約組織（Southeast Asia Treaty Organization, 簡稱 SEATO），保證採取集體自衞行動，抵抗武裝攻擊，並防止各會員國內之顚覆活動。其條約區域（Protocol States）包括柬埔寨、寮國及越南三國。東南亞公約組織係根據聯合國憲章第五十一條所規定之單獨或集體自衞權而設立，與北大西洋公約組織及中央公約組織發生連繫關係。

第二款 主要機關

東南亞公約組織設立的主要機關如次：

㈠東南亞公約組織理事會（SEATO Council）：理事會由八個會員國外交部長組成，每年輪流在各會員國首都舉行會議一次，磋商東南亞集體防禦條約之實施事項，並制定廣泛共同政策。

(二)東南亞公約組織理事代表會議（SEATO Council Representatives）：代表會議由各會員國駐在泰國的大使及泰國任命之大使級代表組成，每月開會一次，負責該組織之政治指導工作，並管轄非軍事工作。

(三)經濟專家委員會（Committee of Economic Experts）：經濟專家委員會由會員國派經濟專家參加，研究會員國經濟問題，並討論對亞洲國家經濟援助問題。

(四)新聞、文化、教育暨勞工委員會（Committee on Information, Cultural, Educational and Labour Activities）：新聞、文化、教育暨勞工委員會由會員國派代表參加，每年舉行會議一次，討論有關會員國之新聞、文化、教育及勞工問題。

(五)安全專家委員會（Committee of Security Experts）：安全專家委員會由會員國派專家參加，協助制止條約區域內之顛覆活動。

(六)軍事顧問團（Military Advisers Group）：軍事顧問團對理事會負責，指導一切軍事行動。由會員國參謀首長或軍事首長一人爲該組織的軍事顧問，每年舉行會議兩次，其中一次會議規定在理事會召開前數日舉行，以便向理事會提出軍事報告或建議。

(七)東南亞公約組織軍事計畫處（SEATO Military Planning Office）：軍事計畫處負責擬定軍事計畫，由會員國中選任高級軍官一人任軍事計畫處處長，對軍事顧問團負責，與秘書長保持連繫。由會員國家之軍事顧問派遣代表一人及軍事參謀若干人，參加工作。

(八)總秘書處：總秘書處設於泰國曼谷，選任秘書長一人，爲秘書處行政首長，下設總務、文化、經濟、新聞及研究五部。

第三款 重要發展

東南亞公約組織係一區域防禦同盟，爲制止共黨在東南亞地區侵略而設立。該組織鑒於國際共黨在東南亞地區進行滲透及顚覆活動，特在集體防禦條約中規定：『締約國將個別並聯合以不斷而有效之自助及互助之方式，維持並發展其個別及集體之能力，以抵抗武裝攻擊。』除此之外，並明確規定締約國『防止及對抗由國外指揮之危害其領土完整與政治安定之顚覆活動』。惟在條約區域內設若某一國家遭受武裝攻擊，該組織採取行動，將受到若干限制：㈠締約國須各依其本國憲法程序採取行動；㈡非獲有關政府之邀請或同意，不得採取行動；㈢理事會採取行動之決議，須得全體一致之同意。

一九六一年一月寮共破壞一九五四年日內瓦協定，實施攻擊，美泰等國主張以軍事干涉寮國戰事，因英法兩國反對而無法採取行動。於是美泰兩國發表聯合聲明，美國曾向泰國保證，必要時得單獨履行條約義務，協助泰國抵抗共黨侵略，無須徵得他國同意。

一九六三年四月八日，東南亞公約組織外長理事會在巴黎舉行。會中決議：今後凡一提案經五個以上會員國表示同意，並在一定期間內無其他會員國表示異議，則該提案即可視爲通過。此項一致同意原則之修訂，將可使東南亞公約組織較能有效採取行動。

一九六四年四月十三日東南亞公約組織在馬尼拉舉行十週年理事會，同意締約國中一國或數國得單獨履行條約義務，援助受共黨侵略之國家，而無須徵得全體同意。

一九七五年，柬埔寨、越南、寮國相繼淪爲共黨國家，因美軍已先自越南撤離，東南亞集體防禦條約失效，東南亞公約組織遂於一九七六年六月三十日宣佈解體。

第五節　中央公約組織

第一款　成立經過

一九五五年二月，土耳其與伊拉克簽訂巴格達公約（Bagdad Pact），英國於是年四月加入，巴基斯坦於是年九月加入，伊朗於是年十一月加入，美國於一九五六年四月加入巴格達公約組織經濟委員會及顚覆委員會，並在巴格達設立軍事聯絡處，與該組織保持密切軍事聯繫。一九五八年七月伊拉克發生政變，親西方的國王費索爾（King Faisal）被殺害，卡珊（Kassem）政權宣佈伊拉克停止爲巴格達公約會員國。一九五八年十月該公約總部由巴格達遷移至土耳其首都安哥拉。伊拉克於一九五九年三月廿四日宣佈退出，該公約乃於一九五九年八月更名爲中央公約組織（Central Treaty Organization）。其宗旨在保障會員國之共同安全及防禦，經由共同努力，謀求該地區和平及經濟發展。美國雖沒有正式參加中央公約組織，可是它與該組織會員國伊朗、巴基斯坦及土耳其於一九五九年三月五日在安哥拉分別簽訂雙邊軍事及經濟合作協定。美國參加中央公約組織軍事委員會、反顚覆委員會及經濟委員會，並以觀察員身份參加中央公約組織理事會，積極支持中央公約組織在中東區域的防禦力量。

第二款　主要機關

㈠部長理事會（Council）：部長理事會由會員國總理、外長或重要部長出席，一年輪流在各會員國首都舉行一次或兩次，會商公約區域內局勢，決定一般政策。理事代表會議，由會員國駐土耳其大使及土耳其外交部高級代表出席，由該組織秘書長擔任主席，每二週舉行一次，爲部長理事會的執行機關。

㈡在理事會之下分設各種委員會：

⑴軍事委員會（Military Committee）：軍事委員會通常由會員國參謀首長或軍事首長出席，就加强軍事安全及共同防禦提供建議。

⑵反顛覆委員會（Counter-Subversion Committee）：反顛覆委員會之任務在於防止該地區之顛覆活動。

⑶聯絡委員會（Liaison Committee）：聯絡委員會就該地區安全問題交換情報。

⑷經濟委員會（Economic Committee）：經濟委員會由會員國經濟部長或高級經濟官員出席，商討經濟合作問題。下設交通暨公共工程、貿易、農業、衞生、畜牧等小組委員會。

㈢常設軍事代表團（Permanent Military Deputies Group）：軍事代表團於一九六〇年一月設於安哥拉，主持公約組織一切軍事計畫。

㈣聯合軍事計畫參謀處（Combined Military Planning Staff）：軍事計畫參謀處由會員

國派遣軍官組織，並選派一人擔任參謀長，下設情報、計畫、訓練、作戰及後勤供應五處。

㈤科學教育暨研究理事會（Council for Scientific Education and Research））：科學教育理事會由會員國各派科學專家一人參加，制定該組織科學及技術之政策。

㈥秘書處：秘書處設於土耳其首都安哥拉，選任秘書長一人為秘書處行政首長，下設政治暨行政部、經濟部、公共關係部及安全部，分掌各部所管轄之事務。

第三款 重要發展

一九七八年起，伊朗內部發生動亂，一九七九年一月十六日巴勒維國王被迫出國流亡，一九七九年二月一日柯梅尼返國接掌政權，採取反美政策，美伊幾至動武，中央公約組織形同虛設，隨之解體。

第六節 阿拉伯國家聯盟

第一款 成立經過

第二次世界大戰後，埃及、伊拉克、黎巴嫩、沙烏地阿拉伯、敍利亞、也門及約旦七個阿拉伯國家，基於同是阿拉伯民族及共同信奉回教的聯帶意識，於一九四五年三月二十二日在開羅簽訂阿拉伯聯盟公約，成立阿拉伯國家聯盟（League of Arab States）。

團結阿拉伯民族的觀念，早在一八〇五年穆罕默德艾禮（Mohammed Ali）成爲埃及總督時即已開始。第一次世界大戰期中，阿拉伯民族主義者期望在擊敗土耳其後建立阿拉伯民族團結中心；可是戰後和約將原有土耳其在中東所屬的阿拉伯土地，劃分爲五個委任統治地，分由英法兩國統治。以後這五個委任統治地先後獲得獨立，在第二次大戰期中，埃及領先與各國商談阿拉伯民族團結計畫。

一九四五年阿拉伯聯盟公約有兩項主要目標：㈠加强阿拉伯國家間友好關係，以維持其獨立，並增進其共同利益；㈡促進阿拉伯國家在經濟及社會各方面之密切合作。該公約禁止阿拉伯國家使用武力解決彼此間爭端；任何阿拉伯聯盟遭遇侵略，應立卽召開理事會，決定抵抗侵略之各種措施。

阿拉伯國家聯盟現共有二十個會員國，除原有之七國外，陸續加盟的國家，計有摩洛哥、蘇丹、突尼西亞、利比亞、科威特、阿爾及利亞、巴林、毛里塔尼亞、阿曼、卡達、索馬利亞、阿拉伯聯合酋長國、阿拉伯也門共和國。

阿拉伯國家聯盟於一九六一年四月，應科威特之請求，成立阿拉伯聯盟軍隊（Arab League Forces），由沙烏地阿拉伯、蘇丹、約旦及突尼西亞派軍組成。

第一次阿拉伯國家首腦會議於一九六四年一月十三日至十七日在埃及首都開羅舉行，決定加强阿拉伯國家之團結，以對付以色列。

第二款 主要機關

阿拉伯國家聯盟設立的主要機關如次：

㈠理事會（Council）：理事會是阿拉伯國家聯盟最高決策機關，具有立法及行政職權，於每年三月及九月各舉行會議一次，由會員國派代表出席，並由會員國代表輪流擔任理事會主席。每一會員國有一投票權，採取一致表決原則，當一項決議不能獲得一致通過時，則該項決議僅對投贊成票國家發生拘束力。

㈡專門委員會（Special Commission）：理事會得設立各種專門委員會。阿拉伯國家聯盟現設有經濟、石油、難民、交通、法律、社會福利、公共衞生、情報及政治等專門委員會，分別決定各該專門問題之政策，並促進在該方面之合作。政治委員會係由各會員國外交部長組成。

㈢經濟理事會（Economic Council）：阿拉伯國家聯盟於一九五〇年另設立經濟理事會，由會員國經濟部長或代表組成。

㈢聯合防禦理事會（Joint Defence Council）：聯合防禦理事會於一九五〇年設立，由會員國外交部長及國防部長或其代表出席，制定共同防禦政策。

㈤常設軍事委員會（Permanent Military Commission）：常設軍事委員會於一九五〇年設立，由各會員國派遣軍事參謀人員組成，擬定共同防禦計畫。

㈥秘書處：一九六〇年三月在開羅設立阿拉伯國家聯盟總部，爲其秘書處，選任秘書長一人爲秘書處行政首長。

第七節　華沙公約組織

第一款　成立經過

一九四八年，蘇俄與保加利亞、捷克、匈牙利、波蘭及羅馬尼亞分別簽訂雙邊互援協定，以防止德國或其他國家的侵略，爲其締結條約的表面目的。這些條約雖規定遵守聯合國的憲章原則，實則在加强共黨集團的武力，同時俄國根據這些條約，駐軍東歐各國，以防止附庸國軍隊叛變。

一九五五年五月五日西德正式加入北大西洋公約組織之後，蘇俄深感不安，乃領導東歐七個附庸國家於一九五五年五月十四日在華沙簽訂華沙公約（Warsaw Pact），用以對抗北大西洋公約組織。

參加華沙公約組織的八個會員國爲蘇俄、波蘭、捷克、東德、匈牙利、羅馬尼亞、保加利亞及阿爾巴尼亞，嗣後中共、外蒙、北韓及北越先後加入爲觀察員。

第二款　主要機關

華沙公約組織設立的主要機關如次：

㈠外長會議：外長會議僅於一九五九年舉行一次。

㈡政治諮商委員會（Political Consultative Committee）：政治諮商委員會一年至少舉行兩次會議，事實上很少召開，由各會員國共黨第一書記、部長會議主席、國防部長及外交部長出席，並由各國代表輪流擔任主席。

㈢聯合指揮部（Joint Command of the Armed Forces）：華沙公約於一九五五年六月生效，即在莫斯科設立聯合指揮部，由俄國軍官任統帥，附庸國家之軍事首長爲代表，統一指揮共產集團國家軍隊。並在莫斯科設立聯合參謀部，爲軍事計畫機構。

第三款 重要發展

一九五六年十月，匈牙利發生反共革命，短期退出華沙公約。蘇俄不顧聯合國憲章的規定，派大軍進入匈牙利，鎭壓匈牙利人民革命，迫使匈牙利重返華沙公約。

阿爾巴尼亞自一九六一年與蘇聯斷交後，即未參加華沙公約的活動。

一九九一年四月一日，華沙公約組織正式解散其軍事體系，華約名義上仍將存在，但其當初成立的主要宗旨軍事聯盟已不復存在，不過蘇聯希望能與華約盟國維持雙邊軍事關係，處理雙方的安全、軍事及科技合作問題。

迨至一九九一年八月二十二日蘇共瓦解，華沙公約組織隨之消失。

第八節　非洲國家團結組織

第一款　成立經過

一九六〇年，非洲有十七個國家獲得獨立，連原有之十個獨立國家，共有二十七國。此時，非洲各國已開始在醞釀區域組織。

一九六一年一月，阿拉伯聯合共和國、迦納、幾內亞、馬利、摩洛哥五國在卡薩布蘭卡舉行一次非洲小型高階層會議，這五個國家被稱爲卡薩布蘭卡集團，後來阿爾及利亞獲得獨立，亦正式參加，該集團在對外政策上多持反西方立場。

一九六一年九月六日，非洲法語國家在馬拉加西共和國首都塔那那利佛舉行會議，簽訂非馬聯盟憲章，成立非馬聯盟，設總部於上伏塔首都瓦加杜古，在外交上持反共立場。參加非馬聯盟原有十一國：馬拉加西共和國、象牙海岸、達荷美、上伏塔、尼日、剛果（布拉薩市）、中非共和國、查德、加彭、塞內加爾、茅利塔尼亞。多哥及喀麥隆於一九六三年正式加入非馬聯盟，非馬聯盟現有十三個會員國。一九六四年三月非馬元首會議決定將非馬聯盟改爲非馬經濟合作組織。

一九六三年五月二十三日在衣索比亞首都亞的斯亞貝巴舉行全非洲國家高階層會議。三十三個非洲獨立國家，除南非共和國因其實施種族隔絕政策被排斥、多哥暫時抵制而外，其餘三十一國元首或其代表參加此次會議。衣索比亞以地主國身份提出一項類似美洲國家組織憲章，終於五月廿五日獲得通過，成立非洲國家團結組織（Organization of African Unity，簡寫爲OAU）。三十一個會員國爲阿拉伯聯合共和國、利比亞、突尼西亞、阿爾及利亞、摩洛哥、迦納、馬拉加西共和國、象牙海岸、達荷美、上伏塔、尼日、剛果（布拉薩市）、查德、加彭、中非共和國、塞內加爾、茅利塔尼亞、喀麥隆、賴比瑞亞、奈及利亞、獅子山、索馬利亞、衣索比亞、幾內亞、馬利、剛果（雷堡市）、坦干伊加、盧安達、蒲隆地、烏干達及蘇丹。一九六三年十二月肯亞及尚西巴兩國宣佈獨立。尚西巴於一九六四年與坦干伊加合併爲一國，稱爲坦干伊加及尚西巴共和國。一九六四年七月六日，馬拉威宣佈獨立，均先後加入該組織。

第二款　主要機關

依照非洲國家團結組織憲章的規定，設立的主要機關如下：

㈠非洲國家政府元首大會（Assembly of Heads of State and Government）：元首會議爲該組織最高權力機關，每年至少舉行會議一次，以三分之二多數票通過決議案。

㈡部長理事會（Council of Ministers）：部長理事會每年至少舉行會議兩次，以三分之二多數票通過決議案。

㈢調停暨調解委員會（Commission of Mediation and Conciliation）：會員國保證以和平方法解決彼此間的一切爭端。

此外，設立五個特別委員會：

⑴經濟暨社會委員會（Economic and Social Commission），由會員國經濟與社會部部長組成。

⑵教育暨文化委員會（Educational and Cultural Commission），由會員國教育部部長組成。

⑶健康、衞生暨營養委員會（Health, Senitation and Nutrition Commission），由會員國衞生部部長組成。

⑷防務委員會（Defense Council），由會員國國防部部長組成，得建議其認爲關於會員國抵抗侵略的集體防禦方面的準備措施，及其認爲對於集體安全有利的軍事合作措施。

⑸科學、技術暨研究委員會（Scientific, Technical and Reserch Council），由會員國派科學專家組成。

㈣總秘書處（General Secretariat）：總秘書處設於衣索比亞首都亞的斯亞貝巴，選任秘書長一人爲秘書處行政首長。

第三款 重要發展

非洲國家政府元首會議於一九六五年十月二十一日至二十六日舉行第三屆大會，發表聲明，反對外國支持的顛覆活動在非洲進行。

附錄

附錄　中外條約彙編

自一六八九年八月二十七日中俄訂立尼布楚條約以來，迄今達三百年。其間我國與世界各國所訂立之條約，總在千數以上。卷帙浩繁，稽查非易，且以代遠年湮，戰亂頻仍，官書檔卷，殘缺散失。官方私家有見及此，屢有搜求我國歷來所訂條約，彙編成册，發行問世，以供研究參考。

我國彙編條約而列於官書者，始於光緒八年總理衙門編印之『中俄約章會要』。又分刊吉林東界、新疆西界、喀爾喀北界各界約，別爲一册，名曰續編。因是初創，體例未定，且所彙集者，僅限於我與俄羅斯一國所訂之條約。惟此一版本，今已不復見矣。

嗣後清代外務部彙集以前各朝條約，分國編刊，始自道光二十二年（一八四二年）八月二十九日之中英江寧條約，迄於光緒二十七年（一九〇一年）九月七日各國辛丑和約，即我與英、法、俄、美、普（魯士）、義、比等國簽訂之和約。分上下函，稱爲『通商各國條約』。此一彙集復經增補至光緒三十四年（一九〇八年）四月二十日中英修訂藏印通商章程，故有兩種版本問世。至宣統二年，續印光緒朝與各國所訂條約，名爲『新編條約』。外務部編有清初『康熙、雍正、乾隆條約』及清朝中葉的『同治條約』。

民國元年，北京政府外交部曾飭所司，區分朝代，由近溯遠，搜羅歷朝條約，加意編纂。其『宣統條約』一書，經胡振平等人於民國元年編竣印行，首將中外約文合排並列，其體例始稍完備。至於光緒一朝，訂約最多，經編是書之許同莘、汪毅、張承棨等人搜求文書，補纂遺失，而成『光緒條約』一書，視宣統二年刊印之『新編條約』增數十事，分年有表，分國有表，釐定原約之名稱，附列訂約之奏牘。該書於民國三年九月刊行，查考稱便。

北京外交部編纂許同莘等人，陸續向前編輯同治、咸豐、道光、乾隆、雍正、康熙各朝條約。舊案叢殘，紀載舛漏，掇拾參稽，核校尤難。舉凡有關訂立此等條約之諭旨、奏摺、公文照會、牌文函牘，無不旁徵博採，萃薈斯篇。其中咸豐朝，英、法、俄、美所訂天津和約，爲通商租地之先例，於外交史上關係最深，故所載諭旨摺件，尤爲詳覈，俾得考見各國商約之緣起。又如乾隆三十三年，修改中俄恰克圖界約，其中第十條中文約文，各書均缺首段，乃從日本東亞關係條約彙編中，補譯添附，以成完璧。全書自康熙二十八年（一六八九年）尼布楚條約以迄宣統三年（一九一二年）海牙禁烟公約，歷二百二十三年，都一百七十種條約，編印完成，合稱『清代歷朝條約』。

我國與外國訂約，多以中外約文同一作準，遇有疑義而解釋約文，有以外文爲主。往昔各舊約中，有因迻譯舛誤而疑慮叢生，有因解釋不同而各持己見，故條約外文，亟應同時刊印，以供互相對照參核。

海關總稅務司曾於一八七七年訓令海關統計處，着手彙編『中外條約』。因借抄約本費時，進度緩慢。自一八七七年開始至一八七八年兩年期中，向當時之總理衙門抄錄節本，僅得十六種。積十年不斷之搜求，至一八八六年，彙集一册，初印五十本，專供海關人員參考。一九〇六年繼續彙編，至一九一二年止，全書分中俄、中英、中美、中法四部條約，於民國六年刊印，都二大册。所輯自一六八九年至一九一五年的條約，均以中外文對照排列，體例較前益備。

北京外交部條約司，復自民國十五年重新編輯我國歷來所訂之條約及公約，以中外約文合刊，並分別部第，以國爲經，而依各國國名英文字母先後爲序，每部分帙。又視各國條約數目多寡爲衡，其遇約少不能自成一部者，則改以數國併爲一部。於民國十六年編竣，統稱『中外約章彙編』。計已印行者有中日、中俄、中美等部，其他各國部分，惜編妥而未印出，今不悉其原稿是否尚存留世間？

民國十六年國民政府奠都南京之後，以取消不平等條約重訂新約爲職志。國民政府外交部曾於民國十七年七月六日照會各國：『凡中華民國與各國間條約之已屆滿期者，當然廢除，另訂新約。』在民國十七年下半年間，我國與十二國締結新約，恢復關稅自主。當時外交部情報司曾將此十二種新約，合集一册，命名『新訂中外條約』。

民國二十年九一八事變起，東北問題，舉世關切。我國外交部曾於民國二十一年集刊『關於東三省鐵路之中日條約及借款合同』，全書爲英譯文，或以應當時情勢所需。東北外交委員會亦有『中日條約』之印行，彙集中日間簽訂之條約及各種合同章程，更爲詳盡。

抗戰期間，全國悉力對日戰爭，未遑整理中外約章。終以全國軍民浴血奮鬬，獲得最後勝利，廢除全部不平等條約，與各友邦另訂平等新約，一洗百年來之國恥，此乃我國與外國訂立條約之轉捩點，值得大書特書。

民國三十八年政府遷臺，外交部曾於民國四十六年編印『中外條約輯編』，自民國十七年北伐完成至四十六年前後三十年間所訂之雙邊條約，集為一編。此後我國對外關係日益開展，與外國所訂條約，隨時增多。外交部復於民國五十二年編印『中外條約輯編』第二輯，包括民國四十七年至五十年期間所訂之雙邊條約。上述二輯均由臺北商務印書館發行。嗣於五十四年再編印『中外條約輯編』第三輯，包括五十一年至五十三年期間我國與外國所訂之雙邊條約，改由中華書局印行。自五十四年至六十二年八月期間所訂之雙邊條約，外交部續編『中外條約輯編』第四輯問世。以後六十三年至六十五年所訂雙邊條約編為第五輯，六十六年至七十年所訂雙邊條約編為第六輯，七十一年至七十四年所訂雙邊條約編為第七輯。查閱參考，諸稱便利。

至於我國與世界各國所訂之國際公約，以上各書，間有附列，然未能詳盡彙集。惟有若干政府機關，各就其主管業務，分別刊印國際公約專集，以利施行。例如內政部編印國際勞工公約，交通部郵政總局編印郵政公約，電信總局編印國際無線電規則。近年聯合國及其專門機關歷年制定之國際公約繁多，我國參加起草、簽署、批准及加入者，亦復不少。為查考便利，實有彙編成書之必要。

以上所述，均為我國官方彙編中外條約經過。至於私家編印之約章專書為數無多，且缺詳盡。惟黃月波、于能模及鮑釐人編纂之『中外條約彙編』一書，根據官印本，編輯我國在此之前所訂之條約，尚稱詳實。民國二十四年由上海商務印書館刊行，現由廣文書局影印，仍流行坊間。關於國際公約方面，前有薛典曾、郭子雄於二十六年編之『中國參加之國際公約彙編』，由商務印書館刊印。近有丘宏達編輯『現代國際法基本文件』一書，將近年之重要國際公約彙編成册，均有參考價值。

美國人士彙編我國與外國所訂條約者，始自美國駐華公使羅克希（William Woodville Rocxhill）所編『中韓所訂條約暨公約』（Treaties and Conventions with or concerning China and Korea）。當時由於韓國是我國屬土，渠乃將一八九四年至一九〇四年期間中韓與他國所訂之條約暨公約，合輯一册，由美國政府印刷局於一九〇四年刊印，成爲美國政府官方文書。

羅克希公使舊屬麥莫利（John V. A. MacMurray）時任駐華公使館秘書，嗣就『中韓與他國所訂之條約暨公約』一書，予以補充，並增加一九〇四年至一九一九年第一次世界大戰結束前我國所訂之條約，稱爲『中外條約暨協定』（Treaties and Agreements with and concerning China），一九二一年由美國柯立芝國際和平基金會（Carnegie Endowment for International Peace）印行，都二大册，全部約文都爲英文。美國柯立芝國際和平基金會國際法組鍾事增華，續印一九一九年至一九二九年『中外條約暨協定』（Treaties and Agreements with and concerning China）。

另有㈠梅耶斯（William Frederick Mayers）著：Treaties between the Empire of China and Foreign Powers, together with regulations for the conduct of Foreign Trade, Conventions, Agreements, Regulations etc. 5th ed. Shanghai: North China Herald, 1906. 本書收集一八四二年至一九〇三年的條約。㈡英人赫斯勒（Hertslet's）著：China Treaties 3rd ed. revised. London, Harrison and Sons, 1908. 全書分二册，收集中國自一六八九年至一九〇七年的條約，及英國對華有關法令文件。

旅美國人陳英競繼續美人彙編我國所訂條約之工作，曾於一九五九年在華府印行『中華民國與外國訂立之條約暨協定』（Treaties and Agreements between the Republic of China and Other Powers)，將一九二九年至一九五四年時期我國所訂之雙邊條約，世界各國所訂有關中國之條款，以及與中國有關之多邊國際協定，合編一冊，其中條約無英文者，均經譯成英文印出。

條約爲國家對外關係之重要文獻，前因後果，其關係國勢安危，至深且鉅。是故不憚其煩，歷舉中外條約彙編始末，或可供留心國史者參考之一助歟？

中文參考書目

陳治世：國際法，臺灣商務印書館。
丘宏達：現代國際法，三民書局。
雷崧生：國際法概要，臺灣聯合書局。
杜蘅之：國際法大綱，商務印書館。
崔書琴：國際法，商務印書館修正版。
雷崧生：國際法原理，正中書局四版。
張道行：國際公法，正中書局。
何　適：國際公法。
王學理：變動中之國際法（孔茲著），商務印書館。
芩德彰：奧本海國際法，商務印書館。
陳志豪：國際法，中臺書局。
雷崧生：國際法院成案，正中書局初版。
雷崧生：日內瓦法典，中華書局。
雷崧生：海洋法，中華書局。
雷崧生：太空法（甄克士著），商務印書館。

陳世材：國際法學。
湯　武：中國與國際法。
周子亞：國際公法提要。
陸東亞：國際法原論。
孫希中：條約論。
丘宏達：條約新論。
但蔭蓀：國際法新趨勢，商務印書館初版。
梅仲協：國際私法新論，大東書局。
洪應灶：國際私法，中華文化出版事業委員會。
翟　楚：國際私法綱要，正中書局三版。
馬漢寶：國際私法總論。
于能模：國際私法大綱。
何　適：國際私法，聯合書店。
李恩國：聯合國憲章概論，正中書局。
杜光塤：現代國際關係與國際組織，正中書局初版。
朱建民：國際組織，正中書局初版。
洪鈞培：春秋國際公法，中華書局。
雷崧生：國際組織，商務印書館。
史振鼎：國際組織綜論。

丘宏達：中國國際法問題論集，商務印書舘。
沈　默：國際法（英文），中央圖書供應社。
中國國際法學會年報，每年刊行一期。

英文參考書目

(一)國際法重要教科書：

1. Oppenheim, International Law, Vol. I (Peace), 8th edition, 1955, and Vol. II (Disputes and War), 7th edition, 1952.
2. Starke, J. G., An Introduction to International Law, 10th ed. Butterworts, 1989.
3. Hyde, International Law, 2nd revised edition, 1947, 3 Volumes.
4. Stone, Legal Controls of International Conflict (1954), and Supplement, 1953–1958 (1959).
5. O'Connell, International Law, 2nd edition, 1971, 2 Volumes.
6. Greig, International Law (1970).
7. Sorensen (ed.), Manual of Public International Law (1968).
8. Brierly J. L., The Law of Nations, Case and Materials, 6th ed. (Boston: Little, Brown, 1963)
9. Jessup, P. C., A Modern Law of Nations: An Introduction (New York: MacMillan, 1948)

________, Transnational Law (New Haven: Yale Univ. Press, 1956)

10. Schwarzenberger, G., The Fundamental Principles of International Law, (1955)

________, International Law, 3rd ed. (London, Stevens, 1957)

________, A Manual of International Law, 2 Vols., 5th ed. (London: Stevens, 1967)

11. Friedmann, Lissitzyn, Pugh: International Law, Cases and Materials, 1969
12. Bowett, The Law of International Institutions (4th ed. 1982)
13. H. G. Schermers: International Institutional Law (1974. 3 vols.)
14. Kirgis: International Organizations in their Legal Setting (1977)
15. Von Glahn: Law Among Nations (1970)
16. Dr. Visscher: Theory and Reality in Public International Law (1968)
17. Ian Brownlie: Principles of Public International Law (1972)
18. Satow: A Guide to Diplomatic Practice (5th ed. 1958)
19. Steiner and Vagts: Transnational Legal Problem (1968).

㈡有關國際法案例的著作（cases-and-materials books）：

1. J. G. Castel: International Law (Toronto, 1965).
2. Green, International Law Through the Cases (3rd edition, 1970).
3. Briggs, The Law of Nations, Cases, Documents and Notes (3rd edition, 1971).

4. Bishop, International Law, Cases and Materials (3rd edition, 1971).
5. Katz and Brewster: Cases and Materials on International Transaction and Relations (1960).

㈢極有價值之國際法參考書：

1. C. S. Rhyne, International Law (1971).
2. Kelson, Principles of International Law (2nd edition, revised and edited by Robert W. Tucker, 1966).
3. Fenwick, International Law (4th edition, 1965).
4. Hall, International Law (8th edition, 1924).
5. Westlake, International Law, Vol. I (Peace), 2nd edition, 1910, and Vol. II (War), 2nd edition, 1913.
6. Wheaton, Elements of International Law (Dana edition, 1866). See also English editions (edited Keith), published 1929 and 1944.
7. Halleck, International Law, 4th English edition, 1908.
8. Henkin, Pugh, Schachter, Smit: International Law, Cases and Materials, (2nd ed. 1987).

㈣各國實踐國際法之參考書：

英國最權威著作：

1. British Digest of International Law, edited by Clive Parry, with Judge Sir Gerald Fitzmaurice as Consulting Editor.
2. British and Foreign State Papers (1812–).
3. McNair, International Law Opinions; Setected and Annotated (1956).

美國最重要的著作：

1. Wharton, Digest of International Law (1986).
2. Moore, Digest of International Law (1906), 8 volumes.
3. Hackworth, Digest of International Law (1940-1944), 8 volumes.
4. Marjorie M. Whiteman, Digest of International Law. (1963-1973), 15 vols.

法國最重要的著作：

1. Kiss: Répertoire de la Pratique Francaise en Matière de Droit International Public (1962).
2. Repertory of Practice of United Organs. 5 vols.

國聯及聯合國之著作：

1. Schiffer, Répertoire des Questions de Droit International Général posées devant

la sociéte des Nations (1942).

2. Repertory of Practice of United Nations Organs in 5 volumes, with Supplements.
3. Répertoire of Practice of the Security Council. 1946-1951, (1954), with Supplements.

㈤條約及公約彙編：

1. The British Treaty Series (from 1892 onwards).
2. The League of Nations Treaty Series.
3. The United Nations Treaty Series.
4. Hudson, International Legislation. published by the Carnegie Endowment for International Peace in 9 volumes. 1931-1950.
5. United States Treaties and Other International Agreements.
6. List of Treaty Collections. (U. N. Document No. ST/LEG/5)

㈥司法暨仲裁判決之參考書：

1. The Official Reports of the Decisions and Opinions of the Permanent Court of International Justice.

2. Hudson, World Court Reports. 4 volumes. 1934–1943.
3. E. Hambro, The Case Law of the International Court. Vols. I–V.
4. J. H. W. Verzijl, The Jurisprudence of the World Court, Vol. I (1922–1940), and Vol. II (1947–1965).
5. Scott, Hague Court Reports (1916). a second series of which was published in 1932.
6. United Nations Reports of International Arbitral Awards.
7. Moore, History and Digest of International Arbitrations (1898). 6 volumes.
8. Reports of International Arbitral Awards.
9. Luterpacht: International Law Reports.
10. Clive Parry: British International Law Cases.
11. Francis Deak: American International Law Cases.

(七)國際法之雜誌及文獻：

1. American Journal of International Law (quarterly).
2. International and Comparative Law Quarterly.
3. International Legal Materials. published bi-monthly (American Society of International Law).

4. United Nations Juridical Yearbook.
5. The Yearbooks of International Court of Justice.
6. British Yearbook of International Law, London, 1921—.
7. Yearbook of United Nations International Law Commission.
8. United Nations Commission on International Trade Law, Yearbook.

中文名詞索引

一劃　一　　頁次

一元論 (Monism) ……………………………………75

二劃　二、人

二元論 (Dualism) ……………………………………74
人爲邊界 (Artificial Boundaries)……………………………………167
人類公共繼承財產 (Common Heritage of Mankind)……………………223
人類環境宣言 (Declaration on the Human Environment)…384,391
人權法 (Humanitarian Law) ……………………………………17
人類法 (Law of Mankind) ……………………………………5
人生品質 (Quality of Life) ……………………………………391

三劃　已、大、小、凡

已結之案 (Res Jndicala) ……………………………………36
大陸礁層 (Continental Shelf) ……………………………………199
大陸地殼 (Continental Crust) ……………………………………199
大陸邊際 (Continental Margin) ……………………………………199
大陸坡 (Continental Slope) ……………………………………199
大陸隆堆 (Cntinental Rise) ……………………………………199
大陸臺 (Continental Platform) ……………………………………199
大陸礁層公約 (Convention on the Continental Shelf) …………203
大氣空間 (Air Space) ……………………………………252
大西洋統帥部 (The Atlantic Ocean Command) ……………………695
大氣上層 (Upper Strata of the Atmosphere) ……………………249
小型大會 (Little Assembly) ……………………………………624
凡爾賽和約 (Treaty of Versailles) ……………………………………555

四劃　不、巴、公、中、內、反、日、太、天

不列顛國協（British Commonwealth of Nations）……………110
不承認 (Non-Recognition)……………………………………130,151
不法行爲 (Tort)……………………………………………………336
不合 (Incompatibility)……………………………………476,480
不合意之人 (Persona Non Grata)……………………………409
不合法的戰鬭員 (Unlawful Combatants)……………………538
不設防城市 (Undefended Towns)……………………………549
巴瑪斯登學說 (Palmerston's Theory)………………………311
巴黎宣言 (Declaration of Paris)………………………………446
巴格達公約 (Bagdad Pact)……………………………………700
公有物 (Res Gentium)…………………………………………210
公民投票 (Plebiscite)…………………………………………155
公民政治權利盟約 (Convenant on Civil and Political Rights)…362
公平分配 (Equitable Apportionment)………………………176
公平原則 (Equitable Principle)……………………………201,207
公平原則 (Principle of Equity)……………………………201,207
公平 (Equality)…………………………………………………201,207
公允善良 (ex aequo et bono)…………………………………52,497
公海 (High Seas)………………………………………………209
公約 (Convention)………………………………………………444
公斷協定 (Compromis)…………………………………………448
中央刑事法院 (Central Criminal Court)………………………82
中央公約組織 (Central Treaty Organization)………………700
中立國 (Neutralized States)……………………………………117
中立化 (Neutralisation)…………………………………………117
中立主義 (Neutralism)…………………………………………118
中央線 (Median Line)…………………………………………167
中立 (Neutrality)…………………………………………………563
中間狀態 (Tertium Guid)………………………………………138
內在的國際法 (Internal Law of Nations)………………………24
內陸國 (Land-Locked States)…………………………………197,222

反顛覆委員會 (Counter-Subversion Committee) ……………………701
反訴 (Counter Claims) ……………………………………………………280
日內瓦禁毒公約 (Geneva Drugs Conventions) …………………………70
太空 (Out Space) …………………………………………………249,252
太空犯罪 (Crime in Space)………………………………………………263
太空法 (Space Law) ……………………………………………17,250
太空渡船 (Space Shuttles)…………………………………………………250
天體 (Celestial Bodies) ……………………………………………………255

五劃 世、北、瓦、包、司、可、立、必、代、民、石、生、片、外、布、史、卡、主、加、平、用、半

世界工業議會 (World Industrial Parliament)……………………………650
世界法 (World Law) …………………………………………………………5,
世界衞生組織 (World Health Organization) ……………………………656
世界氣象組織 (World Meteorological Organization) ………………671
世界智慧財產組織(World Intellectual Property Organization)…676
北大西洋公約組織 (North Atlantic Treaty Organization)………694
瓦德魯 (Vattel) ………………………………………………………12,23
瓦斯奎滋 (Fernando Vasquez de Menchaca) ……………………………10
包格斯 (Boggs) ……………………………………………………………186
包洛克 (Sir Frederick Pollock)……………………………………………20
司徒威爾 (Lord Stowell) …………………………………………51,462
司法解決 (Judicial Settlement) …………………………………………500
可引渡之人 (Extraditable Person) ………………………………………353
可引渡之罪行 (Extraditable Crime) ……………………………………353
可倫坡計畫委員會 (Colombo Plan Committee) …………………………387
立法條約 (Law-making Treaties) ……………………………………15,44
必須遵守之信念 (Opinio Juris Sive Necessitatis)…………………………40
代表說 (Delegation Theory) ………………………………………………79
代辦 (Charges d'Affaires)…………………………………………………407
民航刑法 (Criminal Law of the Air) ……………………………………243

石油汚染災害民事責任之國際公約 (International Convention on Civil Liability for Oil Pollution Damage)……389
生態平衡 (Ecological Balance)……227
生效 (Entry Into Force)……453,467
片面行為 (Unilateral Acts)……442
外力 (External Force)……31
外交庇護 (Diplomatic Asylum)……6
外交團領袖 (Dean of Diplomatic Corps)……408
外交實例 (Diplomatic Practice)……21
外空科學 (Extra-Terrestrial Science)……250
布魯納斯 (Brunus)……10
布拉克斯頓原理 (Blackstonian Doctrine)……81
布倫智利 (Bluntschli)……13
布丹 (Bodin)……9
布萊爾利 (Brierly, J.L.)……45
史密斯 (H.A. Smith)……28,139,329
史汀生不承認主義(The Stimson Doctrine of Non-Recognition)……149
卡道羅 (Justice Cardozo)……536
卡爾服條款 (Calvo Clause)……310
主權 (Sovereignty)……98
主權的權利 (Right of Sovereignty)……551
主權地位 (Sovereign Status)……145
主權名義 (Title)……149
主體的領域管轄權原則 (Subjective Territorial Principle)……279
加入 (Accede or Adhere to)……458
加入 (Accessions or Adhesions)……465
加賴尼 (Galiani)……182
平時封鎖 (Pacifi: Blockade)……518
平價制度 (Par Value Systems)……376,380
用盡當地救濟手段 (Exhaustion of Local Remedies)……318
半官方機構 (Quasi-Public Agency)……265

六劃 行、自、安、同、西、全、艾、有、休、先、合、交、寺、仲、地、百、血、名、字、宇、各、任、再

行爲規則 (Rules of Conduct) ····················4,
自決 (Self-Determination)····················119,121
自由船、自由貨 (Free Ships, Free Goods) ····················48
自由法國運動 (Eree Erench Movement) ····················150
自我限制（Auto-Limitation）····················26
自然法 (Law of Nature) ····················10
自然法學派 (Naturalists)····················13,23
自然國際法 (Natural Law of Nations) ····················24
自動生效條約（Self-executing Treaties）····················85
自治領 (Dominion)····················110
自衞權 (Right of Self-defence) ····················532,689
自然邊界 (Natural Boundary) ····················167
安齊諾蒂 (Anzilotti)····················26,74
同意說 (Consensual Theory) ····················26
同意記錄 (Procès-Verbal) ····················445,478
同意條款 (Articles of Agreement)····················448
同業聯盟 (Cartels) ···················· 5
西歐聯盟 (Union of Western Europe) ····················693
全球通信法 (Global Communication Law) ····················265
全權 (Plenipotentiary) ····················406
全權代表會議 (Plenipotentiary Conference) ····················670
全權證書 (Full Powers) ····················453
全面戰爭 (Total War)····················565
艾金 (Atkin)····················82
艾蘭島 (Aaland Island) ····················57
艾瓦特 (H. V. Evatt) ····················276
有效控制 (Effective Contral) ····················155

休戰 (Truce) ……561
先佔 (Occupation)……156
合併 (Annexation)……161
合約 (Pact) ……448
合意之人 (Persona Grata) ……409
交戰團體 (Belligerent)……146
交還 (Rendition) ……356
寺院法 (Canon Law)……10,32
仲會員 (Associate Membership)……600
仲裁 (Arbitration) ……497
地面損害公約 (Convention on Damage Caused by Foreign Aircraft to third Parties on the Surface) ……240
百慕達協定 (Bermuda Agreement)……241
血統主義 (Jus Sanguinis) ……342
名譽領事 (Honorary Consuls) ……421
字義的解釋 (Grammatical Interpretation) ……490
宇宙 (Cosmos) ……249
宇宙航行員 (Cosmonauts) ……250
各國管轄範圍以外海洋底床與下層土壤之原則宣言 (Declaration of Principle Governing the Seabed and the Ocean Floor and the Subsoil thereof Beyond the Limits of National Jurisdiction) ……389
多邊化 (Multilateralized)…… 180,320,386,447
任擇條款 (Optional Clause) ……503
任克斯 (Jenks)……595
再辯訴狀 (Counter Memorials)……506

七劃 佔、亞、克、貝、抗、門、邦、利、防、赤、君、沒、庇、批、良、否、直、初

佔有權 (Uti Possidetit) ……153,560
亞洲開發銀行 (Asian Development Bank) ……387

亞耶納 (Ayala)……10
克魯伯 (Kluber) ……13
克爾生 (Kelson)……62,76,155
貝理 (Belli) ……10
抗議 (Protest)……442
門羅主義 (Monroe Doctrine)……103
邦聯 (Confederation)……108
利益範圍 (Spheres of Interest) ……168
防止海上石油汚染公約 (Convention for the Prevention of the Pollution of the Sea by Oil) ……388
防止拋棄廢物及其他物質汚染海洋公約 (Convention on the Prevention of Marine Pollution by Dumping Waste and Other Matters)……398
防止公海石油汚染災害之國際公約 (International Convention Relating to Intervention on the High Seas in case of Oil Pollution) ……389
防止核子武器蓄衍條約 (Treaty on the Non-Proliferation of Nuclear Weapons) ……320
防空識別區 (Air Defence Identifications Zones) ……242
赤道衞星發射臺 (Geo-Stationary Satellite)……264
君士坦丁堡條約 (Convention of Constantinople) ……177
沒收 (Expropriation)……308
庇護 (Asylum) ……356
批准 (Ratification) ……453,459,461
批准書 (Instrument of Ratification)……465
良好捕獲 (Good Prize)……580
否決權 (Veto) ……603,628
直接反訴 (Direct Counter-Claims)……286
初級商品 (Primary Commodities) ……386
初簽 (Initial) ……456

八劃 依　法、金、阿、東、沿、非、併、委、事、波、協、芮、泛、空、拒、承、宗、放、到、附、爭、武、制、取、拉

依法（IPSO JURE）……205
法理（Legal Reasoning）……58
法蘭西國協（French Community）……111
法學家特別委員會（Ad Hoc Committee of Jurists）……488
法律地位（Legal Status）……406,564
法律承認（Recognition de jure）……133,138
法體（Jural Entity）……164
金提利斯（Gentilis）……10
金錢賠償（Pecuniary Reparation）……303
阿拉伯國家聯盟（League of Arab States）……703
東南亞公約組織（Southeast Asia Treaty Organization）……697
東南亞集體防禦條約（Southeast Asia Collective Defence Treaty）……697
東南亞公約組織理事會（SEATO Council）……698
沿海貿易權（Cabotage）……190
非自動生效條約（Non-self-executing Treaties）……85
非洲維護自然資源公約（African Convention on the Conservation of Natural Resources）……388
非洲開發銀行（African Development Bank）……707
非中立役務（Unneutral Service）……572
非戰爭敵對（Non-War Hostilities）……523,563
併入原理（Incorporation Doctrine）……79,81
委任統治地（Mandated Territories）……113
委任文憑（Consular Commission）……422
事實主權（De Facto Sovereignty）……163
事實承認（Recognition de facto）……133,138
波茨坦宣言（Potsdam Declaration）……555
協定（Agreement）……444

協定備忘錄 (Memorandum of Agreement) ……………………448
協約 (Arrangement)…………………………………………444
協定條款 (Articles of Agreement)………………………448
芮佛爾 (Rivier) ……………………………………………163
泛美商業航空公約 (Havana Convention) ………………237
泛美聯盟 (Pan American Union)…………………687,690
空中走廊 (Air Corridors) …………………………………242
拒絕正義 (Denial of Justice) ……………6,90,308,317
承認 (Recognition) …………………………………………127
宗主權 (Suzerainty) ………………………………………109
放棄 (Dereliction) …………………………………………165
放棄 (Renunciation)…………………………………………442
到任國書 (Letters of Credence) …………………………409
附條件簽署 (Signature Subject to)………………………458
爭端條款 (Disputes Clause) ………………………………492
武力均衡 (Balance of Power) ……………………………117
制止危害民航安全之非法行爲公約 (Convention for the Suppression of Unlawful Acts Against the Safety of Civil Aviation) …………………………………………245
制裁 (Sanctions) ………………………………………………31
取得方式 (Modes of Acquisition) …………………………156
拉丁美洲禁止核試武器條約 (Treaty for the Prohibition of Nuclear Weapons in Latin American 1967) ………………389

九劃 軍、契、保、宣、建、洋、科、城、待、南、政、洛、俞、毗、叛、約、追、飛、封、客、侵、按、相、柯、美

軍事協定 (Barter) ……………………………………………448
軍事佔領 (Belligerent or Military Occupation) ………551
軍政府 (Military Government)……………………………552
契約條約 (Treaty Contracts) ……………………………44,47

保護國 (Protectorate) ……109
保護文學及藝術作品公約 (Convention for the Protection of Literary and Artistic Works) ……677
保護工人感染游離輻射公約 (Convention on Protection of Workers Against Ionising Radiation) ……389
保護工業財產權公約 (Convention for the Protection of Industrial Property) ……677
保護原則 (Protective Principle) ……301
保留 (Reservation) ……451,471
保持佔有原則 (Principle uti Possidetis) ……153,560
宣言 (Declaration) ……5,56,446
宣示說 (Declaratory Theory) ……130
建議 (Recommendation) …… 5
洋底 (Ocean Floor) ……204
科斯達 (Podesta Costa) ……132
城邦法 (Intermunicipal Law) …… 8
待核准之簽署 (Signature ad Refrendum) ……456
南極條約 (Treaty on Antarctica) ……159
政治犯 (Political Crime) ……354
政府間海事諮詢組織 (Inter-Governmental Maritime Consultative Organization) ……674
洛桑條約 (Treaty of Lausanne) ……450,485,510
俞伯爾 (Huber) ……154
毗鄰學說 (Theory of Contiguity) ……158
叛亂團體 (Insurgency) ……146
約頓 (C.J. Jordan) ……283
追物狀 (Writ in rem) ……284
追溯效力 (Retroactive Effect) ……145
飛航情報區 (Air Flight Information Zone) ……242
封鎖 (Blockade) ……581
客觀法則 (Objective Law) ……449

客體領域管轄權原則 (Objective Territorial Principle)…………280
紀錄 (Minute)……………………………………………………448
侵權國 (Delinquent state) ……………………………………517
按鈕戰爭 (Push-button Warfare) ……………………………542
相對禁制品 (Relative Contraband) …………………………287
相稱豁免權 (Relative Immunity)………………………………412
柯克朋 (Lord Cockburn)…………………………………………582
美國國際法雜誌 (American Journal of International Law) ……458
美澳紐防禦協定 (ANZUS Pact)…………………………………110
美國通訊衞星公司 (Comsat)……………………………………264
美德混合賠償委員會 (United States-Germeny Mixed Claims Commission) ………………………………………………322
美洲共和國國際聯盟 (The International Union of the American Republics) …………………………………………690
美洲開發銀行 (International American Development Bank) …387
美洲國家組織 (Oraanization of American States) ……………690
美墨賠償委員會 (United States Mexico General Claims Comission) ………………………………………………341

十劃 馬、拿 原、格、核、海、特、限、威、紐、浦、韋、捕、個、被、高、託、扇、時、航、郝、消、派、哲、准、租、砲、修

馬加維里 (Machiavelli) ……………………………………… 9
馬歇爾 (Marshall) ………………………………………21,51,297
拿破崙法典 (Code Napoleon)……………………………………156
原狀恢復原則 (Postliminium Principle)………………………560
格羅秀斯 (Grotius) ……………………………………………7,10
格羅秀斯學派 (Grotians) ………………………………………10
格萊 (Gray) ……………………………………………………53

破壞 (Sabotage)……245
核子武器禁試條約 (Nuclear Weapons Test Ban Treaty) ……384
海盆 (Abyssal Plain) ……200
海德 (Hyde)……101,280
海洋地殼 (Oceanic Crust) ……200
海事法庭 (Admiralty Court)……141
海洋自由論 (The Doctrine of the Freedom of the Seas)……181
海瓦利拉條約 (Hay-Varilla Treaty) ……179
海潘西佛條約 (Hay-Pauncefote Treaty)……48
海牙法規 (Hague Rules)……547
海牙規則 (Hague Regulations)……547
海盜 (Piracy) ……213
特種外交 (Ad Hoc Diplomacy)……428
特種使節 (Ad Hoc Mission) ……429
特種使節公約 (Convention on Special Mission)……429
特別條款優於普通條款 (Lex Specialis Derogat Generali) ……491
特別提款權 (Special Drawing Right)……378,379
特維斯 (Twiss) ……407
特別採用 (Specific Adopiton) ……79
特權 (Privilage)……238
特許 (Concession) ……238
特命 (Extraordinary) ……406
特命全權公使 (Ministers Plenipotentiary and Envoy Extraordinary) ……406
限制參加 (Limited Participation) ……46
威斯特發里亞條約 (Treaty of Westphalia)…… 8
紐倫堡法規 (Nuremberg Laws)……343
浦芬多夫 (Pufendorf) ……12
韋斯勒克 (Westlake)……28,62
捕獲法庭 (Prize Court) ……51
個人 (Individuals) ……4,65

被保護國 (Protected State) ……109
高級專員 (High Commissioner) ……111
託管領土 (Trust Territories) ……113
扇形原則 (Sector Principle) ……158
時效 (Prescription) ……162
航天員 (Astronauts) ……250,266
航空五大自由 (Five Freedom of the Air) ……238
航空法 (Air Law) ……243
航權 (Traffic Rights) ……247
航空法委員會 (Air Law Committee) ……244
航空運輸所負各種債務之特別議定書 (Special Protocal Concerning Air Carriers to Passengers and Cargo) ……240
航空器上所犯罪行及若干其他行爲公約 (Convention on Offences and Certain Other Acts Committed on Board Aircraft)…243
郝瓦特 (Lord Hewart) ……291
消極性國籍原則 (Passive Nationlity Principle) ……300
派遣談判代數 (Accrediting of Negotiators) ……453
哲氏條約 (Jay Treaty) ……497
准運證 (Navicert) ……575
租借法案 (Lend Lease Act) ……567
砲程規則 (Cannon-shot Rule) ……182
修正 (Amendment) ……477
修改 (Revision) ……477
修訂 (Modification) ……477

十一劃 國、常、專、設、教、停、强、接、習、屠、曼、規、進、開、梅、間、添、通、條、琉、情、痲

國外公法 (External Public Law) ……26
國內空運權 (Air Cabotage) ……241
國際法 (International Law) ……3,5

國際法人 (International Legal Person) ··························4,69
國際法團 (Multinational Entities) ··························3,4
國際法委員會 (International Law Commission) ··························16
國際法學家委員會 (Committee of Jurists) ··························57
國際仲裁法院 (International Arbitral Tribunals) ··························51
國際共管地 (Condominium) ··························109
國際承認設定於航空機上各種權利公約 (Convention on the International Recognition of Rights in Aircraft) ··························240
國際航空公約 (Convention for the Regulation of Aerial Navigation) ··························236
國際海港管理公約 (The Convention and Statute of 1923 on The International Regime of Maritime Ports) ··························279
國際公用事業 (International Public Service) ·························· 4
國際法協會 (International Law Association)··························252
國際痲醉品管制局 (International Narcotic Control Board)··························31
國際保護植物公約 (International Plant Protection Convention)··························388
國際農業發展基金 (International Fund for Agricultural Development) ··························371,678
國際信託基金 (International Trust Funds) ·························· 4
國際航空運輸法 (Law of International Air Transport)··························243
國際協會及基金(Multinational Associations and Foundations) ··· 5
國際公司 (Multinational Corporation)··························5,70
國際法團 (Multinational Entities) ··························3,4
國際貿易法委員會(Commission on International Trade Law) ···368
國際財團 (Consortia) ·························· 5
國際經濟法 (International Economic Law) ··························17,385
國際金融法 (International Financial Law) ··························17
國際侵權行爲 (International Delinquency) ··························312
國際復興開發銀行 (International Bank for Reconstruction and development)··························658

國際貨幣法 (International Monetary Law)……………………………376
國際貨幣基金 (International Monetary Fund) ……………………663
國際民航組織(International Civil Aviation Organization)…239,665
國際電信聯合會 (International Telecommunication Union)……669
國際開發協會 (International Development Association) ………660
國際財務公司 (International Finance Corporation)………………661
國際貿易組織 (International Trade Organization) ………………683
國際航行河道公約 (Convention on the Regime of Navigable
Waterways of International Concern) ……………………174
國際航空運輸協定 (International Air Transport Agreement) …239
國際衡平法庭 (International Equity Tribunal)……………………516
國際睦誼 (International Comity) ……………………………………21
國際法院 (International Court of Justice) …………………………49
國際邊境 (International Frontier) …………………………………114
國際民航公約 (Convention on International Civil Aviation) …239
國際勞工組織 (International Labor Organization) ………………648
國際原子能總署 (International Atomic Energy Agency) …372,681
國際立法 (Internatinal Legislation)…………………………15,20,44
國際地役 (International Servitude) ………………………………169
國際航空過境協定 (International Air Services Transit
Agreement)……………………………………………………239
國際犯罪 (International Crimes)……………………………………4,304
國際強制法 (Necessary Law of Nations) ……………………………23
國際憲法 (International Constitutional Law) ………………………17
國際刑事法院 (International Criminal Court) ……………………546
國債 (Public Debts)……………………………………………………334
國聯 (League of Nations) ……………………………………………615
國有化 (Nationalization)……………………………………………308
國家 (State) ……………………………………………………………95
國家行爲理論 (Act of State Doctrine)………………………………106
國家意志 (State-Will)…………………………………………………25

國家權利與義務宣言草案 (Draft Declaration on the Rights and Duties of State) ……24
常設仲裁法院 (The Permanent Court of Arbitration) ……13,49
常設國際法院 (The Permanent Court of International Justice) ……14
專門機關 (Specialized Agencies) ……647
專屬經濟區 (Exclusive Economic Zone) ……195
設定 (Creation) ……156
教廷大使 (Papal Legates and Nuncios) ……406
教廷條約 (Concordat) ……448
停戰協定 (Armistice) ……561
強迫 (Coercion) ……481
強制普遍管轄權 (Compulsory Universal Jurisdiction) ……503
強制法規 (Jus Cogens) ……58,482,486
強制規律 (Peremptory Principle or norms) ……58,307,482
接受公式條款 (Acceptance Formula Clause) ……458
接受 (Acceptance) ……458,464
習尚 (Usages) ……8,38
屠波爾 (Triepel) ……74
曼斯斐德 (Lord Mansfield) ……81
曼谷公約 (Bangkok Convention) ……174
規約 (Statute) ……446
規範條約 (Normative Treaties) ……46
進步同盟 (Alliance for Progress) ……693
開放城市 (Open Cities) ……549
梅德利考特 (Medlicott) ……575
間接反訴 (Indirect-Claim) ……286
添附 (Accretion) ……161
通告 (Notification) ……442
通行證 (Laissez-Passer) ……605
通信衞星公司 (Communication Satellite Corporation) …… 5

條約區域 (Protocol States)……697
條約 (Treaty) ……44,444
條約必須遵守 (Pacta Sunt Servanda)……26,75,441
條約法 (Law of Treaties) ……439
情況之基本改變 (Fundamental Change of Circumstances) ……484
情勢重大變遷原則 (Rebus Sic Stantilus Doctrine)……483
琉球海溝 (Okinawa Trough)……209
麻醉品單一公約 (Single Convention on Narcotic) ……450

十二劃 普、區、凱、費、集、無、非、黑、剩、溫、過、越、陶、幅、超、登、第、黃、詐、換、備、報、最、答、絕、華

普遍性規則 (General Rules)…… 6
普拉廸佛廸瑞 (Pradier Fodere) ……13
區域法 (Community Law) …… 7
區域性規則 (Regional Rules) …… 6
區域利益 (Community of Interest) ……177
區域辦法 (Regional Arrangement)……687,689
區域諒解 (Regional Understanding) ……104
區域機關 (Regional agency) ……690
凱恩特 (Kent) ……13,54
凱洛格非戰公約 (Briand-Kellogg Pact)……149
費奧利 (Fiore) ……13
集體諒解 (Collective Understanding) ……104
集體自衞權 (Right of Collective Self-defence)……689
集體行爲 (Collective Act) ……117
集體承認 (Collective Recognition)……135
無主物 (Res Nullius) ……200
無海岸國 (Non-Coastal State) ……206
無外交地位之代表 (Non-Diplomatic Agents and Representatives) ……433

無權締約 (Treaty-making incapacity)……………………………480
無害通過權 (Right of Innocent Passage)…………………………186,240
無阻碍通過及飛越海峽權 (Right of Unimpeded Transit
Though and Over Straits) ……………………………………192
無限制的接受 (Acceptance Simpliciter)……………………………458
菲頓 (Wheaton) ……………………………………………………13
菲利摩爾 (Phillimore) ………………………………………13,48
黑格爾 (Hegel) ……………………………………………………25
剩餘權力 (Residuum of Power)……………………………………98
溫道夫 (Vinogradoff) ………………………………………………8
過境自由公約 (Convention on Freeedom of Transit) ……………174
越權 (Ultra Vires) …………………………………………………314
陶德斯萊西條約 (Treaty of Torsdesillas)…………………………210
輻射塵 (Fall-out) …………………………………………………248
超現 (Ultramodern) ………………………………………………259
超國法 (Transnational Law) ………………………………………5
登記與公佈 (Registration and Publication)……………………453,468
第二屆聯合國發展十年 (Second United Nations Development
Decade)……………………………………………………………385
黃金二價制度 (Two-tier Systems) ………………………………378
詐欺 (Fraud) ………………………………………………………481
換文 (Exchange of Note) …………………………………………447
換函 (Exchange of Letters)…………………………………………447
備忘錄 (Aide Memoire) ……………………………………………448
備忘錄 (Memorandum) ……………………………………………448
報告員 (Rapporteur)…………………………………………………455
報仇 (Reprisals)…………………………………………………516,544
報復 (Retorsion) ……………………………………………………516
最低點 (Lowest Perigee) ……………………………………………252
最後條款 (Final Clauses) ……………………………………………470
最惠國待遇 (Most-Favoured National Treatment)…………………369

最惠國條款 (Most-Favoured National Cluse) ………………………369
訴訟管轄權 (Contentious Jurisdiction) ……………………………503
訴狀 (Memorials) ……………………………………………………506
答辯狀 (Replies)……………………………………………………506
絕對責任 (Absolute Liability) ………………………………………262
絕對禁制品 (Absolute Contraband) ………………………………576
絕對主權說 (Usque ad coelum) ……………………………………235
華沙公約 (Warsaw Pact) ……………………………………240,705

十三劃 萬、經、奧、滅、詹、勢、羣、盟、照、貿、準、意、蒙、禁、解、裁、溯

萬國公法 (The Law of Nations) ………………………………………… 5
萬國郵政聯盟 (Universal Postal Union) ……………………………667
經濟社會文化權利盟約 (Convenant on Economic Social and Cultural Rights) ……………………………………………………25
經濟睦鄰 (Economic Good Neighbourliness) ………………………321
經濟暨社會理事會 (Economic and Social Council) ………………642
經濟合作暨發展組織 (Organization for Economic Co-operational and Development)…………………………372,386
經濟壓力 (Economic Pressure)………………………………………574
經濟戰 (Economic Warfare)…………………………………………574
奧斯丁 (Austin) ………………………………………………………19
奧康納 (O'Connell) …………………………………………………334
滅絕種族罪 (Genocide) ……………………………………………… 4
滅絕種族罪公約 (Genocide Convention)……………………………626
詹森 (P.H.N. Johnson)…………………………………………………163
勢力範圍 (Spheres of Influence)……………………………………168
羣島 (Archipelago) …………………………………………………193
羣島國 (Archipelago State) …………………………………………193
羣島原則 (Archipelagic Doctrine) …………………………………193
羣島水域 (Waters of Archipelagoes)…………………………………193

盟約 (Convenant) ……448
照會 (Note Verbale)……448
貿易代表 (Trade Commissioners) ……433
準國家組織 (Non-State Entities) ……3,71,108,448
準中立 (Quasi-Neutrality)……563,569
準契約 (Quasi-Contract)……333
準則 (Standard) …… 5
準立法 (Ouasi-Legislation) ……56
準司法功能 (Quasi-Judicial Function) ……607
意思 (Intention)……156
蒙特維羅公約 (Montevideo Convention) ……95
蒙特婁協定 (Montreal Agreement)……243
蒙特蒙海峽公約 (Montreux Straits Convention) ……192
禁止核武器蓄衍條約 (Treaty on the Non-proliferation on Nuclear Weapon 1971) ……320,389
禁止在海洋底床及其下層土壤放置核武器及其他大規模毀滅性武器條約 (Treaty on the Prohibition of the Emplacement of Nuclear Weapons and Other Weapons of Mass Destruction on the Seabed and Ocean Floor and in the Subsoil thereof)……389
禁止翻供 (Estoppel)……37
禁制品 (Contraband)……572,576
解釋法權 (Crown Cases Reserved) ……82
裁判或裁決 (Adjudication or Award) ……155
溯及既往法律 (Law Ex Post Facto)……68

十四劃　構、綿、漂、斡、維、赫、領、對、精、認、與、遥

構成說 (Constitutive Theory) ……130
綿延學說 (Theory of Continuity) ……158
漂流的海島 (Floating Island) ……278,292

斡旋 (Good Offices) ……510
維多里亞 (Vittoria) ……10
維也納公會 (Congress of Vienna) ……405
赫德生 (Manly O. Hudson) ……37,44,497
赫爾 (Hall) ……168,278
領海 (Territorial Sea) ……181
領土內庇護 (Territorial Asylum) ……356
領土外庇護 (Extra-territorial Asylum) ……356
領空 (Territorial Air Space) ……252
領土主權 (Territorial Sovereignty) ……153,179
領土設備 (Territorial Facilities) ……170
領域管轄權 (Territorial Jurisdiction) ……275
領海管轄法 (Territorial Waters Jurisdiction Act) ……277
領海管轄權 (Territorial Waters Jurisdiction) ……277
領事 (Consuls) ……421
領事委任文憑 (Consular Commission) ……422
領事證書 (Exequatur) ……133,422
對人 (In Personam) ……284
對人管轄權 (Personal Jurisdiction) ……300
對物 (In Rem) ……169,284
對物權利 (Rights in Rem) ……169
對抗理論 (Concept of Opposability) ……91
精神上的賠償 (Satisfaction) ……303
認證 (Authentication) ……452
與絕對法牴觸 (Conflict with a norm of Jus Cogent) ……482
遙感 (Remote Sensing) ……268

十五劃　層、監、徵、誕、敵、劉、魯、質、德、駐、適、締、諒、監、暴、談、調、賓、摩、慣、確

層次學說 (Hierarchical Doctrine) ……77

監督管轄 (Supervisory Jurisdiction) ……………………………………297
徵收 (Confiscation) ……………………………………………………308
誕生地主義 (Jus Soli) …………………………………………………342
敵性 (Enemy Character) ………………………………………………534
劉興登 (Dr. Lushington)…………………………………………………582
魯特柏奇 (Lauterpacht)……………………………—……………76,134
實證法學派 (Positivists) ……………………………—………13,25
實證法學 (Positivism) ………………………………………………13,25
實例 (Practices) ……………………………………………………39,435
實質條款 (Substantive Clause)……………………………………………470
德拉果主義 (Drago Doctrine) ……………………………………………312
駐辦公使 (Minister Resident) ……………………………………………407
締約國的意旨 (Intention of the Parties) ………………………………490
締約國 (Parties to Treaties) ………………………………………………448
諒解備忘錄 (Memorandum of Understanding) …………………………448
監督管轄 (Supervisory Jurisdiction) ……………………………………297
暴行 (Terrorism) …………………………………………………………245
適用與履行 (Application and Enforcement) ……………………………453
談判 (Negotiation) ……………………………………………………454,510
調停 (Mediation) …………………………………………………………510
調解 (Conciliation) ……………………………………………………510,511
調查 (Inquiry)………………………………………………………………510
賓克雪克 (Bynkershoek) ……………………………………………12,181
摩爾 (Moore) ……………………………………………28,52,281,462
慣例 (Custom) ………………………………………………………………38
確定一般標準 (General Standard-Setting) …………………………………46

十六劃 戰、霍、歐、緩、默、積、憲、錯、諸、整、樞、隣、蒇、衞

戰略防區 (Strategic Area)………………………………………………115
戰爭與和平法 (De Jure Belli ac Pacis) ……………………………………11

戰爭法規 (Laws of War)……541,543
戰犯 (War Criminal)……544
戰爭狀態學說 (Status Theory of War)……524
戰時船舶徵用權 (Angary)……571
霍布思 (Hobbies)……9
歐洲原子能總署 (European Atomic Energy Community)……488
歐洲經濟組織或共同市場 (European Economic Community or Common Market)……7,69,488
歐洲煤鐵共營組織 (The European Coal and Steel Community)……488,596
緩衝國 (Buffer States)……117
緩衝存量 (Buffer Stock)……371
緩慢調整之釘住滙率 (Crawling Adjustable-Peg)……378
默示承認 (Implied Recognition)……133
積極性國籍原則 (Active Nationality Principle)……300
憲章 (Charter)……448
錯誤 (Error)……481
諮詢意見 (Advisory Opinions)……507
整批交易 (Package Deal)……619
樞密院 (Privy Conncil)……55
隣接區 (Contiguous Zone)……195
隣接空間 (Closed Air Space)……242
蕆事文件 (Final Act)……46,447
衞星通訊組織 (Intelsat)……264

十七劃　聯、戴、總、環

聯邦 (Federation)……108
聯合國 (United Nations)……613
聯合國工業發展組織 (United Nations Industrial Development Organization)……679
聯合國糧食暨農業組織 (Food and Agriculture Organization of the United Nations)……652

聯合國緊急軍 (United Nations Emergency Force) …………469,624
聯合國條約彙編 (United Nations Treaty Series) ………………469
聯合國教育科學暨文化組織 (Unitd Nations Educational, Scientific and Cultural Organization)……………………654
聯合國貿易暨發展會議 (United Nations Conference on Trade and Development)……………………………………386
聯合國發展方案 (United Nations Development Programme) …386
戴馬騰斯 (De Martens) ……………………………13,163,182
總議定書 (General Act) ……………………………………447
環境基金 (Environment Fund)………………………………396

十八劃 職、轉、濫、雙、關、優、贊

職司委員會 (Functional Commissions) ……………………642
轉移 (Transfer)………………………………………………156
轉讓 (Cession)………………………………………………162
轉嫁 (Imputability) …………………………………………313
濫用空間 (Abuse of the Air) ………………………………247
雙重犯罪 (Double Criminality)………………………………355
關於外國航空機對於第三者所引起地面損害公約 (Convention on Damage Caused by Foreign Aircraft to Third Parties on the Surface)…………………………………………240
關於各國探測及使用外空包括月球與其他天體之活動所應遵守之原則之條約 (Treaty of 1967 on the Principle Governing the Activities of States in the Exploration and Use of Outer Space including the Moon and Celestial Bodies) …………388
關稅暨貿易總協定 (General Agreement on Tariffs and Trade) …………………………………………………684
優先位次 (Precedence)………………………………………406
贊同 (Approval)…………………………………………459,464

十九劃 邊、臨、簽、辭、證

邊沁 (Bentham) ………………………………………………19

邊界公約 (Boundary Convention) ……166
臨時代辦 (Charge d'Affaires ad interim) ……408
臨時辦法 (Modus Vivendi)……447
簽字議定書 (Protocol of Signature) ……444
簽署 (Signature) ……452,456
辭任國書 (Letters of Recall)……409
證明說 (Evidentiary Theory) ……130
證書 (Credential) ……407

二十劃 蘇、繼、議

蘇聯衞星通訊組織 (Intersputnik) ……264
蘇賴滋 (Suarez) ……10
蘇盧 (Zouche) ……12
蘇穆納 (Sumner) ……144
繼繼原則 (Principle of Continuity) ……339
繼續航海主義 (Doctrine of Continuous Voyage) ……578
繼續運輸主義 (Doctrine of Continuous Transportation) ……579
議定書 (Protocol) ……444

二十一劃 屬、變、辯

屬國 (Vassal State) ……109
變形學說 (Transformation Theory)……79
辯訴狀 (Counter Memorials)……506

二十二劃 讓、攤

讓與契約 (Cocessionary Contracts) ……163
讓與意思 (Animus Disponendi)……163
攤額 (Quota)…… 378

英文名詞索引

A

頁次

Aaland Island (艾蘭島) ……57
Absolute Contraband (絕對禁制品)……576
Absolutely Liability (絕對責任) ……262
Abuse of the Air (濫用空間) ……247
Abyssal Plain (海盆) ……200
Accede or Adhere to (加入) ……458
Acceptance (接受)……464
Acceptance Formula Clause (接受公式條款) ……458
Acceptance Simpliciter (無限制的接受)……458
Accessions and Adhesions (加入) ……465
Accrediting of Negotiators (派遣談判人員)……453
Accretion (添附) ……161
Articles of Agreement (同意條款)……448
Active Nationality Principle (積極性國籍原則)……300
Ad Hoc Committee of Jurists (法學家特別委員會) ……488
Ad Hoc Diplomacy (特種外交)……428
Ad Hoc Mission (特種使節) ……429
Adjudication or Award (裁判或裁決)……155
Admiralty Court (海事法庭)……141
Advisory Opinions (諮詢意見) ……507
African Convention on the Conservation of Natural Resources (非洲維護自然資源公約) ……388
African Development Banks (非洲開發銀行)……387
Agrément (同意) ……409
Agreement (協定)……445
Agreed Minutes (同意記錄) ……445

Aide Memoire (協議備忘錄) ……………………………………448
Air Cabotage (國內空運權) ……………………………………241
Air Corridors (空中走廊) ……………………………………242
Air Defence Identifications Zones (防空識別區) ……………………242
Air Flight Information Zone (飛航情報區)……………………242
Air Law (航空法) ……………………………………243
Air Law Committee (航空法委員會) ……………………………244
Air Space (大氣空間) ……………………………………252
Alliance for Progress (進步同盟) ……………………………693
Amendment (修正) ……………………………………477
American Journal of International Law (美國國際法雜誌) ……458
Angary (戰時船舶徵用權) ……………………………………571
Animus Disponendi (讓與意思) ……………………………163
Animus Novandi (轉讓意思)……………………………………451
Annexation (合併) ……………………………………161
ANZUS Pact (美澳紐防禦協定) ……………………………110
Application and Enforcement (適用與履行) ……………………453
Approval (贊同)……………………………………459,464
Arab League Forces (阿拉伯聯盟軍隊) ……………………………703
Arbitration (仲裁) ……………………………………497
Archipelago (羣島) ……………………………………193
Archipelago State (羣島國) ……………………………………193
Archipelagic Doctrine (羣島原則) ……………………………193
Armistice (停戰協定) ……………………………………561
Arrangement (協約)……………………………………444
Articles of Agreement (協定條款)……………………………448
Artificial Boundaries (人爲邊界) ……………………………167
Asian Development Bank (亞洲開發銀行) ……………………387
Assembly (大會) ……………………………………600,675
Associate Menbership (仲會員) ……………………………600
Astronauts (航天員)……………………………………266

Asylum (庇護) ……………………………………………………356
Atlantic Ocean Command (大西洋統帥部) ……………………695
Authentication (認證)……………………………………………452
Auto-Limitation (自我限制) ……………………………………26

B

Buffer Stock (緩衝存量)…………………………………………371
Buffer States (緩衝國) …………………………………………117
Bagdad Pact (巴格達公約) ………………………………………700
Balance of Power (武力均衡) ……………………………………117
Bangkok Convention (曼谷公約) …………………………………174
Barter (軍事協定) …………………………………………………448
Belligerent (交戰團體) ……………………………………………146
Belligerent or Military Occupation (軍事佔領) …………………551
Bermuda Agreement (百慕達協定) ………………………………241
Blackstonian Doctrine (布拉克斯頓原理) ………………………81
Blockade (封鎖)……………………………………………518,581
Boundary Convention (邊界公約) ………………………………166
Briand-Kellogg Pact (凱洛格非戰公約) …………………………149
British Commonwealth of Nations (不列顛國協)………………110
Bryan Treatles (布賴安條約)……………………………………512

C

Cabotage (沿海貿易權)……………………………………………190
Calvo Clause (卡爾服條款)………………………………………301
Canon Law (寺院法)……………………………………………10,32
Cannon-shot Rule (砲程規則) ……………………………………182
Cartels (同業聯盟) ………………………………………………… 5
Celestial Bodies (天體) …………………………………………255
Central Criminal Court (中央刑事法院) …………………………82
Central Treaty Organization (中央公約組織)……………………700

Cession (轉讓)……162
Charge's d'Affaires (代辦)……407
Charge's d'Affaires ad interim (臨時代辦)……408,410
Charter (憲章)……448
Closed Air Space (鄰接空間)……241
Code Napoleon (拿破崙法典)……156
Coercion (强迫)……481
Cold war (冷戰)……527
Collective Recognition (集體承認)……135
Collective Understanding (集體諒解)……104
Colombo Plan Committee (可倫坡計劃委員會)……387
Combatants (戰鬪員)……538
Committee of Jurists (國際法學家委員會)……57
Common Heritage of Mankind (人類共同繼承財產)……223
Communication Satellite Corporation (通信衛星公司)……5
Community Law (區域法)……7
Community of Interest (區域利益)……177
Compromis (公斷協定)……448
Compulsory Universal Jurisdiction (强制普遍管轄權)……503
Comsat (美國通訊衛星公司)……264
Concession (特許)……238
Concessionary Contracts (讓與契約)……334
Conciliation (調解)……510,511
Concordat (教廷條約)……448
Condominium (國際共管地)……109
Confederation (邦聯)……108
Confiscation (徵收)……308
Conflict with a Norm of Jus Cogens (與絕對法牴觸)……482
Congress of Vienna (維也納公會)……405
Commission on International Trade Law (國際貿易法委員會)……368

Consensual Theory (同意說) ……………………………………26
Consortia (國際財團) …………………………………………… 5
Constitutive Theoty (構成說) …………………………………130
Consular Commission (領事委任文憑) ………………………422
Consuls (領事) …………………………………………………421
Contentious Jurisdiction (訴訟管轄權) ………………………503
Contiguous Zone (鄰接區) ……………………………………195
Continental Crust (大陸地殼) …………………………………199
Continental Margin (大陸邊際) ………………………………199
Continental Platform (大陸臺) ………………………………199
Continental Rise (大陸隆堆) …………………………………199
Continental Slope (大陸坡) ……………………………………199
Continental Shelf (大陸礁層) …………………………………199
Contraband (禁制品) ……………………………………572,576
Convenant (盟約) ………………………………………………448
Convenant on Civil and Political Rights (公民政治權利盟約)…362
Convenant on Economic, Social and Cultural Rights (經濟社會文化權利盟約) ……………………………………………25
Convention (公約) ………………………………………………444
Convention and Statute of 1923 on the International Regime of Maritime Ports (國際海港管理公約) ……………279
Convention for the Prevention of the Pollution of the Sea by Oil (防止海上石油汚染公約) ……………………………388
Convention for the Regulation of Aerial Navigation (國際航空公約) …………………………………………………236
Convention for the Suppression of Unlawful Acts Against the Safety of Civil Aviations (制止危害民航安全之非法行爲公約) ……—……………………………………………245
Convention for the Suppression of Unlawful Seizure of Aircraft (制止非法刼持航空器公約) ……………………………245
Convention of Constantinople (君士坦丁堡公約) ……………177

Convention on the International Recognition of Rights in Aircraft (國際承認設定於航空機上各種權利公約) ……………240
Convention of the Regime of Navigable Waterways of International Concern (國際航行河道公約) ……………174
Convention for the Protection of Industrial Property (保護工業財產權公約) ……………677
Convention for the Protection of Literary and Artistic Works (保護文學及藝術作品公約) ……………677
Convention on Damage Caused by Foreign Aircraft to Third Parties on the Surface (關於外國航空機對於第三者所引起地面損害公約) ……………240
Convention on Diplomatic Relations (外交關係公約) ……………405
Convention on the Law of Treaties (條約法公約) ……………439
Conventoin on Freedom of Transit (過境自由公約) ……………174
Convention on International Civil Aviation (國際民航公約) …239
Convention on Offences and Certain Other Acts Committed on Board Aircraft (航空器上所犯罪行及若干其他行爲公約) …243
Convention on Protection of Workers Against Ionising Radiation (保護工人感染游離輻射公約) ……………389
Convention on Special Mission (特種使節公約) ……………429
Convention on the Continental Shelf (大陸礁層公約) ……………203
Convention on the Prevention of Marine Pollution by Dumping Waste and Other matter (防止拋棄廢物及其他物質污染海洋公約) ……………398
Cosmonauts (宇宙航行員) ……………250
Cosmos (宇宙) ……………249
Council (理事會) ……………653
Counter Claims (反訴) ……………286
Counter Memorials (再辯訴狀) ……………506
Counter-Subversion Committee (反顚覆委員會) ……………701
Crawling Adjustable-Peg (緩慢調整之釘住滙率) ……………378
Creation (設定) ……………156

Credential (國書) ··········407
Criminal Law of the Air (民航刑法) ··········243
Crime in Space (太空犯罪) ··········263
Crown Cases Reserved (解釋法權) ··········82
Custom (慣例) ··········38

D

Dean of Diplomatic Corps (外交團領袖) ··········408
Declaration (宣言) ··········5,56,446
Declaration of Paris (巴黎宣言) ··········446
Declaration of Principle Governing the Seabed and the Ocean Floor and the Subsoil thereof Beyond the Limits of National Jurisdiction (各國管轄範圍以外海洋底床與下層土壤之原則宣言) ··········389
Declaration on the Human Environment (人類環境宣言)···384,391
Declaration Theory (宣示說) ··········130
De Facto Sovereignty (事實主權) ··········163
Default (失職) ··········315
Delegation Theory (代表說) ··········79
Delinquent State (侵權國) ··········517
Denial of Justice (拒絕正義) ··········6,90,308,317
Denunciation (廢止) ··········487
Dereliction (放棄) ··········165
Development Assistance Committee (發展援助委員會) ··········386
Development Decade (開發十年) ··········385
Diplomtic Asylum (外交庇護) ··········6
Diplomatic Law (外交法) ··········432
Diplomatic List (外交官銜名錄) ··········409
Diplomatic Practice (外交實例) ··········21
Direct Counter-Claims (直接反訴) ··········286
Discrimination (歧視) ··········369

Display of Authority (行使管轄權)……………………………156
Disputes Clause (爭端條款) ……………………………492
Docking System (結合系統) ……………………………257
Doctrine of Continuous Transportation (繼續運輸主義) ………579
Doctrine of Continuous Voyage (繼續航海主義) ……………578
Doctrine of the Freedom of the Seas (海洋自由論) ……………181
Dominion (自治領) ……………………………110
Double Criminality (雙重犯罪) ……………………………355
Draft Article (條款草案) ……………………………431
Draft Declaration on the Rights and Duties of State
(國家權利與義務宣言草案) ……………………………24
Drago Doctrine (德拉果主義) ……………………………312
Dualism (二元論) ……………………………74
Dumping (拋棄)……………………………225
Dutes of Abstention (不作爲之義務) ……………………………570
Duties of Acquiescence (容忍之義務) ……………………………570
Duties of Prevention (防止之義務)……………………………570

E

Extra-Territorial Asylum (領土外庇護) ……………………………356
Earth Resources Technology Satellites (地球資源技術衛星)… 268
Eassy on Sovereignty over the Sea (領海論) ……………………181
Ecological Balance (生態平衡)……………………………227
Economic and Social Council (經濟暨社會理事會) ……………642
Economic Good Neighbourliness (經濟睦鄰) ……………………371
Economic Pressure (經濟壓力)……………………………574
Economic Warfare (經濟戰)……………………………574
Economical Zone (經濟區)……………………………195
Effective Contral (有效控制) ……………………………155
Enemy Character (敵性) ……………………………534
Entity (法體) ……………………………164

Entry into Force (生效)……………………………………453,467
Environment Fund (環境基金)……………………………………396
Equality (平等) ……………………………………………201,207
Equitable Apportionment (公平分配) ……………………………176
Equitable Principle (公平原則)…………………………………201,207
Error (錯誤) …………………………………………………481
Estoppel (禁止翻供) ……………………………………………37
European Atomic Energy Community (歐洲原子能總署) ………488
European Coal and Steel Community(歐洲煤鐵共營組織) …488,596
European Command (歐洲統帥部) …………………………………695
European Economic Community (or Common Market)
(歐洲經濟組織或共同市場)…………………………7,69,387,488
Evatt, H. V. (艾瓦特) ……………………………………………276
Evidentiary Theory (證明說) ………………………………………130
Ex Aequo Et Bono (公允善良) ………………………………………52,497
Exchange of Notes (換文)…………………………………………447
Exchange of Letters (換函)………………………………………447
Exclusive Economic Zone (專屬經濟區) ……………………………195
Exequatur (領事證書) ………………………………………………133
Exhaustion of Local Remedies (用盡當地救濟手段)………………318
Expropriation (徵用) ………………………………………………308
External Force (外力) ………………………………………………32
External Public Law (國外公法) ……………………………………26
Extraditable Person (可引渡之人) …………………………………353
Extraditable Crime (可引渡之罪行)…………………………………353
Extradition (引渡) …………………………………………………352
Extraordinary (特命) ………………………………………………406
Extra-Terretsias Asylum (領土外庇護) ……………………………356
Extra-Terrestrial Science (外空科學) ………………………………250

F

Fall-out (輻射塵) ……248
Federation (聯邦) ……108
Final Act (蔵事文件) ……46,447
Final Clauses (最後條款) ……470
Five Freedom of the Air (航空五大自由) ……238
Floating Island (漂流的海島) ……278,293
Food and Agriculture Organization of the United Nations (聯合國糧食暨農業組織) ……652
Fraud (詐欺) ……481
Free Articles (自由物品) ……576
Free French Movement (自由法國運動) ……150
Free Ships, Free Goods (自由船，自由貨) ……48
French Community (法蘭西國協) ……110
Full Powers (全權證書) ……453
Functional Commissions (職司委員會) ……642
Functional Groupings (機能的集體組織) …… 7
Fundamental Change of Circumstances (情況之基本改變) ……484

G

General Act (總議定書) ……447
General Agreement on Tariffs and Trade (關稅暨貿易總協定) ……684
Ceneral Rules (普遍性規則) …… 6
General Standard-setting (確定一般標準) ……46
Geneva Drugs Convention (日內瓦禁毒公約) ……70
Genocide (滅絕種族罪) …… 4
Genocide Convention (滅絕種族罪公約) ……626
Geo-stationary Satellite (赤道衛星發射臺) ……264
Global Communication Law (全球通信法) ……265
Good Offices (斡旋) ……510
Good Prize (良好捕獲品) ……580

Grammatical Interpretation (字義的解釋) ……………………490
Grotius (格羅秀斯) ……………………………………7,10

H

Hague Regulations (海牙規則)……………………………547
Hague Rules (海牙法規) ………………………………547
Havana Convention (泛美商業航空公約) ………………237
Hay-Pauncefote Treaty (海潘西佛條約) ………………48
Hay-Varilla Treaty (海瓦利拉條約) ……………………179
Heirarchical Doctrine (層次學說) ………………………77
High Commissioner (高級專員) …………………………111
High Seas (公海) ………………………………………209
Holy See (教廷)…………………………………………407
Hostages (人質)…………………………………………554
Honorary Consuls (名譽領事) …………………………421
Humanitarian Law (人權法) ……………………………17

I

Implied Recognition (默示承認) ………………………133
Imputability (轉嫁) ……………………………………313
Incompatibility (不合)……………………………476,480
Incorporation Doctrine (併入原理)…………………79,81
Indirect-Counter-Claim (間接反訴) ……………………286
Individuals (個人) ……………………………………4,65
Initial (初簽) ……………………………………………456
Innocent Passage (無害通過)……………………186,240
In Personam (對人(……………………………………284
Inquiry (調查) …………………………………………510
In Rem (對物) …………………………………………284
Instrument of Ratification (批准書)……………………465
Insurgency (叛亂團體)…………………………………146

Intelsat (衞星通訊組織) ……264
Intention (意思)……156
Intention of the Parties (締約國的意旨) ……490
Interaction (交相作用)……552
Interim Committee (大會駐會委員會) ……624
Inter-Governmental Maritime Consultative Organization
(政府間海事諮詢組織) ……674
Intermunicipal Law (城邦法) …… 8
Internal Law of Nations (內在的國際法) ……24
International Air Transport Agreement (國際航空運輸協定) ……239
International Air Services Transit Agreement (國際航空過境協定) ……239
International American Development Bank (美洲開發銀行) …387
International Arbitral Tribunals (國際仲裁法院) ……51
International Atomic Energy Agency (國際原子能總署) ……681
International Bank for Reconstruction and Development
(國際復興開發銀行) ……658
International Civil Aviation Organization(國際民航組織)…239,665
International Comity (國際睦誼) ……21
International Constitutional Law (國際憲法) ……17
International Convention on Civil Liability for Oil Pollution
Damage (石油汚染災害民事責任之國際公約) ……389
International Convention Relating to Prevention on the
High Seas in Case of Oil Pollution Casualties (防止公海石油汚染災害之國際公約) ……389
International Court of Justice (國際法院) ……49
International Crimes (國際犯罪)……4,303
International Criminal Court (國際刑事法院) ……546
International Delinquency (國際侵權行爲) ……312
International Development Association (國際開發協會) ……660

International Economic Law (國際經濟法) ……………………17,385
International Financial Law (國際金融法) ……………………17
International Equity Tribunal (國際衡平法庭) ……………………515
International Finance Corporation (國際財務公司) ……………………661
International Frequency Registration (國際頻率登記委員會) …671
International Frontier (國際邊境) ……………………114
International Labor Office (國際勞工局) ……………………650
International Labor Organization (國際勞工組織) ……………………648
International Law (國際法) ……………………3,5
International Law Association (國際法協會) ……………………252
International Law Commission (國際法委員會) ……………………16,626
International Legislation (國際立法) ……………………44,45
International Monetary Fund (國際貨幣基金) ……………………663
International Monetary Law (國際貨幣法) ……………………376
International Narcotic Control Board (國際痲醉品管制局) ……31
International Legal Person (國際法人) ……………………4,69
International Plant Protection Convention (國際保護植物公約) ……………………388
International Public Services (國際公用事業) …………………… 4
International Sea-Bed Authority (國際海底管理局) ……………………224
International Servitude (國際地役) ……………………169
International Telecommunication Union (國際電信聯合會) ……669
International Trade Organization (國際貿易組織) ……………………683
International Trust Funds (國際信託基金) …………………… 4
International Fund for Agricultural Development (國際農業發展基金) ……………………371
International Union of the American Republic (美洲共和國國際聯盟) ……………………690
Internuncios (教廷公使) ……………………407
Intersputnik (蘇聯衞星通訊組織) ……………………264
Invasion (侵入) ……………………552

Ipso jure (依法)……205

J

Jay Treaty (哲氏條約)……497
Judicial Settlement (司法解決)……500
Jural Entity (法體)……164
Jus Cogens (强制法規)……41
Jus Sanguinis (血統主義)……342
Jus Soli (誕生地主義)……342

L

Laissez-Passer (聯合國通行證)……605
Land-locked States (內陸國)……197,222
Law Ex Post Facto (溯及既往法律)……68
Law-making Treaties (立法條約)……15,44
Law of Mankind (人類法)……5
Law of International Air Transport (國際航空運輸法)……243
Law of Nations (萬國公法)……5
Law of Nature (自然法)……10,23
Law of Treaties (條約法)……439
Laws of War (戰爭法規)……541,543
League of Arab States (阿拉伯國家聯盟)……703
League of Nations (國聯)……615
Legal Reasoning (法理)……58
Legal Status (法律地位)……564
Lend Lease Act (租借法案)……567
Letters of Credence (到任國書)……409
Letters of Recall (辭任國書)……409
Lex Specialis Derogat Generali (特別條款優於普通條款)……491
Limited Participation (限制參加)……46

Little Assembly (小型大會) ……………………………………………624
Lowest Perigee (最低點) …………………………………………………252

M

Mandated Territories (委任統治地) ……………………………………113
Median Line (中央線) ……………………………………………………167
Mediation (調停) …………………………………………………………510
Medlicott (梅德利考特) …………………………………………………575
Memorandum (備忘錄) …………………………………………………448
Memorandum of Agreement (協定備忘錄) ……………………………448
Memorandum of Understanding (諒解備忘錄) ………………………448
Memorials (訴狀) …………………………………………………………506
Mens Rea (心理狀態) ……………………………………………………545
Military Government (軍政府)…………………………………………552
Minister Resident (駐辦公使) …………………………………………407
Minister Plenipotentiary and Envoy Extraordinary
(特命全權公使) ……………………………………………………………406
Minute (紀錄)………………………………………………………………448
Modes of Acquisition (取得方式) ……………………………………156
Modification (修訂)………………………………………………………477
Modus Vivendi (臨時辦法)………………………………………………447
Monism (一元論) …………………………………………………………75
Monroe Doctrine (門羅主義)……………………………………………103
Montevideo Convention (蒙特維羅公約) ……………………………95
Montreal Agreement (蒙特婁協定)……………………………………243
Montreux Straits Convention (蒙特豪海峽公約) ……………………192
Most-Favoured National Treatment (最惠國待遇) …………………369
Most-Favoured National Clause (最惠國條款) ………………………369
Multinational Associations and Foundations (國際協會及基
金) ……………………………………………………………………………5
Multinational Corporations (多國公司) ……………………………5

Multinational Entities (國際法團)……………………………3,4

N

Nationalization (國有化)……………………………308
Natural Boundary (自然邊界)……………………………166
Naturalists (自然法學派)……………………………13,23
Natural Law of Nations (自然國際法)……………………………23
Navicert (准運證)……………………………575
Necessary Law of Nations (國際强制法)……………………………23
Negotiation (談判)……………………………454,510
Neutralisation (中立化)……………………………118
Neutralism (中立主義)……………………………118
Neutrality (中立)……………………………118,563
Neutralized State (中立國)……………………………117
Non-Coastal State (無海岸國)……………………………206
Non-Diplomatic Agents and Representatives (無外交地位之代表)……………………………433
Non-Self-Executing Treaties (非自動生效條約)……………………………85
Non-Recognition (不承認)……………………………130,151
Non-State Fntities (準國家組織)……………………………3,71,108,448
Non-War Hostilities (非戰爭敵對)……………………………521
Note Verbale (照會)……………………………448
Normative Treaties (規範條約)……………………………46
North Atlantic Treaty Organization (北大西洋公約組織)…69,694
Notification (通告)……………………………442
Nuclear Weapons Test Ban Treaty (核子武器禁試條約)……389
Nuremberg Laws (紐倫堡法規)……………………………343

O

Objective Law (客觀法則)……………………………449
ObjectiveTerritorial Principle (客體領域管轄權原則)……………280

Occupation (先佔) ……………………………………………………156
Ocean Floor (洋底) ……………………………………………………204
Oceanic Crust (海洋地殼) ……………………………………………200
Okinama Trough (琉球海溝)……………………………………………209
Open Cities (開放城市) …………………………………………………549
Operational activities (專業的功用) ……………………………590
Opinio Juris Sive Necessitatis (必須遵守之信念) ……………………40
Optional Clause (任擇條款) …………………………………………503
Organization for Economic Co-operational and Development
(經濟合作暨發展組織) ……………………………………372,386
Organization American States (美洲國家組織) ……………………690
Out Space (太空) ………………………………………………………249
Outbreak of war (戰爭的開始)…………………………………………533

P

Pacific Blockade (和平封鎖) …………………………………………518
Package Deal (整批交易)…………………………………………………619
Pact (合約) …………………………………………………………………448
Pacta Sunt Seranda (條約必須遵守) ……………………………26,75,441
Palmerston's Theory (巴瑪斯登學說) ………………………………311
Pan American Union (泛美聯盟) ……………………………………687,690
Papal Legates and Nuncios (教廷大使)………………………………406
Parties to Treaties (締約國) …………………………………………448
Par Value Systems (平價制度)……………………………………376,380
Passive Nationality Principle (消極國籍原則)………………………300
Patrimonial Sea (承襲海) ……………………………………………181
Pecuniary Reparation (金錢賠償)……………………………………303
Peremptory Principle or Norms (强制規律) …………………58,307
Permanent Court of Arbitration (常設仲裁法院) ………………13
Permanent Court of International Justice (常設國際法院) …14,49
Permanent Military Deputies Group (常設軍事代表團) …………701

Persona Grata (合意之人) ……………………………………………………409
Personal Jurisdiction (對人管轄權) ……………………………………300
Persona Non Grata (不合意之人) ………………………………………409
Piracy (海盜) ……………………………………………………………55,213
Plebiscite (公民投票) ……………………………………………………155
Plenipotentiary (全權) ……………………………………………………406
Political Crime (政治犯) ……………………………………………354,355
Positivists (實證法學派) …………………………………………………25
Positivism (實證法學) …………………………………………………13,25
Potsdam Declaration (波茨坦宣言) ……………………………………555
Practices (實例) ………………………………………………………39,435
Precedence (優先位次) ……………………………………………………406
Pre-emption (先買) ………………………………………………………575
Preferential Right (優先權) ………………………………………………189
Prescription (時效) ………………………………………………………162
Primary Commodities (初級商品) ………………………………………386
Principle of Continuity (繼續原則) ……………………………………339
Principle of Equity (公平原則) ……………………………………201,207
Privilage (特權) …………………………………………………………238
Privy Conncil (樞密院) ……………………………………………………55
Prize Court (捕獲法庭) ……………………………………………………51
Procés-Verbal (同意紀錄) ………………………………………445,478
Promotional Activities (增進的功能) …………………………………590
Protected State (被保護國) ………………………………………………109
Protest (抗議) ……………………………………………………………442
Protective Principle (保護原則) …………………………………………301
Protocol (議定書) …………………………………………………………444
Protocol of Signature (簽字議定書) ……………………………………444
Protocol States (條約區域) ………………………………………………497
Protectorate (保護國) ……………………………………………………109
Public Debts (國債) ………………………………………………………334

Push-Button Warfare (按鈕戰爭)……………………………542

Q

Quality of Life (人生品質)……………………………391
Quasi-Contract (準契約)……………………………333
Quasi-Judicial Function (準司法功能)……………………………607
Quasi-Legislation (準立法)……………………………56
Quasi-Neutrality (準中立)……………………………563,569
Quasi-Public Agency (半官方機構)……………………………265
Quota (攤額)……………………………378

R

Rapporteur (報告員)……………………………455
Ratification (批准)……………………………453,459,462
Rebus Sic Stantibus Doctrine (情勢重大變遷原則)……………………………483
Recognition (承認)……………………………127
Recognition de Facto (事實承認)……………………………133,138
Recognition de Jure (法律承認)……………………………133,138
Recommendation (建議)……………………………5
Regional Agency (區域機關)……………………………690
Regional Arrangement (區域辦法)……………………………687
Regional Rules (區域性規則)……………………………6
Regional Understanding (區域諒解)……………………………104
Registration and Publication (登記與公佈)……………………………453,468
Rejoinder (再辯訴狀)……………………………506
Relative Contraband (相對禁制品)……………………………576
Relative Immunity (相稱豁免權)……………………………287
Remote Sensing (遙感)……………………………268
Rendition (交還)……………………………356
Renunciation (放棄)……………………………442
Replies (答辯狀)……………………………506

Reprisals (報仇) ……………………………………………516,544
Reservation (保留)…………………………………………451,471
Res Extra Commercium (依法不得私有) ……………………210
Residuum of Power (剩餘權力) ……………………………98
Res judicata (已結之案) ……………………………………36
Res Gentium (公有物) ………………………………………210
Res Nullius (無主物)…………………………………………200
Retorsion (報復)……………………………………………516
Retroactive Effect (追溯效力) ……………………………145
Revision ︶修改) ……………………………………………477
Right of Innocent Passage (無害通過權) ……………186,240
Right of Collective Self-defence (集體自衞權) ………532,689
Right of Selt Rreservation (自保權) ………………………532
Right of Sovereignty (主權的權利)…………………………551
Right of Unimpeded Transit Though and over Straits
(無阻碍通過及飛越海峽權) ………………………………192
Right of Visit And Search (臨檢及搜捕權)……………216,583
Rights in Rem (對物權利) …………………………………169
Rules of Conduct (行爲規則) ……………………………… 4

S

Sabotage (破壞) ……………………………………………245
Sanctions (制裁) ……………………………………………31
SEATO Council (東南亞公約組織理事會) …………………103
Second United Nations Development Decade (第二屆聯合國
發展十年)……………………………………………………385
Sector Principle (扇形原則) ………………………………158
Self-defence (自衞) ……………………………………532,689
Self-Determination (自決) …………………………………119
Self-Executing Treaties (自動生效條約) …………………85
Signature (簽署)……………………………………………452,456

Signature ad Refrendum (待核准之簽署) ····························456
Signature Subject to (附條件簽署) ··458
Single Convention on Narcotic (痲醉品單一公約) ······················450
Southeast Asia Collective Defence Treaty (東南亞集體
防禦條約)··694
Southeast Asia Treaty Organization (東南亞公約組織) ···········697
Sovereign Status (主權地位) ··145
Sovereignty (主權) ··98
Space Law (太空法) ···17,250
Space Shuttles (太空渡船) ···250
Special Drawing Right (特別提款權) ···································378,379
Special Protocal Concerning Air Carriers to Passengers and
Cargo (航空運輸機所負各種債務之特別議定書)···························240
Specific Adoption (特別採用) ··79
Specialized Agencies (專門機關) ··647
Spheres of Influence (勢力範圍) ···168
Spheres of Interest (利益範圍)··168
Standard (準則) ··· 5
State (國家) ··95
State-Will (國家意志) ···25
Status Theory of War (戰爭狀態學說) ··524
Statute (規約) ···446
Stimson Doctrine of Non-Recognition (史汀生不承認主義) ······149
Strategic Area (戰略防區) ···115
Subjective Territorial Principle (主體的領域管轄權原則) ·········279
Substantive Clauses (實質條款) ··470
Supervisory Jurisdiction (監督管轄) ··297
Suzerainty (宗主權) ···109

T

Temporary Legal Authority (臨時管轄權) ·······································552

Territorial Air Space (領空) ……252
Territorial Asylum (領土內庇護)……356
Territorial Facilities (領土設備) ……170
Territorial Jurisdiction (領域管轄權) ……275
Territorial Sea (領海) ……181
Territorial Sovereignty (領土主權)……153,179
Territorial Waters Jurisdiction (領海管轄權(……277
Terrorism (暴行) ……245
Tertium Guid (中間狀態) ……138
Theory of Contiguity (毗鄰學說) ……158
Theory of Continuity (綿延學說) ……158
Title (主權名義) ……149
Tort (不法行爲) ……336
Total War (全面戰爭) ……565
Trade Commissioners (貿易代表)……433
Traffic Rights (航權) ……247
Transfer (移轉) ……156
Transformation Theory (變形學說) ……79
Transnational Law (超國法) …… 5
Treaty (條約)……44,444
Treaty Contracts (契約條約)……44,47
Treaty for the Prohibition of Nuclear Weapens in Latin American 1967 (拉丁美洲禁止核試武器條約) ……389
Treaty of Lausanne (洛桑條約) ……450,485,510
Treaty of 1967 on the Principle Governing the Activities of States in the Exploration and Use of Outer Space including the Moon and Celestial Bodies (關於各國探測及使用外空包括月球與其他天體之活動所應遵守之原則之條約)……388
Treaty Termination (條約之終止) ……482,487
Treaty of Torsdesillas (陶德斯萊西條約) ……210
Treaty of Westphalia, 1648 (威斯特里亞條約) …… 8

Treaty of Versailles (凡爾賽和約) ……………………………………555
Treaty on Antarctica (南極條約) ……………………………………159
Treaty on the Non-proliferation on Nuclear Weapon 1971
(禁止核武器蓄衍條約)……………………………… ………320,389
Treaty on the Prohibition of the Emplacement of Nuclear Weapons and other Weapons of mass Destruction on the Seabed and Ocean Floor and in the Subsoil thereof (禁止在海洋底床及其下層土壤放置核武器及其他大規模毀滅性武器條約)…389
Traty-making incapacity (無權締約)……………………………………480
Truce (休戰)………………………………………………………………561
Trust Territories (託管領土)……………………………………………113
Two-tier systems (黃金二價制度)………………………………………378

U

Ultra Vires (越權行爲)……………………………………………………314
Undefended Towns (不設防城市) ………………………………………549
Uuilateral Acts (片面行爲)………………………………………………442
Union of Western Europe (西歐聯盟)……………………………………693
United Nations (聯合國) ………………………………………………613
United Nations Industrial Development Organization
(聯合國工業發展組織) ……………………………………………679
United Nations Conferance on Trade and Development (聯合國貿易暨發展會議) ……………………………………………………386
United Nations Development Programme (聯合國發展方案)……386
United Nations Educational, Scientific and Cultural Organization (聯合國教育科學暨文化組織) …………………71,654
United Nations Emergency Force (聯合國緊急軍)………………636
United Nations Treaty Series (聯合國條約彙編)…………………469
United States-Germeny Mixed Claims Commission (美德混合賠償委員會)……………………………………………………322
United States Mexico General Claims Commission (美墨賠

償委員會)……341
Universal Postal Union (萬國郵政聯盟)……667
Ultra modern (超現)……259
Unlawful Combatants (不合法的戰鬪員)……538
Unneutral Service (非中立義務)……572
Upper Strata of the Atmosphere (大氣上層)……249
Usages (習尙)……8,38
Usque ad coelum (絕對主權說)……235,252
Uti possidetis (佔有權)……153,560

V

Vassal State (屬國)……109
Veto (否決權)……603,628

W

War (戰爭)……521
War Criminal (戰犯)……544
Warsaw Pact (華沙公約)……240,705
War Treason (戰爭叛逆)……554
Waters of Archipelagoes (羣島水域)……193
Weighted Voting System (比重投票制)……664
World Health Organization (世界衞生組織)……656
World Industrial Parliament (世界工業會議)……650
World Law (世界法)……5
World Intellectual Property Organization(世界智慧財產組織)…676
World Meteorological Organization (世界氣象組織)……671
Writ in rem (追物狀)……284
World Food Conference (世界糧食會議)……678

成案表

(TABLE OF CASES)

頁數

二　劃

人質案 (Hostages Case) ……………………………………………548

三　劃　上

上沙夫與蓋克斯自由區案 (Case of the Free Zones of
Upper Savoy and Gex, 1930)……………………………………………484

四　劃　丹、巴

丹澤鐵路員工案 (Danzig Railway Officials Case, 1928)……………64
巴斯洛納案 (Barcelona Traction Case, 1964, 1970) …………322,370

五　劃　石、印、白、北、卡、民、尼

石油開發公司案 (Arbitration betwcen Petroleum Development, Ltd. and Sheikh of Abu Dhabi, 1953) ……………………………203
印度領土通過權案 (Right of Passage over Indian Territory, 1957) ……………………………………………………………………41
白令海漁權仲裁案 (Behring Sea Fisheries Arbitration, 1893)……52
北海大陸礁層案 (North Sea Continental Shelf Case, 1969)
…………………………………………………………………43,47,91,206
北大西洋沿岸漁權仲裁案 (North Atlantic Coast Fisheries Arbitration, 1910)……………………………………………52,169,498
北美疏浚公司案 (North American Dredging Conpany Case)……310
卡廷損害賠償案 (Chattin Claim, 1927)……………………………318
民航公司案 (Civil Air Transport Incorporated v Central

Air Transport Corporation, 1953)……146
尼加拉瓜對美國案 (Nicaragua v United States) ……97,326

六 劃 西、吉、衣、安、交

西科蒂亞號輪船案 (Scotia, 1871)……39,51
西蘭德中央金礦公司案 (West Rand Central Gold Mining Co. v R., 1905) ……41,333
西南非案 (South West Africa Case) ……70,92,152
吉樸爾案 (Geipel v Smith, 1872) ……582
吉斯案 (The Jessie 1921)……319
吉尼斯案 (Janes Case, 1926) ……325
衣索比亞銀行案 (Bank of Ethiopia v National Bank of Egypt and Liquori, 1937) ……140
安尼特案 (The Annette, 1919) ……145
安德斯邊區仲裁案 (Andes Area Arbitration) ……166
交易船案 (Schooner Exchange v M'Faddon, 1812) ……294,297

七 劃 李、伶、佛、沙、狄、杜、克

李寧控告包加斯勞斯基案 (Gdynia Ameryka Linie Zeglugowe Spolka Akcyjna v Boguslawski, 1953) ……146
伶仃號帆船案 (I'm Alone Case, 1935)……324,326
佛蘭康尼亞號輪船案 (The Franconia, See R. v. Keyn, 1876) ……82,277
沙瓦凱案 (Savarkar Case, 1911) ……498
狄肯生案 (Dickinson v Del Solar, 1930) ……291
杜佛開發公司案 (Duff Development Co. v Kelantan Government, 1924)……144
克利斯丁納案 (The Cristina, 1938) ……284

八 劃 阿、東、帕、芮、法、芬、奈、美

阿拉斯加邊界仲裁案 (Alaska Boundary Arbitration, 1903)……166
阿拉巴馬輪賠償案 (Alabama Claims Arbitration,

1872)……………………………………………………13,52,497,564
奈及利亞中央銀行案 (Trendex Tradmg Corpn. v Central Bank of Nigeria) ……………………………………………………288
東格陵蘭案 (Eastern Greenland Case, 1933)……………………156
東卡瑞里亞案 (Eastern Carelia Case, 1923)……………………97
帕爾馬斯島案 (Island of Palmas Arbitration, 1928) …………154,163
芮特案 (Wright v Cantrell, 1943) ……………………………297
法可鐸案 (Factor v Laubenheimer, 1933) ……………………355
芬蘭漁船仲裁案 (Finnish Ships Arbitration) …………………89
美國駐德黑蘭外交人員受侵害案 (United States Diplomatic and Consular Staff in Tehran)……………………………………418

九 劃　哈、英、科、勃、帝

哈巴納漁船案 (The Paquete Habana, 1900)……………………42,51
英挪漁權案 (Anglo-Norwegian Fisheries Case, 1951) ………50,190
科夫海峽案 (Corfu Channel Case, 1949)………………100,107,192,505
科理剛案 (R. v Corrigan, 1931)…………………………………355
勃朗賠償案 (Robert E. Brown Claim, 1925)……………………336
帝諾科仲裁案 (Tinoco Arbitration, 1923) ………………………132

十 劃　馬、派、哥、特、夏、恩、威、郎

馬羅瑪蒂斯巴勒士坦特許權案 (Mavrommatis Palestine Concessions Case, 1924) ……………………………………………………36
派亞斯基金案 (Pious Fund of California Case, 1902)…………52,498
哥倫比亞與秘魯人民庇護案 (Colombian-Peruvian Asylum Case, 1950) …………………………………………………… 6
特里爾製煉所仲裁案 (Trail Smelter Arbitration Case, 1941)……106
夏威夷賠償案 (Hawaiian Claims, 1926) ………………………336
恩基凱案 (Engelke v Musmann, 1928)…………………………290
威登海斯 (Wildenhus' Case, 1887)………………………………279
郎鐸佛利堡案 (Llandovery Castle) ……………………………545

十一劃　麥、曼、敏

麥斯河權案 (Diversion of water From the Meuse Case, 1937) ……37,175
曼狄號輪船案 (Spain Republic Government v Arantzazu Mandi, 1939)……141
敏奎爾及艾克瑞荷案 (Minquiers and Ecrehos Case, 1953) ……157

十二劃　喬、喀、溫、凱、普、菲

喬儒工廠案 (Chorzow Factory Case, 1928) ……36,308,325
喀欽邊界仲裁案 (Rann of Kutch Arbitration)……166
溫伯頓號輪船案 (The Wimbledon, 1923)……170,180
凱亭案 (Cutting Case, 1887) ……282,300
普拉維海寺案 (Preah Viheat Temple Case, 1962)……166
菲律賓艾德蒙公司案 (The Philippine Admiral v Wallerm Shipping Ltd.)……288

十三劃　塞、賈、奧、雷、路、瑪、楊、瑞

塞爾比亞借款案 (Serbian Loans Case, 1929) ……37
賈科貝案 (Berthold Jacob Case, 1935) ……99
奧德河案 (River Order Case, 1929)……177
奧托曼債務仲裁案 (Ottoman Debt Arbitration)……335
奧斯卡金案 (Oscar Chinn Case, 1934)……350,369
雷林奇案 (Re Lynch, 1929-1930) ……341
路西達尼亞號輪船案 (Lusitania Death Claims, 1923) ……325
瑪麗亞號 (The Maria, 1805) ……578
楊曼斯案 (Youmans Case, 1925-1926)……314
瑞希圖拉案 (Rahimtoola v Nizam of ldyderabad) ……287

十五劃　魯、蓮、摩

魯貝克案 (Lubeck v Mecklenburg-Schwerin, 1927-1928) ……40

蓮花案 (Lotus Case, 1927)……………………………41,42,51,276,280,301
摩蘇爾案 (Mosul Case, 1925)…………………………………………… 510

十六劃　諾

諾臺竇案 (Nottebohm Case, 1955)……………………………………324,346
諾斯考特案 (Northcote v Douglas, See The Franciska, 1855)…582

十七劃　鍾、戴

鍾其春案 (Chung Chi Cheung v R., 1939)…………………………………294
戴姆勒公司控告大陸輪胎橡膠公司案 (Case of Daimler Co., Ltd. v Continental Tyre and Rubber Co., Ltd., 1916)………………534

十八劃　邊

邊界土地案 (Frontier Lands Case, 1959) ………………………163,166

十九劃　藍

藍洛克湖仲裁案 (Lake Lanoux Arbitration, 1959)……………………175

國立中央圖書館出版品預行編目資料

國際法／沈克勤編著・--增修八版・--臺北市：臺灣學生，民80
面；　公分
參考書目：　面
含索引
ISBN 957-15-0289-8(精裝)・--ISBN 957-15-0290-1(平裝)

1.國際法
579　　　80003724

增修八版 國際法 全一冊

編著者：沈克勤
出版者：臺灣學生書局
本書局登記證字號：行政院新聞局局版臺業字第一一〇〇號
發行人：丁文治
發行所：臺灣學生書局
台北市和平東路一段一九八號
郵政劃撥帳號〇〇〇二四六六一八號
電話：三六三〇九七・三六三四一五六・三六三三四六七
FAX：三六三六三三四
香港總經銷：藝文圖書公司
地址：九龍偉業街九十九號連順大厦五字樓及七字樓
電話：七九五九五九五

定價 精裝新臺幣七〇〇元 平裝新臺幣六四〇元

中華民國五十二年八月初版
中華民國八十年十月增修八版

57901
究必印翻・有所權版

ISBN 957-15-0289-8 (精裝)
ISBN 957-15-0290-1 (平裝)